国学经典文库 图文珍藏版

国学经典

马肇基⊙主编

线装书局

目　录

民俗经典

资政经典

处世经典

导读

千百年来，我国思想史上流传下来许多充满智慧的经典之作，它们世代传承，成为人类社会永恒的财富。修身齐家治国平天下。炎黄子孙之所以在历史上取得令世人瞩目的成就，同中华民族传统文化密不可分，脉脉相承，特别是其中的处世哲学、处世思想、处世方法和处世谋略起着最关键的作用。

在21世纪的今天，机遇和挑战并存，如何增强自身修养，提高自己修身、治学、治人、治事、治国的能力，是摆在新时期各行各业、各级领导以及每个读者面前的重要课题。而如何挖掘出中华民族文化的最高智慧发扬光大，为今世所用，无疑意义重大。

中国圣哲们为后世留下的处世智慧，大体来说散存于以下三个部分之中：一是处世典籍；二是名人的处世经验和高超艺术；三是经过千锤百炼出来的处世谋略。

本卷处世典籍选编了的两部"奇书"都出现在明清时期，一经面世便流传海内，远播域外。重新引起日、韩社会，尤其是政界、商界的注目，被誉为"经营管理的指南"，继而又在国内风靡，被奉为"处世宝典"。这几部著作多次重印，发行量过百万，但将其汇集一书，相得益彰，却是首例。

为人讲究艺术，处世注重方法，在经营事业和人生时，就能够达到无往不胜、左右逢源的高超境界。全书囊括为人、处事、修身、养性、从政、治家、经商、聚财智慧之成，泄天地之秘籍，掘经史之精华，发宇宙之宏机，可谓是治世、处世、劝世、醒世之宝鉴，修身、养性、养生、应酬之真经，为官、教子、经商、决策之秘诀，解难、佛道、风水、观人之妙术。片言九鼎，足当迷津一筏；精警睿智，可为心灵之药石。称得上是"一卷在手，终身受用"。

菜根谭

【导语】

俗话说："咬得菜根，百事可做"，明代奇人洪应明取其义而创作《菜根谭》，该书通过360则格言警句，以图文的形式糅合了儒、道、佛三家思想以及作者本人的生活体验，形成了一套为人处世的法则和方式，目的在于教育世人如何处世。成书以来，受到历代读者喜爱，并于当今风靡一时，其影响广达于社会生活的方方面面。近些年来，尤为日本工商界奉为圭臬，推销员随时顾问，备为高参；企业家有闲便修，视作宝典。特别是在大力倡导社会主义荣辱观的今天，出版、阅读《菜根谭》之风渐起，加之东洋回波激荡，遂使《菜根谭》热潮涵淡澎湃，汹涌不已。

《菜根谭》书影

《菜根谭》以追求高尚纯洁为宗旨，深者见深，浅者见浅，人生百味，蕴藉其中。特别是教人如何为人处世，这给当今生活节奏紧张的都市人以诸多启发，在商海中鏖战的人们更应细品此书，一则重温人间那种已被淡忘了的真趣，二来清醒一下被金钱烧灼得晕头转向的头脑，寻找到修身养性的途径、待人处事的准则，学会高瞻远瞩，学会达观人生。

《菜根谭》博大精深，妙处难以言传，须有心人在工作之余，沏上一杯香茶，静静地品味，菜根会越来越香，心智会越来越高。此次整理对每条都加上了概括全条内容的醒目标题，同时对每条原文做了流畅的翻译、精短的评论，并配有相应的手绘插图，文章与图画相结合，力求使读者从中撷取到丰富的人生智慧，培养出美好的道德情操，树立起乐观向上的人生态度，使读者轻松获取知识的同时，为其提供更广泛的文化视野、审美感受、想象空间和愉快体验。

第一篇　谈道篇

虚静闲淡　观心证道

【原文】　静中念虑澄澈，见心之真体；闲中气象从容，识心之真机；淡中意趣冲夷,得心之真味。观心证道,无如此三者。

【译文】 人在宁静中心绪才会像秋水一般清澈,这时才能发现人性的真正本源;人在安详中气概才会像晴空白云一般舒畅悠闲,这时才能发现人性的真正灵魂;人在淡泊中内心才会像平静无波的湖水一般谦冲和蔼,这时才能获得人生的真正乐趣。大凡要想观察人生的真正道理,再也没有比这种方式更好的了。

【点评】 诸葛亮用"宁静以致远,淡泊以明志"两句话来作为他的座右铭,借以磨炼他淡泊明志的心胸和恢弘辽阔的气度。从古至今,许多有志之士修身养性同样尊奉这两句名言。这里包含的方式,和本篇讲的悟道是相通的,即在宁静、闲适、淡泊中来悟出本性。一个人的心静如止水,就不会有一点邪念袭来,因为这时的心有如一尘不染的明镜,最能反映出一个人的本然之性,也就是能反映出作者所说的"真体"和"真机";当一个人内心非常安闲时,就能出现从容不迫的神态,这时考虑任何事情,就容易发现事理的奥妙,也就是最能找出作者所说内心的真机;当一个人的心处于淡泊状态,他的情趣就会悠然自得,没有任何东西可以掩蔽他内心的真趣。

静中寓动　忙里偷闲

【原文】 天地寂然不动,而气机无息稍停;日月昼夜奔驰,而贞明则万古不易。故君子闲时要有吃紧的心思,忙处要有悠闲的趣味。

【译文】 我们每天看到天地好像无声无息不动,其实大自然的活动时刻未停。早晨旭日东升,夜晚明月西沉,日月昼夜旋转,而日月的光明却永恒不变。所以君子应效法大自然的变化,闲暇时要有紧迫感做一番打算,忙碌时要做到忙里偷闲,享受一点生活中悠闲的乐趣。

【点评】 宇宙间静中有动,动中有静,动静相间,运动不停,如此才能完成宇宙的旋转,这是宇宙变幻无穷的根本法则。作者通过辩证地看待宇宙的变化规律来认识人生的处事法则。即一个人要在闲暇无事时存有应变之心,忙碌紧张中要忙里偷闲多争取日常生活中的雅趣。闲时吃紧,居安思危,未雨绸缪。做事要有长远考虑,欲速则不达;人应珍惜自己的生命,不浪费自己的时间,自己的人生之路靠自己去不停息地奋斗。故这里的闲是相对的,不表明自己为理想而拼搏的思想停下来。而遇到事情头绪多,不应当盲人摸象一样分不清层次,不考虑效果,要在忙中静下来深思自己的路子对不对;学会调理自己的情绪不至于盲目,通过生活的乐趣来平衡自己的身心。总而言之,要保持"吃紧时忙里偷闲,悠闲时居安思危"的境界,并使其成为处理事物的一个基本方式。

得荣思辱　居安思危

【原文】 天之机缄不测。抑而伸,伸而抑,皆是播弄英雄,颠倒豪杰处。君子是逆来顺受,居安思危,天亦无所用其伎俩矣。

【译文】 　上天的奥秘变幻莫测,对人的命运的支配难以逆料。时而使人陷于窘境时而让人春风得意,有时让人得意之后又使人遭受挫折,这都是上天有意捉弄英雄豪杰。因此一个君子不如意时要适应环境,遇到磨难应能忍耐,平安无事时要想到危难的来临,这样就连上天也无法施展他的伎俩了。

【点评】 　世事变化难以逆料,天机奥妙不可思议,不要说未来的事难以推测,目前的事也很难判断,就连古圣先贤也无可奈何。所以孔子对于处事有"尽人事以听天命"之叹,即对天命而言只好逆来顺受了。因为人的所知是有限的,对智力所不及的事情,很难违背自然法则。但这不意味着听天由命,人对自然的探求已历几千年,对人生的思考也可以说是与生俱来,那么人们对世界、对宇宙的认识与日俱增。以前认为是天命的东西以后完全可以科学解决,以前不可抗拒的东西现在以人之力也做到了。唐太宗要发动政变夺取政权时,如果以占卜吉凶来定行止,很可能就没有以后的"贞观之治"。唐玄宗登基后,蝗虫肆虐成灾,玄宗如果信天命不敢灭蝗,可能就没有以后的"开元盛世"了。一个人不应忽视自己的主观能动性,而应居安思危,就是要遵循自然法则不断探求思考,不断提高认识,防患于未然,天命其奈我何?

盈满知足　危急知险

【原文】 　居盈满者,如水之将溢未溢,切忌再加一滴;处危急者,如木之将折未折,切忌再加一搦。

【译文】 　生活于幸福的美满环境中,像是装满的水缸将要溢出,千万不能再增加一点点,以免流出来;生活在危险急迫的环境中,就像快要折断的树木,千万不能再施加一点压力,以免折断。

【点评】 　人们讨厌贪得无厌的人,一个对个人物欲情欲无休止追求的人谈不上有什么好品德,谈不上会对人们有什么贡献。对于贪图者而言,所谓"人心不足蛇吞象",由于个人欲望永不知足也就永远生活在痛苦中,终会水满由溢,物极必反,否极泰来。凡事总是"身后有余忘缩手,眼前无路想回头",可人们很难明白这个盈亏循环的道理。不过学业上就不能浅尝辄止,还真要有点贪图精神,要虚怀若谷,越是渴求越说明求知心切。和生活上的贪求正好相对。学业上不要担心过满,生活上应当防止溢出,这个人才可能在事业上有所作为。

有心栽花　无意插柳

【原文】 　贞士无心徼福,天即就无心处牖其衷;憸人着意避祸,天即着意中夺其魄。可见天之机权最神,人之智巧何益。

【译文】 　一个志节坚贞的君子,虽然无意祈求福祉,可是老天偏要在他无意的地方来开导他完成衷心要完成的事业,行为邪恶不正的小人,虽然用尽心机想逃避灾祸,可是上天却在他巧用心机时来夺走他的灵魂。由此观之,上天神奇无比变化莫测极具玄机,人类平凡无奇的智慧在上天面前实在无计可施。

【点评】 古人讲求:"死生有命,富贵在天。"所谓"人算不如天算"。但富贵跟幸福不能用祈祷得来,否则从古到今不会有那么多为追求幸福而牺牲或为求个人富贵而争得你死我活的事了。这说明古人有时不信天命,有时又希冀天命。在生活中,一些自然法则是需要遵循的,恶人不能遵循社会公德说不定什么时候便灾祸临门;君子居贫,又往往有意外之喜,所以万事应听其自然,不可越过法律、公德去强求。

勘破虚妄　识得本真

【原文】 以幻境言,无论功名富贵,即肢体亦属委形;以真境言,无论父母兄弟,即万物皆吾一体。人能看得破,认得真,才可以任天下之负担,亦可脱世间之缰锁。

【译文】 世事变幻无常,不管是功名富贵,即是自己的四肢躯体也是上天赐给的;我们超越一切物象来看客观世界,不论是父母兄弟,甚至连天地间的万物也都和我属于一体。一个人能洞察物质世界的虚伪变幻,又能认得清精神世界的永恒价值,才可能担负起救世济民的重任,也只有这样才能摆脱人间一切困扰你的枷锁。

【点评】 人必须不为外物所累才能保持心灵的安宁、淡泊,但在商品经济的社会中,追求金钱,讲求致富是一种普遍的社会风尚。当人的心灵被金钱所锈蚀,那么人已经不再是自己精神的主宰者,而完全成为物质文明的支配者。有的大款曾感叹自己是除了钱以外什么都没有,越是富有,贪图物质生活享受越多,精神越是空虚。假如过分强调返璞归真操守清廉是不现实的,但一个人不讲道德情操,一个社会不讲精神追求,以至学子放下学业、先生丢下教鞭下海追求金钱致富,那么这种富是畸形的。对一个有作为的人来讲,不摆脱物累而加入世俗的争逐就不会有为有成。

当以我转物　莫以物役我

【原文】 以我转物者,得固不喜,失亦不忧,天地尽属逍遥;以物役我者,逆固生憎,顺亦生爱,一毛便生缠缚。

【译文】 能以我为中心来操纵一切事物的人,成功了固然不觉得高兴,失败了也不至于忧愁,因为广阔无边的天地到处都可悠游自在;以物为中心而受物欲所奴役的人,遭遇逆境时心中固然产生怨恨,处于顺境时却又产生不舍之心,些许小事便使身心受到困扰。

【点评】 在一定条件下,以我为中心,由我的精神力量主宰一定的时间空间是完全可能的。这样万物为我所用,失去了一物可另取一物,失败了一事可另创一事,海阔天空无忧无虑。反之以物为中心的人就易患得患失,对任何事胸襟都不够开朗,结果弄得事事局促,处处龌龊,守财奴就是典型。比如写字、作画、习文、著书,这些精神领域的活动都需要以我为主宰的精神来把握,才能得心应手,下笔如有神。

心体如天　道法自然

【原文】 心体便是天体。一念之喜,景星庆云;一念之怒,震雷暴雨;一念之慈,和风甘露;一念之严,烈日秋霜。何者所感。只要随起随灭,廓然无碍,便与太虚同体。

【译文】　人的心体就是天体,人的灵性跟大自然现象是一致的。人在一念之间的喜悦,就如同自然界有景星庆云的祥瑞之气;人在一念之间的愤怒就如同自然界有雷电风雨的暴戾之气;人在一念之间的慈悲,就如同自然界有和风甘霖的生生之气;人在一念之间的冷酷,就如同自然界有烈日秋霜的肃杀之气。人有喜怒哀乐的情绪,天有风霜雨露的变化,有哪些又能少了呢?随大自然的变化随起随灭,对于生生不息的广大宇宙毫无阻碍。人的修养假如也能达到这种境界,就可以和天地同心同体了。

【点评】　古人主张天人合一,以为大自然变化和人体内部变化是相对应的。我们可以视为一种比喻。人的生活离不开自然万物,大自然的变化对人本身的影响是不言而喻的。道家主张"人法自然",这样才能胸襟开阔;儒家主张仁民爱物,这样才有爱人的精神。不管怎么说,天地的风霜雨雪无私地养育了人类万物,人的友爱精神,人法自然也应该与上天一样无所不容,造福同类。

真空不空　在世出世

【原文】　真空不空,执相非真,破相亦非真,问世尊如何发付?在世出世,徇欲是苦,绝欲亦是苦,听吾侪善自修持!

【译文】　不受任何事物的迷惑保留一片纯真,心中却无法排除所有物象;执拗于某种形象虽然不能得到真理,不过破除所有形象仍然不能得到真理。请问佛如何解释?置身于世又想超脱世俗,拼命追求物欲是痛苦,断绝一切欲望也是痛苦,如何应付痛苦只凭自己的修行了。

【点评】　这里包含了一个很明显的辩证道理,"色即是空,空即是色",什么事都不是绝对如此而不存在变化。放纵人欲固然是一种大苦恼,不过灭绝人欲也未曾不是苦恼。置身火焰之中就会被烧死,但是如果完全跟火焰隔绝就会被冻死,所以对火最好是不即不离善加运用。同理,假如从人欲陷入真相,那弃绝人欲就会堕入破相,两方都不免于苦恼,所以最好是不陷不弃不着不破,努力修持,由浅入深。这里不去考究深奥的佛理,仅从做人待世的角度来看,出世和入世之间存在着必然联系,不应绝对化,行事不宜走极端。

勘破生死　超然物外

【原文】　试思未生之前,有何象貌?又思即死之后,作何景色?则万念灰冷,一性寂然,自可超物外,游象先矣。

【译文】　想想看,人在没出生之前又有什么形体相貌呢?再想想,死了以后又是一番什么景象呢?一想到这些不免万念俱灰。不过精神是永恒的,保持了纯真本性,自然能超脱物外遨游于天地之间。

【点评】 孔子说:"未能事人焉能事鬼?未知生焉知死?"人在降生之前是否有前世?死后是否有来世,佛教等各种宗教都认为人有来世,所以才创造出天堂地狱及生死轮回等各种教义。关于人的生死问题,从古至今人们苦心探讨。有人因生的短暂而花天酒地,有人因死的恐惧而忧心忡忡。对一个有修养的人来讲,生不足喜,死不足忧,看破生死,杂念顿消,才能摆脱世俗的纠缠,做到超然物外。

肃杀之气　生意存焉

【原文】 草木才零落,便留萌蘖于根苗;时序虽凝寒,终回阳气于灰管。肃杀之气,生意存焉,即是可以见天地之心。

【译文】 花草树木刚刚凋谢,下一代新芽已经从根部长出,节气刚演变成寒冬季节,温暖的阳春就行将到来。当万物到了飘零枯萎季节,暗中却隐藏着绵延不绝的蓬勃生机。在这种生生不息之中,可以看出天地的好生之德。

【点评】 常言道"有生必有死,有死必有生。"天地万物就是如此生生不息。生死循环,相替而出。万物还没有诞生,然而生机已经孕育其内了。明白这样一个循环的规律,就足以知晓行事的法则。万物在凋落枯萎之中尚存有生生不息之机,我们对事物就不该徒重外表形式,做事更不应以一时的成败定结局。事物总在变化之中,一个人要善于思考与研究事物的变化,善于抓住和把握变化的机遇,而不必因一时一事的失误止步不前。

乐天知命　随遇而安

【原文】 释氏随缘,吾儒素位,四字是渡海的浮囊。盖世路茫茫,一念求全,则万绪纷起,随遇而安,则无入不得矣。

【译文】 佛家主张凡事都要顺其自然发展,一切不可勉强;儒家主张凡事要按照本分去做,不可妄贪身外之事。这"随缘素位"四个字是为人处事的秘诀,就像是渡过大海的浮囊。因为人生的路途是那么遥远渺茫,假如任何事情都要求尽善尽美,必然会引起很多忧愁烦恼;反之假如凡事都能安于现实环境,也会处处悠然自得。

【点评】 人不应听从命运的安排,把自己的一生付诸天意。不能因为自己天生贫困便安于贫困,天生于恶境便安于恶境,逆来顺受。佛家主张凡事都要随缘,人必须随着天定的因缘来处理事情。反之任凭自己的主观努力一意孤行,不论怎样也无法达成自己的意愿。儒家所主张"素位",就是君子坚守本位而不妄贪其他权势,要满足自己所处的现实环境,这和佛家所说"万事皆缘,随遇而安"是相通的。一个安于现实的人,能快乐度过一生;反之一个不满于现实环境的人,整天牢骚满腹愤世嫉俗,只会害己而害人。这里万事随缘,随遇而安,应从积极意义来理解。从处事角度来看,凡事不可强求,有些事在现有条件下行不通,就有等待时机的必要,就需要安于现状而不是心慌意乱。凡事强求而不遵循事物的基本规律就难行得通。

第二篇　问学篇

穷愁寥落　乐在其中

【原文】　贫家净拂地,贫女净梳头,景色虽不艳丽,气度自是风雅。士君子一当穷愁寥落,奈何辄自废弛哉!

【译文】　一个贫穷的家庭要经常把地打扫得干干净净,贫家的女子经常把头梳得干干净净,摆设和穿着虽然算不上豪华艳丽,但是却能保持一种高雅脱俗的气度。因此君子一旦际遇不佳而处于穷困潦倒的时候,为什么要萎靡不振自暴自弃呢!

【点评】　贫与富是身外物,家贫家富都应保持精神上的超越,人的气质品性不完全是外界物质所能决定的。贫穷人家虽然身居茅屋草舍,但是假如能把屋里屋外打扫得干干净净,也会使精神愉快培养出清雅气象。一个人生长在贫穷人家,所穿的虽然都是粗布衣裳,但是如果衣冠整洁仪态大方,精神充实,举止有度,自然也能增加高雅气质。可是却有一些修养不够的书生,稍不如意就怨天尤人,遇到挫折就垂头丧气萎靡不振。如此怨天尤人牢骚满腹,失去风雅,终将一事无成。

摆脱俗情　便超圣境

【原文】　做人无甚高远事业,摆脱得俗情,便入名流;为学无甚增益功夫,减除得物累,便超圣境。

【译文】　做人并不是非要懂得多少高深的大道理,一定要做大事业才行,只要能摆脱世俗就可跻身名流;要想求到很高深的学问,并不需要特别的秘诀,只要能排除外界干扰保持宁静心情,也就可以超凡入圣。

【点评】　摆脱物欲世俗的困扰,追求一种自我心理平衡,是孔子推崇颜回道德的地方,孔子说:"贤哉,回也! 一箪食,一瓢饮,在陋巷,人不堪其忧,回也不改其乐。贤哉,回也!"所谓"一箪食,一瓢饮",就是过日常粗茶淡饭的清苦生活,颜回虽然过着低水准的生活,但是自得其乐,丝毫不受外界物欲的困扰。反之,人们为了追求生活享受,忽视精神价值,就会变成一个俗不可耐的物欲奴隶。人不要变成物欲的奴隶,虽说不能像古人说的那样成圣,但必须有一个明确的精神追求和向上的思想境界。颜回自得其乐不只在于超凡脱俗,更在于他有自己的志向,有坚强的意志,使他的精神总是充实的。

为学之心　并归一路

【原文】　学者要收拾精神,并归一路。如修德而留意于事功名誉,必无实诣;读书而寄兴于吟咏风雅,定不深心。

【译文】　求取学问一定要集中精神,专心致志于研究,如果立志修德却又留意功名利禄，必然不会取得真实的造诣；如果读书不重视学术上的讨论，只把兴致寄托在吟咏诗词等风雅事上，那一定不会深入进去取得心得。

【点评】 历来做学问讲究个勤字，勤中苦，苦中乐，本来就没捷径可寻，所谓"读书之乐无窍门，不在聪明只在勤"，有一分耕耘才能有一分收获。课堂上所学只是师傅领进了门，要想有高深造诣全靠自己下苦功。读书只知道吟风弄月讲求风雅，寻章摘句不务实学不求甚解也不深思，这种人永远不可能求到真才实学。修德是为了提高自己的素质，学习不是为了装点门面，附庸风雅。不明白这个道理，就不能真正进步。

心地清净　方可学古

【原文】 心地干净，方可读书学古，不然，见一善行窃以济私，闻一善言，假以覆短，是又藉寇兵而赍盗粮矣。

【译文】 只有心地纯洁的人，才可以读圣贤书，学古人的道德文章，否则，看到善行好事就用来满足自己的私欲，听到名言佳句就拿来掩饰自己的缺点，这就等于资助武器给贼子，接济粮食给强盗。

【点评】 现在讲求的德才兼备和这个道理恐怕有相通的地方。一个心地纯洁品德高尚的人有了学问，可以用来修身、齐家、治国、平天下，对社会人类有所贡献。一个心术不正的人有了学问，却好比如虎添翼，他会利用学问去做各种危害人的事，例如现代人所说的"经济犯罪"和"智慧犯罪"等等，就属于这种心术不正之人的具体表现。因为这些小人会以自己的学问作为武器，在社会上无恶不作。有的以君子的姿态好话说尽却坏事做绝，有的甚至为了一己私利而做出祸国殃民的勾当。所以做学问不能以一个"勤"字了得，还必须立身正才行。现在一些人花着国家紧张的外汇出洋留学，可一旦学业有成，便黄鹤不返；更不要说一些人会以所学来害人了。故古人讲立身修性在今天仍有实际意义，用现在的话讲，做学问的同时，还须培养良好的思想品德才行；有学问的人未必就是利于社会、益于大众的人，要看学问在什么人的手里，要看其品德如何。

扫除外物　直觅本心

【原文】 人心有部真文章，都被残篇断简封锢了；有一部真鼓吹，都被妖姬艳舞湮没了。学者须扫除外物，直觅本来，才有个真受用。

【译文】 人们心中本有一部真正的好文章，可惜被内容不健全的杂乱文章给封闭了；心灵深处本有最美妙的乐曲，可惜却被一些妖歌艳舞给迷惑了。所以一个有学问的人，必须排除一切外来物欲的引诱，直接用自己的智慧寻求本性，才能求得受用不尽的真学问。

【点评】 对事物要学会透过现象看本质，读书也是这样。孔子说："学而不思则罔，思而不学则殆。"可见学习与思考必须两相兼顾，只想不学终究一无所得，只学不想会糊里糊涂。学习的内容有书本知识，也有社会知识，不管是哪一类知识，如果一个人对什么都不求甚解，那么不可能有所成就；一个人只知道读书，而不是用心去读，那么正如孟子说："尽信书不如无书。"也就是，读书必须用智慧来分辨书中所讲道理的是非，要从书中找出一个自我。要直接向自己心灵深处寻找属于本然之性的良知。书读多了，想深了，见广了，便会离开书本，逐步形成自己的思想和认识，成为自己精神世界的组成部分。书读到这一步才算是有用了。

体味真意　不误正道

【原文】　读书不见圣贤，如铅椠佣；居官不爱子民，如衣冠盗。讲学不尚躬行，为口头禅；立业不思种德，为眼前花。

【译文】　读书不去研究古圣先贤思想的精髓，最多只能成为一个写字匠；做官如果不爱护人民，只知道领取国家俸禄，那就像一个穿着官服戴着官帽的强盗。只知研究学问却不注重身体力行，那就像一个不懂佛理只会诵经的和尚；事业成功后不想为后人积一些阴德，那就像一朵眼下很艳丽却很快就凋谢的花儿。

【点评】　古人于读书治学之道有很多精辟的论述，就识文断句而言，应首先懂得文章，在此基础上要明白文之精髓所在。最主要的是自己能躬行实践所学得的学问，这就是通常所说的学以致用，用自己之所学贡献于国家社会。假如学问跟实践不能相辅相成，那就变成了徒具形式的口头禅。古人读书讲究的是圣贤之书，要从中明理，从中自省。读书而不知探求真理，不从中吸取精华，只能是个书匠、书虫，或者是附庸风雅之流；而所学只为了读书，为学而学，不能以所学指导言行，指导实践，用于社会，其所学于世何用？同样，居官、立业不能益于社会，不能益于子孙后代，那么业不会牢靠，官不会居久，史不会留名。

有世百年　名副其实

【原文】　春至时和，花尚铺一段好色，鸟且啭几句好音。士君子幸遇清时，复遇温饱，不思立好言，行好事，虽是在世百年恰似未生一日。

【译文】　当春天到来时阳光和暖，就连花草树木也争奇斗妍，在大地铺上一层美景，甚至连飞鸟也懂得在这春光明媚的大自然里婉转动听地鸣叫。士君子假如能侥幸出人头地列入杰出人物行列，同时每天又能酒足饭饱过上好生活，却不想为后世写下几部有益的书，做一些有益于世人的事，那他即使活到一百岁的高寿也如同一天都没活过。

【点评】　从古到今，身前重名，身后重誉是一个传统。尤其是对当权者，他的声誉取决于他的政绩如何，所谓"得时当为天下语"，一定要为天下苍生和后世子孙多做一些好事，假如不能这样，也应退而求其次完成几部不朽名著。因此宋儒张载才发出"为天下立心，为生民立命，为往圣继绝学，为万世开太平"的呼声。既"幸列头角"，就应当有所作为，能为平民百姓请命是为清官，能为国家兴利除弊是为贤达，能为后人著书立说是为贤哲。人生在世如果有了作为的条件,理应为自己的抱负,为国家的兴旺去拼搏一番。

兢业心思　潇洒趣味

【原文】　学者有段兢业的心思,又要有段潇洒的趣味,若一味敛束清苦,是有秋杀无春生,何以发育万物?

【译文】　一个做学问的人,既要有缜密思考、刻苦敬业的精神,又要有潇洒脱俗的胸怀,这样才能保持生活的情趣。假如只知一味克制压抑自己,使自己过极端清苦的生活,就只会感到生活如秋天的肃杀而无生机,这又怎能培育万物的成长而至开花结果呢?

【点评】　古人讲究学以致用。一个读书人为了求得高深的学问,每天都兢兢业业地苦读,这种奋发上进的精神固然很好,但是也不可以忽略了读书之外的"潇洒趣味",用现代话来说就是不要忽略正当的"消闲",也就是要德、智、体、美并重。否则,就会变成一个"只知读书不会做事"的书呆子。尤其是在现代社会,生活就等于是一种竞争,如果不多懂得社会,了解社会,何以生存? 如果不保留一点生活情趣,纯粹像个不食人间烟火的天外来客,所学何以致用? 读书人要会读书,还要会生活。

心体莹然　本来不失

【原文】　夸逞功业,炫耀文章,皆是靠外物做人。不知心体莹然,本来不失,即无寸功只字,亦自有堂堂正正做人处。

【译文】　夸赞自己的功业,炫耀自己的文章,这都是靠外物来增加自身光彩,却不知人人内心都有一块洁白晶莹的美玉。所以一个人只要不丧失人类原有的淳朴善良本性,即使在一生之中没留下半点功勋,没留下片纸只字的著作文章,也算是堂堂正正地做人。

【点评】　《左传》:"太上有立德,其次有立功,其次有立言,虽久不废,此之谓不朽。"可见立德为最重要,其次才为立功、立言。例如品德垂范千古的孔子、孟子、屈原等古圣先贤;功业流传千古的汉武帝、唐太宗等。不可能每个人都像这些历史名人一样名垂千古,在日常生活中,要堂堂正正做人,就必须先立德立身,使自己的行为符合规范,保持自然之态,在此基础上去建功立业;这样即使毫无功业,也不失为一个正人君子。

勿昧所有　毋夸所有

【原文】　前人云:"抛却自家无尽藏,沿门持钵效贫儿。"又云:"暴富贫儿休说梦,谁家灶里火无烟?"一箴自昧所有,一箴自夸所有,可为学问切戒。

【译文】　前人说:"放弃自己家中的大量财富,却模仿穷人持钵乞讨。"又说:"暴富的人,不要老向人家夸耀财富,其实哪家的炉灶不冒烟呢?"上面这两句谚语,一句是说自己看不见自己所有的人,一句是说那些夸耀自己暴富的人,这些都是做学问的人必须彻底戒除的事。

【点评】《佛学入门》说:"佛在灵山莫远求,灵山只在汝心头,人人有座灵山塔,好在灵山塔下修。"心就是佛,每个人都具有佛性,应求诸内心而勿求诸外物。做人也是这样,人人都有自己的良知,而古圣先贤只在自己内心求道,使得修身养性的能力超人。可惜很多人不自知不自修,抛却自家无尽藏。做事做学问的人更要以不自夸不自满为戒,不能只追求形式上的完美而忽视实质上的成效;不能妄想走捷径搞短平快,而忽视扎实刻苦的基础;不能总想着外力作用,而忘却自身努力的重要性。

第三篇　修身篇

生于忧患　死于安乐

【原文】　耳中常闻逆耳之言,心中常有拂心之事,才是进德修行的砥石。若言言悦耳,事事快心,便把此身埋在鸩毒中矣。

【译文】　耳中假如能经常听些不爱听的话,心里经常想些不如意的事,这些都像是敦品励德有益身心的磨刀石一样。反之假如每句话都很好听,每件事都很称心,那就等于把自己的一生葬送在毒药中了。

【点评】《孔子家语》中有"良药苦口而利于病,忠言逆耳而利于行",这句话人们常说,道理也是显而易见的。忠言往往就是逆耳的语言,最有价值。假如一个人听忠实良言感到厌倦逆耳,不仅完全辜负了人家劝诫的美意,关键是难以反省自己言行的缺点,进而敦品励行改邪归正;就难以督促自己保持良好品德。听见逆耳的忠言绝对不可气恼,而人家一夸奖就得意扬扬,那你的生活就显得轻浮,在无形中会削弱自己发奋上进的精神,最容易沉湎在自我陶醉的深渊中。如此就等于自浸于毒酒中而毁掉自己的前程,即使活着也等于丧失了生存的意义。人生不如意事常居八九,这就是说人生在世要经常接受各种横逆和痛苦的考验,必须经过几番艰苦的奋斗才能走上康庄大道。一生都想称心如意根本是不可能的事。可惜的是一些肤浅之辈,一听逆耳忠言就拂袖而去,一遇不顺利就怨天尤人。孟子说"天将降大任于斯人"必然会有各种困难来磨砺自己的品格。忠言逆耳良药苦口这么个道理说明一个人要有所作为必须先要敢于磨炼自己的品格,善于听取不同意见,勇于克服种种困难才行。

真味甚淡　至人是常

【原文】　醲肥辛甘非真味,真味只是淡;神奇卓异非至人,至人只是常。

【译文】　美酒佳肴并不是真正的美味,真正的美味只在那粗茶淡饭中体会;才智卓绝超凡绝俗的人,还不算人间真正的伟人完人。其实真正的伟人看起来是平凡无奇的人。

【点评】 人们往往忽视平凡，不重视常见的东西。像鸡鸭鱼肉、山珍海味，固然都是极端美味可口的佳肴，但时间久了会觉得厌腻而难以下咽；粗茶淡饭，最益于身体，在一生之中最耐吃。这只是就怎样做人打了个比方。生活中，有的人往往恃自己才学出众而洋洋得意，盛气凌人。其实这种人并不是能博得人们景仰的理想人物。因为一个有完美人格和高尚品德的人，都是在平凡中坚守自己的岗位，在平凡中来实现自己伟大的人生理想，在不骄不矜中修养自己的品德，这种人总有一天能达到理想境界，才有资格垂范千古。例如释迦牟尼佛，他对众生说法绝不用玄虚的高深道理迷惑民众，而是用简明切实的教义来普度众生，在当时苦难的民众中探寻一种美好的理想。和他同时代的孔子，历经磨难，他的理想在当时虽然没有得到呼应，却在身后发扬光大。所谓"万丈高楼平地起"，就是说不论如何伟大的人物都要从平凡中做起。一个人绝俗超凡可以视为一种人生态度，有卓越的才华也是好事，但作为一个伟人，要一贯地、多方面地要求自己，要把自己的美好追求置身于社会，置身于民众，脚踏实地，而不是标新立异，追求一时的轰动。只有在平凡之中才能保留人的纯真本性，进而在平凡中显出英雄本色。

淡泊明志　肥甘丧节

【原文】 藜口苋肠者，多冰清玉洁；衮衣玉食者，甘婢膝奴颜。盖志以淡泊明，而节从肥甘丧也。

【译文】 能过吃粗茶淡饭生活的人，他们的操守多半像冰玉般纯洁；而讲求华美饮食奢侈的人，多半甘愿做出卑躬屈膝的奴才面孔。因为一个人的志向要在清心寡欲的状态下才能表现出来，而一个人的节操都从贪图物质享受中丧失殆尽。

【点评】 贪图物质享受的人，生活容易陷于糜烂，精神生活空虚，也难有高尚的品德，因此他们为了能得到更高一层的享受，不惜用任何手段去钻营，甚至于卑躬屈膝，人格丧失殆尽。结合我们现实社会上那些贪赃枉法以权谋私腐化堕落的人，他们的犯罪动机大多是为了满足物质需求，追求奢华而致。人人都有追求较好物质生活的权利，较好的物质生活是追求较高精神需求的基础，但"君子爱财取之有道"，只有通过劳动致富才是光荣的。从另一个角度来讲，只讲物欲要求的生活是不完全的，层次较低；没有充实精神生活的物欲要求是空虚的。雷锋曾说过：生活上向低标准看齐，工作上向高标准看齐。说明人要有理想，有追求；不能以贪图享受，满足物欲作为最大需求，不能玩物丧志，成为社会的寄生虫。

消杀妄念　真心即现

【原文】 矜高倨傲，无非客气，降服得客气下，而后正气伸；情欲意识，尽属妄心，消杀得妄心尽，而后真心现。

【译文】 一个人之所以会骄矜高傲，无非是由于受外来而非出自至诚的血气的影响,只要能消除客气,光明正大刚直无邪的正气才会出现。一个人的所有欲望和想象,是由于虚幻无常的妄心而致,只要能铲除这种虚幻无常的妄心,善良的本性就会显现出来。

【点评】 人都要有正气为主心骨,因为正气乃天地之气,也就是孟子所说的浩然之气。我们的身体如同小宇宙和小天地,在我们身体中支配我们的主人就是正气,这种正气光明正大,绝不为利害所迷失。所谓"情欲意识尽属妄心"乃是指各种情欲,而判断是非得失的智能乃属意识,但是不论情欲或意识都属妄心,不消除这种妄想,真心就不会出现。人如果真能不受客气驱使,同时不但不为妄心所左右,而且又能加以制服消灭,那正气和真心自然会出现。这里所说的正气和客气,以及所谓的妄心和真心,就是让人们把世俗的各种欲念,以及虚伪的种种造作去掉,而显出本性,显出一个本我。

不为小恶　　不弃小善

【原文】 欲路上事,毋乐其便而姑为染指,一染指便深入万仞;理路上事,毋惮其难而稍为退步,一退步便远隔千山。

【译文】 关于欲念方面的事,绝对不要贪图便宜,而就不正当地占为己有,一旦贪图非分的享乐就会坠入万丈深渊;关于真理方面的事,绝对不要由于畏惧困难,而生退缩的念头,因为一旦退缩就会和真理正义有千山万水之隔而失之交臂。

【点评】 人的欲望是一个客观存在,刻意去压抑是和社会进步不相符的,但是过分去放纵情欲物欲就容易迷失本性,不加断限,会贪图非分享乐,坠入欲念深渊。处在享乐中的人们很难克制欲望,这就需要修身养性。但是,追求理性是很枯燥的,佛家所说"一寸道九寸魔"和"道高一尺魔高一丈",都证明了修炼品德是一件很艰苦的事,就像登山一样得奋力前进,否则蹉跎一生将会落得一事无成的后果,所谓"莫待老来方学道,孤坟尽是少年人"。人不能纵欲胡来,而应从小刻苦磨炼,不惧艰难,从而逐步建立起一个高尚的精神世界。

立身需高　　处世勿争

【原文】 立身不高一步立,如尘里振衣,泥中濯足,如何超达? 处世不退一步处,如飞蛾投烛,羝羊触藩,如何安乐?

【译文】 立身处世假如不能站得高看得远一些,就好像在飞尘里打扫衣服,在泥水里洗濯双脚,又如何能超凡绝俗出人头地呢? 处理事物假如不做留一些余地的打算,就好比飞蛾扑火,公羊去顶撞篱笆被卡住角,哪里能够使自己的身心摆脱困境而感到愉快呢?

【点评】 谦让品德的建立不是以无原则容忍退让为前提的,而是以立大志,高起点处世为前提的。一个人生活在世界上,本身立志要高,心地要宽,不可有一般无知无识之辈的俗见,也就是要认识真理,修身养性,否则就同凡夫俗子一般,终身在尘埃泥淖中打滚,难以超凡绝俗,有所成就。尤其待人接物应以谦让为高,退一步,等于进两步。因此我们为达成目的,绝不可以盲目努力,一定要听其自然,谦虚谨慎。做事要看清客观环境,一味鲁莽,不知变化,不看全局,必然遭受他人的排斥而归于失败。

人定胜天　志一动气

【原文】 彼富我仁,彼爵我义,君子固不为君相所牢笼。人定胜天,志一动气,君子亦不受造化之陶铸。

【译文】 别人有财富我坚守仁德,别人有爵禄我坚守正义,所以君子绝对不会被君相的高官厚禄所束缚或收买。人的智慧一定能战胜大自然,思想意志可以转变自己的感情气质,所以君子绝对不受命运摆布。

【点评】 一个活得洒脱的人,不应为身外物所累,诗曰:我行我素。孟子说:"居天下之广居,立天下之正位,行天下之大道,得志与民由,不得志独善其身;富贵不能淫,贫贱不能移,威武不能屈。"不受富贵名利的诱惑,具有高风亮节的君子,胜过争名夺利的小人的一个重要因素,在于君子保持自我的人格和远大的理想,超然物外,不为任何权势所左右,甚至连造物主也无法约束他。所以佛家才有"一切唯心造,自力创造非他力"一语。遵从大义,相信自我,一个有为的人理应锻炼自己的意志,开阔自己的心胸,铸造自己的人格,不为眼前的名利所累,把眼光放得长远。具有了人定胜天的气概,广阔天地任我驰骋。

宁默毋躁　宁拙毋巧

【原文】 十语九中,未必称奇;一语不中,则愆尤骈集。十谋九成,未必归功,一谋不成,则訾议丛兴,君子所以宁默毋躁,宁拙无巧。

【译文】 即使十句话能说对九句也未必有人称赞你,但是假如你说错了一句话就会接连受人指责;即使十次计谋你有九次成功也未必归功于你,可是其中只要有一次失败,埋怨和责难之声就会纷纷到来。所以君子宁肯保持沉默寡言的态度,绝不冲动急躁,做事宁可显得笨拙,绝对不能自作聪明显得高人一等。

【点评】 现实生活中,往往有一种奇怪的现象,干的不如不干的,说的不如不说的,因为你做了,你的不足就显出了;你说了,你的思想就暴露了;你做得多了业绩广了,你便成了矛头的目标,因为你的成功妨碍了别人,而有些人专喜欢说别人的坏话。这种心态有幸灾乐祸,有好奇心也有权威感,总觉得自己能传播一句揭发他人隐私的消息,才足以显示自己是消息灵通人士,借以满足自己的权威欲望,所以俗语才有"好事不出门,坏事传千里"。好事所以出不了门,那是因为人们有嫉妒心,看到你有光彩的事就矢口不提,结果就使这种好事遭受尘封和冷冻,以致永远无法让世人知道。反之,一旦作了一件坏事,在人们幸灾乐祸心理驱使下,立刻一传十十传百,很快就能让所有人知道。所以作者才发出了"十语九中未必称奇,一语不中则愆尤并集;十谋九成未必归功,一谋不成则訾议丛兴"的慨叹。这里"谨言慎行"固然是明哲保身的一种方式,但也表明另一种方式,即遇事宜在深思熟虑后一语中的。

无私无贪　度越一世

【原文】　人只一念贪私,便销刚为柔,塞智为昏,变恩为惨,染洁为污,坏了一生人品。故古人以不贪为宝,所以度越一世。

【译文】　一个人只要心中刹那间引出贪婪或偏私的念头,那他就容易把原本刚直的性格变得很懦弱,聪明被蒙蔽得很昏庸,慈悲的心肠就会变得很残酷。原本纯洁的人格就会很污浊,结果是毁灭了一辈子的品德。所以古圣先贤认为,做人要以"不贪"二字为修身之宝,这样,才能超越他人战胜物欲度过一生。

【点评】　品行的修养是一生一世的事,艰苦而又有些残酷,尤其古人对品行有污染者很不愿意原谅。王阳明的理学主张"致良知",他说:"良知无待他求,尽人皆有,只有被物欲泪没了他。"要求为人绝对不可动贪心,贪心一动良知就自然泯灭,良知泯灭就丧失了正邪观念,正气一失,其他就随意而变了。刚毅之气也就顿时化为乌有,而聪颖智慧也就变成了糊涂昏聩,仁慈之心也就变成了残酷刻薄,高尚品德也就染满了污点,只此一念之差就使一生的人格破产。俗话说,吃人家的嘴软,拿人家的手短。生活中一些人抵不住"贪"字,灵智为之蒙蔽,刚正之气由此消除。在商品社会,许多人经不住贪私之诱,以身试法。一些人大半生清白可鉴,却晚节不保,诚可惜哉。"不贪"真应如利剑高悬才对,警世而又可以救人。

画蛇添足　过犹不及

【原文】　气象要高旷,而不可疏狂;心思要缜密,而不可琐屑;趣味要冲淡,而不可偏枯;操守要严明,而不可激烈。

【译文】　一个人的气度要高旷,却不可流于粗野狂放;心思要周详,却不可繁杂纷乱;生活情趣要清淡,却不可过于枯燥单调;言行志节要光明磊落,却不可偏激刚烈。

【点评】　什么事都不能过分,品德和气质的修养也是这样,如果把一种好的品德视为教条而走向极端,那种品德反而有害于人。一个人要想做到不偏颇,恰到好处,言行以至思想境界需要进行一个很长的磨炼过程。因为人们做事做人总是向好的方面追求却难以适度,看到好的一面却忽视随之而来的不足,那么一不小心便会失之偏颇,得到相反的结果。

甜淡适中　刚柔相济

【原文】　清能有容,仁能善断,明不伤察,直不过矫。是谓蜜饯不甜,海味不咸,才是懿德。

【译文】　清廉而有容忍的雅量,仁慈而又能当机立断,精明而不妨害细察,刚正而又不至执拗,这种道理就像蜜饯虽然浸在糖里却不过分的甜,海产的鱼虾虽然腌在缸里却不过分的咸,一个人要能把持住不偏不倚的尺度才算是处人做事的美德。

【点评】 严于品德修养是好的,但严的结果应该是符合中庸之道,这样行事才可能不偏颇。不能认为因为自己品格优良或做好事就自然正确,往往正确过头却适得其反。一个清廉自守的人固然值得尊敬,可是他们往往矫枉过正,把自己的格调提升得很高,对于社会上的万事万物容不得一点沙子,疾恶如仇,结果就变成毫无容忍雅量的偏激。这样行事其主观努力和客观效果很可能相反。反之一个宽宏大量而又居心仁厚的人固然受人爱戴,这种人可能又往往缺乏果断力。这样可以成一个老好人,却办不得大事。一个聪明人如果没有高尚的品德修养,不能在处事中掌握好分寸,聪明会对他造成妨害,就是通常所说的"聪明反被聪明误"。一个人很精明,可精明到至清便可能一事无成。可见做事要保证主观努力和客观效果一致,一方面要求品德端正,另一方面得把好做事的尺度,有一个合适的方法才行。

持身不可轻　用意无须重

【原文】

士君子持身不可轻,轻则物能挠我,而无悠闲镇定之趣;用意不可重,重则我为物泥,而无潇洒活泼之机。

【译文】 作为士大夫在立身处世时不能有轻浮的举动,如果轻浮就会受外界因素的干扰,从而失去从容娴雅的情趣;对任何事物也不能看得太重,这样就会被束缚而心力劳瘁,缺少洒脱活泼的生气。

【点评】 为人处事谨记二字:用心。用心才会认真对待问题,尽力寻找解决途径,如同下棋,一招轻率则全盘皆失。尤其对于小事掉以轻心是人的通病,也许因太过自负,或者将问题想得太简单,其实世间万物千变万化,看起来大体相似的问题总有细微的差别,而这细微的差别很可能是决定性的。若不用心分析,就可能错误估测对象,接踵而来的即是错误的判断与错误的方法,结果可想而知,在此过程中人也会处于极其被动的地位。"执着"一词原为佛教用语,指对某一事物坚持不放,不能超脱,后来泛指固执或拘泥。对待事物太过执着,就失去了超越的可能,结果人为物役,人为形役,除了让自己的身心皆疲惫不堪,丝毫不能体会到生活的喜悦。

以屈为伸　涉世一壶

【原文】 藏巧于拙,用晦而明,寓清于浊,以屈为伸,真涉世之一壶,藏身之三窟也。

【译文】 做人要把智巧隐藏在笨拙中,不可显得太聪明,收敛锋芒。才是明智之举,宁可随和一点也不可太自命清高,要学以退缩求前进的方法。这才是立身处世最有用的救命法宝,明哲保身最有用的狡兔三窟。

【点评】 说一个人不要锋芒太露,不是教人伪装自己,而是办事要分清主次,讲究方法。常言道"大智若愚",是说一个人平时不咄咄逼人,到紧要关头自然会发生功效,这就是"中流失船,一壶千金"的含义吧。一个人一生要做的事很多,不可能件件都要劳心伤神,只有碌碌无为的人才会整天为琐事缠身,在世俗面前夸耀自己的才华。一个人要想拥有足以藏身的三窟以求平安,第一宜藏巧于拙锋芒不露,第二还要有韬光养晦不使人知道自己才华的修养功夫,而且办什么事都应当留有余地才是。最关键的是在污浊的环境中保持自身的纯洁。不露锋芒,韬光善晦并不影响洁身自好,相反,洁身自好是前二者的基础。

胜私制欲　识力两全

【原文】　胜私制欲之功,有曰识不早力不易者,有曰识得破忍不过者,盖识是一颗照魔的明珠,力是一把斩魔的慧剑,两不可少也。

【译文】　战胜私情克制物欲的功夫,有人说是由于没及时发现私欲的害处而又没坚定的意志去控制,有人说虽然能看清物欲的害处却又忍受不了物欲的吸引,所以一个人的智慧是认识魔鬼的法宝,而意志等于是一把消灭魔鬼的利剑,法宝和利剑是战胜情欲不可缺少的。

【点评】　每个人都知道自私自利是一种不好的行为,可是每个人都很难做到控制私心私欲,甚至还有一句"人不为己天诛地灭"的谚语为自私自利的人作辩解。人们之所以难以控制私心杂念,除意志、理性等修为外,还在于所受教育,社会环境等因素。在私欲问题上东西方文化有本质的差异,东方文化是比较强调集体主义克制私欲的,过于自私的人要受到社会的谴责。一个社会都那么自私而冷漠是不可想象的。在人与人的交往中,只有你献出一份爱去关心别人,别人同样来关心你,社会才和谐,才有温暖。一个太自私或物欲太强的人,多半都会遭受别人的排斥。那么,一个想在事业上有所成就的人战胜不了自己的私欲,也团结不了人,何谈事业的成功?所以自私会成为自己前途事业的一大障碍,可能到最后由于自私自利还会自毁前程。所以,归根结底,消除私欲首先要加强修养来战胜自己。

动心忍性　穷且益坚

【原文】　横逆困穷是锻炼豪杰的一副炉锤。能受其锻炼则身心交益,不受其锻炼则身心交损。

【译文】　横逆困难是锤炼英雄豪杰心性的洪炉,接受这种锻炼对形体与精神均有益处,反之如果承受不了这种恶劣环境的煎熬,那么将来他的肉体和精神都会受到损伤。

【点评】　孟子有段名言:"天将降大任于斯人也,必先苦其心志,劳其筋骨,饿其体肤,空乏其身,行拂乱其所为,所以动心忍性增益其所不能。"一个人处世没有经过一番忧患并不是好事;尤其是青年人刚刚进入社会,对未来充满美好的憧憬,雄心万丈,壮志凌云,可人生的路往往是多起多伏的,不如意事常八九,是靠自己的意志克服困难,还是像以往那样去寻找父母的庇护,或者一蹶不振,真可谓是人生的三岔口。如果不经过一番艰苦磨炼,将来不但很难给自己创造光明前途,也很难为国家社会肩负起艰巨任务,所谓"忧危启圣智,厄穷见人杰",温室的花是经不起风雨的。不论是惊天动地的大事业,还是谋生求艺的小手艺,固然是条条大道通罗马,但每条路都是坎坷不平的,都是要在刻苦的磨炼中战胜外来的艰难险阻,克服内心的消沉意志才可能成功。一个能在横逆中挺起胸膛的人才算英雄好汉,一个在困苦中倒下去的人就是凡夫俗子。身心的锻炼是要有不屈的追求,坚强的意志为前提的。

不疑不信　不逆不诈

【原文】　害人之心不可有,防人之心不可无,此戒疏于虑也;宁受人之欺,毋逆人之诈,此儆伤于察也;二语并存,精明而浑厚矣。

【译文】　"害人之心不可有,防人之心不可无"这是用来劝诫在与人交往时警觉性不够思考不细的人;宁可忍受他人的欺骗,却不事先拆穿人家的骗局,这是用来劝诫那些警觉性过高想得太细的人。一个人在和人相处时能把上面两句话并存警诫,才算是警觉性高又不失淳朴宽厚的为人之道。

【点评】　古人总结人生体验有很多耐人寻味的话。如"害人之心不可有,防人之心不可无"这句话出处的《曾广贤文》堪称大全了。作者在这里提出了不同看法。人之所以不能有害人之心,是因害人人家也会害你,"以其人之道,还治其人之身";还有一种人由于心地非常坦荡,总觉得自己所言所行没有什么不可告人的,于是,不分轻重,不看对象,结果为此反而授人以把柄,这种人就犯了太相信人的不足。但防人是有前提的,对坏人、小人、俗人,是非防不可。如果人人防,事事防,人便成为"套中人"了。同样忍让也是有前提的忍让,小事忍,自己利益忍,绝非事事处处忍。防之太甚不好,没有人生经验同样不适于社会。

德随量进　量由识长

【原文】　德随量进,量由识长。故欲厚其德,不可不弘其量;欲弘其量,不可不大其识。

【译文】　人的品德会随着气度的宽大而增进,气度会由于人生经验的丰富而更为宽宏。因此想要深厚自己的品德就不能不使自己的气度宽宏,宽宏自己的气度,就不能不增长自己的生活历练丰富人生知识。

【点评】　常言"德高望重""量宽福厚",德跟量是互为因果的。只有品德高尚才会度量宽宏,其结果是在社会上受到人们尊敬,取得应有地位。而要有高尚的品德就必须先有高深的学问,有了高深的学问待人接物才会有远大眼光,眼光远大做事就不易发生谬误,处世也少有过与不及的缺憾,无往而不利。学问又分作书本知识和人生经验两大类，一个是死的，注重思考探求；一个是活的，要求实践总结。二者的目的都在于增强观察力和判断力，分辩是非曲直分出善恶邪正，能知善恶邪正才可行善去恶从正辟邪。增加学问是德、量的一个重要基础，是增量进德的一个有效方式，而量弘德进又是做学问做人的基础。

无事寂寂　有事惺惺

【原文】　无事时心易昏昧，宜寂寂而照以惺惺；有事时心易奔驰，宜惺惺而主以寂寂。

【译文】　当清闲无事时思想容易松散，这时应该在闲逸的状态下保持一份清醒；当事务繁忙时思想容易分心，这时应该在用心专一的状态下保持一份从容。

【点评】　人处于安逸的状态，就容易神思涣散心念迷乱，如果一味沉溺于闲散安逸，就容易松懈斗志丧失警惕，一旦发生意外，只能措手不及。所以在闲散的时候也应保持一点警惕，出现任何问题都能应对，繁忙的时候一直保持紧张的状态，精神容易疲劳，也容易亢奋，都不利于合理地处理事务，这种时候要保留些雍容的心态，"泰山崩于前而面不改色"，这才是做大事的气魄。故君子要有自控能力，不沉溺于安逸，亦不为外物所左右；任何时候都能把握住自己。

庸德庸行　混沌和平

【原文】　阴谋怪习，异行奇能，俱是涉世祸胎，杀身的利器。只一个庸德庸行，便可以完混沌而召和平。

【译文】　阴谋诡计，怪异的言行，奇怪的技能，都是招致灾乱的根源，杀身的利器。只有那种平凡的德行和寻常的言行，才可以保持自然带来和平。

【点评】　人类是在探求未知中向前发展的，所谓学问需要求疑，科技需要假设，社会的发展需要人们敢于创新。现在世界各国竞相发展科技，莫不以繁荣经济为基础，求新求变求奇，"异行奇能"就是发明新科技的原动力。现代科技的发展是日新月异的，许多奇异设想不断变成现实尽管现代文明中有许多意想不到的问题难以解决，但再回到农业社会时代"狗吠深巷中，鸡鸣桑树巅"那种原始的和平安定幸福中去，满足人们一种理想的憧憬与美化中的回忆是不可能的。只是在现实生活中，那种无谓的奇谈怪论，阴谋怪习是不足取的，惹人讨厌的，不如保持一种常人的心态，安然地生活。

忙里偷闲　闹中取静

【原文】　忙里要偷闲，须先向闲时讨个把柄；闹中要取静，须先从静里立个根基。不然，未有不因境而迁，随事而靡者。

【译文】　忙碌时，也要设法抽出一点空闲时间，让身心获得舒展，把要做的事先做一规整,掌握要点。喧嚣中保持冷静头脑,就必须在心情平静时事先有个主张。不然一旦遇到事情就会手忙脚乱,不知所措,随事盲目而行,往往把事情弄得一团糟。

【点评】 要做到临事不慌,就应当事先计划,静的时候要有主张,忙的时候要会求静。待人的道理也是这样。《中庸》说:"凡为天下国家有九经,所以行之者一也。凡事豫则立,不豫则废。言前定,则不跲。事前定,则不困。行前定,则不疚。道前定,则不穷。"待人做事要讲方法,保持心静,学会求静,深思熟虑是关键。

纳得辱秽　容得贤愚

【原文】 持身不可太皎洁,一切污辱垢秽,要茹纳得;与人不可太分明,一切善恶贤愚,要包容得。

【译文】 立身处世不可自命清高,对于一切羞辱、脏污要适应并能容忍妒忌;与人相处不可善恶分得清,不管是好人、坏人都要习惯以至包容。

【点评】 人不是生活在真空里,必然要和各种各样的人打交道,必然不能事事按自己的意愿来办事,这就必须学会适应社会和人生。李斯曾说"泰山不让土壤,故能成其大;河海不择细流,故能就其深;王者不却众庶,故能明其德。"这是一种王者气象。其实生活中也需要这样,所谓"人至察则无友,水至清则无鱼",何况每个人有缺点也有优点,每个人看问题都有片面性,有的东西以为是对的,却偏偏是错;有的事以为别人错了,实际上因为自己认识上的不足而是自己错。孔子对此的态度是明确的:"三人行必有我师焉,择其善者而从之,其不善者而改之。"即就是错的、污的、恶的,能容纳的本身便是把它作为向上向善的借鉴。

知足常乐　不懈奋进

【原文】 事稍拂逆,便思不如我的人,则尤怨自消;心稍怠荒,便思胜似我的人,则精神自奋。

【译文】 事业稍不如意而处于逆境时,就应想想那些不如自己的人,这样怨天尤人的情绪会自然消失;事业顺心而精神出现松懈时,要想想比我更强的人,那你的精神就自然会振奋起来。

【点评】 做事业没有总是一帆风顺的,虽然一帆风顺是人们的愿望,却不符合事物的发展规律。事业上选一个参照物是决定进退的重要因素。遇到挫折就怨天尤人,绝难成事,这时应调整一下心态,观察一下得失,可能会发现有很多人的景况还远远不如我,前人骑马我骑驴,利于恢复信心而不颓唐。而成功时容易自满以致腐化堕落,这时应当记住"逆水行舟,不进则退""心如平原纵马,易放难收"的道理。不自满不自堕而向上看齐。事业上没有向上之心难以向上,生活上却不能如此,因为更多地向上看齐便容易走向庸俗而无事业心可言。

谨言慎行　执着不弃

【原文】　不可乘喜而轻诺,不可因醉而生嗔,不可乘快而多事,不可因倦而鲜终。

【译文】　不要乘着高兴对人随便许下诺言,不要在醉酒时不加控制乱发脾气,不要乘着一时称心如意不加检点惹是生非,不要因为疲劳疏懒而有始无终半途而废。

【点评】　人有很多毛病往往是不自觉的。高兴时有求必应,轻诺寡信,于是奸小之辈往往投其所好察其所喜,并有意制造一个让人高兴的环境,通过各种手段来等待"轻诺"。借酒发疯,是一种失控的表现,是有德之人所不为的。由于失控,就必然失言,以至酒后无德。人在权势头上在富贵乡中往往说话口无遮拦,财大气粗,摆不正自己的位子,忘记应尊重理解别人,忘记应收敛检点自己。炙手可热,得意忘形,实际上是做人不成熟的表现。更有的人做事有始无终,畏难而退,虎头蛇尾,终究将一事无成。待人行事宜言而有信,恒心如一。

澄吾静体　养吾圆机

【原文】　把握未定者,宜绝迹尘嚣,使此心不见可欲而不乱,庶以澄吾静体;操持即坚者,又当混迹风尘,使此心见可欲而亦不乱,以养吾圆机。

【译文】　当意志还没有控制把握之时,就应远离物欲环境的诱惑,让自己看不见物欲就不会心神迷乱,才能领悟到清明纯净的本色;等到意志坚定可以自我控制时,就要让自己多跟各种环境接触,即使看到物质的诱惑也不会心神迷乱,借以培养自己成熟质朴的灵性。

【点评】　修养自身品德,要有一个良好的外部环境。教育与环境之间,自己的品德修养与环境之间关系非常重要。尤其是思想没有定型品性还不成熟的青少年,最容易误入歧途而堕落,所以这时肩负教导责任的师长,必须对他们严加管教,尤其是为他们能创造一个利于品性自我修养的好环境,制造一个道德自律的氛围。而对一个品性已定思想成熟的人来讲,却必须学会适应各种环境,以磨炼自己。所谓江山易改,禀性难移,一个品德高尚、意志坚定的人,做人有自己的准则,就难以迷失方向。

第四篇　齐家篇

日用有真道　家和万事兴

【原文】　家庭有个真佛,日用有种真道,人能诚心和气、愉色婉言,使父母兄弟间形骸两释,意气交流,胜于调息观心万倍矣!

【译文】　家庭中应该有一种真诚的信仰,日常生活遵循正确原则而领悟了道行的人,能保持纯真的心性,言谈举止温和愉快,跟父母兄弟相处得很融洽,这比用静坐省察还要好上千万倍。

【点评】 这是治家的经验之谈。和为贵,和气生财是古训。怎样和气呢? 孔子曾说为政之道应遵循"君君臣臣,父父子子",这是说在政治上和家庭中都应建立起一个良好的秩序,秩序有度,才可能各尽责任;秩序的建立需要每个成员"诚心""愉色",保持一致心意上的沟通才有"和气"可言。反之,如果没有一定的秩序,不能心意相通,就会处于一片混乱。父慈子孝,兄友弟恭,这就是中国传统的伦理纲常,即《大学》中所说的齐家之道。假如连家都治不好,还谈什么治国之道?

树人终生计　严谨身边友

【原文】 教弟子,如养闺女,最要严出入,谨交游。若一接近匪人,是清净田种下一不净的种子,便终身难植嘉禾矣!

【译文】 教导子弟,要像养育一个女孩子那样谨慎才对,最关键的是要严格管束出入和注意交往的朋友。万一不小心结交了行为不正的人,就等于是在良田之种下了坏种子,很可能一辈子也难以长成有用之才。

【点评】 养不教,父之过,中国人历来重视子弟教育。除书本知识外,尤重视环境的选择。孟母为择邻而三迁其家,是因为孟母明白耳濡目染潜移默化的教育作用。因此教养子弟不得采取放任主义。青少年血气方刚,由于社会经验不足,容易误入歧途,碰到良师益友足可帮助走向成功之路,而酒肉之交却能使其堕落庸俗;交上坏朋友很可能还会葬送自己的前程。所谓"近朱者赤,近墨者黑",所谓"与善人交,如入芝兰之室;与恶人交,如入鲍鱼之肆"。良好的环境是教育成功的基础因素之一。

子孙若如我　留钱做什么

【原文】 问祖宗之德泽,吾身所享者是,当念其积累之难;问子孙之福祉,吾身所贻者是,要思其倾覆之易。

【译文】 假如要问祖先是否给我们留有恩德,我们现在生活所能享受到的东西就算祖先所累积下的恩德,我们就要感念祖先当年留下这些德泽的不易;假如我们要问子孙将来是否能生活幸福,必须先看看自己给子孙留下的德泽究竟有多少,留下的很少就要想到子孙势必无法守成而使家业衰败。

【点评】 不论是家业或国土,都是祖先遗留给我们的恩泽,假如不好好维护利用,就有倾家荡产亡国灭种的危险。俗话说,创业难,守业更难。一个家由贫而富是靠勤俭,靠积累而致。后代子孙的确要"恒念物力维艰",保持勤俭之风,保持创业时团结向上之风。国家大业同样如此。

春风解冻　和气消冰

【原文】 家人有过,不宜暴怒,不宜轻弃;此事难言,借他事隐讽之;今日不悟,俟来日再警之。如春风解冻,如和气消冰,才是家庭的型范。

【译文】 如果家里的人犯了什么过错,不可以随便大发脾气乱骂,更不可以用冷漠的态度进行冷战而不管他;如果不好直接批评可以借他事暗示他改正;如果没办法立刻使他悔悟,就要拿出耐心等待来日再提醒劝告。要循循善诱,要像春天的和风解除冰天雪地似的冬寒一样慢慢来,要像温暖的气流消融冰雪一样,在不知不觉间进行,这样充满一团和气的家庭才算是模范家庭。

【点评】 怎样治家,古人有许多专门的论述。现代社会里,家庭问题引起了方方面面的关注。尤其是子女教育问题,每个家庭方法不一。有的家庭望子成龙心切,家长对子女的管教特别严格,每当子女犯了过错,就立刻暴跳如雷非打即骂;有的家长对子女的学业和事业漠不关心,放任不管。这种粗暴和冷漠的教育方式都会对子女的人格发展产生不良影响。处理家庭关系同样要讲究方式,那种家长式的作风早已成为过去,许多家庭矛盾往往要假以时日消除或者婉转一下才能沟通。家庭和社会不一样,家人总是朝夕相处,因此和睦的家庭,融洽的气氛就成了事业成功的基础。

从容处父兄　剀切待朋友

【原文】 处父兄骨肉之变,宜从容不宜激烈;遇朋友交游之失,宜剀切不宜优游。

【译文】 遇到父母兄弟或骨肉至亲之间发生纠纷或人伦惨变,应该持沉着、从容态度,绝不可感情用事,采取激烈言行而把事情弄得更坏;跟知心好友交往,遇到朋友有过失,应该诚恳地直言规劝,绝对不可以由于怕得罪人而模棱两可,眼看着他继续错下去。

【点评】 人生在世,亲朋好友,不可或缺,所谓"在家靠父母,出门靠朋友"。但人与人在一起怎样相处,怎样处理不可避免的矛盾,却大有学问。俗话说一家一本难念的经,一个家庭里为些很小的事就会产生这样那样的矛盾。矛盾出来了,激化了,不可能视而不见,如果是以快刀斩乱麻的方式或者压制一方的激烈的方式来解决问题,是很难平衡的。因为家庭矛盾和社会矛盾不一样,家人天天在一起,以激烈的方式解决矛盾连个缓冲的余地都没有,很可能激化出更大的矛盾。做人要持正直的原则,对于朋友也宜如此。假如说你的一个知心好友,为了某些事而跟人发生纠纷时,你最好一旁剀切规劝,而不是火上浇油一味袒护,否则必然会因此而激怒对方,激化矛盾。如果形成不良后果则是害友。这不仅是对朋友的交游之失,就是发现其他朋友的其他不是也应直陈。交友应交心,而不是做酒肉朋友。

眷眷亲情　舐犊情深

【原文】 父慈子孝,兄友弟恭,纵做到极处,俱是合当如此,着不得一毫感激的念头。如施者任德,受者怀恩,便是路人,便成市道矣。

【译文】 父母慈祥,子女孝顺,兄姐对弟妹友爱,弟妹对兄姐尊敬,即使到最完美境界,也都是骨肉至亲之间所应当做的,因为这完全是出于人类与生俱来的爱,彼此之间绝对不可以存有一点感激的想法。假如施行的人以为是一种德,接受的人怀有感恩图报的心理,那就等于把骨肉至亲变成了路上的陌生人,而且把真诚的骨肉之情变成了一种市井交易的法则。

【点评】 中国古代有一整套伦理道德体系,这套体系随着社会的发展固然有其落伍处,但许多方式方法在日益重视金钱的现在,仍不失其现实作用。不论是敬老尊贤的公德意识,还是养儿防老的反哺思想,对稳定社会都有着积极意义。人生在世,对朋友有友爱之情;在家里,安享天伦之乐,正表现出人的一种善良美好的本性。正是这种家族人伦之爱,维系着中国社会几千年的传统。这种爱是自然的,是金钱权力所不能交易到的,是不存在德行与恩惠观念的,是感情生活中的一块净土。

德固业久　心立嗣荣

【原文】 德者,事业之基,未有基不固而栋宇坚久者。

【译文】 一个人的品德是他一生事业的基础,如同兴建高楼大厦,假如不事先把地基打稳固,就绝对不能建筑坚固耐久的房屋。

【点评】 品德的修养是人生的基础,决定一个人一生行事是善是恶是美是丑。一个人没有好的品德,再好的学识或许不能有益于人,可能还会害人,而且知道越多害人越深,权势越大破坏愈广。一个品行不端的人,很难在事业上有所成就,就是可能荣耀于一时,但终究会贪赃枉法、过于自私、误国误民,爬得高会摔得更重。所以成功的事业者必须德才兼备。

根深则叶茂　始严才成器

【原文】 子弟者,大人之胚胎,秀才者,士大夫之胚胎。此时若火力不到,陶铸不纯,他日涉世立朝,终难成个令器。

【译文】 小孩是大人的前身,学生是官吏的前身,假如在这个阶段学习不多,磨炼不够,将来踏入社会,很难成为一个有用之才。

【点评】 古代对蒙训幼教是很重视的,所谓"幼而学,壮而行""玉不琢不成器,人不学不知义""少年不努力,老大徒悲伤",都说明了这个道理。千里之行始于足下,一个人的学习锻炼是从年少时开始的。国家社会的未来在下一代人身上,教育学习,培养品德,锻炼意志,下一代人将来才会有所作为,成为有用之才。这里关键是需要磨炼,即所谓"陶铸"青少年在娇生惯养的环境里是不会得到锻炼也难以长成有出息的人,只注重书本学习,只重视考分,很难培养出有用于社会之才,必须德、智、体全面发展,面向社会未来,才是教育之良方。

第五篇　待人篇

寸云蔽日　隙风侵肌

【原文】　谗夫毁士,如寸云蔽日,不久自明;媚子阿人,似隙风侵肌,不觉其损。

【译文】　小人用恶言毁谤或诬陷他人,就像点点浮云遮住了太阳一般,只要风吹云散太阳自然重现光明;甜言蜜语阿谀奉承的小人,就像从门缝中吹进的邪风侵害肌肤,使人们在不知不觉中受到伤害。

【点评】　用奉承的手段迎合别人的意图,靠阿谀媚人取悦于人,尽管人们厌其品行,可在阿谀逢迎中飘飘然的人却是大有人在。靠谣言、谗言打击别人来抬高自己的人并不少见,因为有的人需要谗言和谣言当石子来打击别人达到自己的目的。如果人人都有一个良好的品德,有一坚定的做人原则,谣言、媚语、谗言又何以生存? 所谓"谣言止于智者",可见谗言只有遇到昏庸者才会发生作用,苏洵在《辨奸论》一文中说:"容貌言论,固有以欺世盗名者,然不忮,不求,与物浮沉。使晋无惠帝,仅得中主,虽衍百千,何从而乱天下乎? 卢杞之奸,固足以败国,然而不学无文,容貌不足以动人,言语不足以眩世。非德宗之鄙暗,亦何从而用之?"没有生存的环境,听信的对象,小人就缺了活动的场所,谀谗就没了生存的空间。

曲为弥缝　善为化诲

【原文】　人之短处,要曲为弥缝,如暴而扬之,是以短攻短;人有顽固,要善为化诲,如忿而疾之,是以顽济顽。

【译文】　别人有缺点过失,要婉转地为他掩饰或规劝他,假如去揭发传扬,是在证明自己的无知和缺德,是用自己的短处来攻击别人的短处;发现某人个性比较愚蠢固执时,就要很有耐心地诱导启发,假如生气厌恶,不仅无法改变他的固执,同时也证明了自己的愚蠢固执,就像是用愚蠢救助愚蠢。

【点评】　人进入社会以后,最烦恼的莫过于被闲言碎语是是非非所缠绕。常言道:"来说是非者,便是是非人。"看到长舌妇搬弄是非挑拨离间很让人讨厌。但关键还在于自己的修养,自己对是非抱什么态度,是不是自己也卷了进去还不自觉呢? 万一有人向我们打听某人的作为,我们应本着"隐恶扬善"的态度相告,因为一个喜欢揭发人家短处的人,就证明他自己的为人一定也有问题,所以在旁人看来也只不过是"以五十步笑百步"而已。况且"己所不欲,勿施于人",既然不喜欢人家说你的坏话,那你又为什么要在他人面前搬弄别人的是非呢? 每个人都有自己的一些习惯,有些习惯不一定为别人所接受,一个善于处世的人,应该本着尊重别人个性习惯的原则去适应化解,而不是讨厌;不能接受别人的人说明自己也有许多不好的习惯,应学会由人及己的方法。

人心叵测　谨慎防口

【原文】　遇沉沉不语之士,且莫输心;见悻悻自好之人,应须防口。

【译文】　假如你遇到一个表情阴沉,默默寡言的人,千万不要一下就推心置腹表示真情;假如你遇到一个自以为了不起又固执己见的人,你就要小心谨慎尽量少说话。

【点评】　人的表情往往是内心世界的反映,每个人有每个人的习惯、个性,表现出来的方式也不一样。一个人生存在社会上,必须处处多加提防,当然不要察言观色,阿谀奉承,但把各种表情习惯分分类,以在待人接物时有把合适的尺子。不然一旦遇到心地险恶的歹徒,就会深受其害,所以观察人是非常重要的。一般来说一个年纪比较大的人,见多识广,饱经风霜,对于观人之行都有几分心得。由于人际的复杂,人在处世时,学学观人本领是很必要的。俗话说:"逢人只说三分话,莫要全抛一片心。"不经过一段时间的观察,是看不出一个人品性好坏的,也就很难决定交往的程度,说话的深浅。没有心理评判,只凭观察外表是不够的。

善人未急亲　恶人勿轻去

【原文】　善人未能急亲,不宜预扬,恐来谗谮之奸;恶人未能轻去,不宜先发,恐遭媒孽之祸。

【译文】　要想结交一个有修养的人不必急着跟他亲近,也不必事先来宣扬他,避免引起坏人的嫉妒而在背后诬蔑诽谤;假如一个心地险恶的坏人不易摆脱,绝对不可以草率行事随便把他打发走,尤其不可以打草惊蛇,以免遭受报复陷害等灾祸。

【点评】　君子之交是道义之交,君子之交淡如水,靠爱好、情趣、学识为纽带来建立感情这个过程,是个渐进的相互观察了解的过程。和善人交,与君子游是人所愿也。但道不同不相为谋,小人与善人,奸猾之辈与君子从各个方面都格格不入。显出想与君子善人急于交往而过分亲密,小人很可能因为被冷落而嫉恨生出破坏的念头。与君子交,做君子难,远小人不易。人们讨厌小人,但小人由于擅长逢迎,往往可以得到有权势者的赏识而很有市场;如果当权者是奸邪之辈,得罪了就更加困难,想送瘟神非得等待时机。如果你是个企业家,手下有小人之辈要解雇,同样要周详考虑其生存的市场,要一举中的才不会有后遗症。不论是亲贤亲善远小远奸,首先是自己须光明磊落大公无私,这样才不惧奸诈小人的恶意报复。这是交友做事的基础。

心底无私　陶冶众生

【原文】　遇欺诈之人,以诚心感动之;遇暴戾之人,以和气熏蒸之;遇倾邪私曲之人,以名义气节激励之。天下之人,无不入我陶冶中矣。

国学经典文库

国学经典

处世经典

图文珍藏版

【译文】 遇到狡猾诈欺的人,要用赤诚之心来感动他;遇到性情狂暴乖戾的人,要用温和态度来感化他;遇到行为不正自私自利的人,要用大义气节来激励他。假如能做到这几点,那天下的人都会受到我的美德感化了。

【点评】 世上的人千人千面,千变万化,每个人都面临适应人生,适应社会的问题。所谓以不变应万变,面对大千世界,抱定以诚待人,以德服人的态度来适应人们个性的不同。即是对冥顽不化的人,也要以诚相待使他受到感化,所谓"精诚所至,金石为开"。以我之德化,来启人之良知,历史上这样的例子很多,即使是冥顽之人朝闻道而夕死的事也不少,这也算是临终而悟,而达到德化的目的;何况对于一般人,坚持我之美德与之相处,终可德化落后之人,保持真诚平和的人际交往。

用人勿刻　交友毋滥

【原文】 用人不宜刻,刻则思效者去;交友不宜滥,滥则贡谀者来。

【译文】 用人要宽厚而不可太刻薄,太刻薄就会使想为你效力的人离去;交友不可太多太浮,如果这样,那些善于逢迎献媚的人就会设法接近你,来到你的身边。

【点评】 孔子把朋友分成两大类,一种是益友,一种是损友。孔子说:"益者三友,损者三友,友直,友谅,友多闻,益矣;友便辟,友善柔,友便佞,损矣。"交友宜益人,恶人岂能称友? 高山流水,难得知音,以至知音成为后人择友时的一个向往。许多人一诺之功,一酒之饮,一事之助便以为友至矣,这样是没有真朋友的。故俗语有"酒肉朋友不可交"的说法。交友不可滥,待人用人不能刻薄。尤其一些有点权力的人,往往既出于公心,又刻薄待人。办事往往以为只自己正确,待人总是按我之要求,还偏生说是为公,实际上是不懂得尊重人,不知道怎样用人。这样做会成事不足败事有余,哪里还谈得上以为公?

中才之人　事事难与

【原文】 至人何思何虑,愚人不识不知。可与论学,亦可与建功。唯中才之人,多一番思虑知识,便多一番臆度猜疑,事事难与下手。

【译文】 智慧道德都超越凡人的人,他们心胸开朗对任何事物都无忧无虑;天赋愚鲁的人,想得少知道得不多,脑中一片空白,遇事也就不懂得钩心斗角。这两种人既可以和他们讲学问也可以和他们共建功业。唯独那些天赋中等的人,智慧虽然不高却什么都懂一点,这种人遇事考虑最多,猜疑心也极重,所以什么事都难以和他们合作完成。

【点评】 从选择合作伙伴的角度来看,这段话很有道理。人的智力有高下,每个人学有所专,事有所长,除了自暴自弃的人难以改变外,只要愿意努力做事,人人都可以使用,都可以用其所长。但对于那种什么都知道一点又不求甚解,什么事都只想自己不想别人的人确难合作。这种人对什么事都好猜疑,无远见卓识。与其如此,倒不如选择有专长的专门之才，或者是选择从头学起易于接受新事物的人合作，以保证合作的可能，事业的成功。

第六篇 处世篇

寂寞生前事 万古身后名

【原文】 栖守道德者，寂寞一时；依附权势者，凄凉万古。达人观物外之物，思身后之身，宁受一时之寂寞，毋取万古之凄凉。

【译文】 恪守道德节操的人，只不过会遭受一时的冷落；而那些依附权势的人，却会遭受千年万载的唾弃与凄凉。胸襟开阔且通达事理的人，重视物质以外的精神价值，顾及死后的名誉。所以他们宁愿承受一时的寂寞，也不愿遭受永久的凄凉。

【点评】 宁愿栖守道德而寂寞一时，宁愿遵从大义而舍生一死，从古至今的例子很多，如文天祥就称得上是代表。《十八史略》载：张弘范让文天祥写信招降张世杰，否则只有一死，文天祥书《过零丁洋诗》与之，其末句就是现在人们经常引用的千古名言："人生自古谁无死，留取丹心照汗青。"这就是"宁受一时之寂寞，毋取万古之凄凉"的具体表现。达人所以能"观物外之物，思身后之身"，完全在于"仁义"二字，因此文天祥在他的"衣带赞"中又说："孔曰成仁。孟曰取义；惟其义尽，所以仁至。读圣贤书，所学何事？而今而后，庶几无愧！"这是古代的舍身取义。有了这样的追求，生活上也就甘于淡泊了。孔子说："不义而富且贵，于我如浮云。"反之，如魏忠贤、严嵩、和珅等人，几乎个个都是依仗权势的佞幸奸臣，他们最后都落得身首异处凄凉万古的悲惨下场，为人处世不慎可乎！用这个道理来考察我们的现代生活，同样的具有深刻的教育意义。当年，李大钊、瞿秋白等一代先烈为了伟大的理想，为了美好的追求，舍生成仁，英勇牺牲。对照我们今天的一些人在商品大潮中丢掉原则，丧失理想，而贪污腐化，能不引人深思吗？

快意早回头 拂心莫放手

【原文】 恩里由来生害，故快意时须早回首；败后或反成功，故拂心处莫便放手。

【译文】 身处顺境被主人恩宠，往往会招来祸患，所以一个人志得意满时应该见好就收，尽早觉悟；遭受挫败后有时反而会使一个人走向成功之路，因此不如意时，千万不可就此罢休，放弃追求。

【点评】 得意时早回头，失败时别灰心，这是人们根据长期生活积累而得到的经验之谈。尤其是第一句话，其政治含义很深。在封建社会，有"功成身退"的说法，因为"功高震主者身危，名满天下者不赏"，"弓满则折，月满则缺"，"凡名利之地退一步便安稳，只管向前便危险"。都说明了"知足常乐，终生不辱，知止常止，终身不耻"。张良、范蠡等人功成身退，急流勇退，常让后人感叹称赏。而李斯为秦国建大功却身亡，发出"出上蔡东门逐狡兔岂可得出"的哀鸣，正说明俗语说："爬得越高，摔得越重"的道理，因为权力最能腐化人心，而人们由于贪恋名利，往往会招致身败名裂的悲剧下场，西汉时吴王刘濞等所发动的"七国之乱"，就是由于妄贪更大的权位和名利，才使七国之王个个惨遭灭门之祸。而从做人角度看，得意时更要谨慎，不骄不躁。至于后一句话其生活意义更明显，所谓失败乃成功之母，一个人不受挫折是不可能的，关键是受了挫折不会气馁。

劳谦虚己　韬光养德

【原文】　完名美节，不宜独任，分些与人可以远害全身；辱行污名，不宜全推，引些归己，可以韬光养德。

【译文】　完美的名誉和节操，不要一个人独占，必须分一些给旁人，才不会惹发他人嫉恨招来祸害而保全生命；耻辱的行为和名声，不可以完全推到他人身上，要自己承揽几分，才能掩藏自己的才能而促进品德修养。

【点评】　做人不能只沾美名，害怕责任，应当敢于担责任，担义务。从历史上看，一个人有伟大的政绩和赫赫的武功，常常会遭受他人的嫉妒和猜疑，历代君主多半都杀戮开国功臣，因此才有"功高震主者身危"的名言出现，只有像张良那样功成身退善于明哲保身的人才能防患于未然。所以君子都宜明了居功之害。遇到好事，总要分一些给其他人，绝不自己独享，否则易招致他人怨恨，甚至杀身之祸。完美名节的反面就是败德乱行，人都喜欢美誉而讨厌污名。污名固然能毁坏一个人的名誉，然而一旦不幸遇到污名降身，也不可以全部推给别人，一定要自己面对现实承担一部分，使自己的胸怀显得磊落。只有具备这样涵养德行的人，才算是最完美而又清高脱俗的人。让名可以远害，引咎便于韬光，这本身就是处世的一种良策。

事无圆满　处处留余

【原文】　事事留个有余不尽的意思，便造物不能忌我，鬼神不能损我。若业必求满，功必求盈者，不生内变，必召外忧。

【译文】　做任何事都要留余地，不要把事情做得太绝，这样即使是造物主也不会嫉妒我，神鬼也不会伤害我。假如一切事物都要求尽善尽美，一切功劳都希望登峰造极，即使不为此而发生内乱，也必然为此而招致外患。

【点评】　从做人、做事业角度来看，"满招损，谦受益""天道忌盈，卦终未济"，这些道家思想对中国人生活方式影响很大。道家是以虚无为本，认为天地之间都是空虚状态，但是这种空虚却是无穷无尽的，万物就是从这种空虚中产生。例如老子在《道德经》中说："持而盈之不如其己，揣而锐之不如长保。"而"知进而不知退，善争而不善让"就会招致灾祸，所以历史上司马光在《资治通鉴》中发出"汉三杰而已，萧何系狱，韩信诛夷，子房托于神仙"的慨叹。人们凡事都求全求美，绞尽脑汁企图来达到这个目标。其实不论何事都不应妄想登峰造极，因为有上坡就必然有下坡，也就是有上台必然有下台的一天，事情到了一定的限度必然发生质的变化。一件事成功了如果不及时总结，保持清醒头脑反而骄傲自满，沉溺在过去的成功之中，那么就可能使事情走向它的反面。从另一个意义来讲，功业不求满盈，留有余地，也是一种处世方法，比如对于置钱财家业，求多求尽；对于功名地位，求高求上，不知急流勇退，不知保持人的本性而成为守财奴，不知预先留几分余地才会安全，那么正应了古圣先贤的至理名言，历史教训就会再现。

居高怀山林　处远思廊庙

【原文】　居轩冕之中，不可无山林的气味；处林泉之下，须要怀廊庙的经纶。

【译文】　身居显位高官的人，不可以不保持一种隐居山林淡泊名利的情趣；隐居在田园山林之中，必须要有胸怀天下治理国家的壮志和蓝图。

【点评】　中国古代知识分子受儒、道思想影响极大，表现在对待人生的问题上，一方面是积极入世，实现理想抱负；一方面真心出世，品味林泉真趣。两相矛盾的东西统一为一个整体。这样，在权势头上可以保持几分山林雅趣，缓和过分热衷名利的紧张。这里的出世又分为真出世和假出世，假出世是以出世作为入世的手段，作为当官的资本；真出世是退隐，不屑于争权夺利、尔虞我诈。一个人只要能做到隐居山林间隐士们的高风亮节，就能体会出孔子所说的"富贵于我如浮云"，这时才能领悟到生活在林泉之下的哲理。不过，不管是真退隐还是假出世都存在不在其位而谋其政，都关心国家大事这样的问题。尽管你可以过闲云野鹤般自由自在的生活，但不可以完全忘记国家兴亡大事。在现代，人们参政议政的意识更强烈，表现人们意愿的方式也更多，即社会的透明度越来越大，所以个人的生活方式可以自己选择。但是"志在林泉，胸怀廊庙"的传统依然影响着人们，社会的发展不容许人把自己封闭于社会之外，锁在个人的小天地里。

无过便是功　无怨即是德

【原文】　处世不必邀功，无过便是功；与人不求感德，无怨便是德。

【译文】　人生在世不必想方设法去强取功劳，其实只要没有过错就算是功劳；救助人不必希望对方感恩戴德，只要对方不怨恨自己就算恩德。

【点评】　"无过便是功，无怨便是德"，在这里并非指俗话所说"多作多错，少作少错，不做不错"的消极思想，而是一种舍己为人的精神。真正的给予，绝不是施小惠，完全是一种自我牺牲。假如施恩图报，那就等于贪婪而不是给予。真正的给予应该是牺牲自己照亮别人。用现在的话讲就是多贡献，少索取，对不属于自己的东西不强求，应该听其自然，强求反而会适得其反。从这个意义上讲，不邀功就可以保持自我而不被功利所迷惑,才会把奉献、给予当成一种崇高的境界来追求。

居高思危　当局莫迷

【原文】　居卑而后知登高之为危,处晦而后知向明之太露;守静而后知好动之过劳,养默而后知多言之为躁。

【译文】　站在低处然后才知道攀登高处的危险,在暗处然后才知道置身光亮的地方会刺眼睛;保持宁静心情然后才知道喜欢活动的人太辛苦,保持沉默心性然后才知道话说多了很烦躁。

【点评】　这是卑尊、晦明、静动、默躁的对比,强调的是人有所作为时应学会多向思维,也就是善于站在其相反一面来观察人生,对人生的体验应是多层次多角度的。身居高位的人往往得意忘形,被物欲权欲迷惑而不自觉,一旦从高处跌下之后,才明白身居高位的危险。人的体验往往是在对比之中才更加深刻。因此人们立身社会,在得意之时往往把一切都忘得一干二净,可是一旦走出社会归隐家园之后,才思考奔波劳碌一生所得的究竟是什么呢,很多事是不能造作和强求的,因为体验太少,思路不清。这也就是所谓"当局者迷,旁观者清"。可见只有站在不同角度才能看清庐山真面目。所以思考时要做面面观,要想做一番事业,必须有一个健全的思维,有丰富的体验,思考问题能够由此及彼,由近思远。而从做人来看,不可因一时的荣辱明暗而自我封闭,过分地自卑或自傲。

不行处退一步　功成时让三分

【原文】　人情反覆,世路崎岖。行不去处,须知退一步之法;行得去处,务加让三分之功。

【译文】　人世冷暖变化无常,人生道路崎岖不平。当你遇到困难走不通时,要明白退一步的方法;当你事业一帆风顺,一定要有谦让三分的胸襟和美德。

【点评】　为人处世必须学会谦让,不能处处争强好胜,不能事事出头露尖,难行的地方退一步或许会海阔天空。人生得意的时候也应把功劳让与别人一些,不要居功自傲,不能得意忘形。何况人类的感情复杂无比,人心的变化也是层出不穷。今天认为是美的东西明天就有可能认为是丑,今天认为是可爱的东西,明天就有可能认为是可恨。所谓"人情冷暖,世态炎凉",也就是"人情反复,世路崎岖"的道理。当年韩信微贱时就曾深深体会到此中的辛酸。尤其世路多险阻,人生到处都有陷阱。这就要培养高度的谦让美德,遇到行不通的事不要勉强去做。换句话说,人生之路有高低、有曲折、有平坦,当你遇到挫折时必须鼓足勇气继续奋斗,当你事业飞黄腾达时,不要忘记救助那些穷苦的人,因为这样可以为你自己消除很多祸患于未然。这样,知退一步之法,明让三分之功,不仅是一种谦让美德,而且也是一种安身立命的方法。

君子之道　能屈能伸

【原文】　处治世宜方,处乱世宜圆,处叔季之世当方圆并用;待善人宜宽,待恶人宜严,待庸众之人当宽严互存。

【译文】　生活在政治清明天下太平时,待人接物应严正刚直爱憎分明;处在政治黑暗天下纷争的乱世,待人接物应圆滑老练随机应变;当国家行将衰亡的末世,待人接物就要刚直与圆滑并用。对待善良的君子要宽厚,对待邪恶的小人要严厉,对待一般平民大众要宽严互用。

【点评】　这是古代知识分子待人处世的一种典型方式,和他们的从政观有关。太平盛世有明君贤相为政,能采纳善言表彰善行,所实行的是大公无私的善政,所以一个人的言行即使刚直严正,也不会受到任何政治迫害。反之,假如是处于昏君奸臣当政的乱世,言行就必须尽量圆滑,否则就有招致杀身之祸的危险。从政如此,待人同样。这种待人处世的方式有一定的借鉴意义。一个人不能抱着满腔热情,怀着赤子之心却不顾实际环境,不看周围大众的水平而自顾自地施展抱负,在待人处事的方式上一成不变,这样的结果将非撞一鼻子灰而于事无补。

小人之心　君子之腹

【原文】　淡泊之士,必为浓艳者所疑;检饬之人,多为放肆者所忌。君子处此,故不可稍变其操履,亦不可露其锋芒!

【译文】　志远而淡泊的人,一定会遭受热衷名利之流的怀疑;言慎而检的真君子,往往会遭受那些邪恶放纵之辈的嫉恨。所以君子如果处在这种既被猜疑而又遭嫉恨的环境中,固然不可改变自己的操守和志向,也绝对不可锋芒尽出过分表现自己的才华。

【点评】　俗话说"防人之心不可无",又说"人怕出名猪怕壮",说明了一个有修养的人往往善待人生,往往注重自我修省,以为修省并不干他人之事,却不想正是由于自己品德高尚了就衬出了小人的心性,而必然遇到嫉恨和攻击。所以一个深才高德的人,处在这种招忌的恶劣环境中,最聪明的办法就是不要锋芒太露。可是很多人不明白这种道理,尤其是奋发向上的年轻人,往往会由于表现得太好,而遭受嫉恨,被造谣中伤。所以一个有为的人其处世节操不可变,待人方法须讲究。

爱重反为仇　薄极反成喜

【原文】　千金难结一时之欢,一饭竟致终身之感。盖爱重反为仇,薄极反成喜也。

【译文】　价值千金的重赏或恩惠,有时难以换得一时的欢娱,一顿粗茶淡饭的小小帮助,可能使人一生不忘此事,永远心存感激、回报之心。这或许就是当一个人爱一个人爱到极点时很可能会翻脸成仇；平常不重视或者淡泊至极的一些人，给予一点惠助，就可能转而对你表示好感，成为好事。

【点评】 人的感情不是用钱可以买到的，助人要在人最需要人助的时候。像韩信"一饭之恩终身不忘"，而且帮刘邦打下天下后，也始终记住刘邦的过去而不背叛汉王。在我们的生活中，爱恨之事也是常有的，有句俗话叫"身在福中不知福"，往往被爱包围着的人却不自知，而一点不如意便会反目成仇的例子却很多，爱与恨的反反复复交织在人生的全过程。

韬光养晦　功成身退

【原文】 爵位不宜太盛，太盛则危；能事不宜尽毕，尽毕则衰；行谊不宜过高，过高则谤兴而毁来。

【译文】 官位不宜太高权势不应太盛，如果太高就会使自己陷于危险状态；一个人才干所及的事不应一下子都发挥出来，如果都发挥出来就会处于衰落状态；一个人的品德行为不可以标榜过高，如果太高就会惹来毁谤和中伤。

【点评】 任何事都有个度，所谓"官大担险，树大招风""否极泰来""物极必反"，都说明了这个道理。一个人的爵禄官位到了一定程度就必须急流勇退，古代开国功臣大多被杀的一个很重要的原因在于不能急流勇退。可惜很多人不懂这个道理。最典型的例子是汉初三杰，帮刘邦打下天下后，结局都不相同，因此司马光才很感慨地说："萧何系狱，韩信诛夷，子房托于神仙。"其实，何止在做官上应知进退，其他事同样应知进退深浅。人和人只要在一起就会产生矛盾，因利益之争，因嫉妒之心，因地位之悬，因才能之较都可能结仇生怨，故做人处事最重要的是把握好尺度。

醒人痴迷　救人急难

【原文】 士君子贫不能济物者，遇人痴迷处，出一言提醒之，遇人急难处出一言解救之，亦是无量功德。

【译文】 明理达义的人，虽说家贫不能用财物来救助他人，可是当遇到有人感到迷惑而不知如何解决时，能从旁边指点一番使他有所领悟，或者遇到急难事故能从旁边说几句公道话来解救他的危难，也算是一种很大的善行。

【点评】 人们有一种传统的习惯，仿佛救助别人要么做事、要么助钱、要么出力，很重视有形的东西。对于出个点子，指点迷津，用道理劝诫一番等等无形的东西往往忽视。仿佛只在读书层中才重视学识广、境界高的人出的点子和讲的道理的价值。古代社会，文武重臣往往有自己的幕僚等等为自己出谋划策。随着社会的发展，给人帮助的形式多种多样，尤其是无形的东西如知识、智慧和经验日益受到重视，出点子服务逐步走向一般民众，走向有序、有偿、有效的轨道。知识和经济挂钩，可以按照时间计量，如请律师为你分析一个案情，让能者为自己的公司出一个促销策略。尤其在商品经济下市场竞争中,更需要的是人的智慧,有用的点子,即人才被越来越重视。

真恳做人　圆活涉世

【原文】　做人无点真恳念头,便成个花子,事事皆虚;涉世无段圆活机趣,便是个木人,处处有碍。

【译文】　做人没有一点真情实意,就会变成一个一无所有的花子,不论做任何事情都不踏实;一个人生活在世界上如果不懂得一点灵活应变的情趣,就像是一个没有生命的木头人,不论做任何事都会到处碰壁。

【点评】　华而不实的人可能会给人一个生动的印象,但决不会长久;心地诚善的人或许不会给人以深刻的印象,但随着时间的推移,人们的信任感在诚善之中就越来越强。做事如果不诚恳,对方总认为你滑头滑脑,就不敢跟你一起做出任何重大决断,这样你就什么事也无法进行,当然也就谈不到创任何大事业,到头来必将一事无成。就是在相互倾轧的生意场中也讨厌一槌子买卖的人。"诚信"是个首要原则。当然诚而善只是基础,办事还须灵活,尤其是具体事物应有变通之法。待人上更要有人情味和幽默感,往往很严肃很尴尬的事,由于当事人富有幽默感,说上几句很逗趣的话,大家哈哈一笑,事情也办通了。有的事这样办不行换个方式就行,此时不行换个时间就成。尤其是现代社会,既要讲做人原则,也要求办事效率。

急流勇退　独善其身

【原文】　谢世当谢于正盛之时,居身宜居于独后之地。

【译文】　退隐家园,不问世事应当是在事业巅峰时做出决断,急流勇退;而平时居家,养生度日最好选择一个与世无争的安宁之地居住,以便清修。

【点评】　急流勇退是功德圆满的一种方式,知道这个道理的人不少,自觉做到这一点的人却不多。史载汉武帝最宠幸李夫人,她在病重弥留之际坚决不肯再见武帝,理由是"以色事人者,色衰而爱弛",她要把最美好的形象而不是病后的憔悴面孔留给汉武帝,使汉武帝不致因色衰而产生爱弛的心理,能够继续恩待她父兄家人。从这一史实就说明急流勇退的道理,虽然李夫人不是自觉而退。一个大人物要想使自己的英名永垂不朽,必须在自己事业的巅峰阶段勇于退下来。做事业需要意志,退下来同样需要意志。任何事都存在物极必反的道理,随着事业环境的变化,以及人自身能力的限制,自身作用的发挥必须随之而变。江山代有才人出,并不是官越大,表明能力越强;权越大,功绩越丰。不论大人物、小人物,作用发挥到一定程度就要知进退。退不表明失败,主动退正是人能自控、善于调整自己的明智之举。

不近恶事　不立善名

【原文】　标节义者,必以节义受谤;榜道学者,常因道学招尤。故君子不近恶事,亦不立善名,只浑然和气,才是居身之珍。

【译文】 标榜节义的人,到头来必然因为节义受到批评诋毁;标榜道学的人,经常由于道学而招致人们的抨击。因此一个君子平日既不接近坏人做坏事,也不标新立异建立声誉,只是一股纯厚、和蔼的气象,这才是立身处世的无价之宝。

【点评】 人们讨厌假道学伪君子,因为做人要平实无欺,不可自我标榜吹嘘。真理不是巧言,仁义更非口说。换言之,学问道德并非吹嘘而来,是从艰苦修养中累积而成。有的人好虚名,披上道德外衣,实质上是在骗取人们信任,满足私欲需求,与为非作歹固然有别但却具有更大的欺骗性。一个人居身立世确立正确的原则,不是为了给别人看,而是为磨炼自己的心性,使自己有一个健全的心态,完美的人格。

高绝褊急　君子谨戒

【原文】 山之高峻处无木,而溪谷回环,则草木丛生;水之湍急处无鱼,而渊潭停蓄,则鱼鳖聚集。此高绝之行,褊急之衷,君子重有戒焉。

【译文】 高耸云霄的山峰地带不长树木,只有溪谷环绕的地方才有各种花草树木的生长;水流特别湍急的地方无鱼虾栖息,只有水深而且宁静的湖泊鱼鳖才能大量繁殖。这是地势过于高绝水流太过湍急的缘故;这都不是容纳万物生命的地方,君子处人待世必须戒除这种心理。

【点评】 伟大寓于平凡,在平凡中见伟大的人才是真伟人。有德之人见于细小,从点滴做起,只有这样在大是大非面前才会显出品德的高尚。自命清高孤芳自赏标奇立异的人,属于"高绝之行,褊急之衷"之辈,是君子所不足取的。虽然有德之人、建功立业的伟人是不怕孤独的,因为真理往往在少数人的手里,像污泥中的莲花格外醒目,耐得寂寞。但这不是说人要把自己放到空中楼阁之中,让思绪永远停留在理想世界,因为人不可能离开现实世界生活下去。

退后自宽平　清淡自悠长

【原文】 争先的径路窄,退后一步自宽平一步;浓艳的滋味短,清淡一分自悠长一分。

【译文】 争强好胜,道路就觉得很窄,假如能退后一步,自然觉得路面宽平很多;太过浓艳的味道是短暂的,假如能清淡一分会觉得滋味历久弥香。

【点评】 假如世人都能抱有这种"退步宽平,清淡悠久"的人生观,人与人之间就不会有这么多纠纷了。但事实上很难,因为好胜之心人皆有之。这就存在一个适时的问题,即在什么样的条件下应该争胜,什么样的情况下应该退让。做人贵在自然,做事不可强求,在大是大非面前,在天下兴亡的大义面前,不争何待?在名利场中,在富贵乡中,在人际是非面前,退一步让一下有何不好?

一念慈祥　寸心洁白

【原文】　一念慈祥，可以酝酿两间和气；寸心洁白，可以昭垂百代清芬。

【译文】　一念之间的慈祥，可以创造人际的和平之气；心地纯洁清白，可以使美名千古流传。

【点评】　元代诗人王冕题《墨梅》的诗句曾写道："不要人夸颜色好，只留清气满乾坤。"从古至今，这样咏怀言志的诗文触目皆是，这正如俗谚"豹死留皮，人死留名"，说明人要爱惜自己的名誉。历史上最有名的例子如东汉曾有昌邑令，夜间怀巨金贿赂杨震说："暮夜无知者。"杨震回答说："天知、地知、我知、子知，何谓无知？"结果杨断然拒绝贿金维护了自己的清白人格，因此才有"震畏四知"一语出现。拒贿是为官清廉的一种表现。日常生活同样要检点自己，从待人到律己都应注意维护声誉，保持心灵的完美，所谓与人为善，处事勿贪。修身养性须从一点一滴做起，以便保持寸心洁白而留清名。

世法不染　其臭如兰

【原文】　山肴不受世间灌溉，野禽不受世间豢养，其味皆香而且冽，吾人能不为世法所点染，其臭味不迥然别乎！

【译文】　生长在山间的蔬菜根本不必人们去灌溉施肥，生长在野外的动物根本不必人们饲养照顾，可是这些野菜和野兽吃起来味道却特别甘美可口。同理，假如我们人不受功名利禄所污染，品德心性自然显得分外纯真，跟那些充满铜臭味的人有明显区别。

【点评】　野味在大自然中生长，一切顺乎自然无须人工，其味美而珍。此理来喻人，从某种意义上来讲是对的，即一个不受世俗点染的人总得有不与世俗相处的条件才可能，不受世俗点染便少有世俗的许多欲念而淳朴真厚。但是，并不能因此说凡于野山林生长因其与世隔绝就好；也不能因为少有而肯定；不能因为要不受世俗感染便否认后天教育的职能。这里作者仅做个比喻，强调人贵自然，本性纯朴，心地纯真，和世俗人相比他们厚重可亲。

操履严明　心气和易

【原文】　士君子处权门要路，操履要严明，心气要和易，毋少随而近腥膻之党，亦毋过激而犯蜂虿之毒。

【译文】　君子身居政要地位，必须操守严谨，行为磊落，心境平和，气度宽宏，绝对不可接近或附和营私舞弊的奸邪之辈，也不要因偏激而激化矛盾，触怒那些阴险狠毒的宵小之徒。

【点评】　正与不正是对立的，清廉与腐化、真诚与奸邪是难以相容的，士君子以其高雅的风范，严正的操守自不屑于奸邪小人，也为此辈所不容。但仕途是人际倾轧最厉害的地方。鱼龙混杂，清浊同在，往往泾渭难以分清。尤其是为官之道，需要一套高超的为人处世的方法。政治本身是一种艺术，不会平衡协调矛盾，不能容忍难忍之事就不可能办好事情。权门要路当然不能让小人奸党占据而祸国殃民。而做官本身是需要消磨自己个性的，这当然不是说应当八面玲珑成为政治舞台上的不倒翁，这种五朝元老的政客在君子却不屑一为。但做事不讲究方式方法，只知意气用事，这样往往会形成主观本意与客观效果难相一致的局面，有的时候不仅办不成事还要坏事，引起与主观想法不一致的结果。

以退为进　利人利己

【原文】　处世让一步为高，退步即进步的张本；待人宽一分是福，利人实利己的根基。

【译文】　为人处世遇事都要有退让一步的态度才算高明，因为让一步就等于是为日后进一步做好准备；而待人接物以抱宽厚态度为最快乐，因为给人家方便实际上是日后给自己留下方便的基础。

【点评】　为人处世宜宽厚，虽然有时退让和宽容是建立在自己苦忧的基础上，也应把快乐让给别人。宋代范仲淹所说的"先天下之忧而忧，后天下之乐而乐"这种做人态度，才应是修养品德和心性的方向。乐的结果可能转化为苦，苦的结果可能转化为乐，苦乐相循是自然法则，其理恰如日月星辰的旋转。一个不能吃苦的人万事难以功成，苦尽甘来乃是不变的真理。名利地位固然能鼓励人的奋发向上，但是假如过分重视名利，有时也会给人带来无限苦恼。通常所说的"知足者常乐，"就某种意义来说显得有些消极，但是对于那些为追逐名利而贪赃枉法的人，这句话仍不失为至理名言。因为"让一步""宽一分"待人处世是把苦留给自己，把功把名给别人，这种牺牲精神可以求得自我的精神慰藉，也足以赢得世人的敬重，反过来这种敬重也算是自己的得吧！

至人无己　圣人无名

【原文】　市私恩，不如扶公议；结新知，不如敦旧好；立荣名，不如种隐德；尚奇节，不如谨庸行。

【译文】　施恩惠给别人收买人心，还不如以光明磊落的态度去争取社会大众的舆论；一个人与其结交很多不能劝善规过的新朋友，倒不如重修一下跟老朋友之间的情谊；一个人与其想法子提高知名度，倒不如在暗中积一些阴德；一个人与其标新立异去显示名节，倒不如平日谨言慎行多做一些好事。

【点评】　一个想从政济世的人以什么态度立身是决定他将能否有功于国的基础。是怀着天下为公的抱负还是只为追求功名，是实事求是还是标新立异只为一己之私誉,这和个人的品德修养紧紧相连。没有一个高尚的品德而从政,没有悬壶济世的本领却硬要悬壶,结果就变成了名副其实的"悬壶欺世",最后总是找出一些看似合理实际根本不合理的理由搪塞民众。这种不知积德的伪君子比之小人更可恨,他们手里有权,便可以任意胡来,劳民伤财。所以选择德与才兼备的人是政治清廉的首要条件,而从政者自身不加强修养,是谈不上建立真正功业的。

多藏者厚亡　高步者疾颠

【原文】　多藏者厚亡,故知富不如贫之无虑;高步者疾颠,故知贵不如贱之常安。

【译文】　财富聚集太多的人,总忧虑自己的财产被人夺去,可见富有不如贫穷那样会使人无忧无虑;身份地位很高的人,忧患自己的官位被人争走,可见为官不如平民那样逍遥自在。

【点评】　一无所有的人了无牵挂,足以潇洒自在。无官一身轻,无财不担心。人生就这么怪,生于治世,天下太平,贵者难尽情作威作福,富者也难得不义之财;处于乱世,暴富显贵多了,贼盗也多了。人为财死,鸟为食亡,多藏厚亡,怀璧其罪,财富招祸。一个身居高位的人,无数人眼巴巴地在看着他的权位,爬得越高踩他的人越多,一旦从金字塔上跌下来,就如掉进无底深渊,爬得越高摔得越重。孔子说:"鄙夫!可与事君也哉?其未得之也,患得之。既得之,患失之。苟患失之,无所不至矣!"人处富贵之中能思贫贱之乐足见其平日修养,但许多人在贪求富贵时往往有过之而无不及。其实此时不需想贫贱之人之事,想想自己生老病死时只盼望能多活一天,只盼能在白云下散散步的情形,争名求贵,夺财争富之心自然会平息。

第七篇　体物篇

夜深观心　真意自现

【原文】　夜深人静独坐观心,始觉妄穷而真独露,每于此中,得大机趣。既觉真现而妄难逃,又于此中得大惭忸。

【译文】　夜深人静,万籁俱寂时,独坐省察内心,你发现自己的妄念全消而真心流露,当此真心流露之际,皓月当空,精神舒畅,感觉体会到了毫无杂念的细微境界。然而已经感到真心偏偏难以全消妄念,于是心灵上会感觉不安,在此中感到悔悟的意念。

【点评】　古人讲求宁静致远,淡泊明志,这里讲真心、妄心,那么,妄心和真心是何所指呢?所谓真心,就如同空中明月,光辉皎洁,没一点乌云遮掩。所谓妄心,就如同遮掩明月的乌云。然而妄心和真心的关系并不是像乌云和明月的关系,因为真妄一体,互不分离,譬如深渊之水澄清如镜,包罗万象无不印映,这就是真心出现之时。

反之大海中掀起的汹涛骇浪,可翻覆巨大的船舶,这就是妄心出现之时。以此比喻圣人之心经常静如止水,凡夫之心对外界事物易起妄念,以致丧失纯洁之心。离开真心就无妄心,这恰如离开水就无波浪可言。现实生活中,还是多些心静,少些欲念,多些禅意,少些喧嚣争斗好,这样利于自我反省,修身养性。所谓"静中观心,真妄毕见"的现实意义即此。

居安虑患　处变坚忍

【原文】　衰飒的景象,就在盈满中;发生的机缄,即在零落内。故君子居安宜操一心以虑患,处变当坚百忍以图成。

【译文】　衰败的种种迹象,在发达时就有所表现;事情发展的苗头,孕育于事物衰败时。所以君子身居安逸时要做可能发生灾难的准备,风云变幻时要坚忍以取得成功。

【点评】　万物都包含着对立的因素,有促进其发展的一方,就有遏制其进步的一方。当事物发展到顶峰的时候,也就是它开始转向衰败的时候。俗话说:"泳者易溺;康者易疾。"就是因为善于游泳的人十分相信自己的技术、身体健康的人自持百病不侵,所产生的优越感使他们失去了应有的警惕。一个有智慧的人首先是个清醒的人,不会被成功的喜悦冲昏了头脑,得意之时也要考虑到将来的隐患。《左传·襄公十一年》载:"居安思危,思则有备,有备无患。"如果能够未雨绸缪,即使发生变动也不会乱了阵脚。沧海横流,方显出英雄本色。能够经得起大风浪的考验,一定能看见风雨后的彩虹。

过而不留　空而不著

【原文】　耳根似飙谷投音,过而不留,则是非具谢;心境如月池浸色,空而不著,则物我两忘。

【译文】　耳根假如像大风吹过山谷一般,经一阵呼啸之后什么也不留,这样所有流言蜚语就都不起作用;心灵假如能像水中的月亮一般,月亮既不在水中,水中也不留月亮,那么心中自然也就一片空明而无物我之分。

【点评】　佛教所说的六根清净,不单是指耳不听恶声,也包括心不想恶事在内,眼、耳、鼻、舌、身、意六者都要不留任何印象才行。而物我两忘是使物我相对关系不复存在,这时绝对境界就自然可以出现。可见想要提高人生境界必须除去感官的诱惑,六根清净,四大皆空。按现代人的看法,绝对的境界即人的感官不可能一点不受外物的感染,否则何以判断是否反映外物了呢?但要提高自身的修养,加强意志锻炼,控制住自己的种种欲望,排除私心杂念,建立高尚的精神境界却是完全可能的。

气无凝滞　心无障塞

【原文】　霁日晴天,倏变为迅雷震电;疾风怒雨,倏转为朗月晴空;气机何尝一毫凝滞?太虚何尝一毫障塞?人之心体,亦当如是。

【译文】　万里晴空,会突然乌云密布电闪雷鸣;狂风怒吼倾盆大雨之时,会突然转为皓月当空,万里无云。可见主宰天气变化的大自然一时一刻也不曾停止运转,而天体的运行何曾发生丝毫的阻碍?所以我们人类的心理也要像大自然一样使喜怒哀乐的变化合乎理智准则。

【点评】　这段话给人的启示很多。古人讲天人合一,儒家思想一向很注重天道,《易经》中就有"天行健君子以自强不息"。宇宙中的星球,各自遵循自己的轨道运行,但假如其中任何一颗星球脱离轨道,都会给宇宙带来空前未有的大混乱。无生命的星球都能懂得遵循轨道运行,有灵性的人类更应按照天道来实践人道,这就是儒家学说中天人合一思想的理论根据。1994年7月,木星与彗星相撞,成为全世界各地关注的一个焦点。人们可以预测、观察,但无法防止改变。大自然的变化有时也是无常的,人们对此的感想也很多。现代科学一直在探求其发展规律。现代人当然不信天人合一,但在无常的变化中人应持什么样的态度是和自己的修养有关,一个修养深厚的人应时时保持一种超然的心态,如雨过天晴保持一种稳定状态一样,这样才能处变不惊,理智处事。

热恼须除　穷愁要遣

【原文】　热不必除,而除此热恼,身常在清凉台上;穷不可遣,而遣此穷愁,心常居安乐窝中。

【译文】　夏天的暑热根本不必用特殊方式消除,只要消除烦躁不安的情绪,身体就宛如坐在凉台上一般凉爽;消除贫穷也不必用特殊方法,只要能排除因贫穷而生的愁绪,心境就宛如生活在快乐世界一般幸福。

【点评】　人们有"心静自然凉"的经验。夏季炎热是自然现象,人通过心理调节,可以从心理上去热。这也是佛家所提倡的修行工夫,因为一个道行达到炉火纯青的出家人,六根清净四大皆空,对寒暑冷热也毫无感觉,佛家才又有一句"安禅何必须山水,减去心头火亦凉"的名句。至于说到穷不穷不完全是观念问题。孔子称赞颜回不忧愁居陋食箪,而以心乐,安贫乐道的操守志向。生活中的贫穷之别是不可否认的事实,但一个修养好、志向高的人却能正视现实,甘于清贫,沉浸于自己追求的乐趣中。情趣不因物困而低下,精神高尚才能使身心愉悦。

心无可清　乐不必寻

【原文】　水不波则自定,鉴不翳则自明。故心无可清,去其混之者而清自现;乐不必寻,去其苦之者而乐自存。

【译文】 没有被风吹起波浪的水面自然是平静的,没有被尘土掩盖的镜子自然是明亮的。所以人类的心灵根本无须去刻意清洗,只要除去心中的邪念,那平静明亮的心灵自然会出现;日常生活的乐趣也根本不必刻意追求,只要排除内心烦恼,那么快乐幸福自然会呈现。

【点评】 儒家思想认为"人之初,性本善",王阳明说"良知","大学"一书中说"明德"。只要排除善良本性中的杂念和邪恶思想,人的心地就会大放光明普照世间,只要这种善良的本性不受杂念困扰,人的日常生活自然就会快乐,根本不必主动去追求。主张人类的一切痛苦烦恼都是出自邪恶的杂念,而这种邪恶杂念多半出自庸人自扰,"天下本无事,庸人自扰之"。人当然不能脱离现实世界而生存,保持内心绝对纯洁。但如何对待外界的干扰,怎样认识客观世界的变化,是与主观认识水平的高低和自己的修养学识相联系的。排除了私心杂念,以便保持一种高尚的追求,人在事业中就可以保持一种愉快的心情,精神状态也会饱满。

为鼠常留饭　怜蛾不点灯

【原文】 为鼠常留饭,怜蛾不点灯,古人此等念头,是吾人一点生生之机。无此,便所谓土木形骸而已。

【译文】 为了不让老鼠饿死,经常留一点剩饭给他们吃;可怜飞蛾被烧死,夜里只好不点灯火。古人这种慈悲心肠,就是我们人类繁衍不息的生机,假如人类没有这一点点相生不绝的生机,那人就变成一具没有灵魂的躯壳,如此也不过和泥土树木相同罢了。

【点评】 古人所说:"为鼠常留饭"也未必真的是让人给老鼠留饭而是劝人为人处世要有同情弱者的胸怀。佛教的中心思想之一就是主张不杀生(戒杀),因此先贤才有"为鼠常留饭,怜蛾不点灯"的名谚。这和现代人倡导保护野生动物运动,有点相似,但现代人则是基于维护人类良好的生存环境。人性有恶善,待人也应以慈悲为怀,不能以算计人利用人为出发点。正因为慈悲心肠的人多了,人世间便自有一片温情。

烈士暮年　壮心不已

【原文】 日既暮而犹烟霞绚烂,岁将晚而更橙橘芳馨,故末路晚年,君子更宜精神百倍。

【译文】 夕阳西下时,在天空所出现的晚霞是那么灿烂夺目,深秋季节金黄色的柑橘正在吐露扑鼻的芳香,所以到了晚年君子更应振作精神奋发有为。

【点评】 人的一生习惯于分年龄段计算其作用,而现代社会更重视年轻人的闯劲,发挥其创造力,使老人问题成为社会问题。以至有人慨叹"人到中年万事休"。否认年龄差异,不讲生理机能之别不切实际,硬要说"人生七十才开始"的话,只能是从精神而言。每个年龄段都具有特定的作用。四五十岁的中年正是一个人奋发有为创造事业的黄金时代,六七十岁的人可以其丰富的人生阅历,深厚的生活经验指导后来居上的人少走些弯路,避免不必要的挫折。"岁寒而后知松柏之苍劲"人到晚年固然有夕阳黄昏之叹,但"老当益壮","老骥伏枥"之雄心更显得辉煌。人的一生,没有精神追求,即使是正当少年,但颓靡自堕,又有何用?有精神追求和理想抱负,即使在老年却生机勃勃,又何来"徒伤悲"之叹呢?

聪明不露　才华不逞

【原文】　鹰立如睡,虎行似病,正是它攫鸟噬人法术。故君子要聪明不露,才华不逞,才有肩鸿任钜的力量。

【译文】　老鹰站在那像睡着了,老虎走路时像有病的样子,但这正是它们准备捉人吃人前的手段。所以,君子要做到不炫耀聪明,不显露才华,如此才能培养出肩负重大使命的毅力。

【点评】　老子说:"大智若愚",是说有大志向、大智慧的人无暇去忙世俗之事,表面看起来就是一副忠厚而愚的样子。常言道"一瓶不满,半瓶子醋晃荡",一个有真才实学的人绝不会自我夸耀,因为他清楚学无止境;一个具有才华的人,最好是能保持深藏不露的态度,否则容易招致周围人们的忌恨。成大事者先得会保护自己,因此先人才有"良贾深藏若虚,君子盛德容貌若愚"的名言。何况,人的精力是有限的,忙于小便忽于大,贪得多便难以专,正因为如此,不露才华不显聪明,才能为以后的大业积攒力量。

浓夭淡久　大器晚成

【原文】　桃李虽艳,何如松苍柏翠之坚贞?梨杏虽甘,何如橙黄橘绿之馨冽?信乎!浓夭不及淡久,早秀不如晚成也。

【译文】　桃树和李树的花朵虽然艳丽夺目,但是怎比得上一年四季永远苍翠的松树柏树那样坚贞呢?梨和杏的滋味虽然香甜甘美,但是怎比得上橘子和橙子经常飘散着清淡芬芳呢?的确不错,容易消逝的美色远不如清淡的芬芳,早有才名,不如大器晚成。

【点评】　任何东西的所长都是相对的,桃李梨杏,为天地美景增色,争奇斗妍于一时,时一过便花谢果落,完成了自己的使命。而苍松翠柏以其不败之绿耐寒之性赢得人们的敬重。昙花以其短而为人稀,人参以其久而为人重。以之喻人,有的人以桃李艳于一时的才华而作为于一时,有的人以如松柏般厚实而大器晚成于长久,二者都是可取的。至于人参、昙花即以其天性取胜,犹如天才为常人不及。但因为少年得志便骄狂而导致失败,得之何益;天才少年以其天才而不学却自我吹嘘自甘沉沦,天才何益？"大器晚成"的人,由于饱经忧患沧桑,才能体会出创业的艰苦而安于守成,也由于积累时间长久,便有了更多的阅历把事办好。

乾坤之幻境　天地之真吾

【原文】　莺花茂而山浓谷艳,总是乾坤之幻境;水木落而石瘦崖枯,才见天地之真吾。

【译文】　春天一到百花盛开百鸟齐鸣,为山谷平添了无限迷人景色,然而这种鸟语花香的艳丽风光,只不过像是乾坤的一种幻象;秋天一到泉水干涸树叶凋落,涧中的石头呈现干枯状态,然而这种山川的一片荒凉,才正好能看出天地的本来面貌。

【点评】　从古至今,感叹韶光易逝,富贵烟云的诗文数不胜数,佛家则从大自然景象中悟出"富贵功名转头空"。金圣叹在《临江仙》一词中也说明了这个道理:"滚滚长江东逝水,浪花淘尽英雄,是非成败转头空,青山依旧在,几度夕阳红,白发渔樵江渚上,惯看秋月春风,一壶浊酒喜相逢,古今多少事,都付笑谈中"。有形的东西往往会随时间流逝,只有道德文章,只有崇高的精神才是不朽的。人生在世,春之艳美,富贵功名之幻境转眼即逝,只有崇高的精神在幻象去后依然存在,做人应首先充分认识自己的本性。

智者自闲　劳者自冗

【原文】　岁月本长,而忙者自促;天地本宽,而卑者自隘;风花雪月本闲,而劳攘者自冗。

【译文】　岁月本来很长,可是那些奔波劳碌的人自己觉得时间很短促;天地本来很辽阔,可是那些心胸狭窄的人却把自己局限在小圈子里;春花秋月本来是供人欣赏调剂身心的,可是那些奔波辛劳的人却认为这是一种多余无益的东西。

【点评】　佛家有一首偈颂说:"高坡平顶上,尽是采樵翁;人人尽怀刀斧意,不见山花映水红。"意思指樵夫既是以采樵为生的,当然心中充满了利欲观念,即使面前有美好的自然景观,也都被他的刀斧私心蒙蔽了。生活中的环境要善于自我调节。天下兴亡事固然匹夫有责,但也不可天下本无事,庸人自扰之。个人的时光本来是有限的,放眼历史长河弹指一挥间,那些琐事扰心事有什么放不下的呢？万里江山,辽阔天地,与之相比身边的是是非非又有什么值得自封自固呢？人不能被身前身后事所扰而不见本性,不能为私欲所固,而不知解脱,人生路的广与狭,与自己的心性有很大关系。超脱于凡俗才能心胸开阔,才能优雅从事。

雪上加霜　虽败犹荣

【原文】　寒灯无焰,敝裘无温,总是播弄光景;身如槁木,心似死灰,不免堕在顽空。

【译文】　微弱的灯光燃不起火焰,破旧的大衣不产生温暖,这都是造化玩弄人的景象;肉身像是干枯的树木,心灵犹如燃尽的死灰,这种人等于是一具僵尸必然会陷入冥顽空虚中。

【点评】　佛家说"色即是空,空即是色",但是空并非指任何东西都没有的顽空。虽然断绝了固执和物欲,实际上只是不自我作恶罢了。如果不进一步济世渡人就毫无善果可言,如此活着也就等于死亡,一无可取之处。用这段话来谈人生也有同样的道理。一个人身如槁木,心似死灰,如寒灯无焰,似敝裘无温,于外界无知无觉,于内心空虚至极,与活死人何异?以此待人,只是别人为他服务,他却无益于别人,这种极端的安寂是不足取的。

当断不断　反受其乱

【原文】　人肯当下休,便当下了。若要寻个歇处,则婚嫁虽完,事亦不少。僧道虽好,心亦不了。前人云:"如今休去便休去,若觅了时无了时。"见之卓矣。

【译文】　人做事,应罢手时就要下定决心结束,假如犹豫不决想找个好时机,那就像男女结婚虽然完成了终身大事,以后家务和夫妻儿女之间的问题还很多。人们别以为和尚道士好当,其实他们的七情六欲也未必全除。古人说得好:"现在能罢休就赶紧罢休,如果说找个机会罢休,恐怕就没了罢休的机会。"这真是一句极高明的见解。

【点评】　当断则断,丈夫所为,犹豫不决,儿女情长,又哪是成事气象?做事如此,名利头上急流勇退更难,又有多少人能像陶渊明那样不恋功名而毅然回归田园?例如他在《归去来辞》说:"归去来兮,田园将芜,胡不归?既自以心为形役,奚惆怅而独悲!悟已往之不谏,知来者之可追。实迷途其未远,觉今是而昨非。"张良以勇退而全身,韩信因恋功而被杀。后人很钦佩陶渊明不为五斗米折腰的精神,很欣赏张良看得破眼前而退隐山野的选择,但轮到自己又当何如?得休便休,当机立断;犹豫留恋,了时无了。

由冷视热　从冗入闲

【原文】

从冷视热人,然后知热处之奔驰无益;从冗入闲境,然后觉闲中之滋味最长。

【译文】　当人失意后,再冷眼去看那些热衷某事者的奔忙,就会觉得他们并不会得到什么好处;当人休息后,再去回想高度紧张的生活节奏,就会感受到悠闲自在生活的乐趣。

【点评】　俗话说:"当局者迷,旁观者清。"当你位高权重的时候,无数人迎合奉承,许多人就此飘飘然,忘乎所以。一旦失势或者退休,立刻就"人走茶凉",往日踏破门槛的人再也不见上门,就算路上碰到都可能装作没看见你,这时候回想自己被人们逢迎的时候,才能明白什么叫世态炎凉。事过境迁再回头打量,每个人都能成为哲人,都能明白当时不自知的真理。这是因为你已超越了当时的状态。超越了功名利禄就会觉得追名逐利的可笑,超越了盲目才能明白悠然的乐趣。

不栖岩穴　有心即可

【原文】　有浮云富贵之风,而不必岩栖穴处;无膏肓泉石之癖,而常自醉酒耽诗。

【译文】　一个能把荣华富贵看成是浮云履气度的人,根本就不必住到深山幽谷去修养心性;一个对山水风景没有兴趣的人,经常喝酒吟诗也自有一番乐趣。

【点评】　无富贵而安贫,有财富而不居,没有达人胸怀、英雄气概是做不到的。所谓"黄金若粪土,富贵如浮云",一般庸俗之辈哪能有这种胸襟? 常见书云"仗义疏财之举赢得人钦敬",平凡之人何得如此? 不义而富且贵,于我如浮云。由此观之,人做事应该求实不求形,不必为某种形式而自误。一说隐世便膏肓泉石,一说清雅便丢弃钱财。关键是看心性,看作为如何,醉酒耽诗可为一乐,富贵浮云也为一德。

有意者反远　无心者自近

【原文】　禅宗曰:"饥来吃饭倦来眠。"诗旨曰:"眼前景致口头语。"盖极高寓于极平,至难出于至易。有意者反远,无心者自近也。

【译文】　禅宗有一句名言:"饿了就吃饭,困了就睡觉。"而作诗的秘诀是:"多多运用眼前景致和口头语。"因为世间极高深的哲理,往往是产生于极平凡的事物中;极美的诗是出于无心的真情流露。可见有意者远于理,而无心者近于真。

【点评】　这里不讲参禅悟道的深奥,单以作文咏诗的方法而言,这段话是很启发人的。凡事不可强求,同样文贵自然,诗咏情怀。"眼前景致口头语",就是吟诗填词根本,不必靠辞藻和典故的堆砌,例如陶渊明的《寒山诗》中就无一句难解的词。苏东坡更有"到得归来无别事,庐山烟雨浙江潮",这些都是在无心中所写出的纯真自然名句。关键是要真挚动人才会有神韵。禅宗受信教者的欢迎绝不是靠故作艰深的来吸引人,作文写诗也是如此。平凡中寓深义,大道理见于小道理之中。强求的事难做,无心插柳柳或许还会成荫。

和而不同　心内了了

【原文】　出世之道,即在涉世中,不必绝人以逃世;了心之功,即在尽心内,不必绝欲以灰心。

【译文】　超脱凡尘俗世的方法,应在人世间的磨炼中,根本不必离群索居与世隔绝;要想完全明了智慧的功用,应在贡献智慧的时刻去领悟,根本不必断绝一切欲望,使心情犹如死灰一般寂然不动。

【点评】　不要以为穿上袈裟就能成佛,不要以为披上道氅就能全真。同理,披上件蓑衣,戴上顶斗笠未必是渔夫,支根山藤坐在松竹边饮酒吟诗也未必一定是隐士高人。追求形式的本身未必不是在沽名钓誉。就像想明白自己的心性灵智不在于自己苦思冥想或者如死灰槁木般时才知道。最能说明"不必绝人以逃世,不必绝欲以灰心"之理的,就是《孟子·滕文公下》所载匡章曰:"陈仲子岂不诚廉士哉?居于陵,三日不食,耳无闻,目无见也。井上有李,螬食实者过半矣,匍匐往,将食之,三咽,然后耳有闻,目有见。"孟子曰:"于齐国之士,吾必以仲子为巨擘焉。虽然,仲子恶能廉?充仲子之操,则蚓而后可者也。夫蚓,上食槁壤,下饮黄泉。仲子所居之室,伯夷之所筑与?抑亦盗跖之所筑与?所食之粟,伯夷之所树与?抑亦盗跖之所树?是未可知也。"曰:"是何伤哉?彼身织履,妻辟纑,以易之也。"曰:"仲子,齐之世家也;兄戴,盖禄万钟,以兄之禄为不义之禄而不食也,以兄之室为不义之室而不居也,辟兄离母,处于陵。他日归,则有馈其兄生鹅者,己频戚曰:'恶用是鶃鶃者为哉?'他日,其母杀是鹅也,与之食之,其兄自外至,曰:'是鶃鶃之肉也。'出而哇之。以母则不食,以妻则食之;以兄之室则弗居,以于陵则居之:是尚为能充其类也乎?若仲子者,蚓而后充其操者也。"

身放闲处　心在静中

【原文】　此身常放在闲处,荣辱得失谁能差遣我;此心常安在静中,是非利害谁能瞒昧我。

【译文】　只要经常把自己的身心放在安闲的环境中,世间所有荣华富贵与成败得失都无法左右我;只要经常把自己的身心放在静寂的环境中,人间的功名利禄与是是非非就不能欺蒙我。

【点评】　老子主张"无知无欲","为无为,则无不治",否定一切圣贤愚智。世人常把"无为"挂在嘴边,实际上是做不到的。但一个人处在忙碌之时,置身功名富贵之中,的确需要静下心来修省一番,闲下身子安逸一下。这时如果能达到佛家所谓"六根清净,四大皆空"的境界,就会把人间的荣辱得失、是非利害视同乌有。这利于帮助自我调节,防止陷入功名富贵的迷潭,难以自拔。

幻形凋谢　本性真如

【原文】　发落齿疏,任幻形之凋谢;鸟吟花开,识本性之真如。

【译文】　老年人头发掉落牙齿稀疏是生理上的自然现象,大可任其自然退化而不必悲伤;从小鸟唱歌鲜花盛开中,我们认识了人类本性永恒不变的真理。

【点评】　生老病死是人生的自然规律,小鸟要歌唱,花儿要开放,人也要从新生走向衰老而至死亡。但是,一个人的真正衰老,并非单纯生理上的衰老,心理上的衰老最为严重,所以庄子才说"哀莫大于心死"。一个人到四五十岁只能算中年人,而中年才开始创造事业的人比比皆是。中年可说是人生的顶峰时代,已经有事业基础的正是发挥潜力的阶段,没有事业基础的也可创造。保持旺盛的生命力的关键是保持精神上的不断追求。即使是到了老年只要精神不死又何妨追求?像书画家、作家、医生,越老经验越多,越老精神弥健,一个人活到老学到老,以至童心不泯,青春常在,而不知老之将至,忘却生理的衰弱,就会心宽地阔,永远年轻。

扰中者不见寂　虚中者不知喧

【原文】　扰其中者,波沸寒潭,山林不见其寂;虚其中者,凉生酷暑,朝市不知其喧。

【译文】　内心充满欲望,能使平静心湖掀起汹涌波涛,即使住在深山古刹也无法平息;内心毫无欲望,即使在盛夏季节也会感到浑身凉爽,甚至住在闹市也不会察觉喧嚣。

【点评】　人的精神往往会产生出难以想象的作用,克服难以忍受的困难。精神上能把握定、静、安、虑、得的修养工夫,即使身临大难也不会苟且偷生,一切艰难困苦都不会使他们屈服,故佛教有"行人修德,虽火坑亦是青莲"的说法。有道高僧如法显、玄奘、鉴真,为了信仰,为了传教,克服了无数常人难以忍受之难,最终达到目的。他们这种坚韧不拔的精神来自他们内心的纯静和信念的执着,故不远万里去追求他们向往的目标。这种精神用之于常人,可钦佩的例子也是举不胜举。如变法英雄谭嗣同在危难之时决不苟且,镇定自若,临终还留下千古绝唱。人虽逝矣,精神不死。正由于有崇高的信念支撑着他,才使他面对生死同样心静如止。

知身不是我　烦恼更何侵

【原文】　世人只缘认得我字太真,故多种种嗜好,种种烦恼。前人云:"不复知有我,安知物为贵?"又云:"知身不是我,烦恼更何侵?"真破之言也。

【译文】　只因世人把自我看得太重,所以才会产生种种嗜好种种烦恼。古人说:"假如已经不再知道有我的存在,又如何能知道物的可贵呢?"又说"能明白连身体也在幻化中,一切都不是我所能掌握所能拥有,那世间还有什么烦恼能侵害我呢?"这真是至理名言。

【点评】　古人的处世哲学,强调无我、无为的多,突出自我、自私的少。所谓耻于言利而突出义,就在于应当灭私欲而存大义。现代文明的发展,有人说人不自私天诛地灭,说明了自私乃人类天性之一。战国时杨朱提倡为我"拔一毛而利天下不为!"杨朱所以倡导极端自私主义,是因为战国时代的一些野心政客,经常以"国家人民"为借口,发动战争来满足更大的私欲,因此他才认为:"假如人人都为我而不为他,那岂不是天下太平了吗?"可见杨朱的自私和此处所说的自私,两者的含义似是却又不同。不管怎么说,极端的自私自利不足取,不能取,为人处世,太过自私难有朋友,难寻合作者,也因为个人私欲太强,便会带来物欲的不满,带来无穷的烦恼。现代社会强调自我,是人格气质的自我,而非物欲情欲的自我。

自老视少　在瘁视荣

【原文】　自老视少,可以消奔驰角逐之心;自瘁视荣,可以绝纷华靡丽之念。

【译文】　从老年回过头来看少年时代的往事,就可以消除很多争强斗胜的心理;能从没落后再回头去看荣华富贵,就可以消除奢侈豪华的念头。

【点评】　世事经历多了后,往往更能悟出其中的道理,大有曾经沧海难为水之叹。不管是道家奉劝世人消除欲望,还是儒家提倡贫贱不移的修养工夫,或者佛家清心寡欲的出世思想,都在告诉世人,不要在富贵与奢侈、高官与权势中去争强斗胜,浪费心机。人尤其在得意时,要多想想失意时的心情,以失意的念头控制自己的欲望。

不知今日我　又属后来谁

【原文】　人情世态,倏忽万端,不宜认得太真。尧夫云:"昔日所云我,而今却是伊,不知今日我,又属后来谁?"人常作是观,便可解却胸中罥矣。

【译文】　人情冷暖世态炎凉,错综复杂瞬息万变,所以对任何事都不要太认真。宋儒邵雍说:"以前所说的我,如今却变成了他;不知道今天的我,到头来又变成什么人?"一个人假如能经常抱这种看法就可解除心中的一切烦恼。

【点评】　沧桑变幻,世事无常,人情冷暖依旧。从古至今嫌贫爱富的故事太多,趋炎附势的例子无数。"世态有冷暖,人面逐高低",宇宙是永恒的,但是世间万物却是变化的,所以唐代诗人崔岳写道"去年今日此门中,人面桃花相映红;人面不知何处去,桃花依旧笑春风"。在世事的变化无常面前,人更应保持纯真无瑕的心性,抛弃追名逐利的杂念,以真待人,以情暖人,使人间弃满欢乐与美好。

热闹中着冷眼　冷落处存热心

【原文】　热闹中着一冷眼,便省许多苦心思;冷落处存一热心,便得许多真趣味。

【译文】　在熙熙攘攘的人群之中,假如能冷静观察事物的变化,就可以减少很多不必要的心思;一个人穷困潦倒不得意时,仍能保持一股向上的精神,就可以获得很多真正的生活乐趣。

【点评】　事物总是辩证的。释伽的出世,老庄的无为,固然是为了寻求一种心理的安宁、气质的超脱,但如果到了与世隔绝不食人间烟火的地步,自己未必快乐,别人却视为怪物。所以人对世事不可太激进走极端,否则会为自己带来痛苦,也会为众人造成灾害,也就是儒家所说的过犹不及。"闹中取静,冷处热心",就是成功时要想到失败,失败时要保留奋争精神,这实际上是一种明智的进取。

盛衰何常　强弱安在

【原文】　狐眠败砌,兔走荒台,尽是当年歌舞之地;露冷黄花,烟迷衰草,悉属旧时争战之场。盛衰何常？强弱安在？念此令人心灰！

【译文】 狐狸做窝的残壁，野兔奔跑的荒台，都是当年美人歌舞的胜地；菊花在寒风中抖擞，枯草在烟雾中摇曳，都是以前英雄争霸的战场。兴衰成败如此无情，而富贵强弱又在何方呢？想到这些，就会使人产生无限感伤而心灰意懒。

【点评】 胜迹怀古，各有情怀。世事沧桑，情随境迁，李白在乐游原上唱出"年年柳色，灞陵伤别"，"西风残照，汉家陵阙"。东坡临赤壁而咏成千古佳句："江山如画，一时多少豪杰。"刘禹锡的名篇《乌衣巷》和本段的意境不谋而合："朱雀边野草花，乌衣巷口夕阳斜；旧时王谢堂前燕，飞入寻常百姓家。"人生无常，盛衰何足恃？历史似乎总是循环的，但千万不可持"好了伤疤忘了疼"。"人生有酒须当醉，一滴何曾到九泉"的态度，这种态度太过悲观。但去争杀，在名与利中争来夺去又有什么价值呢？所以，人要修身养性，免蹈故辙。

胸中无物欲　眼里自空明

【原文】 胸中即无半点物欲，已如雪消炉焰冰消日；眼前自有一段空明，时见月在青天影在波。

【译文】 一个人心中假如没有丝毫物质欲望，就像炉火化雪太阳化冰一般快速而安然；眼前自会呈现一片空明开朗景象，宛如看见皓月当空月光倒映在水中一般宁静。

【点评】 欲望太过强烈，心神就会受物欲蒙蔽，以致头脑昏聩而不明事理。这不是要绝欲望，而在于说明欲望淡泊便能使心情轻松，心情轻松就好像"月在青天影在波"，这样既能明心见性又能通达事理。宋儒周敦颐说："无欲则静，静则明。"心底清静，本性自现，本性现就会愉快，就会神清目朗，而见山水明而日月新。但无半点物欲不是一无追求，不是弃除物欲。什么事一走极端就会走向其反面，好事也会变成坏事。例如饮酒是乐事，也可成雅事，但如市井之徒光着脊梁吆三喝四狂喝滥饮，其喧嚣是噪音，其形象绝非豪爽本性而是粗俗，至于过度饮酒则伤身心。诗是雅事，是情与怀的抒发，但为诗而诗，无病呻吟，以诗为玩物岂非亵渎？事过头就会变质。

念净境空　虑忘形释

【原文】 人心有个真境，非丝非竹而自恬愉，不烟不茗而自清芬。须念净境空，虑忘形释，才得以游衍其中。

【译文】 人只要在内心维持一种真实的境界，没有音乐来调剂生活也会感到舒适愉快，无需焚香烹茶就会感到满室清香。只要能使思想纯洁意境空灵，就会忘却一切烦恼，超脱形骸困扰，如此才能使自己优游在生活的乐趣中。

【点评】 丝竹赏心，品名气雅，但只要人的心性人的内在气质本身纯正清净，没有外物的赏心悦目，同样会显出一种雅致。佛家说"万物均有佛性"，意思就是万物之性与天性合一。人心都有一个真境,这一真境是从清静芬芳中自然产生。我们假如想要优游于这种境界中,就要先使内心清净。老庄说的清净无为,古人讲放浪形骸之外,就是要绝对断绝名利和物欲,使心境恬淡,绝虑忘忧,而优游于生活的乐趣之中。

妍丑何存　雌雄安在

【原文】　优伶傅粉调朱,效妍丑于毫端,俄而歌残场罢,妍丑何存?奕者争先竞后,较雌雄于着子,俄而局尽子收,雌雄安在?

【译文】　伶人在脸上搽胭脂涂口红,把一切美丑都决定在化妆笔的笔尖上,转眼之间歌舞完毕曲终人散,方才的美丑又到哪里去了呢?下棋在棋盘上激烈竞争,把一切胜负都决定在棋子上,转眼之间棋局完了子收人散,方才的胜败又到哪里去了呢?

【点评】　宋儒邵尧夫咏下:"尧舜指让三杯酒,汤武争逐一局棋。"的名句,因为,在他看来,善善者只不过是三杯酒的事,恶恶者只不过是一局棋而已。人生不过数十寒暑而已,一切是非成败在历史长河中都是短暂的,万般事物在弹指之间就消失得无影无踪。掌上千秋史,一册在手,跨越千年,风云人物,尽收眼底,那时的人生也如眼前的人生。好比演戏粉墨登场,喜怒哀乐悲欢离合,尔虞我诈你争我夺。可是刹那之间舞台上又会换上一批新角色。封建时代有其特定的环境,但都离不开为了利益之争而征战厮杀,如棋局上的子儿,各布奇谋,实际上在让生灵涂炭。由此而知人,人生那么短暂,转眼即逝,又何苦费尽心机,谋富觅贵而不择手段呢?

机息之时　心远之处

【原文】　机息时便有月到风来,不必苦海人世;心远处自无车尘马迹,何须痼疾丘山。

【译文】　心中停止一切阴谋诡计之后,就会有明月清风到来,因为从此不再为人间的烦恼而痛苦;思想远远超脱世俗之后,自然不会听到外面的车马喧嚣之声,也就不一定眷恋山野林泉的隐居生活。

【点评】　常言道:"有心为善虽善不赏,无心为恶虽恶不罚。"可见心机的有无跟因果有很大关系。我们处世中不必枉费心机,凡事只要本心无邪,只要尽心尽力求其自然发展即可。人的行为也应真率求实。只要心地纯净,又何必求诸一种隐居山林的形式?只要自身道德高尚,又何苦求虚名以自扰呢?

第八篇　评议篇

一念之差　咫尺千里

【原文】　人人有个大慈悲,维摩屠刽无二心也;处处有种真趣味,金屋茅舍非两地也。只是欲闭情封,当面错过,便咫尺千里矣。

【译文】 每个人都有仁慈之心,维摩诘和屠夫是刽子手的本性是相同的;世间到处都有合乎自然的真正的生活情趣,这一点富丽堂皇的高楼大厦和简陋的茅草屋也没什么差别。可惜人心经常为情欲所封闭,因而就使真正的生活情趣错过,不能排除物外杂念,虽然只在咫尺之间,实际上已相去千里了。

【点评】 在古人的人性观中,孟荀二人最有代表性,荀子主张性恶,孟子主张性善,孟子认为"人皆有恻隐之心,是非之心,辞让之心,羞慈之心"。不管怎么说,人性的善恶并不因为外部世界的财富差异有区别。天地间充满了真善美,这种天然情趣也存在于寒门蔽户中,跟富贵人家的高楼大厦毫无不同。从精神享受而言,人生是否能有真快乐只是存乎一念之间,假如贪得无厌作恶多端,即使住金屋也空虚难耐,假如乐天知命或毫无邪念,即使住茅屋也会感到愉悦充实。这里的存乎一念,主要指修养的程度,没有追求这一念的精神,人的本性就会在客观世界的影响中发生质变。

诗家真趣　禅教玄机

【原文】 一字不识而有诗意者,得诗家真趣;一偈不参而有禅味者,悟禅教玄机。

【译文】 一个目不识丁的人说起话来却充满诗意,这种人才算得到诗人真情趣;一个一偈也不研究的人说起话来却充满禅机,这种人才算真正领悟了禅宗高深佛理。

【点评】 这可不是说不要学习就会了一切。有的人天资好,悟性高,虽然没有可能学习书本知识,却能浸于大自然之中陶冶自己。古人说"酒有别肠,诗有别才"。比如禅宗更有所谓"不立文字"的教条,所以很多禅学都在教外别传,一切教法都不拘泥于文字。禅宗六祖惠能是新州的一名樵夫,某日在街上听人诵《金刚经》而有所悟,于是就专程到黄梅山大满禅师那里当捣米和尚。有一天大满禅师在700多禅师面前,要考验一下神秀上座悟解禅机的程度,结果目不识丁的惠能却远超过神秀,立即咏出"菩提本无树,明镜亦非台,本来无一物,何处惹尘埃"一偈。一个天资好的人,肯下功夫在自己力所能及的领域磨炼自己,再经过一定的教育培养是可以出成绩的,反之有些有天赋的人,少年成名,像宋朝王安石记述的方仲永,由于后天不再努力学习,终为庸人。天资再好的人后天也要努力学习,不然再高的天资不经修磨便会渐渐平庸如常人。

人心不同　各如其面

【原文】 吉人无论作用安详,即梦寐神魂,无非和气;凶人无论行事狠戾,即声音笑语,浑是杀机。

【译文】 一个心地善良的人,言行举止总是镇定安详,即使在睡梦中的神情也都洋溢着一团祥和之气;一个性情凶暴的人,不论做什么事都手段残忍,甚至在谈笑之间也充满了让人恐怖的杀气。

【点评】 俗话说,江山易改,禀性难移,一个人的个性可以表现在他生活的各个方面,想伪装是很难的,是不会长久的。大凡一个遵守礼法的人,由于他的内心毫无邪念,所以言行显得善良,每个人都觉得他和蔼可亲。由于心地善良,不论处在任何时候,都能散发出一种安详之气;反之一个生性残暴的人,不论处于何时,总会令人感到一种恐怖之气。因为这种人时时想着算计别人,占有其他。可见一个人是善是恶,能从他的言谈举止中察觉,即使在梦中也显出各自的心性。路遥知马力,日久见人心,我们在为人处世中,在工作中必须善于识人才对。

少事即是福　多心才是祸

【原文】 福莫福于少事,祸莫祸于多心。唯苦事者,方知少事之为福;唯平心者,始知多心之为祸。

【译文】 一个人最大的幸福莫过于无扰心的琐事可牵挂,一个人的灾祸没有比疑神疑鬼更可怕的了。只有那些整天奔波劳碌琐事缠身的人,才知道无事一身轻是最大的幸福;只有那些经常心如止水宁静安详的人,才知道猜疑是最大的灾祸。

【点评】 一个有为的人应当具备"大智若愚、大巧似拙"的境界,这样就不会被琐事缠身,不会为闲言困扰。而一个平常人的生活,也应该是以一生平安无事没有任何祸端为幸福的。所有祸端多半是由多事而招来,多事又源于多心,多心是招致灾祸的最大根源。所谓"疑心生暗鬼",很多人由于疑心而把事情弄坏,其道理就在于此。所谓"君子坦荡荡,小人长戚戚",一个心地光明的人自然俯仰无愧,根本不用怀疑别人对我有过什么不利的言行。只有庸人、小人、闲人才整天为闲事、琐事忙碌,为依附权势争夺名利奔波,为人言碎语费尽心神地猜疑,可见他们的思想境界很低,难以意识到自己的可笑、可悲。

有心求不得　无意功在手

【原文】 施恩者,内不见己,外不见人,则斗粟可当万钟之报;利物者,计己之施,责人之报,虽百镒难成一文之功。

【译文】 施恩惠给别人的人,不可老把恩惠记在心头;不应有让别人赞美的念头;这样即使是一斗米也可收到万钟的回报;用财物帮助别人的人,如果计较自己对人的施舍,而且要求人家的报答,这样即使是付出一百镒,也难收到一文钱的功效。

【点评】 人应有助人为乐的精神,助人并以之为乐就上升为一种高尚的道德情操。施恩惠于人而不求回报,而是"为善不欲人知",是一种发自内心的真诚。所谓"有心为善虽善不赏,无心为恶虽恶不罚",假如抱着沽名钓誉的心态来行善,即使已经行了善也不会得到任何回报,出于至诚的同情心付出的可能不多,受者却足可感到人间真情。所以,施之无所求,有所求反而会没有功效。

贫而有余　拙而全真

【原文】　奢者富而不足,何如俭者贫而有余;能者劳而府怨,何如拙者逸而全真。

【译文】　奢侈无度的人财富再多也感到不够用,这怎么比得上虽然贫穷却生活节俭而感到满足的人呢;有才干的人假如由于心力交瘁而招致大众怨恨,哪里比得上笨拙的人由于安闲无事而就能保全纯真本性。

【点评】　任何事都是相对的,不以相对的观点看待事物往往会走向绝对,而把事物固定化,一成不变。像钱财于现代生活,不可或缺但以之为生活的全部就走向了极端。生活奢侈的人,无论有多少财产,到头来也都挥霍精光,表面看来他好像很快乐,其实他内心常感不满足,因为他的财产越多欲望越强,可见人的欲望有如永远填不满的沟壑。反之一个生活节俭的人,他们平日能量入为出,虽然并非富有,但是在金钱上从来没有感到不足,因此在欲望上也就没有非分之想,平平安安过个极快乐的日子。生活上要有知足感,工作中要讲究方法。不能因为自己有多方面的才能便事必躬亲,处处辛劳,结果可能会招致怨恨还办不好事情。对于一般人而言,能而劳,可能就压抑了别人的才能,使别人无从表现;如果是当权者,其能不应表现在自己如何亲为上,而在于怎样组织、管理,使每个人都可显其所能。而且,任何矛盾的出现是因为事做了,局面活了,矛盾便开始出现了;一潭死水时人们心意相对稳定。那么谁做谁就成了矛盾中心,不集怨而何? 闲者置身局外当然会有时间去评头论足了。所以能应是相对的,个人的能不可能包容大家的能。做事前理应先看看想想。

贪者图名　拙者用术

【原文】　真廉无廉名,立名者正所以为贪;大巧无巧术,用术者乃所以为拙。

【译文】　一个真正廉洁的人不与人争名,不一定有很响亮的名声,那些到处树立名誉的人,正是为了贪图虚名才这样做。一个真正聪明的人不炫耀自己的才华,那些卖弄自己聪明智慧的人,实际上是为了掩饰自己的愚蠢才这样做。

【点评】　生活中,人们对喜欢耍小聪明的人很讨厌,对欺世盗名之辈更是深恶痛绝。因为好名声必须凭真本领,如果为了博取人们的歌功颂德而不择手段,虽然可以名噪一时,却欺骗不了历史。所以一个真正廉洁的人,由于他廉洁的动机不在于让人歌功颂德,自然也就不会廉名远播;一个有大智慧的人决不会靠卖弄小聪明,炫耀才华来提高身价。想做点事业的人,应该认清真廉之名,大巧之人,以防被伪君子和耍小聪明的人所迷惑。

拔除名根　消融客气

【原文】　名根未拔者,纵轻千乘甘一瓢,总堕尘情;客气未融者,虽泽四海利万世,终为剩技。

【译文】　名利思想没有彻底拔除的人,即使他能轻视富贵荣华而甘愿过清苦的生活,最后仍然无法逃避名利世俗的诱惑;一个受外力影响而不能在内心加以化解的人,即使他的恩泽能广被四海以至遗留万世,其结果仍然算是一种多余的伎俩。

【点评】　争名夺利之累人所共知,而名利之诱惑确也太大。一个人不铲除名利观念,随时都会有追逐名利的念头产生,不论他如何标榜清高声称退隐林泉,都不过是以退为进的托词。尤其在唐朝,退隐成了争名的一种必然方式,即所谓"终南捷径"。许多人不如意时便高歌隐退,一有时机,便马上出世。唐代的卢藏用本来功名心很强,可是他却善于造作而隐居京师附近的终南山,当他由于清高之名而很快获得朝廷征用时,他竟毫不隐讳地指着终南山说:"此中大有佳趣!"只有正气一身,道德纯真的人才可能淡泊名利。其实一个人隐世出世是次要的,关键是要看他的修养,是正气居多还是私心杂念满身,要看他的行为是不是利国利民。

洁出自污　明蕴于晦

【原文】　粪虫至秽,变为蝉,而饮露于秋风;腐草无光,化为萤,而耀彩于夏月。固知洁常自污出,明每从晦生也。

【译文】　粪土里所生的虫是最脏的虫,可是一旦蜕化成蝉,却只喝秋天洁净的露水;腐败的野草本来毫无光华,可是一旦孕育成萤火虫,却能在夏天的夜空中闪闪发光。由此可知,洁净的东西常常是从污秽中得到,光明常常在黑暗中产生。

【点评】　对一个有所作为的人来讲,应具备这样一种认识:出身微贱不是有作为的决定条件,不能因此自艾自怨而自卑,而要想方设法去改变命运的安排。生活在恶劣的环境里,如果是自然环境,需要自己勇于克服困难,战胜环境的艰险;如果是生活环境,不能因此而同流合污而堕落。有的时候,先天的环境可能难以改变,但自我形象却可以通过后天的努力而变化。古语说,"将相本无种,男儿当自强"。可见一个人不必为了环境不好而苦恼,关键是要自强、自尊、自爱、自律才有可能实现自我。不但如此,有时往往物极必反,生活环境越好越使人容易腐化堕落。人性也跟物性相同,越是温暖或暑热的地方,东西越容易腐臭,寒冷的地方却能使东西保持长久新鲜。人在清苦的环境中,最容易激发斗志,古今中外很多伟人,都是从他们青少年时代的艰苦环境中奋斗成功的。由此观之,环境的清洁与污秽是相对的,清洁中未必没有腐物,污秽中未必不出有益的东西。所处环境对人的成长的制约也是相对的。

功名利禄　终是了了

【原文】　人知名位为乐,不知无名无位之乐为最真:人知饥寒为虑,不知不饥不寒之虑为更甚。

【译文】　人们都知道求得名誉和官职是人生一大乐事,却不知道没有名声没有官职的人生乐趣是最实在的;人们只知道饥饿寒冷是最痛苦是值得忧虑的事,却不知道在更不愁衣食后，由于种种欲望，由于患得患失的精神折磨才更加痛苦。

【点评】　按现代心理学的说法，人的需求是有层次的，当生活温饱解决之后，在精神上就产生了不同的层次需求。安贫乐道，消极等待是不对的，因为人们追求财富显贵而使生活过得更好些是很现实的，但并不能因此而忘却自身的修养。何况人们在没有达到一定需求层次时想象中的美好往往占满脑海，就像古时的农人只知皇帝生活好，但好到什么程度就没法想象了，更不知道每个层次都有不同的烦恼。例如曹雪芹的《红楼梦》中写了一首"好了歌"说明了世俗心理："世人都晓神仙好，唯有功名忘不了！古今将相在何方？荒冢一堆草没了！世人都晓神仙好，只有金银忘不了！终朝只恨聚无多，及到多时眼闭了。"陶渊明不为五斗米折腰，挂冠而归田园，因为他讨厌官场倾轧，权势灼人，成为千古美谈。从这种寻求内心平衡和道德完善的角度来讲，生活清贫而不受精神之苦，行为相对自由洒脱而不受倾轧逢迎之累是可羡慕的，安贫乐道未尝不好。

恶中犹有善　善处却见恶

【原文】　为恶而畏人知，恶中尤有善路；为善而急人知，善虚即是恶根。

【译文】　一个人做了坏事而怕别人知道，这种人还保留了一些羞耻之心，也就是在恶性之中还保留一点改过向善的良知；一个人做了一点善事就急着让人知道，证明他行善只是为了贪图虚名和赞誉，这种有目的才做善事的人，在他做善事时已经种下了恶根。

【点评】　道德修养是心灵的磨炼，而沽名钓誉之辈常以善举来装点自己的形象。每个人都有良知，作恶而知可耻，唯恐被人知道，还有羞耻之心，就证明他还不为大恶，因为无耻之耻才是真正耻辱，即所谓恬不知耻。孟子说"羞恶之心人皆有之"，有这种羞恶之心乃是维持人性不堕落的基石。但是世俗的急功近利，往往为伪君子提供了生存的空间；人际的尔虞我诈则为作恶者铺平了繁衍的温床。一个正直的人在生活中必须以自己的正气来识别和战胜这些丑恶。

福不可邀　祸不可避

【原文】　福不可徼，养喜神以为召福之本而已；祸不可避，去杀机以为远祸之方而已。

【译文】　幸福不可强求，只要能经常保持愉快的心情，就算是追求人生幸福的基础；人间的灾祸难以避免，首先应当能消除怨恨他人的念头，才算是远离灾祸的良策。

【点评】　追求幸福算得上是社会发展的动力之一，对个人来讲，幸福固然不可强求，但是谁也不会无缘无故地把幸福赏赐给你。一个人要想追求幸福还须靠自己奋斗。虽然每个人的幸福观不一样，但追求的期望太高失望就会更大，只有在奋斗时抱着只问耕耘不问收获的达观态度才能保持一种乐观。这样即使不是刻意追求幸福,幸福也会因你的努力而到来。世人对幸福总是争先恐后,一遇灾祸却都想逃避,可逃避不是解决问题的办法,只有心存忠厚,多反省自己,少怨恨别人,才可能远离灾祸。这样虽然不一定有福降临,但也绝不至于招来祸患。

天理路甚宽　人欲道也窄

【原文】　天理路上甚宽,稍游心,胸中便觉广大宏朗;人欲路上甚窄,才寄迹,眼前俱是荆棘泥土。

【译文】　天道就像一条宽敞的大路,只要人们稍一用心探讨,心灵深处就会觉得豁然开朗;人世间欲望就好像一条狭窄的小径,刚一把脚踏上就觉得眼前全是一片荆棘泥泞,稍不小心就会陷进泥淖寸步难行。

【点评】　人生在世是及时行乐还是追求理性,存在两种不同的生活方式。凡是能合乎天理的大道,随时随地都摆在人们的面前供人行走,这条路不能满足人的种种世俗的欲望,而且走起来枯燥寂寞,假如世人能顺着这条坦途前进,会越走越见光明,胸襟自然恢弘开朗,会觉前途远大。反之世人的内心总充满欲望,而欲望的道路却是非常狭隘的,虽然可以满足一时的虚荣、杂念,可走到这条路上理智就遭受蒙蔽,于是一切言行都受物欲的驱使,前途事业根本不必多谈,就连四周环境也布满了荆棘,久而久之自然会使人坠入痛苦深渊。追求物质需求和情感要求是必要的、合理的,但如果因此而沉溺就不是明智之举;从长远看,人生应该有高层次的追求才对。

惺惺不昧　独坐中堂

【原文】
耳目闻见为外贼;情欲意识为内贼。只是主人翁惺惺不昧,独坐中堂,贼便化为家人矣。

【译文】　耳闻目见的现象好比是外来的盗贼;发自内心的意念好比是家贼。只要头脑清楚,那就好比明察秋毫的主人坐在中堂,而"家贼""外贼"就都会化为宝贵的财富。

【点评】　现代生活灯红酒绿纸醉金迷,物质的诱惑前所未有,不是为了生存发展,而是为了满足无度膨胀的欲望。外界的诱惑与内心的欲望两者交替爬升,最终膨胀到人为物役,那与行尸走肉有何区别? 人在世界上生存,总会有各种各样的欲望,合理的当然应该满足,过分的就要压制排除,否则终会沦落到贪婪无度,而又不能物尽其用,这可谓是双重的浪费。要能克制无度的欲望,需要对生活与自我清醒地认识。要驾驭自己的欲望而不是盲目地为欲望所驱使,这才是人与动物的区别,是人之为人的凭借。

人生一世　善始善终

【原文】　声妓晚岁从良,一世之胭花无碍;贞妇白头失节,半生之清苦俱非。语云:"看人只看后半截,"真名言也。

【译文】　妓女晚年从良,从前的卖笑生涯就不再被人计较;贞妇晚年失节,半辈子的清苦便一笔勾销。俗话说"看人只看后半生",此话确实有一定道理。

【点评】　有个老木匠准备退休,老板答应了,但请他帮忙再建一座房子。老木匠虽然答应了,但大家都能看出来他的心思已经不在工作上了。用料不严格,做的活计也没有往日的水准。房子建好以后,老板把钥匙交给老木匠,说:"这是我送给你的礼物。"老木匠愣住了。他这一生盖了无数好房子,最后却为自己建了这样一幢粗制滥造的房子。中国传统文化历来讲"善始善终",开头不好,也可能在过程中得到修正,最后取得好的结局;但是有好的开头,却不能坚持到底,反而以残局收场,再好的开头又有什么意义呢?

无位公相　有爵乞人

【原文】　平民肯种德施惠,便是无位的公相;士夫徒贪权市宠,竟成有爵的乞人。

【译文】　一个普通百姓只要肯多积功德广施恩惠,就像是一位没有实际爵位的卿相受人景仰;反之一个达官贵人只一味贪图权势,把官职权力作为一种买卖欺下瞒上,炙手可热,这种人行径卑鄙得如同一个带爵禄的乞丐一样。

【点评】　行善或作恶不在名位高低,在于人的品行;其区别在于有爵之人影响比平民大些而已。假如一个人热衷于功名利禄贪恋权位又没有品格,那他为了攀龙附凤获得权位就会阿谀谄媚胡作非为,拉帮结派,招朋呼友,争权纳贿等无耻行径,也会接踵而至。这种精神上人格上的乞丐在现实生活中却很多,也很可憎。

诈善君子　不及小人

【原文】　君子而诈善,无异小人之肆恶;君子而改节,不及小人之自新。

【译文】　伪装善良的正人君子,和恣意作恶的小人没什么区别;君子如果改变自己的操守志向还不如一个小人痛改前非重新做人。

【点评】　俗话说明枪易躲,暗箭难防。但生活中的暗箭却是防不胜防。许多道貌岸然的人貌似忠厚的君子,满口仁义道德,其实肚子里净是阴谋诡计男盗女娼。有些自称"虔诚"信教的人,藉宗教名义,施小仁小惠,既不知道《圣经》耶稣,也不知道释迦牟尼。像这种伪君子假教徒,理应受到社会唾弃。但在现实生活中,这些披着道德外衣的人往往还能得逞于一时,欺世盗名。由于披上了一层伪装,识别起来更难。

奢欲无度　自铄焚人

【原文】　生长富贵家中,嗜欲如猛火,权势似烈焰,若不带些清冷气味,其火焰不至焚人,心将自铄矣。

【译文】　生长在豪富权贵之家的人,不良嗜好的危害有如烈火,专权弄势的脾气有如凶焰;假如不及早清醒,用清淡的观念缓和一下强烈的欲望,那猛烈的欲火虽然不至粉身碎骨,终将会让心火自焚自毁。

【点评】　人的欲望是无止境的,有了财富还希望有权力,有了权力还希望满足其他想法。如果没有一个良好的道德水准,没有一定的理智,那么就容易胡作非为,任性胡来。从这个意义来说,欲念好比是烈火,理智好比是凉水;凉水可以控制烈火,理智可以控制欲念。一个生长在富贵之家的人,没有道德修养来缓和一下强烈的各种欲念,那他就会随心所欲为非作歹,声色犬马尽情欢乐,不但腐蚀人心危害社会,也必然会使自己走向"自铄"的毁灭之途。可见一个人的道德修养、思想境界很重要,尤其是有了一定物质基础的人,如果不注意培养自己高尚的情操,没有一个正确的人生观,那么他的各种欲望就会恶性膨胀,不仅会毁掉他的财富,也会使他自己的精神处于崩溃状态,而自毁其生。

持盈履满　君子兢兢

【原文】　老来疾病,都是壮时招的;衰后罪孽,都是盛时造的。故持盈履满,君子尤兢兢焉。

【译文】　年纪大时,体弱多病,都是年轻时不注意爱护身体所招来的病根儿;一个人事业失意以后还会有罪孽缠身,那都是得志时埋下的祸根儿。因此一个有高深修养的人,即使生活在幸福环境处在事业巅峰,尤其要兢兢业业,戒骄慎言,为今后打下好基础。

【点评】　人总喜欢回忆过去,而很少实实在在地预测未来。人的一生变化无常,"得意无忘失意日,上台勿忘下台时,"所以一个人在春风得意时要多做好事多积阴德,免得失势以后留下罪孽官司缠身。世事变幻难测,所以,一个人不论出身多么高贵,地位多么荣耀,尤其在官场上,所谓多行善事正是为今后着想;就像是人的体格,青壮时不注意保养锻炼,老来多病又能怪谁呢?而一个有修养有道德的人,在顺境、在有势时,总是小心翼翼,居安思危,决不会像市井之徒那样抱今朝有酒今朝醉的活人态度。

君子所行　独从于道

【原文】　曲意而使人喜,不若直躬而使人忌;无善而致人誉,不若无恶而致人毁。

【译文】　一个人与其委屈自己的意愿去博取他人的欢心,实在不如以刚正不阿的言行而遭受小人的忌恨,使人们能赞同其品行;一个人没有善行而接受他人的赞美,还不如没有恶行劣迹却遭受小人的诽谤。

【点评】 每个人待人做人的方式是不一样的,有的人喜欢曲意迎合,不明确表达意愿;有的人喜欢直言不讳,光明磊落。对小人来讲听到刚正不阿的言语当然忌恨;而曲意者,要么是图人喜欢,要么有所乞求。人人都爱听好听的话,小人和当权者尤其如此,而正派的人则很看不惯那种阿谀像。一个根本没有善行的人而受到赞誉,这种小人的行为只能欺骗无知者,有识之士听了就会反感,因为这是阿谀者常用的手法;一个根本没有恶行的人而遭受诽谤,这种诽谤虽然都是出于无知者的攻击,但却能博得有识之士的同情。因为一些自己不求上进而自甘堕落的人,在心理上很不平衡,他们看到正直善良的人就不顺眼,于是就造谣生事进行诋毁,妄想使自己不平衡的心理能得到某种补偿,这种人可悲而又可恨。

妍媸相对　洁污相仇

【原文】 有妍必有丑为之对,我不夸妍,谁能丑我?有洁必有污为之仇,我不好洁,谁能污我?

【译文】 事物有美好就有丑陋来对比,假如我不自夸美好,又有谁会讽刺我丑陋呢?世上的东西有洁净就有肮脏,假如我不自好洁净,有谁能脏污我呢?

【点评】 事物是相对的,从发展变化的观点看,相对的事物在一定条件下可以发生变化。美与丑,洁与污以及善恶、邪正、阴阳、长短等等是相互转化并相互制约的,有善就有恶,有美就有丑。假如没有恶和丑可能就没有善与美,因为美丑善恶是比较衬托才看出来的。明白这样一种现象的内在变化条件,那么人对一些事物的看法就要用超然的态度,把事物看成一个相联系的整体而不要就事论事,对任何事情采取一种极端看法做法都是有害的。要在精神上能超越美丑洁污之上,对此无所偏好,人们也就难于有所毁誉。人固然会有许多癖好,一个有修养的人必须自省其所好的道德水准,看看和志向一致否。

富贵多炎凉　骨肉尤妒忌

【原文】 炎凉之态,富贵更甚于贫贱;妒忌之心,骨肉尤狠于外人。此处若不当以冷肠,御以平气,鲜不日坐烦恼障中矣。

【译文】 世态炎凉冷暖的变化,在富贵之家比贫穷人家显得更鲜明;嫉恨、猜忌的心理,骨肉至亲之间比陌生人显得更厉害。一个人处在这种场合假如不能用冷静态度来应付这种人情上的变化,用理智来压抑自己不平的情绪,那就很少有人不陷于如日坐愁城中的烦恼状态了。

【点评】 人在没有得到一种东西以前便会以这种东西作为奋斗目标,而有了这种东西便有了利益之争。"共患难易,共富贵难",富贵之家往往为了争权夺利而父子交兵或兄弟阋墙。汉武帝、武则天、唐太宗等等无不为了权力而曾骨肉相残,二十四史中这样的事例随处可见。残暴的隋炀帝,已经被册立为太子,可是为了早日当皇帝竟谋杀亲父隋文帝而即位。人往往是有了钱还要更多些,有了权还要更大些;以至生活中终日钻营处处投机的小人,像苍蝇一样四处飞舞,个人的私欲总处于成比例的膨胀状态。如此现实,的确需要人们提高修养水平,用理智来战胜私欲物欲。否则亲情何在,富贵不保。

显恶祸小　阳善功小

【原文】　恶忌阴,善忌阳,故恶之显者祸浅,而隐者祸深;善之显者功小,而隐者功大。

【译文】　一个人做了坏事最担心的是不容易被人发觉,做了好事最不宜的是自己宣扬出去。所以坏事如果能及早被发现那灾祸就会相对小些,如果不容易被人发现那灾祸就会更大;如果一个人做了好事而自己宣扬出去那功劳就会变小,只有在暗中默默行善才会功德圆满。

【点评】　人不能做坏事,做坏事而损人利己,会让人憎恶,有的事不论对他人或自己都会造成极大灾祸。一般来讲,做在明处的坏事人们看得见或许还可以预防弥补,做在暗处的坏事更讨厌,让人防不胜防,这种阴坏的危害更大。一个人从哪个方面讲都不应做坏事,而是应该抱着为善不求名的态度。行一点善而做好事不是为了宣扬吹捧,至于别人宣扬是为了推广这种精神,自己宣扬则失去了做好事的目的。这种好事在客观上是有益的,在主观上过分宣扬则表明是动机不纯;从做人角度看,等于伤害了受惠者自尊心,反而表现出一种沽名钓誉的卑鄙心理。帮助别人应是全身心投入,默默地奉献。

返己辟善　尤人浚恶

【原文】　反己者,触事皆成药石;尤人者,动念即是戈矛。一以辟众善之路,一以浚诸恶之源,相去霄壤矣。

【译文】　经常作自我反省的人,日常接触的事物,都成了修身戒恶的良药;经常怨天尤人的人,只要思想观念一动就像是戈矛一样总指向别人。可见自我反省是通往行善的途径,怨天尤人是走向奸邪罪恶的源泉,两者之间真是天壤之别。

【点评】　每个人看问题的方法不一样,站的角度不一样,得的结论自不相同;刺激相同,反应各不相同。所以一个人肯多作自我检讨,万事都可变成自己的借鉴,孔子说"见贤思齐,见不贤而内自省"。"内省"就是一种"反己"功夫。但是生活中的很多现象往往是相反的,遇到了种种矛盾往往埋怨对方,碰见了冲突,总是指责对方,什么事总是自己对,总是从自己的角度出发。这种人对物质利益显得自私,在人际交往上同样自私。因为不能自省,所以总觉得不平衡,总难进步。又如报纸经常报道犯罪事件,有的人反对绘声绘影报道得太详细,认为如此等于在教有犯罪倾向的人去模仿作案。奉公守法的君子看到,却引为一大镜鉴,而对不知自省的人来说,就只知埋怨。指责或者看热闹。

机里藏机　变外生变

【原文】　鱼网之设,鸿则罹其中;螳螂之贪,雀又乘其后。机里藏机,变外生变,智巧何足恃哉。

【译文】　本来是张网捕鱼,不料鸿雁竟碰上落在网中;贪婪的螳螂一心想吃眼前的蝉,不料后面却有一只黄雀想要吃它。可见天地间事太奥妙,玄机中还藏有玄机,变幻中又会发生另外的变幻,人的智慧计谋又有什么可仗恃的呢?

【点评】　孔子主张"尽人事以听天命"。对于人来讲,不可知的东西太多了,许多事往往用尽心思仍一无所得。而在生活中,所谓"螳螂捕蝉,黄雀在后"的事太多了,"人为财死,鸟为食亡"的事更是俯拾皆是。任何事物都不是孤立存在的,往往一环套一环,牵一发而动全身。对于物欲的贪求,有时偏偏"有心栽花花不开,无心插柳柳成荫"。有的时候却是"机关算尽太聪明",最终一无所得。当然"智巧何足恃"并不是说人应任凭大自然摆布,一定要探索自然,克服天敌,进而认识掌握事物的变化周期和发展规律。

清心寡欲　安贫乐道

【原文】　交市人不如友山翁,谒朱门不如亲白屋;听街谈巷语,不如闻樵歌牧咏,谈今人失德过举,不如述古人嘉言懿行。

【译文】　交一个市井之人做朋友,不如交一个隐居山野的老人;巴结富贵豪门,不如亲近平民百姓;谈论街头巷尾的是非,不如多听一些樵夫的民谣和牧童的山歌;批评现代人的错误,不如多讲讲看看古圣先贤的格言善行。

【点评】　发思古之幽情入自然之怀抱是人生的一大乐趣。听渔翁樵夫歌,与世外高人交是雅士交人的一种追求。所谓修身养性,如果结交的是市井小人,所听的是追逐利益的俗事;如果整天奔走富贵豪门之家,听到的都是功名利禄的权势之争;假如经常谈论左邻右舍的是非,昨日今日的闲言,那么心难静,气不顺,神不宁,心则何安?人不能逃避世事,不承担社会责任,但为大事者必须要有超脱世俗的心境,才可能修身养德,才可能为一展大志不息奋斗。

意兴难久　情识难悟

【原文】　凭意兴作为者,随作则随止,岂是不退之轮? 从情识解悟者,有悟则有迷,终非常明之灯烛。

【译文】　凭一时感情冲动和兴致去做事的人,等到热度和兴致一过事情也就跟着停顿下来,这哪里是能坚持长久奋发上进的做法呢?从情感出发去领悟真理的人,有时能领悟的地方也会有被感情所迷惑的地方,这种做法也不是一种永久光亮的灵智明灯。

【点评】 这是用佛理喻世事。不退之轮,就是佛经里所说的法轮,如来说法时,经常运用佛法摧毁众生的执迷邪恶,使众生恍然大悟之后转成正见,这种道理很像车轮压过的地方一切邪见都被摧毁。有时也叫"不退转轮"。"不退之轮",是说进德修业的心永不停止。此处反过来看,人们做事很少从理性出发,往往凭借一时的兴致,难持之以恒。而理解事物缺乏一定之见,情之所致拆东墙补西墙,难以领悟人生真谛。

为奇不求异　求清不为激

【原文】 能脱俗便是奇,作意尚奇者,不为奇而为异;不合污便是清,绝俗求清者,不为清而为激。

【译文】 思想超越一般人又不沾世俗气的人就是奇人,可是那种刻意标新立异的人不是奇而是怪异;不同流合污就算是清高,可是为了表示自己清高而就和世人断绝来往,那不是清高而是偏激。

【点评】 当一种新的思潮涌现的时候,人们对不破不立的观点很欣赏,在行动上往往是有过之而无不及。在俗与雅,庸俗与清高的选择上,很多人赞赏清高儒雅的人。一个人如果能舍弃名利,当然值得景仰。可是假如为了提高知名度就标新立异故作怪论,这种人实际上是俗人伪装的怪人,是一种沽名钓誉的小人。处于污浊俗世而心却不受沾染的人,他的品德就像莲花出淤泥而不染,会永远保持洁净。假如心存俗念却又矫揉造作跟世俗断绝,以标榜自己的清高,这是一种偏激狂妄的行为。清奇是旁人的想法,对一个修养好的人来讲,保持清白高雅的境界是很自然而无须造作的事,李白诗云:"清水出芙蓉,天然去雕饰"即此意。

好利者害浅　好名者害深

【原文】 好利者逸出于道义之外,其害显而浅;好名者窜入于道义之中,其害隐而深。

【译文】 一个好利的人,他的所作所为不择手段越出道义范围之外,逐利的祸害很明显,容易使人防范;一个好名的人,经常混迹仁义道德中沽名钓誉,他所做的坏事人们不易发觉,结果所造成的后患都非常深远。

【点评】 坏人坏事人人痛恨,因为坏人坏事显而易见,明显地违背公德,害人祸世。可怕的是欺名盗世之辈,沽名钓誉之流。尤其是那些身居要职的人,如果不是德才兼备,却是用名来装点自己,作为捞取政治资本的手段,那么这类人就可能在表面上大言不惭悬壶济世,骨子里只为私利,一肚子男盗女娼,还可能利用手中权力祸害民众,贪污腐化,"好名者害隐而深",这类人算是一种典型。

小人之心　宜切戒之

【原文】　受人之恩,虽深不报,怨则浅亦报之;闻人之恶,虽隐不疑,善则显亦疑之。此刻之极,薄之尤也,宜切戒之。

【译文】　受人的恩惠虽然很多很大也不设法报答,但是一旦有一点点怨恨就千方百计报复;听到人家的坏事即使很隐约也深信不疑,而对于人家的好事再显也不肯相信。这种人可以说刻薄冷酷到了极点,做人应该严加戒绝。

【点评】　传统文化中历来有"隐恶而扬善"的美德。孔子说:"或曰:以德报怨何如?'子曰:'何以报德?以直报怨,以德报德。"做人要恩怨分明,更应有这样一个思想境界。达到这样一个境界,如果没有长久的磨炼,宽厚的胸怀,良好的道德基础是不行的。在生活中,很多人好打听别人的隐事、坏事,所谓"好事不出门,恶事传千里。"有的人是出于一种好奇显能的恶习,有的人却是出于一种记恶心态,出于秋后算账的要求;有的人不仅知恩不能涌泉相报反而会反目成仇。如此种种人的行为,使人际间的关系,有时真如刀枪相见,远谈不上"和谐"二字了。所以隐恶扬善不仅是一种品德修养,一种交际方式,也是人际和谐的一个前提,这和做人不讲原则不一样。

鄙啬伤雅道　曲谨多机心

【原文】

俭,美德也,过俭则为悭吝,为鄙啬,反伤雅道;让,懿行也,过让则为足恭,为曲谨,多出机心。

【译文】　节俭,是一种美德,但节俭过了头就是吝啬,会被人看不起,这样反而败坏了节俭的名声;谦让,是一种美德,但谦让过了头就会有谄媚之嫌,会使人觉得谨小慎微,这种做法多半出于投机之目的。

【点评】　"成由俭败由奢",这是经无数历史事实证明了的真理。俭朴是"强本节用"的美德,也是成就事业的必备品德,没有人可以挥霍无度而财富还能保持得长久。但是俭朴与吝啬是有着本质区别的。俭朴是物尽其用的美德,吝啬却是私利贪婪的邪恶。好像葛朗台一样,虽然家有万贯,却连自己的女儿都憎恨他,这样的富有有什么意义?葛朗台死的时候,也不能把金币带进坟墓。谦逊也是一种美德,表示对他人的尊重。但一味地谄媚就让人不得不怀疑你的用心。谦逊所表达的是在双方平等基础上的尊敬,放下自己的尊严,没有克制的谄媚,只能表明有不可告人的目的,才把自己的尊严也当作了砝码。

吉于宽舒　败于多私

【原文】　仁人心地宽舒,便福厚而庆长,事事成个宽舒气象;鄙夫念头迫促,便禄薄而泽短,事事得个迫促规模。

【译文】　心地仁慈博爱的人,由于胸怀宽广舒坦,就能享受厚福而且长久,于是形成事事都有宽宏气度的样子;反之心胸狭窄的人,由于眼光短浅思维狭隘,所得到的利禄都是短暂的,落得只顾到眼前而临事紧迫的局面。

【点评】　庸人想事少,傻人不想事,所以俗语有"庸人厚福"和"傻人有傻福"的说法,念头少,伪装少,争得就少,心情舒畅,平日就少有忧虑烦恼。做人勿庸也不能傻,但不能像有些人聪明过了头,用尽心机,烦恼接踵。而那些污秽贪婪的小人,心地狡诈行为奸伪,凡事只讲利害不顾道义,只图成功不思后果,这种人的行为更不足取。仁人待人之所以宽厚,在于诚善,在于忘我,所以私欲少而烦恼少。我们生活中的待人之道确应有些肚量,少为私心杂念打主意,不强求硬取不属于我的东西,烦恼何来?"牢骚太盛防肠断"做人要充分修省自己才是。

得山林之乐　忘名利之情

【原文】　羡山林之乐者,未必真得山林之趣;厌名利之谈者,未必尽忘名利之情。

【译文】　经常畅谈山野林泉生活之乐的人,未必就真的领悟了山林的真正乐趣;高谈讨厌功名利禄的人,心中未必就不存名利思想。

【点评】　世事有趣,得之者无言,言之者未得。就像是练功的人,会者不言会,一招半式的人往往喜欢招摇。学问深的人觉得学无止境,不言满足,半瓶醋的人却喜欢高谈阔论,俨然学者。有些人经常表示自己已经厌倦了世俗生活,可是真要他们脱离城市繁华,他们又恋恋不舍不肯丢下,这恰如曹操说鸡肋食之无味"欲罢不能耳"。很多人往往心口不一,言行不一,说到做不到,光说不练。其实一个真正淡泊名利的人,必然已经完全超越于名利好恶观念之上,所以在谈话中也就无所谓好恶了。因此有的人谈山林之乐,实际在是在附庸风雅,有的人谈淡泊名利实际是在沽名钓誉。

知足常乐　善用则生

【原文】　都来眼前事,知足者仙境,不知足者凡境;总出世上因,善用者生机,不善用者杀机。

【译文】　对来到现实生活环境中的事物感到满足的人就会享受神仙一般的快乐,感到不满足的人就摆脱不了庸俗的困境,事物总是由因缘和合而生,假如能善于运用就处处充满生机,不善运用就处处充满危机。

【点评】　人不可能也不会安于贫穷,精神食粮是不能填饱肚子的。可一个人不论拥有多少财富,假如不知满足,就永远生活在争权夺利中,那种奔波忙碌的情景跟为生活苦苦挣扎的穷人并无差别。要想真正享受人生乐趣,应当有知足常乐的思想。所以,老子说:"知人者智,自知者明;胜人者有力,自胜者强;知足者富,强行者有志;不失其所者久,死而不亡者寿。"人的有限生命应该用到对人类有益的事业中去,在这样的事业中去发挥才智，展现能力，比起那些在功名富贵中拼杀的人来说，真不知要强过多少倍。

忧死虑病　幻消道长

【原文】　色欲火炽，而一念及病时，便兴似寒灰；名利饴甘，而一想到死地，便味如嚼蜡。故人常忧死虑病，亦可消幻业而长道心。

【译文】　色欲像烈火一样燃烧起来时，只要想一想生病的痛苦，烈火就会变得像一堆冷灰；功名利禄像蜂蜜一般甘美时，只要想一想死地的情景，名位财富就会像嚼蜡一般无味。所以一个人要经常思虑疾病和死亡，这样也可以消除些罪恶而增长一些进德修业之心。

【点评】　人在病中，会感到人生之虚幻与可悲，到了死地大概只剩求生一念了。所以人平时做事应朝事物的对立面想想，而不是随心所欲，任意胡为。孔子说："君子有三戒：少之时，血气未定，戒之在色；及其壮也，血气方刚，戒之在斗；及其老也，血气既衰，戒之在得。"戒色可保寿，戒斗可免祸，戒得可全名。朱子说："圣人同于人者血气也，异于人者志气也，……君子养其志气，故不为血气所动，是以年弥高而德弥助也。"人生在世，宜控制自己的欲望而修些德性，做事勿为欲望迷失本性，终会有所作为的。

隐逸无荣辱　道义泯炎凉

【原文】　隐逸林中无荣辱，道义路上泯炎凉。

【译文】　一个退隐林泉之中与世隔绝的人，对于红尘俗世的一切是是非非完全忘怀而不存荣辱之别；一个讲求仁义道德而心存济世救民的人，对于世俗的贫贱富贵人情世故都看得很淡而无厚此薄彼之分。

【点评】　道家提倡出世，故隐者之所以无荣辱之感，原因在于他们已经完全摆脱了世俗的是非观念。世俗之人认为荣耀与耻辱的事，在他们看来不过有如镜花水月。儒家提倡入世，在道义路上就要恩怨分明，提倡"人我两忘，恩怨皆空"。孔子说："何以报德，以直报怨，以德报德。"因为儒家讲的是世间作为，所以凡事都权衡轻重，而且处处以中庸之道为准。两种世界观决定了对荣辱、恩怨的不同看法。但在传统思想中，两种观念往往融为一体，即既提倡出世不计恩怨，又提倡在入世中行道义不计荣辱，故无所谓炎凉。

贪得无厌　知足常乐

【原文】　贪得者，分金恨不得玉，封公怨不受侯，权豪自甘乞焉；知足者，藜羹旨于膏粱，布袍暖于狐貉，编氓何让于王公。

【译文】　贪得无厌的人，给他金银还怨恨没有得到珠宝，封他公爵还怨恨没封侯爵,这种人虽然身居豪富权贵之位却等于自甘沦为乞丐;自知满足的人,即使吃粗食野菜也比吃山珍海味还要香甜,穿粗布棉袍也比穿狐袄貂裘还要温暖,这种人虽然说身为平民,但实际上比王公还要高贵。

【点评】 "得寸进尺,得陇望蜀"是对贪得无厌之辈的形象比喻。只有少数超凡绝俗的豁达之士。才能领悟知足常乐之理。其实适度的物质财富是必须的,追求功名以求实现抱负也是对的,关键看出发点何在。有一定社会地位是现实生活迫使个人接受的一种要求;追求物质丰富是刺激市场繁荣的动力,对个人而言,绝非因为安贫乐道就可以否定对物质欲望的追求。但是一个人为铜臭气包围,把自己变成积累财富的奴隶,或为财富不择手段,为权势投机钻营,把权势当成满足私欲的工具,那么,这种人就会永远贪得无厌,为正人君子所不齿。

逃名之趣　省事之闲

【原文】 矜名不若逃名趣,练事何如省事闲。

【译文】 一个喜欢夸耀自己名声的人,倒不如避讳自己的名声显得更高明;一个潜心研究事物的人,倒不如什么也不做,来得更安闲。

【点评】 老庄提倡无为,所谓出世哲学;儒家主张进取,倡导入世哲学,二者构成中国古代士大夫一种处世哲学;进则求取功名兼济天下,退则隐居山林修身养性。所谓"隐者高明,省事平安",就老庄的无为思想是很对的,就儒家的进取思想来说似乎是相矛盾的。对世俗而言是"多一事不如少一事""多做多错,少做少错,不做不错",对隐者而言本身是不求名,更无所谓虚名了。所以自古就有"君子盛德,容貌若愚"的说法,即人的才华不可外露,宜深明韬光养晦之道,才不会招致世俗小人的忌恨。所以,入世出世表面上矛盾,实际上又一致。一个愚钝之人本身无所谓隐,一个修省的人隐居不是在逃脱世俗,不过是在求得一种心理平静而已,故逃名省事以得安闲。

猛兽易伏　人心难降

【原文】 眼看西晋之荆榛,犹矜白刃;身属北邙之狐兔,尚惜黄金。语云:"猛兽易伏,人心难降;谷壑易填、人心难满"。信哉!

【译文】 眼看着武功最盛的西晋,已变成了杂草茂盛的荒芜之地,可还有人在那里炫耀自己的武力;亲贵皇族,身体已属于北邙山陵墓间狐鼠食物,还何必那样爱惜自己的财富呢?俗谚说:"野兽虽然易制伏,可是人心却难以降服;沟壑虽然容易填平,人的欲望却难以满足。"经验之谈呀!

【点评】 人的生死有其自然规律,有人因此而珍惜生命,多作益事;有人却叹人生苦短微不足道,而及时行乐,欲壑难填,人心不满。历史有惊人的相似之处,从古至今历史的荣耀有人津津乐道,历史的教训却无人去真的吸取,以至"犹矜白"者代代都有,北邙枯骨者大有人在,人只管身前,顾不上以后。

无事道人　不了禅师

【原文】　才就筏便思舍筏,方是无事道人;若骑驴又复觅驴,终为不了禅师。

【译文】　刚跳上竹筏,就能想到过河后竹筏没用了,这才是懂得事理不为外物所牵累的道人;假如骑着驴又在另外找驴,那就变成既不能悟道也不能解脱的和尚了。

【点评】　《传灯录》说:"如不了解心即是佛,那真是骑驴而觅驴。"《涅槃经》也说:"一切众生皆有佛性",可见佛无须外求,就在自己心中,人之内心都有佛却不自知而向心外去求,这就等于已经骑在驴身上还要另外去找驴。以此喻世事人生也是有道理的,即人应善于发现自己的长处,发挥自己的潜能。做事的方法只是工具,最终的结果才是目的。

冷眼观英雄　冷情当得失

【原文】　权贵龙骧,英雄虎战,以冷眼视之,如蚁聚膻,如蝇竞血;是非蜂起,得失猬兴,以冷情当之,如冶化金,如汤消雪。

【译文】　达官显贵,表现出飞龙般的气概;英雄好汉,像猛虎般打斗决胜;这种种情形冷眼旁观,如同看到蚂蚁被膻腥味道引诱在一起,苍蝇为争食血腥聚集在一起,令人感到万分恶心。是非宛如群蜂飞起一般纷乱,得失宛如刺猬竖起的毛针一样密集;其实这种情景如果用冷静头脑来观察,就如同金属熔化注入了模型会自然冷却,雪花碰到沸汤会马上融化。

【点评】　历史的巨册往往是在龙争虎斗、狼烟滚滚中翻去了一页又一页;而你争我夺的结果却往往是白骨蔽野,生灵涂炭。最终留下的是残垣断壁,荒冢堆堆。冷眼观之,先哲斥之为不义之战,诗人则叹为"古今多少事,都付笑谈中"。以此观人生世事,尔虞我诈,求富逐贵而又心机用尽的人何其凄凉也。人生苦短,岁月蹉跎,不能超脱于世就会被世俗所累。冷眼看世界是必要的,静心理世事是应当的。

尘情可破　圣境自臻

【原文】　羁锁于物欲,觉吾生之可哀;夷犹于性真,觉吾生之可乐。知其可哀,则尘情立破;知其可乐,则圣境自臻。

【译文】　终日被物欲困扰的人,总觉得自己的生命很悲哀;留恋于本性纯真的人,会发觉生命的真正可爱。明白受物欲困扰的悲哀之后,世俗的情怀可以立刻消除;明白留恋于真挚本性的欢乐,圣贤的崇高境界会自然到来。

【点评】　老子说:"人之大患在吾有身,及吾无身则吾有何患"。有吾身则烦恼接踵而来,就难以抗衡一切外物的困扰了。佛的经义在于消除所有的烦恼,因此佛家才苦口婆心劝世人要在彻悟自己真性上多下功夫。所谓真性就是天理,人能去人欲存天理就能明心见性。人在自身修养中发现本性的过程是很艰难的,但达到彼岸便会感到一种修持的快乐,如果每个人都能不断反省自己,修养身心,人间就太平多而纷争少了。

前念不滞　后念不迎

【原文】　今人专求无念,而终不可无。只是前念不滞,后念不迎,但将现在的随缘打发得去,自然渐渐入无。

【译文】　如今的人一心想要做到心中没有杂念,却始终做不到。其实只要使以前的旧念头不存心中,对于未来的事情也不必去忧虑,而正确把握现实做好目前的事,自然就会使杂念慢慢消除。

【点评】　做事抱什么态度才能无烦恼呢?某些人一旦生活不如意就怨天尤人,悔恨过去,不满现实,梦想将来。这种人的眼光总放在对以后的憧憬上,而把握不了眼前。其实过去的永远过去了,对未来固然需要策划以至憧憬,关键还是从眼前做起。随缘打发,把握机会,从头开始,才能使过去的辉煌依旧或者让过去的失败作为教训鞭策今后。满脑子都是沮丧、懊悔和不满的念头,心不静,气不宁,六神无主,待人做事没了主张,又何谈事业。

万钟如瓦缶　一发似车轮

【原文】　心旷则万钟如瓦缶,心隘则一发似车轮。

【译文】　心胸阔达的人,即使是一万钟优厚俸禄也会看成像瓦罐那样没价值;心胸狭隘的人,即使是如发丝细小的利益也会看成像车轮那么大。

【点评】　一个心胸开阔的人能视黄金如粪土,会把万贯家财作为仗义行事的资本;一个心胸狭窄的人,会把鸡毛蒜皮的小事看作天那么大,在财产上也如守财奴那般可怜巴巴。心胸开阔的人必须具有豁达的人生观,以义作为取舍,仗义而疏财,但决不挥霍浪费。一个人的心胸是需要后天培养的,心胸豁达往往是成功事业的基础。

顺逆一视　欣戚两忘

【原文】　子生而母危,锱积而盗窥,何喜非忧也;贫可以节用,病可以保身,何忧非喜也。故达人当顺逆一视,而欣戚两忘。

【译文】　就母亲来说生孩子是一件很危险的事,积蓄金钱却又容易引起盗匪的窥探,可见值得高兴的事都附带有危险。贫穷可以逼使人勤俭,疾病可使人学会保养身体的方法,可见任何值得忧虑的事也都伴随着欢乐。所以一个心胸开阔的人,总能把福和祸一视同仁,也就自然忘掉高兴和悲伤了。

【点评】　事物是可以相互转化的。在一定条件下,福可以转为祸,忧可能转为喜。老子关于福祸的名言"祸兮福所倚,福兮祸所伏"最有代表性。一个意志坚强的人在喜忧祸福中之所以不动心,是因为他明确地懂得了这个道理。所以他在失败中总能寻找成功的因素,在成功时总能思虑危险的成分,在喜悦中总能注意探求不利因素。

清苦饶逸趣　鄙略具天真

【原文】　山林之士,清苦而逸趣自饶;农野之人,鄙略而天真浑具。若一失身市井驵侩,不若转死沟壑神骨犹清。

【译文】　隐居山野林泉的人,生活清贫,但是精神生活确为充实;种田耕作的人,学问知识虽然浅陋,但是却具有朴实纯真的天性。假如一旦回到都市,变成一个充满市侩气的奸商蒙受污名,倒不如死在荒郊野外,还能保持清白的名声及尸骨。

【点评】　古代的义利观是重义而轻于利。所以,古人对中介经纪,对于经商贸易的人是看不起的,以为他们奸猾而失去人的本性。此处不论其对错,但历史上确实涌现出了许多重义重名重节的忠臣义士。当国破家亡时,他们宁肯为国尽忠舍身以殉义,也不愿失节投降以求生,宁肯"杀身成仁,舍生取义"以全名节,也不愿卑躬屈节一味苟且偷生,这样的无私无畏的精神,成为我们民族的精神瑰宝。

不求非分之福　不贪无故之获

【原文】

非分之福,无故之获,非造物之钓饵,即人世之机阱。此处着眼不高,鲜不堕彼术中矣。

【译文】　不是自己所应得到的东西,却无缘无故地得到,如果不是上天为考验你而放下的诱饵,就是别人暗算你的陷阱。如遇到这种情况要特别注意,因为很少有人不落入此圈套中。

【点评】　古人说,"福兮祸所倚,祸兮福所伏。"若处理不好,福祸之间常常能互相转化,可以因祸得福,也可以因福生祸。而非分之福,无故之获,尤其值得警惕,因为事情不会无缘无故地发生,而无缘无故得来的好处,后面也许隐藏着对你不利的意图。范蠡辅佐勾践灭了吴国,留给大夫文种一封信,告诉他"鸟尽弓藏,兔死狗烹"的道理,自己跑到别国隐居去了。文种不信,依然留在朝里,后来勾践送来一把剑,让文种自杀,他才后悔没有听范蠡的话。智者有功尚且不居,何况既无功劳又无苦劳,凭空而来的好处,怎么能不警惕呢? 避之唯恐不及,才是明智的态度。

当局者迷　旁观者清

【原文】　波浪兼天,舟中不知惧,而舟外者寒心;猖狂骂坐,席上不知警,而席外者咋舌。故君子虽在事中,心要超事外也。

【译文】 波浪滔天时,坐在船中的人并不知道害怕,而站在船外的人却吓得胆破心寒;公共场合有人放肆谩骂在座的人,同席的人并不知道警惕,反而会把站在席外的人吓得目瞪口呆。所以君子即使被某件事卷入漩涡中,但是心智却要抱着超然物外的态度。

【点评】 一个人做事就怕迷惑于事中却不自知,这样可能会把谬误当真理,把错误当正确。而要超然于事外,超脱于尘世,除了要有自身的高尚修养与较好素质,还要学会多听听别人的意见,多了解实际情况,所谓当局迷而旁观清,偏听信而兼听明。人处于事中不仅易迷且往往被其势所左右,变得激情磅礴,不能理智思考,冷静处之。故处事应身在局中而心在局外。

人生求减省　此生免桎梏

【原文】 人生减省一分便超脱了一分。如交游减便免纷扰,言语减便寡愆尤,思虑减则精神不耗,聪明减则混沌可完,彼不求日减而求日增者,真桎梏此生哉!

【译文】 人生在世能减少一些麻烦,就多一分超脱世俗的乐趣。交际应酬减少,就能免除很多不必要的纠纷困扰,闲言乱语减少,就能避免很多错误和懊悔,思考忧虑减少,就能避免精神的消耗,聪明睿智减少,就可保持纯真本性。假如不设法慢慢减少以上这些不必要的麻烦,反而千方百计去增加这方面的活动,就等于是用枷锁把自己的手脚锁住一生。

【点评】《庄子》一书有一则关于"混沌"的寓言故事,大意是说有一个名叫混沌的人,本来既无眼睛也无耳朵,后来神给他穿通了耳目,按道理说他应该喜欢这个五光十色的花花世界,谁知他有了耳目之后却很快就死了。当然人生在世不可能不思,但一定要减繁增静才对。为人处世固然需要小心谨慎,凡事三思,小心撑得万年船,不过切忌思之极点,便会杞人忧天。另一方面可以从修身来理解,即世人有耳目有见闻之后就会产生很多欲念,有了欲念之后就会丧失纯真的本性。聪明固然是造物者的一大恩赐,但是假如聪明过度,反而会危害到本身的生存,聪明反被聪明误。

第九篇　劝喻篇

穷蹙时原初心　功成处观末路

【原文】 事穷势蹙之人,当原其初心;功成行满之士,要观其末路。

【译文】 对于事业失败陷入困境而心灰意冷的人,要思索而不是责难,回想他当初奋发的精神;对于事业成功感到万事如意的人,要观察他是否能长期坚持下去,考虑结局如何。

【点评】 人生在世谁也无法预料成功与失败,生活中成功的人固然有,失败的人也不少。可耀眼的花环总是戴在成功者的头上,失败者面临穷途末路。不以成败论英雄,对失败者来说,最要紧的是要静下心来,对大众而言,应当客观看待失败者,想想他创业之初是否居心善良?俗语所谓"好的开始就是成功的一半,"意思就是强调只要出发点正确就有可能创一番事业。一时的得失,并不能决定一个人一生的成败,"盖棺始能论定"。只要善于总结,失败可能是成功的前奏。同时一个功成名就的人,如果不珍惜自己的成就,却为贪小利而身败名裂,会让人觉得惋惜,或者他自身的成功就是建立在一种自私自利的基础上,那么他的成功很可能就是失败的开始。

富贵宜宽厚　聪明应敛藏

【原文】　富贵家宜宽厚,而反忌刻,是富贵而贫贱其行矣!如何能享?聪明人宜敛藏,而反炫耀,是聪明而愚懵其病矣!如何不败?

【译文】　一个富贵的家庭待人接物应该宽容仁厚,可是很多人反而刻薄担心别人超过自己,这种人虽然暂为富贵之家,可是他的行径已走向贫贱之路,这样又如何能行得通呢?一个聪明的人,本来应该谦虚有礼不露锋芒,可是很多人反而夸自己的本领高强,这种人表面看来好像很聪明,其实他的言行跟无知的人并没什么不同,他的事业到头来又怎能不受挫、不失败呢?

【点评】　富足是做事的经济来源,聪明是做人的内在要求。但是,应明了富贵不足炫耀,才智不可仗恃,只有宽厚仁慈才可能成功。假如富贵而为人刻薄寡恩,就会陷入终日钩心斗角与人争利的苦海中,完全丧失生活乐趣,丧失周围的亲友,到头来落得孤立无援空虚寂寞。人有才智而无正气,以此傲人愚人,正应了"聪明反被聪明误"的俗语。因此聪明人要有自知之明,可见我们为人应该虚怀若谷,仗义疏财,遇事不要锋芒太露,不要把富贵看得太重。

守浑留正气　淡泊遗清名

【原文】　宁守浑噩而黜聪明,留些正气还天地;宁谢纷华而甘淡泊,遗个清名在乾坤。

【译文】　人宁可保持纯朴天真的本性而摒除后天的奸诈乖巧保留一些刚正之气还给大自然;宁可抛弃世俗的荣华富贵而甘于淡泊、清虚恬静,留一个纯洁高尚的美名还给天地。

【点评】　古人认为只有天地之间才有正气,喻之于人,实际上就是保持本性,就是正气于胸,但社会的发展使人聪明而复杂,保持古人说的"本性"越来越难,而抹杀了这种正气,人们遇事就处处喜欢掩饰,结果使正气在堕落的人格中无法表现。但是否一定要回到浑浑噩噩不知掩饰的本性状态呢?原始人是这样,所以也就根本不懂什么叫浪夸、欺骗。可现代社会文明很难容下这种不大可能的善美的人生境界。因此我们不必回避现代社会的纷华,在纷华中保持几分淡泊;不必追求极端的淡泊,而忽视社会的进步。离开社会讲清名和本性是空洞无实的,追求奢侈名利才会使人堕落。

木石之念　云水之趣

【原文】　进德修道,要个木石的念头,若一有欣羡,便趋欲境;济世经邦,要段云水的趣味,若一有贪著,便坠危机。

【译文】　磨炼心性提高道德修养,必须有木石一样坚定的意志,假如一羡慕外界的荣华富贵,那就会被物欲包围困惑。治理国家服务社会,必须有一种宛如行云流水一样的淡泊胸怀,假如一有贪恋名利的念头,就会陷入危机四伏的险地。

【点评】　古人修身养性讲究心定,不为外物所扰,排除一切杂念。这种寻求内心悟性的方式用于经邦济世,从政当权,是有积极意义的。一个当权者可能权倾朝野,一个有钱人或许富可敌国,一个入仕者可能雄心万丈,但决难具备隐世者的淡泊趣味,及行脚僧人手持三宝云游天下,那种无忧无虑飘然出世的风貌,其恬淡超逸的清高志趣,绝对不是一个奔波于名利中的凡人所能望其项背的。但一个经邦济世的人也应具有这种胸襟,这样就可能看淡名利而保持清廉。如果一味贪恋荣华富贵功名利禄,就等于一个一心向上的人没有基础而终有一日会跌落无底深渊,不仅不能为国为民服务,恐怕连身家性命也难保全。权力能使人腐化,不断修省,时时保持一种高雅脱俗的心性而在名利声中保持清醒,才可能不去随波逐流,自觉抵制贪污腐化。

脚踏实地　心存长远

【原文】　图未就之功,不如保已成之业;悔既往之失,不如防将来之非。

【译文】　与其谋划没有把握完成的功业,不如维护已经完成的事业;与其懊悔以前的过失,不如好好预防未来可能发生的错误。

【点评】　人的一生可划成三个阶段,即过去,现在,未来。人应当抱着不懊悔或夸耀过去,要检讨或反省过去;不轻视或不满现实,要把握或迁就现实;不梦想或恐惧未来,要策划或努力未来的态度才行。古人有"前事不忘,后事之师"的明训,说明我们可以检讨过去来借鉴眼前策划未来,而最关键的是不要把精力放在对已经过去了的东西的纠缠上,像一个老人一样不停地回忆,而要把立足点放在眼下,从现在做起,这才是干事业应有的认识。

悬崖勒马　转祸为福

【原文】　念头起处,才觉向欲路上去,便挽从理路上来。一起便觉,一觉便转,此是转祸为福、起死回生的关头,切莫轻易放过。

【译文】　当你心中邪念刚一浮起时,你能发觉这种邪念有走向欲路的可能,你就应该立刻用理智把这种欲念拉回正路上来。坏的念头一起就立刻警觉,有所警觉就立刻设法挽救,这是到了转祸为福、起死回生的紧要关头,绝对不可以轻易放过这个机会。

【点评】 很多事往往在一念之间决定今后的人生道路,而一念不慎足以铸成千古恨事,因此先儒才有"穷理于事物始生之际,研机于心意初动之时"的名言。但一念的铸成并不在当时而是在平时的锻炼,就像一个人在情绪特别激动的时候,往往会做出不计后果的事,而能出现这种情绪的本身说明这个人在平时可能还没意识这件事是好是坏。可见一个人不能防邪念于未然,就可能出现"一失足成千古恨,再回头已百年身"的凄惨后果。私心杂念和道德伦理并存是很矛盾很困难的,人必须拿出毅力恒心控制私心杂念,并且当机立断地把这种欲念扭转到合乎道德的路上。这个扭转只能在平时注意磨炼自己,那么临时引发的生死祸福的命运才可能操之在我。一念之间上可登天堂下可坠地狱。人不能总是到事后才悔恨自己,当生机在握时,当幸运在手时,决不可轻易放过。

快意丧德　取舍有度

【原文】 爽口之味,皆烂肠腐骨之药,五分便无殃;快心之事,悉败身丧德之媒,五分便无悔。

【译文】 可口的山珍海味,多吃便伤害肠胃等于是毒药害人,控制住吃个半饱就不会伤害身体;称心如意是好事,其实有一些引诱人们走向身败名裂的媒介,所以凡事不可只求心满意足,保持在差强人意的限度上就不至懊悔。

【点评】 什么事都要适可而止,但人往往经不住诱惑。很多人一遇到香甜可口的美味,就不顾一切地拼命多吃,结果把肠胃吃坏,受病痛之苦。聪明人必须注重养身之道,营养不良固然不行,吃得太多也绝非好事。欲罢不能说明不懂养身之道。养身如此,做人同样如此,所谓"病从口入,祸从口出",一些看起来令人得意扬扬的事,或许正酝酿着走向失败的因素,人在春风得意时一定要保持清醒才是。

猛然转念　立地成佛

【原文】 当怒火欲水正腾沸处,明明知得,又明明犯着。知的是谁,犯的又是谁?此处能猛然转念,邪魔便为真君矣。

【译文】 当怒火上升欲念翻滚时,虽然他自己也明知这是不对的,可是他又眼睁睁犯着不加控制。知道这种道理的是谁呢?犯的又是谁呢?假如当此紧要关头能够突然改变观念,那么邪魔恶鬼也就会变成慈祥命运的主宰了。

【点评】 生活中,很多人喜欢给自己大书一个"忍"或"制怒"的座右铭,这说明人们都能意识到"怒火欲水"之害,但又很难一下子控制得了。要把人这种本能情感逐步理智化,是需要一个修省过程的。要逐步以自己的毅力把这种怒气和欲望控制住,才可能使一切邪魔都成为我的精神俘虏,使自己转而变得轻松愉快。"锄地须锄

菜根谭

图文珍藏版

草,烦恼即菩提",其实世间根本没有所谓魔鬼,自己内心的邪念才是魔鬼;世间也根本没有上帝,内心的一颗良知就是上帝。怒火欲水本是一念之间的事,修养好了,一念之间可以使自己变得高雅;杂念多了,便逐渐庸俗,以至养成许多恶习,烦恼就越发多了。

大行亦拘小节　君子禁于细微

【原文】　有一念而犯鬼神之禁,一言而伤天地之和,一事而酿子孙之祸者,最宜切戒。

【译文】　假如有一种念头触犯了鬼神的禁忌,有一句话破坏了人间祥和之气,或者做了一件事成为后代子孙祸根,所有这些行为都必须特别加以警惕加以警戒。

【点评】　立身处世,小心谨慎,每做一事,要为自己着想,要为别人着想;要看眼前,也要为子孙后代考虑,多为自己的儿孙积阴德。否则如果为达目的不择手段,只图自己一时之欢,做伤天害理的事,赚不仁不义的钱,就等于给子孙酿祸,给自己的前程伏下败笔,到那时真是悔不当初噬脐莫及了。古兵法中也有所谓"一言不慎身败名裂,一语不慎全军覆没"的箴言。人做事不可以胡作非为引来祸患,宜谨言慎行明辨善恶。尤其是新出世的年轻人,不要以为"嘴上没毛办事不牢"就可以原谅自己,不要觉得"初生牛犊不怕虎",做事眼高手低,盛气凌人。有时过失成祸并非闯祸人的本意,而是由于经验不足,言行不慎,诚为可惜。

居官公廉　居家恕俭

【原文】　居官有二语,曰:"唯公则生明,唯谦则生威";居家有二语,曰:"唯恕则情平,唯俭则用足。"

【译文】　做官有两条原则,就是只有公正无私才能判断明确,只有清白廉洁才能使人敬服;治家有两条原则,就是多替别人设想心情自然平和,生活节俭朴素家用自然充足。

【点评】　公正廉明是古代做官的基本要求,对清官来讲,首先是不贪,然后是无私,不贪则廉,无私则公。这对现在而言仍有积极意义。不论为官或治家,必须以身作则,奉公守法,避免上行下效。持家同样如此。为人应心气平和,保持勤俭节约的传统美德,朱子治家格言:"一粥一饭,当思来之不易;半丝半缕,恒念物力维艰"。很多东西从道理上讲人们很清楚,但行动起来确实很难,人们如果能多克服些私欲就可以多存些公德。

立得风雨　看破危径

【原文】　风斜雨急处,要立得脚定;花浓柳艳处,要著得眼高;路危径险处,要回得头早。

【译文】 在风斜雨急的变化中，要把握住自己的脚步站稳立场；处身于艳丽色姿中，必须把眼光放得辽阔而把持住自己的情感，不致迷惑；路径危险的时候，要能收步猛回头，以免不能自拔。

【点评】 所谓风斜雨急，花浓柳艳，路危径险都是比喻，比喻人生之路会有各种艰难险阻出现。孔子说："危邦不入，乱邦不居；天下有道则见，无道则隐；邦有道贫且贱焉耻也，邦无道富且贵焉耻也。"其实即使是古代邦有道要富且贵就没有险隘？就能唾手可得吗？不论是有道无道之世，都应有操守，有追求，不怕难，不沉沦，不自颓，把得住自己的心性，遇事就不致沉陷于迷惑中。

伏久者飞必高　开先者谢必早

【原文】 伏久者飞必高，开先者谢独早；知此，可以免蹭蹬之忧，可以消躁急之念。

【译文】 隐伏很久的鸟，飞起来会飞得很高；开得早的花，也必然凋谢得快。人只要能明白这个道理，就可以免除怀才不遇的忧虑，也可以消解急于求取功名利禄的念头。

【点评】 一个有事业心的人，必须学会等待时机，儒家典型的处世原则是"穷则独善其身，达则兼济天下。"要想成就一番事业，就不能因为自己眼下的处境地位不如意而丧志，不能因为时间的消磨而灰心。古往今来功成名就者，有少年英雄，也有大器晚成。不管怎样，急于露头角就难于成气候，急功近利不足成大事，急躁情绪持久便容易患得患失，容易失望悲观。只有守正而待时，善于抓住机会而又坚定志向。才有可能走向成功。

第十篇　性情篇

得趣不在多　会景不在远

【原文】 得趣不在多，盆池拳石间，烟霞俱足；会景不在远，蓬窗竹屋下，风月自赊。

【译文】 真正的生活乐趣不在多，只要有一个小小池塘和几块奇岩怪石，山川景色就已经齐全；领悟大自然景色不必远求，只要在竹屋茅窗下静坐，让清风拂面明月照人就足以享受。

【点评】 行万里路得山水真趣以壮心志，此为一乐事；而如陶渊明那样："开荒南野际，守拙归园田；方宅十余亩，草屋八九间；榆柳荫后檐，桃李罗堂前；暖暖远人村，依依墟里烟；狗吠深巷中，鸡鸣桑树颠；户庭无尘杂，虚室有余闲；久在樊笼里，复得归自然。""采菊东篱下，悠然见南山；此中最真意，欲辩已忘言。"又复何忧？乐贵真趣。心悟其中，不在多与远。不可如世俗一般图"到此一游"，图名气看热闹。其实情趣不高雅，心中尽是名利之念，就难以享受到生活的真正乐趣。

唤醒梦中梦　窥见身外身

【原文】　听静夜之钟声,唤醒梦中之梦;观澄潭之月影,窥见身外之身。

【译文】　夜阑人静听到远远传来钟声,可以惊醒人们虚妄中的梦幻;从清澈的潭水中观察明亮的月夜倒影,可以发现我们肉身以外的灵性。

【点评】　李白在《春夜宴桃李园序》中有"夫天地者,万物之逆旅,光阴者,百代之过客,而浮生若梦为欢几何"的感叹。有的人,在人生苦短的感叹中今朝有酒今朝醉,春宵苦短日高起。有的人则有志在短短的人生之旅中做出一番事业。对于一个人来讲,静夜悟道,月夜观影,万籁俱寂中忽然传来悠扬的钟声,可能豁然顿悟。心静之中,许多苦思冥想的东西可能会一下子彻悟。灵感被触发,而看清本我。

天机清澈　胸次玲珑

【原文】　鸟语虫声,总是传心之诀;花容草色,无非见道之文。学者要天机清澈,胸次玲珑,触物皆有会心处。

【译文】　鸟的语言和虫的鸣声,是表达它们之间感情的方式;花的艳丽和草的青葱在其中还蕴藏着大自然的奥妙。所以,我们读书研究学问的人,必须灵智清明透彻,必须胸怀光明磊落,这样跟事物接触,就有豁然领悟的地方。

【点评】　一个人心领神会大自然的千变万化,便会抛却人间的无穷烦恼,以至置身天地间而悟人生真谛。释迦牟尼看见星月的闪光而悟道,灵云和尚看见桃花的开放而悟道,香岩法师听见竹子的声音而悟道,所以禅宗才有"青青翠竹悉是真如,郁郁黄花英非般若"的名句。由此观之,天地万物都有历历如绘的大道真理,可人为什么不能大彻大悟呢?人们心中被烦恼和妄想占据太多,所以才无法映射出真理与大道。修禅论道需要心如止水。在现实生活中读书做学问的人,不也需要观察天地万物,领悟人生真谛吗?此理是相同的,没有一定的灵性,没有一定的境界,就无法领略花草之妙,领悟山水之性。

但识琴中趣　何劳弦上音

【原文】　人解读有字书,不解读无字书;知弹有弦琴,不知弹无弦琴。以迹用,不以神用,何以得琴书之趣?

【译文】　人们懂得读有文字的书,却不懂得研究大自然这本无形的书;人们只知道弹奏普通有弦琴,却不知道欣赏大自然无弦琴的美妙琴音。只知道运用有形迹的事物,而不懂领悟无形的神韵,这种庸俗的人又如何能理解音乐和学问的真趣呢?

【点评】　中国传统的书画、音乐、诗文很讲究神韵,这种神韵是人的体验而不是有形可读可视可听的。这一心路历程需要有一番参禅悟道的功夫。例如一些书法大师,不仅于有形之书有所得,看天上的万朵行云也能悟出书法的笔道神韵。艺术如此,读书的道理也是一样的。常言道"读万卷书,行万里路",万卷书是指有文字的书,这无疑是求知问道的基础。万里路指无文字的书,从中能生灵智,大开悟性。因此禅宗主张"不立文字,以心传心"。日本人山田孝道写道:"闲人自有清闲趣,静读乾坤无字书。"读有字书要得其精髓,读无字书如抚无弦琴,要融会贯通于大自然,全身心领悟大自然的神韵,才会享受大自然的乐趣,也才可能使有形书有弦琴达到一种出神入化的境界。

心斋坐忘　物我为一

【原文】　心无物欲,即是秋空霁海;坐有琴书,便成石室丹丘。

【译文】　内心没有物欲,他的胸怀就会像秋天的碧空和平静的大海那样开朗;闲居无事有琴书陪伴消遣,生活就像神仙一般逍遥自在。

【点评】　人的一生不可能总是功德圆满,不可能老是高居庙堂,大概闲居家中、隐迹林泉的平常人生活要多一些。不管处在什么样的社会地位,在有一定物质条件作生活保障的情况下,就不应把物欲作为自己的追求。无物欲的贪念和情欲的侵扰,内心就能平静而开阔。孟子说:"养心莫善于寡欲。其为人也寡欲,虽有不存焉者,寡矣;其为人也多欲,虽有存焉者,寡矣。"欲望最能蒙蔽人的本然心性,因此程子也说:"一念之欲不能制,而祸流于滔天。"一个人假如能经常陶冶在琴棋书画中,自然能被高雅气氛所净化。其情景犹如仙人住在深山石洞。因而佛家才有"仙境不在远处,佛法只在心头"的名言。这种内心的愉悦绝非贪恋于物欲中的人所能体会,这种精神享受也正是有德之人所应有的情趣。

万古长空　一朝风月

【原文】　会得个中趣,五湖之烟月,尽入寸里;破得眼前机,千古之英雄,尽归掌握。

【译文】　不论何事,只要领悟了其中的乐趣,那么三江五湖的山川美景就融进了我的心田;看得破眼下机运事理,千古英雄豪杰由我尽情交往效法。

【点评】　山川美景任人游览,得其味者悟真趣。须具有高雅趣味的人才能领会其中真趣。骚人墨客游赏胜地,自不会如市井之辈,不然就是焚琴煮鹤,兴味索然了。在山川名胜之处,无数的前贤的诗文留下了个人的兴叹和情怀的写照。一阕"大江东去",一曲"黄河之水天上来",万里山河尽收眼底,千古英雄,神游抒怀,如不能会个中真趣,看得破眼前玄机,是难有此锦章佳句的。

非上上智　无了了心

【原文】　山河大地,已属微尘,而况尘中之尘;血肉之躯,且归泡影,而况影外之影。非上上智,无了了心。

【译文】 就整个宇宙的无限空间来说,我们居住的地球只不过是一粒尘埃,可见地球上的生物和无边的宇宙一比,真是尘中之尘;就绵延无限的时间来说,我们的躯体犹如短暂的浪花泡沫,可见那些比生命更短暂的功名利禄,如果和万古不尽的时间来比,真像过眼烟云镜花水月。一个没有高尚智慧的人,是无法明白彻悟这种道理的。

【点评】 对现实人生来讲,有形的东西可感可觉,如功名利禄,人们逐之如蝇。但从茫茫宇宙,从人一生的生死上来看,人何其渺小,功名利禄直如幻象般转眼而空。苏东坡在《前赤壁赋》中说:"寄蜉蝣于天地,渺沧海之一粟,哀吾生之须臾,羡长江之无穷。……天地之间,物各有主,苟非吾之所有,虽一毫而莫取。惟江上之清风,与山间之明月,耳得之而为声,目遇之而成色,取之无禁,用之不竭。是造物者之无尽藏也,而吾与子之所共适。"以"大江东去,浪淘尽千古风流人物"的博大气派而发人生宇宙之兴叹,胸怀何广,气度何宏,可称得上豁达之人,彻悟了人生。也正因为他有远大的抱负,厚实的修养,高尚的智慧,才使他能明山川之真趣,弃名利于身外。

自得之士　悠然自适

【原文】 嗜寂者,观白云幽石而通玄;趋荣者,见清歌妙舞而忘倦。唯自得之士,无喧寂,无荣枯,无往非自适之天。

【译文】 喜欢宁静的人,看到天上的白云和幽谷的奇石,也能领悟出极深奥的玄理;热衷权势的人,听到清歌。看到妙舞,就会忘掉一切疲劳。只有了悟人生之士,内心既无喧寂也无荣枯,凡事只求适合纯真天性而处于逍遥境界。

【点评】 出世的人追求的是一种悠然自得的雅趣,凡事都不受任何外物影响,没有喧嚣寂寞的分别,也没有荣华衰枯的差异,他们永远能悠然自适于天地之间。反之如果受环境的改变而动心的人,那就不算是一个真正得道之人。这是一种理想的生活环境。当年老庄处于兵荒马乱的年代提出"无为""老死不相往来"等主张,是针对当时的环境而言的,以致成为中国文化人的一种精神追求。这种与世隔绝的生活方式作为理想是可以的,但当成现实生活就难行得通,而唐代竟有以隐居为终南捷径的典故。凡事走极端是不可取的。

孤云出岫　朗镜悬空

【原文】 孤云出岫,去留一无所系;朗镜悬空,静躁两不相干。

【译文】 一片浮云从群山中腾起,毫无牵挂自由自在飞向天际;皎洁的明月像一面镜子挂在天空,人间的宁静或喧嚣都与之毫无关联。

【点评】 生活在现代文明中的人们,不可能像孤云朗月一样无牵无挂,必须受人类自己创造的道德、法律、宗教等一切行为规范的约束限制。处在原始社会的人们,在精神上是公平和自由的,在生存上需要相互帮助,当生存问题得到解决,私有制一出现,社会就开始有了种种矛盾。一些制约、规范为适应人类社会生活而出现,又不断被人们扬弃其不适应的部分。例如不合理的政治制度,如暴政等等。社会的发展,并没有使人们一无所系了无牵挂自由自在地生活,于是人们便寻求一种自我内心的平衡与调节,求得内心如流云,如朗月,使人世间的静躁与我无关,借以保持一份悠闲雅致。

浓处味常短　淡中趣独真

【原文】　悠长之趣,不得于酿酽,而得于啜菽饮水;惆恨之怀,不生于枯寂,而是生于品竹调丝。故知浓处味常短,淡中趣独真也。

【译文】　能维持久远的趣味,并不是在美酒佳肴中得来,而是在粗茶淡饭中得到;悲伤失望的情怀,并非产生在穷愁潦倒中,而是产生于美妙声色的欢乐中。可见美食声色中获得的趣味常常显得很短,粗茶淡饭中获得的趣味才显得纯真。

【点评】　贪得者虽富亦贫,知足者虽贫亦富。这话对也不对,有财富使物质生活过得好些总比贫穷好,但为财富丰厚不择手段贪得无厌而沦为财富的奴隶,就失去了人生的意义。所谓深处味短,淡中趣长,指的是精神上的追求。曾有这样一种社会现象,说是有人穷,穷得只剩下钱;有人富,富得除了书本一无所有。这是不正常的。追逐金钱达到痴迷状态随之而来的便是精神空虚,而精神富足的人固然在理念世界能够做到真趣盎然,但没有一定的物质基础是没有体力来体会乐趣的。因此,看待任何事物都要有辩证的态度。

处喧见寂　出有入无

【原文】　水流而石无声,得处喧见寂之趣;山高而云不碍,悟出有入无之机。

【译文】　江河水流不停,但是两岸的人却听不到流水的声音,这样反倒能发现闹中取静的真趣;山峰虽然很高,却不妨碍白云的浮动,这景观可使人悟出从有我进入无我的玄机。

【点评】　动中之静方见静。一个人的本性已定,就不会被爱憎和是非所动,就能保持一种静态。喧处可见寂趣,高山流云中可悟出进入无我之境的玄机,达到"动静合宜","出入无碍"境界。例如《庄子·大宗师》篇就对此种道理有所描述:"鱼相造乎水,人相造乎道。相造乎水者,穿池而养给;相造乎道者,无事而生定。故曰:'鱼相忘乎江湖,人相忘乎道术。'"人生在世能达到这种高超境界,就是禅家所说"邪正俱不用,清净至无余"。

心无染着　仙都乐境

【原文】　山林是胜地,一营恋变成市朝;书画是雅事,一贪痴便成商贾。盖心无染著,欲境是仙都;心有系恋,乐境成苦海矣。

【译文】 山川秀丽的林泉本来都是名胜地方,可是一旦沾迷留恋,就会把胜景变成庸俗喧嚣的闹区;琴棋书画本来是骚人墨客的一种高雅趣味,可是一产生贪恋念头,就会把风雅变成俗不可耐的市侩。所以一个人只要心地纯洁,丝毫不被外物所感染,即使置身人欲横流之中,也能建立自己内心的仙境;反之一旦迷恋声色物欲,即使置身山间的乐境,也会使精神坠入痛苦深渊。

【点评】 雅俗苦乐并不是事物本身,不是人生而就如此,而是人对客观事物的一种感受。所以《维摩经》中才有"心静则佛土也静!",意思是说俗雅完全出于心的反应。苦与乐、雅与俗都是相对的,在一定条件下可以转化。浸于琴棋书画本为雅事,一沾上金钱买卖,便雅气无存;浪迹山林江河本为乐事,可让俗世的苦恼始终占据脑海,乐又从何而来呢? 心态的调整,道德的修养才是能否摆脱凡尘俗世的关键。

静躁稍分　昏明自异

【原文】 时当喧杂,则平日所记忆者,皆漫然忘去;境在清宁,则夙昔所遗忘者,又恍尔现前。可见静躁稍分,昏明顿异也。

【译文】 每当周围环境喧嚣杂乱使心情浮躁时,平日所记忆的事物,就会忘得一干二净;每当周围环境安静使心神平和时,以前所遗忘的事物又会忽然浮现在眼前。可见浮躁和宁静只要有一点点的区分,那么昏暗和明朗就会迥然不同。

【点评】 有句俗话叫"心静自然凉",对于一个人的心态调整来讲同样适用。在嘈杂的环境中,人的情绪易受波动,脑子不太清明。这时就需要调节自己。心情平静,精神自然集中,精神集中思考自然周密。所以,人应当不以物喜,不以己悲,不可拂意则忧,顺意则喜,志得则扬,志阻则馁,七情交逼,此心何时安宁? 不能控制自己的情绪,是无以成就事业的。

浓不胜淡　俗不如雅

【原文】 衮冕行中,著一藜杖的山人,便增一段高风;渔樵路上,著一衮衣的朝士,转添许多俗气。故知浓不胜淡,俗不如雅也。

【译文】 在冠盖云集的高官显贵之中,如果能出现一位手持藜杖身穿粗布衣裳的雅士,自然就会增加清高风采;在渔父樵夫中,假如加入一个朝服华丽的达官,反而增加很多俗气。所以荣华富贵不如淡泊宁静,红尘俗世不如山野清雅。

【点评】 古有清流与朝官两立的传统,仿佛一为官便为俗,一入林便成清。从形式上来讲在朝在野是不一样的,但绝非在朝无雅士,山林无俗辈,这都不是绝对的,而在于人的品性修养如何。从形式而言,到什么山唱什么歌。山野之中,布衣之内,猛地来一位衮衣朝士,似有作威作福依势卖弄之嫌;而朝士中猛地站一位渔父樵夫确也显眼。清淡浓俗于此衬托无遗,但这仅是就形式而言,关键还要看其人之品性是高雅还是低俗。朝服是权力的象征,平民之服却是大众自然的。

久在樊笼里　复得返自然

【原文】　竹篱下,忽闻犬吠鸡鸣,恍似云中世界;芸窗中,偶听蝉吟燕语,方知静里乾坤。

【译文】　当你正在竹篱笆外面欣赏林泉之胜,忽然传来一声鸡鸣狗叫,就宛如置身于一个虚无缥缈的快乐神话世界之中;当你正静坐在书房里面读书,忽然听到蝉鸣鸦啼,你就会体会到宁静中别有一番超凡脱俗的天地。

【点评】　这段话表明了文人雅士一种超凡脱俗的生活境界,从另一个角度来理解,却是一番参禅悟道的功夫。几声"犬吠鸡鸣"惊醒了静坐在书斋中的主人,这就是从"无我"境界进入"有我"境界的契机;然而"蝉吟燕语"影响不了静坐中的道人,这是从"有我"境界回到无我境界的玄机。因为不论就佛道那一教的思想而言,凡是正在参禅静坐中的人,他那种在宁静中所培养出的灵智,足可以和蝉鸦交谈作心灵感应。在有我到无我,到有我的反复过程中,静生悟道的人通过心灵的感应来体现本我。

不玩物丧志　常借境调心

【原文】　徜徉于山林泉石之间,而尘心渐息;夷犹于诗书图画之内,而俗气潜消。故君子虽不玩物丧志,亦常借境调心。

【译文】　人如果经常漫步山川林泉岩石之间,就能使凡念渐去;人如果能经常留连在诗词书画的雅境,就会使俗气消失。所以有才德修养的人,虽然不会沉迷于飞鹰走狗而丧失本来志向,但是也需要经常找个机会接近大自然来调剂身心。

【点评】　有才德有修养的人隐居林泉是为超凡养性,沉浸字画是为寄情抒怀,融汇自然则是为调节身心愉悦情绪。有的人建别墅庭园,藏书画古玩,养珍禽异兽,表面看来风雅脱俗,回归自然,但贪念不消,本质不改也只能算是附庸风雅。而沽名钓誉更俗不可耐。人是可以改变的,近朱者赤,近墨者黑,居住环境的雅俗,也确实能改变一个人的气质雅俗。一个坐拥书城的人,平日无意中就会读很多书,他的谈吐见解自然也就渐渐不凡。可见人不但要借山林泉石的幽雅环境来培养自己的气质,同时也要用书香气氛充实自己的内在素质才行。在一种高雅脱俗、充满书卷气的环境里,耳濡目染于其中的人,也自然会受到潜移默化的影响。

春日不若秋时　使人神骨俱清

【原文】　春日气象繁华,令人心神骀荡;不若秋日云白风清,兰芳桂馥,水天一色,上下空明,使人神骨俱清也。

【译文】　春天万象更新,大地百花齐放一片繁华一派生机,使人感到精神舒适畅快;但是却不如秋高气爽时的清风拂面,兰桂飘香,水连天天连水水天一色,天朗气清大地辽阔,使人感到精神爽朗,轻快异常。

【点评】 唐朝刘禹锡有名诗:"自古逢秋悲寂寥,我言秋日胜春朝。晴空一鹤排云上,便引诗情到碧霄。"正好说明了这段文字表达的景象。因为秋天会给我们带来肃杀之气。作者于此并非比较春与秋孰美。天地万物有生必有死,有盛必有衰。不过人对景物的爱憎,也完全是基于心情和观念。春天的清新就好比人的青少年时代,虽然具有青春活力,然而在某些方面却显得不成熟;秋天是收获的季节,也是万物走向衰亡的开始,万物至此得以成熟。大自然到秋天已度过了那雍容华贵万紫千红的夏季,此时已渐渐显出本来之面目,犹如人到本性显现而达到净洁的境界,秋高气爽,水天一色,上下空明,人在此中神骨俱清。这也是作者喜秋的原因之一吧。

读《易》晓窗　谈经午案

【原文】 读易晓窗,丹砂研松间之露;谈经午案,宝磐宣竹下之风。

【译文】 清晨静坐窗前读《易经》,用松树滴下来的露水来研朱砂圈点书中精义;中午时分在书桌上诵读经书,让那清脆的声音随风扩散到竹林间。

【点评】 早上读《易经》,松露研朱砂,断句圈点,思其中玄奥。中午时分,让磐声远播竹林。明初王冕自幼家贫,在为人放牧时就身骑牛背读《汉书》,这是贫寒士子的另一种情趣。古代的知识分子有自己的精神追求。赐金还乡政治失意的李白写下"自古隐士留其名""一生好入名山游""天生我才必有用"的名句。还有一种不属于"读易松间,谈经竹下"的文人,他们没有这份雅致,像无缘于名利场的柳永,却写下为时人不看重的长短句,在词坛留下串串回音;关汉卿更是把满腔的情怀寄于杂剧散曲。与那些终年积极于名利,整天奔走于尘俗之间,百忧烦其心,万事劳其形,精神自然颓废,身体也就日渐衰老的人相比,这些文人雅士显得充实,生命力总那么旺盛。作者在这里竭力营造一种完美的脱俗氛围,表达一种幽雅情趣。对一个精神上有所寄托的人来讲,有此环境更好,无此环境也一样潇洒。

不减天趣　悠然会心

【原文】 花居盆内,终乏生机;鸟落笼中,便减天趣;不若山间花鸟,错集成文,翱翔自若,自是悠然会心。

【译文】 花栽植在盆中便缺乏自然生机,鸟关进笼中便减少天然情趣;不如山间的野花那样显得艳丽自在,天空野鸟自由飞翔,让人看起来更加赏心悦目。

【点评】 中国的传统文化中,庭苑和盆景为人所称道,但与山林野趣天地间飞翔的鸟儿相比,就丧失了大自然的生趣,任由世人摆布。世间万事万物,假如破坏了自然生机,就不会有天然妙趣。以此比之于人,盆中花、笼中鸟则喻义束缚了人的自由。历史上为自由而奋争以至献出生命的人成千上万。因此自由之可珍贵就显得更加明显。人们一般都喜欢小孩子,一个重要的原因是孩子不作假,天真、自然而可爱。

故李白高歌"一生好入名山游",就是因为名山大川如画的美景更能显出自然之趣。

外物常新　我心自在

【原文】　古德云:"竹影扫阶尘不动,月轮穿沼水无痕"吾儒云:"水流任急境常静,花落虽频意自闲。"人常持此意,以应事接物,身心何等自在。

【译文】　古人说:"竹影虽然在台阶上掠过,可是地上的尘土并不因此而飞动;月亮的圆轮穿过池水映在水中,却没在水面上留下痕迹"。今人说:"不论水流如何急湍,只要我能保持宁静的心情,就不会被水流声所惑;花瓣纷纷谢落,只要我的心经常保持悠闲,就不会受到落花的干扰。"一个人假如能抱这种处世态度来待人接物,不论是身体还是精神该有多么自由自在啊?

【点评】　水中月,梦中花不足为依,虚幻的东西不应以之为动。在古人看来,情欲物欲到头来同样是一场空,故心境宜静,意念宜悠;心地常空,不为欲动,让身外之物自然而去,才能保持身心自然愉悦。

声自静里听　景从闲中观

【原文】　林间松韵,石上泉声,静里听来,识天地自然鸣佩;草际烟光,水心云影,闲中观去,上见乾坤最上文章。

【译文】　山林松涛阵阵,一派自然音韵,飞瀑溅落岩石,声声击磬鸣玉。静心倾听,就能体会天地间所奏乐章的美妙。江边芦苇,飘荡出一种迷蒙的美感;天空彩云倒映水中,显得特别绚烂;闲情欣赏,就能发现造物者所创造的伟大篇章。

【点评】　文人雅士与世俗凡夫之别首先在于对自然风光的理解,对湖光山色的情趣。有人说,俗人脑中充满物欲,雅士心中充满恬淡,这话比较绝对,所以山川林泉,在俗人眼中了无趣味,在雅士看来,到处充满了诗情画意,俗人如此,有文化情趣的人也未必领略得到自然的风光。有的人知道琴瑟笙管是乐器,却不知道松韵泉声是乐章;知道用笔墨写在纸上的是文章,却不知道烟光云影到处都是造物者所作的文章。人贵自然,首先得学会观察自然,领悟其中妙趣并融会贯通,境界便豁然开朗,格调会自然高雅。

鱼相忘乎水　鸟不知有风

【原文】　鱼得水游而相忘乎水,鸟乘风飞而不知有风,识此可以超物累,可以乐天机。

【译文】　鱼有水才能悠哉悠哉的游,但是它们忘记自己置身于水,鸟借风力才能自由自在翱翔,但是它们却不知道自己置身风中。人如果能看清此中道理,就可以超然置身于物欲的诱惑之外,获得人生的乐趣。

【点评】　处世而忘世,可以超物而乐天。世上很多事知道了反而忧郁烦愁,忘乎所以反而其乐融融。人因物质条件的保证而生存,人们以追求物欲的最大满足为幸福,人人都这么追求,烦恼便由此而生。人如果忘却这种物欲上的不满,放弃贪得无厌的追逐,而寻求精神自修之道,达到心理上的平衡与安然,就可以超然于物欲外,自会减少许多惊险处而增添一些开心的东西。人的生活只有超脱些才不致俗不可耐,才不致被物欲淹没。

偶会出佳境　天然见真机

【原文】　意所偶会便成佳境,物出天然才见真机,若加一分调停布置,趣意便减矣。白氏云:"意随无事适,风逐自然清。"有味哉!其言之也。

【译文】　事情偶然遇上合乎己意就成了佳境,东西出于天然才能看出造物者的天工;假如加上一分人工的修饰,就大大减低了天然趣味。所以白居易的诗说:"意念听任无为才能使身心舒畅,风要起于自然才能感到凉爽。"这两句诗真是值得玩味的至理名言。

【点评】　物贵天然,人贵自然,但这绝不是说一块矿石不经开采提炼或琢磨就能成美玉、金属等有益于人类的物质。世间的万物却又最好是不要违反自然,一旦违反自然美也容易变成丑,好就可能转成坏。像邯郸学步,失却自然就成笑柄。任何事情有个度,对大自然能否变动要看是什么东西,处在什么条件下。现代文明发展的本身就是充分调动人的主观能动性去改造自然战胜困难的结果,像沙漠,作为一种自然景观很壮阔,可不去改造它就会对人类生存形成威胁。所以真的天然的前提是不造作,但绝不是一点不可变动,做人也是同样的道理。

收放自如　善操身心

【原文】　白氏云:"不如放身心,冥然任天造。"晁氏云:"不如收身心,凝然归寂定。"放者流为猖狂,收者入于枯寂。唯善操身心者,把柄在手,收放自如。

【译文】　白居易的诗说:"凡事不如都放心大胆去做,至于成败一切听凭天意。"晁补之的诗说:"凡事不如小心谨慎去做,以期能达到坚定不移的境界。"主张放任身心容易使人流于狂放自大,主张约束身心容易使人流于枯槁死寂。只有善于操纵身心的人,才能掌握事物的规律,达到收放自如的境界。

【点评】　诗人的语言总是带有夸张性的。人的命运不可能完全听从天意,也不可能完全让自己把持得进入死寂。故白居易所说的"身心任天造",类似宿命论的主张;而晁补之所说"身心任天造",则带有浓厚的佛家口吻。放身心的如果能做到"磨顶放踵利天下而为之"的程度,那就实践墨子学派兼爱的救世主张;收身心的如果能做到"彻见自性体得真如",也未尝不可以教化世人。然而最怕的是走向极端而失度。操持身心同样需要适度,不宜忘却操持的目的是什么,不应放任而无所谓于一切;不应小心而与世隔绝。操持定于适度,而达到能收放自如的自然状态,才能体会到其中的乐趣。

静者为之主　闲者识其真

【原文】　风花之潇洒,雪月之空清,唯静者为之主;水木之荣枯,竹石之消长,独闲者操其权。

【译文】　清风下花儿随风摇曳的洒脱,明月下积雪的空旷清宁,只有内心宁静的人才能享受这种怕人景色。树木的茂盛与枯荣,竹石的消失与生长,只有富于闲情逸致的人才能掌握其变化规律。

【点评】　是不是大自然的风光只有闲情逸致的人才会去欣赏呢? 虽然大自然的山川草木奇花异石,都是供人欣赏调剂情绪陶冶身心的,但把全部时光精力都消磨在风花雪月中,此生只好静,万事不关心,是不是太自私了呢? 物欲强者迷于富贵功名,雅兴高者恋于山川美景,各有所求,情趣不一,感受自然不同。唐诗有"铁甲将军夜渡关,朝臣待漏五更寒。山寺日高僧未起,算来名利不如闲",否定功名利禄,主张清静无为。但是置身大自然之中是为了陶冶性情,体察世上万物的变化是为了寻求其规律,只有以闲情,以心静才可以耐得寂寞,才能体会自然的情趣。只有沉浸于对万物变迁的细察,才会忘却人世喧嚣,抛却人际烦恼。

雨余观山色　夜静听钟声

【原文】　雨余观山色,景象便觉新妍;夜静听钟声,音响尤为清越。

【译文】　雨后观赏山川景色,就会觉得另有一番清新气象;夜静聆听庭院钟声,就会觉得音质特别清脆悠扬。

【点评】　大自然给人的美感不仅在视觉、听觉上,同样给人以享受。唐诗人张继《枫桥夜泊》中"月落乌啼霜满天,江枫渔火对愁眠。姑苏城外寒山寺,夜半钟声到客船"的意境,恐怕更多的是通过听觉来感受。很多东西在听觉视觉上的感受可能是一样的,但仁者见仁,智者见智,关键在于个人的性趣之雅俗,个人修养之高下;另外还要看当时的心境。人的生活当然以能品味自然山水之情趣为好,"雨后观山,静夜听钟",足以去雅士之烦,怡隐者之情。

心旷意远　神清兴迈

【原文】　登高使人心旷,临流使人意远;读书于雨雪之夜,使人神清;舒啸于丘阜之巅,使人兴迈。

【译文】　登高会立刻使人感到心胸开阔;面对流水凝思会让人意境悠远。雨雪之夜读书,就会让人心旷神怡;假如爬上小山朗声而啸,就会使人感到意气豪迈。

【点评】　人的生活情趣要靠自己去调节,去培养。孟子说:"孔子登东山而小鲁,登泰山而小天下。"这是圣人登山的胸怀。范仲淹在《岳阳楼记》中把酒临风,心旷神怡,发出"先天下之忧而忧,后天下之乐而乐"的豪言,这是一代英杰的情趣。大自然的山山水水对每个人的情趣胸怀都有影响,而在青山绿水中,人的感情可以净化,胸怀可以拓展。处在"雪月读书,登高心旷"的意境中,人又有什么忧愁可言呢?

何地非真境　何物无真机

【原文】　人心多从动处失真。若一念不生,澄然静坐,云兴而悠然共逝,雨滴而冷然俱清,鸟啼而欣然有会,花落而潇然自得。何地无真境,何物无真机。

【译文】　人的心灵大半是从浮动处才失去纯真本性。假如任何杂念都不产生,只是自己静坐凝思,那一切念头都会随着天际白云消失,随着雨点的滴落心灵也会有被洗清的感觉,听到鸟语呢喃就像有一种喜悦的意念,看到花朵的飘落就会有一种开朗的心情。任何地方都有真正的妙境,任何事物都有真正的玄机。

【点评】　赏心悦目怡情养性的事物到处都是,关键就在于人能不能去发掘和领略。人心的真体,不论凡夫和圣人都是相同的,凡夫只因一念之差而丧失一真体。当一念不生之时,善恶邪正的尘埃都起不来,宛如池水一般澄清宁静。只要使心能保持如此澄清宁静,周围生活中的一切都足以引出无限佳趣。生活就这么怪,以凡人而言,强求的东西往往带来烦恼却还得不到。听其自然,心里不想耳中不听的东西有时送上门,送来了也不会喜得乐不可支,没有也依然平静如水,这样的生活总是令人愉快的。

花看半开　酒饮微醉

【原文】　花看半开,酒饮微醉,此中大有佳趣。若至烂漫酕,便成恶境矣。履盈满者,宜思之。

【译文】　赏花卉以含苞待放时为最美,喝酒以喝到略带醉意为适宜。这种花半开和酒半醉含有极高妙的境界。反之花已盛开酒已烂醉,那不但大煞风景而且也活受罪。所以事业已经到巅峰阶段的人,最好能深思一下这两句话的真义。

【点评】　做人做事要适可而止,天道忌盈,人事俱满,月盈则亏,花开则谢,这些虽然是出于天理循环,实际上也是处事的盈亏之道。事业达于一半时,一切皆是生机向上的状态,那时足以品味成功的喜悦;事业达于顶峰时,就要以"如临深渊,如履薄冰"的态度来待人接物,只有如此才能持盈保泰,永享幸福。否极泰来,物极必反,就像喝酒喝到烂醉如泥,就会使畅饮变成受罪。有些人就上演了使后人复哀后人的悲剧。往往事业初创时大家小心谨慎,而到成功之时,不仅骄奢之心来了,夺权争利之事也多了。所以每个欲有作为的人都应记住"月盈则亏,履满者戒"的道理。

茶不求精　酒不求冽

【原文】　茶不求精,而壶亦不燥;酒不求冽,而樽亦不空。素琴无弦而常调,短笛无腔而自适。纵难超越羲皇,亦可匹俦嵇阮之伦。

【译文】　喝茶不一定要喝名茶,必须维持壶底不干;喝酒不一定要喝名酒,但是必须维持酒壶不空。无弦之琴虽然弹不出旋律来,然而足可调剂我的身心;无孔的横笛虽然吹不出音调来,却可使我精神舒畅。一个人假如能达到这种境界,虽然还不能算超越伏羲氏,但是起码也可媲美嵇康阮籍。

【点评】　古代有很多沉浸于山林田园的诗人,比如陶渊明经常靠北窗高卧,在和风吹拂之下抚无弦琴消遣,自称"羲皇上人",意思是说他生活在比伏羲还要古老的时代。嵇康和阮籍都是竹林七贤中人,这些人处林泉之下,或自得其乐,或漫议朝政,不与俗人往还,沉溺山林金樽。身处大自然的清静中,便可以体验大自然的真趣。故对茶琴酒等雅物,不管外形怎样,只求其中趣味。

围炉夜话

国学经典文库

国学经典

处世经典

图文珍藏版

【导语】

《围炉夜话》是清代文人王永彬的家庭谈话记录,其以处世做人为中心,分别从"修身、处世、谋略"等方面,阐释"立德、立功、立言、立业"的要义,揭示人生价值的深刻内涵,号称"东方人智慧珍品"。

《围炉夜话》告诉人们为人处世要心平气和,切忌故意违背乡俗,以自命清高。古语说:入乡随俗。是说一个人无论做任何事情,都要合乎常理。处世时,要随乎人缘情理,尊重人们的风俗习惯、民族传统、礼仪制度和行为方式,并据此来调整自己的行为,为人处世既要心平气和,平易近人,又要公正刚直,豁达磊落,切勿投机取巧,虚伪狡诈,以好施心计为智。因为,工于心计的人,在暗算他人的时候,就已埋下了被暗算的种子,"螳螂捕蝉,黄雀在后,"所以,为了不被暗算,就只能放弃暗算,而"弃暗投明"。本书中虽然都是三言两语,但可谓"立片言而居要",内涵是很深刻的,贯穿首尾的思想,多为正宗的儒家学说,不失催人奋进的教育意义。此次整理对每条都

《围炉夜话》书影

加上了概括全条内容的醒目标题,同时对原文配以译文、点评、名家手绘插图和经典事例评析,译文采用意译直译相结合的形式,严谨与灵活兼顾,点评深入浅出,淡泊宁静,与原文珠联璧合;绘画者亦是画坛名家,图画紧贴文意,让读者在悠闲的品味中领悟为人处世的法则。当然,由于该书成书时间久远,其中难免出现一些不合时宜的句子,相信读者自会辩明是非,拾取真经。

第一篇　谈道篇

生命有穷期　学问无定数

【原文】　天地无穷期,生命则有穷期,去一日,便少一日;富贵有定数,学问则无

定数,求一分,便得一分。

【译文】 宇宙间天地万物永恒存在,没有结束的时候,而人的生命却是有始有终十分短暂的,时间消逝一天,生命就减少一天;财富和地位是命中注定的,而学问却并非命中注定,认真地钻研学问,多下一点功夫,就多一点收获。

【点评】 生命有限,而学海无涯,所以要将有限的生命投入到无限的求学中去。孔子说:"时不我待。"时间是无情的,过一日,生命就少去一天,永远不会复返。所以青春年少的学子,要抓住宝贵的时间学习,而进入暮年的老者,也要抓住稍纵即逝的光阴,求学不息。幼而求学,如日出之光;老而求学,则如秉烛夜行。富贵是有限的,而知识是无止境的。

善恶有分别　人心无阻隔

【原文】 作善降祥,不善降殃,可见尘世之间,已分天堂地狱;人同此心,心同此理,可知庸愚之辈,不隔圣域贤关。

【译文】 行善事会降下福分,做恶事会招来祸患,由此可见,在人世间已经能看到天堂地狱的分别;人的心是相同的,心中的道理也是相同的,由此可知,愚笨平庸的人,并不被拒绝在圣贤的境界之外。

【点评】 有一种说法认为时时行善的人死后会升入天堂享受福分,恶行太多的人死后会下地狱受煎熬,这是宣传惩恶扬善的劝世说教。佛家认为,"一念善即天堂,一念恶即地狱",天堂和地狱完全系于人心的善恶之念。因为行善的人,身心愉悦,受人爱戴,内心祥和,何异于一片天堂;行恶的人,心神不宁,人们避之唯恐不及,灵魂早已入地狱了。

圣贤和愚笨之间并没有绝对的区别,人心是相通的,对于真理的追求也是一样的,愚笨的人通过努力,就可达到圣贤的境界,如果碌碌无为终其一生,不求突破,那么也就永远是庸愚之辈了。

天地正气所钟　古今命脉所系

【原文】 孝子忠臣,是天地正气所钟,鬼神亦为之呵护;圣经贤传,乃古今命脉所系,人物悉赖以裁成。

【译文】 忠臣孝子,是天地间浩然正气培养凝聚而成,所以连鬼神都会保护他们;圣经贤传,为古今维系社会命脉的灵魂,伟人也要在它们的指导下才能成长。

【点评】 天地之间自有正道,孝子忠臣循正道而行,正气在他们身上聚集,若天地之间真有鬼神,不保佑他们,又该保佑谁? 古人说:"天道无常,常与善人。"然而历史上,却多有好人不得好报的例子,所以司马迁在《伯夷列传》中对此表示怀疑说,伯夷、叔齐可以算善人了,却饿死首阳;盗跖杀人无数,竟得以善终。最后发出"天问":"余甚惑焉,傥所谓天道,是邪非邪?"儒家把圣人的著作称为"经",把后代贤人的解释称作"传"，经传之中，凝结着古人的智慧，传达了圣贤的教诲，所以不能不小心保存，细心体会。但若什么事都根据经传来衡量解决，那就未免有点迂腐，流于教条了。

理得数难违　守常变能御

【原文】　数虽有定，而君子但求其理，理既得，数亦难违；变固宜防，而君子但守其常，常无失，变亦能御。

【译文】　运数虽有限定，但君子做事只要求合乎事理，如果与事理相符合，运数也不会违背理数；对于事物的变化固然应该有预防的对策，但君子只要能持守常道，常道不失去，什么样的变化都能应付。

【点评】　命运虽然是定数，然而也是合乎事理的，通达的人以自己的才能见识掌握事物的规律，依理行事，只要不悖于常理，就不会因运数的限定而无所作为，也不担心命运的好坏，这样运数也不会违背理数。

事物的变化多端应该及时预防，然而万变不离其宗，只要把握变化的规律，谨守常道，就能以不变应万变，立于不败之地。

异端背乎经常　邪说涉于虚诞

【原文】　人知佛老为异端，不知凡背乎经常者，皆异端也；人知杨墨为邪说，不知凡涉于虚诞者，皆邪说也。

【译文】　有人认为佛教和老子的学说是异端，但不知道只要是与经典和常理相背离的都是异端思想；有人认为杨子和墨家的学说是邪说，却不知道只要宣扬荒诞虚妄学说的都可以称为邪说。

【点评】　儒学和老子的学说在汉代前是并存的思想学派，佛学则在西汉哀帝元寿元年(公元前2年)开始传入我国内地，从西汉以后，儒学逐渐成为我国封建社会的统治学派，其他学说都被视为异端。

墨家是战国时由墨翟创建的学派，主张"兼爱"，提倡"取实予名"，带有朴素的唯物思想。杨朱则晚于墨翟，其学说重在爱己，不拔一毛以利天下。墨家和杨朱学派都被儒家视为异端。

勿与人争　惟求己知

【原文】　不与人争得失，惟求己有知能。

【译文】　不和他人去争名利上的得失，只求自己能够不断增长智慧与能力。

【点评】　"莫求己之所不及，但责己之所不能"。名利的得失只是暂时的、眼前的身外之物，而且刻意去求名求利的人也许永远不能实现自己的愿望；而智慧和能力则是属于自己的，可以去自由地充分发挥，创造出无尽的价值。真正聪明的人专心致力于自己能力的提高，置名利于度外，这样必会有远大的前途。

苟且不能振　庸俗不可医

【原文】 孝子忠臣,是天地正气所钟,鬼神亦为之呵护;圣经贤传,乃古今命脉所系,人物悉赖以裁成。

【译文】 孝子和忠臣,都是天地间浩然正气培养凝聚而成的,所以鬼神都会呵护关爱他们;圣贤的典籍,都是从古到今维系社会命脉的灵魂,各种伟大人物都是在这些经典指导下成长起来的。

【点评】 忠臣孝子都是为国家、为民族而奋斗,为宣扬正义、仁孝而努力的人。他们的行为是古今典范,世之楷模,洋溢着一股浩然正气,故足以惊天地,泣鬼神。文天祥《正气歌》云:"天地有正气,杂然赋流形。下则为河岳,上则为日星。于人曰浩然,沛乎塞苍冥。"

历代的圣贤之作,被尊为经典之学世代传习,是因为其中凝结了中华民族千百年的智慧,蕴含了修身齐家治国平天下的哲理和人伦五常的道德规范,依据圣贤前的教化去判断是非得失,行为自然不会有缺憾。

道本足于身　境难足于心

【原文】 道本足于身,切实求来,则常若不足矣;境难足于心,尽行放下,则未有不足矣。

【译文】 真理本来就存在于我们自身的本性之中,如果能不断脚踏实地去追求,那么常常会感到不足;外在的事物很难使心中的欲念满足,倒不如全然放下,那么就不会有不满足的感觉。

【点评】 佛家认为人的本性之中充满了良知,后天的追求实际是让天性中的良知显露出来,而后天的努力及修行,容易让人产生错觉,好像是本来不足,才有所追求。实际上,良知犹如本来就埋藏在地下的矿藏,人们只有不断去探测、发掘,才能认识到它的丰富和可贵。

外界的环境,总是难与人的内心协调一致,社会发展了,人的内心也有了更高的追求,这种追求可以说是促使社会发展的一种动力。然而,事皆有度,如果追求总不知足,也会心境难平,所以在适当的条件下,不妨扪心自省,与其让外界适应内心而又难以满足,不妨让心境适应外界而使心境尽快平静。

得意何可自矜　为善须当自信

【原文】 德泽太薄,家有好事,未必是好事,得意者何可自矜;天道最公,人能苦心,断不负苦心,为善者须当自信。

【译文】 如果品德和恩泽太浅薄,家中有好事降临,也未必是真正的好事,所以一时春风得意的人不可自高自大;上天是最公平的,一个人能够下苦功夫,那么这片苦心一定不会白白付出,做善事的人要充满自信。

【点评】 好事降临,还要有承受的福分,德行太浅薄的人之所以不能承受福分,是因为得意时易忘形,享受福分太过,致使福分酿成祸端,不知福中潜藏有祸事的根苗。真正品德高尚者面对福分泰然处之,并且经常反省能否承受这份福分,防患未然,故福分能够长久。

天道是很公平的,"有志者,事竟成","只要功夫深,铁杵磨成针"。吴越争雄时,越国勾践败于吴王夫差后,采纳范蠡之计策,卧薪尝胆,终于在数年后一举击败吴国,成为东南霸主,印证了"功夫不负有心人"的明训。

良心不可丧　正路不可舍

【原文】 天地生人,都有一个良心;苟丧此良心,则其去禽兽不远矣。圣贤教人,总是一条正路;若舍此正路,则常行荆棘之中矣。

【译文】 人生活在天地之间,都要有一颗良心,如果丧失了这颗良心,那么就离禽兽不远了。圣贤教导世人,总是劝人走一条光明大道,如果离开这条正道,那么就如同行走在荆棘之中。

【点评】 良心是内心所固有的判断是非善恶的标准,是人类特有的思想感情,因为有良心,才会行善事,乐于助人;因为有良心,才会知恩必报,修德修行;因为有良心才会疾恶如仇,从善如流。良心也是人类与禽兽的分界线,动物既没有思维,更无良心。

圣贤通晓古今人类成败兴衰的道理,所以指导人们走正路,正路是达到目标的唯一正确的捷径。如果离开了正路,走入旁门左道,也许路途上充满了荆棘,也许事倍功半,更严重的会南辕北辙,走向事物的反面。

求死天难救　悔祸须造福

【原文】 天虽好生,亦难救求死之人;人能造福,即可邀悔祸之天。

【译文】 上天虽然希望让万物充满生机,但是难以拯救那些一心求死的人;人如果能够创造幸福,就可以避免灾祸发生,就像得到了上天的赦免一般。

【点评】 天地间万物生生不息,故求生是人的本能。但是如果有人心灰意冷,一心求死,轻易放弃自己的生命,那么上天纵想救助他也无能为力。所以关键是自己要认识生命的价值,不可将生命寄托于外在之物上,要在内心世界树立生活的信心。

人类是最高等的灵长动物,在认识世界的同时也能改造世界,从高度发达的科技水平到温暖舒适的衣食住行,人类总在为自己创造幸福。但高科技的文明也带来对大自然残酷的破坏,人类必须不断地总结经验教训,才能在创造幸福的同时让灾祸远离人类。

虞廷立五伦　紫阳集四书

【原文】　自虞廷立五伦为教,然后天下有大经;自紫阳集四子成书,然后天下有正学。

【译文】　自从虞舜创立五伦之教,天下才有不可变易的人伦大道;自从朱熹集《论语》《孟子》《大学》《中庸》为四书,天下才确立了足为一切学问奉为准则的中正之学。

【点评】　虞指虞舜,五伦指君臣、父子、兄弟、夫妇、朋友之间的人伦关系。相传虞舜是上古部落的首领,他主持制定了这五种人伦关系,人类因此具有了不可变易的人伦大道。

紫阳是指宋代理学大家朱熹,他晚年主持建立了紫阳书院,故别称紫阳。他一生勤于思考,精于钻研,并集《论语》《孟子》《大学》《中庸》四书作注,宣扬其理学思想,成为一代理学宗师。后来历代统治者以此作为禁锢人们思想的学说。

第二篇　穷理篇

心于百体为君　面合五官成苦

【原文】　人心统耳目官骸,而于百体为君,必随处见神明之宰;人面合眉眼鼻口,以成一字曰苦(两眉为草,眼横鼻直而下承口,乃苦字也),知终身无安逸之时。

【译文】　人的心统治着五官和身体,并且是各种器官的主宰,一定要保持清醒的头脑才不致出差错;人的面部包括眉、眼、鼻、口等部分,组成一个苦字(两眉如草头,两眼组成一横,鼻为直,再加上下面的口,正是一个苦字),因此知道终身没有安逸的时候。

【点评】　古人认为心是思维的器官,所以说心是身体的主宰,心为君,五官四肢为臣,耳闻目见,鼻嗅口言都发之于心。故心无主宰,静也不是功夫,动也不是功夫。静动无主,不是空了天性,便是昏了天性,那么心则不立。所以保持心地纯正,才能使自己的言行合乎自然的法则,如有神明之助一样不会出现差错。

人生追求安乐,推动了社会的发展,但是安乐不是从天而降,甘甜要从苦中来。能够忍受得了苦中苦,才能享受到甜中甜,否则一味地安乐则会使人丧失进取精神,故"宴安如鸩毒"。人生伴随着困苦,切不可贪图安乐而自毁。

即物穷理　因名思义

【原文】　古人比父子为桥梓,比兄弟为花萼,比朋友为芝兰,敦伦者,当即物穷理也;今人称诸生曰秀才,称贡生曰明经,称举人曰孝廉,为士者,当顾名思义也。

【译文】 古时候的人，把父子比喻为乔木和梓木，把兄弟比为花与萼，将朋友比为芝兰与香草，因此，讲求人伦关系的人，应当就万物事理推及到人伦关系。现在的人称读书人为秀才，称被举荐入太学的生员为明经，又称举人为孝廉，因此读书人可以从这些名称中，明白一些道理。

【点评】 古人善于运用比喻的形式。乔木高大挺拔，梓木在乔木面前则显得低俯，所以古人以乔梓来比喻父子之间教育与服从的人伦关系。花与萼都是同根而生，因而比喻兄弟之间的互敬互爱。芝草和兰花都是很珍贵的草，比喻朋友志向高洁，互相帮助。

秀才、明经、孝廉是对取得不同功名的读书人的不同称呼。秀才意为优秀的人才，明经意为通晓经典学说，孝廉意为有孝顺廉洁之德，这些既是对读书人的褒奖之词，也是对他们寄予的期望。

吉凶可鉴　细微宜防

【原文】 不镜于水，而镜于人，则吉凶可鉴也；不蹶于山，而蹶于垤，则细微宜防也。

【译文】 如果不仅仅是以水为镜，而且也以人的得失成败作为借鉴，那么就可以从中明白吉凶祸福的规律；在山丘间没有跌倒，但是却在平地上的小土堆前摔倒，这说明从细微之处加以预防十分重要。

【点评】 历史往往是一面镜子，他人的成败得失也往往可以成为自己立身处世的借鉴。唐太宗就善于以史为鉴，以人为鉴，从中总结历代王朝兴衰得失的教训，避免重蹈覆辙，他因此而成为一代名君，他说："以古为鉴，可以知兴替；以铜为鉴，可以正衣冠；以人为鉴，可以知得失。"

有句谚语说："马儿不会在悬崖旁摔倒，却容易在平地上失蹄。"这是说人们在险要处能格外小心，防止失足，而在平凡细微之处却容易掉以轻心，丧失警惕。所谓"千里之堤，溃于蚁穴"也是这个道理，因此古人十分注意从细微之处着眼，防微杜渐，避免于不经意处跌倒。

常存仁孝心　不起邪淫念

【原文】 常存仁孝心，则天下凡不可为者，皆不忍为，所以孝居百行之先；一起邪淫念，则生平极不欲为者，皆不难为，所以淫是万恶之首。

【译文】 心中总存有仁爱孝顺之心意，那么只要是世界上不能够做的事，自己便都不忍心去做，因此说孝行是一切行为中首先应该做到的；心中一存有淫恶的念头，那么平常极不愿意去做的事，都可能会做起来，没有什么顾虑，所以说淫邪之心是各种坏行为的开始。

【点评】 有孝顺之心的人，从孝顺自己的父母开始，推己及人，在做任何事情时会想到怎样做不会使父母蒙羞,怎样做才能为自己的父母争得光彩,不辜负父母的期望。一方面断绝了恶行之源,另一方面开启了善行之端,孝行自然是一切行为的根本。

"色"字头上一把刀。一个人放纵自己的情欲,生出淫邪之念,就什么事情都能干得出来。色欲是一个人欲望中最强烈的,只可节制它,不可放纵它。

亡羊尚可补牢　羡鱼何如结网

【原文】　图功未晚,亡羊尚可补牢;浮慕无成,羡鱼何如结网。

【译文】　谋求功业什么时候开始都不算晚,因为即使羊跑掉了再来补羊圈还来得及;只是心存幻想羡慕别人却不会有什么结果,站在水边希望得到水中的鱼,不如赶快回家织渔网。

【点评】　任何事只要诚心去做,什么时候开始都可以,没有先后之说,只看是否肯吃苦。能及时醒悟的人,哪怕很晚入道,也能通过脚踏实地的努力,使事情得到弥补。

要想结出丰硕的果实,关键是要拿出实际行动,看到别人取得成功,自己羡慕不已,也是徒然,没有谁会同情你。有的人虽然常立志,立长志,但是从来不见诸行动,这样永远不会有什么收获。要想得到水中的鱼,赶快回家结网,要想有所收获,就赶快去耕耘。

闭目可以养神　闭口可以防祸

【原文】　神传于目,而目则有胞,闭之可以养神也;祸出于口,而口则有唇,阖之可以防祸也。

【译文】　人的精神通过眼睛来传达,而眼睛有上下眼皮,闭合眼皮可以养精神;祸从口出,而嘴巴则有上下嘴唇,闭起嘴巴可以防止因说话而惹祸。

【点评】　作者在这里建议,面对有些事情,当自己无力改变的时候,不妨来点消极的方法,"睁只眼,闭只眼"或"眼不见,心不烦",这样或许可以暂时地逃避。但是正直的人,往往不愿意屈服于压力,他们即使"有心杀贼,无力回天",也会以死抗争,为正义和理想而殉节。

常言说"祸从口出",所以人们都相信沉默是金。语言是心灵的窗口,一言一行,都反映人的修养学识,所以孔子说:"君子言行应慎重缓慢。"但是需要主持公道,坚持正义时,也不应吝啬自己的言语,应该有挺身而出、为民请命的勇气。

为善不因噎　有过不讳疾

【原文】　偶缘为善受累,遂无意为善,是因噎废食也;明识有过当规,却讳言有过,是讳疾忌医也。

【译文】 偶尔因为做好事受到连累，就再不愿意做好事，这是因噎废食的做法；心中知道有了过错应当改正，却不愿意提及过错，这是讳疾忌医的行为。

【点评】 世风日下，为善亦难。有报道说，一位善良的人将被撞伤的老人送到医院抢救治疗，反被老人的家属诬陷为肇事者，结果惹得一场官司，最后在众多热心证人的帮助下虽然洗清了不白之冤，却身心俱损，发出了做好人难的感慨。面对这种情况，我们说，小人不可不提防，但小人毕竟是少数，乐于助人则我自问心无愧，社会也会给予极大的支持。

小病不治，终将酿成大患。当别人指出自己的过错时，错误或许刚刚出现，及时纠正，避免损失也许还不太难。如果拼命将疮口捂住，不及时治疗，只怕疮口化脓腐烂后，所受的痛苦会更大，治疗的代价也更高，弄不好还会丢了性命。

种田要言　读书真诀

【原文】 地无余利，人无余力，是种田两句要言；心不外驰，气不外浮，是读书两句真诀。

【译文】 土地要充分发挥其地力，不要浪费，人要竭尽全力，不要懒惰，这是种田人要注意的两句很紧要的话；心思要集中不要浮华不实，心气要专注不要分散，这是读书人要注意的两个要诀。

【点评】 崇尚读书是中国的传统美德，而中国古代是以农耕为主的社会，故耕读不可分离，读书也像种地一样，需要打好基础，施好肥料，辛勤耕耘，这样才会有收获。

耕读都不能心驰气浮，"人荒地一季，地荒人一年"。《孟子》中记述了奕秋的故事：有两个人同时向奕秋学棋，其中一人专心致志求学，棋艺日进；另一人在学棋时，总想到天空中有大雁飞来，如何用弓去将雁射下，故学棋无成。同是学棋，一人有成，一人无成，区别就在于用心专一否。

桃积善有余庆　栗多藏必厚亡

【原文】 桃实之肉暴于外，不自吝惜，人得取而食之；食之而种其核，犹饶生气焉，此可见积善者有余庆也。栗实之肉秘于内，深自防护，人乃剖而食之；食之而弃其壳，绝无生理矣，此可知多藏者必厚亡也。

【译文】 桃子的果肉露在外面，毫不吝惜，人们都可以取来食用；食用后将其果核种植在地下，还能再发芽而生生不息，由此可以想见做善事的人，必定有遗泽留给后代。栗子的果肉藏在壳内，保护得好像很好，而人们只好剖开食用它，食用时将其果壳丢弃，绝对再没有发芽生根的可能了，由此可以想见愈是深藏吝惜者，愈是容易自取灭亡。

【点评】 桃树和栗树的种子是桃子和栗子，它们的形态不同只是自然规律，桃子不因为果肉包在果核外而容易繁殖，栗子也不因为果壳包住了果肉而濒于绝种。但是劝善抑恶是中国传统的道德规范，人们借助于桃子和栗子的露和藏要说明"积善有余庆,深藏必厚亡"的道理,也许比喻很蹩脚,但道理却是非常正确的。

治术必本儒术　今人不及古人

【原文】　治术必本儒术者,念念皆仁厚也;今人不及古人者,事事皆虚浮也。

【译文】　治理的方法一定要按照儒家的思想去做,是因为儒家的治国之道都出于仁爱宽厚之心;现代人之所以不如古代人,是因为现代人所做的事都虚浮不实在的缘故。

【点评】　儒家在战国时代与法家、墨家等一样,只是一种学说流派,到汉代以后,由于统治者认为儒家的思想更有益于统治的稳固,所以采纳"罢黜百家,独尊儒术"的建议,使儒家思想逐渐成为正统思想。儒家的基本思想是仁义之道,"仁者爱人",就是要使每一个人都幸福,提出要使老有所终,幼有所爱,鳏寡孤独皆有所养,从而进入一个路不拾遗、夜不闭户的大同社会,所以历代统治者都奉行儒学。

今人与古人相比,更容易为名利所诱,多了一些虚浮之心,少了一些扎实之功,所以人们常有今不如昔的感叹。不过社会是不断向前进步的,生产力的不断提高使社会更多一些竞争机制,思想守旧的人难以适应不断变动的社会关系,所以也会有些怀旧情绪,这样盲目地厚古薄今是会被社会淘汰的。

钱能福人　亦能祸人

【原文】　钱能福人,亦能祸人,有钱者不可不知;药能生人,亦能杀人,用药者不可不慎。

【译文】　钱财能够为人带来福分,也能造成祸患,有钱的人不能不明白这个道理;药物能够救活人,也能够毒死人,用药的人不能不谨慎。

【点评】　古人对"钱"有深入的研究,戏称钱能通神,可以不翼而飞,不胫而走,既能出入侯门,也能进入寻常百姓家。然而钱是双刃剑,用得好可以造福,用之不当便是恶,所以知道钱的特点,就要善用钱,纵使不能用钱造福,也不能用钱遗祸。钱财万贯者,一定要谨慎。

药本来是用来治病救人的,然而药首先要对症,如果药力用反,不但不能去病,反而还会加重病情,甚至使人毙命。而且凡药三分毒,用药过度,也会造成人体机能的损害,同样可以杀人,所以用药的人一定要谨慎从事。

事但观其已然　人必尽其当然

【原文】　事但观其已然,便可知其未然;人必尽其当然,乃可听其自然。

【译文】　只要观察已经发生之事的情形,就可以预知将要发生的情况;一个人一定要尽其本分,然后才能听任其自然发展。

【点评】 事物都有其自身发展变化的规律,通过已经发生的事情,可以判断它未来的结果,正如一条河流,只要看它的流向,便可推知其归宿;抬头看看天上的云彩,就可以判断天气的变化情况;观察一个人的气色,可以察知其身体状况。

虽然有人说"人算不如天算",但是天上决不会掉下个大馅饼。如果上天能够提供良好的自然条件,加上自身十分的努力,就会功成名就,这就是顺其自然;否则,即使客观条件再好,如果不尽心尽力,自然也不会有收获。

人皆欲富贵　然如何布置

【原文】 人皆欲贵也,请问一官到手,怎样施行?人皆欲富也,且问万贯缠腰,如何布置?

【译文】 人人都希望自己地位显贵,但是请问一下官位到手后,你将怎样去施行政务?人人希望富有,请问那些腰缠万贯的富翁们,如何使用这些钱财?

【点评】 盼望大富大贵是人的共同愿望,可是富贵之后如何使用手中的权力,如何使用手中的钱财,却有着各不相同的方式。

官位到手之后,如想在官场中保持地位不倒,小心谨慎十分重要。古人认为:"圣贤成大事业者,从战战兢兢之小心来。"无论君侯还是各级官吏,只要能"临事而栗",便能成功,便能避免灾祸。相反,居官不慎,则是取败之道。

古人说:"由俭入奢易,由奢入俭难。"俭是开启幸福的源头,而奢则是造成贫困的兆头。腰缠万贯,挥霍无度,失去钱财的同时也失去德行。乐善好施,拯救他人也拯救自己。

贫乃顺境　俭即丰年

【原文】 清贫乃读书人顺境,节俭即种田人丰年。

【译文】 对于读书人来说,清贫的生活就是顺遂的境界;对于种田人来说,节俭过日子也就是丰收之年。

【点评】 家贫易立志。古之读书人专心向学,并不以清贫作为不读书的借口,反而更加发愤学习,一举成名。晋代葛洪家中很穷,门口的篱笆栅栏也不修整,出门进门都要排开杂草才能行走,可是他背着书箱四处借书抄读,一张纸要使用多次,后来终成大器。顾欢家贫,他没有钱上学,就天天到学塾墙后去旁听,到夜间则点松明读书或烧米糠照明。至于囊萤映雪、凿壁偷光、悬梁刺股等故事都是不畏家贫而努力读书的例子。

中国古代是以农耕生产为主的社会,生产力不是很发达,基本是靠天吃饭,剩余产品也不是很丰足,所以节俭度日成为生存的需要。节俭是高尚的美德,如果平常节约,有粮常思无粮时,那么在荒年也会衣食无忧了。

第三篇 为学篇

才蕴而日彰　为学而日进

【原文】　有才必韬藏，如浑金璞玉，暗然而日章也；为学无间断，如流水行云，日进而不已也。

【译文】　有才能的人一定精于韬藏之略，就如未经琢磨的玉，未经冶炼的金一样，虽不炫人耳目，但日久便逐渐显示其光彩。做学问一定不可间断，要像不息的流水和飘浮的行云那样，每日不停地前进。

【点评】　真人不露相，露相不真人。真正有才的人不必炫耀，其价值自然会逐日显现。正像荆山上的和氏璧，虽然楚文王、武王认为是一块石头，而砍去了和氏的双足，而后却经识才的玉工琢磨成绝世美玉。

学海无涯苦作舟，只有不间断地耕耘才会有收获，想一口吃个大胖子是不可能的。《荀子·劝学篇》云："积土成山，风雨兴焉；积水成渊，蛟龙生焉；积善成德，而神明自得，圣心备焉。故不积跬步，无以至千里；不积小流，无以成江河。骐骥一跃，不能十步；驽马十驾，则亦及之，功在不舍。锲而舍之，朽木不折；锲而不舍，金石可镂。"故只要具有锲而不舍的精神，学问自会日益长进。

读书无论资性　立身不嫌家贫

【原文】　读书无论资性高低，但能勤学好问，凡事思一个所以然，自有义理贯通之日；立身不嫌家世贫贱，但能忠厚老成，所行无一毫苟且处，便为乡党仰望之人。

【译文】　读书不论资质秉性是高是低，只要能够勤奋学习，肯向人请教，任何事都问一个为什么，自然有通晓道理的一天；立身于社会，不怕自己出身低微，只要做到忠诚厚道老实，所做的事没有一点随意之处，就会成为乡邻们所敬仰的人。

【点评】　人的天性虽然有高低之分，但治学的关键却在刻苦用功。学问学问，就在于勤学好问。古往今来的学问家，无不是从勤学苦练处走向成功的。即使是天赋不好的人，也可以采取笨鸟先飞的办法，用适当的方法来获得真功夫。宋代人陈烈为自己的记忆力差而苦恼，一天读《孟子》，读到其中的"求其放心"这句话时，说："我没有将散放在外的心收拢回来，怎么能在读书的时候牢记住有关内容呢？"于是把自己单独关在一间屋室中，安静地坐下来读书，这样坚持了一个多月，从此之后，只要读过的书就不会再遗忘了。

可见，只要功夫深，铁杵磨成针。相反，纵使天资很好，如果不下苦功夫，也不会取得真学问，正如孟子所言："虽有天下易生之物也，一日暴之，十日寒之，未有能生者也。"

知读书之乐　存为善之心

【原文】　习读书之业,便当知读书之乐;存为善之心,不必邀为善之名。

【译文】　将读书作为自己的事业,就应当知道读书的乐趣;心中存有行善的心意,就不必去获取行善的名声。

【点评】　爱好读书是中国的传统美德之一,而读书的目的不只是追求知识,同时也为了更好地修身养性,即立身以求学为先,求学以读书为本。要将所读之书,句句体现到自己的行动中,便是做人之法,如此方能成为读书人,从中懂得读书的乐趣。

中国的读书人更讲究与人为善,默默奉献,"君子莫大乎与人为善","行善积德,神名自得",行善时并不贪图名利,而是助人为乐。

板凳要坐十年冷　光阴切莫轻易过

【原文】　矮板凳,且坐着;好光阴,莫错过。

【译文】　要有耐心坐在小小的板凳上,切莫错过这大好的时光。

【点评】　板凳要坐十年冷,一举成名天下闻。读书是件苦差事,特别是成名前的艰辛与寂寞,需要超人的毅力去忍受。但是真正下得苦功夫的人,一定会有意外的收获与回报。《开元天宝遗事》中记载了这样一个故事:苏颋年少时喜欢学习,手不释卷,每次想读书,又没有照明之物,因而经常在马厩内的砖灶中一遍一遍地吹亮火光来照着读书,因为他勤奋刻苦,后来一举成名,官至宰相。

为学要静敬　教人去骄惰

【原文】　为学不外静敬二字,教人先去骄惰二字。

【译文】　做学问不外乎"静"和"敬"两个字,教导他人先要去掉"骄""惰"两个毛病。

【点评】　"静"者,是指做学问必须要有坐得下来,钻得进去的功夫,不可受外界的诱惑;"敬"者,是指要有严谨的治学态度和谦虚好学的刻苦精神。能"静"能"敬",做学问才会有收获,所以《大学》中云:"知止而后有定,定而后能静,静而后能安,安而后能虑,虑而后能得。"

"骄"者,是指无谦虚好学的态度,满足于一得之见而常有自满自大的心思;"惰"者,是指不勤奋努力,不刻苦钻研,懒惰怠慢。不去掉"骄""惰"这两个毛病,就难以有真学问,学到真本事。

知往日之非　见世人可取

【原文】　知往日所行之非,则学日进矣;见世人可取者多,则德日进矣。

【译文】　能够认识到自己过去所作所为的错误,那么学问就在不断进步;能够看得到他人行为中值得学习的地方,那么品德就会不断进步。

【点评】 "严以律己,宽以待人"是良好的美德。

经常反躬自问,检查有哪些地方做得不对,哪些地方还需要不断改进,这样,就能总结经验,吸取教训,避免犯同样的错误。常有这种谦虚自省的胸襟,那么学问就会不断长进。这里的学问,不仅指书本上的学问,也包括怎样做人、怎样待人接物等学问。

对他人要多看其长处,充分肯定其优点,即使是千尺之朽木,也必有尺寸可用之良材,何况绝大多数人是正直向上、追求进步的呢? 能看到他人的长处,才能容人,自己心胸也会更开阔,德业也就可以日益增进。

生资而加学力　大德而矜细行

【原文】 有生资。不加学力,气质究难化也;慎大德,不矜细行,形迹终可疑也。

【译文】 天资很好,但后天不努力学习,其性格情操终究难以得到感化;在大的德行上比较谨慎,但不注意细枝末节,其言行终究不能让人充分信任。

【点评】 外因是变化的根据,内因是变化的条件。一个人天生的资质很重要,但后天的努力更不可缺少。如果有一个聪明的大脑,健全的体魄,但不刻苦地学习,或不将才能用于正途,终究难成有用之才。反之,如果天生的资质并不是很好,却能够通过刻苦的努力去弥补,也会成为有用的栋梁。

古语说:"大行不顾细谨,大礼不辞小让。"意思是说讲究大的礼仪的人不必拘泥于小的行为,这应该是一种托辞。犹如一滴水可以折射出太阳的光辉,人的一言一行都反映出其学识修养,真正修大德的人一定要从生活的细节入手。

谋道莫有止心　穷理须有真见

【原文】 川学海而至海,故谋道者不可有止心;莠非苗而似苗,故穷理者不可无真见。

【译文】 河流学习大海的兼容并包,在接纳涓涓细流的同时,最后也流向大海,所以追求学问修养的人不能够有停滞不前的疏懒之心;野草不是禾苗却长得与禾苗相似,所以探究事理的人不能没有真知灼见。

【点评】 百川向东流,终究归大海;河海不弃细流,故能成其大。学问也如河海一样,永无止境,古人说:"生也无涯,学也无涯。"现代人则说:"活到老,学到老。"其义理是一样的。故真心向学的人,永远不能有停止之心,生命不息,追求不止。

正像田里的野草与禾苗常常真假难辨一样,真理与谬误往往只一步之遥,所以穷究事理的人不能没有洞察力。清人纪昀在《阅微草堂笔记》中说:"亦如人类之内,良莠不齐。"如果一时省察不到,那么就会行事失宜而后悔莫及。

显荣自苦功来　福庆从好处邀

【原文】　读书不下苦功,妄想显荣,岂有此理? 为人全无好处,欲邀福庆,从何得来?

【译文】　不下苦功夫读书,却妄想通过读书取得富贵功名,世上怎么会有这样的道理呢? 做人完全不做对社会有益的事,想得到福分希望喜事降临,那么这些福分从哪里得来呢?

【点评】　春播秋收,没有播种,哪来收获。

自古以来读书有成的人,都是肯下苦功夫的。战国时的苏秦,刻苦学习,为了避免学习时打瞌睡,就将头发系在屋梁上,困了就用铁锥刺自己的大腿提精神,后来佩上六国相印。晋代车胤,勤奋好学,家贫买不起灯油,到了夏天,他就捉了几十只萤火虫,装进白绸布袋中,用来照明,夜以继日地学习,终成大器。

求富求福,也需要通过勤奋刻苦的努力和百折不挠的奋斗。致富一定要选做对社会有益的事情,对人有益,才能实现自己的价值。

放眼读书　立跟做人

【原文】　看书须放开眼孔,做人要立定脚跟。

【译文】　读书必须放开眼界胸怀宽广;做人要站稳立场,把握住正确的原则。

【点评】　世上书很多,而善于读书的人要有开阔的眼界,能够从形形色色的书中做出正确的判断,故古谚云:"读书切戒在慌忙,涵咏工夫兴味长。未晓莫妨权放过,切身须要急思量。"

而做人则要坚定自己的信念和立场,在大是大非问题上不可含糊,基本的道德准则不能违背,这样才能成为一个受人敬重的人。而那种毫无原则可言者,就像"墙上芦苇,头重脚轻根底浅;山间竹笋,嘴尖皮厚腹中空",这种毫无主见的人,往往受人鄙弃。

享受适可而止　学问永不知足

【原文】　身不饥寒,天未尝负我;学无长进,我何以对天。

【译文】　身体不遭受饥寒,就是上天没有亏待我;学问没有长进,我有什么脸面去面对苍天。

【点评】　知足者常感觉满足,故而一辈子也不会因追求非分之想而招致侮辱;知止者能适可而止急流勇退,那么一辈子也不会因不知进退而蒙受羞耻。知足常乐,处于满足的精神状态下,身心便会轻松愉悦。

学无止境,所以做学问的人一辈子都不会停止努力。人只有好学不厌,才能成为大学问家。读书人脚踏实地,到死才会停止学习。

诗书立业　孝悌做人

【原文】　士必以诗书为性命,人须从孝悌立根基。

【译文】　读书人将诗书看作自己立身处世的根本,做人必须以孝顺友爱作为基础。

【点评】　经典的诗书是中国传统文化宝库中的明珠,其中既有知识的积累,又有生活的情趣,饱读诗书并用之于实践,自然可以安身立命。

孝是顺事父母,悌是友爱兄弟。能够顺事父母的人,必能推己及人,不致违法犯罪,重恩而不背信弃义;能够友爱兄弟的人,必善与人相处,重义不忘本。所以从最基本的孝悌做起,自然能打下坚实的道德基础。

第四篇　修身篇

贫惟求俭　拙只要勤

【原文】　贫无可奈惟求俭,拙亦何妨只要勤。

【译文】　贫穷得毫无办法的时候,只有节俭以渡过难关;天性愚笨只要更加勤奋学习,还是可以弥补不足的。

【点评】　人生不是一帆风顺的,难免有贫穷潦倒的时候,面对贫穷不应该丧失志气。要想办法改变贫穷的面貌,无非有两点,一是开源,二是节流。开源的途径尚未找到时,节流也是控制用度的有效方法;当收入一定时,节俭就是相对增加收入的方法。

天才在于勤奋,知识在于积累,天性固然重要,但后天的努力才是最关键的。笨鸟先飞的故事就说明,通过勤奋可以弥补天资的不足,懒惰、荒废,即使是天才也会自我扼杀。

听平常话　做本分人

【原文】　稳当话,却是平常话,所以听稳当话者不多;本分人,即是快活人,无奈做本分人者甚少。

【译文】　安稳妥当的言语,却是既不吸引人也不令人惊奇的很平常的话,所以喜欢听这种话的人并不多;安守本分,没有奢求的人,便是最愉快的人了,只可惜能够安分守己不妄求的人,也是很少的。

【点评】　信言不美,美言不信;善者不辩,辩者不善。经过刻意修饰的话,虽然悦耳动听,可是却如同空中楼阁,未必可靠,而朴实无华的言语虽然很质朴,却最实在。所以与其听虚假的华丽辞藻,不如听真实的平常语言更可靠。

求得人生快活是人的本能,然而快活的标准却无定则,快活的方式也各有千秋。有的人认为应当及时行乐,"今朝有酒今朝醉,明日愁来明日愁";有的人认为"比上不足,比下有余",知足常乐;有的人认为,应该以有限的生命去追逐无涯的事业,"其乐无穷"。毫无疑问,后一种方式有益于社会,有益于自己,应该是最佳选择。

心能辨是非　人不忘廉耻

【原文】　心能辨是非,处事方能决断;人不忘廉耻,立身自不卑污。

【译文】　心中能够辨别什么事情是不正确的,处理事情就能做出决断;人能不忘廉耻之心,为人处事就不会做出品行低下的事。

【点评】　人有正确的判断力,就会有果敢的决断力。正确的判断力,来自对是非的正确把握。凡与事物的发展规律相一致,符合社会发展要求的就是真理,就应坚持,凡逆历史潮流而动的就是非,就应摒弃,有了大是大非标准,立身处世就不会迷失方向。生活中琐碎小事可以不计较,但遇到大是大非不能马虎,凡能如此者,必会千古留名,为人称许,故有诗赞曰:"诸葛一生唯谨慎,吕端大事不糊涂。"

廉是清正廉洁,不贪污受贿,不入于浊流;耻就是知耻,知道哪些是不能做的,做了就是可耻的。古代将忠、孝、节、义、礼、仪、廉、耻作为基本的道德准则,可见知廉耻才能行正道。

富贵不着意　忠孝不离心

【原文】　自家富贵,不着意里,人家富贵,不着眼里,此是何等胸襟;古人忠孝,不离心头,今人忠孝,不离口头,此是何等志。

【译文】　自己富贵了,不放在心里并加以炫耀,别人富贵了,不看在眼里生出嫉妒之心,这是多么宽阔的胸襟;古代的人讲究忠孝之义,总是将忠孝放在心头,今天的人讲忠孝,也时常对忠孝行为赞不绝口,这是何等高尚的气量。

【点评】　自己得到富贵,不因此而去炫耀,对他人的成功,也不存嫉妒之心,因为心中追求的是得到一分宁静与安逸,而不是外表上的虚浮,所以能将富贵与名利看得轻淡。

忠是忠君,孝是敬老。忠君固然是一种浓厚的封建意识,但孝顺却是自古不变的准则。真正的忠孝要表现在实际行动中,不是表面上的唯唯诺诺。

未必有琴书乐　不可无经济才

【原文】　存科名之心者,未必有琴书之乐;讲性命之学者,不可无经济之才。

【译文】　心中追求功名利禄的人,不一定能体会到琴棋书画的乐趣;讲求生命形而上境界的学者,不能没有经世济民的才学。

【点评】　中国古代读书人,并不是只会读书的书呆子,他们在饱读诗书的同时还注重琴棋书画四艺的陶冶,有着非常丰富的情感世界,也产生了千古留名的风流才子。但是那些抱有争名逐利之心,全身心地追求蝇蝇利禄的人,自然没有闲适的心情去享受其他的乐趣,即使操练琴棋书画,也只是作为追求利禄的手段,哪里能体会到其中的情趣呢?

人类社会的发展,离不开每个人的奋斗和努力,空谈、逃避是不现实的,即使研究性理生命之学的人,并不是脱离实际去研究虚幻的世界,他们研究的目的还是为了安邦济世,指导人们去认识世界和改造世界。

志不可不高　心不可太大

【原文】　志不可不高,志不高,则同流合污,无足有为矣;心不可太大,心太大,则舍近图远,难期有成矣。

【译文】　志向不能够不高远,志向不高远,那么就会受不良环境的影响,与庸俗低级之流浑然一体而不能有所作为;心气不能太大,心气太大,不立足于眼前而好高骛远,就难有希望取得成功。

【点评】　志当存高远,有坚强的意志,才能建立功业。如果胸无大志,那么就与庸俗的小人没有什么区别了。

远大的志向,必须通过艰苦的努力才能实现;奋斗的目标必须与实际的能力相适应。不切实际地追求过高过远的目标,也会是竹篮打水一场空。所以圣人说:"病学者厌卑近而骛高远,卒无成焉。"

不可有势利气　不可有粗浮心

【原文】　无论作何等人,总不可有势利气;无论习何等业,总不可有粗浮心。

【译文】　无论做哪一种人,都不能够欺下媚上;无论你从事哪一种行业,都不能够轻浮急躁。

【点评】　常言道,人不可貌相,然而以貌取人,却从来都是人类的痼疾。人总是势利的,即使不看重他人的身份财产,也会看重他人的谈吐举止;哪怕是看重别人的学问,又何尝不是势利的一种表现?多多少少,每个人都会有些势利之心。人或许不能完全没有势利心,但是,却绝不可以有势利气。有势利气者,不以势利为耻,反以势利为荣,趋炎附势,欺压弱小,那就是十足的小人了。

不管做什么事情,都不能心浮气躁,粗心大意,一粗心则容易忽略关键,忽略了关键就可以导致失败,而失败的后果,却总是得由自己来承担的。粗心是人的大敌,由于粗心而导致的损失,是最最不值得的,因为不是你做不到或做不好,而只是你没有好好做。

知过能改　抑恶扬善

【原文】　知过能改,便是圣人之徒;恶恶太严,终为君子之病。

【译文】 知道过错便能改正,就可以说是圣人的弟子;攻击恶人太过严厉,终究会成为君子的过失。

【点评】 人非圣贤,孰能无过? 知过能改,则难能可贵。《战国策·楚策》中说:如果羊圈中丢失了羊,马上就去修补好羊圈,那还不算太晚。所以能够及时改过的人,必定有谦虚的品德,能及时接受正确的意见。

对于别人的过失,要本着"惩前毖后,治病救人"的态度予以指正,不能一棍子打死,使人没有改过的机会,所以说:"攻人之恶,毋太严,要思其堪受;教人之善,毋过高,当使其可以。"

意趣清高　志量远大

【原文】 意趣清高,利禄不能动也;志量远大,富贵不能淫也。

【译文】 志趣清正高雅,就不会为钱财官位所打动;志向远大,身在富贵中也不会放纵迷乱。

【点评】 志趣高雅的人,他的心中所爱的不是功名利禄,而是崇尚自由清雅的人生情趣。晋代的陶渊明作彭泽县令时,不愿向来视察的督邮取媚讨好,感叹地说:"岂能为了五斗米而折腰。"于是弃官而去,过着"采菊东篱下,悠然见南山"的隐居生活。

孟子说:"贫贱不能移,威武不能屈,富贵不能淫,是为大丈夫。"大丈夫者,即顶天立地的男子汉,胸怀鸿鹄之志,意在驰骋千里,其最终目的是救国救民,富贵荣华不是他追求的人生目的,又怎么会沉醉于富贵之中而迷乱心志呢?

有自知之明　虑他日下场

【原文】 知道自家是何等身份,则不敢虚骄矣;想到他日是那样下场,则可以发愤矣。

【译文】 对自己的能力大小和内涵虚实认识得比较清楚,就不敢虚浮骄傲;想一想虚度年华到将来会落得一个老大徒伤悲的悲哀下场,那么就应该从此发奋努力了。

【点评】 山外有山,楼外有楼。人贵有自知之明,了解自己的长处,同时也知道自己的不足,才不至于夜郎自大,狂妄骄横。实际上,喜欢夸耀自己优点的人,其实不了解自己,而了解自己短处的人,正是其长处所在。

古人有"少壮不努力,老大徒伤悲"的名训,在青春年少时浪费了自己的大好年华,想追回也不可能了,与其老来后悔,莫若及时总结经验教训,振作起精神,立刻发奋,从而成就一番事业。

矜伐可为大戒　仁义不必远求

【原文】 伐字从戈,矜字从矛,自伐自矜者,可为大戒;仁字从人,义字从我,讲人讲义者,不必远求。

【译文】 伐字的右边是"戈",矜字的左边是"矛","伐"和"矜"都有夸耀的意思,而戈、矛为古之兵器,有杀伤之意,所以自夸自大的人要引以为戒;仁字的偏旁是人,义字的下部是"我",所以讲求仁义的人不必舍近求远,从自己做起即可。

【点评】 中国的传统思想一直倡导谦虚为本,戒骄戒躁,所以古语云:"谦受益,满招损。"现代人也说:"骄傲使人落后,虚心使人进步。""伐"和"矜"都指自我夸耀,但自夸自大从来都是很危险的,所以老子说:"……自伐者无功,自矜者不长。"司马迁云:"既已存亡生死矣,而不矜其能,羞伐其德,盖亦有足多者矣。"

仁和义是儒家思想的精髓。"仁者爱人",即对人广泛地施予仁爱之心,故仁字从人;义即道义,当生和义发生冲突时,舍生取义则是儒家的价值尺度,义的繁体字写作"義",下部是一"我"字,所以讲道义要从我做起。

王永彬先生从造字的方法和文字源流的角度阐述自大自夸的危害及行仁义的必要,是颇有道理的。

常怀振卓心　多说切直话

【原文】 一室闲居,必常怀振卓心,才有生气;同人聚处,须多说切直话,方见古风。

【译文】 即使一个人清闲地独处时,也要常常怀有振作奋进的心志,才会有蓬勃向上的生机;与人相处,一定要多说恳切正直的话,这才能体现古之圣贤淳朴忠厚的风范。

【点评】 人生在世,总要有所作为,因此一定要树立雄心壮志,常怀振作之心,激励自己不断追求,这样才会有朝气蓬勃的气象和光明的前途。

与朋友打交道,要从善良的愿望出发,多鼓舞士气,切实地说些肺腑之言,这样彼此倒会有长进。古人交游,讲究"以文会友,以友辅仁",这样既促进相互交流,也培养了良好的品德,所以孔子说,同正直的人交朋友,同实实在在的人交朋友,同见闻广博的人交朋友,就会受益。

不忮不求　勿忘勿助

【原文】 不忮不求,可想见光明境界;勿忘勿助,是形容涵养功夫。

【译文】 不因贪婪而嫉妒,不因索取而奢求,可以看出一个人内心光明博大的境界;在涵养的功夫上,既不要忘记逐渐聚集道义的力量以培养浩然正气,也不要因为一时正气不足,就恨不得借助外力马上充盈。

【点评】 孔子的弟子子路不因自己穿着寒酸而在富人面前感到自卑,因为他有学识而心地光明,所以孔子在《论语·子罕》篇引《诗经·邶风·雄雉》的"不忮不求"来赞扬他的心胸坦荡。孟子在谈论人的修养时,曾借《揠苗助长》的寓言故事讲述了人的修养是一个渐进的过程，"勿忘"同时亦要"勿助"，关键是要培养自己的涵养功夫，做大量有益的事，而恶事做得太多则会损坏自己的修养功夫。品德不好的人认为一般的好事对自己没有好处而不去做，认为一般的坏事对自己没有多大损害而去做它，坏事做多了就无法逃避罪责，罪恶大了也无法得到宽恕。

须谋吃饭本领　早定成器日期

【原文】　人生境遇无常，须自谋一吃饭本领；人生光阴易逝，要早定一成器日期。

【译文】　人一生的环境和遭遇变化难料，自己必须要具备一技之长作为谋生的本领，才能少受环境困扰；人一生的寿命很短暂，时光容易消逝，必须尽早给自己定下成就事业的期限。

【点评】　"人生不如意事常八九"，逆境与顺境常常不能由自己把握，能够勇于藐视困难，克服困难，才显出真正的英雄本色；而要在逆境顺境中都能自立，就必须有一技之长。俗语说"荒年饿不死手艺人"，就是这个道理。

光阴易逝，日月如梭，人当早立志，早成器。唐代诗人岑参认为："丈夫三十未富贵，安能终日守笔砚。"张九龄则说："如果人到五十岁还没有一点成就，那就是很大的过失了。"今天的好男儿不能不引以为训。

守身必谨严　养心须淡泊

【原文】　守身必谨严，凡足以戕吾身者宜戒之；养心须淡泊，凡足以累吾心者勿为也。

【译文】　保持自身的节操必须谨慎严格，凡是能够损害自己操守的行为，都应该戒除。要以宁静淡泊涵养自己的心胸，凡是会使我们心灵疲惫不堪的事，都不要去做。

【点评】　洁身自好的人，要时时注意自己的品德修养。贪财爱利、损人利己、骄奢淫逸、嗜酒好色、赌博斗狠，这些都是损害操守的行为，要注意戒掉。

"宁静以致远，淡泊以明志"，古人追求恬淡宁静的生活方式，将世俗的名利看作过眼浮云，不追求过分的享乐与利益，得亦不喜，失亦不悲，故能拿得起，放得下，想得开，不使身心受累。

君子有过则改　小人肆行无忌

【原文】　才觉己有不是，便决意改图，此立志为君子也；明知人议其非，偏肆行无忌，此甘心为小人也。

【译文】　一发觉自己有做得不对的地方，便马上下决心改正，这便是要立志成为一个正人君子的人的做法；明知有人在议论自己做得不对，却偏要一意孤行毫无顾忌，这是自甘堕落的小人。

【点评】 《左传》上记载，晋灵公违反了为君之道，士会上前劝阻，灵公说："吾知所过矣，将改之。"士会于是赞同地说："人孰能无过？过而能改，善莫大焉。"意思是说人食五谷杂粮，谁能没有过错，有了过错能够改正，没有比这再好的事情了。知错能改，才是君子风度。

如果明明知道自己错了，却固执己见，一意孤行，这样的人既无君子的气度，也不能及时从错误中总结经验教训，小错不改，以后必然会重蹈覆辙，甚至酿成更大的错误，走上犯罪的道路，此时想改也已经晚了。

看高不能长进　看低不能振兴

【原文】 把自己太看高了，便不能长进；把自己太看低了，便不能振兴。

【译文】 把自己看得太高了，就无法再求得进步；把自己看得太低了，便失去振作的信心。

【点评】 人贵有自知之明。

既要知道自己的长处，充分发挥自己的能力，朝适合于自己的方向去努力，也不能抬头看天，目空一切。以为老子天下第一，他人都比不上自己的人，失去了前进的动力，即使本来能力超群，也会因自大而落伍。

人能了解自己的短处，是一件好事情，可以做到扬长避短，奋发有为，但如果妄自菲薄，将自己太看低，就会自暴自弃，永远难以振作了。

向善必笃　进德可期

【原文】 遇老成人，便肯殷殷求教，则向善必笃也；听切实话，觉得津津有味，则进德可期也。

【译文】 遇到年老有德的人，便肯虚心求教，那么求善之心必定十分诚恳；听到切直实在的话，便觉得津津有味，那么德业的长进就有望了。

【点评】 虚心使人进步。年老德高之人，有十分丰富的成功经验与人生教训，能够多听从他们的教诲，自然就可以少走弯路，避免误入歧途。愿意求教于人者，便很不错了，如果求教还能做到"殷殷"者，必定是求教若渴，从善如流之辈。

大凡切实话，多是质朴平实之言，既非奉承，更非谄媚，有时听来还十分"逆耳"，所以很多人一听到切实话，就心中不悦，甚至变颜震怒，哪里还会去品味其中的道理呢？如果听得进切实话，还能品味出其中的滋味，那么此人的德量与修养一定不俗。其德业的进步自然是指日可待了。

求备以修身　知足以处境

【原文】 求备之心，可用之以修身，不可用之以接物；知足之心，可用之以处境，不可用之以读书。

【译文】 追求完美的想法,可以用于自我修身养性,却不可用在待人接物上;易满足的心理,可以用在对环境的适应上,却不可以用在读书求知上。

【点评】 古语云:"律己以严,待人以宽。"修身是为了律己,应该尽量全面要求,于微细处体现出涵养与气度;接物是为了待人,应该多看到他人的长处,容忍他人的短处,不可求全责备。

人可以通过不断的努力奋斗来改善自己的境遇,但是有时自身的处境是由多种因素所决定的,往往非人力所能改变,这就要有知足常乐的心境,虽然往前看比上不足,但也许左右看,比下还有余,不妨先放宽心境自得其乐一番,何须苦苦执迷不能自拔呢? 而学习则不同,学海无涯苦作舟,学问愈是长进,愈觉自己的无知。一日不学,则一日退步;一时满足,则时时无知,所以说"逆水行舟用力撑,一篙松劲退千寻,古云此日足可惜,吾辈更应惜光阴"。

切问近思　智深勇沉

【原文】 博学笃志,切问近思,此八字是收放心的工夫;神闲气静,智深勇沉,此八字是干大事的本领。

【译文】 广泛地涉猎知识,志向坚定,切实地向人请教,并仔细思考,这是研习学问的重要功夫;心神安详,无浮躁之气,拥有深刻的智慧和沉毅的勇气,这是做大事所需具备的主要能力。

【点评】 "博学笃志,切问近思",原是亚圣孟子所言,将这八个字作为收心向学的要诀是很有道理的,学必专心,要做到"发愤忘食,乐以忘忧,不知老之将至";同时学亦有道,不能学无选择,学无思索,故"学而不思则罔,思而不学则殆",思其始而成其终,就是说思考就会有所得,不思考就没有收获。唐代文学大师韩愈的名言:"行成于思荒于嬉,业精于勤毁于随。"也是说的这个道理。

而做大事则要具备神静气闲,智勇沉着的气质。历史上足智多谋的诸葛亮就是靠沉着镇定"演出"了一场名传千古的空城计。相传当时司马懿率领数十万大军向荆州城压过来,而守城的只有少数羸弱之兵,向外调援军已来不及,诸葛亮于是命令大开城门,让几个老卒洒扫,他自己带一琴童在城上弹琴,其仪态悠闲沉着,司马懿见此,恐中埋伏而退兵。

贫贱不能移　富贵要济世

【原文】 贫贱非辱,贫贱而谄求于人者为辱;富贵非荣,富贵而利济于世者为荣。讲大经纶,只是实实落落;有真学问,决不怪怪奇奇。

【译文】 贫穷与地位卑微不是什么耻辱的事,但因为贫穷和地位卑微去向人献媚,求取非分的利益,这样就很可耻了;获得巨大财富和很高的地位,也不一定是什么荣耀的事,但是有了财富和地位后乐于以此帮助他人,却是很光荣的事。讲求大的学问和道理,应该能落到实处;真正有学问,绝不会故弄玄虚。

【点评】 地位低下并不能泯灭一个人的才智,贫穷潦倒并不妨碍一个人立志干大事,所以能做到穷且益坚,不坠青云之志,那么必定能够激励自己发愤去成就一番事业。富贵之后,如果能做到乐于助人,施行仁义,则是富者的光荣,所以古人说:"获取富贵是次要的事情,而施行仁义,是贤达之士经常的行为。"

最深奥的往往也是最通俗的,所以做大学问的人,讲究平实可行,切中时弊,有实事求是之意,无哗众取宠之心。而沽名钓誉之徒,却贪求华丽的外衣,忽视内在的实质,言之虽美,却空洞无物,巧思虽多,但不切实际。

守口如瓶　持身若璧

【原文】 一言足以召大祸,故古人守口如瓶,惟恐其覆坠也;一行足以玷弱身,故古人饬微躬若璧,惟恐有瑕疵也。

【译文】 一句话不慎就有可能招来大祸,所以古人讲话十分谨慎,惟恐如瓶子落地会破碎一样招来杀身之祸;一件事行为不谨慎足以使自己一生清白受到玷污,所以古人行事十分谨慎小心,以保持身体如白璧般洁白,惟恐做错事使自己留下终身遗憾!

【点评】 俗语说:"病从口入,祸从口出。"一言不慎,足以惹来大祸,所以善于立事保身的人,每日"三省吾身",每事三思而行,每言三缄其口。故曰"沉默是金"。

一个人要树立好名声很不容易,往往需要一辈子的努力,而要损坏自己的形象却很简单,一件小事足矣。就像一块璧玉,上面如果有一块小斑点,整个璧玉的价值就受损,一个人如果言行不谨慎,那么人格也会受到玷污,所以古人说:"勿以善小而不为,勿以恶小而为之。"

淡中交耐久　静里寿延长

【原文】 淡中交耐久,静里寿延长。

【译文】 在平淡中结交的朋友能经受时间的考验而使友谊地久天长,在平静中生活能够修养心性使寿命延长。

【点评】 君子之间的交往,像水一样晶莹清澈;小人之间的交往,表面上像蜜一样甘美。君子之间的友谊虽然表面平淡,但内心十分接近;小人之间的关系虽然表面热情,却很快就会决裂。那些小人没有思想基础而纠结在一起,这种关系会无缘无故地断决。而在平淡之中交的朋友,是经过冷静观察和判断后,逐渐建立起来的友谊,摆脱了任何功利目的,故能久长。

中国养生之道讲究心平气和,务求安宁愉快,自得悠闲,这样就可以养心养身,而达到益寿延年的目的。《至言总养生篇》上说:"静者可以长寿,浮躁者早夭;静而不能养,减寿;躁而能养,延年。"

第五篇　性情篇

俯仰间皆文章　游览处皆师友

【原文】 观朱霞,悟其明丽;观白云,悟其卷舒;观山岳,悟得灵奇;观河海,悟其浩瀚,则俯仰间皆文章也。对绿竹得其虚心;对黄华得其晚节;对松柏得其本性;对芝兰得其幽芳,则游览处皆师友也。

【译文】 观赏美丽灿烂的彩霞,可以领悟到它光芒四射的艳丽;观赏天空飘浮的白云,可以领悟到它舒卷自如烂漫多姿的妙态;观赏高山雄峰,可以领悟到它灵秀挺拔的气概;观赏一望无垠的大海,可以领悟到它博大宽广的胸怀,在这些天地山河中,都可以体会到美妙的景致,到处都是好文章。面对翠绿的竹子,可以品味到它的虚心有节;面对飘香的菊花,可以品味到它的高风亮节;面对苍松翠柏,可以品味到它傲然不屈的性格;面对兰花香草,可以品味它幽然醉人的芳香。从这里可以看出,在游览观赏中,时时处处都有供我们学习借鉴的地方。

【点评】 人类与大自然是相通的,大自然给人以无尽的乐趣,也激起人们无限的情感。早晨的太阳光芒四射,人们从灿烂的朝霞中感受到青春的勃勃生机;天上的白云舒卷,又使人感受到奇妙云海的变化莫测……人们从自然中得到启示,懂得了许多人生哲理,学到了许多为人处世的方法,也将美好的愿望寄托在无尽的景致中。

俭可养廉　静能生悟

【原文】 俭可养廉,觉茅舍竹篱,自饶清趣;静能生悟,即鸟啼花落,都是化机。一生快活皆庸富,万种艰辛出伟人。

【译文】 俭朴可以培养一个人廉洁的品性,即使是住在茅棚竹屋中,自己也觉得很有情趣;安宁平静的环境可以使人领悟人生的真谛,即使是鸟儿鸣叫,花开花落,也都是天地造化之生机。一生轻松快乐只是平凡的福分,能够经历千辛万苦而建立功勋的人才是杰出的人物。

【点评】 生活俭朴能使人具有顽强的意志,经受艰苦的磨炼,胸怀开阔。过惯了俭朴的生活就不会贪恋物质的享受,自然不易为物质而改变廉洁的心志。而且俭朴的人,习惯于竹篱茅舍的自然气息,对纸醉金迷的优越生活反而难以适应。

心灵澄静就是指志向高远而不受世俗名利的干扰,耳闻目见的是鸟啼花落的美景,心中充满高尚的情怀。所以说"宁静以致远,淡泊以明志"。

能够体会到俭朴生活之快乐和宁静生活之情趣的人,具有超凡脱俗的非凡见识,他们历尽艰辛,是真正的英雄伟人。

满抱春风和气　此心白日青天

【原文】　愁烦中具潇洒襟怀,满抱皆春风和气;暗昧处见光明世界,此心即白日青天。

【译文】　在忧愁和烦闷的困境中能具备潇洒大度的胸怀和气魄,那么心里就会充满春风和畅之感,驱散愁云;在昏暗不明的境遇中如能有开朗博大的胸襟,那么内心就如在阳光普照的天地间那样明亮。

【点评】　面对逆境,不应当屈服,要看到光明的前途。不因为处于逆境而不去实现自己的理想,不因为处境安逸而产生别的想法,改变自己的志向。所以在花繁柳密处,拨得开方见手段,在风狂雨骤时,立得定才有脚跟。一般而言,事情总有极困难的时候,能够咬紧牙关,战胜困难的就是好汉。

心静则明　品超斯远

【原文】　心静则明,水止乃能照物;品超斯远,云飞而不碍空。

【译文】　心中平静就自然明澈,如同平静的水面能够映照出事物一样;品格高超便能远离物累,就像无云的天空能一览无余一般。

【点评】　自己内心澄澈,不执着于一物,才能做到动静如一。传说佛家禅宗五祖选继承人,大弟子神秀说:"身是菩提树,心如明镜台。时时勤拂拭,不使惹尘埃。"慧能说:"菩提本无树,明镜亦非台。本来无一物,何处惹尘埃。"五祖于是将衣钵交给慧能继承,慧能成为六祖。

品格高超的人,由于内心不受情欲爱恋的牵累,行事自由自在没有阻碍,又如云在天,不受人间牵绊,又不为天空羁留。故云"其所以神化而超出于众表者,殆犹天马行空而步骤不凡"。

入幕皆肝胆士　登座无焦烂人

【原文】　宾入幕中,皆沥胆披肝之士;客登座上,无焦头烂额之人。

【译文】　凡是可以信任而延揽入府中商量事情的人,一定是能对自己竭智尽忠的人。凡是能够作为宾客引为上座的人,一定不是品行有缺失的人。

【点评】　朋友之间,贵在坦诚相待,能够请到府中商量事情的,说明是志同道合的知己,是能为朋友出谋献策,参与大事的人,岂有不赤胆忠心,肝胆相照之理。

焦头烂额,意指其人形容猥琐,不大度无器量,这样的人不会受人欢迎。能做座上之客者,一定是雅量大度,在主人心目中有一定分量的人,也必定没有不良品行或难以见人的尊容。

问心无愧　收之桑榆

【原文】　夙夜所为,得毋抱惭于衾影;光阴已逝,尚期收效于桑榆。

【译文】 每天早晚的所作所为,一定要无愧于心;光阴已经消逝,还希望在晚年有所成就。

【点评】 人的一生怎样度过,是在浑浑噩噩中一无所成,还是在踏踏实实的奋斗中不断收获,不同的人生态度有不同的回答。前一种人生态度,是蹉跎人生,游戏人生,自然无所收获,只能是老大徒伤悲,而后一种人生态度则十分可贵,体现着积极进取的精神,当然会一分耕耘一分收获了。有时候,虽然努力去做,却难以一下子见到成效,但只要尽心尽力了,便也无愧于心。

于世有济　此生不虚

【原文】 但作里中不可少之人,便为于世有济;必使身后有可传之事,方为此生不虚。

【译文】 只要能够作一个乡里中不可缺少的人,就是对于世人有所帮助;一定要使死后有可以流传的事业,才是不虚度这一生。

【点评】 古人有浓厚的乡里情结,希望自己的能力得到社会的认可,更希望能在本乡本土有很高的威信,所以说:"富贵不归故里,如衣锦夜行。"如果将眼界放宽,不仅做本乡本土不可缺少之人,而且要成为更大范围内不可缺少的人,那么对社会的贡献就会更大。

人生不过百年,有的人活一辈子,碌碌无为,死后不留一点痕迹,而有的人在活着的时候或著书立说,或发明创造,或建功立业,为社会留下大量财富,这样的人死后也能名传千古。

多文非时文　称名非科名

【原文】 儒者多文为富,其文非时文也;君子疾名不称,其名非科名也。

【译文】 读书的人把文章多当作财富,这些文章并不是应时之作;正直的君子担心名声不好,不能为人称道,这个名声指的不是科举之名。

【点评】 人各有追求,读书人能够写出大量的好文章,便是实现了自己的价值,所以说以文章多为财富,这些文章当然是能够藏之名山,给后世以启迪的珠玉之作,如司马迁之《史记》、屈原之《九歌》即是。一般的应景之作,不切实际,空洞无物,今天写出,明天便弃,当然不在此列了。

德行高尚的君子追求的是建立道德和功业,活着的时候能有好的德行,死后能为人所称道。虽然也有人拼命去追求那些虚名,为了权势地位削尖脑袋钻营,但这种虚名是为真正的君子所不齿的。

气性乖张短命　言语尖刻薄福

【原文】 气性乖张,多是夭亡之子;语言尖刻,终为薄福之人。

【译文】 脾气性格偏执怪异的人，一定是早夭的人；言语刻薄尖酸的人，肯定是福分很少的人。

【点评】 俗语说：心平气和。脾气谦和，与人为善的人，必定有良好的气度与修养，心宽则体健，自然能延年益寿；相反脾气古怪执拗，怪僻暴躁的人，必定心胸不够开阔，气量过于窄小，其人难得天地平和之气，自然寿命不长。

言为心声，有则故事说，苏轼与佛印戏谈，佛印说，你看我像什么？苏轼说，我看你像一堆牛屎。佛印说，我看你像个菩萨。苏轼自以为得计，回家向苏小妹炫耀，苏小妹说，你看人家像堆牛屎，正说明你的心灵十分阴暗，而人家看你像个菩萨，是他的内心充满了光明。这个故事正说明语言是心灵的折射，尖酸刻薄的人，其心灵也必定阴暗，那么要得到更多的福分也是不可能的了。

要有真涵养　要写大文章

【原文】 有真性情，须有真涵养；有大识见，乃有大文章。

【译文】 要有至真无妄的性情，必须先要有真正的涵养；要有大的见识，才能写出不朽的文章。

【点评】 何为真涵养，心平气和也。怎样做到心平气和，工夫只在于"定火"。古人说："定火工夫，不外以理制欲，理胜则气自平。"存心养性，须要耐烦、耐苦、耐惊、耐怕，涵养方得纯熟，涵养修炼到家，"真性情"自现。

有大文章，必先有大见识；有大见识，必先有真涵养。能称大文章者，必须足以指点人类发展的迷津，促进历史发展的进程，给人类带来智慧、文明、道德之光，这样的伟人才是人类前进的灯塔，这样的伟人基于对生命和对人类的大认知，才留下了传世百代的大文章。

第六篇　交友篇

学朋友好处　行圣贤言语

【原文】 与朋友交游，须将他好处留心学来，方能受益；对圣贤言语，必要在平时照样行去，才算读书。

【译文】 与朋友交往，必须留心观察朋友的长处，将他的优点都学习借鉴来，才能得到益处。对于古圣先贤所说的话，一定要在日常生活中遵循去做，才算是真正地读书。

【点评】 人生不能无友，交友的目的在于互相学习，互相提高。孔子说："无友不如己者。"明代王肯堂说："交友之旨无他，彼有擅长于我，则我效之；我有擅长于彼，则我教之。是学即教，教即学，互相资矣。"所以与朋友相交，时时留心对方的长处，以朋友的智慧启迪自己的蒙昧,以朋友的宽厚来改变自己的褊狭,得到正直朋友的帮助,那么过失就会一天天减少。

读书的人,应将圣贤之语用来照亮自己的人生道路。自己的一言一行都按圣贤之语行事,非礼勿闻,非礼勿言,非礼勿视,这样才是读书穷理,学以致用,"多识而力行之,皆可据之以为德",否则学而不能行,不仅肤浅,而且无用。

交朋友益身心　教子弟立品行

【原文】　交朋友增体面,不如交朋友益身心;教子弟求显荣,不如教子弟立品行。

【译文】　如果交朋友是为了增加自己的面子,那不如去交一些对自己身心有益的朋友。教自己的孩子去追求显耀的荣华,还不如教诲子弟修身立德树立良好的品行。

【点评】　交朋友应当慎重,同正直的人交朋友,同诚实的人交朋友,同见闻广博的人交朋友,这样会有益于自己。而同谄媚的人交朋友,同当面奉承背后诽谤的人交朋友,同惯于花言巧语的人交朋友,则是有害的。而交朋友的目的也要明确,不要借朋友来炫耀自己的能力和增加自己的体面,交朋友为的是互相促进,共同提高。

品行是成就事业的基础,如果放弃对子弟品行的教育而教他们采取不正当的手段去追求荣华富贵,就像建立空中楼阁一样不可靠。子弟们有良好的品德修养作基础,必定会取得事业的成功。

交直道朋友　近耆德老成

【原文】　能结交直道朋友,其人必有令名;肯亲近耆德老成,其家必多善事。

【译文】　能够结交走正道的人做朋友,这样的人也一定有好的名声;愿意与年高德劭老实诚实的人亲近者,这样的人家一定常做善事。

【点评】　与正直的人交朋友,自己的心灵也能得到净化,朋友之间一言一行相互影响,品质也会随之高尚起来;与奸邪的人交朋友,必定会追风逐臭,同流合污,遭到人们的鄙弃。所以古语说:"近朱者赤,近墨者黑。"

德高望重的老人,生活经验很丰富,人生的教训也很多,经常向他们求教可以避免自己走弯路,及时得到点拨提携,在他们的教诲之下,当然会家兴业旺,好事不断了。

对知己无惭　求读书有用

【原文】　人得一知己,须对知己而无惭;士既多读书,必求读书而有用。

【译文】　人生能够得到一位知己,一定要做到面对知己不惭愧;士人既然多读诗书,必须做到读书而能致用。

【点评】　传说春秋时代伯牙弹琴,钟子期善于聆听音乐,伯牙弹奏描写高山的曲调时,钟子期说:"峨峨兮如泰山!"弹到描写流水的曲子时,钟子期说:"洋洋乎若江河!"因此高山流水成为知音的代名词。后来钟子期去世,伯牙就将琴弦弄断了,再也不弹奏了。人生难得一知己,故曰得一知己足矣。知己者彼此间心灵相通,追求一致,互为慰藉,这样才彼此心心相印。

读书人广泛求学,但读书贵在有用,如果满腹诗书却不能用之于世,无异于立地书橱,好看而无益,故为学当能致用。读书要看果有利于国家政治否? 果能变化风俗否?

益友规我之过　小人徇己之私

【原文】　何者为益友? 凡事肯规我之过者是也;何者为小人? 凡事必徇己之私者是也。

【译文】　什么样的人可以称为益友? 那些愿意规劝我改正过错的人就是益友;什么样的人是小人? 任何事情,都从自己私利出发,一意孤行的人就是小人。

【点评】　一个篱笆三个桩,一个好汉三个帮。真正的朋友,建立在情义相通的基础之上,对于彼此的长处,能够互相学习,对于彼此的缺点,能够及时提醒,这样才能称之为益友。

而损友则是建立在利益关系之上的,只要对自己有利,明明知道是对方的过失,也不指出,甚至一味偏袒,希望牟取更大的利益。而当与己无关时,也采取事不关己,高高挂起的态度,去保全个人之间的感情。这样的朋友,就是小人。

守拙可取　交友宜慎

【原文】　误用聪明,何若一生守拙;滥交朋友,不如终日读书。

【译文】　将聪明用错了地方,还不如笨拙一辈子,至少不会有"聪明反被聪明误"的懊悔;随便交朋友,倒不如整天闭门读书,总会有所收获。

【点评】　一个人聪明是好事,如果用之于正途,做一个有益于人民,有益于社会的人,那是莫大的光荣,可是有的人却误用自己的聪明,将才智用在违法害人上,甚至走上犯罪的道路,这样的人再聪明又有什么用呢? 还不如一生愚笨好了。

交朋友,要选择那些志趣高雅者,朋友之间互相激励,自然超凡脱俗。如果交的都是人品卑下的酒肉朋友,那还不如关起门来读书有收获。

第七篇　齐家篇

谋生不必富家　处事不必利己

【原文】　善谋生者,但令长幼内外,勤修恒业,而不必富其家;善处事者,但就是非可否,审定章程,而不必利于己。

【译文】 善于安排生活的人,只是使家中全体成员不分年纪大小,家内家外,都能勤奋地做好自己从事的事业,而不必去刻意追求富贵,也会使家道安乐;长于处理世事的人,只是就事情对与不对做出判断,事情可行不可行做出决定,然后订立制度和程序,并不一定是事情对自己个人有利才去做。

【点评】 古代有一富家子弟分家,老二贪图富贵,占尽家中所有金银财富,而老大稳重善良,只将家中田地划归己有,结果数年之后,老二将巨额家财用尽,而老大却在土地上勤恳耕作,生活和睦美满。可见暴富导致挥霍,未必是好事,所以有远见的人并不刻意去追求如何大富大贵,而是教导子孙有稳定的职业和收入,使家庭用度如细水长流。

善于处理事体的人,总是本着公正的态度,判断事情是否合乎情理,而不是从自己的私利出发,这样自然能得人心,受到大家的尊敬。

积善有余庆　积财害无穷

【原文】 积善之家,必有余庆;积不善之家,必有余殃。可知积善以遗子孙,其谋甚远也。贤而多财,则损其志;愚而多财,则益其过。可知积财以遗子孙,其害无穷也。

【译文】 凡是多做好事的人家,必然遗留给子孙许多的恩泽;而多行不善的人家,遗留给子孙的只是祸害。由此可知多做好事,能为子孙留些后福,这样才是为子孙做深远的打算。贤能而有许多钱财,就会损害他的志向;愚笨而有许多金钱,就会增加他的过失。因此可知留给子孙钱财,害处很大。

【点评】 古人在创造财富的同时,对财富带来的负面影响也有充分的认识,所以在家训中总是教导子孙要散财行善,不要爱财害人。《颜氏家训》中说:钱是由一个"金"两个"戈"组成的,大概是说钱的好处少而坏处多,随之而来的必然是劫夺之灾。财富的积聚,未必都是以正当的方式取得,而且大多又是以不正当的方式失去,不仅祸害自己而且殃及子孙。贤能的人,因为财富太多,往往会失去奋斗的锐气;愚笨而无德的人,如果财富太多,则更有助于做恶事。所以过多的财富,对子孙来讲并不是好事。

精明者败家　朴实者培元

【原文】 打算精明,自谓得计,然败祖父之家声者,必此人也;朴实浑厚,初无甚奇,然培子孙之元气者,必此人也。

【译文】 凡事过于计较、毫不吃亏的人,自以为得计,但是败坏祖宗名声的,必定是这种人;朴实忠厚待人的人,刚开始虽然不见他有什么突出的表现,然而使子孙能够有一种淳厚之气的,就是这种人。

【点评】 有一种人凡事精于为自己考虑,对金钱毫厘不让,锱铢必较,待人处事丝毫吃不得亏,这样貌似精明,实际上鸡肠寸肚,眼光短浅,遇到大事必然糊涂,难以成器。而心地宽宏敦厚的人,不计较于一时一事的得失,将心事用到对大事的把握上,可以说是大智若愚、大巧若拙,这样反而能把握住机会走向成功。所以古语说,"忠厚传家久,诗书继世长",未听说过精明传家久,小气继世长的道理。

泼妇静而镇之　谗人淡而置之

【原文】 泼妇之啼哭怒骂,伎俩要亦无多,唯静而镇之,则自止矣。谗人之拨弄挑唆,情形虽若甚迫,苟淡而置之,是自消矣。

【译文】 蛮横而不讲理的妇人,大哭大闹恶语骂人,也只是那些手段,只要镇定自若,不去理会,她自觉没趣,自然会终止吵闹。好说人短长、好进谗言的人,不断拨弄是非地挑起纷争,其情形似乎令人很窘迫,如果能采取淡然处之的态度,对造谣诽谤的言辞置之不理,那些言辞自然会消失。

【点评】 妇人的眼泪,常常使人感到不好对付。王永彬先生教的办法倒值得一试,任凭她如何生出新花样,我自镇静自若,不为所动,蛮横者手段用尽,自然会无趣而止。那些挑是拨非、诬陷告状的人,其手段并不比无理取闹的妇人高明多少,不妨静观其变,使谗言自止。

父兄以身率子　君子平气待人

【原文】 父兄有善行,子弟学之或不肖;父兄有恶行,子弟学之则无不肖;可知父兄教子弟,必正其身以率之,无庸徒事言词也。君子有过行,小人嫉之不能容;君子无过行,小人嫉之亦不能容;可知君子处小人,必平其气以待人,不可稍形激切也。

【译文】 父亲或兄长们有好的行为,那些做子弟的后辈们也许想学习这些好行为,但却学不像;而父亲或兄长们一旦有不好的行为,那些子弟们会如法炮制而且没有不像的;由此可知,做父辈或兄长的人教诲子弟后辈,一定要先使自己行为正直,为他们做好表率,不能仅仅只是说空话。有道德的正人君子,如果行为有过失,小人肯定会因为嫉妒而以此作为攻击的借口;有道德的正人君子,如果行为完美,没有过失,小人也会因嫉妒之心更不能容忍。由此可见,君子和小人相处,一定要有高姿态,平心静气地对待小人,不能够在行为上有任何急躁的举动。

【点评】 上行则下效,学坏容易学好难。做父母兄长的,一定要为子女兄弟做出表率,好的行为需要长期的培养,而父母兄长不良的行为,很容易给子弟们带来不良影响。

卑鄙的小人对君子存有嫉妒之心,时时想惹是生非,诬陷君子。君子言行没有过错,他们都会编出谣言,倘若君子偶有过失,他们更会抓住不放。所以君子与小人相处,一定要洁身自好,遇到问题尤其要保持冷静,不可激切而中小人的诡计。

富贵而须收敛　困穷有志振兴

【原文】　莲朝开而暮合,至不能合,则将落矣,富贵而无收敛意者,尚其鉴之。草春荣而冬枯,至于极枯,则又生矣,困穷而有振兴志者,亦如是也。

【译文】　莲花早晨开放而在傍晚闭合,到了不能闭合时,那就是要凋落了,富贵而不知道自我约束的人,还要以此为鉴戒。野草春天繁盛到冬天枯萎,等到极枯时,就是又要发芽的时候,处于困境贫穷中而有振兴志向的人,也要以此自我激励。

【点评】　物极必反,否极泰来。事物发展到了顶峰就会开始走下坡路,历史上朝代的更替,家族的兴衰,无不印证了这个规律。没有一个家族能做到长盛不衰,大富大贵之后的下一代,很少能有上辈的显赫声势,而多成为碌碌无为之辈。这是因为不注意自我约束的缘故。

暂时处于低谷的人,如果经过刻苦的努力,终有翻身之日,正如春荣冬枯的小草,经过与严寒的抗争,必定会发出新芽一样。所以古人有诗曰:"离离原上草,一岁一枯荣,野火烧不尽,春风吹又生。"

须留读书种子　莫忘稼穑艰辛

【原文】　家纵贫寒,也须留读书种子;人虽富贵,不可忘稼穑艰辛。

【译文】　即使家境很贫寒,也要让子孙读书;虽然已经是大富大贵的人,也不可忘记耕种收获的艰辛。

【点评】　在古代,贫穷之人的唯一出路是通过科举考试而步入仕途,进入上流社会,所以为了将来能出人头地,孩子从小就被灌输以"万般皆下品,唯有读书高"的思想,即使是极为贫困的人家,也要尽力让孩子有接受教育的机会。以今天的眼光来看,做官并不是唯一的出路,但在高科技时代,如果没有知识,确实也难以胜任很多工作,故刻苦读书仍是一种必然要求。

节俭是载福的车,奢侈是造成祸患的根源。富贵的人,如果不知生活的艰辛,未必是福。有一首古诗时时提醒人们不要忘记稼穑的艰难:"锄禾日当午,汗滴禾下土。谁知盘中餐,粒粒皆辛苦。"

人生不可安闲　日用必须简省

【原文】　人生不可安闲,有恒业,才足收放心;日用必须简省,杜奢端,即以昭俭德。

【译文】　人活在世上不能够只满足于安逸闲淡,有了长久经营的事业,才能够将放失的本心收回。平常花费必须简单节省,杜绝奢侈的习性,就可以显示出勤俭的美德。

【点评】　读书人必须要有追求学问道德的恒心,将读书作为一心一意的事业。

没有恒心，则一事无成。荀子《劝学》中说："锲而不舍，金石可镂；锲而舍之，朽木不折。"所谓恒心，就是将安逸放纵的本心收回，放在学业上，孟子说的"学问之道无他，求其放心而已矣"，就是这个意思。

日常的生活不必过于讲究，孔子曾用"一箪食，一瓢饮"称赞颜回安贫守俭，又曾说："饭疏食饮水，曲肱而枕之，乐亦在其中矣；不义而富且贵，于我如浮云。"衣服佩饰超过了一个人应该享有的，就一定不会有好结果，所以《左传》上说："服美不称，必以恶终。"

处变熟思审处　家衅忍让曲全

【原文】　凡遇事物突来，必熟思审处，恐贻后悔；不幸家庭衅起，须忍让曲全，勿失旧欢。

【译文】　凡是遇到突如其来的情况，一定要深思熟虑后再慎重处理，以免处理过后又后悔；如果家庭中不幸发生纠纷，一定要以忍让之心委曲求全，不要因此失去过去的和睦欢乐。

【点评】　对突然发生的事件，一般都没有思想准备，处事经验不够丰富的人，往往临事慌张，匆忙做出处理，可是事后又生出后悔之心，觉得处置得不是十分恰当。因此愈是情况紧急，愈要沉得住气，愈是突发事件，愈要深思熟虑，将事情的前因后果分析仔细，在权衡利害得失的基础上，做出最佳选择。

家庭中既有父母兄弟姐妹这样的血缘关系，也有翁婿、婆媳、妯娌等非血缘关系，各人的性格脾气爱好不同，经历背景不同，对事物的看法也不一样，自然免不了会产生矛盾，而且这种家庭矛盾很难用"是"与"非"来做出判断，只能通过互相理解、宽容来化解，以保持家庭的和睦与安宁。

念祖考创家基　为子孙计长久

【原文】　念祖考创家基，不知栉风沐雨，受多少苦辛，才能足食足衣，以贻后世；为子孙计长久，除却读书耕田，恐别无生活，总期克勤克俭，毋负先人。

【译文】　祖先创立家业，不知道经过多少风风雨雨，受了多少艰难困苦，才能做到丰衣足食，以将家业传给后世；为子孙的将来长远地着想，除了读书和种田，恐怕再没有别的生活，总希望能够保持勤俭，不要辜负了祖先。

【点评】　自古以来，当各方英雄并起时，只有经过激烈的斗争与生死的较量才能建立帝王之业，而家业的兴起也同样是通过祖祖辈辈几代人的努力，才能有一个丰衣足食的生活环境，所以要饮水思源，时时牢记创业的艰辛，守好祖宗留下的基业。

读书可以明理，耕种可以养身。为子孙的长远计，应该让子孙读书学好知识，并掌握劳动的技能，这样才能够继承家业，不辜负先辈的期望。

齐家先修身　读书在明理

【原文】　齐家先修身,言行不可不慎;读书在明理,识见不可不高。

【译文】　治理家事先要修身养性,一言一行不能够不谨慎;读书的目的在于通达事理,认识和见解不能不高深一些。

【点评】　"古之欲明德于天下者,先治其国;欲治其国者,先齐其家;欲齐其家者,先修其身……身修而后家齐,家齐而后国治,国治而后天下平。自天子以至于庶人,是皆以修身为本。其本乱而未治者,否矣。"古人以修身齐家治国平天下作为人生追求的目标,而将修身作为最重要的修养基础,故己身不修,何论齐家,更谈不上治国平天下的大业。修身首要就在于自身言行谨慎从而能成为人们的楷模。

读书要懂得其中的义理才有意味,不然就是读尽天下的书,也没有什么益处。要明白其中的义理,就必须专心致志,如果读书时心有旁骛,必定不能理解其中的精微之处。

谨守规模　但足衣食

【原文】　凡事谨守规模,必不大错;一生但足衣食,便称小康。

【译文】　凡事只要谨慎地遵守一定的规则与模式,一定不会出现什么大的差错;一辈子只要丰衣足食,就可以称得上是比较安逸的小康家境。

【点评】　人们在多次重复的工作中总结经验教训而形成的规则和模式,凝结了大量的智慧和人生哲理,今人的工作都是在往昔人们工作的基础上进行的,依照这些已经形成的规则办事,只要不是极特别的情况,一般不会出现大的错误。所以改变规则必须在极有把握的情况下才能进行。

小康即小安。中国传统的思想提倡小安则可,认为丰衣足食就应该满足,这样知足常乐,可以使社会比较安定。但是从现代社会发展的需要来看,如果忽略了人们要吃好、穿好、住好、用好的要求,忽略了人们基本需要满足后会产生更高的要求,就是忽视了人性中的另一面,社会的发展也失去了应有的动力。

第八篇　教子篇

教小儿宜严　待小人宜敬

【原文】　教小儿宜严,严气足以平躁气;待小人宜敬,敬心可以化邪心。

【译文】　教导小孩子应当严格,因为严格的态度可以消除孩子心中存在的浮躁心气;对待邪恶阴险的人应当采取尊重的态度,因为尊重的态度可以化解那些小人的邪恶之心。

【点评】 将小人与小儿并举,并提出不同的对待方法,确实是王永彬先生之睿见。小儿好奇心强,注意力难以集中,心神不安,这就是躁气,要通过严格的教育培养其良好的习惯,为将来成才打下基础。而小人则心思邪僻,挖空心思来害人,对这样的人,不能采取严厉的手段,而要采取感化的方法,用"敬"字诀,通过敬,唤醒对方的良知,使之改恶从善,即使达不到感化的目的,以敬待人,至少也不会受到小人的迫害。

教子弟于幼时　检身心于平日

【原文】 教子弟于幼时,便当有正大光明气象;检身心于平日,不可无忧勤惕厉工夫。

【译文】 在子弟幼年时就开始教导,培养他们正直、宽广、光明磊落的气概;在日常生活中要时时反省自己的行为,不能没有忧患意识和自我督促、砥砺的修养功夫。

【点评】 "好雨知时节,当春乃发生。随风潜入夜,润物细无声。"孩子幼小时,一尘不染,像一团白色的海绵,既容易吸收水分,着色力又很强,若染上了污垢,改变就比较困难了。所以对孩子的教育要从早抓起,从小事抓起,在孩子幼小的心灵中建立良好的思想品德基础,培养其正直向上的性格,使孩子在起跑线上就开始健康成长。

孔子说:"吾日三省吾身。"有德行的君子,要时时关注自己的言行,不能有丝毫的懈怠,天天察验自己的言行,反躬自问,才会充满智慧,而且也不会在行动中犯错误。

德足以感人　财足以累己

【原文】 每见待子弟严厉者,易至成德;姑息者,多有败行,则父兄之教育所系也。又见有子弟聪颖者,忽入下流;庸愚者,转为上达,则父兄之培植所关也。人品之不高,总为一利字看不破;学业之不进,总为一懒字丢不开。德足以感人,而以有德当大权,其感尤速;财足以累己,而以有财处乱世,其累尤深。

【译文】 经常见到对待子孙十分严格的人,容易使子孙养成好的品德:对待子孙姑息迁就的,子孙大多有道德败坏的行为。又看见聪明的子孙,忽然成为品性低下的人;天资愚笨的,反而具有良好的品德,这些都与父兄的教导培养有关。人的品德不高,都是因为看不透一个利字;学问没有长进,总是因为不能抛开一个懒字。品德足以感化他人,而品德高尚又有很高的威望,那么这种感化尤其迅速;钱财富足可牵累人,而有很多钱财又处在混乱的社会中,这种牵累尤其严重。

【点评】 人生的道路,并不是先天定下的,而在于后天的培养教育和自身的努力。天资愚笨的人,经过努力,可以进入上流社会,天资聪明的人误入歧途也会走上犯罪的道路。所以当人生面临生与死、苦与乐、义与利、荣与辱、善与恶的选择时,不能不作出正确的判断,一旦失误,将悔之晚矣。人生的道路很长,但关键处只有一两

偷安不可纵容　谋利哪能专教

【原文】 纵容子孙偷安,其后必至耽酒色而败门庭;专教子孙谋利,其后必至争赀财而伤骨肉。

【译文】 放纵容忍子孙沉溺于眼前的安乐,子孙以后一定会沉迷于酒色而败坏门庭;一心只教导子孙去谋取钱财,子孙以后一定会因争夺财产而伤害骨肉亲情。

【点评】 教子应该严格,子女在青少年时代不宜生活在事事顺心、志得意满的环境之中。少年的顺境容易使人骄傲,得意忘形而招致失败;少年时期生活环境优越容易使人脆弱,难以经受生活的考验。那些败坏门风的酒色之徒多是在少年时代缺乏管教的人。

教子要有方,应该教导子女刻苦学习,通过读书考取功名;加强修养,通晓经文,知道礼义廉耻。这样子女们才不至于走到不孝小人的圈子里面去。而专门教子女谋求利益,子女就会失去做人的基本道德,放弃读书的乐趣而成为财富的奴隶。所以,古人所说的,"留给子孙黄金满筐不如一经",是非常有道理的。

醇潜子弟　悠久人家

【原文】 谨守父兄教条,沉实谦恭,便是醇潜子弟;不改祖宗成法,忠厚勤俭,定为悠久人家。

【译文】 谨慎地遵守父亲兄长的教导,沉稳诚实、谦逊恭敬,就是忠厚的好子弟;不随意改变祖宗传下来治家的好方法,忠诚厚道勤奋俭朴,一定能使家道延续、长久不衰。

【点评】 传统的治家思想,要求子弟遵守父兄的教诲,父兄为子弟做出榜样,这样要求,一是父兄为一家之长,能起督促带动作用,二是长辈的阅历经验比较丰富,能够避免子弟的莽撞。

诚实谦恭、忠厚勤俭与儒家思想中的温、良、恭、俭、让和仁、义、礼、智、信的道德要求相适应,是历代治家经验的积累,所以成为家庭成为员遵守的基本的道德准则。

有才何可自矜　为学岂容自足

【原文】 观周公之不骄不吝,有才何可自矜;观颜子之若无若虚,为学岂容自足。门户之衰,总由于子孙之骄惰;风俗之坏,多起于富贵之奢淫。

【译文】 古代圣贤周公不因为自己才德过人而有骄傲和鄙吝的心,所以有才能的人怎么能骄傲自大呢?孔子的弟子颜渊永葆若无若虚的境界,所以做学问怎么能自我满足呢?一个家族的衰败,都是由于子孙的骄傲懒惰;而社会风俗的败坏,多是因为奢侈浮华之习气造成的。

【点评】 周公协助周武王制订了周朝的礼乐制度,以德才之美而名扬后世,受人敬佩,但是他并不以此自骄自矜,因为才智是服务于社会的,如果空有其才却自高自大,不能为社会所用,那么才华再高又有何益呢? 所以孔子说,如果有周公这样的才德,但是既骄傲且鄙吝的话,也就一无可取之处了。

颜渊是孔子的得意门生,其德行十分高尚,孔子经常赞扬他,但他学习更加谦虚,为人更加谨慎。正如一个圆越大,那么圆弧也越长一样,愈是学问高深的人,愈会感到自己的不足。

而骄惰和富贵则是败坏门庭、导致奢淫的温床。一个家族如果养出骄惰的子孙,那么败坏门庭的必定就是此人了;一个社会如果出现奢侈浮华之习,那么伤风败俗就从此开始了。

使乡党无怨言　教子孙习恒业

【原文】 与其使乡党有誉言,不如令乡党无怨言;与其为子孙谋产业,不如教子孙习恒业。

【译文】 与其刻意去追求乡邻们的赞扬,不如谨守自己的行为,让乡邻们对自己毫无抱怨;与其为子孙去谋求田产和财富,不如教育子孙学习,让他们有可以恒久谋生的能力。

【点评】 人要想做一两件好事是很容易的,做了好事也自然会赢得称赞。但人无完人,金无足赤,要一辈子做好事,不做坏事,永远不让人抱怨却很难,所以善修身者,要时时反省自己,处处严格要求,争取少犯错误,多做好事。

“人往高处走,水往低处流”,为子孙谋取产业也是人之常情,但如果子孙无能,再多的财富也会坐吃山空,所以培养子孙谋生的本领比给其财富更重要。俗话说:“若是子孙不如我,留下财富做什么? 若是子孙胜过我,留下财富做什么?”这句话是很有哲理的。

读书便是享福　创家不如教子

【原文】 何谓享福之人,能读书者便是;何谓创家之人,能教子者便是。

【译文】 什么样的人可以称作享福的人,能够读书并能从读书中得到快乐的人就是;什么样的人可以称作能创立家业的人,有能力教导子孙并善于教导子孙的人就是。

【点评】 古代有很多以读书为乐的例子。茅鹿门就曾买了几千卷书放在家中,并将祖先留下的几百亩田的收成作为接待宾客的费用,和诸多弟子们以讲书读书为乐趣。所以有人评价说:“美宅良田,人尽不少,置书乐客,吾未一见矣。”又传说杨博在狱中关了十年,长年累月由家里人送饭,常常断粮,生死未卜,但他却刻苦读书不间断,同牢的人说:“事情已经这样了,还读书干什么?”杨博说:“早上读通书中的道理,就是夜晚死了也算不了什么。"可见以读书为乐的人确实很多。

　　真正善于建立家业的人,就是善于教育子孙的人,能够教育好子弟,比留下万贯家财有益得多。汉代疏广辞官回老家后,将皇帝所赐的万贯钱财都用来宴请乡人、故旧,有人劝他留一些给子孙,疏广说,如果子孙勤奋,自然能够创造财富,我何必留给他们财富呢? 如果子孙不肖,再多的钱财也会被他们挥霍,我又留财产给他们干什么呢?

教易入则劳之　教难行则养之

　　【原文】　子弟天性未漓,教易入也,则体孔子之言以劳之(爱之能勿劳乎),勿溺爱以长其自肆之心。子弟习气已坏,教难行也,则守孟子之言以养之(中也养不中,才也养不才),勿轻弃以绝其自新之路。

　　【译文】　当子弟的天性还未受到污染时,教导他比较容易,那么应该按照孔子所说的"爱之能勿劳乎"去教导他,不要过分宠爱他,滋长他放纵不受约束的习性;当子弟已经养成了坏习气,教导他很难奏效了,那么应该遵循孟子所说的"中也养不中,才也养不才"去教养他,不能轻易放弃,使他失去改过自新的机会。

　　【点评】　孔子说,年少时养成的习惯,就像本来如此;长期养成的习惯,就像本来如此。而俗语说:"教育媳妇要从刚过门开始,教育子女要从婴儿时期开始。"对孩子的教育,一开始就不能溺爱,否则等到骄横傲慢的习惯已经养成,再来制止,即使施加再大的压力,也不容易纠正。

　　而孩子的坏习惯一旦养成,也不能抛下不管,宋代诗人陆游曾说,子孙后代中变坏的人,父母不要轻视他们,要加以管束,让他们熟读经书和诸子百家的言论。对他们进行教育必须宽容、厚道、恭敬、谨慎,不要让他们与轻浮浅薄的人结交来往。像这样坚持十多年,那么他们就会自然养成好的志向和情趣。

富贵难教子　贫穷要读书

　　【原文】　富家惯习骄奢,最难教子;寒士欲谋生活,还是读书。

　　【译文】　富贵人家习惯于奢侈豪华,最难教育子弟;贫寒的人要谋得生路,还是应该走读书这条途径。

　　【点评】　富有之家的子女,从小就生活在甜蜜缸中,不知道创业的艰难,容易养成骄奢的生活习惯,意志脆弱,不思学习,而他们的父母如果只沉醉于牟利赚钱,放纵孩子的不良习气,则子女很难成为栋梁之材。

　　贫穷的人,经历种种的磨难,知道生活的艰难,往往会立志读书。穷则思变,而读书是穷人改变命运的唯一出路。

敦古朴之君子 讲名节之大人

【原文】 风俗日趋于奢淫,靡所底止,安得有敦古朴之君子,力挽江河;人心日丧其廉耻,渐至消亡,安得有讲名节之大人,光争日月。

【译文】 社会之风气日渐追求奢侈放纵,没有停止的时候,怎样才能出现一位有古代质朴风范的君子,振臂一呼,改变江河日下的局面;世人清廉知耻之心已快完全沦丧,怎样才能出现一位讲名节的伟大人物,唤醒世人的廉耻之心,其德行能与日月争辉。

【点评】 面对社会风气的腐朽,大多数人随俗沉浮不自知,而有志向和德行的君子痛感世风日下,会大声疾呼全社会重视道德建设,力挽狂澜,改变社会风气。知廉就是不取非分之物,知耻就是问心无愧,在世人都为名利而奔忙的时候,应该有谦谦君子出现,提倡崇尚气节、重视廉耻的道德观念,这些人是社会的脊梁,其德行可与日月争辉。

常人可再兴 大家难复振

【原文】 常人突遭祸患,可决其再兴,心动于警励也。大家渐及消亡,难期其复振,势成于因循也。

【译文】 一个平常的人,突然遭遇到灾难或祸患的打击,可以立志奋发努力战胜灾难忧患,以图东山再起,这是因为他的心中不断地提醒和激励自己不要丧失信心。但是当大家都丧失了斗志,一个个逐渐意志消沉,逐渐走向灭亡的时候,是很难再期望这些人重新振作了,因为他们已形成相互因循走向失败的势头,难以改变了。

【点评】 一个人的力量有限,但集体的力量就十分强大,集体的智慧形成合力比这个集体中每个个体的智慧也许要大几倍、几十倍甚至上百倍。同样,个体受到挫折,也许很容易就能振作起来,而社会秩序混乱之后再恢复,就需要长期的过程。特别是当社会结构已经腐败时,希望在腐朽的基础上恢复活力已经是不可能的了,只有打破旧的制度,建立新的制度。这个道理说明社会是由个人所组成,但并不是简单的组合,对个体与社会之间的关系判断不能用简单的算术法则。

义士能舍得钱 忠臣能舍得命

【原文】 读《论语》公子荆一章,富者可以为法;读《论语》齐景公一章,贫者可以自兴;舍不得钱,不能为义士;舍不得命,不能为忠臣。

【译文】 读《论语·子路篇》公子荆那章,觉得富有的人可以效法;读《论语·季氏篇》有关齐景公那一章,觉得贫穷的人可为之而奋发。如果舍不得金钱,就不可能成为侠义之士;舍不得性命,就不可能成为一个忠心耿耿的臣子。

【点评】 公子荆对财富有正确的态度,既知足常乐,又善于理财,贫不丧志,富不骄人,能够保持心境的平和。当初他并没有什么财富,却说:"还够用。"稍有财富时,他说:"可以算是很完备了。"到富有时,他说:"已经完美无缺了。"

齐景公养马千匹,却没有什么美德值得百姓称道,而伯夷叔齐不愿意食用周粟,饿死在首阳山上。如果伯夷叔齐爱财,就会接受周朝的俸禄,如果伯夷叔齐惜命,也就不肯饿死在首阳山。

以名教为乐　以悲悯为心

【原文】 君子以名教为乐,岂如嵇阮之逾闲;圣人以悲悯为心,不取沮溺之忘世。

【译文】 正直的人应该以研究圣贤之教为乐事,哪能像嵇康阮籍等人不守规范崇尚清谈;圣贤的人抱有悲天悯人的胸怀,不能效法长沮、桀溺逃避尘世。

【点评】 嵇康、阮籍是晋代名士,他们愤世嫉俗,形骸放浪,都是竹林七贤之一。嵇康性懒散,说:"每要小便,忍而不起,令胞中略转乃起耳。"而当山涛推举嵇康担任曹郎,嵇康说自己有七不堪任。又传说嵇康看见一个鬼进来,就将烛吹灭,说:"我耻与鬼争光。"《晋书·阮籍传》:"籍又能为青白眼。见礼俗之士,以白眼对之。及嵇喜来吊,籍作白眼,喜不怿而退。喜弟康,闻之乃斋酒携琴造焉,籍大悦,乃见青眼。由是礼法之士疾之若分。"他们的行为虽然怪僻,但摆脱世俗的节操十分高尚,这也是他们在特定政治环境下的斗争手段。如果现代有人不加分析,一味地模仿,故作风流,那只是东施效颦而已。

长沮、桀溺是春秋时代的两位隐士,孔子叫子路问路,曾遇见他们。他们主张逃避现实,这对于以拯救社会为己任的志士来说,是不可取的。

饱暖岂足有为　饥寒乃能任事

【原文】 饱暖人所共羡,然使享一生饱暖,而气昏志惰,岂足有为? 饥寒人所不甘,然必带几分饥寒,则神紧骨坚,乃能任事。

【译文】 人们都希望能过一种吃得饱穿得暖的生活,然而一生都生活在温饱之中不经受饥寒的人,其精神志气会松懈懒惰,这样怎么能有所作为呢? 人们都不甘心过着饥饿和寒冷的生活,然而只有感受过寒冷和饥饿的,才会精神抖擞,骨气坚强,承担重任。

【点评】 饱暖思淫欲。过于享受的人,吃的是美味佳肴,听的是靡靡之音,视的是美景女色,必然是贪图于享受而忘记了勤勉,沉迷于声色而忘记清廉,放松了品德的修养,要他有所作为怎么可能呢?

清苦劳累,对人的身心是一个考验。只有经过饥寒的人,才会更加发奋努力,成就一番事业。所以孟子说:"天将降大任于斯人也,必先苦其心志,劳其筋骨,饿其体肤,空乏其身,行拂乱其所为。所以动心忍性,曾益其所不能。"如此方能成就大事。

势利百般皆假　虚浮一事无成

【原文】　势利人装腔作势,都只在体面上铺张,可知其百为皆假;虚浮人指东画西,全不向身心内打算,定卜其一事无成。

【译文】　看重财产地位的人装腔作势,都只是做的表面文章,其所作所为都是虚假的;轻率浮躁的人忽而东忽而西,内心中没有既定的目标,可以预料这样的人做什么事都无法成功。

【点评】　势利的人爱财富与地位,削尖脑袋钻营,他们有了钱就恃财放荡,自我炫耀,显露出装腔作势的丑态,而待人则极为虚伪,遇到有权有势的人就趋炎附势,卑躬屈膝,面对平民百姓则盛气凌人,不可一世。其一言一行都表现出虚假做作的本性。

浮浅的人毫无真才实学,胸无点墨,却喜欢夸夸其谈,指东画西,说三道四。讲起话来天南海北,似乎什么都懂。什么都比别人强,可是动起手来,却一事无成。如此终受人鄙弃。

一望而可知　不必推五行

【原文】　和为祥气,骄为衰气,相人者不难以一望而知;善是吉星,恶是凶星,推命者岂必因五行而定。

【译文】　平和就是一种祥瑞之气,骄傲则是一种衰败之气,所以看相的人很容易一眼就看得出来;善良就是吉星,恶毒就是凶星,算命的人根本不必按照什么阴阳五行也能推断出吉凶。

【点评】　平和首先符合养生的要求,平易而清静无为,忧患就不能进入胸中,邪气也不能侵袭,精神不致亏损,寿命也可延长;平和也是处世之道,待人和气,容易与人接近,行事也会顺利而不受阻滞。所以平和是一种祥瑞之气。骄横者目空一切,狂妄自大,与人难以相容,精神也不能集中,因此导致失败。

为善的人,看上去也显得慈眉善目,为恶的人看起来也会像凶神恶煞,善于观察的人,不必去通过什么阴阳五行推测就可以一眼看出。

仗秤心斗胆　有铁面铜头

【原文】　成大事功,全仗着秤心斗胆;有真气节,才算得铁面铜头。

【译文】　能够成就大事业的人,完全是凭着坚定的信念和卓越的胆识;有真正高尚的志气和节操的人,才能做到铁面无私,坚忍不拔。

【点评】　志不立,天下无可成之事,历史上能成就大业的人,不仅要有杰出的才能,还必须有坚忍不拔的意志。王安石曾说:"世之奇伟瑰怪非常之观,常在于险远,而人之所罕至焉,故非有志者不能至也。"圣贤豪杰不是天生的,只要我们确定目标去奋斗,每个人都能成功。

大丈夫为人处世,少不了的就是正直的节操,孟子说:"富贵不能淫,贫贱不能移,威武不能屈。"意思是说,高官厚禄收买不了,贫穷困苦折磨不垮,强暴武力威胁不了,这种不被任何压力所改变的坚贞,就是真正的气节。

须无执滞心　要做本色人

【原文】　无执滞心,才是通方士;有做作气,但非本色人。

【译文】　没有执着滞碍的心,才是通达事理的人;有矫揉造作的习气,便无法做朴实无华的人。

【点评】　执滞,就是固执而不能通达。《韩非子·五蠹》中载:宋国有一个农夫,他的田中有一棵树,一只奔跑的兔子撞树而死,农夫就放下锄头守在树旁,希望能再次捡到撞死的兔子。实际上兔子是不可能再得到的,而农夫的行为却被人们当作笑话。这个农夫就是有执滞之心。其人偏执不化,自然难以对事物有正确全面的认识。而学问广博、心地宽广的读书人,不为一时一事所拘泥,心中无执滞,故能通达事理。

生性坦荡的人,为自己而活,充分体现出潇洒自由的本性,不必为了改变别人对自己的看法去改变自己的性情,失去自身的价值。蓄意矫揉造作者,则是为别人而活,整天罩着假面孔,还有什么自我价值可言。

有德足传　不在能言

【原文】　人之足传,在有德,不在有位;世所相信,在能行,不在能言。

【译文】　人的名声足以被人流传赞美,在于有良好的品德,不在于有多高的权位;世人相信一个人,主要看他的行动如何,并不看他是否会说。

【点评】　德行高尚才能美名流传于后世,能做实事才能服人。自古以来的帝王可谓权高位显,但是值得后世称道的却不多,而圣人孔子、亚圣孟子却都以高深的学问修养为世人所尊敬。

一个人能否被人相信,不在于嘴上讲得如何,而在于实际做得如何,所以俗语说"听其言,观其行"。有的人光说不做,立志不少,成绩全无;有的人嘴上滔滔不绝,实际工作却大打折扣。因此要相信一个人,一定要看他是否有实际成果,成果才是真正判断人的标准。

精勤可企而及　镇定非学而能

【原文】　陶侃动甓官斋,其精勤可企而及也;谢安围棋别墅,其镇定非学而能也。

【译文】　晋代的陶侃闲居广州时,每天要搬砖入室,借此磨炼意志,这种勤勉的态度令人尊敬,易于效法;晋代的谢安当喜讯传来时,依然能与朋友从容下棋,这种镇定的态度,就不是随便学得来的。

【点评】 没有顽强的意志,做不了艰巨的大事。陶侃为了收复中原,每天搬砖磨炼自己的意志,这种精神值得我们每一个人学习。东晋还有一个著名的人物祖逖,他年轻时和中山人刘琨都心怀报国之志,经常谈到很晚,夜里睡在一张床上。有一天清晨,祖逖醒来听到远远的鸡叫声,于是就把刘琨踢醒,对他说:"这不是坏声音啊!"于是两人一起起来,到庭院中去练习剑术。这就是著名成语"闻鸡起舞"的故事,也是一个磨炼自我意志的好例子。

无才尚可立功　无识必至偾事

【原文】 忠实而无才,尚可立功,心志专一也;忠实而无识,必至偾事,意见多偏也。

【译文】 忠厚诚实的人虽然才能一般,但还有可能建立功业,这是因为用心专一的缘故;忠厚诚实但没有胆识,必然会导致失败,这是因为其想法和见解都偏离正确方向的缘故。

【点评】 即使才力稍弱些,但只要踏实努力专心致志地追求,也可以成就事业。《荀子·劝学篇》中说,蚯蚓既没有尖利的爪子和牙齿,也没有强壮的筋骨,但却能上以尘土为食,下饮黄泉之水,这就是它用心专一的缘故。人如果蚯蚓蚯蚓锲而不舍的精神,也能做出成绩。

相反,如果缺乏见识,没有正确的方向,即使再努力,也可能会将事情弄糟。正像要到南方去,却驾着车向北方行,走得越快,却离目的地越远,岂不成了受人嘲笑的南辕北辙之误了?

迂拙不失正直　虚浮难为高华

【原文】 正而过则迂,直而过则拙,故迂拙之人,犹不失为正直。高或入于虚,华或入于浮,而虚浮之士,究难指为高华。

【译文】 做人过于刚正就会显得有些迂腐不通世故,过于直率就会显得有些笨拙,所以迂腐和笨拙的人还未失去正直的本心;理想太高或许会陷入空想,太奢华或许会陷入浮躁,而空想与浮躁的人,终究不能被看作是高明有才华。

【点评】 正直的人,坚持真理不回头,所以往往被人认为是迂腐,但他们表现出来的是昂扬向上的正气。当然如果能讲究方法策略,做到智圆行方则是再好不过的了。

而虚浮之士夸夸其谈,以华丽的外表掩盖内心的空虚,虽然能蒙蔽一些人,但终究是一股虚妄不实的邪气,无根之木是难以结出硕果的。

循矩度须精神　守章程知权变

【原文】　为人循矩度,而不见精神,则登场之傀儡也;做事守章程,而不知权变,则依样之葫芦也。

【译文】　如果为人只是机械地按规矩做事,却体现不出规矩的本质所在,那么只是像戏台上受人控制的傀儡一样;如果做事情只是按章程做,却不知道灵活变化,那就像依样画葫芦,只会模仿罢了。

【点评】　没有规矩,不成方圆。然而规矩是人制定的,制定规矩的本意是为了更好地达到目的,如果拘泥于规矩,不知定规矩的目的,就是失去了其本意。正如戏台上的傀儡,只是机械地受人制约,毫无一丝一毫生机,死守规矩不见精神的人与傀儡又有什么两样。

按章程办事,当然是很应该的,但面对新情况、新问题,应该善于随机应变,如果墨守成规,将大量的精力用来去研究如何符合章程,而不是灵活地运用章程来解决碰到的新问题,那就如同画地为牢,不知随机变通的人一样,永远只会依样画葫芦而已。

在细微处留心　从德义中立脚

【原文】　郭林宗为人伦之鉴,多在细微处留心;王彦方化乡里之风,是从德义中立脚。

【译文】　郭林宗察知人伦之间的道理,往往在细微之处留意自己的言行;王彦方教化乡里的风气,是以道德和正义作为根本的。

【点评】　汉代人郭林宗以善察伦理之道而闻名,他生平好品评人物,却不危言骇论,故党锢之祸得以独免。所以范滂称他"隐不违亲,贞不绝俗;天子不得臣,诸侯不得友"。郭林宗对学生首先教育以伦理道德,魏德公子向他求学,他命魏德公子做粥,郭林宗将粥倒在地上,说有沙,不能吃。这样倒了三次,魏德公子毫无怨言,郭林宗说,今天才看见你的真心。于是将绝学传授给他。因为郭林宗名望很高,士人争相结交,郭林宗每次出门,都装满一车求见的名刺回来。

汉代人王烈,字彦方,平时居住以德行感化乡里,凡是有争议的事,人们都前来向他请教。他曾对盗牛的人施以教化后将他放走,后来有人丢失了剑,有一个人在路上等候失主,这个人就是先前的盗牛者。他已浪子回头,改变了操守。

有不可及之志　无不忍言之心

【原文】　有不可及之志,必有不可及之功;有不忍言之心,必有不忍言之祸。

【译文】　有不能轻易达到的志向,一定会建立不同凡响的功业;有不忍心指出别人错误的想法,一定会因不忍心批评别人而造成祸患。

【点评】　立大志者则能成大业,志向有多高,事业也会有多大。如果志向只是末等的,你只向那个末等的目标努力,实现之后也因此沾沾自喜;如果志向是中等的,你只向那个中等目标迈进,并去实现它;如果志向高远,那么你就会加倍地努力,用你全部潜力为之奋斗。这是因为你树立什么样的志向,你的潜意识中就会做什么样的努力,你得到的结果也与志向的高低一样。

对于身上长的疮,最好是让它破头而出,然后愈合。如果想捂住疮痛,只会越捂越大,将小疮捂成大痛。对于错误,最好的办法是揭开盖子,纠正它,一时不愿意纠正,最后酿成大祸,悔之莫及。

无财非贫　无德乃孤

【原文】　无财非贫,无学乃为贫;无位非贱,无耻乃为贱;无年非夭,无述乃为夭;无子非孤,无德乃为孤。

【译文】　没有财富不能算是贫穷,没有学问才是真正的贫穷;没有地位不能说是卑贱,没有廉耻心才是真正的卑贱;年岁不长久不能说是短命,一生中没有值得称道的事才是真正的短命;没有子女不能说是孤独,没有品德才是真正的孤独。

【点评】　自古以来,人们就将道德学问作为评价一个人的真正标准,对于"贫""贱""夭""孤"都有相应的价值尺度。一个内心充实、心灵美好的人,才是人格完善的人,而钱财、地位都不能作为评价的标准,所以说一个人没有财富不能说他贫穷,不学无术、胸无点墨才是真正的贫穷;没有地位不能说是卑贱,毫无廉耻之心才是真正的卑贱。年岁的长短并不重要,主要是看其对社会的贡献如何,贡献很大,即使英年早逝,人们也会很敬重他;行尸走肉,纵使活一百年,又对社会有什么益处呢?至于人内心的充实与孤独,也不是看他子嗣如何,关键是看其品德如何,有德之人受人敬爱,他得到人们的爱戴,怎么会感到孤独呢?

有为不轻为　好事非晓事

【原文】　古今有为之士,皆不轻为之士;乡党好事之人,必非晓事之人。

【译文】　古往今来有作为的人,都不会轻率地行事;乡里中的好事之徒,一定不是什么事情都通晓的人。

【点评】　不打无把握之仗,不打无准备之仗。"不轻为"就是在没有把握之前不贸然行事,"不轻为"故能有为。做一件事情,必须经过细致的观察和周到的准备,才可能取得成功。轻率妄为者,难以成就大业。

好事之徒,喜欢夸夸其谈,搬弄是非,说起来天南海北,无所不知,无所不能,做起来眼高手低,事事不能,这样的人,并非有什么真才实学,只是一些轻浮之徒而已。

执拗不可谋事　机趣始可言文

【原文】　性情执拗之人,不可与谋事也;机趣流通之士,始可与言文也。

【译文】 性情固执偏激的人,往往不能和他共同谋划大事;天性充满情趣而活泼的人,才能够和他谈论文学中的奥妙。

【点评】 只依着自己的性子去做事,而不理智的人,外不能看到事情的变化,内不能看到自己的偏执和缺失,和这种人一起做事,不但于事无益,而且处处碍事,使事情不能得到完满的结果。

酒逢知己千杯少,话不投机半句多。文章是性情的流露,志趣是感情的媒介。在有共同爱好、兴趣的基础上,活泼、机灵的人,适应性强,聪明有灵气,这样就易于疏通感情,领悟文学的韵味。

有守有猷有为　立言立功立德

【原文】 有守虽无所展布,而其节不挠,故与有猷有为而并重;立言即未经起行,而于人有益,故与立功立德而并传。

【译文】 有良好的操守即使难以推广,然而志节不屈,所以和有道义有作为是同等重要的;创立学说虽然并未以行动来加以表现,但是对他人有益,因此与建立事业和建立圣德是同样值得传颂的。

【点评】 有守、有猷、有为,即有操守、有道义、有作为,这三者都是对人的基本要求,但是如果客观环境不具备使我们有所作为的条件,退而求其次来说,能够有良好的操守,坚持志节不屈不挠,也是与有道义有作为同样重要。

立言、立功、立德,即建立学说、建立事业、建立圣德,这是建立不朽功业的三个层次。虽然古人认为"大上有立德,其次有立功,其次有立言,虽久不废,此之谓不朽",但是同时做到三不朽者毕竟有限,能够做到立言传之久远,也可以说是与立功、立德同样重要了。

知人者智　自知者明

【原文】 自己所行之是非,尚不能知,安望知人?古人已往之得失,且不必论,但须论己。

【译文】 自己所做的事是对还是错,自己都不知道,那么怎么希望能够了解别人?古人过去的得与失,暂且不去评论,只是先要对自己的行为做出正确的判断。

【点评】 人贵有自知之明,一个人对自己的错误都不知道,很难想象出他能了解别人或正确地对他人做出判断。因为这些人自高自大,我行我素,凭着自己的个性、爱好,喜欢干什么就干什么。他们往往不能反省自己,一见到别人的错误和缺点就大嚷大叫,不能原谅。这样的人己身不正,何以正人?宋代诗人杨万里说:"见人之过,得己之过;闻人之过,得己之过。"便是建议人们常反躬自省。

长者存心方便　能人虑事精详

【原文】 济世虽乏赀财,而存心方便,即称长者;生资虽少智慧,而虑事精详,即是能人。

【译文】 虽然没有足够的钱财去帮助他人,但只要存有与人方便的心意,就算得上是受人敬重的长者;天性虽然不是特别聪明,但只要考虑事情周到细致,也可以成为能力很强的人。

【点评】 长者乐善好施,愿意济世救人。济人之难,救人之急是一种良好的美德,但助人不一定非用金钱不可,关键要有助人之心。

有的人谋略多一些,善于应对之策;有的人决断力强一些,善于做出正确的判断;有的小机巧一些,能够胜任十分细致具体的工作,人各有所长,人的智慧才能会有不同表现。人的天资也许不一样,但只要在某一方面有突出的才能,也可以称得上是能人。

君子尚义　小人趋利

【原文】 义之中有利,而尚义之君子,初非计及于利也;利之中有害,而趋利之小人,并不愿其为害也。

【译文】 道义中也包含有利益,而崇尚义行的君子,最初并没有考虑到是否有利可图;利益中也包含有祸害的因素,而那些追逐利益的小人,并不希望祸害的因素变为现实。

【点评】 施义行的人,当初的目的是做善事,并没有考虑获取,但行善在利人的同时,也会得到社会的回报,获得意外的收获,这种收获不是孜孜以求就能得到的。

追求利益的小人,没有想到过度的贪求也会带来祸害,虽然他并不希望这种祸害出现,但是贪求过度是难免其害的。所以古人说,"钱"字由一金二戈组成,是说它利少而害多,旁边会出现劫夺之祸,钱财未必都是以正当之手段获得的,所以聚集过多而不普济众生,必引起众怨,最终会损失更大。

忍让非懦弱　自大终糊涂

【原文】 甘受人欺,定非懦弱;自谓予智,终是糊涂。

【译文】 甘愿受人欺侮的人,一定不是懦弱之辈;自认为有智慧者,终究是个糊涂的人。

【点评】 唐代娄师德的弟弟被任命为刺史,临行前说,今后为了免祸,如果有人唾我的脸,我自个儿揩干,决不让哥哥担忧。娄师德说,这恰恰是我忧虑的呀。人家唾你的脸,就是恼恨你;你揩了,这是顶撞他的意思,只会加重他的怒气。唾沫,不揩也会干的,你应该笑着接受才是。可见甘愿受辱,是故作糊涂罢了,正是一种为人处世的方法,未必就是软弱的表示。

相反,那些自以为聪明的人,往往看不到自己的糊涂之处,因为他太过于自信;自认为糊涂的人,往往比那些自称聪明的人,要聪明得多,因为他们能看到自己的不足。

第十篇　论世篇

会说可杀身　财多能丧命

【原文】　人皆欲会说话,苏秦乃因会说而杀身;人皆欲多积财,石崇乃因多积财而丧命。

【译文】　人人都希望自己能说会道,但是战国时代的苏秦就是因为口才太好,才引来杀身之祸;人人都希望自己能多积累财富,然而晋代的石崇就是因为财富积聚得太多,而丢掉了性命。

【点评】　苏秦是战国时人,自幼刻苦好学,之后凭着三寸不烂之舌,游说各国,曾挂上六国相印,然而却在政治斗争的漩涡中被刺而亡。石崇是西晋大臣,以不法手段积累了大量财富,并纵情挥霍,他曾与王恺斗富,王恺以麦糖洗锅,石崇就以白蜡做柴,王恺用紫色丝绸作锦步障四十里,石崇就用织锦作步障六十里,最后石崇在暴乱中被杀而亡。

人有才能,但不善于把握自己,也容易惹祸。有句话说"摔死的是会上树的,淹死的是会游水的",是否也是同样的道理呢?

权势作威福　奸邪起风波

【原文】　权势之徒,虽至亲亦作威福,岂知烟云过眼,已立见其消亡;奸邪之辈,即平地亦起风波,岂知神鬼有灵,不肯听其颠倒。

【译文】　玩弄权术的人,即使是对极为亲近的人也依恃权势作威作福,哪里知道权势就像风吹云散一样,马上就可以见其消失;奸邪的人,就是无事也会惹出是非,哪里知道鬼神都能明鉴,不会听任他颠倒黑白。

【点评】　玩弄权术的人,违背了上天授予其权柄的初衷,必定为天理所不容,所以不能长久,这就叫有福分降临却无福分消受。唐代的宰相杨国忠玩弄权术于股掌之间,当时识时务的人看出他不久必定会垮台,称他为"冰相",意思是说像冰一样的宰相,见不得阳光,在光天化日之下就会消融。后来杨国忠果然很快倒台。

心地邪恶的人,常常无事生非,平地上也要生出波澜,但是损人利己,作恶多端的人,不但国法不容,天地也不会任凭他颠倒黑白,扰乱生灵,所以其恶行往往难以得逞。

人心足恃　天道好还

【原文】　伍子胥报父兄之仇,而郢都灭,申包胥救君上之难,而楚国存,可知人心足恃也;秦始皇灭东周之岁,而刘季生,梁武帝灭南齐之年,而侯景降,可知天道好还也。

【译文】　伍子胥为了报父兄之仇，终于攻破了楚国之都城郢，申包胥则发誓救楚国的危难，终于保全了楚国不致灭亡。由此可见，人只要下决心去做事情，一定能办得到。秦始皇灭东周那一年，刘邦也出生了，梁武帝灭南齐那一年，侯景前来归降，可知确实存在循环往复的规律。

【点评】　伍子胥是春秋时楚国人，其父兄为楚平王所杀，于是投奔吴国，发誓灭楚。申包胥是楚国大夫，与伍子胥是好友，回答伍子胥说："我一定要保全楚国。"后来伍子胥带吴兵伐楚，攻破楚国都城郢，鞭平王尸复仇，申包胥到秦国哭求救兵，哭了七天后，秦国出兵援楚，楚国得以保全。这个故事说明，人只要有决心，就一定能够实现自己的愿望，因此事在人为，关键在于有没有高远的志向。

古人将朝代的更迭都归结于天道循环因果报应，秦始皇灭周那一年，灭秦立汉的刘邦出生了；梁武帝灭南齐的那一年，归降梁武帝的侯景后来也反叛了梁朝。因此认为这是一种天理循环、因果报应的现象。

忠孝有愚　仁义藏奸

【原文】　忠有愚忠，孝有愚孝，可知忠孝二字，不是伶俐人做得来；仁有假仁，义有假义，可知仁义两答案，不无奸恶人藏其内。

【译文】　在忠诚之心中，有一种忠就是被视作愚行的愚忠；在各种孝行中，有一种孝就是被视为愚行的愚孝，由此可见，所谓忠心和孝行，不是那些所谓聪明的人所做得来的；同样地，仁和义的行为中，也有假仁和假义，由此可以知道在如何做到"仁"、如何做到"义"上有两种不同的答案，那些所谓"仁义"之士中未必没有暗藏奸恶的小人。

【点评】　仁义与忠孝均是高尚的情操，忠孝是为了实现家庭成员之间的和睦，而仁义是为了实现社会上人际关系的友好。忠孝出于本心至情的某些行为，也许被人认为是愚昧不化，然而情之为物，本不可以理喻，依靠耍小聪明来博取忠孝之名是不可能的。历史上也有人贪图美名，以假仁假义骗取他人的信任和尊敬，这正如江河之流，泥沙俱下一样，尽管他们的阴谋一时可以得逞，但终究不能成为情操高尚的人。

财不患不得　禄不患不来

【原文】　财不患其不得，患财得，而不能善用其财；禄不患其不来，患禄来，而不能无愧其禄。

【译文】　钱财不担心得不到，担心的是得到钱财后不能好好地使用；官禄、福分不担心不降临，担心的是有了官禄和福分却不能无愧于心地去面对。

【点评】　人类生活首先是衣食住行等基本的物质需要，然后才是其他，所以人生离不开对财富的需求。如果为了积累财富而刻意去追求，就会成为财富的奴隶。

可见财富是个双刃剑,运用得好会让财富为社会、为人类的生存发展服务;运用失当,反而会因财而丧命。

财富是百姓辛勤创造的,俸禄是老百姓的血汗钱,所以做官就要为民做主谋福,如果做官后不理民事,甚至碌碌无为,做个昏官,那就愧对了那份俸禄,所以有句俗话说:"当官不为民做主,不如回家卖红薯。"

君子乐得君子　小人枉为小人

【原文】　君子存心,但凭忠信,而妇孺皆敬之如神,所以君子乐得为君子;小人处世,尽设机关,而乡党皆避之若鬼,所以小人枉做了小人。

【译文】　君子为人处世的出发点,是忠诚守信,所以妇人小孩都对他极为尊重,视若神明,因此君子愿意被称为君子;小人为人处世,用尽心机,使乡邻亲友都极为鄙视,像逃避鬼魂一样逃避他,所以小人费尽心机也只是枉然,仍然受不到敬重,白白做个小人。

【点评】　君子坚持正道,信守诚实,坦诚待人,走的是一条光明大道,所以处处受人尊敬;小人走的是歪门邪道,用尽心机,暗中害人,走的是一条阴暗狭窄之道,所以受到人们的鄙弃。一个光明,一个阴暗,这也是神与鬼的根本区别。

悭吝遭奇祸　精明见大凶

【原文】　奢侈足以败家;悭吝亦足以败家。奢侈之败家,犹出常情;而悭吝之败家,必遭奇祸。庸愚之覆事,犹为小咎;而精明之覆事,必见大凶。

【译文】　奢侈挥霍的行为能够败坏家业,吝啬小气的行为也能够败坏家业。奢侈挥霍败坏家业,还符合一般的常情;而吝啬小气的行为败坏家业,一定是因吝啬而遭受意外之祸。由于愚笨而造成事情失败,还只是小的过失;而因为精明而坏事,一定会出现大的祸患。

【点评】　成由俭朴败由奢,这是人所常知的道理,但俭朴不等于吝啬。俭朴者用度有节,不该浪费的地方一定不浪费;吝啬是该花的钱也不花,类似于守财奴。

为人处世该当精明的时候要精明,需要糊涂的时候也要不计较小的得失。所谓大巧若拙,大智若愚是也。太过精明如过于吝啬一样也会败事。

春秋时齐国范蠡的二儿子在楚国犯罪,范蠡准备派小儿子带重金前去拯救,但大儿子认为自己是长子,有责任救兄弟,坚决要求前往,范蠡只好答应。大儿子一走,范蠡说:"我的二儿子活不成了。"后来果然大儿子因为吝啬钱财没有将二儿子救回。为什么呢?范蠡说:"不是大儿子不爱他的弟弟,是因为大儿子跟随我一起创业,知道赚钱的艰辛,所以会吝啬钱财;而小儿子生长在富贵中,对钱财看得轻一些,所以开始准备派小儿子去。"

安分守己　各司其业

【原文】 种田人,改习尘市生涯,定为败路;读书人,干与衙门词讼,便入下流。

【译文】 种田的人,改学做生意,就是选择了一条走向失败的路;读书人,参与包揽诉讼的事情,品格便日趋卑下。

【点评】 此段话说的是种田、读书各有专攻,忽然改习他业,不易成功,甚至会误入歧途。

虽然说隔行如隔山,但种田人做生意未必就会失败。种田人如果骤然改行学经商,也许会困难一些,但世上无难事,只要肯登攀,特别是现代社会,搞自给自足的自然经济离社会大潮太远,而农民经商带动农业的全面发展已经有成功的例子可循,农民不妨也学学经商。

中国传统的思想认为打官司是很低级的事情,这是封建时代的司法制度及官场的黑暗造成的恶劣影响。现代社会中,诉讼是伸张正义、解决纠纷、争取权利的重要手段,而民事案件的大多数诉讼双方都是平等的人,不存在高尚下流之分,读书人在广泛涉猎各方面知识的同时,法律知识也是必修课,社会需要能够依靠法律知识为民伸张正义、排忧解难的优秀人才。

富贵易生祸端　衣禄原有定数

【原文】 富贵易生祸端,必忠厚谦恭,才无大患;衣禄原有定数,必切俭简省,乃可久延。

【译文】 大富大贵容易产生灾祸之源,一定要忠诚厚道谦逊恭敬,才会避免大的祸患;衣食福禄本来都有一定的限度,一定要俭朴节省,才能使福禄延续得长久。

【点评】 富人及显贵的人物,易遭人嫉妒,"美服患人指,高明逼神恶";财富又易使人滋长贪心和傲气,如为富不仁或仗势欺人等。所以富贵者一定要宽厚仁义、谦虚恭敬地处世,富而仁厚,贵而谦逊,才能得到人们的敬重,不招人嫉妒而无大患。

人的衣食用度都有一定的限度,不必过于奢侈。力行俭朴节省,是陶冶自己情操的根本,而奢侈放纵,是败坏德行的根源。夏桀耗费了整个国家的财富还不够用,而商汤用七十里地的财富却有剩余,这就在于节俭与浪费,而他们一个亡国,一个兴邦,也缘于此。

忠厚颠扑不破　冷淡趣味弥长

【原文】 世风之狡诈多端,到底忠厚人颠扑不破;末俗以繁华相尚,终觉冷淡处趣味弥长。

【译文】 人世存在各种各样的狡诈行为,但为人忠诚厚道者,总会受到世人的尊敬;虽然近世的习俗崇尚繁华奢侈,但还是觉得平淡宁静的日子更加意味深长。

【点评】 狡诈的人,不管伎俩多么高明,最终会被人识破,世上的人都不是傻子,怎么会一再上当受骗呢?忠诚老实的人,稳重质朴,受到世人的尊敬,能够千古留名。

荣华富贵是为很多人所羡慕的,但追求荣华富贵的过程是劳作、艰辛,或许还得昧着良知,或许还要出卖灵魂;而想永葆荣华富贵更是难上加难,试想,往日声势显赫的大家族今都何在?一切荣华富贵只是过眼云烟,声色的刺激也是短暂而易于消失的,倒是在窗明几净的环境中,临窗而坐。摒除声色金钱的烦恼,留一方宁静的天地在心,感受平静而安详的心境,充满人生平和的喜悦感,何乐而不为呢?

要可传诸后世　不能瞒过史官

【原文】 漫夸富贵显荣,功德文章,要可传诸后世;任教声名煊赫,人品心术,不能瞒过史官。

【译文】 不要只是一味地夸耀财富和地位,显示自己的虚荣,而应该有能流传后世的功德和文章;任凭一个人声名如何显赫,他的为人处世之方法和品格性情也是无法欺骗记载历史的史官的。

【点评】 一个人,要抛开一己之私欲和享受与欲求,有为社会为人类谋福祉的雄心壮志。荣华富贵,仅及于身,而功德文章,则可流传后世。

历史是最公正的裁判。夏桀、殷纣,实行"炮烙之刑",搞"酒池肉林",贪图享受而又压制人民,可是其昏庸暴虐岂可逃过史官之笔?赵高指鹿为马,秦桧陷害忠良,纵然能嚣张一时,却终难逃万世骂名。

务本业境常安　当大任心良苦

【原文】 世之言乐者,但曰读书乐,田家乐。可知务本业者,其境常安。古之言忧者,必曰天下忧,廊庙忧。可知当大任者,其心良苦。

【译文】 世人谈起快乐的事,都说读书有乐趣,种田有乐趣,可见专心从事本业的人,常处于快乐安宁的境地。古代的人谈起忧愁的事,一定强调要为天下百姓担忧,为朝廷政事担忧,由此可知担当大事的人,他们用心良苦。

【点评】 以读书和田园生活为乐,是古人追求的一种宁静和平的境界,有一副对联可以反映这种追求,上下联是"读书传家久,诗书继世长",横批是"耕读人家"。安于读书和田园生活,免于世俗的干扰,故能乐在其中。但中国的传统文人,也不赞成一味地逃避世事,而是以拯救天下为己任,明代东林书院的一批文人就宣称:"风声、雨声、读书声,声声入耳;家事、国事、天下事,事事关心。"他们关心天下兴亡,关心人间苦乐,先天下之忧而忧,后天下之乐而乐,成为一批推动社会发展的精英。

事业之高卑　门祚之久暂

【原文】 观规模之大小,可以知事业之高卑;察德泽之浅深,可以知门祚之久暂。

【译文】 看规模法式的大小,便可以知道这项事业本身是宏大还是浅陋;观察品德与恩泽的深浅,便可以知道家运是绵延长久还是昙花一现。

【点评】 看一件事的起点如何,就知道将来的发展,所以俗语说:"好的起点是成功的一半。"正如要建立高层建筑,首先得打下坚实的基础,深挖地基,这样建立的楼宇才坚固长久;如果基础薄弱,肯定只能建筑低矮的房屋,纵使在上面建立了高楼,也必定不会稳固。立国也是如此,从国家建立何种典章制度,可以知道国运是否长久。

一个家族的盛衰也是这样,"忠厚传家久,诗书继世长"。祖上有德泽之风范,根植于子孙心中,子孙能奉行不衰,那么家运就能够长久。

畅则无咎　亢则有悔

【原文】 小心谨慎者,必善其后,畅则无咎也;高自位置得,难保其终,亢则有悔也。

【译文】 小心谨慎的人,处理事情必定会善始善终,保持谨慎、通达事理就不会犯下过错;不以才干处于高位的人,难以保持此地位的长久,才干不足而处于过高的地位终会有后悔的时候。

【点评】 "慎其初,念其终",意思是说对一件事情要做到开始时就谨慎,并且时刻想到它可能造成的种种后果。周穆王告诫大臣说,管理国家大事的人一言一行关系重大,必须有踩着老虎尾巴和走在春天即将融化的冰河上般的危机感。有了危机感,才会行事谨慎,常常思考怎样才能减少过失,这样行事自然会顺畅。

爬得越高,跌得越惨。身居高位的人,要居安思危,在顶峰之处,一着不慎,就会跌入深渊,所以到达极点未必是福,如临深渊,如履薄冰,高处不胜寒的滋味并不好受。

耕读之本原　衣食之实用

【原文】 耕所以养生,读所以明道,此耕读之本原也,而后世乃假以谋富贵矣。衣取其蔽体,食取其充饥,此衣食之实用也,而时人乃藉以逞豪奢矣。

【译文】 种田是为了满足生存的需要,读书是为了明白道理,这就是种田和读书的本意,而后世之人却借耕田读书谋取富贵。衣服是为了遮羞和御寒,食物是为了充饥,这些就是衣服和食物的实用价值,而现在的人却以此作为夸示奢侈的手段。

【点评】 耕种是为了满足生存的需要,读书是为了充实头脑,养身养心,才能健康发展。然而由于名利的诱惑,人们耕读已经偏离了本来的目的,变成纯粹的谋利行为,这是社会发展的异化行为。

衣可蔽体,食可果腹,衣食不过是为了满足人类基本的生存和审美需要,然而有些人却将衣食作为炫耀财富的手段,显示自己的能力和地位,君不见很多暴富的大款们一桌饭花费上万甚至数十万元,并互相攀比着一掷千金,这样的人自以为很有气派,实际上是精神无所寄托,空虚无聊到作践财富的表现。

气性乖张无足取　言语矫饰属可疑

【原文】　气性不和平,则文章事功,俱无足取;语言多矫饰,则人品心术,尽属可疑。

【译文】　如果一个人待人处事心气不平和,那么无论是做学问还是立功业,都不会有什么值得他人效法的地方;如果一个人言语故意做作虚伪不实,那么这个人的品德及心性都令人怀疑。

【点评】　为人处世,讲究中正和平,心平气和则事业顺利,表达在文章上也会思路开阔,文笔畅达。如果心性乖僻,为人处世蛮横暴躁、粗俗下流,那么在事业上也难以成功,表现在文章上自然也是满纸荒唐言,无片言只字可以留给后世。古人说“文如其人”,正是说的这种情况。

道德修养高深的人,在言谈举止之间也会有春风化雨的感染力,这就是表里如一的体现。而自以为聪明,擅长以虚假伪饰的语言来掩饰自己的人,虽然外表上是一副正人君子的模样,但其内心却是满怀诡计、邪恶的。越是极力掩饰,越令人怀疑。

山水是文章化境　烟云乃富贵幻形

【原文】　山水是文章化境,烟云乃富贵幻形。

【译文】　文章达到出神入化的境界就如同山水的美妙景致;富贵的实质是虚幻不实的影像,就如同烟云一样缥缈。

【点评】　善于写文章的人,总是能有奇想。江河的水流,本来只是从西往东而去,等到碰到大山,穿行山谷,被大风吹,被砥柱阻挡,这时才会有各种各样的变化。写文章也是这样因事而出奇的。

富贵就像贫穷一样,本来不是固有而不可改变的。有的人刻意努力一辈子,富贵对他却永远是一个梦,有的人无心插柳,却大富大贵。富贵之心太重的人,受名利心之累,永远活得不轻松。

不必事事能　与古人心相印

【原文】　不必于世事件件皆能,惟求与古人心心相印。

【译文】　不一定要对世上的事样样知道,关键是要对古人的心意心领神会。

【点评】　世事繁杂,学问广博,要想事事通透,样样都精,是不现实的,所以古人说:“闻道有先后,术业有专攻。弟子不必不如师,师不必贤于弟子。”现代社会分工更加细密,行业越来越多,而人的生命有限,精力有限,如果每个人能在自己的本行中有所成就也算是有益于社会了。

第十一篇 待人篇

信是立身之本 恕为接物之要

【原文】 一信字是立身之本,所以人不可无也;一恕字是接物之要,所以终身可行也。

【译文】 一个信字是在世上立身的根本,所以人不可没有信用;一个恕字,是待人接物最重要的品德,所以人应该终生奉行。

【点评】 信就是诚实、实现诺言,"言必信,行必果"是做人的基本要求。《说文》解释"信"字条云:"人言也,人言则无不信者,故从言从人。"可见是人讲的话才被称为"信",否则就不是人说的话了。人失去了信用,任何人都不会接受他。

恕就是宽容,推己及人,不做出对不起他人的事。待人接物都要做到"己所不欲,勿施于人",只有设身处地为他人着想,才能比较客观地对待各种情况,避免和减少不必要的人际纠纷,所以说恕是待人接物之要。

乡愿假面孔 鄙夫俗心肠

【原文】 孔子何以恶乡愿,只为他似忠似廉,无非假面孔;孔子何以弃鄙夫,只因他患得患失,尽是俗心肠。

【译文】 孔子为什么厌恶乡愿呢?只因为他看上去像是忠厚廉洁,实际是伪装的假面孔;孔子为什么厌弃鄙夫呢?只因为他凡事得失心太重,是个斤斤计较的鄙俗之人。

【点评】 乡愿就是指伪君子,他们外表忠厚老实,内心狡诈奸邪;鄙夫就是人格卑下丑陋的人。孔子为什么厌恶乡愿呢?因为乡愿内怀奸邪狡诈之心,外表却伪装得十分忠厚老实,容易骗取人们的信任,比那种明目张胆为非作歹的恶人更难以识别,所以孔子说:"乡愿,德之贼也。"

鄙夫则不明礼仪,不识大义,处处为自己的利益算计,忘记了集体与社会的利益,其得失心太重,毫无高雅的人生境界。这样的人为社会所鄙弃,自然更为孔子所不耻。

物命可惜 有过令改

【原文】 王者不令人放生,而无故却不杀生,则物命可惜也;圣人不责人无过,唯多方诱之改过,庶人心可回也。

【译文】 君王虽然不命令人去放生,但也不会无故地滥杀生灵,这样便表示生命值得爱惜;圣贤之人不要求他人不犯错误,但会用各种方法引导人们改正错误,那么人心差不多可以由恶转善。

【点评】 佛家认为众生都经过千百万年的轮回,任何一种生物,都有可能是过去父母亲友所投胎的,所以佛家严禁杀生。君王身为万民之主,虽然不能强令人民去放生,但如果以自己爱惜生灵的言行作百姓的表率,也会给生灵以福泽。

"人非圣贤,孰能无过?知过能改,善莫大焉。"圣人并不求全责备,要求人们做一个不犯错误的完人,但是却能诱导众人及时改过,少犯错误。能够及时改过的人,也是品德高尚的人。

救人坑坎中　脱身牢笼处

【原文】 肯救人坑坎中,便是活菩萨;能脱身牢笼处,便是大英雄。

【译文】 肯去救助陷入艰难困苦中的人,便如同菩萨再世;能够摆脱世俗人情的束缚,超然于俗务之外的人,便可以称之为杰出的人。

【点评】 菩萨是佛教中指有自觉本性,又能普度众生的人。现实中有许多愿意救人危难的人,他们以拯救天下为己任,全心全意为人民服务,知人所难,助众人之所苦,特别在困难之际能够挺身而出,甚至不惜献出生命,这样的人既救人外在之困乏,又解人内心的困苦,就是在世的活菩萨。

无论是社会还是个人,只有冲破牢笼,才能健康地发展。"结庐在人境,而无车马喧。问君何能尔,心远地自偏。"摆脱世俗的束缚,抵御名利的诱惑,需要超人的勇气和胆识。

长者待人之道　君子修己之功

【原文】 见人善行,多方赞成;见人过举,多方提醒,此长者待人之道也。闻人誉言,加意奋勉;闻人谤语,加意警惕,此君子修己之功也。

【译文】 看到他人好的行为,就千方百计地称赞与帮助;看到他人行为失当,则用多种方法加以提醒,这是受到尊敬的长者对待他人的方法。听到他人称赞自己的话,就更加努力奋进,听到他人批评自己的话,就更加留意自己的行为,加以警惕,这就是正人君子修身的功夫。

【点评】 能够为别人的善行而高兴,毫不吝惜地加以赞扬,能够对别人的过失而担心,毫不犹豫地加以提醒,为人着想,与人为善,这就是长者风范。所谓"长"不光指年纪大,而且也指姿态高,有长者风范就能时时处处想着赞美人、帮助人,成为后辈进步的人梯,也自然会受到人们的敬重。

对待别人的议论要有博大的胸怀和宽容的气度。有人说好话,要想到也许是谄媚之词,不能沾沾自喜,即使真是自己有了进步,也要将赞美作为继续前进的动力。对于批评的意见,要勇于接受,及时从自己方面加以改正,有"闻过则喜"的作风,即使批评的意见不正确，也应采取"有则改之，无则加勉"的态度，让别人有说话的机会，让自己通过自省受益，这样才能提高自己的修养。

远怨之道　取败之由

【原文】　但责己，不责人，此远怨之道也；但信己，不信人，此取败之由也。

【译文】　只对自己严格要求，而又不苛求于他人，这是远离怨恨的处事方法；只相信自己，不相信他人，这是导致失败的处事方法。

【点评】　人的出发点不一样，观点也各不相同，一味地指责别人，不一定能让人接受，只会导致别人的怨恨，与其让别人适应自己，不如自己主动去适应别人，多反省自己，少指责别人，故古人说："责人之心责己，恕己之心恕人。"这才是远离怨恨的办法。

只信任自己，不相信别人的人，也许别人并无失信之念，而自己先有失信之意。别人不一定都是虚伪狡诈的，但常怀疑别人的人至少自己已经做了欺诈之人。不与人为善，自然难与人合作，孤芳自赏者必然寡助，也许失败就由此而始。

化人之事　劝善之方

【原文】　为乡邻解纷争，使得和好如初，即化人之事也；为世俗谈因果，使知报应不爽，亦劝善之方也。

【译文】　为乡邻们排解纠纷和争执，使他们像当初一样和睦友好，这也是感化他人的善事；向世人宣传因果报应的道理，使他们知道善有善报、恶有恶报的因果关系丝毫不差，这也是劝人向善的方法。

【点评】　教化风俗可以从具体细微的小事中体现。为乡邻排忧解难，化解纠纷，增加乡邻们的和睦气氛，这是一种有效的教化之道。向人们讲解"善有善报，恶有恶报"的道理，劝勉人们多做善事，这也是一种行善的方法。

和气待人　藏器待时

【原文】　和气迎人，平情应物。抚心希古，藏器待时。

【译文】　心平气和地与人交往，以平常的心情去处理事情。以古人的高尚心志相期许，守住自己的才能以等待时机。

【点评】　待人不可不和气。和气是自身修养和博大气度的体现，不能设想，一个心胸狭窄气度狭小的人能够和气待人。与人交往，保持和气，可以避免许多不愉快的事情发生。心情平和，不论言语和行为，都不会有过分之处，给人以亲切的感觉，自己办事也会顺利。而且和气还有利于身心之健康。

古代的哲人，在自己身处逆境时，能够以平和的心情对待，不因没有被人认识而气馁，仍然默默地以自己的方式为社会为国家贡献自己的才智。他们相信是块宝玉，必定会有识才的玉匠;是金子总会闪光的。

粗粝能甘　纷华不染

【原文】　粗粝能甘,必是有为之士;纷华不染,方称杰出之人。

【译文】　能够甘愿于粗糙的饭食,一定是有作为的人;能够不受声色荣华引诱的人,才能算是杰出的人。

【点评】　能够艰苦朴素的人,必定大有作为。《论语》上说,士人尽管希望追求真理,如果他以粗陋的衣服、饮食为耻辱,那就不值得和他讨论真理之类的问题了。因为士人如果立志有作为,但在衣服饮食方面却讲究华美,那就是志向不坚定,所以不能指望他会有什么成就。

杰出而优秀的人,必须善于控制自己,不受环境的影响,如果与俗人同流合污,那么就只是一般品质而已,故能够"犹如莲华不着水,亦如日月不信空",才称得上是杰出的人才。

患我不肯济人　使人不忍欺我

【原文】　但患我不肯济人,休患我不能济人;须使人不忍欺我,勿使人不敢欺我。

【译文】　只担心自己不愿意去帮助接济他人,不怕自己没有能力帮助人;应该使他人不忍心欺侮我,而不要让人不敢欺侮我。

【点评】　看一个人的品行,不只是要看结果,重要的还要看其内心。因为人的能力有大小,但是助人的方法却很多,既可以以财物助人,也可以用知识去帮助人,还可以用我们的善良去帮助人,关键在于是否有助人之心。古语所说"百行孝为先,论心不论迹,论迹天下少完人",说的也是同样的道理。

以自己的威势去震慑别人,并不是真的让人服气,只是让人惧怕而已。要让人不忍欺负我,就必须施行仁义,厚以待人,这样以德待人,别人又怎么忍心欺负我呢?当然最重要的是全社会的人都没有欺人之心,这样需要以美德来感化全社会的人,让大家心中都充满真诚友爱之心,我们的社会就会更加祥和。

待人不可薄　势力不可恃

【原文】　薄族者,必无好儿孙;薄师者,必无佳子弟,君所见亦多矣。恃力者,忽逢真敌手;恃势者,忽逢大对头,人所料不及也。

【译文】　对亲族之人冷淡者,也一定不会有好品行的儿孙;对待老师不敬重者,一定不会教出好的学生。这样的情形见得很多了。依靠力量欺人的人,也会忽然遇到真正可以与他抗衡的对手;依靠权势作恶的人,也会忽然遇到势力更大的对头。这些都是人们所始料不及的。

【点评】　亲族之人与自己有血缘关系,于己有爱;老师授予自己知识学问,于己有恩。如果对亲戚、师长都不尊重，那么这样的人一定是心胸狭窄、忘恩负义的人，这样的人教育出的子弟，也不会成什么大器。

依恃力气与权势作恶行凶的人，必定会受到惩罚。一是因为强中更有强中手，遇到更有力气与权势的人，必然会败北；二是社会也不容仗势作恶，在强大的国家强制力面前，再蛮横的人也不能为所欲为。

以直道教人　以诚心待人

【原文】　以直道教人，人即不从，而自反无愧切勿曲以求容也；以诚心待人，人或不谅，而历久自明，不必急于求白也。

【译文】　以正直的道理教导他人，即使他人不会听从，而自我反省时也会问心无愧，因此不应该改变心志去求得他人理解；以诚恳的心意对待他人，他人或许不会接受，而时间久了自然会明白，不必急着去表白自己。

【点评】　人最宝贵的在于处身正直，俗话说"身正不怕影子斜"。对于有错误的人，要及时用正确的道理去提醒教导，有时候也许他人不能理解，也不能曲意迁就他，放弃原则，这样自己才会问心无愧。

如果以诚心待人，反被对方误会，也不要急着去辩白清楚，因为情急之中，也许越辩越激化矛盾。真情待人，时间长了，自己的一片真心自然会被人理解。古语"路遥知马力，日久见人心"说的就是这个道理。

让字为善　敬字立身

【原文】　为善之端无尽，只讲一让字，便人人可行；立身之道何穷，只得一敬字，便事事皆整。

【译文】　做善事的方法是没有止境的，只要能做到一个让字，那么人人都可以行善；立身处世的方法也很多，只要做到一个敬字，那么就能事事理顺。

【点评】　让就是与世无争，并能主动地舍弃。此乃进一步万丈深渊，退一步海阔天空。传说有某邻居二人为争房地基而发生诉讼，其中一人向在京城为官的兄长告状，请求支持，该京官回信云："千里修书为一墙，让他三尺又何妨；万里长城今犹在，不见当年秦始皇。"此人收到回信后主动退让，平息了这场纷争。可见一个"让"字，真正是行善的人口。

敬就是敬人，人必自敬，然后人敬之。敬人者，要做到仪态严肃庄重，意气安定，面色温和文雅，气色平易近人，言语简明实在，内心安宁慈善，意志果断机敏，这样才会受人尊重。如果人不自己尊重自己，就会招致别人的欺凌，如果自己不努力不争气，就会招致别人的侮辱。

体长幼之情　益他人衣食

【原文】　家之长幼，皆倚赖于我，我亦尝体其情否也？士之衣食，皆取资于人，人亦曾受其益否也？

【译文】 家中的老小都依靠我生活，我是否也体会得到他们的心情与需要呢？读书人的衣食完全凭着他人的生产来维持，他人是否也曾从他那里得到些益处呢？

【点评】 作为家长，长幼大小都靠自己来安排，所以一定要谨守礼法，做出楷模，以一言一行来带动大家，同时，还要避免家长作风，充分考虑大家的需要，使家庭成员之间互相帮助，融为一体。

由于社会分工的原因，每个人在为别人服务的同时，也享受他人为自己的服务。社会分工越细密，这种联系就越紧密。读书人，钻研学问的目的，仍然是为了经世致用，服务于社会大众，同时社会又为读书人创造做学问的良好条件，在人人为我，我为人人的环境中，共同促进社会的发展。

不幸势家翁姑　难处富儿师友

【原文】 最不幸者，为势家女作翁姑；最难处者，为富家儿作师友。

【译文】 最不幸的，是给有权有势人家的女儿做公婆；最难办的，是给富家子弟做老师和朋友。

【点评】 有财有势人家的女儿，过着养尊处优的生活，如果下嫁贫家，即使是有良好的教养，也会因为生活背景不同而产生家庭矛盾，如果是教养稍差，那么更会生出一双势利眼，在夫家颐指气使，不将公婆放在眼里，要指望其相夫教子就更难了。所以古代婚姻讲究门当户对也许就是基于这种考虑。

富家子弟往往骄横，以为金钱足以换来一切，也难以忍受做学问的艰辛，给他们做老师，不要说仅有的一点师道尊严都难以保持，甚至难免受其侮辱。即使是做朋友，富家子弟也常以金钱相夸耀，居高临下，目中无人。

待人宜宽　行礼宜厚

【原文】 待人宜宽，惟待子孙不可宽；行礼宜厚，惟行嫁娶不必厚。

【译文】 对待他人应该宽容，但是对待子孙千万不能宽容；礼尚往来要周到厚重，但是办婚事时不宜太铺张。

【点评】 没有规矩不成方圆，教育子女要严格，否则难以成正果。养育子女，做父母的不教导，是最大的过错；教育不严格，就没有尽到做父母的责任。

中国是一个礼仪之邦，讲究礼尚往来，所以有"礼多人不怪"之说。但是中国也是讲究节俭的民族，并不主张在嫁娶时铺张浪费。嫁娶之时，大肆铺张，摆排场，讲阔气，会让子女养成奢华浪费的不良习气，并成为腐蚀剂，使人萎靡不振，所以为子女计当节俭办婚事。

律己宽人

【原文】 求个良心管我，留些余地处人。

【译文】 要求自己有一颗良善的心,时时严格要求自己不违背它;给别人留一些余地,让别人也有容身之处。

【点评】 天地之大,立身不易,但人只要有一颗"良心",时时管住自己,任凭外界如何诱惑,我自岿然不动。而对他人,则要大度宽容,常将此心作彼心,常将他情比此情,为他人留得一步退路,也为自己增加几许胸襟。严于律己,则无事不可成功;宽于待人,则无人不可相处。

敬人者人恒敬之　靠人者莫若靠己

【原文】 敬他人,即是敬自己;靠自己,胜于靠他人。

【译文】 尊敬他人,就是尊敬自己;依靠自己,胜过依靠他人。

【点评】 敬人者,人恒敬之。能够设身处地为他人着想,敬重他人的人格,敬重他人的劳动,这样的人,本身具有良好的道德修养,自然也能赢得他人的敬重。反之,如果自高自大,目中无人,只会暴露出自己学识的浅薄与无知,也会失礼于人,自然会受到人们的鄙弃。

内因是变化的决定因素,外因是变化的根据。一个人只要自身立得起,无论外界因素有何变化,都能依靠自己的能力自立于世。依靠他人,可以混过一时,难以混过一世。所以有谚语说:"流自己的汗,吃自己的饭。不想出力和流汗,肯定是个大混蛋。"

第十二篇　处世篇

名利不宜滥得　困穷耐者回甘

【原文】 名利之不宜得者竟得之,福终为祸;困穷之最难耐者能耐之,苦定回甘。生资之高在忠信,非关机巧;学业之美在德行,不仅文章。

【译文】 得到不该得的名声和利益,福分终究会成为灾祸;最难以忍耐的贫穷和困厄能够忍耐过去,困苦一定会转变为甘甜。人的资质高低,在于是否忠厚守信,并不在于善耍手段;学业精深的人,不仅在于文章美妙,而主要在于他的道德高尚,品行美好。

【点评】 虽然名利之心,人皆有之,但"君子爱财,取之有道",人只能得到自己应得的那一份,如果贪求不义之财,获取非己之名,表面上看是暂时得到福分,但最后终会被人识破,财去名空,还落得个骗子之罪名。

天分的高低,主要是看其人是否忠诚实在守信用,如果耍小聪明,设机关耍手段,一定不会对社会有什么益处。做学问也是如此,学业的精深,是为了用之于社会,造福于人民,如果用自己所学的知识来做危害社会的事,那么文章做得再妙,也是一个无德之人。

处事论是非　立言贵平正

【原文】　大丈夫处事,论是非,不论祸福;士君子立言,贵平正,尤贵精详。

【译文】　大丈夫处理事情时只问做得对还是不对,并不考虑这样做给自己带来的是祸还是福;读书人在写文章或是著书立说的时候,最可贵的是要有公平正直之心,如果能更为精当详尽,就尤其可贵了。

【点评】　出于公正之心,才能有正确的是非标准。如果从一己私利出发,只依据对自己有利还是有害来处理事情,就会带入自己的主观偏见,对的事情会违心地说错,错误的事情会昧着良心说对,如此就是一个极端自私自利的小人,与大丈夫的气度相去甚远。

君子立论一定要公平正直,如果能有精当翔实的材料加以说明,则更能增加说服力和感染力,言重千钧。所以黄庭坚说:"古之能为文章者,真能陶冶万物,虽取古人之言入于翰墨,如灵丹一粒,点铁成金。"

守身不敢妄为　创业还须深虑

【原文】　守身不敢妄为,恐贻羞于父母;创业还须深虑,恐贻害于子孙。

【译文】　一个人谨守自己的行为而不敢胡作非为,是怕自己的行为不谨慎,会使父母蒙羞;在创立事业之前,要认真权衡考虑,以免因为自己在事业上做出错误的选择,而使子孙后代受到影响。

【点评】　洁身自好是做人的一种道德要求,是自我完善的价值尺度,同时也是社会对个人的期望。特别是生养自己的父母,对自己的成长倾注了无限的爱心,寄予很高的希望,注重品德修养的人,常常考虑到自己的言行对父母的影响,决不随心妄为;而品行不端的人,在为非作歹的时候是根本不会顾及他们的父母。

一个人在创业之前,一定要仔细选择自己所从事的事业,唯恐从事的事业不好会危害自己的子孙。因为环境对孩子的成长有很大的影响,良好的环境会陶冶孩子高尚的情操,污浊的环境会使孩子受到不良的影响。

处事但求心安　立业总要能干

【原文】　处事有何定凭,但求此心过得去;立业无论大小,总要此身做得来。

【译文】　为人处事,以什么作为判断是非的标准呢,只要做到问心无愧就行了;创业不一定要说什么大小,一定要根据自己的能力来选择,只要适合自己就行。

【点评】　事物都在不断地变化和发展,处理事情的方法也没有固定的标准,但是有一点却是不变的,那就是凡事要符合正道,出于良心,这样才能服人。

建立功业不论大小，都要从自己的兴趣、爱好、能力出发，符合自身的条件，如果自己的能力差得太远，经过努力也不能做到，那就难以取得成功；如果目标太低，很容易实现，也不能使自己的能力充分发挥。

持身贵严　处世贵谦

【原文】　严近乎矜，然严是正气，矜是乖气；故持身贵严，而不可矜。谦似乎谄，然谦是虚心，谄是媚心；故处世贵谦，而不可谄。

【译文】　严肃看起来近似傲慢，但严肃是正直之气，傲慢却是乖僻的不良习气，所以修身律己能够严肃庄重是很可贵的，但不能够傲慢。谦虚看起来像是谄媚，然而谦虚是心中充实但不自满，谄媚是有意迎合讨好，所以为人处世能够谦虚是很可贵的，但不能够谄媚。

【点评】　庄重严肃的人为人处世十分谨慎，不轻易发言，不随意与人交往，严格按照自己的价值标准去做事：考虑不成熟的事不轻易发表意见；判断不准的事不轻易去做；不利于大多数人的事不做。由于行事谨慎，容易给人以高傲的印象，但庄重严肃与傲慢是有本质区别的，庄重严肃是一种正直的气度，而傲慢则是目中无人，自高自大，是一种邪僻之气。

谦虚是美好的品德，处于高位而不骄傲，处于下位而不忧愁，这样在高位不会有危险，在下位不会颓废。谦虚是内心充实但不自满，是智者的品德。谦虚不是谄媚，谄媚是为了取宠讨好而故作卑下，是有所求而降低人格的卑劣行为。

所以为人贵庄重而弃傲慢，贵谦虚而弃谄媚。

一言足以召祸　一行足以玷身

【原文】　一言足以召大祸，故古人守口如瓶，惟恐其覆坠也；一行足以玷弱身，故古人饬微躬若璧，惟恐有瑕疵也。

【译文】　一句话不慎就有可能招来大祸，所以古人讲话十分谨慎，惟恐如瓶子落地会破碎一样招来杀身之祸；一件事行为不谨慎足以使自己一生清白受到玷污，所以古人行事十分谨慎小心，以保持身体如白璧般洁白，惟恐做错事使自己留下终身遗憾！

【点评】　俗语说："病从口入，祸从口出。"一言不慎，足以惹来大祸，所以善于立事保身的人，每日"三省吾身"，每事三思而行，每言三缄其口。故曰"沉默是金"。

一个人要树立好名声很不容易，往往需要一辈子的努力，而要损坏自己的形象却很简单，一件小事足矣。就像一块璧玉，上面如果有一块小斑点，整个璧玉的价值就受损，一个人如果言行不谨慎，那么人格也会受到玷污，所以古人说："勿以善小而不为，勿以恶小而为之。"

处横逆之方　守贫穷之法

【原文】　颜子之不较,孟子之自反,是贤人处横逆之方;子贡之无谄,原思之坐弦,是贤人守贫穷之法。

【译文】　遇到蛮横无理的人冒犯时,颜渊不与人计较,孟子则常常反省自己是否有过失,这是君子在遇到有人蛮横不讲理时的自处之道。面对贫穷困境,子贡不向富人献谄取媚,子思则安贫乐道,以弹琴自得其乐,这些都是贤良的人对待贫困的方法。

【点评】　知书识礼的人,既不无端指责别人,也不因别人的挑衅而雷霆万钧。保持高姿态不与人计较,这样流言自会消失。如果因此生些闲气,就正中了造谣者的诡计,那等于是用别人的错误来惩罚自己。

虽然物质上是贫穷的,但在精神上是乐观的,在生活上是充满自信的,这样安贫乐道、谨慎修身的生活观,为古人所赞赏。况且贫穷或富有都不是固定不变的,通过自身的努力,可以在为社会做出贡献的同时使自己不再贫穷。

要行善济人　勿逞奸谋事

【原文】　行善济人,人遂得以安全,即在我亦为快意;逞奸谋事,事难必其稳便,可惜他徒自坏心。

【译文】　做善事接济帮助他人,别人因此得到平安得以保全,那么自己也会感到愉快满意;通过奸邪的手段去行事,不一定能顺利得逞,而且可惜的是白白损坏了自己的心性。

【点评】　乐于助人,在帮助别人渡过困境的同时,自己也获得道德的完善,心中充满快意,故古人云:"与人为善,不亦乐乎?"

心中充满奸邪,阴谋害人的人,最终害了自己,聪明往往反被聪明误。其阴谋未必就一定能得逞,但其人本性已坏却是昭然若揭。

知足于命运　自惭于学问

【原文】　常思某人境界不及我,某人命运不及我,则可以知足矣;常思某人德业胜于我,某人学问胜于我,则可以自惭矣。

【译文】　常常想想某人的处境还不如我,某人的命运还没有我好,那么就能够感到满足而知足常乐;常常想想某人的品行超过我,某人的学问比我渊博,那么就会自我羞愧而奋发努力。

【点评】　对于物质的追求,可以采取"比上不足,比下有余"的态度,它虽然表现了一种安于现状的心态,但其中却蕴藏着特定的生活哲理,在实际生活中具有多重效应,它既可作为人们安于现状不思进取的心理依据,又可以作为承认现实,平衡自我,保持乐观生活态度的心理调适手段。

在品德与学业上,则要向更高的人看齐,不能有浅尝辄止、沾沾自喜的心态。荀子《劝学》上说,学习的起点在哪里?学习的终点在哪里?回答是:它的课程从诵经开始,到读礼结束;它的原则从读书开始,最终成为圣人。真正地踏实学习,持之以恒地不懈努力,学到老死才能停止。

全靠心做主人　留个名称后世

【原文】　耳目口鼻,皆无知识之辈,全靠者心做主人;身体发肤,总有毁坏之时,要留个名称后世。

【译文】　耳朵、眼睛、嘴巴和鼻子,都是不能思维的器官,都依靠人们的内心来指挥它们;身躯、四肢、头发和皮肤,随着人的死亡就会腐朽,但一定要有一个好名声千古流传。

【点评】　眼是视觉器官,耳是听觉器官,鼻是嗅觉器官,口是味觉器官和语言器官,但是眼耳口鼻都是依靠大脑作主宰,听从大脑的指挥。大脑失去正确的主张,就会目光短浅,看不到真相;耳朵不辨真假,偏听偏信;管不住自己的嘴巴,胡言乱语。所以圣人说:"非礼勿视,非礼勿听,非礼勿言",就是提醒人们用心来管住自己的各个表达器官。

雁过留声,人过留名。人活一世,都逃脱不了死亡的自然规律,但是有的人虽然死了,可他还活着,有的人虽然活着,可人们认为他已经死了,这就看他是否能对社会有益。有益于社会的人,身体虽消逝,可是英名长存;无益于社会的人,身体发肤消逝时生命也就杳无形迹。

发达靠下功夫　福寿要积阴德

【原文】　发达虽命定,亦由肯做工夫;福寿虽天生,还是多积阴德。

【译文】　人的一生能够飞黄腾达虽然是命运中已经注定的,但还是由于这个人能够下苦功夫不断努力;福分和寿命虽然是上天安排的,但还是要多做善事积下阴德。

【点评】　人生有很多成功是由机遇和幸运所造成的,如果说这是命运所定也未尝不可,但是机遇和幸运从来只给那些不断去追求的人。对于疏于努力,消极地等待命运的人来说,永远不会有幸运送上门来,即使有机会闪过,他也抓不住;而勤奋努力、不断探求的人,因为具备了良好的素质,敏锐的眼光,能够及时发现机会,把握机会,从而取得成功。

人的平均寿命是一样的,但如果有人偏偏不爱惜自己的身体,过度吸烟喝酒,五毒俱全,那么自然难以善终。上天给人以福分和寿命,但是人还要多行善事,多修养德行,才能消受得了。如果作恶多端,自然"多行不义必自毙",再多的福分也无缘享受。

自奉减几分　处世退一步

【原文】　自奉必减几分方好，处世能退一步为高。

【译文】　给自己定生活标准一定要减去几分才适宜，为人处世能够退一步着想才算高明。

【点评】　宋代颜延之的儿子官高权重，但颜延之照样穿布衣，住茅屋，乘破车。当他的儿子要建高楼时，颜延之说："你从粪土中爬出来，飞腾到云彩上面，顷刻间就这么骄傲起来，这还能维持长久吗？"因为勤俭自持是传统美德，对物质要求太高，只会受人诟病，结果会跌得更惨。

与人相处时，能够以退为进则是极高明的手段，《尚书》上说："一定要有含忍的功夫，才能有益于所从事的事情，获得成功。"退让一步，自己并不会有什么损失，但与人却能和睦相处，古语说："一辈子给别人让路，加起来不会多走一百步冤枉路；一辈子给别人让田界，加起来也不会损失一块地。然而谦让的美德却对人对己都是福分。"

莫之大祸　起于不忍

【原文】　莫之大祸，起于须臾之不忍，不可不谨。

【译文】　无论多大的灾祸，都是由于一时不能忍耐而造成的，所以行事不能不谨慎。

【点评】　忍就是自控。食人间烟火，必有七情六欲，但情绪的宣泄也要讲究一定的场合。为人处事，最主要的是不能情绪激动，激动则会失去对事物的正确判断，也不能拿出正确的应对方法，不能成事，只会误事。因须臾之不忍而酿成大祸的事例屡见不鲜，故学会忍让是必要的，忍则谨慎，忍则冷静，忍得一时之气，免去百日之忧。

守分何等清闲　盈泰总须忍让

【原文】　守分安贫，何等清闲，而好事者，偏自寻烦恼；持盈保泰，总须忍让，而恃强者，乃自取灭亡。

【译文】　如果能够安然地对待贫困的处境，那是多么清闲自在，而有些好生事端的人，偏要刻意追求富贵而自寻烦恼；当事业发达时要保持平和的心态，凡事应该注意忍让，如果自恃强大为所欲为，实际上就是走向自我灭亡。

【点评】　古人云：熙熙攘攘，皆为利来；熙熙攘攘，皆为利往。若在熙熙攘攘的人群中拉住一个问：没有这些利，你就不能活了吗？他多半会说否。但他又会说，没了这些利，就住不得豪宅，吃不得珍馐了。所以可见，那些整日为利奔忙的，主要还是因为耐不得一个"贫"字，如能安分守贫，就不必如此奔忙，而可以享得半世清闲了。

事物盈则易亏,要想持盈保泰,就不可过于张扬,而应尽量收敛,该忍让时就忍让,忍一时风平浪静。道家讲究以柔弱处世,老子说:"天下莫柔弱于水,而攻坚强者莫之能先也,以其无以易之也。"便包含了强不可恃,必须忍让的道理。

多记先圣格言　闲看他人行事

【原文】　多记先圣格言,胸中方有主宰;闲看他人行事,眼前即是规箴。

【译文】　多多记住前代圣贤们所说的警世之言,胸中才会有主见;旁观他人做事的得失,眼前发生的这些事也可作为借鉴。

【点评】　格者,法也。可以作为行事做人准则的言辞,就是格言。格言由于内涵广,容量大,言简意赅,便于记诵,其影响也广泛深远,所以多学习熟记古代圣贤们的格言,就能增加自己明辨是非的能力,确定正确的取舍原则。

人生经验,既来自直接经验,即自己的亲身经历,更来自间接经验,即学习书本知识,观察他人行事。间接经验的积累往往也十分重要,因为人不可能事事都亲身经历,不可能每一种经验都亲自得来,古人云:"前车之覆,后车之鉴。"我们要善于从他人的成败中得到启示。

不忘艰难之境　不存侥幸之心

【原文】　人虽无艰难之时,却不可忘艰难之境;世虽有侥幸之事,断不可存侥幸之心。

【译文】　人生即使还没有遇到艰难困苦,但却不能忘记人生之路并非一帆风顺,也会遇到逆境;世界上虽然有侥幸取得成功的事情,但是一定不要希望通过侥幸取得成功。

【点评】　逆境和顺境是相对的,如果没有逆境的磨炼,就培养不出好的品行;没有经受挫折,就做不成一番事业。所以厄运困境,是锻炼豪杰的熔炉,能受其锻炼则身心受益,不受其锻炼,则身心受损。如果处在顺境中,常思逆境的艰辛,就会更加小心谨慎,避免因一帆风顺而得意忘形。

人们认识世界的目的,在于通过偶然现象来把握事物发展的必然规律,从而改造世界,然而要取得成功必定要花费不少功夫和心力,心存侥幸是很愚蠢的。君不见寓言《守株待兔》中的农夫因偶然在树下捡到一只死兔子,而终日守在树下,结果一无所获,只落得天下笑话?

聪明勿使外散　耕读何妨兼营

【原文】　聪明勿使外散,古人有纩以塞耳,旒以蔽目者矣;耕读何妨兼营,古人有出而负耒,入而横经者矣。

【译文】　聪明的人不要过于外露,古代有用丝棉堵塞耳朵,用帽饰遮住眼睛来掩饰聪明的人;耕田和读书不妨兼顾,古代有人白天扛着农具出去耕种,夜晚则回家捧着经书阅读。

【点评】 聪明不在表面,口若悬河、高谈阔论的人并非聪明的人,况且有才能的人往往遭人忌妒,所以善于全身的人从不锋芒毕露,而表现出大智若愚、大巧若拙的风度,以免遭人暗算。

且耕且读,既有劳力可养体,又有劳心可舒心,是古代读书人憧憬的生活方式,边劳动边读书既不相互妨碍,又能相得益彰,何乐而不为呢?

不可妄行欺诈　何能独享安闲

【原文】 天下无憨人,岂可妄行欺诈;世上皆苦人,何能独享安闲。

【译文】 天下没有一个真正愚蠢的人,怎么能恣意妄为去做欺侮诈骗他人的事呢? 世界上大多数人都在吃苦,怎么能独自去享受安逸闲适的生活呢?

【点评】 有人自以为聪明,常怀骗人之心,结果是"机关算尽太聪明,反误了卿卿性命",这就是聪明反被聪明误的结果。实际上,天下没有谁是真正的笨人,再刁钻的诡计,也躲不过雪亮的眼睛。所以为人处世之道,第一要义是谦和诚实,不怕吃亏,同做事勿避劳苦,同饮食勿贪甘美,同行走勿贪好路,宁让人而勿使人让我,这样与人相交日密,终不会与人结怨。

凡耕耘者,皆历经稼穑之艰辛,其他有所成就者,也概莫如是。故人生在世必须奋斗,奋斗就意味着有苦痛。想偷享几分清闲,又怎么可能呢?

退一步容易处　松一着不能成

【原文】 事当难处之时,只让退一步,便容易处矣;功到将成之候,若放松一着,便不能成矣。

【译文】 事情在难以处理的时候,只要能退一步着想,就容易处理了;事业在将要成功的时候,如果一着不慎,就会以失败而告终。

【点评】 对于难处之事,退一步处理是妙着。在思路上退一步,可避免钻进牛角尖中;在时间上退一步,可以多一些考虑,避免仓促做出决定;在态度上退一步,也许可以使胶着的事态缓和。所以古人说:"进一步万丈深渊,退一步海阔天空。"行千里者半九。在走向成功的途中,有着无数的艰辛,特别是看得见胜利曙光的时候,往往也是最困难的关头,此时最需要有坚强的毅力和勇气,咬紧牙关,坚持到最后。稍一松劲,就会造成"为山九仞,功亏一篑"的悔事。

富且读书　事长亲贤

【原文】 富不肯读书,贵不肯积德,错过可惜也;少不肯事长,愚不肯亲贤,不祥莫大焉!

【译文】 致富之后不愿意读书,地位高了不愿意积德,错过这些读书和积德的机会十分令人惋惜;年少不愿意尊敬长者,愚昧又不愿意接近贤能的人,没有比这更大的不吉之兆了。

【点评】 读书是一生的事,富贵有时候更有条件读书,也更需要读书。富贵不读书,正如富贵时不积德一样,错过机会再想读书、积德已来不及了。相传三国时任城人曹彰,从军征战,意气昂扬,曹操曾经告诫他说:"汝不念读书慕圣道,而好乘汗马击剑,此一夫之用,何贵也!"意思是说你如果不想读书不向往圣人之道,却喜欢骑马射箭,这只能起到一个人的作用,有什么值得稀罕的!曹彰于是在曹操的指点下开始读《诗经》《尚书》。

除了向书本求得知识外,向贤良的人学习也是一个重要的途径,特别是自己有明显不足的人,更要及时向贤人请教,如果不虚心学习,又故步自封,那么就不会有好结果。

身体力行　集思广益

【原文】 凡事勿徒委于人,必身体力行,方能有济;凡事不可执于己,必集思广益,乃罔后艰。

【译文】 不要任何事情都交给别人去办,一定要身体力行,才能对自己有所帮助;不要任何事情都固执己见,一定要集思广益,才会避免将来遇到困难。

【点评】 宋代大诗人陆游诗云:"古人学问无遗力,少壮工夫老始成。纸上得来终觉浅,绝知此事要躬行。"这是因为从书本上学来的知识,终究比较空洞肤浅;而透彻理解后再身体力行,形成习惯,才会持久难忘。

俗话说:"三个臭皮匠,顶个诸葛亮。"善于听取不同意见,集中大家的智慧,便于对事情做出正确的判断。如果固执己见,独断专行,就会像盲人骑瞎马一样,造成意想不到的恶果。

无荒乃成业　有玷未见荣

【原文】 耕读固是良谋,必工课无荒,乃能成其业;仕宦虽称贵显,若官箴有玷,亦未见其荣。

【译文】 耕种和读书固然是好的谋生之道,但一定要耕种和学习都不荒废,才能成就功业。入仕为官固然声名显赫,为官的准则受到玷污,那么做官也不见得是什么荣耀的事。

【点评】 耕是养体,读是养心,要想取得成效,都要下苦功夫。谚语云:"一分耕耘一分收获。"用到读书上又何尝不是如此呢?所以春种秋收,春华秋实,只有在春天精心播种,才会在秋天结出好果实。

做官的人,要以为民谋利为宗旨,安于职守,不应以官职高卑为荣辱。即使是担任守门打更这样的小吏,也要时刻记住自己的职责,恪尽职守,纵然没有伟大的功劳,也可以做到不辜负国家,问心无愧;如果对工作敷衍了事,那么就会为人所不齿。

处事为人作想　读书须自己用功

【原文】　处事要代人作想,读书须切己用功。

【译文】　处理事情要多站在他人立场上,为人着想;读书却必须自己实实在在的用功。

【点评】　一个人了解别人比较容易,了解自己却比较困难,这是因为人很难不带主观色彩地剖析自己,而看别人的缺点却清清楚楚,所以善于自察的人,注重严于律己,宽以待人,在立身行事时常将彼心做此心,常将此情思彼情,这样与人方便,亦与己方便。

书山有路勤为径。读书是为了增长自己的学问,非自己身体力行不能有所收获。孟子说,君子依照正确的方法来得到高深的造诣,是想使自己心有所得,牢固地掌握它而不动摇,这样才能积累很深。积累很深,便能取之不尽,左右逢源,所以君子要自觉地有所得。南宋理学家程颐也说:"学莫贵乎自得,非在外也,故曰自得……不深思则不能造于道,不深思而行者,其得易失。"

耐得烦　吃得亏

【原文】　十分不耐烦,乃为人大病;一味学吃亏,是处事良方。

【译文】　处事轻浮,耐不得麻烦,是一个人最大的缺点;为人处世抱着宁可吃亏的态度,就是最好的处世之道。

【点评】　心浮气躁,则万事不耐烦,这是人之大忌,尤其是做官者,更要引以为戒。碰到麻烦事,应当审慎地处理,使其得到合理的解决,如果一事当头时马上暴跳如雷,只能自害。前辈人说:一切事都怕"待"。"待"就是等待机会谨慎处理的意思。谨慎地处理事情,那么解决问题的方案自然就出来了,他人也就不能中伤自己。

善于立身处事的人,都能够吃得亏,忍得气。宁可让人,不要别人让我;宁可宽容别人,不要别人宽容我;宁可受别人的气,不要让别人受自己的气。别人有恩于我,应当终身不忘;别人与我结怨,应当随时忘掉。能够这样做的人,还有什么样的事不能做,什么样的人不能处呢?

和平处事　正直居心

【原文】　和平处事,勿矫俗以为高;正直居心,勿设机以为智。

【译文】　以和气平易的心情为人处世,不要显得与世俗格格不入,自视清高;以公正平直作为心中的标准,不要耍手段来显示自己的聪明。

【点评】　俗话说:"入境随俗。"有了共同的兴趣和爱好,才能打成一片;处理事情只有合乎常理,才不会令人侧目。一般来说,为大众所认可的风俗不会因少数人的个人意愿而改变,有的人自命清高,故意表现得鹤立鸡群,结果只会事与愿违,得不偿失。

处理事情应该讲究一定的策略,但不能玩弄手腕。公平正直处事,才会使人心服口服,如果心存机关,妄图耍小聪明愚弄人,必定会被人所识破。

民俗经典

导读

　　针对信仰、风俗、口传文学、传统文化及思考模式进行研究，来阐明这些民俗现象在时空中流变意义的学科，就是民俗学。它与发生在我们周围的各种生活现象息息相关。中华各族民俗文化源远流长，如同一座璀璨的宝塔放射出东方文明特有的光辉。在这里，不仅有丰富的典籍，周到的礼仪，而且有丰富多彩而又相对统一的民间行为和思维方式，有无需政令法规而自觉遵行的风俗习惯，有普天同庆的传统节日，生生不息的民俗事项，……由此而形成的代代相传、共同遵守的生活模式，铸就了支撑华夏文明的坚固基石——民俗文化。

　　本卷《民俗经典》辑选了《推背图》和《奇门遁甲》两部民俗典籍，内容极为丰富，具有极强的可读性。从内容来看，本书对于人们科学地了解一国社会风习的由来、发展及其演变，具有重要的启迪意义。

推背图

　　传说隋末唐初著名的星命学家袁天罡和李淳风两人非常要好,经常在一起研究天文地理和《易经》八卦,对天、地、人间种种事物进行推算。进而他们想对国家和人类社会未来发展做一预测,这种预测不用文字表达,而是用图作暗示。有一天,李淳风正在聚精会神地画图,袁天罡早已站在他的身后,他也不知道,当李淳风画完最后一幅图时,袁天罡从背后推了一下他的脊背说:"别推了。"随即吟了一首:

> 茫茫天数此中求,
> 世道兴衰不自由。
> 万万千千说不尽,
> 不如推背去归休。

　　于是李淳风就和袁天罡一起对弈去了。后来,李淳风便把这部预测图本取名为《推背图》。

　　《推背图》是封建社会政治斗争的历史产物。它原是劳动人民为推翻封建统治所制造的舆论工具,到后来却被统治者利用了,成为封建统治者夺取政权和巩固政权所利用的舆论工具。所以流传下来的《推背图》绝不会是一种样式的版本,它是随着统治政权的兴衰、朝代的更替而不断变化的。它不是什么"天书",也不能完全否定它,应该通过研究考察来辨别它的科学性与迷信色彩。现在整理出来奉献给读者,供大家参考和研究之用。

第一象　甲子　☰　乾下　乾上　乾

谶曰:茫茫天地　　不知所止
　　　日月循环　　周而复始

颂曰:自从盘古迄希夷,虎斗龙争事正奇。

　　悟得循环真谛在,试于唐后论玄机。

　　圣叹曰:此象主古今治乱,如日月往来,阴阳递嬗,即孔百世可知之意。红者为日,白者为月,有日月而后昼夜成,有昼夜而后寒暑判,有寒暑而后历数定,有历数而后统系分,有统系而后兴亡见矣。

　　《推背图》与其他几种不同,是一种图谶,有图有谶。第一象是个乾卦。乾卦是《周易》六十四卦之首,故以此配《推背图》第一象。乾卦主要是讲星占,乾代表天,因以此指人间万事皆有天数,是注定了的。既然万事有定,因而它是可以预见的,这就是署名为"金圣叹"的注释所讲的"有历数而后统系分,有统系而后兴亡见"。两个圆圈相联,表明日月相髓,阴阳相递,表明人间万事都像日月一样交替出现,循环往复,以至无穷。这是《推背图》作者的客观唯心主义的宿命论及循环论的观点显露。把循环论及宿命论的主题作为第一象,反映了作者的指导思想及良苦用心,他是表明以下所预言的万事万物皆是天定,故能预见,以此要读者相信他的预言的可靠性。

第二象　乙丑　☰☴　巽下乾上　姤

　　谶曰:累累硕果　　莫明其数

　　　　一果一仁　　即新即故

　　颂曰:万物土中生,二九先成实。

　　　　一统定中原,阴盛阳先竭。

　　圣叹曰:一盘果子,即李实也。其数二十一,自唐高祖至昭宣凡二十一主。二九者,指唐祚二百八十九年。阴盛者,指武曌当国,淫昏乱政几危唐代。厥后开元之治虽足媲贞观,而贵妃召祸,乘舆播迁,女宠代兴,良娣继之,亦未始非阴盛之象。

　　第二象是个姤卦,姤卦在《周易》六十四卦中属第四十四卦。姤卦是个婚姻卦,它的卦辞是:"姤,女壮,勿用取女。"是说女子受了伤,筮占结果是不利于娶女。它的第六个爻辞也说:"姤其角,吝。"是说因婚媾而发生角斗。总之,它预示婚姻上面将有不顺。《推背图》作者这里用姤卦，其寓意是深远的，即以姤卦预示李唐王朝将在婚媾上出现大问题。果然，武则天取代了唐而称周帝，杨贵妃又使玄宗受惑而引起安史之乱。所以颂辞说："阴盛阳先竭。""金圣叹"也说："阴盛者，指武盟当国，淫昏乱政，几危唐代……贵妃召祸，乘舆播迁。"总之，第二象是说，李唐一统中原，传国二十一主，共历二百九十年，只是在婚姻上吃了大亏，导致阴盛阳衰。

第三象　丙寅 ䷠ 艮下
乾上　遁

谶曰：日月当空　　照临下土
　　　扑朔迷离　　不文亦武
颂曰：参遍空王色相空，一朝重入帝王宫。
　　　遗枝拨尽根犹在，喔喔晨鸡孰是雄。
圣叹曰：此象主武曌当国，废中宗于房州，杀唐宗室殆尽。初武氏削发为尼，故有参遍空王之句，高宗废后王氏，而立之，故有喔喔晨鸡谁是雄之兆。

　　第三象是个遁卦。遁卦在《周易》六十四卦中属第三十三卦。遁卦的主题是讲隐遁。它的第一个爻辞说："遁尾，厉。"它的意思是说：全都隐遁，对国家就危险了。这里用遁卦预示唐朝皇帝被废黜，高宗的王皇后也被废黜，出头露面飞扬跋扈的是武则天。谶辞"日月当空"是用拆字法暗示曌字。武则天自造曌字作为己名。日表男性，月表女性，武则天认为男女都可做皇帝，故日月皆升于空。照临下土，上承日月当空，预示武曌将当皇帝。扑朔迷离，语出《木兰辞》，这里比喻武则天不男不女令人难辨身份。不文亦武，是用双关法，明指文武之武，暗指武则天。颂辞"参遍空王色相空"，指武则天原为唐太宗李世民的嫔妃"才人"，李世民称她为武媚，感到她很媚人。参遍空王是说武则天起初与君王相伴，尽日君王看不够。色相空，指李世民死后，武则天被发往尼姑庵中削发为尼，故曰色相空。一朝重入帝王宫，指武则天后来又被李世民的儿子高宗李治看中，把她从庙里接回宫中。遗枝拨尽根犹在，遗枝喻指唐朝宗室，全句是说唐朝宗室被武则天诛杀殆尽，但李唐宗室的根子仍然存在，武则天被赶下台后，当上皇帝的仍是李唐后代——中宗李显；故称根犹在。喔喔晨鸡谁是雄？喔喔是叫声,古人认为牝鸡(母鸡)司晨(早上打鸣)是凶兆,将会出乱子。这里指女人当皇帝,将会引起混乱。

第四象 丁卯 坤下 乾上 否

谶曰:飞者不飞　　走者自走
　　　振羽高冈　　乃克有后
颂曰:威行青女实权奇,极目萧条十八枝。
　　　赖有猴儿齐着力,已倾大树仗扶持。
圣叹曰:此象主狄仁杰荐张柬之等五人反周为唐。武后尝梦鹦鹉两翼俱折,狄仁杰曰:"武者,陛下之姓也,起二子,则两翼振矣。"五猴指张柬之等五人。

　　第四象是否卦,否卦在《周易》六十四卦中属第十二卦。否卦的主题是讲塞、坏。它的第五个爻辞说:"休否,大人吉。其亡其亡,系于苞桑。"是说如果不塞,则大人吉祥;如果堵塞,则国家就像系在柔弱的苞草或很脆的桑枝上的鸟巢一样危险。它的第六个爻辞则说:"倾否!先否,后喜。"意思是说:干坏事的必是倾覆灭亡!先出现堵塞衰坏的事,后来会出现令人可喜的结局。否卦是在暗示唐朝皇室也会像系在柔弱苞草或细脆桑枝上一样随时都有倾覆的危险;唐朝会先出现皇统堵塞中断的局面,不过后来会接上统绪,出现好的结局。这是"预言"武则天专权跋扈,以至于废唐立周,自为皇帝。直到公元705年,张柬之、崔玄暐、敬晖、桓彦范、袁恕等已发动政变,废武则天,拥立中宗李显复位,李唐统绪这才又接续上了。这就是先塞后喜之义。谶辞"飞者不飞,走者自走",飞者是指图中的鹦鹉,因以指代武则天;走者是指图中的五只猴子,因以指代张柬之等五人。飞者不飞,走者自走,指武则天将被废去皇帝位,张柬之等人将自行其是,发动政变。"振羽高冈,乃克有后",是说李显、李旦好比是武则天的左右翼,只有起复了他们,李唐才算有了后嗣,接上了统绪。武则天有一次梦见一只鹦鹉两只翅膀都折断了,怎么也飞不起来。她就请宰相狄仁杰前来圆梦。狄仁杰就说:"鹦鹉就是陛下您自己,两只翅膀折断是喻示中宗李显和睿宗李旦被废。如果起复二子,鹦鹉才能振翅高飞。"颂辞"威行青女实权奇,极目萧条十八枝",青女指武则天,青是绿色,鹦鹉一般也是绿色,故以青女指武则天。"威行青女实权奇",是说武则天擅弄威福,专权独断,她竟能当上皇帝,实在离奇。十八枝是用拆字法及谐音法指李字,十八枝即十八子,即李字,指李唐宗室像萧条的李树枝被寒风吹折那样被武则天杀废殆尽。"赖有猴儿齐着力,已倾大树仗扶持",是说幸好有张柬之等五人一齐发动政变,才使得李唐王朝得以恢复。猴儿指张柬之五人,大树比喻李唐王朝。树是用双关法明指李树,暗指李唐。这一象是讲武则天篡位及李唐统绪恢复之事。

第五象　戊辰　坤下巽上　观

谶曰:杨花飞　　蜀道难
　　　截断竹箫方见日　　更无一吏乃平安。
颂曰:渔阳瞽鼓过潼关,此日君主幸剑山。
　　　木易若逢山下鬼,定于此处葬金环。
圣叹曰:一马鞍指安禄山,史书指史思明,一妇人死卧地上,乃贵妃死于马嵬驿,截断竹箫者,肃宗即位,而安史之乱平。

　　第五象是观卦,观卦在《周易》六十四卦中属第二十卦。观卦的主题是讲观察,它指出小人观察模糊幼稚,问题还不太大,但对于担负政治重任的君子来说,就会闹出大的乱子;不仅要体察那些亲族的意见,还应该体察那些疏族和他人的意见,这样才不会出问题。这里用观卦是暗示唐玄宗没能识破安禄山伪善谄佞的本性,结果给国家带来了大的灾难。又暗示唐玄宗只任用杨贵妃的堂兄杨国忠等"亲族",而不听取其他大臣的意见,结果闹得国破家亡连爱妃都保不住。谶辞"杨花飞,蜀道难",以双关法暗指杨贵妃,预言杨贵妃将死于蜀道上。"截断竹箫方见日",把竹箫的竹头截断,是个肃字,指肃宗,这里用的是拆字法。"见日",即指肃宗当天子,又暗示肃宗将平定叛乱,唐朝又将云开日出。颂辞"渔阳鼙鼓过潼关,此日君王幸剑山",是预言安禄山造反,唐玄宗逃向四川。渔阳,即密云,指范阳(北京),安禄山的老巢就在范阳。过潼关,指攻下了潼关。剑山,即剑门关,是入川的必经之路,预言唐玄宗将经过剑门关逃向四川。"木易若逢山下鬼",用拆字法指示杨字和嵬字,指杨贵妃和马嵬坡。"定于此处葬金环",环是用双关法明指金环,暗指杨玉环。两句合起来是说杨玉环若到了马嵬坡,必将葬身于此。图谶上面画的一个马鞍指安禄山,一摞史书指史思明,一个仆地的女人指杨贵妃死于马嵬驿。以上是"预言"安史之乱历史的。

第六象　己巳　☷☶　坤下 艮上　剥

谶曰：非都是都　　非皇是皇
　　　阴霾既去　　　日月复光

颂曰：大帜巍巍树两京，辇舆今日又东行。
　　　乾坤再造人民乐，一二年来见太平。

圣叹曰：此象主明皇还西京。至德二载九月，广平王郭子仪收复西京，十月收复
东京，安史之乱尽弭。十二月迎上皇还西京，故云再造。

　　第六象是剥卦。剥卦在《周易》六十四卦中属第二十三卦。剥卦的主题是造车，
它的第一个爻辞是说："剥床以足，蔑贞，凶。"剥是敲击，制造之义，床是车厢，蔑是梦。
是说梦见用脚造车，梦占为凶，但梦是反梦，梦醒则吉。又第二个爻辞说："剥床以辨。
蔑贞，凶。"辨通蹁，即膝盖头。这句是说梦见用膝盖头帮助修车，梦占为凶，但梦醒则
吉。总之，这里用剥卦是预示玄宗李隆基将治行装备车马，可以还故都长安了。李隆
基自从失去了杨贵妃后，万念俱灭，皇帝也不想当了，让给了太子李亨。李亨离开马
嵬驿，回师北上，到了灵武(今宁夏灵武南)称帝，是为肃宗。肃宗调朔方节度使郭子
仪、河东节度使李光弼及西域援军前来勤王，并向回纥借兵。这时安禄山被其子安庆
绪杀死。公元757年九月，郭子仪率领唐军及回纥军、西域兵收复长安，十月收复洛
阳。叛军内部矛盾激化，史思明杀了安庆绪，自立为帝。不久史思明又被他的儿子史
朝义杀死。公元763年，叛军的几位主要将领田承嗣、李怀仙等投降唐朝，史朝义走
投无路，被迫自杀。长达八年的安史之乱宣告结束。李隆基也从四川返回长安，不
过，这时他已不是皇帝，而仅仅是太上皇了。谶辞"非都是都，非皇是皇"，指长安被叛
军占领期间既是唐都又不是唐都，非皇是皇则指唐玄宗的身份，虽不是皇帝，却又是
太上皇。"阴霾既去，日月复光"，阴霾指叛军及叛军所带来的灾难，阴霾既去，预言叛
乱被子;日月复光指大唐又重新得到光复。颂辞"大帜巍巍树两京"，指唐朝的大旗又
重新插上了东京洛阳及西京长安的城墙上，暗示两都恢复。"辇舆今日又东行";指李
隆基回京的辇舆从四川出发向长安去。"乾坤再造人民乐，一二年来见太平"，是说唐
军收复失地，犹如再造了一个天地，人民都欢天喜地。"一二年来见太平"，指再过一

二年,天下就会彻底平定,出现太平局面。因为玄宗回驾时叛军还没有完全消灭,过了一二年才彻底平定。这一象是"预言"安史之乱平定后李隆基回驾之事。图谶画的就是玄宗坐着辇舆将复入长安城。

第七象　庚午　☲☰　震下　无妄
　　　　　　　　　　乾上

谶曰:旌节满我目　山川跼我足
　　　破关客乍来　陡令中原哭
颂曰:蝼蚁从来足溃堤,六宫深锁梦全非。
　　　重门金鼓含兵气,小草兹生土口啼。
圣叹曰:此象主藩镇跋扈,及吐蕃入寇中原。

　　第七象是无妄卦。无妄卦在《周易》六十四卦中属第二十五卦。无妄卦的主题是"讲出人意料,非意料所及。"妄通望,希望,意料义。它的第三个爻辞说:"无妄之灾:或系之牛,行人之得,邑人之灾。"意思是说,料想不到的灾难是:邑人把牛系在桩上,行人路过把它偷走了,结果邑人遭受到意外的灾难。这里用了无妄之卦,是暗示唐朝将遭受到料想不到的藩镇之祸和吐蕃之乱。安史亡乱后,唐朝中央集权受到沉重打击,各地节度使拥兵自重,不听中央调遣,甚至父死子继,而不经中央批准。原先投降唐朝的安禄山部将李怀仙、田承嗣又割据一方,对唐朝中央阳奉阴违。后来又出现了吴元济的叛乱。吴元济是淮西节度使吴少诚的儿子,吴少诚死后,吴元济强行袭位,当中央政府不批准时,便举兵叛乱,历三年而未平。后虽被裴度、李愬平息,但给中央带来的危害却不轻。吐蕃即今西藏,唐初吐蕃首领松赞干布曾与李世民通好,并娶文成公主为妻,发誓世世代代永与大唐和睦相处,谁料到,后来的吐蕃首领却频频向唐朝发动进攻。吐蕃乘安史之乱之际,大举向唐进攻,几年内,攻占了唐朝凤翔以西、邠州以北的全部土地。唐德宗贞元以后,吐蕃又攻占了唐在西域的北庭、西州和安西等四镇,对唐政权产生了极大的威胁。谶辞"旌节满我目,山川跼我足",指唐朝的节度使遍地都是,他们竖立的旗帜触目皆是。跼是局促之义,指山川被藩镇割据,走起路来感到局束,受到各地的限制,不像以往那样可以大步朝前迈。"破关客乍来,陡令中原哭。"指吐蕃攻陷关中大片土地,使唐朝人民受到惊吓。颂辞"蝼蚁从来足溃堤",

是预示大唐铁打江山会因一个个的藩镇割据而土崩瓦解。蝼蚁即蚂蚁,古人有"千里大堤,溃于蚁穴"之语。"六宫深锁梦全非",六宫指皇帝的后宫,是后妃居住之地。此句预示唐朝皇帝将自己关在宫中嬉戏作乐,而不敢对藩镇有所举措。"重门金鼓含兵气",指皇宫一层层的大门虽然紧闭不开,但在一阵阵战鼓声中,也觉得满含杀气。"小草滋生土口啼",此句是用拆字法影射吐字,又用小草滋生隐喻蕃字。小草滋生即蕃衍繁茂,这一句是预示吐蕃将向唐大举进攻。图谶的图是画的一个吐蕃首领:身着胡服,口含羽毛。羽毛指代令箭,预示吐蕃向唐发动进攻。此人所着长袍马褂,与第十二象所画契丹首领所穿衣服如出一辙,都是指代少数民族。两幅图中的衣服完全是满清服饰的照搬,反映出《推背图》的作者绝不是唐朝李淳风、袁天罡,而是清朝以后的人所作,笔者认为必是民国时人所为。此象预言的是藩镇割据及吐蕃入侵的事件。

第八象 辛未 ䷢ 坤下 离上 晋

谶曰:搀枪血中土　破贼还为贼
　　　朵朵李花飞　帝曰迁大吉
颂曰:天子蒙尘马首东,居然三杰踞关中。
　　　孤军一驻安社稷,内外能收手臂功。
圣叹曰:此象主建中之乱。三人者,李希烈、朱泚、李怀光也。李怀光以破朱泚功,为卢杞所忌,遂反,故曰破贼还为贼。三人先后犯阙,德宗乘舆播迁,赖李晟以孤军收复京城,而社稷重安矣。

　　　第八象是晋卦,晋卦在《周易》六十四卦中属第三十五卦。晋卦的主题是进攻,是军事专卦。这里用晋卦是预示唐德宗时,藩镇朱泚、李希烈及李怀光的叛乱所挑起的战争。唐德宗时,有一位武将叫朱泚,他是幽州昌平人。外表很宽容和蔼,但内心实极残忍。此人爱施小恩小惠,故深受士兵拥戴。在他的上司朱希彩被部下杀死后,朱泚被士兵推为节度使。他自己进朝中做了太尉兼泾原节度使,而留其弟朱滔为幽州节度使留后。德宗建中四年,泾原兵叛乱,入长安拥立朱泚为大秦皇帝,德宗仓皇逃往奉天。朱泚率叛军进逼德宗,受到唐将李怀光等人的抗击,遂退。但宰相卢杞忌李怀光之功,李怀光乃反,与朱泚结盟叛唐。唐将李晟率路元光、尚可孤等全力攻克长安,朱泚逃往泾州,落窖被杀。李怀光退守朔方,为唐将浑瑊、马燧所败,拔绛州,围河中。李怀光部将牛名俊见走投无路,遂杀怀光以降。早在朱泚谋反之前,淮西节度使李希烈便勾结反臣李纳,与朱滔相联合,共同反唐。李希烈攻取沃州,挥师西进,直逼洛阳,东都大震。德宗遣颜真卿前往招降,为李所杀。李希烈占领汴州后,僭称皇帝,国号楚。后为唐将刘洽、高彦昭大败于宁陵。唐军乘胜东进,攻拔汴州、郑州,李希烈败退蔡州,被心腹部将陈仙奇令医生毒死。这就是晋卦所预示的战乱景象。谶辞"欃槍枪血中土",欃楷读"馋(chán)"音,是彗星的别称。古人认为欃枪是凶星,它的出现必然会带来灾难。中土指关中之地。此句谓彗星显现必然会出现朱泚血洗关中的惨象。血为朱色,暗指朱泚。"破贼还为贼",指李怀光本来是抗击朱泚的,后因卢杞之忌而叛唐作乱,自为贼寇。"朵朵李花飞",指李怀光、李希烈叛乱后被镇压;飞,飞散,指灭亡。"帝曰迁大吉",预示德宗皇帝虽然搬迁奉天,最终还是迁回了长安,结局仍是吉祥的。颂辞"天子蒙尘马首东,居然三杰居关中"指德宗皇帝被迫逃往奉天,朱泚、李怀光、李希烈占据了关中。蒙尘指天子逃难,途中蒙受灰尘的侵袭。踞,盘踞,占据。"孤星一驻安社稷,"孤军是双关语,既指李晟以孤军收复长安,又指李晟的部将尚可孤。当时收复长安时,尚可孤实为先锋。社稷指国家,此指唐朝。"内外能收手臂功",指唐军及叛军内的一些投诚将领联合起来,手到擒来地诛灭了叛臣。李希烈、李怀光及朱泚都是被亲腹部将所杀。图谶画的是三位凶悍的武将,个个摩拳擦掌,预示李希烈、朱泚、李怀光三位藩镇将谋叛。这一象是"预言"唐德宗时三将叛唐之事。

第九象　壬申　☰ 乾下离上　大有

谶曰:非白非黑　　草头人出
　　　借得一枝　　满天飞血
颂曰:万人头上起英雄,血染河山日色红。
　　　一树李花都惨淡,可怜巢覆亦成空。
圣叹曰:此象主黄巢作乱。唐祚至昭宗,朱温弑之以自立,改号梁。温为黄巢旧党,故曰:巢覆亦成空。

　　第九象是大有卦。大有卦在《周易》六十四卦中属第十四卦。大有卦的主题是大丰收。大丰收之时即麦黄草焦之时,固以预示黄巢将出来反唐。谶辞"非白非黑",用了对象隐喻法,隐喻反唐的对象是带黄字之人,指黄巢。"草头人出",用拆字法,指代黄字。因为"草"字的上半头与"人"字一结合,正好是个"黄"字。"借得一枝,满天飞血",预言黄巢将造反起义,与唐军大战,杀敌血流成河。颂辞"万人头上起英雄",用拆字法指示黄字。因为"万"头与"英"尾一结合正好是个黄字,仍预言黄巢将反。"血染河山日色红",用的是双关法,明指红色,暗指朱温,预言朱温将篡位称帝。"一树李花都惨淡",李花也是用双关法,明指李树开的花,实指李唐皇室。"惨淡"指即将凋谢,预言李唐皇朝将灭亡。"可怜巢覆亦成空",巢覆也是个双关语,明指鸟巢倾覆,实指黄巢起义失败。此句是说,黄巢起义虽然失败,但黄巢的旧将朱温却将唐朝灭掉了,唐朝遂化为乌有,此即"成空"之意。图谶画的是一棵大树,树上有一个鸟巢,树下躺着一群死人。鸟巢指黄巢,死人指农民起义战争中所死的人。唐朝僖宗元年(公元874年)。王仙芝、黄巢等人在山东起义。王仙芝战死后,队伍由黄巢领导。黄巢率大军西进,占领了长安。但由于长安无粮草,又受到唐军的围困,被迫撤回山东,黄巢在泰山狼虎谷自杀牺牲。黄巢起义军虽然失败,但唐朝中央政权受到沉重打击,各地藩镇拥兵自重。势力日强。在各藩镇中势力最强的是黄巢的叛将朱温,他在唐军围困长安时叛变投降,被唐帝赐名全忠。朱温降唐后乘机发展势力,控制了唐朝政权。公元905年,朱温杀死了唐昭宗,立哀帝为傀儡皇帝,两年后索性废了哀帝,自立为帝,改国号为梁,史称后梁。这一象"预言"的就是唐末这一段的历史情况。

第十象　癸酉　䷜　坎下 坎上　坎

谶曰:荡荡中原　　莫御八牛
　　　泅水不涤　　有血无头
颂曰:一后二主尽升遐,四海茫茫总一家。
　　　不但我生还杀我,回头还有李儿花。
圣叹曰:此象主朱温弑何皇后昭宣而自立,所谓一后二主也。未几为次子友珪所弑,是颂中第三句意。李克用之子存勖代父复仇,百战灭梁,改称后唐,是颂中第四句意。

　　第十象是坎卦。坎卦是《周易》六十四卦中第二十九卦。坎卦的主题是讲陷阱，坎即陷阱。用于预示唐末君主陷入绝境。唐朝末年，朱温背叛黄巢后，被唐朝任命为汴州刺史、宣武节度使。黄巢失败后，唐僖宗任朱温为检校司徒、同中书门下平章事，封沛郡侯，晋爵为王。因击败势力强盛的淮西节度使秦宗权而声名大振，势力骤强，经过十几年的东征西讨，朱温的势力日益膨胀，成为宣武、宣义、天平、护国四军节度使，封梁王，成为唐末最大的藩镇。唐昭宗末年，宦官刘季述将昭宗幽于东宫，后虽复位，但仍被宦官韩全海等所操纵。宰相崔胤与昭宗密谋诛灭宦官，事泄，崔胤急矫诏召朱温入朝诛灭宦官。于是，朱温堂而皇之地率七万大军，进入关中。韩全海惧，遂劫天子奔往凤翔。朱温进围凤翔，凤翔守将李茂贞便杀了韩全海等人，把天子交给朱温护送，回到了长安。昭宗拜朱温为诸道兵马副元帅。朱温逼昭宗东迁洛阳，控制了朝政。暗中指使朱友恭等杀了昭宗，朱温又杀了友恭等人，立哀帝为傀儡。朱温借故枢密使蒋玄晖与何太后私通，杀了玄晖及太后。开平元年春正月，朱温正式粉墨登场，当上了皇帝，废哀帝为济阴王，旋杀之，改国号为梁，建汴为都城。几年后，朱温被其子朱友珪所杀。友珪复为友贞所杀。盘踞在太原一带的晋王李克用，是第二大的藩镇，他是朱温的老对头，二人打了十几年的仗，李克用一直处于下风。克用病死后，其子李存勖发愤图强，终于在公元923年灭了后梁，建立了唐朝，史称后唐。谶辞"荡荡中原，莫御八牛"，指偌大个中原，竟然没有谁能抵御朱温。八牛是用拆字法指朱字。"泅水不涤，有血无头"，是用拆字法影射温字。泅水之泅加上无头的血（即皿）字，正好是个温字。这两句谶语本身又用了双关法，既指温字，又指唐末梁初的战乱，到处是无头之尸，到处血流遍地，连河水都冲洗不干净。颂辞"一后二主尽升遐"，指何太后及昭宗、哀帝都被朱温所杀。升遐指升天，即死亡。"四海茫茫总一家"，指天下为朱家所得。"不但我生还杀我"，预言朱温为其次子朱友珪所杀。"回头还有李儿家"，指朱梁灭亡后，李存勖又重新建立了唐朝。这一象"预言"的是唐末梁代的历史。

　　　　　　第十一象　甲戌　☱　兑下　节
　　　　　　　　　　　　　　☵　坎上

　谶曰：五人同卜　　非禄非福
　　　兼而言之　　　喜怒哀乐

　　　　上得天堂好游戏,东兵百万入秦川。

圣叹曰:此象指伶人郭从谦作乱,唐主为流矢所中。

　　第十一象是个节卦。节卦在《周易》六十四卦中属第六十卦。节卦的主题讲节制、节俭。它的卦辞是:"节,亨。苦节,不可贞。"是说讲究节制和节俭,就好。讲究节制和节俭为苦事,就不利。它的第二个爻辞说:"不出门庭,凶。"意思是说:即使在住宅区内不讲礼节,不注意节制,也会带来灾难。这里用节卦影射后唐皇帝庄宗李存勖不注意节制节俭,任伶人郭从谦为指挥使,并与伶人游玩嬉戏。结果被伶人所杀,酿成灾祸。郭从谦本是供人取乐的戏子,他的艺名为门高,曾经立有军功,被庄宗授以从马直指挥使。因为姓郭,便拜大臣郭崇韬为叔父。皇帝的弟弟李存乂见郭从谦聪明伶俐,能演会唱,便收为养子。后郭崇韬被宦官潜杀,他的女婿李存乂也被杀。这时从马直军士王猛又以宿卫时谋乱被诛,郭从谦非常惊恐,便激军士为乱。当时李嗣源正叛唐袭庄宗,庄宗东渡汜水,郭从谦乘机率乱兵攻帝,庄宗中流矢而死,年仅四十三岁。李嗣源进入洛阳后,任命郭从谦为景州刺史,不久便杀了他。谶辞"五人同卜"是用拆字法指从字,谓郭从谦;"非禄非福",指郭从谦带给庄宗的是灾难。"兼而言之",也是用拆字法暗指谦字,也是指郭从谦。"喜怒哀乐"是指郭从谦是个唱戏的戏子,一会儿扮着哭,一会儿装着笑,以供人取乐为业。颂辞"龙蛇相斗二十年,一日同光直上天",预言李存勖跟随父亲奋斗了近三十年,竟在同光四年四月被郭从谦射死,上了西天。"上得天堂好游戏,东兵百万入秦川",指李存勖当上皇帝后,任用戏子郭从谦,并与宦官、伶人嬉戏无度,结果引起了李嗣源的叛乱,李嗣源率兵入洛。这一现象是"预言"后南历中。图谶预示庄宗中箭身死。

　　　　第十二象　乙亥　䷂　震下　屯
　　　　　　　　　　　　　　坎上

谶曰:块然一石　　谓他人父
　　　统二八州　　已非唐土
颂曰:反兆先多口,出入皆无王。
　　　系铃自解铃,父亡子亦死。
圣叹曰:此象主石敬瑭求救于契丹。唐主遣张敬达讨此石敬瑭,敬瑭不得已求救于契丹，事之以父礼，贿之以幽蓟十六州。晋帝之立，固契丹功也，然卒以契丹亡，故有系铃解铃之兆。

第十二象是个屯卦。屯卦在《周易》六十四卦中属第三卦。屯卦的主题是讲困难。它的第四个爻辞说："乘马班如，求婚媾。往，吉。无不利。"意思是说：骑马去求婚而徘徊不前，感到困难，怕不成。但往往结果是吉利，没有不成功的。这里用屯卦是预示石敬瑭受到张敬达的进攻，遇到困难，便前往契丹求救，结果契丹帮助他灭了后唐，建立了后晋。石敬瑭原为后唐之臣，为人沉默寡言，李克用的养子李嗣源很喜欢他，便把女儿永宁公主嫁给了他，石敬瑭也好几次救了李嗣源。嗣源叛，石敬瑭助其篡位，是为后唐明宗。明宗立，拜石敬瑭为保义军节度使、侍卫亲军马步军都指挥使。天成三年，拜河东节度使、大同彰国振武威塞等军蕃汉马步军总管，坐镇太原。末帝李从珂继位后，调石敬瑭移镇天平，敬瑭不听命，末帝便派张敬达征讨石敬瑭。敬瑭竟乞授于契丹，认契丹主耶律德光为父亲，自称儿子。契丹便出兵救授，大败张敬达，灭后唐，末帝自焚而死。石敬瑭在契丹的扶持下建立了晋，当上了儿皇帝，并割让幽、涿、蓟、檀、顺、瀛、莫、蔚、朔、云、应、新、妫、儒、武、寰州等十六个州给契丹。石敬瑭死后，传位于侄子兼养子石重贵，是为出帝。出帝开运元年，契丹不认这个自己一手扶起来的晋，大举南犯，至三年攻入汴京，废掉了出帝，灭了后晋。谶辞"块然一石"，是用双关语明指石块，实指石敬瑭。"谓他人父"，指石敬瑭认耶律德光为父。"统二八州，已非唐土"，二八是用关系法，即以二八的相乘关系，隐喻十六州。上二句是说石敬瑭所统领的幽云十六州已割让给契丹，而不再属于中原政权所有了。颂辞"反兆先多口，出入皆无主"，指契丹南下，初帮石敬瑭灭后唐，后又废出帝灭后晋，是入也灭主，出也灭主。前灭唐主，后灭晋主。"系铃自解铃，父亡子亦死"，古语说"解铃还需系铃人"，这里便借这个成语说明契丹既立了后晋，又灭了后晋。父亡子亦死，父指石敬瑭，子指石重贵，石敬瑭死了之后，石重贵也被废掉，最后抑郁而终。图谶画的是一块石头，伏卧在一个少数民族首领的脚下，显然石头是指石敬瑭，少数民族首领指耶律德光。第十二象"预言"的正是后晋的历史。

第十三象　丙子　☲☵　离下　既济
　　　　　　　　　　　　坎上

谶曰：汉水竭　　　　　　高飞

　　　飞来飞去何所止　　高山不及城郭低

颂曰：百个雀儿水上飞，九十九个过山西。

　　　惟有一个踏跛足，高栖独自理毛衣。

圣叹曰：此象主周主郭威夺汉自立。郭威少贱。世称之曰郭雀儿。

　　第十三象是个既济卦。既济卦在(周易)六十四卦中属第六十三卦。既济卦的主题是讲有成就、成功。既济的原义就是已经渡过了水。这里用既济卦，是预示郭威将取代后汉而成功，建立后周。郭威是邢州尧山人，父亲郭简在战斗中被杀。郭威少孤家贫，人称为"郭雀儿"，历仕后唐、后晋、后汉。后汉开国皇帝刘知远很赏识他，即位后拜威为枢密副使。刘知远死，隐帝刘承祐立，拜郭威为枢密使、同中书门下平章事、邺都留守、天雄军节度使。郭威初以平定河中李守贞叛乱，后以驱逐契丹之功，声名大振，功高震主，隐帝便欲谋杀郭威，郭威被迫举兵，渡过黄河，兵临汴京城下。汉将郭允明反，杀隐帝，郭威乃率军进入汴京。广顺元年春正月，即皇帝位，改国号为周。谶辞"汉水竭，雀高飞"，都是用的双关法，明指汉水、雀子，暗指后汉、郭威。预言后汉将亡，郭威将当上皇帝。"飞来飞去何所止，高山不及城郭低"，用雀儿飞来飞去飞到比高山还高的城郭上来比喻郭威几经周折，终于登上了天子之位。古代常称太阳为金乌，即雀子，因此雀子实暗指天子。高山不及城郭低，是说高山不及城郭高，比城郭还低，因以喻郭威的地位之尊。颂辞"百个雀儿水上飞，九十九个过山西"，雀儿比喻想当天子的人，水指后汉。此二句是说在后汉统治时期，有很多人都想做天子，结果除郭威外，全部像红日西坠那样好梦成空。"惟有一个踏破足，高栖独自理毛衣"，此二句是说，只有郭威一个"雀儿"登上了帝位，飞到皇帝宝座上整理着皇帝的衣冠仪表。踏破足，古代有一个成语是"踏破铁鞋无觅处，得来全不费功夫"，是说其他想当皇帝的人历尽千辛万苦都未能找到通往皇位之路，只有郭威一个人找到了。预示郭威将登帝祚。图谶画的是许多雀儿都落进水中淹死，只有一个雀儿站在了城郭上。水指汉水，即隐指后汉，落水之雀指其他想当皇帝的人，未遂而灭。站在城郭上的雀儿指"郭雀儿"，即郭威，预示郭威一人将战胜后汉，当上皇帝。这一象是"预言"周太祖郭威灭后汉建立后周之事。

　　　第十四象　丁丑　☲　离下　革
　　　　　　　　　　　 ☱　兑上

谶曰:李树得根芽　　　石榴漫放花

　　　枯木逢春只一瞬　　让他天下竞荣华

颂曰:金木水火土已终,十三童子五王公。

　　　英明重见太平阳,五十三参运不通。

圣叹曰:此象主周世宗承郭威受命为五代之终。世宗姓柴名荣,英明武断,勤于为治,惜功业未竟而殂。五代共五十三年,凡八姓十三主颂意显然。

　　第十四象是个革卦。革卦在《周易》六十四卦中属第四十九卦。革卦的主题是变革,这里预示世道将大变,战乱纷飞的五代十国将面临变革的时运,和平统一的时代即将开始。谶辞"李树得根芽,石榴漫放花",比喻万木繁荣,隐喻柴荣的荣字。"枯木逢春只一瞬",枯木隐喻柴字;枯木逢春,指柴荣,用的是对象隐喻法。只一瞬,指柴荣当政时间很短。"让他天下竞荣华",是说柴荣死后,继位的柴宗训年幼,只得将天下让给赵匡胤,使赵匡胤能与柴荣家族一竟荣华,一比高低。颂辞"金木水火土已终,十三童子五王公",古人认为金木水火土五行相克;这五行又叫五德,每一个朝代主一德,五德始终,相互克胜。这里是指五代十国时梁唐晋汉周五国相克,并指出这种替代是上天安排好了的。"十三童子五王公",指五代的十三个君主。五王公指梁唐晋汉周五朝君主。"英明重见太平日,五十三参运不通",英明指柴荣,柴荣是个很英明的君主,他进行了一些改革,荡平了一些割据势力,眼见太平日子要到了,却不幸病亡,看来上天注定要让五代只有五十三年的命运。图谶画的是一捆枯柴,其中有一支枯枝发了芽长出了茂荣的叶子,影射柴荣二字。五代的最后的一个朝代是后周,是由郭威建立的。由于郭威镇守太原时家属被留在汴京为质,当他造反时,后汉末帝遂尽杀其亲属,结果郭威当了皇帝直至死时,都再没有儿子,便以他皇后柴氏的侄子柴荣为养子,并传位给他。柴荣就是周世宗。柴荣继位后,在政治、军事、经济各方面进行了一系列的整顿,然后向南方发动军事进攻,占领了肥沃的淮南地区。眼见周世宗就要统一全国,不幸他得病死去,传位给年仅七岁的儿子柴宗训。结果天下为赵家所得,五代就此告终。这一象预言的就是这一个时期的历史。结果"合若符节"。

第十五象　戊寅　䷶　离下震上　丰

谶曰:天有日月　　地有山川

海内纷纷　　父后子前

颂曰：战事中原迄未休，几人高枕卧金戈。

　　　寰中自有真天子，扫尽群妖见日头。

圣叹曰：此象主五代末割据者星罗棋布，惟吴越钱氏(钱镠四世)稍图治安，南唐李氏(李昇三世)略知文物，余悉淫乱昏虐。太祖崛起，拯民水火。太祖小名香孩儿，手执帚者，扫除群雄也。

　　第十五象是个丰卦。丰卦在《周易》六十四卦中属第五十五卦。丰卦的主题是讲建造大屋子。丰即寷，是大屋的意思。这里用丰卦预示分裂割据的中国将被统一成一个大的国家。谶辞"天有日月，地有山川，海内纷纷，父后子前"，预言五代十国时期各地军阀割据，纷纷自立，父死子袭，前仆后继。颂辞"战事中原迄未休，几人高枕卧金戈"，是指五代十国时期，全国战乱不断，大家都枕戈待旦，哪个敢高枕无忧？"寰中自有真天子，扫尽群妖见日头"，寰指寰宇，说虽然天下战乱不断，但仍然有真天子赵匡胤出现，将扫尽群雄，使天下阴霾一扫而光，让天下人都能仰见赵家天子的光辉。谶图画的是一个孩子，正拿着一把扫帚在扫一棵树上吊着的一个马蜂窝及成千上万只乱纷纷的马蜂。孩子隐喻香孩儿，即赵匡胤；马蜂指蜂起的群雄。此图预示赵匡胤必将扫除群雄，统一天下。这一象"预言"的是五代十国末年及宋初的历史。

第十六象　己卯　☲☷　离下坤上　明夷

谶曰：天一生水　　姿禀圣武

　　　顺天应人　　无今无古

颂曰：纳土姓钱并姓李，其余相次朝天子。

　　　天将一统付真心，不杀人民更全嗣。

圣叹曰：此象主宋太祖受禅汴都，天下大定，钱、李二氏，相继归化，此一治也。

　　第十六象是个明夷卦。明夷卦在《周易》六十四卦中属第三十六卦。明夷卦的主题是讲太阳落山及太阳升起，又讲大弓射兽。是个以多义词为标题的卦名。这里用明夷卦是在预示五代十国各君主像太阳落山那样衰亡，而宋太祖赵匡胤像太阳升起一样成为全国新兴的天子。又预示赵匡胤像强劲的大弓射死大兽那样铲平群雄。谶辞"天一生水,姿禀圣武,顺天应人,无今无古",水是宋朝所尚之德,因以指宋太祖。全句是说宋太祖赵匡胤天赋文韬武略,顺天应人建立宋朝,其业绩空前绝后。颂辞"纳土姓钱并姓李,其余相次朝天子",钱指钱俶,李指李煜,李煜是南唐后主,极善填词,因沉溺讽花吟月,故为宋军荡平。李煜初降后,吴越王钱俶见大势一去,只得入朝归顺。"纳土者"即指此二人。其余相次朝天子,是指其他南方小国也都跟着遣使纳贡。"天将一统付真人,不杀人民更全嗣",是预示天下厌乱,分久必合,只是这种统一的机遇交给了真命天子赵匡胤。赵氏采取的政策是不滥杀,严约束,连后周幼主柴宗训也保全了性命。图谶画的是一位君主坐御座上,一群臣子跪侍阶下,预示赵匡胤受禅登帝位。赵匡胤统一全国后,派军攻灭了南乎、后蜀,又南下广州,一举荡平南汉。南唐后主李煜见状,大为恐惧,愿意自动取消国号。自称"江南国主"。公元974年,赵匡胤派曹彬等率十万大军,伐南唐,次年攻克金陵,李煜乃降。吴越王钱俶十分惊恐,便率妻儿入朝。离开汴京时,赵匡胤送给他一个黄包袱,打开一看,里面尽是宋臣请求扣留钱俶的奏疏。钱俶对赵匡胤又恐惧又感激,更加强了他归顺宋朝的决心。此后赵匡胤继位后,又继续平定了其他几个割据政权,统一了全国。第十六象就是"预言"这段历史的,结果都一一"灵验"了。

第十七象　庚辰　☵☷　坎下坤上　师

谶曰:声赫赫　　干戈息
　　　扫边氛　　莫邦邑
颂曰:天子亲征乍渡河,欢声百里起讴歌。
　　　运筹幸有完全女,奏得专功在议和。
圣叹曰:此象主真宗澶渊之役。景德元年,契丹大众入寇,寇准劝帝亲征(完全女指准言),乃幸澶渊。既渡河,远近望见御盖,皆踊跃呼万岁,声闻数千里。契丹夺气遂议和。

第十七象是师卦。师卦在《周易》第六十四封中属第七卦。师卦的主题是讲师旅、军队。它的卦辞是:"师,贞,丈人吉,无咎。"是说军队,以总指挥(丈人)来指挥,就是吉祥的。它的第二个爻辞说:"在师中,吉,无咎,三二锡命。"意思是主帅居中军,就吉祥，没有问题，于是君王三次赏赐。这里用师卦是预示宋真宗御驾亲征，亲临前线指挥，其必胜。谶辞"声赫赫，干戈息"，指真宗渡河后，将士见皇帝亲临指挥，便山呼万岁，声震遐迩，契丹惧，便议和。赫赫形容将士喊声震天，干戈息指战争停止。"扫边氛，奠邦邑"，指真宗亲征，将士呐喊之声一扫边疆肃杀气氛，结果使国家疆域得以安定。奠，安的意思。颂辞："天子亲征乍渡河，欢声百里起讴歌"，这两句是用直言法描绘宋真宗御驾亲征的景象。"运筹幸有完全女"，用的是拆字法，一个完字加一个女字就是寇字，指寇准。寇准当时任宰相，力劝真宗亲征。"奏得奇功在议和"，指寇准之计奏效，迫使契丹议和，建立了奇功。图谶画的是两个君主隔河相望，河那边的是汉家天子，河这边的是少数民族君主，少数民族君主拱手求和。显然，汉家天子指宋真宗，少数民族君主指契丹主耶律隆绪。这一象其实是《推背图》制作者对北宋议和的美化。事实上是宋真宗很怕契丹人，经寇准再三劝导，他才勉强渡河。在宋军射杀契丹一位将帅的小胜后，真宗连忙请求议和，宋辽两国遂订澶渊之盟。结果规定北宋每年向辽输银十万两、绢二十万匹。寇准是坚决不主张议和的。这一象"预言"的就是宋真宗时"澶渊之盟"的事件。

第十八象　辛巳　　艮下
　　　　　　　　　　　　　　艮上　艮

谶曰：天下之母　　金刀伏兔

　　　三八之年　　治安巩固

颂曰：水旱频仍不是灾，力扶幼主镇埏垓。

　　　朝中又见钗光照，宇内承平气象开。

圣叹曰：此象主仁宗嗣立，刘太后垂帘听政。旁有一犬，其惟狄青乎？

　　第十八象用的是艮卦。艮卦在《周易》第六十四卦中属第五十二卦。艮卦的主题是讲集中视力察看。它的卦辞说："艮其背不获其身，行其庭不见其人。无咎。"意思是：只能见到那个人的背，不能见到他的胸；在他的庭院走，却见不到他的人。这里用艮卦的用意在于预示仁宗的母亲刘太后在幕后垂帘听政，人们只能见到她的影子，却见不到她的面。谶辞"天下之母"是指天子之母，即太后。"金刀伏兔"，用的是拆字法及生肖法，兔在生肖中属卯，卯与金刀相合便成为刘字，指刘太后。"三八之年"，指刘太后临朝称制十一年。三八是用相加关系隐喻十一年。刘太后是乾兴元年（公元

1022)执政,明道元年(1032)死去,共执政十一年。"治安巩固",指在刘太后执政的十一年中,大宋江山十分巩固太平。颂辞"水旱频仍不是灾,力扶幼主镇埏垓",是说宋朝虽发生水旱之灾,但因有刘太后尽力扶助幼主仁宗镇守统治天下,渡过了难关,所以灾已不成其为灾了。埏是边际、疆界,垓也是极远之地界,因此埏垓即指大宋国土及疆域。"朝中又见钗光照",钗是用了特征法,用女人绾头发的首饰钗指代刘太后,预示朝中将有女人垂帘听政。"宇内承平气象开",指国内因刘太后的治理而具有承平气象和太平景象。图谶画的是一个妇人坐在宫殿上垂拱听政,脚下卧着一只狗。妇人是指刘太后,狗,据"圣叹"说是指狄青。狄青是汾州西河人,字汉臣,善骑射,受到范仲淹的赏识。刘太后执政时,西夏内犯,命之为延州指挥使,临敌披发戴铜面具,夏兵望之如神,惊惧而逃。后广源州蛮侬智高反,狄青至宾州,一昼夜而破敌军,还朝后授枢密使。画一犬字,因狄青姓正有一犬字,且喻狄青犹如刘太后的一个得力助手。刘太后祖籍太原,后徙益州华阳。父亲刘通曾做过嘉州刺史,后死于征伐途中。刘太后遂被蜀郡银匠带到汴京,献给了襄王,真宗即位后又被纳入宫中为美人,后立为皇后。仁宗本是李宸妃所生,刘后抱养为己子,抚爱备至。刘后性机警颖悟,通晓史书,闻朝廷事能记其本末,受到真宗宠信,真宗就让她参预决策机务。真宗死后,刘后便垂帘听政,辅佐仁宗,权势日隆,有人劝她像武则天那样立刘氏庙,即位称帝,但被她愤然拒绝。明道元年,刘太后病死,终年六十五岁。在她执政的十一年中,号令严明,恩威普施,天下还算太平。这一象就是"预言"的刘太后垂帘听政的这段历史。

第十九象　壬午　☲☶　贲
离下
艮上

谶曰:众人殷殷　　尽入其室
　　　百万雄师　　头上一石

颂曰:朝用奇谋又丧师,人民西北尽流离。
　　　韶华虽好春光老,悔不深居坐殿墀。

圣叹曰:此象主神宗误用安石,引用群邪,致启边衅,用兵西北,丧师百万。熙宁初,王韶上千戎三策,安石惊为奇谋,力荐于神宗,致肇此祸。

第十九象是贲卦。贲卦是《周易》六十四卦中的第二十二卦。贲卦的主题是讲奔跑。贲通奔。此卦预示北宋王朝在西北用兵时大溃而奔逃。谶辞"众人殷殷,尽入其室",殷殷指喧闹。这两句是讲西夏大军喧闹着攻入宋朝的疆域。"百万雄师,头上一石",是讲宋朝虽有百万雄师,但由于头上有一个王安石压着,所以打不胜仗。石是双关语,明指石头,暗指王安石。颂辞"朝用奇谋又丧师,人民西北尽流离",是说王韶上平戎三策,王安石见后惊为奇谋,便推荐给神宗,结果一试便败,搞得西北地区的人民因西夏入侵而流离失所。其实,这都是《推背图》作者对王安石的诬蔑之辞。"韶华虽好春光老,悔不深居坐殿墀",前一句是说王安石罢相时虽然年纪还比较轻(才56岁),但已没有他的市场了,以春光老喻王安石的失势。后一句是说王安石很后悔没有隐居不出,而要出来在朝廷为相。殿墀,即宫殿的台阶。坐殿墀指在朝廷为官。图谶画的是一个貌若王冠的亭子,安放在一块石板上,隐喻王安石。王安石,字介甫,是封建社会的改革家及政治家。仁宗时,他就上过洋洋万言的改革意见书,但没被采纳。神宗继位后,急于改变宋朝积贫积弱的局面,破格提拔王安石为重臣,让他实行变法。王安石的变法使北宋的局面有了较大的改善。他任用熟悉西边情况的王韶,支持王韶收复了镇洮军(临洮)和河(临夏)、洮(临潭)、岷(岷县)、叠(卓尼)、宕(宕昌)五州之地,取得了北宋建国以来最大的军事胜利。当然胜败乃兵家常事,虽然后来宋军失利,但也不能归咎于王安石变法身上。公元1076年,由于宋神宗对改革的动摇,王安石被迫辞去了宰相职务,隐居江宁(南京)。这一象预言王安石变法带来的危害,不是《推背图》"预言"不准,而是它有意歪曲。

第二十象　癸未　☰☲　离下乾上　同人

谶曰:朝无光　　日月盲
　　莫与京　　终彷徨
颂曰:父子同心并同道,中天日月手中物。
　　奇云翻过北海头,凤阙龙廷生怛恻。
圣叹曰:此象主司马光卒,蔡京父子弄权,群小朋兴,贤良受锢,有日月晦盲之象。

第二十象是同人卦。同人卦在《周易》六十四卦中属第十三卦。同人卦主题是讲聚集众人,同是聚集的意思。此卦预示蔡京父子聚集狐群狗党,把持朝政。谶辞"朝无光,日月盲",指朝中没有了司马光,结果日月无光,政昏人暗。"莫与京,终旁皇"。旁皇即徬徨,指徘徊不前,无所适从。这二句是说:不要给蔡京权利,否则他会弄得全国一片昏暗。颂辞"父子同心并同道,"指蔡京、蔡攸父子同恶相彰,臭味相投。"中天日月手中物"指蔡氏父子将宋徽宗玩于股掌之中。"奇云翻过北海头",奇云指金兵,预示金兵从北方南下。北海即渤海,金原在东北,南下则需经过渤海地区。"凤阙龙廷生怛恻",凤阙龙廷,指北宋朝廷;怛恻即忧虑,指金兵南下造成的忧虑。此句是说因为金朝兵临城下,使北宋群臣忧惧万端,最终为金兵所灭,宋徽宗和宋钦宗也被掳掠而去。谶图画的是水中长着两株菜,一大一小,指的是蔡京和蔡攸父子。本来,王安石变法的目的及措施都是不错的,但司马光却以传统观念加以反对,因之遭到贬谪。宋哲宗赵煦继位后,便起用司马光,尽废新法。但宋徽宗继位后,又重用"改革派",重新实施新法。但是,这时的新法已经变质,比如方田均税法本来是要把大地主隐瞒的土地计量出来摊派赋税,结果量来量去地主的土地数目越来越少,而无地或少地的农民的土地却越来越多,赋税反而加重到农民身上。使新法变质的便是蔡京一伙改革投机者,这些人打着王安石变法改革的旗号,干的是剥削压迫农民的勾当。蔡京、蔡攸父子俩善于揣度迎合皇帝之意,导引徽宗巡游嬉戏,荒废政事。结果金兵大举南下,如入无人之境,徽宗慌忙让位给儿子钦宗,逃往南方。后金人退去复来,一举攻克汴京,俘虏徽钦二宗而去。就在钦宗继位之初,贬蔡京、蔡攸等奸臣。蔡京至潭州时死于途中,蔡攸贬万安军后又被朝廷所杀。这一象预言的是北宋末年蔡京父子乱政的历史。

第二十一象　甲申　䷨　兑下
艮上　损

谶曰:空厥宫中　雪深三尺
　　吁嗟元首　南辕北辙
颂曰:妖氛未靖不康宁,北扫蜂烟望帝京。
　　异姓立朝终国位,卜世三六又南行。
圣叹曰:此象主金兵南下,徽宗禅位。靖康元年十一月,京师陷。明年四月,金以二帝及宗室妃嫔北去,立张邦昌为帝。卜世三六者,举其大数。宋自太祖至徽钦凡一百七十二年。

第二十一象是损卦。损卦在《周易》六十四卦中属第四十一卦。损卦的主题是讲减损、消除。它的卦辞说："损，有孚。"即消灭敌国，俘其人。用此卦的寓意是预示北宋被金灭掉，徽钦二帝被俘。谶辞"空厥宫中"，是预示宋主被俘，宫中空缺。"雪深三尺"是冰冻三日，非一日之寒的别谓，指这种局面非一日形成，乃蔡京等人长期破坏所致。又以雪深三尺暗示徽钦二宗被掳至东北金都黄龙府，那里常飘大雪。"吁嗟元繻"，吁嗟是哀叹之词，元繻即元首，指皇帝，首之所以写成馆，是因为有徽宗及钦宗两个皇帝被俘。"南辕北辙"，指高宗逃往南方建国，而他们却要被带到北方。颂辞"妖氛未靖不康宁"，用双关法预示靖康元年帝将被俘。"妖氛"则指金人的气焰。"北扫蜂烟望帝京"，指金兵势如破竹，直逼汴京，暗示灭宋俘帝而去。"异姓立朝终国位"，异姓指张邦昌，此句说张邦昌在金人的扶持下建立了楚国，称楚帝，而北宋王朝遂告终结。"卜世三六又南行，"指宋朝建立一百六十八年后，又被迫南迁。三六是用相乘关系指北宋立国一百八十年，这里是举其成数。图谶画的是一个少数民族首领押着两个汉族皇帝向北而行。少数民族首领指金太宗完颜晟，而两位皇帝指徽、钦二帝。北宋末年，金朝灭辽后，进趋汴京，徽宗禅位给钦宗后慌忙与蔡京、童贯一伙人南逃镇江。李纲出掌汴京防务后，多次打退金兵进攻，但钦宗极力谋和，贡金银无数后，金兵乃撤。徽宗见状又回京游乐，不料半年未到，金兵又突然回师，渡过黄河，包围了汴京。钦宗竟相信一个无赖郭京会用"神兵"退敌，便撤退城上守军，大开城门，不料神兵未降，金兵却拥入了城门，汴京遂被攻破。徽钦二帝及亲王、后妃、百工、技艺、妇女等尽为奴隶，被俘北上。北宋至此灭亡。金扶植张邦昌当上了楚帝，但不久金兵北撤，张邦昌随之垮台，高宗即位后被赐死。这一象预言的是北宋灭亡的历史。

以上是《推背图》的第1～21象，"预言"的是从唐初到北宋末的历史，共有21段，且段段"应验"如符。下面将阐释《推背图》第22～40象所预言的事件。

第二十二象　乙酉　☲ 兑下
离上　睽

谶曰：天愁当空　　否极见泰
　　　凤凤森森　　木菁大赖
颂曰：神京王气满东南，祸水汪洋把策干。
　　　一木会支二八月，临行马色半平安。

圣叹曰：此象康王南渡，建都临安。秦桧专权遂成偏安之局。木芊，康王名构。一木会支二八月者，指秦桧也。木会为桧，春半秋半却成一秦字。

第二十二象用的是睽卦。睽卦在《周易》六十四卦中属第三十八卦。睽卦的主题是乖离。睽就是目不相视的意思。这里用睽卦是预示高宗赵构南渡偏安，与故都及徽钦二帝相乖离，永难见。谶辞"天影当空"，影是古代马字的写法。意即天马当空，指高宗赵构在北宋灭亡后起立为帝。"否极见泰"，否是坏、糟之义，泰是好、安之义。这句是说宋朝的坏运完结了，好运开始了，暗示赵构将建南宋。凤凤"森森"，凤音梵（fán），在这里是形容广大。凤凤森森指洪水滔天，隐喻金兵像洪水一样淹灭了北宋。"木芊大赖"，这句用拆字法暗指构字，指赵构，是说赖赵构继起，宋朝才转危为安。颂辞"神京王气满东南"预言汴京虽陷，但它的王气将移到东南，暗示赵构将在临安建都。"祸水汪洋把策干"，祸水指金兵，把策干，指握着鞭子赶马过河。策是鞭杆，用作动词则指驱赶。干，即岸字，指河对岸。此句说康王赵构在金兵潮水般赶来时，策马渡过长江到了对岸。民间有"康王骑泥马过河"的传说，这句颂词本此而来。"一木会支二八月"是用拆字法指代秦桧二字，木会为桧；二月是春季的一半，八月是秋季的一半，因为古代春季为一二三月，秋季是七八九月，春秋一半加起来正好是个秦字。"临行马色半平安"，这句是用双关法，指明临安二字。预言秦桧来到，临安后实行妥协议和的苟且偷安政策，即半平安之意。图谶画的是一匹马站在浩瀚无边的水上。马指康王赵构，水指金朝祸水，马临其上而安，又隐喻将在临安建都。赵构是徽宗的第九个儿子，原封康王，当金兵掳走了徽钦二帝之后，他来到南京（河南商丘）当上了皇帝。改用建炎年号，建立了南宋。在金兵的追击之下，赵构慌忙南逃，先往扬州，后又仓皇渡过长江逃往镇江，再逃至杭州。并由杭州北上驻江宁（南京），改为建康府，并向金主乞和，苦苦哀求，"愿削去旧号，是天地之间皆大金之国"，以求得金的谅解。但金益发觉得赵构易欺，遂由兀术率大军南下，赵构又急忙逃至定海，最后逃到海上避难。当金兵北还后，宋高宗才回到岸上，并在临安建都。秦桧原随徽钦二宗一起被俘北去，后来金朝把他一家大小全放了回来，利用他在南宋政权内部打击抗金派，鼓吹妥协议和。秦桧很快得到了高宗赵构的赏识，连连升官，几个月内就从礼部尚书升为宰相。后来秦桧以莫须有的罪名杀害了抗金英雄岳飞。

第二十二象"预言"的就是南宋初的历史。

第二十三象　丙戌　　兑下乾上　履

谶曰：似道非道　　乾沉坤黔
　　　详光宇内　　　一江断楫

颂曰：胡儿大张挞伐威，两柱擎天力不支。
　　　如何兵火连天夜，犹自张灯作水嬉。

圣叹曰：此象主贾似道当权，汪立信、文天祥辈不能以独立支持宋室。襄樊危急，西子湖边，似道犹张灯夜宴。宋室之亡其宜也。

　　第二十三象是履卦。履卦在《周易》六十四卦中属第十卦。履卦的主题是践履之道、行为。它的第二个爻辞说："履道坦坦，幽人贞吉"，意思是讲行为高尚，胸怀宽广，即使被囚禁起来也不忧愁悲观。预示文天祥为了抗元大业，虽遭监禁也在所不辞（文天祥又字履善）。而贾似道的操行却正好相反，非常卑鄙渺小。谶辞"似道非道"用了双关法，以似道暗指贾似道，而明地里又说似乎有道，其实无道。"乾沉坤黔"，黔读检（jiǎn），黑色的意思。这句是说天塌下来地也变得黑暗起来。影射贾似道专权，搞得天昏地暗。"祥光宇内"，用了双关法，明指吉祥的光辉照遍宇宙，实指文天祥抗元精神和浩然正气充满天下。"一江断楫"也是用了双关法，明指长江，暗指汪立信，其中一江又用了拆字法，一江相合则为汪字。此句预示抗元将领汪立信将死去，以断楫暗示死亡。颂辞"胡儿大张挞伐威，两柱擎天力不支"，指元兵大举南征，文天祥及汪立信二人力不能撑倾危的局面。"如何兵火连一夜，犹自张灯作水嬉"，指贾似道竟然在战火连天的夜晚，仍然在西湖上张灯结彩，游玩嬉戏，置国事于不顾。图谶画的是一个文臣，两手撑着屋顶，预示文天祥独撑危局。南宋末年，贾似道当权。贾似道，字师宪，少年时落魄，为游荡的赌徒。宋理宗时，因为姐姐贾氏升为贵妃，深受宠爱，所以他被授以重职，最后升为右丞相。驻军汉阳时，元兵攻鄂州，他割地纳币以求和，元兵解围，他又谎称打退了元军，被召还朝，独专朝政，权倾中外。宋度宗即位时，他以太师平章国事，封魏国公，赐第葛岭，自建了半闲堂，朝中大事都在这里面处理。整天与群妾斗蟋蟀，游饮于西湖上，夜则张灯以游。元兵再次南下，逼近建康。要求贾似道践前约割地。贾似道仓皇应敌，全军覆没，乘单舟奔扬州，被谪为高州团练使，途中

为押送官郑虎臣所杀。当时苦撑危局的有两个主要的大臣，一位是汪立信，他任江宁府时劝贾似道尽国中之兵沿江分屯置府，联络固守，但贾似道不听。后来贾似道督师驻江上，以汪立信为招讨使。他募兵增援前线诸郡，至高邮，准备控制淮汉地区，不料却听到贾似道师溃的消息，恸哭三天后自扼而死。另一位抗元名将是文天祥，字宋瑞，又字履善，累官至右丞相，曾奉诏出使元营被扣，乘隙逃回，至福州升左丞相，以都督出江西，与元兵战，大败，收残兵退循州，驻南岭，又进屯潮阳。元将张弘范追至，文天祥战败被俘。元兵将文天祥关在大都三年，但天祥至死不屈，写下了千古绝唱《正气歌》，壮烈就义。这一象"预言"的就是这一段历史。

第二十四象　丁亥　☲☴　兑下巽上　中孚

谶曰：山厓海边　　不帝亦仙
　　　二九四八　　于万斯年
颂曰：十一卜人小月终，回天无力道俱穷。
　　　干戈四起疑无路，指点洪涛巨浪中。
圣叹曰：此象主帝昺迁崖山。元令张弘范来攻，宋将张世杰兵溃，陆秀夫负帝赴海，宋室以亡。

　　第二十四象用的是中孚卦。中孚卦在《周易》六十四卦中属第六十一卦。中孚卦的主题是讲心中诚信。这里用中孚卦预示宋末诸臣忠贞不贰，力扶幼主。谶辞"山厓海边，不帝亦仙"，指南宋末帝赵昺被张世杰、陆秀夫等带到了崖山，赵昺不像个皇帝也像个仙人。因为崖山在海中，而传说海中有仙山，所以这里用仙来形容末帝。山厓则是用拆字法指崖山。"二九四八，于万斯年"，二九是用相乘关系指北宋建国一百六十七年（接近一百八十年），四八是用相乘关系指南北两宋共建国三百二十年。颂辞"十一卜人小月终"是用拆字法，影射赵字，指赵宋天下将终。"回天无力道俱穷"，指抗元将士屡战屡败，已退到海边，穷途末路了。"干戈四起疑无路，指点洪涛巨浪中"，指全国四处都被元兵占领，已无路可走，只剩下投海自尽这条路了。预示陆秀夫将抱幼帝赵昺跳入洪涛起伏的大海就义。图谶画的是一个西坠入海的太阳，海面上飘着一根倾倒的木头。太阳指赵昺，木头指支撑宋厦的栋梁。南宋末年，元兵攻陷临安，虏恭帝及谢太后而去。而宋臣陆秀夫、张世杰在福州立赵昰为帝,是为端宗。在元兵进逼下他们退到崖山(广东新会以南的海中),赵昰死后,又立赵昺为帝。后来元将张弘范入海进击,张世杰兵败而死,陆秀夫便背着小皇帝赵昺投海自尽,壮烈殉国。第二十四象"预言"的就是这段历史。

第二十五象　戊子　☶下☴上　渐
艮下
巽上

谶曰:北帝南臣　　一兀自立

　　　斡难河水　　　燕巢补麦

颂曰:鼎足争雄事本奇, 一狼二鼠判须史。

　　　北关锁钥虽牢固, 子子孙孙五五宜。

圣叹曰:此象主元太祖称帝斡难河。太祖名铁木真,元代凡十主。斧,铁也;柄,木也;斧柄十段,即隐十主之意。

第二十五象是个渐卦。渐卦在《周易》六十四卦中属第五十三卦。渐卦的主题是讲进,暗示元人进入中国。它的第三个爻辞说:"鸿渐于陆,夫征不复,妇孕不育。凶。利御寇。"意思是说,鸿雁飞到了大陆上,丈夫出去征战没再回来,妇女怀孕却流了产。是凶兆,不过有利于抵御贼寇。这里用渐卦的目的在于以鸿雁暗指元宰相伯彦,因以指代元军,预示元军入寇中原,结果南宋人民受尽了苦难;男的战死,女的成了孤身一人的寡妇(因流了产,无子),元朝终于成了中原的统治者。谶辞"北帝南臣,一兀自立",指北面来的元人做了皇帝,南面的宋帝做了臣子,元朝得以建立。一兀自立是用拆字法隐指元字。"斡难河水,燕巢补戴",戴读赎音(shù),是个姓。这里大概是指麦秸。斡难河是蒙古高原上的一条著名河流,铁木真统一蒙古各部落后,就在这条河边召集了一次部落首领大会,被推为成吉思汗,建立了蒙古帝国。铁木真原先出生于孛儿只斤氏族,他的父亲也速该是这个族的首领,被塔塔儿人毒死,部族分崩离析,像燕雀的巢倾覆了一样;而铁木真终于重振部族,并统一全蒙古,所以说"燕巢补戴"。颂辞"鼎足争雄事本奇,一狼二鼠判须臾",是说各政权互相对峙争雄演出的事件非常奇异壮烈,是一个奇观。狼指具有旋风气势的蒙古人,二鼠指金与南宋,二政权皆被蒙古元朝轻而易举摧毁。"北关锁钥虽牢固,子子孙孙五五宜。"北关指元朝政权,是说元朝政权虽然像雄关铁锁那样坚固牢靠,但它也只有十代的寿命;五五是用相加关系隐示元朝十主。图谶画的是一把十节柄的斧头。诚如"圣叹"所说,十节预示元朝十主,斧是铁质,隐喻铁木真的铁字,柄是木质,隐喻木字。笔者认为,画一只斧头的另一含义在于,元朝君主皆姓"孛儿只斤",斤即斧头,一只斧头即表示"只斤",因此,这只斧头不仅隐喻铁木真,而且隐喻元朝诸君。当初蒙古人受金人统治,金人对它实行"减丁"政策,隔几年去杀一次蒙古男人。但铁木真终于统一了各部落,并在斡难河畔当上了成吉思汗,建立了蒙古帝国。到忽必烈时,蒙古已灭了金朝,并经过四十年的战争灭掉了南宋,建立了元朝。经过十主九十余年的统治,到1368年时终于被朱元璋所推翻。第二十五象"预言"的就是元代的这段历史。

第二十六象　己丑 ䷲ 震下
震上　震

谶曰:时无夜　　年无米
　　　花不飞　　贼四起
颂曰:鼎沸中原木木来,四方警报起边垓。
　　　房中自有长生术,莫怪都城彻夜开。

　　圣叹曰:此象主顺帝惑西僧房中运气之术溺于娱乐,以致刘福通、徐寿辉、方国珍、明玉珍、张士诚、陈友谅等狼顾鸱张,乘机而起,宦官朴不花壅不上闻,至徐达、常遇春直入京师,都城夜开,毫无警备。有元一代竟丧于淫僧之手,不亦哀哉! 刘福通立韩林儿为帝,故曰木木来。

　　第二十六象是个震卦。震卦在《周易》六十四卦中属第五十一卦。震卦的主题是雷震,预示元末的局面犹如炸雷,各路义军蜂起,天下震动。谶辞"时无夜,年无米",指元末的局面,顺帝在宫中不分昼夜地淫乐,而老百姓却年年缺米少食。"花不飞,贼四起",花不飞指朴不花,这个宦官隐瞒下情,致使义军四起。贼是《推背图》作者对元末起义农民的诬蔑性称呼。颂辞"鼎沸中原木木来",木木是用拆字法隐指韩林儿的林字。这一句是说,中原地区红巾军已经起义,韩林儿已经威胁元朝了。"四方警报起边垓",是说各地的警报从四方传来。"房中自有长生术",是指元顺帝宠信一位西僧,跟着他学房中术和长生术。"莫怪都城彻夜开",指顺帝沉溺于酒色娱乐之中,而贴身宦官朴不花又隐瞒警报,结果大都毫不防备,城门日夜敞开,最后被明将徐达、常遇春轻易攻破。图谶画的是一位僧人,身后有一群妃姜,预示西僧教顺帝房中之术。元朝末年,民穷财尽,政府只得采取"开河变钞"的手法弄钱,变钞即用变更钞法的办法搜刮民膏,开河即开挖黄河故道,除水患,开漕运、保盐场。结果开河征发了大批民工,韩山童、刘福通便鼓动民工起义,号为红巾军。韩山童战死,刘福通便立其子韩林儿为宋帝。与此同时,全国各地义军蜂起,朱元璋加入了郭子兴的队伍,后来成为统帅,灭掉群雄,建立大明,派徐达、常遇春直捣北京。而此时顺帝还在向西僧学习房中长生之术,并日夜宴饮,宦官朴不花隐瞒军情,使京城防备松弛,为明军一举攻克。第二十六象"预言"的就是这段历史。

第二十七象　庚寅　☷☳　坤下 豫
　　　　　　　　　　　　震上

谶曰：惟日与月　　下民之极
　　　应运而兴　　其色曰赤

颂曰：枝枝叶叶现金光,晃晃朗朗照四方。
　　　江东岸上光明起,谈空说偈有真王。

圣叹曰：此象主明太祖登极。太祖曾为皇觉寺僧。洪武一代,海内熙洽,治臻太平。

第二十七象是豫卦。豫卦在《周易》六十四卦中属第十六卦。豫卦的主题是预计,谋划。它的卦辞是"豫。利建侯、行师。"意思是说预计谋划,有利于建立侯国和行军打仗。预示明太祖将顺利用兵,战胜群雄,推翻元朝,建立国家。谶辞"惟日与月,下民之极",前句用拆字法隐指明字,全句是说只有明朝,才是老百姓向往的模范王朝。极,极则,模范。"应运而兴,其色曰赤",下句是用双关法,明指赤色,暗指朱元璋。二句是说朱元璋应运而起,当上皇帝。颂辞"枝枝叶叶现金光,晃晃朗朗照四方",前句是讲日月照耀下的带拐的树(朱氏),枝枝叶叶都是龙子龙孙,都是皇帝,故金光闪闪;后一句讲大明光芒照四方。预示朱氏将建立大明,当上皇帝。"江东岸上光明起",预示朱元璋将在南京建立大明。江东岸上指南京地区。"谈空说偈有真王"，预言朱元璋当上皇帝。因朱元璋曾在皇觉寺当过和尚，所以用谈空说偈隐指朱元璋。谈空说偈是佛家用语。图谶画的是一棵树，树左有一个拐尺，树顶天空上有一个日和一个月。树即木，左边加一拐尺正是个朱字。日月相加正是个明字，预示朱元璋将建大明。朱元璋幼年家贫，又遇上瘟疫，亲人死绝，不得已来到皇觉寺当了小和尚。郭子兴在濠州起义后，朱元璋投奔了他，并娶其养女马氏为妻，逐步掌握了这支队伍。他东灭张士诚，西平陈友谅、明玉珍，北扫元朝，建立了大明王朝。第二十七象"预言"的就是这段历史。

第二十八象　辛卯　☰☷　坎下
　　　　　　　　　　　震上　解

谶曰：草头火脚　　宫阙灰飞
　　　家中有鸟　　郊外有尼
颂曰：羽满高飞日，争妍有李花。
　　　真龙游四海，方外有吾家。
圣叹曰：此象主燕主起兵，李景隆迎燕兵入都，宫中大火，建文祝发出亡。

　　第二十八象是解卦。解卦在《周易》六十四卦中属第四十卦。解卦的主题是讲瓦解、分解，预示建文朝将土崩瓦解。谶辞"草头火脚"，用拆字法指燕字，因为燕字就是草字头火字脚；预示燕王朱棣将造反。"宫阙灰飞"，指皇宫将被建文帝自己焚毁。'家中有鸟，郊外有尼'。鸟指燕，尼指尼姑，这里指和尚。这两句是预言燕王朱棣将入主宫中，而建文帝朱允炆反倒流落在外当和尚。颂辞"羽满高飞日"，指燕王羽毛丰满，举兵叛乱，当了皇帝。"争妍有李花"，李花是双关语，明指李花，实指李景隆。李景隆曾是朱允炆的大将，率兵征燕，屡战屡败，被撤职。朱棣进迫南京，李景隆遂迎降。妍即艳，此句指李景隆也出来露脸面，迎降燕王。"真龙游四海，方外是吾家"，真龙即真龙天子，指朱允炆，传说他逃往外地当了和尚，四处化缘流浪；方外指佛门。图谶画的是一座起火的宫殿，预示朱允炆的宫殿被烧毁。朱元璋死后，皇位由皇太孙朱允炆继承。朱允炆见诸宗藩手握重兵，势力日大，便采取削藩政策，废黜了几个小藩；燕王朱棣见势不妙，先是装疯，待时机成熟，便诱杀了北平军政官员，举兵叛乱。朱允文派国戚李景隆带兵平乱，景隆不懂兵法，指挥失措，结果丧师损将。燕兵直逼南京，李景隆开门迎降,朱允炆慌忙断发为僧,仓皇出逃,并将宫殿付之一炬;朱棣堂而皇之地做了皇帝。第二十八象"预言"的就是这段靖难之役的历史。

第二十九象　壬辰　巽下
震上　恒

谶曰:枝发厥荣　　为国之栋
　　　嗥嗥熙熙　　康乐利从
颂曰:一支向北一枝东,又有南枝种亦同。
　　　宇内同歌贤母德,真有三代之遗风。
圣叹曰:此象主宣宗时张太后用杨士奇、杨溥、杨荣,三人能使天下乂安,希风三代,此一治也。时人称士奇为西杨,溥为南杨,荣为东杨。

　　第二十九象是个恒卦。恒卦在《周易》六十四卦中属第三十二卦。恒卦的主题是讲恒常之理。预示三杨时代虽无惊天动地的伟业,但却在平常之中教化民风,直追三代。谶辞"枝发厥荣,为国之栋",指三杨枝繁叶茂,成为国家的栋梁之材。"嗥嗥熙熙",嗥嗥(hào 号),明朗舒畅;熙熙,光明,兴盛。此句形容大明朝在三杨的治理下天地明朗,人心舒畅。"康乐利众"指康乐万方,民众得利。颂辞"一枝向北一枝东,又有南枝种亦同",一枝指一棵杨树,向北的北字显然有误,当作西字。指西杨杨士奇;向东的指东杨杨溥;向南的指南杨杨荣。种亦同,指南枝也是杨树。"宇内同歌贤母德",贤母指张太后,英宗初立年幼,张太后临朝,任用三杨,天下称治。"圣叹"谓是宣宗时,显然有误。"直有三代之遗风",三代指尧舜禹三代,或夏商周三代,都是有名的德治年代;是说三杨及张太后执政时有三代的优良遗风。图谶画的是三棵杨树,指杨士奇、杨溥和杨荣。宣宗皇帝死后,英宗立,当时只有九岁,由其母张太后听政,任命三杨为辅臣兼大学士,治理天下。三人在主幼国疑之时,联袂执政,使国家安定而平稳,民赖以安。第二十九卦"预言"的就是这段历史。

第三十象 癸巳 ䷭ 巽下 坤上 升

谶曰：半圭半林　　合则生变

　　　石亦有灵　　生荣死贱

颂曰：缺一不成也占先，六龙亲御到胡边。

　　　天心复见人心顺，相克相生马不前。

圣叹曰：此象主张太后崩，权归王振，致有也先之患。其后上皇复辟，石亨自诩首功，卒以恣横伏诛，此一乱也。

第三十象用的是升卦，升卦在《周易》六十四卦中属第四十六卦。升卦的主题是讲上升发展。预言英宗复辟，重升宝位。谶辞"半圭半林，合则生变"，是用拆字法隐指土木二字；预言土木堡之变。"石亦有灵，生荣死贱"，石指石亨，他在英宗从瓦剌放回来后，发动政变，挟英宗复位，立下首功，受到了最高的礼遇，但后来却功高震主，被英宗诛杀，所以说是生荣死贱。颂辞"缺一不成也占先"，用拆字法暗示也先（即也先）。也字缺一即成也。"六龙亲御到胡边"指英宗亲自出征蒙古瓦剌部。"天心复见人心顺"，用的是双关语，一是指英宗复辟，顺应人心，一是隐指天顺二字。天顺是英宗复辟后的年号；他第一次在位时的年号是正统。"相克相生马不前"，指土木堡事变英宗被俘。土木就是相生相克的关系。图谶画的是一块石头旁站着一只虎。"石指"石亨，虎是兽中之王，故指王振。英宗在父亲宣宗死后继位，当时只有九岁，由三杨辅政，张太后临朝。但三杨及太后相继谢世，大权尽归宦官王振。他整天引导英宗巡幸游玩。当蒙古瓦剌部首领也先领兵内犯时，王振仓促让英宗御驾亲征，结果在土木堡遇到瓦剌军队，全军覆没，英宗也被俘。也先乘势直捣北京城，朝廷上下一片惊慌，于谦等大臣果断地拥立英宗的弟弟郕王为帝，是为景帝。也先见无利可图，便将英宗放了回来，景帝尊之为太上皇。景泰八年当景帝病重时，石亨等发动宫廷政变，拥立英宗复辟，景帝忧愤而死。石亨后来居功自傲，被英宗处死。第三十象"预言"的就是这段历史。

第三十一象 甲午 ䷤ 离下 家人
巽上

谶曰：当涂遗孽　秽乱宫阙
　　　一男一女　断送人国
颂曰：忠臣贤士尽沉沦，天启其衷乱更纷。
　　　纵有胸怀能坦白，乾坤不属旧明君。
圣叹曰：此象主天启七年间，妖氛漫天，元气受伤。一男一女，指魏忠贤与客氏而言。客氏熹宗乳母，称奉圣夫人。

　　第三十一象是家人卦。家人卦在《周易》六十四卦中属第三十七卦。家人卦的主题是讲家庭事务。这里用家人卦是预示天启年间熹宗的家人客氏及"家奴"魏忠贤专权乱政。谶辞"当涂遗孽，秽乱宫阙"，当涂指当道，即专权，这里指客氏与魏忠贤。两句是说魏忠贤与客氏专权跋扈，在宫中淫乱为奸。"一男一女，断送人国"，一男指魏忠贤，一女指客氏，说二人断送了大明江山。因为在他们专政时期，明朝士大夫精英被全数摧垮。颂辞"忠臣贤士尽沉沦"，忠臣贤士是指东林党，魏忠贤执政，使东林党人遭到迫害和罢斥。"天启其衷乱更纷"，是说这种混乱的局面是上天启示的；另外，天启又指天启年间。"纵有胸怀能坦白，乾坤不属旧明君"，是言纵使崇祯能以宽大的胸怀改正冤假错案，但已回天无力，天下将不再为大明所有了。图谶画的是一男一女，男的指魏忠贤，女的指客氏。明天启年间，熹宗继位，宦官魏忠贤勾结熹宗的乳母客氏，控制熹宗，把持朝政，权势显赫。依附他的人称他为九千岁，建立生祠，遂得高官；那些刚直不阿的忠直士大夫东林党却遭到了他的疯狂迫害，杨涟、左光斗等被杖死在狱中，其他的人也纷纷被罢斥关押。崇祯皇帝继位后，处死了客氏，贬斥了魏忠贤，魏忠贤在途中自缢而死。崇祯为东林党人纷纷平反，但大明气数已尽，无力回天了。第三十一象"预言"的就是这段历史。

第三十二象 乙未 ䷯ 巽下 坎上 井

谶曰：马迹北阙　犬嗷西方
　　　八九数尽　日月无光
颂曰：**杨花落尽李花残，五色旗分自北来。**
　　　太息金陵王气尽，一枝春色占长安。
圣叹曰：此象主李闯、张献忠扰乱中原，崇祯投缳煤山，福王偏安，不久明祀遂亡。颂末句似指胡后，大有深意。

第三十二象是井卦，井卦在《周易》六十四卦中属第四十八卦。井卦的主题是陷阱，预示明朝将塌陷覆灭。谶辞"马迹北阙"马指李闯王，北阙指北京的宫殿。预言李闯王将攻陷北京。"犬嗷西方"，犬是对张献忠的诬称，西方指四川，预言张献忠将占领四川。"八九数尽，日月无光"，八九是用相加关系，隐喻崇祯年号只有十七年的寿命。日月是用拆字法指明，预言大明将不再明亮发光，即明将灭亡。颂辞"杨花落尽李花残"，李花指李自成，预言李自成将被满清打败。"五色旗分自北来"，五色旗，指满清八旗中的五种主要旗兵从关外进来。"太息金陵王气尽，一枝春色占长安"，前句太息即叹息，金陵指南明福王政权，预示福王政权将被清军所灭；后一句谓清朝将建立。一枝春色指清明时节，即指清。图谶画的是一个站在城门中的马，是暗射闯字，指李闯王李自成。明末，崇祯继位后虽力图振兴，但大明气数已尽，灾害不断，农民起义蜂起云涌，李自成与张献忠在各支起义军中脱颖而出，成为打击腐朽明王朝的主要力量。张献忠占领了四川，在成都号大西王，李自成则初占襄阳，继克西安，又从西安东进，沿大同、宣府直入北京，崇祯皇帝自缢于煤山（今景山公园）。明亡后，福王朱由崧在南京称帝，建立了南明。不久，吴三桂勾引清兵入关，打败了李自成灭了南明，建立了清朝。第三十二象"预言"的就是这段历史。

第三十三象　丙申　䷛　巽下兑上　大过

谶曰：黄河水清　　气顺则治
　　　主客不分　　地支无子

颂曰：天长白瀑来，胡人气不衰。
　　　藩篱多撤去，稚子半可哀。

圣叹曰：此象乃满清入关之征。反客为主，殆亦气数使然，非人力所能挽回欤。辽金而后胡人两主中原，觥觥汉族，对之得毋有愧？

第三十三象是大过卦。大过在《周易》六十四卦中属第二十八卦。大过的主题是讲太过、过头。预示满清处事太过，反客为主，统治中原。谶辞“黄河水清”，用了双关法，明指水清，暗指满清；黄河象征中原，预示满清入主中原。“气顺则治”，它用了双关语，明谓满清顺天运而治天下，暗指顺治二字。顺治是入关时的清帝福临的年号。“主客不分”，指清人入关反客为主。“地支无子”，地支指子丑寅卯辰巳午未申酉戌亥，地支无子，预言清朝将在辛亥年被推翻。因为亥后照例当重新从子开始顺序，无子即止于亥年。颂辞“天长白瀑来，胡人气不衰”指满清气运正盛，犹如到了夏天。因为夏天天长夜短，雨水增多，山上常有白瀑挂着。“藩篱多撤去，稚子半可哀”，藩篱指清初在南方建立的三个藩国，即云南的平西王吴三桂、广东的平南王尚可喜、福建的靖南王耿精忠。康熙继位后，撤去了这三个藩国。“稚子半可哀”，稚子指尚之信，他是尚可喜的儿子，虽然参与三藩之乱，但后来又投降了清朝，半可哀是双关语，既指尚之信参与叛乱但及时醒悟可哀之处仅有一半，又暗示“尚可喜”三字。既然是半可哀，那么尚有可喜的一半。图谶画的是一艘战船坐着许多兵在河上行走，上面插着旗帜。船及人指满清军队，水指黄河，预示满清占领了中原。满清入关后，平定了南明政权，镇压了农民起义，为了酬谢三位降清而立下大功的汉族将领，封吴三桂为平西王驻云南，尚可喜为平南王驻广东，耿精忠为靖南王驻贵州。当他们得知康熙帝将撤藩时，便发动了三藩之乱，起初势头旺盛，占据了云贵、两广、湖南、四川等地，但康熙采取恩威并施手段，使耿精忠及尚可喜之子尚之信投降，然后专力平定吴三桂。吴三桂在衡阳即帝位，国号周，不久病死，其孙吴世璠继位。后清军入昆明，吴世璠自杀，三藩之乱遂平。第三十三象"预言"的就是这段历史。

第三十四象　丁酉 ䷸ 巽下 巽
　　　　　　　　　　巽上

谶曰：头有发　　衣怕白
　　　太平时　　王杀王
颂曰：太平又见血花飞，五色章成裹外衣。
　　　洪水滔天苗不秀，中原曾见梦全非。

圣叹曰：证已往之事易，推未来之事难。然既证已往，不得不推及将来。吾但愿自此以后，吾所谓平治者，幸而中，吾所谓不平治者，幸而不中；而吾或可告无罪矣。此象疑遭水灾或兵戎与天灾，共见此一乱也。

肖琴曰："此象主太平天国事，盖蓄发衣红，建号后东王北王等即见杀。颂三四句且嵌入洪秀全三字，图谶均显极。"

第三十四象为巽卦。巽卦在《周易》六十四卦中属第五十七卦。巽卦的主题是讲服伏，顺伏，预示洪秀全用拜上帝教使人们信服，从而举行的反清起义。谶辞"头有发，衣怕白"，用特征法隐喻太平军留长发、穿红衣。清入关后下令剃发，男人额上的头发都剃得光光的，而太平军则敢违抗清令，留长头发，被称为"长毛"。"太平时，王杀王"，指太平天国时东王李秀清被北王韦昌辉所杀，天王洪秀全又杀了韦昌辉。颂辞"太平又见血花飞，五色章成里外衣"，指太平天国起义，杀了很多清朝将卒。后一句指太平军身着五色章服。"洪水滔天苗不秀，中原曾见梦全非"，前句诬蔑太平军像洪水一样给庄稼带来了灾难，后句暗示太平军失败。两句合起来又暗含洪秀全三字。图谶画的是洪水包围着的一丛芦苇，岸上有几具尸骨。洪水指洪秀全及太平军，芦苇指韦昌辉，几具尸骨指在太平革命中死去的人。清朝后期，清政府对外容忍帝国主义剥削，对内残酷压榨劳动人民。洪秀全便创建了拜上帝会，在广西桂平市金田村举行了起义。太平军势力发展很快，连克武昌、安庆、南京，改南京为天京，定都于此。但自从太平军建都后，内部高级将领就贪图享乐，争权夺利。东王杨秀清野心膨胀，逼洪秀全封他为"万岁"，洪秀全表面应允，暗召北王韦昌辉入京，杀了杨秀清，并株连了大批太平军将士。翼王石达开提兵问罪，洪秀全便杀了韦昌辉，并逼得石达开率精锐兵十万出走,致使太平天国最终失败。第三十四象"预言"的就是这段历史。

　　金圣叹的合若符节的注释便止于此象。似乎在向人们暗示清人金圣叹的确见过《推背图》并为之作了注,而这种注释的准确性又止于清后期,即他力所能及的时期,以此证明金圣叹注释的不可怀疑性。但是,从第三十五象直到第四十象,《推背图》的原文所"预言"的事非常"灵验",而在这几象上,又有金圣叹不太准确的注释。毋庸置疑,《推背图》的这几象的预言的"灵验",都是后人安排好的,是后人假托的,那么加于其上的金圣叹的注释必然也是伪造的。不过伪造者伪造的很巧妙,故意让他注释模糊不定,以此保全以上注释准确的可信性,以造成金圣叹的确作了注的假象。

第三十五象　戊戌　　　　震下　随
　　　　　　　　　　　　兑上

谶曰:西方有人　　足踏神京
　　　帝出不还　　三台扶倾
颂曰:黑云黯黯自西来,帝子临河筑金台。
　　　南有兵戎北有火,中兴曾见有奇才。

圣叹曰:此象疑有出狩事,亦乱兆也。

肖琴曰:"此象主英法联军逼北京,火焚圆明园事。咸丰帝既出狩热河,诏曾国藩提兵入卫,而太平天国军事未了,兼筹并顾,末句尤验。"

　　第三十五象是随卦,随卦在《周易》六十四卦中属第十七卦。随卦的主题是讲相随;随同。它的第四爻说:"随有获,贞凶。有孚在道以明,何咎。"意思是讲,跟随的人有被俘获的,是凶兆。有的随从在路途中被俘,但是与敌人订立盟约,就不会有事了。明,即盟。这里是预示英法联军入侵,咸丰帝仓皇出逃;达官贵人、宫嫔姜女、京城百姓跟随逃难,有不少在途中被俘。但后来清政府与英法联军订立和约,才解除危机。谶辞:"西方有人,足踏神京",预言英法联军进攻北京。"帝出不还,三台扶倾",前句说咸丰帝逃到承德后病死,再也没活着回来,后句讲顾命大臣载垣、端华、肃顺三人力扶倾危,苦撑局面。颂辞"黑云黯黯自西来,帝子临河筑金台",前句比喻英法联军以黑云压城之势袭来,后句讲咸丰帝逃往热河承德建立朝廷,金台指朝廷。"南有兵戎北有火",指南边在与太平军作战,而北京则有英法联军燃起的战火。"中兴曾见有奇才"，曾是双关语，明是副词，暗指曾国藩，指曾国藩将成为大清中兴的奇才。公元1856年，英国借口亚罗号事件，法国借口西林教案，联合起来向中国进攻，先攻克广州，又北上攻陷大沽口、天津，咸丰帝仓皇逃往热河承德，英法联军遂陷北京，焚毁了圆明园。咸丰诏湘军头领曾国藩勤王，但又为太平军拖住。清只得派奕䜣与英法联军签订了丧权辱国的《北京条约》。咸丰在热河病死，由载垣、端华、肃顺等人执政。后来慈禧太后勾结奕䜣发动北京政变，杀了他们，掌握了大权，并与西方列强勾结起来，由曾国藩等为干将，镇压了太平天国。图谶画的是一个城门，一群手持弓箭的人正欲进城，预示英法联军攻陷北京。第三十五象"预言"的就是这一段历史。

第三十六象　己亥　☰ 乾下巽上　小畜

谶曰：纤纤女子　　赤手御敌
　　　不分祸福　　灯光蔽日
颂曰：双拳旋乾坤，海内无端不靖。
　　　母子不分先后，西望长安入观。
圣叹曰：此象疑一女子能定中原，建都长安。
肖琴曰："此象主拳匪之乱。谶、颂均见红灯罩、八卦旗，及祸首端王等甚明。而两宫西狩长安竟直指，无丝毫隐。惟观字稍迷。圣叹所料亦已匪易。"

　　第三十六象是小畜卦。小畜在《周易》六十四卦中属第九卦。小畜卦的主题是讲滋生，预示将滋生义和拳之变。谶辞"纤纤女子，赤手御敌"，预示义和拳的妇女组织红灯照赤手空拳地打击八国联军。"不分祸福，灯光蔽日"，是说红灯照的姐妹们以空拳对付洋枪洋炮，不顾祸福，战场上到处都可以见到她们手拎的红灯笼，简直把日光都遮住了。颂辞"双拳旋转乾坤，海内无端不靖"，是说义和拳的战士们用双拳把世道改变了，结果无端弄得海内不平静，这是《推背图》作者对义和拳运动的诬蔑。事实上是因为有西方列强侵略，才会引发义和拳运动。端又暗指端王利用义和团，引起动乱。"母子不分先后，西望长安入观"，母指慈禧太后，子指光绪皇帝。光绪虽是慈禧的外甥，但已过继为子，故二人乃母子关系。此二句预言慈禧带着光绪逃难到了西安。清朝后期，西方列强对中国实行经济、文化、政治乃至军事上的侵略，到处建造教堂,天津、山东是重灾区,因此引起了义和拳运动及红灯照活动,他们烧教堂,杀洋人,破坏铁路电话线,方式有点极端,引起了八国联军的镇压。这时慈禧听信了端王的话,想利用义和团对付西方列强,于是让义和团入京津与清兵一起抗敌,给八国联军以沉重打击。但不久清政府出卖了义和拳,从背后开枪,与敌人一起镇压了义和团。八国联军攻下北京,慈禧带着光绪逃到西安,最后与八国联军签订了丧权辱国的《辛丑条约》。图谶画的是一女子骑马,一女子提着红灯笼,一男子跪请提灯笼女子。骑马女似指慈禧逃跑,提灯笼女子乃红灯照成员,跪着的男子指端王,正请红灯照去抗击洋人。第三十六象"预言"的就是清后期义和团起义的这段历史。

第三十七象　庚子　☲☴　震下巽上　益

谶曰:汉水茫茫　　不统继统
　　　南北不分　　和衷与共
颂曰:水清终有竭,倒戈逢八月。
　　　海内竟无王,半凶还半吉。
圣叹曰:此象虽有元首出现,而一时未易平治,亦一乱也。
肖琴曰:"此象主辛亥革命事。武昌起义,宣统逊位,继之者为民国总统,改立共和政体,时间地点无一差忒。且知无王号之称,而河山光复则吉,军阀割据则凶。图中画一黎人,手捧一元,下浸洪水,乃明指黎元洪名也。"

　　第三十七象是益卦。益卦在《周易》六十四卦中属第四十二卦。益卦的主题是讲增益、有益。预示民国建立是有益之事。谶辞"汉水茫茫",用了双关法,明指汉水,暗指武汉,预言武昌起义。"不统继统"统指宣统皇帝和清朝统绪,是说宣统皇帝被推翻,以后大清也不会再有统绪可继承了。"南北不分,和衷与共",指地不分南北,人不分汉满,都和衷共济,共同生活在共和国时代;下句还暗含了共和二字。颂辞"水清终有竭,倒戈逢八月",前句隐示清朝灭亡,后句指阴历八月将发生辛亥革命。辛亥革命发生在辛亥年阳历十月十日,而阴历正好是八月十九日。倒戈,指起义。"海内竟无王,半凶还半吉",指辛亥革命推翻了清帝,国家只有总统而没有王了,这样虽然带来了军阀割据,有点凶险,但推翻满清建立民国又毕竟是件吉祥的事。图谶画的是一位黎人,手捧一个首级,站在水中。首就是元,水指洪水,故此图确如朱肖琴所说的那样,是指黎元洪。清朝末年,政府建立了许多新军,孙中山领导的同盟会便在新军中做了很多策反工作。1911年10月10日,武昌的新军率先起义,他们逼着当时的清军协统黎元洪出来组建了湖北军政府。接着南方各省相继脱离清政府,宣告独立。清朝派袁世凯率北洋兵南下镇压,但袁世凯却在与南军谈判后逼清帝宣统退位,自己当上了民国总统。从此帝制崩溃,共和政体建立。但袁世凯复辟未遂而死后,北洋军阀却连年混战。第三十七象"预言"的就是这段历史。

第三十八象　辛丑　䷔　震下　噬嗑
　　　　　　　　　　离上

谶曰:门外一鹿　　群雄争逐
　　　劫及鸢鱼　　水深火热
颂曰:火运开时祸蔓延,万人后死万人生。
　　　海波能使江河浊,境外何殊在目前。
圣叹曰:此象兵祸起于门外,有延及门内之兆。
肖琴曰:"此象主一九一四年甲寅欧洲大战事。因中国参战,故有此象,而毕竟在国境以外,故曰门外云云。而鸢鱼水火画尽近代机械战争。"

　　第三十八象是噬嗑卦。噬嗑在《周易》六十四卦中属第二十一卦。噬嗑卦的主题是讲吃喝、吞噬。这里预示第一次世界大战吞噬大量的生命。谶辞"门外一鹿,群雄争逐",指国门外的欧洲,各国都相互争斗;鹿这里指代利益及霸权,故为各国所争逐。"劫及鸢鱼,水深火热",鸢读冤(yuān),即老鹰。这里是说第一次世界大战战火激烈,连天上飞的鸟,水中游的鱼都难以幸免,真是水深火热。另一方面鸢指飞机,鱼指战舰,它们也损折无数。颂辞"火运开时祸蔓延,万人后死万人先",火运指机械化战争时代,此二句是说机械化战争时代战祸蔓延很广,死人都是成千上万。"海波能使江河浊"是说各国战舰在海上作战掀起的巨浪一直波击江河,连江河都搅浑了。"境外何殊在目前",是说战争规模大,波及面广,虽在国外作战,但与在眼前作战没什么区别,何况中国还直接派兵参了战。图谶画的是一个院门外死了很多人,预示国门之外的欧洲战场上死了很多士兵。第一次世界大战是机械化战争,海陆空一齐上,军舰潜艇大炮坦克及飞机飞艇立体作战。作战双方一方是德国、奥匈帝国、土耳其等同盟国,另一方是英、法、俄、美、日等协约国,中国北洋政府也派军加入协约国作战,双方共有二十五个国家参战,战场主要在欧洲,最后以同盟国的失败而告终。第一次世界大战给人类带来了巨大的灾难。第三十八象"预言"的就是这段历史。

第三十九象　壬寅　☷　震下　颐
　　　　　　　　　　　　艮上

谶曰:鸟无足　　山有月

　　　旭日升　　人都哭

颂曰:十二月中气不和,南山有雀北山罗。

　　　一朝听得金鸡叫,大海沉沉日已过。

圣叹曰:此象疑外夷争斗,扰乱中原,必至酉年始得平定也。

肖琴曰:"此象主中日战事。鸟无足而立于山上,乃岛字也。山有月乃崩字也。旭日初升乃明指日本举兵侵华,初则其势甚锐,迨至十二月八日,太平洋战事发生,始如雀入罗网。罗乃罗斯福也。更至乙酉年甲申月,正鸡年金月之时,日皇竟下诏降。此象事迹乃在民国二十至三十四年间,与金陵塔刘碑谶文相合,奇哉!"

　　第三十九象是颐卦。颐卦在《周易》六十四卦中属第二十七卦。颐卦的主题是讲颐养种植,它的第一个爻辞说:"舍尔灵龟,观我朵颐。凶。"意思是讲,你放着大量的财宝不用,却来窥伺我的衣食,那是不会有好结果的。朵颐,堆起来的粮食。这里用颐卦是预示日本人入侵中国掠夺中国的财富,但最终没有好下场。谶辞"鸟无足,山有月",前句合图而知,鸟无足站在山上是个岛字,指日本列岛。山有月,是个崩字。预示日本必败。"旭初升,人都哭",旭是初升的日头。这二句是说,当日本初起时力量强盛,给中国人民带来了灾难,故人人都哭。颂辞"十二月中气不和,南山有雀北山罗",朱肖琴解释这两句非常准确。十二月中指十二月八日,日本偷袭珍珠港,太平洋战争爆发,日本不得不抽调大批军队对付美国,因此它在中国战场的攻势就不得不停顿下来,显得中气不足。雀即鸟,鸟指岛,岛指日本;罗是双关语,明指罗网,暗指美国总统罗斯福。日本从此被美国缠住。"一朝听得金鸡叫,大海沉沉日已过",前句用了生肖法隐喻日本投降时间。日本投降是1945年,农历正好是乙酉年,而在生肖中,酉正好属鸡。这二句是说,1945年一到,日本便像太阳下山那样退出了中国,投降了。第三十九象"预言"的正是这段历史。

以上是第22~39象的预言,它预言的是从南宋到抗日战争时的历史,共预言了十八件事,件件"灵验"无爽。而以下从40~60象的预言,却无一应验,除了有些事件未到来外,第40象、41象这样民国以后至今应该说已经发生了的事件,却仍无一件与事实相合。所以说,《推背图》产生于民国人假托的可能性极大。下面,我们难以作详尽的阐释,只能将第40~60象的原文及"圣叹"注照录于下,并从制作方法上略做分析。

第四十象　癸卯　☰☷　巽下艮上　蛊

谶曰:一二三四　　无土有主

　　　小小天罡　　垂拱而治

颂曰:一口东来气太骄,脚下无履首无毛。

　　　若逢木子冰霜涣,生我者猴死我雕。

圣叹曰:此象有一李姓能服东夷,而不能图长治久安之策,卒至旋治旋乱,有兽活禽死之意也。

第四十象是蛊卦。蛊卦在(周易)六十四卦中属第十八卦,它的主题是讲习行父亲之事。蛊通故,即事。图谶画有三个儿童,手各持一轮盘,似在习父辈之事。三童是在玩游戏,但它预示什么尚不清楚。谶辞似在说一位没有国土的君主,无为而治。颂辞则似乎用了两个拆字法,分别隐指日(一口),木子(李),大概是说有一位日君从东而来,气陷万丈,只是此君光秃秃脚无鞋头无发。但遇到姓李的人则气焰顿消,像霜见到太阳一样,此日君为猴(及所代表的东西)所救,而死后尸为雕所食,暗示抛尸荒野。从此象可见,《推背图》及注的炮制者,已无法再自圆其说。他们大概炮制了民国之谶,以为以后的事情反正未来,瞎编几个也无妨。不料历史发展到今天,其所"预言"之事仍未发生,使其作伪的痕迹显露了出来。

第四十一象　甲辰　　离下　离
　　　　　　　　　　　　　　离上

谶曰：天地晦盲　　草木蕃殖
　　　阴阳反背　　上土下日
颂曰：帽儿须戴血无头，手弄乾坤何日休。
　　　九十九年成大错，称王只合在秦州。
圣叹曰：此象一武士擅握兵权，致肇地覆天翻之祸，或一白姓者平之。

　　第四十一象是离卦。离卦在《周易》六十四卦中属第三十卦。它的主题是讲遭祸、战祸。离通罹，即遭遇。谶辞是讲天地昏暗，但草木却很茂盛，阴与阳相背，地上了天，太阳却下了地。颂辞中的血无头是个皿字，但它怎么与帽儿相配却不得而知。手弄乾坤何日休指这位"血无头"的人专权擅政，玩乾坤于股掌之上。过了九十九年他犯下了大错，结果有人在秦州称了王。图谶画的是那位大权在握的人，把日头踩在脚下。指他手握乾坤。

第四十二象　乙巳　　艮下　旅
　　　　　　　　　　　　　　离上

谶曰：美人自西来　　朝中日渐安
　　　长弓在地　　　危而不危
颂曰：西方女子琵琶仙，皎皎衣裳色更鲜。
　　　此时浑迹居朝市，闹乱君臣百万般。
圣叹曰：此象疑一女子当国，服色尚白，大权独揽，几危社稷，发现或在卯年，此始

乱之兆也。

第四十二象是旅卦。旅卦在《周易》六十四卦中属第五十六卦。它的主题是讲旅行。预示一女子从西方旅行至中国，独揽大权。谶辞"美人自西来，朝中日渐安。长弓在地，危而不危"，是说有一位美女从西方而来，到中国后掌握了大权，使争斗的朝中安静了下来，很多人都放下了武器（弓），因此国家从危机转为安全。颂辞说，西方来的美女是位琵琶仙子，穿的是洁白的衣裳，这个时候她只是浑迹于朝中，最终还是要让君臣们闹乱火并的。图谶画的是一个怀抱琵琶的女子，脚下一弓坠地，另一面蹲着一个小兔。兔是卯，指此人初来时间为卯年。这是她初来安朝时的情景。这三象预言的时间应当在当代，即已经发生，但却毫不应验，说明从第40象开始，尽是胡言乱语。

第四十三象　丙午 ䷱ 巽下
离上 鼎

谶曰：君非君　　臣非臣

　　　始艰危　　终克定

颂曰：黑兔走入青龙穴，欲尽不尽不可说。

　　　惟有外边根树上，三十年中子孙结。

圣叹曰：此象疑前象女子乱国未终，君臣出狩，有一杰出之人为之底定，然必在三十年后。

第四十三象是鼎卦。鼎卦在《周易》六十四卦中属第五十卦。鼎卦的主题是讲饮食，它的第四个爻辞说："鼎折足，覆公餗，其形渥。凶。"意思是说盛饭的鼎折了一脚，结果把大人的粥给弄翻了，粥就像下雨一样泼了出来。预示将出现危急。谶辞"君非君，臣非臣"是说出现的这位人物既不是君，又不是臣，这个人只可能是太上皇。"始艰危，终克定"，是讲国家起初遇到了危机，最后终于平定。颂辞"黑兔走入青龙穴"是预言一个时间，从卯年开始，至辰年结束。"欲尽不尽不可说"，是说这个时间是否已经结束还不能完全断定。"惟有外边根树上，三十年中子孙结"，是说有一个外人三十年中有了很多子孙。图谶画的是一个大人一个小孩向前走，不知所寓何意。这一象的荒谬更是令人无法理解。制造者无法预言其事，便用更加模糊不清和模棱两可的语言来表述，如"君非君，臣非臣"，如"欲尽不尽不可说"，让人莫衷一是。

第四十四象　丁未  坎下
離上　未济

讖曰：日月丽天　　君阴慑服
　　　百灵来朝　　双羽四足
颂曰：中国而今有圣人，虽非豪杰也周成。
　　　四夷重译称天子，否极泰来九国春。
圣叹曰：此象乃圣人复生，四夷来朝之兆，一大治也。

　　第四十四象是未济卦。未济在《周易》六十四卦中属第六十四卦，即最末卦。它的主题是讲未济与既济相互转变，不成可转化为有成。预示天下由乱世进入盛世。讖辞是说有一位君主威势赫赫，群小慑服，各国都来朝贡。并出现了百灵及双羽四足的祥瑞征兆。颂辞是说中国这时有了圣人，虽然不是豪杰也比较完美。四方各地的外族甚至相隔很远的外国都来朝见这位天子，于是灾难过去天下大治，各国春色盎然气象一新。重译，指经过多次翻译才能与汉语对话的边远民族，指相隔很远。图讖画的是一个圣明天子端座殿上受人朝拜，与讖颂意合。

第四十五象　戊申 坎下
艮上　蒙

讖曰：有客西来　　至东而止

木火金水　　洗此大耻

颂曰：炎运宏开世界同，金乌隐匿白洋中。

　　　从今不敢称雄长，兵气全销运已终。

圣叹曰：此象于太平之世，复见兵戎，当在海洋之上，自此之后，更臻盛世矣。

　　第四十五象是蒙卦。蒙卦在《周易》六十四卦中属第四卦。它的主题是讲蒙蔽蒙昧。预言有客西来，东方君主被迫隐匿于白洋中。谶辞是说，有客人从西方来，到了东边就停下来，来此报仇雪耻，因为他们曾被东方人占了他们的土地。"木火金水"暗示无土，因为他们被东人夺去了土地。颂辞是说西人来后宏开大运世界一统，东方的国君被迫躲藏进白洋之中，从此以后不敢再争长短，兵气全泄运已告终。金乌，指太阳，比喻君主。图谶画的是两个西来客，正用长矛直刺东日。与文意相合。

　　　　第四十六象　己酉　☱☴　坎下
　　　　　　　　　　　　　　　巽上　涣

谶曰：黯黯阴霾　　杀不用刀

　　　万人不死　　一人难逃

颂曰：有一军人身带弓，只方义是白头翁。

　　　东边门里伏金剑，勇士后门入帝宫。

圣叹曰：此象疑君主昏聩，一勇士仗义兴兵，为民请命，故曰：万人不死，一人难逃。

　　第四十六象是个涣卦。涣卦在《周易》六十四卦中属第五十九卦。它的主题是讲洪水泛滥，这里预示有人发动宫廷政变。谶辞是说昏君当政，天昏地暗，他杀人不用刀。如果万民想活，那就非得杀了他不可，故称一人难逃。"圣叹注"似觉牵强。颂辞是说有一军人身背着弓箭，自称是白头翁。东边宫内埋伏刀兵，而这个勇士却从后门进了帝宫，去刺杀那昏君。图谶画的是一位勇士挺身而出，要为民请命。

第四十七象　庚戌　☰ 坎下乾上　讼

谶曰:偃武修文　　紫薇星明
　　　匹夫有责　　一言为评
颂曰:无王无帝定乾坤,来自四间第一人。
　　　好把旧书多读到,义言一出见英明。
圣叹曰:此象有贤君下士,豪杰来归之兆。盖辅助得人,而帝不居德,王不居功,蒸蒸然有无为而治之盛,此一治也。

　　第四十七象是讼卦。讼卦是《周易》六十四卦中的第六卦,其主题是讲讼争。讼卦用在这里似与文意不合。谶辞是讲一个重文习武的时代,众官贤明,各负其责,从不引起异议。紫薇星是一个星群,故指众多。颂辞说从民间走出一个人,扭转乾坤而不称王称帝,喜欢读古书,从他讲的富有正义的话中可以看出他的英明。图谶画的是一个书橱,里面摆满了古书,预示他是一位爱读古书的人。

第四十八象　辛亥　☰ 离下乾上　同人

谶曰:卯午之间　　厥象维离
　　　八牛牵动　　雍雍熙熙
颂曰:水火既济人民吉,手执金戈不杀贼。
　　　五十年中一将臣,青青草自田间出。
圣叹曰:此象疑一朱姓与一苗姓争夺朝纲,而朱姓有以德服人之化。龙蛇相斗在辰巳之年,其建都或在南方。

第四十八象是同人卦。同人在《周易》六十四卦中属第十三卦。它的主题是讲聚集人、马打仗或狩猎。这里是预示朱苗二姓各聚众相斗。谶辞是说卯年至午年之间即辰巳之年，有相分离相冲突之征象，一朱姓之人推动政局，结果出现大治和睦的局面。颂辞是说冲突克服，人民吉祥，但有人却手拿金戈不杀贼寇，在五十年间会有一位苗姓武将出来与朱氏争夺天下。八牛即朱字，青青苗自田间出是苗字，都用的是拆字法。

第四十九象　壬子 ䷁ 坤下 坤上　坤

谶曰：山谷少人口　欲剿失其巢
　　　帝王称弟兄　纷纷是英豪
颂曰：一个或人口内啼，分南分北分东西。
　　　六爻占尽文明见，棋布星罗日月齐。
圣叹曰：久分必合，久合必分，理数然也。然有文明之象，当不如割据者之纷扰耳。

第四十九象是坤卦。坤卦在《周易》六十四卦中属第二卦。坤卦的主题是讲生活在大地上的人的活动。这里是预示大地将和平地分裂为很多国家。谶辞"山谷少人口"是用拆字法指八字。另一个含义是指有不太多的人在一个山谷建立政权，朝廷打算派人去征剿，结果不知道那个国家在什么地方。后一句的另一个含义就是用拆字法指刀字。剿失去巢是个刀字。两句一合，正好是八刀二字，与图所画八刀相合。而且，两句合起来，把八刀相并正是个分字，指国家分裂。"帝王称弟兄，纷纷是英豪"，指国家和平分裂，大家各自称王称帝，但又相互称兄弟。颂辞"一个或人口内啼"是用拆字法指国字。下句则说国家分裂成南北东西各个小国。六爻，周易每卦中都有一个卦辞和六个爻辞。爻辞是占吉凶的依据。"六爻占尽文明见"，是指占遍爻辞后，发现是一个文明出现的结局，各地小国像星罗棋布那样多，且光明如日月。

第五十象　癸丑 ䷗ 震下 坤上　复

谶曰:水火相战　时穷则变
　　　贞下起元　兽贵人贱
颂曰:虎头人遇虎头年,白米盈仓不值钱。
　　　豺狼结队街中走,拨尽风云始见天。
圣叹曰:此象遇寅年必遭大乱,君昏臣暴,下民无生息之日,又一乱也。

第五十卦是复卦。复卦在《周易》六十四卦中属第二十四卦。它的主题是讲往复,预示国运复又从治走向乱,最后又走向治。谶辞是说水火不容,互相争战,但物极必反,时穷至极则会转通,但时运未转时,则会出现人不如兽的局面。颂辞讲有一位王姓人在寅年出现,结果粮食生产大丰收,反而不值钱了。豺狼横行于街头,但拨尽乌云又见了青天,天下又趋大治。

第五十一象　甲寅　　☱兑下　临
　　　　　　　　　　　坤上

谶曰:阴阳和　化以正
　　　坤顺而感　后见舜尧舜
颂曰:谁云女子尚刚强,坤德居然感四方。
　　　重见中天新气象,卜年一六寿而康。
圣叹曰:此象乃明君得贤后之助,化行国内,重见升平,又一治也。

第五十一象是临卦。临卦在《周易》六十四卦中属第十九卦。它的主题是讲临视、临治,这里指临朝。此象的寓意"金圣叹"解说得很对,是一位贤后与皇帝一起临朝,助帝而治天下。"坤指女",这里指贤后。"卜年一六寿而康"指意含糊,也许指贤后活七十岁,也许指他们的王朝延祚一百六十年。

第五十二象 乙卯 ䷊ 乾下 坤上 泰

谶曰：彗星乍见　不利东北
　　　蹒蹒何之　瞻彼乐国
颂曰：榄枪一点现东方，吴楚依然有帝王。
　　　门外客来终不久，乾坤再造在角亢。
圣叹曰：此象主东北被夷人所扰，有迁避南方之兆。角亢，南极也，其后有明君出，驱逐外人，再庆升平。

　　第五十二象是泰卦。泰卦属《周易》六十四卦中的第十一卦。它的主题是通、好。这里是指南方出现运通和美的气象。谶辞是说彗星这个灾星出现，对东北不利，有人孤独徘徊，不知到什么地方，但他看见南方是个乐国。颂辞是说虽然彗星（即且枪）出现在东方，但南方吴楚之地依然有帝王出现，虽然有外来客侵扰，但不久便被赶出了国门，结果南方之地天地一新。角、亢是二十八星宿中的两颗，位置在南极，因以指吴楚之地。

第五十三象 丙辰 ䷡ 乾下 震上 大壮

谶曰：关中天子　礼贤下士
　　　顺天休命　半老有子
颂曰：一个孝子自西来，手握乾纲天下安。
　　　域中两见旌旗美，前人不及后人才。
圣叹曰：此象乃一秦姓名孝者登极关中，控制南北，或以秦为国号，此一治也。

第五十三象是大壮卦。大壮在《周易》六十四卦中属第三十四卦。它的主题是讲强壮、强健。预示本象将出现两位强有力的君主。谶辞是说，关中的天子礼贤下士，顺天运而中年崩逝，留有一个儿子。"半老有子"又用拆字法影射孝字。颂辞是说，这个孝子从西边来到中原，手握大权安定了天下。国中曾两次出现大治的局面，但老子不如孝子有才能。旌旗美，象征大治局面。图谶画一老子一小子(即孝子)，一位大臣面朝二君，地上有一谷穗。谷穗代表丰收和大治局面。

第五十四象　丁巳　☰　乾下　夬
　　　　　　　　　　兑上

谶曰：磊磊落落　　残旗一局
　　　喘息苟安　　虽笑亦哭
颂曰：不分牛鼠与牛羊，去毛存鞟尚称强。
　　　寰中自有真龙出，九曲黄河水不黄。
圣叹曰：此象有实去名存之兆，或如周末时，号令不行，尚颁正朔，亦久合必分之微也。

第五十四象是夬卦。夬卦在《周易》六十四卦中属第四十三卦。它的主题是讲快速，内容多有寇戎之事。预示此象将出现兵戎之事。谶辞是说全国像一盘残棋一样，明明了了。有很多国君苟息偷安，虽然在笑也像在哭。颂辞是说，各国自不量力，就像不分是牛鼠还是牛羊一样，去掉了毛只剩下皮仍然称强。不过寰宇内自然会有真龙天子出现，黄河的水总会有清的一天。图谶画的是一群儿童争赶着一头牛，预示天下争雄。

第五十五象 戊午 ䷄ 乾下坎上 需

谶曰：惧则生戒　　无远勿届
　　　水边有女　　对日自拜
颂曰：觊觎神器终无用，翼翼小心有臣众。
　　　转危为安见节义，未必河山是我送。
圣叹曰：此象有一石姓或刘姓一统中原，有一姓汝者，谋篡夺之，幸有大臣尽忠，王室戒谨，惕励一切外侮，不灭自灭。虽乱而亦治也。

　　第五十五象是需卦。需卦在《周易》六十四卦中属第五卦，它的主题是讲变天下雨，预示国将有变。谶辞是说，害怕别人篡位则提高戒备，不外出到很远的地方，有一位住在汝水河畔的女子(或一位姓汝的人)，就对日自拜，阴谋篡位。颂辞是说那位谋篡的人想篡位最终是徒劳的，有一位姓石的大臣就小心翼翼地提防着，他使国家转危为安，表现了出气节正义，江山未必会送给你。图谶画的是一位大臣手扶一棵倾危的石榴树，隐指此大臣姓石，并力挽狂澜。

第五十六象 己未 ䷇ 坤下坎上 比

谶曰：飞者非鸟　　潜者非鱼
　　　战不在兵　　造化游戏
颂曰：海疆万里尽云烟，上迄云霄下及泉。
　　　金母木公工幻弄，干戈未接祸连天。
圣叹曰：此象行军用火，即战不在兵之意。颂云：海疆万里，则战争之烈，不仅在于中国也。

第五十六象是比卦。比卦在《周易》六十四卦中属第八卦。比卦的主题是比较、较量。这里预示将出现较量、对抗的局面。谶辞预言的是飞机和潜艇等现代化武器的较量，战斗不用士兵，像在天地之间玩游戏一般。"飞者非鸟"，指飞机，"潜者非鱼"，指潜艇。颂辞预言这场战争在万里大海上进行，飞机在天上交火，潜艇在海底交战。像演幻术一般，不用矛戈相斗却战祸连天。图谶画的是两个相斗着的战士，手上的矛没有相斗，而用嘴向对方吐着火。头上有两只鸟在斗，水中有四只鱼在斗。火预示现代化的火器，飞鸟指飞机，鱼暗示潜艇。这是一场现代化的战争。

第五十七象　庚申　☱　兑下
　　　　　　　　　　　　兑上　兑

谶曰：物极必反　　以毒制毒
　　　三尺童子　　四夷詟服
颂曰：坎离相克见天倪，天使斯人弭杀机。
　　　不信奇才产吴越，重译从此戢兵师。
圣叹曰：此象言吴越之间有一童子能出奇制胜，将燎原之火扑灭净尽，而厄运自此终矣，又一治也。

第五十七卦是兑卦。兑卦在《周易》六十四卦中属第五十八卦，其主题是讲喜悦欢快之事。预示此象会出现大快人心之事。根据谶辞及颂词，知此象是讲一男童子以毒攻毒地扑灭了战火，使四夷臣服，海内外出现和平，出现了由乱转治的物极必反的现象。此人是吴越之地的人。图谶画的正是一个儿童手持水盆以水浇火。

第五十八象　辛酉　☷☵　坎下
兑上　困

谶曰：磊乱平　　四夷服
　　　称弟兄　　六七国

颂曰：烽烟净尽海无波，称帝称王又统和。
　　　犹有煞星隐西北，未能遍唱太平歌。

圣叹曰：此象有四夷来王，海不扬波之兆。惜乎西北一隅，尚未平靖，犹有遗憾，又一治也。

　　第五十八象是困卦。困卦在《周易》六十四卦中属第四十七卦。困卦的主题是讲困扰、倒霉。预示西北一隅的人被困。根据谶辞和颂辞得知，这一象预言大乱已平，四夷宾服，六七个国家和平相处，以兄弟相称，但他们都被称帝称王的人统一在一起。不过，仍然有一个坏东西隐藏在西北，所以未能完全统一。不过那个家伙被困偏僻之区。图谶画的是一个君主受着三个手持朝笏的人朝拜，预示天下一统。

第五十九象　壬戌　☱☶　艮下
兑上　咸

谶曰：无城无府　　无尔无我
　　　天下一家　　治臻大化

颂曰：一人为大世界福，手执签简拔去竹。
　　　红黄黑白不分明，东南西北尽和睦。

圣叹曰：此乃大同之象，人生其际，饮和食德，当不知若何愉快也。惜乎其数已终,其或反本归原,还于混噩欤。

　　第五十九象是咸卦。咸卦在《周易》六十四卦中属第三十一卦。其主题是讲共同。预示天下一家,尽皆和睦。据谶辞和颂辞知此象是大同之象,不分你我,互不防范,天下大化。这个大同世界是在一个伟大人物的领导之下。这个世界如此完美,以至于不用再去推算未来了,它本身就是未来的极点。

　　第六十象　癸亥　　坤下
兑上　萃

谶曰:一阴一阳　　无终无始
　　　终者自终　　始者自始
颂曰:茫茫天数此中求,世道兴衰不自由。
　　　万万千千说不尽,不如推背去归休。
圣叹曰:一人在前一人在后,有往无来,无独有偶。以此殿图,其寓意至深远,盖无象之象,胜于有象。我亦以不解解之,著者有知当亦许可。

　　第六十象是《推背图》的最后一象,这一象是个萃卦。萃卦在《周易》六十四卦中属第四十五卦。它的主题是讲忧悴、忧虑。表明对未来不可知之处的忧思,最后一象的谶辞及颂辞都十分玄妙,是作者朴素辩证法、唯心主义宿命论、不可知论的混合而集中的体现。

奇门遁甲

国学经典文库

【导语】

《奇门遁甲》系宋赵普作。赵普由上古流传的河图洛书演化成《奇门遁甲》。民间对《奇门遁甲》玄而又玄,妙而又妙的占术顶礼膜拜。它和道家占术结合在一起,配上有语,据说能实现水遁、土遁、火遁、金遁和木遁,即在水、火、土、金、木中行走而无阻碍,人们传说它是由九天玄女传授给黄帝的。有很多人为了它失去理智变为狂颠。

奇门遁甲本之于太乙九宫占法。九宫中四维四正八宫本是《说卦》讲的八卦方位,太乙和遁甲又以万物生长衰亡的顺序为它起了八门的名称。这八门是乾为开门,坎为休门,艮为生门,震为伤门,巽为杜门,离为景门,坤业错门,兑为惊门。八门中以开、休、生为吉。八卦本来就配

《奇门遁甲》书影

五行,五行配五色,本来是金白水黑土黄木青火赤,是五行正色,但在遁甲中则以五行互相的影响为九宫另配了颜色:伤门碧、杜门绿、景门紫、死门黑、惊门赤、中宫为黄色不变,开门休门和生门都是白色,这是白色所在的方位便是吉利的了。遁甲中又为九宫都配了神将,休门天蓬、生门天任、伤门天冲、杜门天辅、景门天英、死门天芮(或写作天内)、惊门天柱、天门天心、中宫天禽。蓬、任、冲、辅、芮、英、柱、心、禽,又称为九星,有人认为这是北斗七星和玄戈,招摇的别名。

奇门遁甲是依据太乙行九宫来判断吉凶的。顶盘八诈门中直符所临的方位,就是太乙或日天乙所在之处。九天九地玄武白虎六合腾蛇所指的方位则分别表示着某些忌宜。九天所在可扬兵布阵,取《孙子兵法》"善攻者动于九天之上"之意。九地所在可以屯兵固守,取《孙子兵法》"善守者藏于九地之下"之意。玄武为暗昧之神。其所向为奸细所在之方。白武所临为凶地。太阴所临为可匿避逃窜之处。六合所在为吉地。腾蛇所在主虚惊怪异。

序

兵家择吉之书,莫详于《奇门遁甲》。

国家命将出师讨伐叛逆,莫越于此。使精其术者为之股肱羽翼,以推时日,以考

图文珍藏版

符验,将无往而不获矣。又何用他求哉?然自汉唐以来,言太乙、雷公、六壬、五符、璇玑、紫微、玄灵、禽数、四课、三传者,皆非阴阳择吉之要也。今于天文九篇内,止存《奇门遁甲》三篇,为兵家言天时之准的。其余诸术以下尽已去之。所以伪乱真而多不可信也。今参考宋平章赵公所做歌诀,发明奇门遁甲之要予集成增韵,名曰《钓叟歌》,使天道者有所识别,而砥砆之与美玉将不待以口舌辩矣,虽然天官时日明将不法暗者拘之,古有是语,惟善用者,故未常拘之,亦未常不法之也。顾其在我所乘机何如耳。

　　大宋　　庐陵罗通　　书

阴阳逆顺妙难穷

　　夫阴阳者,太极静而生阴,动而生阳。易曰:无极之前,阴含阳也,有象之后,阳含阴也。所以孟子曰:天时不如地利,地利不如人和。天时谓时,日支干孤虚王.相之属也。甲子旬,戌亥为孤,辰已为虚,是以空亡为孤也。对宫为虚也。王相如东方木旺于卯之类。春属木,甲乙木生,丙丁火相,金到这里衰。所以孤。孤者,无辅助之意。今说四废,然水为母,木为子,子实则母虚,水到此所以虚。此兵家用时日。有天德,月德,方位法也。

　　唐李靖用兵,精风角孤虚是也。其用非一,兵家八门遁甲,逐时,分休、生、伤、杜、景、死、惊开方向。立太乙局,逐日分主客胜负,又出城布阵,逐时,占王卜柄。所指之方,乃向天罡,而背鹤神也。又如六壬遁甲,以支加支。范蠡占岁、占兵,皆其属也。如周武王犯岁星以伐商、魏太祖以甲子日破慕容之类,是也。战阵之法、背孤击虚则吉。此则,好谋而图成,有周悉万全之计。天地始终,一十二万九千六百年,为一元之数。分为十二宫。每宫有一万八百年,为一会之数。天开于子,地辟于丑,人生于寅,闭物于戌。天数到戌,则不复有人;天数到亥,则周十二会,以为大数。而天地混矣,终则复始,循还无空。天地再造,故先有阴,而后有阳也。逆顺者。吕望曰:冬至已后,阳爻升进,用阳遁顺行其生气;夏至已后,阴爻起发,用阴遁逆行其杀气,玄妙、微深,难穷其理也。

二至还乡一九宫

　　二至者,冬至夏至是也。一者坎宫,九者离宫也。冬至一阳生于子,故冬至节,居一宫也。夏至一阴生于午,故夏至节,居九宫也。

　　天文志云:天形南高北下,日出高故见,人下故不见。大若张盖,四边垂下,半覆地上半在地下,日月旁行绕之。日近而见为昼,日远而不见为夜,冬日行地中深,故夜长而昼短,夏日行地中浅,故夜短而昼长。六阴极盛,一阳来复,谓之冬至;六阳剥尽,一阴始生,谓之夏至。

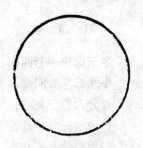

化生

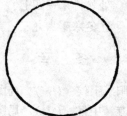

万物

阴阳动静图

邵 子 曰

冬至子之半，
天心无改移，
一阳初动处，
万物未生时，
玄酒味初淡，
大音声正希，
此言如不信，
更请问疱口。

阳　遁　歌

冬至惊蛰一七四，
小寒二八五同惟，
春分大寒三九六，
芒种六三九是真，
谷雨小满五二八，
立春八五二相随，
立夏清明四一七，
九六三从雨水期。

阴　遁　歌

夏至白露九三六，
小暑八二五重逢，
秋分大暑七一四，
立秋二五八流通，
霜降小雪五八二，
大雪四七一相同，
处暑排来一四七，
立冬寒露六九三。

冬　　至

阳　上侯　（一）　局图
遮　中侯　（七）　局图
式　下侯　（四）　局图

夏　　至

阴　上侯　（九）　局图
遁　中侯　（三）　局图
式　下侯　（六）　局图

若能了达阴阳天地都在一掌中

理者,朱文公曰:未有天地之先,先有此理,能明遁法。一理、二气、三才、四象、五行、六甲、七曜、八门、九星、皆在掌握之中起也。

轩辕黄帝战蚩尤

黄帝姓公孙,又曰姬姓,讳轩辕。有熊国君,少典子也。母见电光,绕枢星,感而

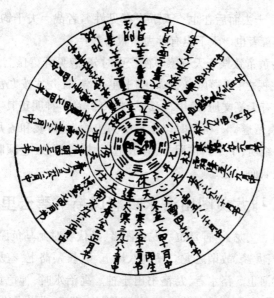

乙	丙	丁		甲	甲	甲	甲	甲	甲	阳
奇	奇	奇	奇	寅	辰	午	申	戌	子	顺
九	八	七	逆	六癸	五壬	四辛	三庚	二己	一戊	仪

丁	丙	乙		甲	甲	甲	甲	甲	甲	阴
奇	奇	奇	奇	寅	辰	午	申	戌	子	逆
三	二	一	顺	阳癸	五壬	辛六	庚七	八己	戊八	仪

二至还乡图

生帝于轩辕之丘,因名轩辕。阴阳激曜日电,枢星北斗第一星也。帝生而神灵,弱而能言,幼而徇齐,长而敦敏,成而聪明,是时神农氏衰,诸侯相侵伐,炎帝榆罔弗能征。于是轩辕习用干戈,以征不享,诸侯咸来宾从,炎帝榆,固侵陵,诸侯益叛之。轩辕修德治兵,兴炎帝榆罔,战于阪泉之野,克之。

涿鹿经今苦未休

涿鹿乃郡名,属北平,今涿州也。蚩尤姜姓,炎帝之裔也。好兵喜乱,作刀戟大弩,以暴虐天下。蚩尤铜铁额,其颡坚如铜铁也,谙阴阳,能起昏雾迷军士;雾乃阴阳绒昧之气。轩辕作指南车,上有四楼,四角刻木为龙,又刻仙人于上,车虽回转,手常指南,用子午盘针以定四方,与蚩尤战于涿鹿,遂擒蚩尤,戮于中冀,曰:绝辔之野。于是诸侯咸归轩辕,遂推代神农氏为天子,是为黄帝。

偶梦天神授符诀登坛致祭谨虔修

黄帝梦大风吹,天下之尘皆去。又梦人执千钧之弩,驱羊万群。帝寤而叹曰:风为号令力政者也。士去而后在也。天下岂有见姓名者哉。夫千钧之弩,异力也。马牛数万群,牧民为善者也。天下岂有姓力名牧者哉!

《龙甲书》云:黄帝致祭于天有感。夜三更时分,忽见轩辕丘上,神光缭绕,天鼓大震,当召纪官同往视之,乃彩凤自于降,唧玉匣一端,长九寸按九宫,润八寸按八卦。黄帝启匣视之,中有天篆文册,龙甲神章,一十八籍,命容神明正其字。乃知是除奸绝邪,灭叛安邦之书,帝遂喜。得天时以立丘山为土德,王命羲和占月,车区占风,大挠探五行之情,占斗纲所,于是始作甲子,容成造历,隶首算数,仓颉制字,伶伦制律,吕车区占星气,容成兼而总之。

神龙负图出洛水唧彩凤衔书碧云里

彩凤唧书,即上文龙,甲神章也。龙负图者,乃伏羲时龙马负图。龙马者,天地之精,其为形也,马身龙鳞,故谓之龙。马高八尺五寸,长颈骼上,有翼,蹈水不没,圣人在位,负图出于孟河也。洛水者,乃洛书出于神。禹治水时,神龟负文呈瑞,而于背,九数。《春秋经》乃云:河以通乾出天苞,洛以流坤吐地符,河龙图发。洛龟书感,河图有九篇。洛书有六篇。轩辕时,未有此事。今云龙负图出洛水者,总可图洛书而言也。洛虽未出书,而风后演教,与之暗合也。解下文。

黄帝龙图(龙甲河图)之命(天命也)。遁风后演之而为遁甲。造式三层,以法三才。上层象天丽置九星,中层象人以开八门,下层象地以分八卦,以镇八方。随冬夏二至,立阴阳二遁,一顺一逆,以布三奇六仪,风后因伏羲先天之卦。乾起于南,以序而生三子;坤起于北,以序而生三女。《系辞》曰:天尊地卑,乾坤定矣。盖乾南坤北,天地自然之定位。故乾父居南,阳气以生以降,而生物,故乾一索而生长男;震在东北,再索而生中男;坎居正西,三索而生少男。艮居西北,阳老归息于中宫也。坤母居北,阴气以升而生物,故坤一索而生长女;巽在西南,再索而生中女;离居正东,三索而生少女。兑居东南,阴老而归息于中宫也。天数以阳出阴入,出者自数多而出于数少也。入者自数少而入于数多也。盖天开于子,为天地之源,夫万物从微至著,始发于子上为一,以生序行于西南,巽上而为二。行于正东,离上为三。行至东南,兑上而为四。既而息,于中宫而为五,此阴数,自少顺行至多,而为八也。夫阴极阳生,既而生自,于中宫。逆西北艮上而为六。逆行正西坎上而为七。逆行东北震上而为八。逆行正南乾上而为九。天数以九八七六为顺。地数以一二三四为逆。今阳顺则阴逆阳而成九宫,正合后天洛书之数也。

夫万法莫本出于河图。河图之数,天一生水,地六成之居北。地二生火,天七成之居南。

天三生木,地八成之居东。地四生金,天九成之居西。天五生土,地十成之居中。生数不可移,成数可移。天一之水,天三之木,天五之土,皆阳动所生,不待作为。故天一居正北,合洛书之坎一。天三即居正东,合洛书之震三。天五即居中央,合洛书

之中五也。地二之火，地四之金，乃阴静之生也。阴者，女人之象，不能自立，必从去而立焉。地二必偶，天一而成三。火有形而无质，其气虚，必加数补之。三三而得九，处于南方。而合离九之数也。故地四必偶，天三而成七。金有形有质矣。不须重之，即七数居西方。而合洛书，兑七之数焉，生数不可移，但可以配偶，而各居于本方也。成数可移，天道左旋，拆河图南方成数天七，补东南隅之空，加七七四十九数，以除五九四十五止，为四数，合洛书之巽四，故居东南焉。以河图北方之成数地六，补西北隅之空，加六六三十六数，合洛书之乾六，故居西北焉。以河图东方之成数地八，补东北维之空，加上八八六十四数，除六十不论，止用四数，加一倍，再加四算，乃二四数得八，合洛书艮八之数，故艮居东北也。以河图西方之，战数天九，补西南维之空，加算九九八十一数，除八十不论，止用一数，加一倍，算得二数，合洛书坤二之数，故坤居西

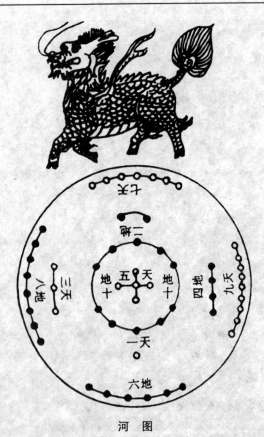

河　图

南也。然而东西方之成数,用加一倍算,南北不用加倍者,亦以东西之气,与南北之气不同,盖南极、北极,为天地之枢钮。天与、土政,昼夜行而不息。此针之所以指南,有以见东西之气常动而实,南北之气少动而虚也。盖指南北之气抵极旋辅,不若东西气之升降轮转,南北之数不用加倍者,盖南北有极也。

关子明曰:河图洛书相为表里,八卦九章相为经纬是也。

又谓河图合洛书,先天合后天者,此也。

龙马出于孟河,高八尺五寸,长颈,骼上有翼,旁边有垂尾,圣人在位,天不爱道,地不爱宝,龙马出焉。

尧沉玺于洛,玄龟负书出焉,背上赤文朱字。

天锡禹书神龟,负文而出,列于背有数皆九。

因命风后演成文遁甲奇门从此始

帝得风后于海隅,登以为相,得力牧于大泽,进以为将,风后作兵法十三篇,孤虚法十二卷,始立遁甲一千八十局。遁者隐也。出隐之道,甲者仪也。递为直符,谓六甲六仪也。天乙之贵神也。常隐于六戊之下,盖取用兵机微之理,通于神明之德,故以甲遁为名也。奇者,乙丙丁为三奇也。门者,休、生、伤、杜、景、死、惊、开之八门,详见下文。

一千八十当时制

刘朴庵太玄，作用三元，六甲，名召吉奇书。云：四千三百二十条，盖节四千三百二十之繁，而归一千八十之简也。

论古法：黄帝始创奇门，有四千三百二十条，乃一节管三元：上元、中元、下元各五日。三元共十五日，一百八十时也。每元管六十局，乃一元五日，足六十时，乃六十局。奇也。三元计一百八十局，乃一节管三元，一元管五日，三元共十五日，五日六十时，十五日一百八十时，故曰一百八十局也。一岁二十四节，计四千三百二十局，夫一岁二十四节。一节管三元，乃十五日，一百八十时，十节一千八百时，二十节乃三千六百时，其四节又该七百二十时，是一岁二十四节，共得四千三百三十时，故有四千三百二十局也。

风后又制奇门。为一千八十局，乃一节三元，为四十五局，风后约冗归于简也。夫一节管三元，一元十五局，管一百八十时，三元四十五局，此一节四十五局，二十节得九百局，其四节又得一百八十局，是共该一千八十局，一千八十个时也。由是观之，是风后又总黄帝四局，一局也。

四个一千八十，共是四千三百二十局也。夫一岁三百六十日，每日一十二时，一百日该一千二百时，三百日则该三千六百个时，其六十日，又该七百二十个时，以七百二十，总前三千六百个时，共得四千三百二十时，此硬例也。风后奇门，以八卦管八节，一节管三气，一气管三侯：分天地人元，一侯五日，七十二侯，共三百六十日；乃撮四侯，而共看六十时成一局，七十二侯，共三百六十日，共成一十八局，共一千八十时，故立一千八十局。

太公删成七十二

至周时，有吕尚者，东海上人，穷困年老，渔钓，至周西伯将猎卜之。曰：非龙、非鹿、非熊、非罴非虎、非貔，所获霸王之辅。果遇吕尚，于渭水之阳。太公暗谙兵法，善布奇门，删成一节三元，乃是一个节气，分天地人三元，即三侯也。如冬至上元阳一局，冬至中元阳七局，冬至下元是阳四局，余仿此。

此一节分三元，二十四节分得七十二元，故立七十二活局，立太公为军师助周伐纣也。

逮于汉代张子房一十八局为精艺

张良，字子房。彼有黄石公，知秦亡，汉之将兴，故以书授予房于邳圯，扶高祖得天下。封子房为留侯。子房删提冬至十二节为阳九局，夏至十二节为阴九局，一岁计之十八局，此活局又捷径也。夫十八局，七十二局，皆不能越一千八十局矣。作硬局，则该一千八十局,作活局,则有七十二局。然一十八局之图,虽简,而时则仍有一千八十也。是乃风后之法,则万世不易也。

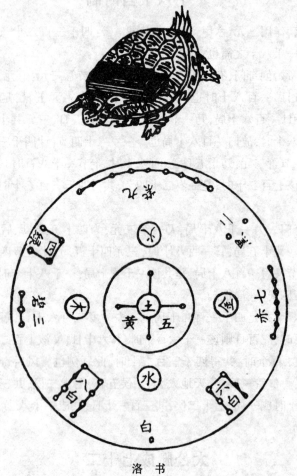

洛书

先论风后,一节管三元,四十五局难看。解释:予常考之,四千三百二十者,乃一节管三元,六十时,三元乃三百八十时,此硬数也。风后一千八十局,一节三元四十五,乃折算之,一元六十三元,该一百八十也。此一元四之一,该十五,四十五,乃六十也。三元该四十五也。乃是算数之说,夫一元该六十时,令止六十五时为局,焉有此理,其实乃是合取四节之元,而看十八局之一局也。如冬至上,惊蛰上,清明中,立夏中,此四侯,共看阴局一局也。

先须掌上排九宫

坎一、坤二、震三、巽四、五乾、六兑、七艮、八离、九乃九宫也。天有九星以镇九宫,地有九宫以应九洲,其式托以灵龟洛书之数。戴九履一,左三、右七、二四为肩,六八为足、五足、中宫者,土火之子,金之母,所寄理于西南坤位也。坎一白水居正北,坤二黑土居西南,震三碧木居正东,巽四绿木居东南,中五黄土居中宫,乾五白金居西北,兑七赤金居正西,艮八白土居东北,离九柴火居正南。

起例诗曰

坎居一位是蓬休,
芮死坤宫第二流,
更有冲伤并辅杜,
震三巽四总为头。
禽星死五开心六,
惊柱常从七兑游,
更有生任居艮八,
九寻英景问离求。

纵横十五在其中

洛书之数:东三、南九、北一、西七、中五。
东直三宫:巽四、震三、艮八、共得十五数。
南北中三宫:离九、中五、坎一、共得十五数。
西直三宫:坤二、兑七、乾六、共得十五数。
南横三宫:巽四、离九、坤二、共得十五数。
东西中三宫:震三、中五、兑七、共得十五数。
北横三宫:艮八、坎一、乾六、共得十五数。
东北中西南三宫:艮八、中五、坤二、共得十五数。
东南中西北纵三宫:巽四、中五、乾六、共得十五数。直过合十五纵。过合十五横,过合十五,对过合十五,乃天地万世不易之数。

朱 子 曰

吾观阴阳化,升降八麄中,
前瞻既无始,后际哪有终,
至理谅斯存,万世与今同,
谁云混沌死,幻语惊盲聋。

朱 子 曰

灵龟背数图歌
昆仑大无外,磅礴下深广。

阴阳无停机,寒暑互来往。
皇羲古圣神,妙契一府仰。
不待窥马图,人文已宣朗。
浑然一理贯,昭晰非象罔。
珍重无极翁,为我重指掌。

八卦八节图歌

立春艮上青山色,
春分震位好详推,
立夏巽宫寻本位,
夏至离火焰当时,
立秋坤上从头数,
秋分兑位定无移;
立冬但向乾宫取,
冬至坎宫还顺飞。

次将八卦论八节

天有八风,以直八卦。地有八方,以应八节。节有三气,气有三侯。如是八节,以因之成二十四气,更乘之七十二侯。备焉。

冬至一宫坎卦。
立春八宫艮卦。
春分三宫震卦。
立夏四宫巽卦。
夏至九宫离卦。
立秋二宫坤卦。
秋分七宫兑卦。
立冬六宫乾卦。

十一月建子,乃冬至气,阴极阳生也。子为天正,周以为岁首也。配地雷复卦,十二月建丑为地正,商以为岁首也。配地泽临卦。正月建寅,为人正,夏以为岁首也。配地天泰卦乃三阳开泰也。自汉武帝以来,并用夏正建寅之月为岁首也。八节;立春、惊蛰、清明、立夏、芒种、小暑、立冬、白露、寒露、立冬、大雪、小寒也。

一气统三为正合

气者中气。雨水、春分、谷雨、小满、夏至、大暑、处暑、秋分、霜降、小雪、冬至、大寒也。经云:冬至、小寒及大寒,天、地、人元一二三,立春、雨水、并惊蛰,依艮顺增八

灵龟背数图

九一。春分清明并谷雨，但起震宫三四五。立夏、小满、芒种气，四五六兮列成列。夏至小暑及大暑，九八七兮还退数。立秋处暑并白露，从二却行于一九。秋分寒露及霜降，七六五兮依此向。立冬小雪并大雪，六五四兮依此诀。

统三者，一节分三元，即：三侯，又曰：三者三甲也。上局仲甲，谓甲己之日，夜半子时，乃甲子时。丙辛之日，日中甲午时是也。此时关格刑德在门，用兵先举者败，不可出入，利以逃亡，主客并凶。

中局孟甲，谓戊癸之日，平旦甲寅时，乙庚之日，晡时甲申是也。此时阳气在内，阴气在外，利藏兵固守，不可出师，利主不利客。

下局季甲，谓丁壬之日。食时甲辰己之日，黄昏甲戌，此时阳气在外，阴气在内，利出兵动众，百事吉，利客不利主。

又云：六甲之日，夜半子二甲皆合，谓今日是甲直符，与时皆是甲，故名《三甲》，合也。

阳阳二遁分顺逆，一气三元人莫测

冬至后用阳遁，顺飞于坎一宫起。如冬至上元阳一局。顺遁甲子，戊起一宫。甲戌己二宫，甲申庚三宫，甲午辛四宫，甲辰壬五宫，甲寅癸六宫，丁奇七宫，丙奇八宫，乙奇九宫，乃仪顺奇逆也。夏至后用阴遁，逆飞于离九宫起。如夏至上元阴九局，逆遁甲子，戊起于九宫，甲戌己八宫，甲申庚七宫，甲午辛六宫，甲辰壬五宫，甲寅癸四宫,丁奇三宫,丙奇二宫,乙奇一宫,乃逆仪顺奇也。九星为直符,八门为直使。有顺阳使逆行阴,经术不显,隐伏之事也。

一节分三元,子、午、卯、酉为上元,寅、申、巳、亥为中元,辰、戌、丑、未为下元。若不明三元,用奇不准,主有不测也。

起例诗曰

甲乙庚辛壬癸顺

阳仪丁丙乙逆行

休门随君顺数去

甲子起时当仔细

阴转六仪当逆推

乙丙丁奇顺而随

门随始时同逆起

休门排位顺风吹

五日都来换一元

甲子至戊辰五日为上元,己巳至癸酉五日为中元,甲戌至戊寅五日为下元,己卯至癸未五日为上元,甲申至戊子五日为中元,己丑至癸巳五日为下元,甲午至戊戌五日为上元;己亥至癸卯五日为中元,甲辰至戊申五日为下元,己酉至癸丑五日为上元,甲寅至戊午五日为中元,己未至癸亥五日为下元。

接气超神为准的

超者,越过也。神者,进神也。甲子、己卯、甲午、己酉、乃进神为符头。接,迎接也。气者,节气也。超神者,谓节气未到,而甲子己卯之符头先到为之超。接气者,谓甲子己卯之符头未到,而节气先至,为之接。

引证:如淳祐六年丙午,前四月十三日壬甲,交立夏节,而本月初五日是甲子己到,即以立夏节用。立夏前九日矣,则合前初。五日起,超在先。借用立夏上局奇。自初十日己巳,为立夏中局奇。自甲戌五日,用立夏下局奇。乃先得奇,后交节为速,谓之超神速者也。

又如淳祐七年丁未,二月二十三日,虽交清明节上局奇,然二十五日方是己酉,方用清明上局奇,此乃先交节而后得奇为接,故谓接气。迟至二十四日戊甲,仍用春分下局,此是已交本节,而奇星尚用前节也。

又如其年六月二十八日己酉,交立秋节,正值节与日辰同到,其日即是立秋上局,谓之正授奇,凡换奇,皆甲子时换也。

须知闰奇之法,方能超接得真也。

八卦八节图

积日以成闰月，积时以成闰奇，超接正授闰有法分金定刻难明。局以五日一换，遇一节气，通换六局。凡一月节气，必三十日零五时二刻，以三十日分六局，以余五时二刻置闰。超神不过十日。过芒种、大雪、起过九日，即置闰也。

假如丙戌年五月初一日己卯、至初九日丁亥巳刻，过九日子置闰，即用初一日己卯作芒种上超局，初六日甲申作芒种中局，十一日己丑作芒种下局。毕于此重用一局，作三奇闰法，以十六日甲午作芒种闰奇，此超神置闰之法也。二十四日巳交夏至，是为置闰。借夏至七日，其五月小尽，至六月初二日己酉，方做夏至上局，初七日甲寅作夏至中局，十二日巳未作夏至下局，以为接气奇也。闰奇之法，每遇芒种，大雪二节内，如是超过九日，即合置闰，以归每节气所余五时二刻也。盖奇以冬夏二至分顺逆，故于二至之前置闰，以均其气，无不应也。但近世俗师，不知超接正闰之法，止接成局，以择奇门日时，盖缘上局，反作下局，颠倒错乱，俱无应验，一旦以为足信，则是起例不明，置闰无法，非局不验，真择焉不精故也。

认取九宫为九星

天蓬贪狼主坎一宫属水。

天内巨门主坤二宫属土。

天冲禄存主震三宫属木。

天辅文曲主巽四宫属木。

天禽廉贞主五中宫属土。

天心武曲主乾六宫属金。

天柱破军主兑七宫属金。

天任左辅主艮八宫属土。

天英右弼主离九宫属火。

八门又遂九宫行九宫配八门永定例

坎宫蓬星休门　　艮宫任星生门

震宫冲星伤门　　巽宫辅星杜门

坤宫内星死门　　附中宫禽星寄坤

离宫英星景门　　兑宫柱星惊门

乾宫心星开门

九宫逢甲为真符，八门直使自分明

如阳遁一局，甲子时起坎一宫，即以坎宫天蓬为直符，休门为直使。甲戌时起坤二宫，即认天内为直符，死门为直使。甲申时起震三宫，即以天冲为直符，伤门为直使。甲午时起巽四宫，即以天辅为直符，杜门为直使。甲辰时起中五宫，即以天禽为直符，配以死门为直使。甲寅时起乾六宫，即以天心为直符，开门为直使。余例仿此。

符上之门为直使，十时一位堪凭据

遁取时旬，甲头为直符。如阳遁一局，甲子在坎宫，天蓬为甲子时直符，则休门即为直使，管至癸酉十时住。甲戌在坤宫，天内为本时直符，则死门即为直使，管至癸未十时住。又换甲申符头在震，天冲为本时直符，则伤门即为直使，管至癸巳十时住。又易甲午在巽，天辅为直符，则杜门为直使，管至癸卯十时住。又换甲辰在中宫，天禽为直符，则死门为直使，管至癸卯十时住。又换甲辰在中宫，天禽为直符，则死门为直使，管至癸丑十时住，又易甲寅在乾宫，天心为直符，则开门为直使，管至癸亥十时住。阳一局六十时足，而又他局，余局仿此，阴遁同例以逆推。

直符常遣加时干

九星，蓬任冲辅英芮柱心禽也，为直符常随时干。

假如冬至上元，阳遁一局图内，乙庚日、丙子时，其图地甲申泊三宫，天冲管事，乙庚日申时，乃甲申时也。就是冲三直符，故此直符，常遣如时干也。

奇仪总要歌云："星符每逐时干转，直使常随天乙奔"，同此意也。永定阳遁顺仪逆奇，阴遁逆仪顺奇，皆主论也。

直使逆顺遁宫去

八门：休、生、伤、杜、景、死、惊、开为直使也。原天盘上休在坎，生在艮，伤在震，乃三宫之定位也。

假如冬至上元阳一局,图内乙庚日申时,就以伤门为直使,乃时干甲申居三宫也。阳遁顺飞故云值使逆顺,阳遁逆飞,飞遁宫去。

六甲元号六仪名

符应经云:六甲者,天之贵神也,常隐于六仪之下。六仪者,戊、己、庚、辛、壬、癸也。甲子同六戊,甲戌同六己,甲申同六庚,甲午同六辛,甲辰同六壬,甲寅同六癸。

三奇即是乙丙丁

三奇者,按经云:日乃木之华,阳之精所成,乙木为日奇也。本理按经云:正月日出于乙,故以乙为日奇。丁火,南方离明之象,老人星,凡形见于丁位,故以丁为星奇。月照交到丙而下明,故以丙为月奇也。六乙属太阳,六丙属太阴,六丁属星曜,乃三光也。

遁甲之法,以甲乃太乙人君之象,为十干之首,常隐六仪之下,故为之"遁甲"。所畏者,庚金也。金能克甲木。庚为七煞之仇也。乙乃甲之妹,甲以乙妹妻。庚乙庚合而能救甲,故乙为一奇。丙乃甲之子,丙火能克庚金而救甲,故丙为二奇。丁乃甲之女,丁火亦能克庚金而救甲,故丁为三奇。

经云:天上三奇乙丙丁者,出于贵人之干德,游行十二支辰,以阳贵人顺行,先天坤卦起子,则乙德在丑,丙德为寅,丁德在卯,三干之德相联,而无间断;以阴遗人逆行,后天坤卦起甲,则乙德在未,丙德在午,丁德在巳,三干之德相联,亦无间断;余六仪贵人所涉,或间天空,或间罗网,皆不相联,盖三奇能制凶煞者,以其出于贯人之干德为吉也。贵取坤卦者,以黄中通理者。

甲位既尊戊位,同甲乙丙丁三干无间,而为三奇,取其德明,故以日月星为号,以其德能照临者也。故甲乙丙丁戊五阳时,善神治事为吉也。

阳遁顺仪奇逆布,阴遁逆仪奇顺行

冬至后十二节,惟用阳遁顺布六仪,逆布三奇,星符亦随时干行。

假如冬至阳一局,图内坎上起甲子戊,坤上甲戌己,震上甲申庚,巽上甲午辛。五中宫甲辰壬,乾上甲寅癸,兑上丁奇,艮上丙奇,离上乙奇,仍仪顺去,奇逆行也。夏至后十二节,唯用阴遁,逆布六仪,顺布三奇,星符亦随时干行。

假如夏至阴九局,图内离九宫起甲子戊,艮上甲戌己,兑上甲申庚,乾上甲午辛,五中宫甲辰壬,巽上甲寅癸,震上丁奇,坤上丙奇,坎上乙奇,乃仪逆奇顺行也。

吉门偶尔合三奇,值此虽云百事宜

开、体、生即北方之三白,为最吉,乃三青门。合乙、丙、丁三奇,其中合得一位,共临之方,乃三奇之妙,此时宜出兵征讨,发号施令,修造、埋葬、婚娶、安社稷、化人民,百事大吉之兆。

《五总龟》云:大抵要得开、休、生三门,则用事为吉,更有三奇临之,可用无疑,如得门不得奇,亦可用,得奇不得门,终非吉,奇门俱不得即凶,当以其大小轻重程等而用之。

更合从傍加检点,余宫不可有微疵

如得开、休、生三吉门,又合上下盘三奇是也,此时此宫有奇门虽吉,然须检点三盘上所加,余七宫凶星所在,未可以此,即为全吉。

如合天地人三遁,鸟跌穴,龙反首,知三、天辅、玉女守门,三奇所及,游六仪,羲和,制伏、欢怡、等,故为吉也。

如合火入金,金入火,虎猖狂,龙逃走,雀人江,蛇天矫,避五、击刑、制损明、入墓、反伏吟、格勃飞、天乙、天纲、门迫之类,则为凶也。

三奇得使诚堪使

葛昧曰:若得三奇得使,尤宜其良,谓在六甲之上,自得所使之奇。甲戌、甲午乙为使,甲子、甲申丙为使,甲辰、甲寅丁为使。

假如阳遁三局,乙庚之日丁亥时,此时六乙日奇,下临九宫甲午,是为乙行得使。

假如阴遁三局;丙辛日、壬辰时,此时六乙日奇,下临九宫甲午,是为乙奇得使。

又如阳遁五局,丙辛之已亥时,此时丁奇,下临四宫合甲辰,为丁奇得使也。

三奇得使,其法以天上甲子起,中间一宫而行,则乙奇到甲戌,丙奇到甲子,丁奇到甲寅,地下甲子起戌;地者,妇人之道,不能自立,必假夫而立,故甲戌假对宫坤辰上起甲,则乙奇在甲午,丙奇在甲申,丁奇在甲戌,取对冲故奇甲辰也。

三奇歌诀

乙奇加甲戌甲午

丙奇加甲子甲申

丁奇加甲辰申寅

上谓三奇得使最为吉也。

又例:甲为君位,三奇乃宰辅避旺地,只居生库宫,为自得所使也。自午起甲,顺行。则乙奇到未,木库宫也。自戌起甲,顺行,则乙奇到亥,长生宫也。自子起甲,顺行,则丙奇到寅,火生宫也。自申起甲,顺行,则丙奇到戌,乃火库也。丁奇亦属火,又属金,丙既居生库宫,则丁火金之临官宫也。

六甲遇之非小补

经曰:时加六甲,一开一合,上下交接。又曰:能知三甲,一开一合。不知三甲,六甲尽合。六甲者，甲子、甲戌、甲申、甲午、甲辰、甲寅也。阳星加时为开。阳星、天蓬、天任、天冲、天辅、天禽、阴星、加时为合。阴星、天英、天内、天柱、天心、六甲之时，合时百事凶，开时宜战斗，往来百事吉。又曰：甲为青龙，利以远行，将兵客胜，闻忧无闻喜，有宜谒尊上，见贵人有喜，移徙嫁娶百事吉，不可行遣怒及鞭杖事。

假如阳遁九局，甲己之日，黄昏得天任阳星，加时为开，百事吉，若元奇门，合得此局，亦得次吉，乃小补云。

乙马逢犬，丙鼠猴六丁，玉女骑龙虎

乙奇加甲午为马，加甲戌逢犬也，丙奇加甲子为鼠，加甲申为猴，丁奇加甲辰为龙，加甲寅为虎，谓三奇得使，最为吉也。

经曰：时加六乙，往来恍恍，与神俱出，谓六乙为日奇，宜从天上六乙出，既随日奇，恍恍如神人，无见者，将兵客胜，闻忧无，闻喜有，行逢饮馔，移徙入官，市贾嫁娶吉，不可行道怒鞭杖嗔责事。

假令冬至上元阳一局，甲己之日，天蓬为直符，至乙丑时，六丁在九宫，以直符加时干，此时天上六乙下临一宫，出北方吉。时加六丙，莫兵莫往，此时侯主厌伏兵灾，将兵闻忧无，闻喜有，入官得仙，市贾有利，丙为日奇，又为天威，丙火以销金，精兵不起，若攻伐者，从天上六丙出，既挟月奇，又乘天威，丙火相随，故曰：厌伏兵灾。

假令冬至下元阳四局，甲乙之日，平旦平寅，此时六丙下临六宫宜出西北方吉。

六丁为三奇之灵，凡出入用兵，战斗皆吉。故曰："能知六丁，出幽入冥，至老不刑，刀虽临颈，犹安不惊。"六丁者，六甲之阴神。丁卯之神，字文伯，丁丑之神字文孙，丁亥之神字文公，丁酉之神字文通，丁未之神字文卿，丁巳之神字巨卿。凡斗争出入往来，六丁之神，常呼其名，所谓三奇之灵，六丁者，丁卯为甲子之阴故也。丁奇入宫，会甲辰、甲寅，乃六丁骑龙虎也。天盘六丁，加地盘甲寅甲辰是也。

又曰：时加六丁，出幽入冥。又六丁为太阴，可以藏形，人皆不见，敌人不敢侵。将兵主胜，闻忧喜各半，可以请谒，利嫁娶及阴私事，入宫商贾吉。

假令立夏下元，阳遁局，甲己之日，夜半甲子时，日出丁卯时，此时六丁在东北，直符天内，加时干。即六甲下临二宫，出西南方吉。

又有三奇游六仪，号为玉女守门屏

三奇游六仪者，乃天上三奇乙丙丁，地下三奇甲戌庚，游于甲子戊，甲戌己，甲申庚，甲午辛，甲辰壬，甲寅癸，此六仪也。三元经曰：三奇游六仪，利以宫廷宴会喜乐之事。

玉女守门者，谓丁为玉女，而会天乙直使之门也。如阳遁一局，顺仪逆奇，地盘丁在兑，而以天乙直使休门加之。甲子时休门起坎，乙丑时休门到坤，丙寅时休门到震，丁卯时休门到巽，戊辰时休门到中，已巳时休门到乾，庚午时休门到兑，地盘丁奇兑上。故甲子旬庚午时，为玉女守门也。

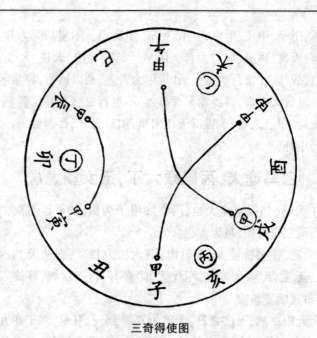

三奇得使图

又按前数，辛未时休门到艮，壬申休门到离，癸酉休门到坎，直使十时一易。甲戌时以死门至4坤为直使，乙亥时死门在震，丙子时死门在巽，丁丑时死门在中宫，戊寅时死门在己，已卯时死门到兑，地盘丁奇兑上，故甲戌旬，已卯时为玉女守门也。

甲申时以伤门直使震宫，乙酉时伤门到巽，丙戌时伤门到中；丁亥时伤门到乾，戊子时伤门直使到兑，地盘丁奇兑上，故甲申旬，戊子时为玉女守门也。

又累累数至甲午时，以杜门直使在巽，乙未时杜门到五，丙申时杜门到乾，丁酉时杜门直使到兑，地盘丁奇兑上，故甲午旬，以丁酉时为玉女守门时也。

又累累数去到甲辰时，以死门直使到中宫，乙巳时死门到丙，午时死门直使到兑，地盘丁奇兑上，故甲辰旬丙午时为玉女守门时也。

又累累数去到甲寅时，开门直使到乾，乙卯时开门直使到兑宫，地盘丁奇兑上，故甲寅旬，乙卯时为玉女守门时也。

歌　曰

甲子用庚午

甲戌用己卯

甲申用戊子

甲午用丁酉

甲辰用丙午

甲寅用乙卯

甲子用庚午者，甲子同六戊，用五子元遁，戊癸逢壬子，起壬子七数而见戊字，故甲子用七数庚午也。

甲戌用己卯者，甲戌同六己，用五子元遁，甲己还加甲，起甲子六数而见己字，故甲戌用六数己卯也。

甲申用戊子者，甲申同六庚，用五子元遁，乙庚丙作初，起丙子子五数而见庚字，故甲申用五数戊子也。

甲午用丁酉者，甲午同六辛，用五子元遁，丙辛生戊子，起戊子四数而见辛字，故甲午用四数丁酉也。

甲辰用丙午者，甲辰同六壬，用五子元遁，丁壬庚子居，起庚子三数而见壬字，故甲辰用三数丙午也。

甲寅用乙卯者，甲寅同六癸，用五子元遁，戊癸逢壬子，起壬子二数而见癸字，故甲寅用二数乙卯也。

若作阴私和合事，请君但向此中推四户以同建加奉时，却随除危定开在何处即超地四户着与天三门同宫尤吉

入式歌云：天乙会合女阴私，所谓天乙会合和阴私之事要在三奇临六仪，与三奇吉门，合太阴、大冲从魁小吉，加地四户是谓福食，远行出入皆吉，地四户者，除定危开也。

假如正月建寅，卯上除，午上定，酉上危，子上开，更得三奇临之大吉。二月则从卯上起建也。凡阴谋事，用太阴太冲小吉从魁，加地四户而去，解见下文：

天三门兮地四户

问君此法如何处
太冲小吉与从魁
此是天门私出路
地户除危定与开
举事皆从此中去

天门有三，乃从魁小吉，太冲三位也。起法以月将加本时，即寻从魁小吉太冲，三位为天三门也。

起月将法，以授时历看，审订太阳过宫，方可选用。如去年十二月大寒节，某日时刻日玄枵之次，太阳在子，以神后出将加用时，世俗但知登明为正月将，却不知登明是亥。犹待雨水节后，某日时刻，日躔娵訾之次，太阳方过亥宫，以登明天月将，方可用。登明将，加用时以次轮去，以寻天三门、地四户，以月建加本时，却随除危定，开在何处，是地四户者，与天三门同宫尤吉。

天罡（辰）　太乙（巳）　胜光（午）
天月（未）　使送（甲）　从魁（酉）

河魁(戌)　登明(亥)　神后(子)
大吉(丑)　功曹(寅)　太冲(卯)

大阳过宫

正月(亥)　二月(戌)　三月(酉)　四月(申)
五月(未)　六月(午)　七月(巳)　八月(辰)
九月(卯)　十月(寅)　十一月(丑)　十二月(子)

歌 云

六合太阴大常君

三辰元是地私门

更得奇门相照耀

出门百事总欣欣

阳时利击,阴时宜陕。阳先举,阴后交。凡欲击者,为破而击之。陕者,密而去之。其败军宜向六合下走得出也。

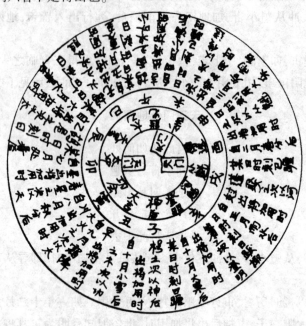

天三门之图

假如以六合、大阴、太常为三辰,依图推之,看在何方。

日支自亥至辰为阳。用阳贵人。阳贵人用上一字,自巳戌至为阴,用阴贵人。阴贵人用下一字。

假如丁亥日,亥为阳日,丙丁猪鸡位,则亥猪为阳日贵人,须用贵人加亥上,顺数去却看,却看六合,大阴在何处？即是地私门此只论日不论时,然须得奇门,方可用。

地私门阳贵人顺行之图
地私门阴贵人顺行之图

年月日时同加寻地四户

歌　曰

太冲天马最为贵,
卒然有难难逃避。
但当乘取天马行,
剑戟如山不足畏。

地四户之图

天马即太冲也。审月审过宫,即以月将加用时,顺寻,看太冲在何方,即天马方也。

言遇紧急危难,仓卒之间,难得奇门,但乘取天马而去。则虽剑戟如林,亦能避其祸也。

天月将(即太阳)

正月(亥)	二月(戌)	三月(酉)
四月(申)	五月(未)	六月(午)
七月(巳)	八月(辰)	九月(卯)
十月(寅)	十一月(丑)	十二月(子)

地月将(即月建)

正月(寅)	二月(卯)	三月(辰)
四月(巳)	五月(午)	六月(未)
七月(申)	八月(酉)	九月(戌)
十月(亥)	十一月(子)	十二月(丑)

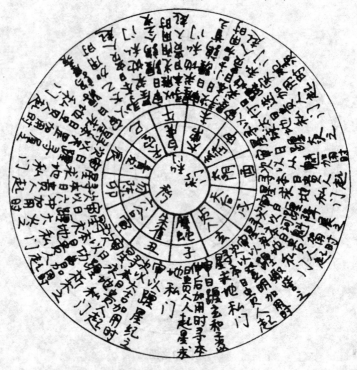

地私门阳贵人顺行之图

天马方吉时定局于后

以授时历看审订太阳过——子时、丑时、寅时、卯时、辰时、巳时、午时、未时、申时、酉时戌时、亥时。

宫方可选用太冲天马方——子时、丑时、寅时、卯时、辰时、巳时、午时、未时、申时、酉时、戌时、亥时。

　　正月登明将太冲天马方:辰、巳、午、未、申、酉、戌、亥、子、丑、寅、卯。

　　二月河将太冲天马方:巳、午、未、申、酉、戌、亥、子、丑、寅、卯、辰。

　　三月从魁将太冲天马方:午、未、申、酉、戌、亥、子、丑、寅、卯、辰、巳。

　　四月传送将太冲天马方:未、申、酉、戌、亥、子、丑、寅、卯、辰、巳、午。

　　五月小吉将太冲天马方:申、酉、戌、亥、子、丑、寅、卯、辰、巳、午、未。

　　六月胜光将太冲天马方:酉、戌、亥、子、丑、寅、卯、辰、巳、午、未、申。

　　七月太乙将太冲天马方:戌、亥、子、丑、寅、卯、辰、巳、午、未、申、酉。

　　八月天罡将太冲天马方:亥、子、丑、寅、卯、辰、巳、午、未、申、酉、戌。

　　九月太冲将太冲天马方:子、丑、寅、卯、辰、巳、午、未、申、戌、亥。

　　十月功曹将太冲天马方:丑、寅、卯、辰、巳、午、未、申、酉、戌、亥、子。

　　十一月大吉将太冲天马方:寅、卯、辰、巳、午、未、申、酉、戌、亥、子、丑。

　　十二月神后将太冲天马方:卯、辰、巳、午、未、申、酉、戌、亥、子、丑、寅。

　　总论太阳过宫法,天三门,地四户,地私门太冲天马同例。

天气将

正月雨水(壬)	二月春分(乾)
三月谷雨(辛)	四月小满(庚)
五月夏至(坤)	六月大暑(丁)
七月处暑(丙)	八月秋分(巽)
九月霜降(乙)	十月小雪(甲)
十一月冬至(艮)	十二月大寒(癸)

地气将

正月立春(子)	二月惊蛰(亥)
三月清明(戌)	四月立夏(酉)
五月芒种(申)	六月小署(未)
七月立秋(午)	八月白露(巳)
九月寒露(辰)	十月立冬(卯)
十一月大雪(寅)	十二月小寒(丑)

天符经

正月娵訾(亥)	二月降娄(戌)
三月大梁(酉)	四月实沈(申)

五月鹑首(未)　　六月鹑火(午)

七月鹑尾(巳)　　八月寿星(辰)

九月大火(卯)　　十月析木(寅)

十一月星纪(丑)　　十二月玄枵(子)

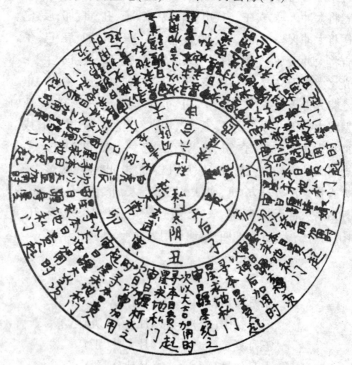

地私门阳贵人逆行之图

歌　曰

三为生气五为死，

胜在三兮衰在五，

能识游三避五时，

造化真机须记取。

三元经曰：天道不远，三五反复，知三避五，恢然独处。三为生气，故游三也。五为害气，故避五也。三为威，五为武，盛于三，衰于五，匹马双轮，无有返期。

假今冬至上元，阳遁一局，甲己之日夜半生甲子至平旦丙寅时得三，此时生气。宜举百事至食时戊辰时得五，此时害气凶，百事不宜，故避五也，阴遁仿此。

一本云：直使加震宫，三为生宜向之，直使加中宫，寄二宫为死宜避之。

又云：重阳有重吉，谓大将在三宫，重阴有重凶，谓天将在七宫也，三乃数吉也，七乃位凶也。

就中伏吟为最凶　天蓬加着地天蓬

九星伏吟,上盘天蓬,加地盘天蓬,乃九星仍在本宫,不动谓之伏吟,孝服损人口,直符伏吟,上盘甲子,加地盘甲子,六仪惟此。

汤谓云:甲子来加甲子为伏吟,不宜用兵,惟宜收敛货财,凡六甲之时,门符,皆是伏吟。

一本云:天盘天蓬加地盘天蓬,为伏吟最凶,余仿此。

假令冬至上元阳遁一局,甲己之日,夜半生甲英时,天蓬直符加临一宫,时干在一宫,此名门符皆伏吟也。

天蓬若到天子上　须知即是反吟官

九星反吟者,天盘一宫上蓬星,加地盘九宫英星,上为反吟,余八宫同此。直符反吟,谓上盘甲子,加下盘甲午,上盘甲戌,加下盘甲辰,迁奇门盖之。不见凶害,不然灾祸立至。汤渭曰:子来加午,为么吟此,时不利举兵动家,惟宜散恤仓库之事,凡星符对冲皆吟假令,冬至上元,阳遁一局,甲巳日,乙丑时,六乙在九宫,以天上天蓬直符,加临时干在九宫,即是直符吟。

歌　曰

八门反复皆如此,
生在生兮死在死,
假令吉宿得奇门,
万事皆凶不堪使。

生门在八宫,门不离宫,谓之伏吟。若生门移在对宫,谓之反吟。门若迁此,虽得奇不可用。

假令冬至上元阳遁一局,甲乙之日,以日晡申时,休门在九宫,直死休门加之,即是直门反复也。

歌　曰

六仪击刑何大凶,
甲子直符愁向东,
戍刑在未申刑虎,
寅巳展辰午刑午。

六甲地支相刑与自刑也。如:甲子见卯,甲戌见未,甲申见寅,甲寅见巳,为相刑。甲辰见甲辰,甲午见甲午为自刑。

葛洪曰:六仪击刑者,谓六甲直符,加所行之地也。甲子直符加卯,卯刑子也。甲戌直符加未,戌刑未也。甲申直符加寅,申刑寅也。甲午直符加午,午自刑也。甲辰直符加辰,辰自刑也。甲寅直符加巳,寅刑巳过。

郭璞论:三合之刑,金刚火强,各刑本方,水流趋东木落返本。王璋曰:甲子直符加三宫,甲戌直符加二宫。甲申直符加八宫。甲午直符加九宫。甲辰直符加四宫。甲寅直符加四宫,皆为六仪击刑。

假令冬至上元阳遁一局,甲己之日夜半起,甲子为直符,至日出卯时,是六仪击刑也。至庚午时,以甲子直符,加六庚于三宫,即六仪击刑时也,其时极凶,不可用事。

歌 曰

三奇入墓好思推

甲日那堪见未宫

丙奇属火火墓戌

此时诸事不须为

更兼天乙^{天盘}来临二

月奇临六亦同论

此乃乙丙奇临,六宫在戌,谓之入墓,不但奇临之,迂丙日见戌字亦是。

王璋曰:三奇入墓者,谓六乙日奇,下临六宫,六丙日奇,下临六宫,六丁星奇,下临八宫,乙奇,下临二月亦是,是谓三奇入墓也。

又云:傍人入墓也。

假如阴遁四局丙辛日,平旦庚寅时,六丙月奇,下临六宫,是谓月奇入墓,凡迂三奇入墓,纵有奇门,不可举兵,百事皆凶。

经云:三奇入墓何时辰,丙奇乾上乙临坤,或迂乙奇居戌上,还加丁向丑中存。丁乃阴火,死在寅,墓在丑也。

王璋曰:丙丁奇入一宫,乃火入水池。乙奇入六宫,乃木入金乡。三奇受制万事,不可举也。

本理按五行生旺,论阳生阴死,丙火生于寅,丁火生于酉,阳顺阴逆,丁火生酉逆行,沐浴申、冠带未临官午、帝旺巳、衰辰、病卯、死寅、墓丑、绝子、胎亥、养戌、逢禄、为临官。丙绿巳,巳乃丙火之临官。丁禄在午,午乃丁火之临官。丁墓在丑,艮八宫是墓,丁奇临艮八宫,是丁奇八墓,戌非也。此乃论阴阳之正理,又如甲木生于亥,未为库,乙木生于午,沐浴巳、冠带辰、临官卯、帝旺寅、衰丑、病子、死亥、墓戌,阴库不在未,在戌也。所以削去雷取之讹也。

歌 云

又有时干入墓宫

课中时下忌相逢

戊戌壬辰兼丙戌

癸来丁丑一同凶

葛洪曰:三奇者,谓丙戌时为月奇入墓之时。又曰:凡迁乙庚日,丁丑时,为丁奇入墓,黄昏是丙戌,故为月奇入墓。

三奇渊源云:六丁本火之精,化而成金,在震最明,生于丑,没于辰,前世名晓星者是也。

又朱子断曰:启明金星在西、日出则东见,即太白是也。故丁丑时亦为星奇八墓。

　　　丙戌时丙属阳火,火墓在戌。

　　　壬辰时壬属阳水,水墓在辰。

　　　丁丑时丁属阴火,火墓在丑。

　　　癸未时癸属阴水,水墓在未。

　　　戊戌时戊属阳土;土墓在戌。

　　　巳丑时巳属阴土,土墓在丑。

故戊巳中央之土赖母而生,所以戊同丙火生于寅,巳同丁火生于酉。巳上六时干辰入墓不可用。

歌　云

五不迁时龙不精

号为日月损光明

时干来克日干上

甲日须知时忌庚

葛洪曰:五不迁时者,谓刚柔日相克,而损其明,纵有奇门,不可行,百事凶。

　　　甲日庚午时,

　　　乙日辛巳时;

　　　丙日壬辰时,

　　　丁日癸卯时,

　　　戊日甲寅时,

　　　巳日乙丑时,

　　　庚日丙子时,

　　　辛日丁酉时,

　　　壬日戊申时,

　　　癸日巳未时。

此乃时干克日干,名为本主不和吉凶,旧选择书内差,载时支克日干,所以不准,今本理校正历府通书,悉皆改正刊行。

时干克日有灾危,

甲日从午逆数之,

若到戌亥便越过.

百事不宜莫用之。

又起例曰

甲日怕庚怕己乙。

乙辛庚丙最为殃,

丙壬丁怕癸时恶,

辛丁壬愁戊不良,

戊畏甲兮君莫用,

癸应嫌己莫相当。

五不遇时者,即时干克日干,阳干克阳干,阴干克阴干也。

歌　云

奇与门兮共太阴

三般难得总加临

若还得二亦为吉

举措行藏心遂心

阳遁直符前二宫为太阴,阴遁直符后二宫为太阴,谓奇门与太阴,三者不能皆同,若得二者亦吉,遇之可伏兵也。

古经云:择门,凡欲经求万事,宜休、开、生,不合乙、丙、丁即吉。又取阴门相助,谓之三诈,凡太阴六合九地宫助奇者,全备用之,有十分之利,若三门合三奇,无诈宫谓之有奇无阴,得七分之利,若三门无奇,谓之有阴无奇,犯者不利,若三门合三奇,下临太阴宫,名曰"真诈"。若三门合三奇,下临九地宫,名曰:"重诈"。若三门合三奇,下临六合宫,名曰:"休诈"。已上诈门,嫁娶远行、商贾、大吉利也。

真诈:宜施恩便,隐遁求仙。

重诈:宜进人口取财,拜官授爵。

休诈:宜合药治疫,邪祈之禳事并吉。

若杜门合丁己癸,下临九地名曰地假,宜潜伏。此三时加杜门者,可以藏形。

若杜门合丁己癸,下临太阴宫,利遣人间谍珠事。若杜门合丁己癸,下临六合宫,利逃亡。

若景门合乙丙丁,临九天,名曰"天假",乙为威德,丙为威武,丁为太阴,三奇之灵,宜陈利便,进谒干求。

若伤门合丁己癸,下临九池,名曰"神假,利葬埋。"

若惊门合六合,下临九天宫,名曰"人假"利捕逃亡。

若太白人荧惑,己在其下,必获己上,五假各取其宜,随事用之。

歌 曰

> 更得直符直使利,
>
> 兵家用事最为贵,
>
> 常从此地击其冲,
>
> 百战百胜君须记。

王璋曰:亭亭者,天之贵神,背而击其冲为胜,推之法常,以月将加时,神后下为亭亭所居也。

假令五月用寅时将,小吉加寅,即神后临未,为亭亭之在未也。白奸者,天之奸神,合于亥巳,格于寅申,当合之时,俱背之,当格不格,合与不合者,背亭亭向白奸。

推之法,以月将加用时寅午戌上见孟神,即是白奸之位,常行寅申巳亥,四孟位也。

假令正月将,登明加午时,则孟神临午,即白奸之在午也。

又如四月用巳时,以月将加巳则孟神临寅,即白奸之在寅也。他仿此。

昔者曹操行兵用此法,百战百胜。

孟神者即寅申已亥也。

歌 曰

> 天乙之神所在宫
>
> 大将宜居击对冲
>
> 假令直符居离九
>
> 天英坐取击天蓬

汤谓曰:第一胜天乙宫,天上直符乘天乙宫,上将居之,用兵击其冲百胜也。按万一诀云,若在阳遁,即用天上直符所居宫;若在阴遁,即用地下直符所居宫,上将居之,而击其冲胜。

第二胜九天宫,阳遁天上直符后一为九天,阴遁地下直符前一为九天,我军立九天之上而击其冲,则敌人不敢当我之锋。

第三胜生门宫,谓生门合三奇之吉宫。上将引兵,从生门击死门,百战百胜。

又曰:背亭亭,向天门一胜,背月建二胜,背生击死三胜,大同小异也。

假令大寒上元阳三局,甲巳日丁卯时,天上直符,乘六丁,临九宫,正南为天乙宫,为第一胜也。九天四宫,东南第二胜也。生门与丁奇,合七宫正西,第三胜也。

假令阴八局,甲巳之日,平旦时,地下直符在八宫,东北天乙宫,第一胜也,九天在三宫,正东第二胜,生门临六宫,西北第三胜也。

有五不可击。

汤谓曰：第一不击天乙宫；二不击九天宫；三不击生门宫；四不击九地宫；五不击直使宫；已上皆不可击。

假令阳八局丙辛日辛卯时，天乙在坤二宫西南，生门在三宫正东，九地在圆宫南东，直使在八宫东北，以上并不可击，我军居之必雄胜。

假令阴七局、甲巳之日、丙寅时，天上直符临，九宫正南，九天在二宫西南，生门在一宫正北，九地在七宫正西，直使在五宫寄二宫西南，以上不可击，我军居之必雄盛。

注云：上将居之，引兵而击其冲，百战百胜。按万一诀云，若在阳遁，即用天上直符所居之宫。若在阴遁，即用地下直符所至之宫，而击其冲，则百战百胜也。

歌 云

甲乙丙丁戊阳时

神居天上要君知

坐击须凭天上奇

阴时地下亦如之

三元经曰：五阳时利以为客，当为客之时，利先举兵，高旗鸣鼓，耀武扬兵，以决胜，谓时下得甲乙丙丁戊，五干善神治事，可以出军征伐。远行求财，立邦国，化人民，临武事，人宫移，从嫁娶，起造，百事皆吉，此时逃亡者不可得。故经云：直使之行，一时一易，行阳时利以为客，故曰：得阳者飞而不不止，阳五千，在子午之东部生气也，故为利客先举假令甲巳之日，准半生甲子时，自甲子时至戊辰时.得甲、乙、丙、丁、戊，是五阳时，利为客先举，不拘阴阳二遁如此例也。

又云：阳时神在天，宜用天盘。若在地，宜用地盘。上奇又云：五阳时在天上，即居天上直符之宫，而击其冲。

又经云：天盘星克地盘星，在四时旺相日，时有本色云气在其方，来助客胜。地盘星克天盘星，在四时旺相日，时有各方本色，云气在其方，来助主胜。

歌 云

若见三奇在五阳，

偏宜为客白高强，

忽然蓬着五阴位，

又宜为主好载详。

已庚壬癸午阴时。

汤谓曰：五阴时，利以为主之时，利后举兵，低旗衔枚，待敌而后动，以决胜。谓时下已、庚、辛、壬、癸五千，恶神治事，不可拜官、移徒、婚姻、出行兴造举百事，逃亡可得，宜画策密谋，集武备、祷祀、祈福。经云：直使之行，一时一易，行阴利以为主。故曰：得阴者，伏而不起。阴五千。阴在子午之西部杀气也。故利主后动。

假令甲已之日，夜半生甲子，自己至酉时，得己、庚、辛、壬、癸，是五阴时，利以为主，宜后举，不拘阴阳二遁，皆如此例。

歌 云

直符前三六合位
太阴之神在前二
后一宫中为九天
后二之神为九地

太阴起例，布星随本，时直符宫，直符、胜蛇、太阴、六合、白虎、元武、九地、九天。

阳遁直符宫，所到之宫，加活局直符，顺布星、阴遁直符，所到之宫，加活局直符，逆布星。

本理曰

九天九地密神通，
太阴六合定乾坤，
能知此诀备于我，
肯把三门别立根，
出向奇门分造化，
人于心上起经纶，
守攻城负凭于此，
道不虚行只在人。

歌 曰

丸天之上好扬兵
九地潜藏可立营
伏兵但向太阴位
若逢六合利逃形

本理按孙子本义云：九地者，幽隐之至深也。九天者，刚建之至极也。藏于九地，言守之至深，动于九天，言攻之至极也。九天乃天之杀伐之气，运在此方，亦可籍此气，扬兵威武，九地乃地之蒙晦之气，运在此方，亦可以籍此气，遮藏形迹，太阴之中，可以逃亡。冬至后阳遁顺，天上直符所临之宫，后一为九天，后二为九地，前二太阴，前三六合，夏至后阴遁逆，天上直符所临之宫，前一九天，前二九地，后二太阴，后三六合。

假令阳遁上元一局甲已之日，丙寅时，天上直符临八宫。后一九天临一宫，后二九地临六宫。前二太阴临四宫。前三六临合九宫。

假令阴遁上元,九局,甲己之日,丙寅时,此时天上直符临二宫,即前一九天临七宫。前二九地临六宫,后二阴四宫,后三六合三宫。

其法甲上直符,以二、三、六、七为吉,二、八、九、五宫为凶。

遁直符活局顺行

歌 曰

天地人兮三遁名,
天遁月精华盖临,
地遁日精紫云蔽,
人遁当知是太阴。

上盘六丙,中盘生门,下盘六丁,谓之月华之蔽。

上盘六乙,中盘开门,下盘六己,谓之日精之蔽。

上盘六丁,中盘休门,下盘太阴,谓之星精之蔽。

经曰:天遁者,生门合六丙,月奇,下临六丁为天遁,此时得月华之所蔽,故也。

假令阳遁四局,乙庚之日,日入为乙酉时,天心为直符,加时干、六乙开门,为,直使加时于七宫,即生门与丙月奇合,下临六丁于一宫,是天遁也。

假令阴遁六局,戊癸之日辅时,天蓬为直符,加时干六庚休门为直使。加时干四宫,即生门与丙月奇,合临六丁于九宫为天遁。

生门六丙合六丁　此为天遁自分明

天门六乙合六已　地遁如斯而已矣

经曰:地遁者,开门与六乙日奇合,临地下六已为地遁,此时得日精之蔽。

假如阳遁一局,丙辛之日,日出时辛卯,天冲为直符,加时干六辛,伤门直使,临一宫,日奇临六已为二宫,是地遁也。

休门六丁共太湖　欲求人遁无所过此

经曰:人遁者,休门与六丁星奇合,前二太阴为人遁,此时得星精之蔽。

假令阴遁七局,乙庚之日,夜半丙子时,天任直符,加时干六丙,生门加一宫即休门,与六丁星奇合,前二太阴六宫。为人遁也。

要知三遁何所宜,藏形遁迹斯为美

已上三遁,最宜隐遁,人莫能窥,盖三遁上盘,既挟日月星精之蔽,庇佑而天遁,下盘合丁,乃三奇之灵,又为六甲之阴,谓奇门相合,有如华盖之复体也。

地遁下盘临六已,为六合之私门,又为地户谓奇相临,有如紫云之盖体也。

人遁下盘临太阴者,阴暗之象。孙子云:难知阴,盖阴晦不能观万象,谓奇门阴宫合,有如阴云之障数也,右三遁之时,凡用事、兴兵、施为、出入、修营、宫室、万事吉利。

云遁者,天上六乙合地下六辛、临开、休生三吉门为云遁也。

风遁者天上六乙合开、休、生三门于巽宫,为风遁也。

龙遁者,乙奇合三吉、开、休、生门于坎宫、为龙遁也。(云乙奇合休门坎)

虎遁者,天上六乙合地下六辛,临休门到艮宫为虎遁也。

神遁也,天上六丙合九天生门也。

鬼遁者,六乙合九地于杜门也。

已上合天地人名九遁用奇者,不可不知也。

庚为太自丙荧惑　庚丙相加谁会得

庚金生于巳,得禄临官于申,旺于酉,乃西方金星,号太白星。丙火生于寅,得禄巳,旺于午,南方火德,号为荧惑星,谁字即指庚丙而言渭或上盘之庚,加会下盘之丙,或上盘之丙,加会下盘之庚也。

六庚加丙自入荧

天庚加地丙,乃金入火乡四受克凶,乃对敌宜防贼。

赤松子曰:太白入荧,白五可破南北恐有大祸。汤谓曰:此时宜防贼来。

假令清旺上元用阳遁四局,甲已之日,日晡时为壬申时,此时六壬在八宫,得天心直符,为六庚加临六丙于二宫,即太白入荧惑也。

六丙加庚荧入白

天丙加地庚,火入金乡,此时闻贼当退避。赤松子云荧入白太白上下相击内往外灭以贼陷。

汤谓曰:此时贼退。又曰:二星相入,凶气横任,得奇门慎勿行此星,若也。移方去金火之神,是恶神上盘丙加下盘庚也。

假令小满上元,用阳遁五局,丙辛之日,黄昏时为戊戌时,此六戊在五宫,得天任直符,为六丙,下临六庚于七宫,即荧惑人太白也。奇门大全云:丙加下庚也。此时战宜回避,不宜冲击,占贼来信必虚诈。

白入荧兮贼即来

汤谓曰:庚为太白,丙为荧惑,若此时对敌,宜防贼来。上盘六庚加下盘六丙是也。

诗　曰

天上六庚加六丙。

太白入荧贼欲来。

天庚加地丙,乃金入火乡而受克凶,乃对敌宜防贼来。

赤松子曰:太白入荧;白五可破,南北亦有大祸。汤谓曰:此时防贼来。

假令夏至中元、阴遁三局,乙庚之日,平旦戊寅时,此时六庚在一宫以天内直符加时干于三宫,即六庚下临六丙于二宫,即太白入荧惑,又天心天柱到离宫,亦是金入火乡也。

荧入白兮贼须灭

赤松子云:荧入太白,上下相击,内往外灭,以诱贼陷。

汤谓曰:此时贼退。又曰:二星相入,凶气横任,得奇门慎勿行此星。若也,移方去金,火之神是恶神,此时战斗,贼自恐必退也。天之盘六丙加地盘庚是也。

又曰:六丙及来加庚上,真贼逃避不为灾。

假令阴遁六局,甲乙之日,丙寅时,六丙在八宫,以天心直符加时干,即六丙下临六庚于四宫,此为荧惑人太白,占贼不来,天英景门到七六宫,亦是火入金乡。

丙为勃兮庚为格,格则不通勃乱逆

天丙加地庚为勃,天庚加地癸为格。

汤谓曰:六丙所加皆名勃。勃者,乱也。谓天上六丙,临年月日时之干直符。类同六丙,所加之义,凡举百事,用兵迁勃,主纲纪斋乱凶也。经曰:丙丁值为勃,火星焚大屋,移室且安然,独自闻愁哭,又云庚加年月日时干,假尔为客不宜争,统兵领众避此时。唯用固守不宜行,百事迁之凶莫测。

丙加天乙为直符,天乙加丙为飞勃

汤谓曰:天上六丙,加地下当年月日时干者勃。勃者乱也,天上六丙,临年月日时干直符,类同六丙所加之义也。凡举事用兵迁勃,主纲纪紊乱也。

假令冬至中元,阳遁七局,丁壬之日,日斜于王时,此时六丙在五宫,奇在二宫,以直符天内,加时干六丁于四宫,即六丙临六丁于四宫,此名时勃也。右凡迁六丙:六庚之为直符加时干,则十时皆为勃格,四时审而用之。

庚加日干为伏干

天乙伏干格。三元经曰:六庚为太白,加日干即为伏干格,此是主客斗伤皆不利。

又曰:日干若迁六庚临,此名伏干格相侵,若是战斗须不利,大都为主必遭擒。

假如小满上元,阳遁五局,甲己之日,壬申时,六壬在九宫,即天柱为六庚,下临九宫,见今日甲午为天柱,六庚所加也,此为天乙伏干格。

日干加庚飞干格

歌 云

> 日干及;临庚,
>
> 飞干格偏明,
>
> 争战还不利,
>
> 为客最平平。

经曰:今日之干,加六庚飞干格,此时战斗,主客两伤。

假如小满上元阳五局,甲已日庚午时,此时甲子五宫寄二宫,以直符天禽加时干六庚于七宫,即得六甲,下临六庚于七宫,此名飞干格也。

加一宫兮战在野　同一宫兮战于国

庚加日干,日加庚俱不利,如庚加一宫,或天盘庚,或地盘庚,同一宫,皆主战不利。

天乙格,六庚加天乙,凶战于野,六庚加天乙者,谓临天乙所居之宫也。

天乙太白格,谓天乙与六庚同宫,战于国凶,天乙与六庚同宫者,谓天乙直符,与六庚同行加时干与太白格,利野斗。若直符加六庚,宜固守伏藏。凡迁诸格之时,用兵主客俱不利,占人在否,格则不在,占人来否,格则不来。

庚加直符天乙伏

诗 云

> 庚加直符宫,
>
> 伏干格为宗,
>
> 交锋多不利,
>
> 为客以成功。

三元经曰:六庚加直符,名为天乙伏宫格,此时主客皆不利,战斗交兵气自衰,占见人不在,占来人不来。

《奇门大全》曰:上庚加下直符,此时主客皆不利,六庚加天乙直符,本宫为伏宫,此时不利用兵,宜野迎敌。

假令立春下元阳二局,甲已日壬申时,此时六任在六宫,以天上天内为直符,加时干六壬于六宫,即得天辅,为六庚下临,直符天内于二宫,此名天乙伏宫格也。

直符加庚天乙飞

诗 云

飞官是何星，

直符加六庚，

两敌不堪争，

为主似还赢。

三元经曰：直符加六庚，名天乙飞宫格，此时主客皆不利。《奇门大全》云：上盘直符加下庚，此时同前迁天乙直符加六庚之上，此时固守，出则大将遭擒。

假令春分中元阳遁九局，甲已之日，日中庚午时，此时六庚在二宫，天英为直符，以天上直符加时干庚于二宫，即得天英为直符，下临二宫见六庚，此名天乙飞宫格。

庚加癸兮为大格

诗 云

太白庚加癸，

图谋未可通，

求人终不见，

端坐即还营。

汤谓曰：六庚加癸，名曰大格时也。谓六天上六庚临地下六癸。此时不可用，百事凶。遗亡亦不可得，求人即不在，反招其咎。

大格不宜远行，在破马死，造作人财破散。

假令秋分元阴遁四局，甲乙日，丙寅时，此时六庚在二宫，以直符天辅，加时干六丙六宫，即等于天内六庚下颐六癸于八宫，此名大格也。

加已为刑最不宜

下临六已于四宫，此名刑格。

直符天宫，加六丙于一宫，即得天禽为六庚三局。甲已日、丙寅时，此时六寅在五宫寄二宫，以已，求谋主失，各破财疾病。

假令大寒之阴遁亡，慎勿追之，返招凶咎。

《奇门大全》云：六庚加六地下六已，此时出军，车破马伤，中道而止，士卒逃空。

汤谓曰：六庚加六已为刑格，谓天上六庚加六庚加六已，赤地须主凶，若行车马竜，军兵半路。

加壬之时为上格　又嫌岁月日时逢

时干六丙于六宫,即得天丙六庚下临,六癸于八,甲巳日、丙寅时,此时六庚在二宫,以直符口辅,加入癸酉时,六庚在七宫,以直符天禽加六癸于宫,即见天柱,六庚下临六辛,岁干于八宫,此名为岁格也。

论月格。三元经曰:六庚加月朔,格为凶时也。

假令立春上元,阳遁八局,月朔干在甲巳,甲巳日丁卯时,此时六庚在一宫,以直符天任,加六丁于五宫,即得天蓬为六庚下临,月朔于六巳于九宫,此名月朔格也。

论日格经曰:六庚加当日日干,名曰日干格,此时大凶。

假令小暑下元阴五局,日干在甲巳己日,丙寅时,以天禽为直符,加时干六丙于七宫,即六庚在三宫,下临日干巳于四宫,此名日干格。

时格,经曰:六庚加本时干者为格,亦名伏吟格。此时六庚在四宫,以直符天辅加时,不可举兵,用事大凶。

假令小寒上元阳遁二局,丙辛日巳丑时,六庚在四宫,以直符天辅加时,不可举兵,用事大凶。

假令小寒上元阳返二局,丙辛日巳丑时,六庚在四宫,加时干六巳于二宫,此为时格也。凡六庚为直符,其十时皆为时干格也。

诗 云

更有一般奇格者

六庚谨勿加三奇

此时若也行兵法

匹马只轮无返朝

六庚加丙丁奇,天英景为下克上,先选者凶无返朝,六庚加乙期,街辅伤杜上克下,举者,匹马只轮能敌万人。

六癸加丁蛇夭矫

诗 曰

六癸加六丁

天矫迷路程

忧惶难进步

端坐却不营。

六癸加六丁,六癸在天盘,六丁在地盘,为蛇首,反为雀,谓癸属水,为北方元武龟蛇。丁属火,故癸加丁,为腾蛇夭矫。

王璋曰：天上六癸加地下丁，名腾蛇天矫，此时白事不利。

假如冬至下元阳遁四局，丙辛之日，半夜生戊子时，此时六癸在九宫，以直符天心加时干六戊于四宫，即得天英，为六癸下临六丁于一宫，是为腾蛇天矫也，虽有奇门临之，亦主虚惊不宁。

六丁加癸雀入江

丁属火为朱雀，癸属水，故丁加癸，为朱雀入江。

《奇门大全》云：丁加癸，主文书牵连，或失脱文书，占家有惊恐，怪异梦，用兵防奸。

王璋曰：天上六丁加地下六癸，名朱雀投江，此时百事皆凶。

诗　云

六丁加六癸，

朱雀入水流，

口舌犹未罢，

官事使人愁。

又曰：或有诉讼，自陷刑狱，或闻火起，不必往救。

假令夏至中元阴遁三局，甲巳日，壬申时，此时六丁在六宫，以直符天冲，加时干六壬于八宫，即六丁下临六癸于宫，是为朱雀投江也。

六乙加辛龙逃走

金为太白，乃白虎，木为青龙。金克木，为龙虎相战凶。

诗　云

青龙乙加辛，

金木不相亲，

神龙方也遁，

乐云不木嗔。

盖乙属木，为青龙，故乙加辛为青龙逃走。

王璋曰：六乙加六辛，名青龙逃走，此时不宜举兵，主客反伤，用事凶。

《奇门大全》云：六乙加辛，此时举兵动众，主失财遗亡破败。

又云：六乙加庚亦是。

假如立秋上元阴遁二局，丙辛之日，巳亥时，六乙在二宫，以直符天任，加时干六巳于一宫，即六乙下临，六辛于八宫，此是青龙逃走。

六辛加乙虎猖狂

赤松子云：刀逢暗磨，疑如之何，彼欲见害，了阴可和。六辛加六乙，白虎也悲哀，若与干钱财，自己须防灾。华盖属金为白虎，故辛加乙为白虎猖狂。

王璋曰：天上六辛加地下六乙。名曰白虎猖狂，此时不宜举事，主客两伤，婚姻修造大凶。

《奇门大全》云：举动出入战斗，必有惊诈。

假令小暑中元阴遁二局，甲已之日壬申时，此时大内直符，加天盘六辛，下临于三宫，原乙在三宫，是为白虎猖狂也。

请观四者是凶神，百事逢之莫措手

夫天干阴阳和则吉，不和则凶，如阳干克阴干为合，如甲克已，即甲与已合，阴干克阳干为官星，如甲受辛克，即以辛为宫，阳迁阳克，阴受阴克，皆为不和，乙、辛、丁、癸四干皆属阴克，其祸不救，故不可用也。

丙加甲兮鸟跌穴

天盘丙加地盘甲子，乃飞鸟跌穴大吉。

赤松子曰：进飞得地，云龙聚会，君臣燕喜，举动皆利。

王璋曰：此时从生而击死，百战百胜定无疑。

葛洪曰：六丙加六甲，名飞鸟跌穴，阴阳二遁，此时为百事利，出兵行营，举造葬理大吉。

假令大寒阳遁九局，甲巳之日，辛未时此时六丙在七宫，以直符天英，加时于六辛于王宫，即六丙下临之甲于九宫.此名飞鸟跌穴。

解曰：丙加六甲在门上是也，利远行，出兵，百事吉，大人君子利，小人凶，从生击死，一敌万人。

甲加丙兮龙返首

天上甲子加地丙，名青龙返首。葛洪曰：此局吉。宜举百事。虽无吉门卦局，亦可用事。

阴阳二遁，此时可以出兵行营，举造利为，百事皆吉。若合奇最为良也。

假令冬至上元阳一局，甲巳之日，丙寅时，六丙在八宫，以天上甲子天蓬直符，加时干六丙于八宫，得天蓬为六甲六丙在八宫之上，此名青龙返首。

解曰：六甲加丙在门上是也，利见人大求名，举名利客，扬威万里，出入利，此时从生击死，一敌万人。

只此二者是吉神，为事如意十八九

言前二局，飞鸟跌穴，青龙返首，之大吉也。若得奇门，行兵出战大胜，求名遂意，求财利益，造葬嫁娶，百事如意也。

六丁加六甲三奇吉。

六丁加六乙天运气吉。

六甲加六戊二龙相争凶。

六甲加六戊青龙受困凶。

六壬加六庚群龙入穴凶。

歌　云

入门若迁开休生，
诸事逢之总称情，
伤宜捕猎终须获，
杜好邀遮及隐形。

开门，宜远征讨，见君求名，所向通达；

休门，宜和进万事，治兵习业。百事吉；

生门，宜见人营造，求财获宝；

伤门，宜渔猎讨捕，行逢盗贼；

杜门，宜邀遮隐伏，诛伐凶逆，凡云去迷闷；

歌　云

景上投书并破阵，
惊能擒讼有声名，
若门死门何所主，
只宜吊死与行刑。

景门宜，上书遣使，突阵破围；

死门，宜行刑诛，戮吊死送丧，行者遇病；

惊门，宜掩捕斗讼，攻击惊恐。

已上八门，内有开、休、生三门吉，宜出。其下，若更合三奇吉，宿为上吉，五凶门不可出其下宜避之。

蓬任冲辅禽阳星，英内柱心阴宿名

昔皇帝命风后作太乙雷公或九宫法，以灵龟洛书之数，而错一位。以一居乾，以八居坎，以三居艮，以四居震，以九居巽，以二居离，以七居坤，以六居兑。以八、三、

长命锁寄托长者的无限希望

四、九为阳宫,故蓬任冲辅,配此四宫而属阳地。以二、七、六、一为阴位,故英内柱心,配此四宫而属阴也。盖以艮燥、坤湿、巽暑、乾寒、震阳、兑阴离火、坎水、而分阴阳也。

释九星所主。

天蓬、天任、天冲、天辅、天禽五星属阳。

天英、天内、天柱、天心四星属阴。太乙书谓:大乙在阳宫,辽东不用兵,正以坎、艮、震、巽为阳宫,辽东艮地也。太乙在阴宫,蜀汉可全身。离、坤、兑、巽为阴宫,蜀与汉正中在西南及西方之地也。

歌 云

辅禽心星为上吉,

冲任小吉未全亨,

大凶蓬内不堪使,

小凶英柱不精明。

大益枢京，天辅武曲纪昱，执庆刚星，天禽廉贞纲昱。总承符允，天心文曲纽星，已上三位，乃北斗武曲、廉贞、文曲三吉星，为大吉也。

疑华好化，天冲破军关星。

英明集华，天任星，以上二星，乃北斗破军英明星，为次吉宿也。

阴袭大衍，天蓬隐光右弼星，阳琼浮庆，天内洞明左辅星，乃左辅右弼星，为恶曜大凶之宿，若得奇门，亦不可用。

照冲勋令、天英贪狼太星，通元须变，天柱禄存真星，乃贪狼、禄存二宿，半凶之星，得奇门亦可用，宗庙、洪范、五行、水城，专言贪狼为上吉，却不知贪狼为凶星也。《地理大全论》云：狼、狼虎也，所以去扫宗庙不准。

大凶天气变为吉　小凶无气一同之

三元经曰：时下得天辅、天禽、天心星为大吉。时下得天任、天冲为次吉。得天蓬、天内为大凶，得天柱为小凶、天英亦为小凶。更以五行旺相言之。若大凶之星，得旺相之气则小凶；若小凶星，得旺相之气则中正。

歌　云

吉宿更能逢旺相，
万举万全功必成，
若迁休囚并废没，
劝君不必进前程。

凡吉宿亦要过旺相，若迁休囚废没，亦不可用。

经　歌　曰

若上吉气次吉星，
无望相气则中平，
乘旺相气则大吉，
乘死休气则为凶。

以上详审用之。

假令冬至时得天任吉宿，又乘旺气，则上吉也。

歌　云

要识九星配五行，
各随八卦考羲经，
坎逢星水离英火，
中宫坤艮土为营，

乾兑为金震巽木，

旺相休囚看重轻。

以上九星配五行，又随伏羲周易，后天文在八卦而推之。

《金函宝鉴》云：大哉乾坤交合，体父母生成之道，阴阳品配，定男女方位之居，银河转运乾坤定，上下交合，遂生六子。乾父交于坤母，一交而得长男震，二交而得长女巽，再交而得中女离，四交而得少女兑。以震兑为主，坎离为用，乾、坤、艮、巽，寄于四维。故乾位西北，坤位西南，艮司东北，巽司东南。震东兑西，离南坎北。乾刚兑柔为二金，震阳巽阴为二木。坤湿艮燥为二土。坎润下，离炎上，不可二也。夫金木形也，水火气也形。形有差别，气无精粗。此或一或二之所以分也。凡在显者，则阳包阴，在晦者，则阴包阳也。

论九星吉凶所生

天蓬宜安抚边境，修筑城池。春夏左将大胜，秋冬凶，亡其士卒，利主不利客，嫁娶凶，移徙失火，斗争见血，入官逢盗贼，修营宫室商贾皆凶。

天柱宜屯兵自固，隐迹埋形，将兵车破，马伤，士卒败亡，不宜移徙入宫市贾，宜嫁娶修造祭祀。

天心宜疗病合药，将兵秋冬胜，得地千里，春夏不利嫁娶，入宫筑室、祠祀商贾秋冬吉，春夏凶，利见君子，不利小人。

明代初期笑佛坐像

天冲宜出报仇，春夏左将胜。秋冬无功，不宜嫁娶，移徙入宫，筑室祠祀商贾。

天辅宜蕴身守道，设教修理，将兵春夏胜，得地千里，嫁娶多子孙，移徙市商贾入宫修养，春夏有喜。

天任宜请谒通财,将兵四时吉,万神助之,敌人自降,嫁娶多子孙,人宫吉,移徙筑室凶。

天内宜崇尚受道、交纳朋侪,受业师长吉,不可用兵、嫁娶、争颂、移徙、筑室、秋冬吉,春夏凶。

天疗转运璇玑借综之图

天禽宜祭祀求福,断灭群凶。将出四时吉,百福助之,不战用谋,敌人畏服,尝功封爵,移徙、人官宅、祠祀、商贾嫁娶吉。

天英,宜出入远行。饮宴作乐,利嫁娶,不宜出兵,移徙、人宫、筑室、祠祀、商贾。

假令冬至上元阳遁一局,甲已之日,半夜生甲子起一宫,顺行至丙寅时,在三宫,时下得天冲宿值,宜出师报仇,春夏乘旺也。

假如夏至阴遁大暑中元阴遁一局,甲巳之日,壬申时,以甲子时起一宫,顺布三奇,逆布六仪,则工申时到乾,得天心宿值,宜疗病合药,将兵乘金旺气胜,掠地千里,春夏不利,秋吉。宜见君子,不利小人。

诗　诀

十道单兮四角双,
唯将五数在中央,
任他戊已存坤艮,
五气行兮自发扬。

（五气乃五行也）

歌　云

与我同行即为相，

我生之月诚为旺，

废于父母体于财，

囚于鬼兮真不妄。

三元经曰：九星休旺者，谓九星各旺于我生之月，相为同类之月，死于生我之月，囚于官鬼之月，休于妻才之月。

九星所属

天蓬水宿　　天内土宿

天冲木宿　　天辅木宿

天禽土宿　　天心金宿

天柱金宿　　天任土宿

天英火宿

歌　云

假令水宿号天蓬，

相在初冬与仲冬，

旺于正三休四五，

其余仿此自研穷。

天蓬水宿，相于亥子月同类也（俱属水），旺于寅卯月、我生也（水生木），废于申酉月生我也（金生水），休于巳午月我克也（水克火，囚于辰戌、丑未月克我也）（土克木）。

天英火宿，相于巳午月同类也（但属火），旺于辰戌、丑未月我生也（火生土），废于寅卯月生我也（木生火），休于申、酉月我克也（火克金）。因于亥子月克我也（水克火）。

天冲天辅木宿。相于寅卯月同类也（木见木），旺于巳午月我生也（木生火），废于亥子月生我也（水生木）休于辰戌、丑未月我克也（木克土），因于申酉月克我也（金克木）。

天柱天心金宿，相于申酉月同类也（金见金），旺于亥子月我生也（金生水），废于辰戌、丑未月生我也（土生金），休于寅卯月我克也（金克木），因于巳午月克我也（火克金）。

天内天任天禽土宿，相于辰戌、丑未月同类也（土见土），旺于申酉月我生也（土生金),废于巳午月我生也(火生土),休于亥子月我克也(土克水),囚于寅卯月克我也(木克土)。

已上十二支所属,亥子水,寅卯木,巳午火,申酉金,辰戌、丑未土,此五行也。

急则从神缓从门,三五反复天道享

《三元经》曰:谓有事不暇择时,并三奇吉门,当天乙所在宫,及直符之神宫而去,谓之从神,自然获吉,盖直符甲子,常从六戊,是为天门,事急,则从天上六戊下去;事缓,则可待时三奇吉门而去。

假令冬至阳遁一局,甲巳之日,丙寅时,此时天乙加六丙于八宫,直符在一宫,若有急事,可向东北天乙下,及正北直符六戊,下去皆吉也。

又曰:神谓如甲子蓬星日,丙寅时,甲子六仪头,以甲子天蓬星,休加地盘六丙上,即从奇下出去,如事急欲出路,或在军阵,中门又不通,只寻吉神下去,事缓可以就吉门,奇而往也。三者,三奇也。五星吉,英任、冲辅心也。或门凶无奇,又无吉星,反伏无处吉,事又急迫,须向北斗下,默念三奇睨去,云言不得三吉奇门,但从三奇所临方出百事吉,所谓吉则从神也。

阴阳二遁,有闭塞,八方皆无门可出,即依玉女去。凡甲子时,甲午时,在内利主,甲甲时,在门两损,甲辰戌在外利客。

《符应经》曰:若无奇门出,紧即依张良以筹加出天门,地户而出也,吉利。

十干加伏若加错,入库休囚吉事危

时加六戊,乘龙万里,莫敢呵止,六戊为天门,又为天武,宜以远行万里百事吉。戊为天门,凶恶不起,当从天上六戊出,挟入天门。故曰:乘龙万里,凶恶不敢害,鸡不鸣,犬不吠,将兵客胜,闻忧无,闻喜有,利以远行市贾,小人惊走亡命。

假令立春中元,阳五局,甲巳之日,戊辰时,此时六戊在五宫寄坤二以,直符加时干,即六戊临二宫,出西南吉。

时加六巳如神所使,不知六巳出被凶咎,巳为六合,此时宜为阴谋密秘之事,当从天上六巳出,不宜市贾,以显物之事,隐匿如神所使,不知六巳者,谓为显赫,必蓬休咎又为地户,独出独入,无有见者,将兵,闻喜无,闻忧有,利以出官嫁娶,小人利亡命惊走,若占人有逃亡阴私之事。

时加六庚。抱木而行,强有出者,必见斗争,谓庚为天狱,此时凶强,有出者,必迁刑罪。故曰:能知六庚,不被五木,不知六庚,误使入狱,或被凌辱,将兵,主胜不利客,利屯营固守,闻忧有,闻喜无,市贾道死,物伤无利,入宫嫁娶凶。六庚之时,唯宜固守,能知六庚之时,谓此时已下至六癸时,不宜出动。

时加六辛,行迁死人,强有出者,罪罚缠身,此时往来出入并凶,强有出入,斧钻在前,行为在累。故曰:能知六辛,所往行来,不知六辛,多被械,又辛为天庭,罪纲白缠,将兵,主胜不利客,可行刑,决罪人,不宜嫁娶入宫,商贾,问疾。

时加六壬,为吏所禁,强出入者,飞祸将临。此时不可远行,出入百事凶,强出必有牢狱。壬为天牢,怨仇所稽。将兵,主胜利,伏藏邀遮,不宜入宫,移徒,嫁娶逃亡,病者进退不死。

时加六癸,众人莫视,不知六癸,出门见死,此时凶,不利出入,皆凶。宜隐遁求仙,亡命绝迹,当从天上六癸,下,出入不见。故曰:众人莫视,又癸为天藏,利以伏匿逃亡。将兵,主胜。问忧有,问喜无。不宜出官,市贾,嫁娶,移徒,入室凶。疾病者重,遗亡不得。

三奇嫌入墓门,嫌诒墓官三位有消停。门克下宫为障隔,时干克日干为损明,六仪受刑,天于日支神犯上,更忌支辰及伏吟,出兵发令恐紧急,加错三奇,入墓休囚,及犯十干于伏吟等项,须吉返凶也。

十精为使用为贵　起宫天乙用无遗

葛洪曰:越出于五土,归于九一者为十也。要精于九一之,谓阳遁阳使。起一终于九,阴遁阴使,起九终于一,天乙直使起宫异,所谓直门相冲也。阴阳二遁,各有二使。

假令冬至后,阳使起休门,阴使起景门,阳使起休门。故曰:直门相冲,今知用遁。自冬至到一百八十二日之六十二分半,历子午之东部,阳气用事,唯阳遁阳使,夏至后一百八十二日六十二分半,历子午之西部,阴气用事,唯阴遁阴使。古经云:冬至后用阴使,夏至后用阳使,经述不显、隐伏之事也。是穷天地,侔造化,以通神明之德,以类万物之情,三光之回旋,四季之往复,一消一息,或升或降,而运于无形,布之于无象,有所不见,以侔后人,若能谙此理,使之为贵也。

歌　云

天目为客地为主

六甲推兮无差理

劝君莫失此元机

洞彻九宫挟明主

卯为天目,酉为地耳,又有六甲旬中,天目地耳推者,出兵日也。宝日为上吉,谓干生支也。如甲午日,甲木生丙火是也。义日次吉,谓支生下也,如甲子日之类。甲木子水,水生木也。和日为次吉,谓干支比和也。如壬子日之类,壬水、子水和同也。制日为中平,谓干克支也。如甲戌日之类,甲木戌土、木克土也。伐日为极凶,渭支克干也。如甲申日之类,甲木生金,金克木也。

《素书》云:潜居抱道,以待其时,若能通于遁法,君不圣明,不能进扶直言,其国衰败,事不能行其政,隐身闲居,躲避衰乱之亡,抱养道德,以待兴盛之时,扶佐明主,名香万古,此乃时至而成功。不迁明君,隐迹埋名,守分闲居,若是强行,必受其累,亦无功成。

宫制其门不为迫　门制其宫是迫雄

经曰:吉门被迫,则吉,事不成。凶门被迫,则凶,事尤甚。

王母娘娘的蟠桃大会

宫制其门,是凶迫。门制其宫,是吉迫。门生宫为和,宫生门为义。

假令开门临三宫,休门临九宫,生门临一宫,景门临七六宫,为吉门被迫,则事不成。

假令伤门、杜门临二宫、八宫,死门临一宫、惊门临三四宫,为凶门被迫,则为凶尤甚。

歌　云

天网四张无路走,

一二网低有路通,

三至四宫行入墓,

八九高强任西东。

《三元经》曰:天网四张,万物尽伤,此时不可举兵,为百事凶。

又曰:神有高下,必须知之,谓时得六癸之神,必有高下也。

又曰:但将天乙居何地,尺寸低而匍匐之,谓得癸时,神符高下,天乙在三四宫谓之尺高遇可出必伤,若被客围,却从卯、未、酉三宫,看合门奇可破出无妨。

假令天乙在一宫,其神去地一尺,在二宫,去地二尺,皆天上六癸之下,即天乙所加之宫也。当此时,必须匍匐,而以右手肩两而前行,迁过十步吉,若天网高三尺以上,可以消息避之,为天网过人,故准此,如天上六癸加一宫,即为一尺高也。五尺以上无碍矣。

万一诀曰:天网四张时,谓时下得六癸也。癸酉、癸未、癸巳、癸卯、癸丑、癸亥,是为天网有高低者。若有急事,有此时不得不行,当以高行而出。

假令大暑下元,用阴遁四局,乙庚之日,日出之时为巳卯,此时天上六癸在八宫,以天丙直符,加于二宫,得天任为六癸,下临八宫,即天网高八尺矣,阳遁此例。

《奇门大全》云:天网四张,动众出兵,忌逢。若迁急事避难做法,一人独出,追兵至此,即自反伤。

天网者,天上六癸之下是也。其神有高下,在坎高一尺,在坤二尺,震三尺,巽四尺,谕此者,本高不可出也。

如天上六癸直符,加地盘一、二、三、四宫,为尺寸低,人即可扬声而去。若临六、七、八、九宫为尺寸高,天网四张不用也。时下得此百事凶。天网四张。此时万事不宜,须合奇门,吉宿,亦不宜用。

如破阵欲取道出,宜两臂横负刀,则呼天辅之名,匍匐而出,则天网自败,无所伤矣。临六、七、八、九宫,其尺寸过人,犹不可用。将兵;虽当隐伏,若敌人来攻,当自溃败。

歌 云

天网四张不可当,
此时用事有灾殃,
若是有人强出者,
立便身躺见血光,
虫禽尚自避于网,
事忙匍匐出门墙,
假令立分丙辛日,
时用禺中另四张(禺中即癸巳时也)。

歌 云

节气推移时候定,
阴阳逆顺要精通,
三元积数成六纪,

天地未成有一理。

一年分四季八节,二十四气,七十二候。

三元例:乃冬至、小寒及大寒。天地人元一二三巳载前。一节统三为正宗,下纪乃天支一周十二数。六纪是地支六周得七十二数。

以一卦流三节为三元,则共成二十四气。

以一节十五日分三候为三元,则共成七十二候。故曰:三元积数成六纪,六纪乃七十二候之数也。凡一月节有三候,气有二候。如正月立春节,十五日,则东风解冻,蛰虫始振,鱼涉负水,为三候也,雨水气。十五日。则獭祭鱼,候雁北,草木萌动,为三候也。

《奇门总要》歌云:三元超遁游六甲,亦同此意,所以天地造化,乃一定之理数也。

请观歌星精微诀,非是贤人莫传与

此歌中之语,句句如神,字字有妙。非是贤者,不可妄传,恐有小辈,得诀入诱小人,为害不浅。遁甲之文,黄帝之师,风后留传木公,至于子房,晋朝盗乱,发子房塚,子木枕中得此秘文,上有誓诚,曰:不许传于不仁之人,莫非其人,必受其殃,得其人而不传,亦受其殃。晋尚书郭璞撰《青襄经》,亦编入“遁甲星奇”一篇于内,此文乃济世之宝,藏之如珍也。

弘治乙卯解至丁巳春月重解,至正德戊辰年春,方注解类编成册。

章贡后学池本理书。

八门吉凶诗克应断

开　门

开门欲得临照来,
奴婢牛羊百日回,
财宝进时地户入,
兴隆宅舍有资财,
田园招得商音送,
巳西丑年绝户来,
印信子孙多拜受,
紫衣金带拜荣回。

开门大吉,出行四十里内,见猪马,逢酒食,若治政,私人谋起;

开门宜远行,所向通达;

开门与乙奇临巳,得月精所蔽,为地遁百事吉;

开门临三、四宫金克木也,凶。

休 门

休门最好足钱财，
牛马猪羊自送来，
外口婚姻南上应，
适官职位坐京台，
定进羽音人产业，
居家安稳永无灾。

休门宜修造进取，并有所合出。五十里见蛇、鼠、水物吉；
休门宜合集万事；
休门与丁奇临太阴，得星精所蔽，为人遁，百事吉；
休门临九宫，水克火也，凶。

生 门

生门临着土星辰，
人旺孳牲每称情，
子丑年中三七日，
黄衣捧物到门庭，
蚕丝谷帛皆丰足，
朱紫儿孙守帝庭，
南上商音田地进，
子孙禄位至公卿。

生门出行六十里，见贵人车马吉；
生门宜见贵人，求事皆获，又宜婚姻嫁娶，上官吉；
生门宜见贵人，营造百事吉；
生门与丙奇临戊，得日精所蔽，为天遁百事吉；
生门临一宫，土克水也，凶。

伤 门

伤门不可说，
夫妇又遭迍，
疮疼行不得，
折损血财身，
天灾人枉死，
经年有病人，

观音菩萨

商音难得好，

余事不堪闻。

伤门竖立，埋葬，上官出行具不吉，只宜捕物，索债，博戏，吉；

伤门宜渔猎，捕捉盗贼吉；

伤门临二宫，木克土也大凶。

杜　门

杜门原属木，

犯着灾损频，

亥卯未年月，

遭官入狱迍，

生离并死别，

六离运时瘟，

落树生脓血,

祸来及子孙。

杜门出行六十里,见恶人,宜掩捕断奸谋。如月奇临,主烽火。日奇临,主弓弩。星奇临,主两女人身着青衫,此应三奇神也。

杜门宜邀遮伏截诛伐凶逆;

杜门临二八宫,木克土也,大凶。

景 门

景门主血光,

官符卖田庄,

非横多应有,

儿孙受苦殃,

外亡并恶死,

六畜也遭亡,

生离并死别,

用者要提防。

景门小利,宜上书、献策、选土。如出行,三十里外见亦文大蛇,七十里有水火。失物。如起造、嫁娶、杀宅长及小口。

景门临七宫,火克金也。凶。吉门被克,吉事不成。

死 门

死门之宿是凶星,

修造逢之祸必侵,

犯着年年田地退,

更防人口损财凶。

死门宜行刑、诛谬、用死、送葬。若射猎出此门吉。远行、起造、嫁娶,主宅母死,新媳亡,大凶。

死门临一宫,土克水也,大凶。

惊 门

惊门不可论,

瘟疫死人丁,

辰年并酉月,

非横入门庭。

惊门宜博戏、捕捉、斗讼吉。出行四十里损伤,道路不通,四十里见二人争打则吉,如无,主惊恐凶惊门临三、四宫,金克木也。大凶。

八门反吟

休门地盘天英,生门加地盘天芮。

八门伏吟

上盘天蓬加地盘天英,上盘天内加地盘天任。

九星吉凶诗断

天蓬水星字子禽,居一坎宫

歌　云

讼庭争竞遇天蓬,

胜捷威名万事同,

春夏用之皆大吉,

秋冬用此半为凶,

嫁娶远行应少利,

葬埋修造亦闲空.

须得生门同丙乙,

用之万事得昌隆。

天蓬时不宜嫁娶,移徙,斗争、人室及修宫室。

天内土星字子成,居二坤宫

歌　云

授道结交宜内星,

行方值此最难明,

出行用事当先退,

修造安坟发祸刑,

盗贼惊惶忧小口,

更宜因事被官嗔,

纵得奇门从此位,

求其吉事也虚名。

天内时,宜授道结交,不可嫁娶,吉讼、移徙、筑室,秋冬吉,春夏凶。

天冲木星字子翘，居三震宫

歌 云

嫁娶安营产女惊，

出行移徙遇灾迍，

修造葬埋皆不利，

万般作事且逡巡。

天冲时不宜嫁娶，移徙，入宫，筑室，祠祀，市贾。

天辅木星字子卿，居四巽宫

歌 云

天辅之星远行良，

葬埋起造福绵长，

上官移徙皆吉利，

喜溢人财万事昌。

天辅时，宜请谒通财，四时吉，嫁娶多子孙，入它移徙，筑室吉。

天禽土星字子公，居五中宫附二坤宫

歌 云

天禽远行偏宜利，

坐贾行商具称意，

投谒贵人两益杯，

更兼造葬皆丰遂。

天禽时宜远行，商贾，投谒见贵，造葬并吉。

天心金星字子襄，居六乾宫

歌云

求仙合药见天心，

商涂旅福又还新，

更将遇葬皆宜利，

万事逢之福禄深。

天心时，宜疗病合药，不宜嫁娶，入官筑室祠祀，商贾，秋冬吉，春夏凶。利见君子，不利见小人。

天柱金星字子申，居七兑宫

歌云

天柱藏形谨守宜，

不须远出及营为，

万种所谋皆不遂，

远行从此见凶危。

天柱时，不宜人官，市贾，惟宜修造，嫁娶，祭祀。

天任土星字子韦，居八艮宫

歌云

天任吉宿事皆通，

祭祀求官嫁娶同，

断减群凶移徒事，

商贾造葬喜重重。

天任时宜祭祀求福，断减群凶，四时皆吉，又移徒，人官，祠祀、商贾、嫁娶吉。

天英火星字子威，居九离宫

歌云

天英之星嫁娶凶，

远行移徒不宜逢，

上官文武皆宜去，

商贾求财总是空。

天英时，宜蕴身守道，设教修礼，将兵，春夏胜，嫁娶无子孙。移徒、上官、修营皆吉，春夏用之有喜。

九星反吟

上盘天蓬加地盘天英，上盘天内加地盘天任。

九星伏吟

上盘同地盘（主孝服损人口）。

三奇六仪吉凶总断

乙、丙、丁三奇与开、休、生三吉门，其中各一，临之方为三奇之灵，此时比方百事皆吉。

三奇六仪天地之机，阴阳逆顺至理元微

三奇者，乙日，丙月，丁星也，六仪者，戊巳、庚辛、壬癸也，受甲者为仪，不受甲者为奇。

时加六甲一开一合，上下交接

时下得甲，申为伏吟也，加阳星为开时，百事吉，加阴星为合，百事凶。

时加六乙往来恍惚，与神俱出

时下得乙，已为日奇，凡攻击往来者、逃亡者、宜从天上，六乙出，为与日奇相随，恍惚如神，人无见者。故曰：与神具出。六乙为蓬星，又为天德，为事宜利。求利得、闻喜有，移徙，入官，市贾，嫁娶吉，若将兵。大胜所向。获功人君宜施恩赏，不可遣怒，行鞭朴之事。

时加六丙，万兵奠往，王侯之象

时下得丙，为月奇也，又为威火之象。火能灿烘，伏兵不起，凡攻伐，宜从天上，六丙出，与月奇相遇，又挟威火此类王侯。又丙为明堂，此时用事，逢忧不忧，闻喜则喜，入官得迁，商贾有利，将兵大胜，又丙为天威，宜上号令。

时加六丁出入幽，宜到老不刑

时下得丁，为星奇，又为玉女，宜安葬藏匿之事。若随星奇，挟玉女从天上，六丁而兴，入太阴而藏，则敌人不能见也。可请谒，利娶妇，入官，商贾，百事皆吉，无凶。若用兵主大胜。六丁为三奇之灵，行来出入，宜从天上，六丁所临之方出，百事吉利。

时加六戊，乘龙万里，莫敢呵止

戊为天武从上，六戊而出挟天武，入天门百事吉，逃走，亡命远行，万里无所拘止，又宜发号施令。诛恶伐罪，图远谋大事也。

时加六己，如神所使出被凶咎

己为地户，又为大合，宜隐谋私密之事，不可表暴彰露，强为之者，必犹凶咎。入官，嫁娶，远行，造作大故，用事皆凶，只宜市卖，将兵必弱。

时加六庚；抱木而行，强有出者，必有斗争

庚为天狱，出被凌辱，市贾无利，入官，嫁娶，百事皆凶，将兵，客死主胜。

时加六辛,行逢死人,强有所作,殃罚缠身

辛为天庭,不宜远行,诉讼、决刑狱、嫁娶、市贾,入官,不可问疾,诸事不利,将兵主胜,客死。

时加六壬,为吏所禁,强有出入,非祸相临

壬为天牢,不可远行,入官,问疾病者,进退移徙,嫁娶逃亡,百事皆凶。此时用事,必有仇怨,为吏所呵。不可举兵,只宜严刑狱,平诉讼。

时加六癸,众人莫视,不知六癸,出门即死

癸为天藏,宜求仙远遁,绝迹从天上,六癸而出,则众人莫见,不宜市贾,入官,迁除,嫁娶,移徙,入室问疾病者重。又宜扬鞭朴之事。

三奇入墓

乙奇临二宫,木归未也。丙丁临六宫,火归戌也。

乙奇未时及坤上,木人墓,丙丁戌时及乾上火,入墓纵吉,宿临门不可举百事。

六丙悖格

天上六丙加年、月、日、时,干并直符,皆名悖,不可用事,主紊乱。

六甲总断

甲子、甲午为仲甲,不可出入,利逃亡。

甲辰、甲戌为季甲,百事吉。

甲寅,甲申孟甲,宜守家,不可出入,凶。

今日是甲直符,与时皆是甲,名为三甲,合吉

甲戌、甲午、乙奇临之,甲子、甲申、丙奇临之,甲辰、甲寅、丁奇临之,亦名日三奇得使。

直符总断

甲加丙名青龙,反道造举,百事皆吉,若得奇门,则出行最良。

丙加甲名飞鸟跌,利为百事。

六癸亦为九地之下,逃亡绝迹从天上,六癸所临之方,出入无人见者。

直符以甲子临三宫,子刑卯也。甲戌临二宫,戌刑未也。甲申临八宫,申刑寅也。甲午临九宫,午自刑也。甲午辰临三宫,辰自刑也。甲寅临四宫,寅刑巳也。六仪击

刑皆凶。

庚加丙名太白入火位。丙加庚名灾惑入太白,百事凶。

乙加辛名青龙逃走。

辛加乙名白虎猖狂。

丁加癸名朱雀入江。

癸加丁名腾蛇夭矫,此时忌为百事。

庚加太岁之干名岁格;

加月建之干名月格;

加本日之干名日格;

加本时之干名时格,亦名伏吟,百事不可用。

庚加直符名伏干格,值符加庚名飞宫格,百事凶。

庚加日干名伏干格,日干加庚名飞干格,凶。

庚加癸名大格,不可举百事,加已名刑格,时下得癸名,天纲四张,不可造百事。

值符反吟

(遇奇门盖之,不至凶害,不然灾祸立至)

上盘甲子加下盘甲午,上盘甲戌加下盘甲辰。

值符伏吟

上盘甲子加下盘甲子。(六仪准此)

三　遁

天遁:上盘六丙,中盘生门,下盘六丁宜求财。

地遁:上盘六乙,中盘开门,下盘六已宜求财。

人遁:上盘六丁,中盘休门,下盘六丙宜求财。

天辅时

《三元经》曰:天辅之时,有罪无疑,斧钻在前,天犹救之。甲已之日,已已之时;乙庚之日,甲申时;丙辛之日,甲午时;丁壬之日,甲辰时;戊癸之日,甲寅时;是天辅之时也。凡此之时,有罪皆能释。

五不遇时

六甲地丁之时,阳星加之为开,阴星加之为合。此时移徙,嫁娶,不可行。谴怒鞭朴之事行,人不来日中,利远行。甲日午时为庚午时。

乙日为辛巳。

丙日壬辰。

丁日癸卯。

戊日甲寅。

己日乙丑。

庚日丙子。

辛日丁亥。

壬日戊申。

癸日己未。

皆时干，克日干，下克时分损其明名，五不遇时纵得奇门，吉不可作百事。

游三避五时

三为生气利为百事，故曰《游三》，如甲己日，用丙寅时之类。

五为害气百事皆凶，故曰《避五》，如甲己日，用戊辰时之类。

时干八墓

乙未时，乙奇入墓，乙为木，木墓在未也。

丙戌时，月奇入墓，丙为火，火墓在戌也。亦名三奇入墓，皆凶，不可举百事。

玉女守门时

庚午、己卯、戊子、丁酉、丙午、乙卯，三奇游六仪之上，名《玉女守门》时，利宫庭宴乐之事。

五阳时吉凶断

甲乙丙丁戊为五阳时，利为客，宜先举兵，扬旗鸣鼓，耀武扬威，以期决胜。五阳为喜神。治事可以出军征伐远行。求利。立国邑、安社稷、纪大义、临武事，入官嫁娶，造举，百事吉，逃亡者不可得。

五阴时吉凶断

己庚辛壬癸为五阴时，利为主。宜后举兵，伏旗衔枚，待敌后动，以期决胜。五阴为恶神，治事不可张扬，凡拜官、移徙、婚姻、远行、造举百事，皆不可，宜为密谋筹策，祷祝求福，逃亡者可得。

十千人君所利时

甲为天福，此时人君宜行恩、施惠，进有德，赏有功。

乙为蓬星，此时人君宜施恩、赏德、敛恤、无告。

丙为明堂,此时人君宜发号施令,以彰天威。

丁为太阳,此时人君宜安静,居处无使烦扰,不可行威,怒谴谪事。

戊为天武,此时人君宜发号施令,行诛戮。

己为明堂,此时人君宜发明旧事,修封疆,理城廓。

庚为天狱,此时人君宜决断刑狱,诛戮奸邪。

辛为天庭,此时人君宜正刑法,愤怒制罪囚不可为吉事。

壬为天牢,此时人居,宜平诉讼,决刑狱不可为吉事。

癸为天藏,此时人君,宜扬威武,行责罚,积储藏,收敛吉。

六十甲子吉凶日

丁丑、丙戌、甲午、庚子、壬庚、癸卯、乙巳、丁未、戊申、己酉、辛亥、丙辰、皆干生支也,名《宝日》,上吉。

甲子、丙寅、丁卯、己巳、辛未、壬申、癸酉、乙亥、庚辰、辛丑、庚戌、戊午,皆支生干也,名《义日》,次吉。

戊辰、己丑、戊戌、丙午、壬子、甲寅、乙卯、丁巳、己未、庚申、辛酉、癸亥,皆干支同类也。名《和日》,次吉。

乙丑、甲戌、壬午、戊子、庚寅、辛卯、癸巳、乙未、丙申、丁酉、巳亥、甲辰,皆干克支也。名《制日》小凶。

庚午、丙子、戊寅、己卯、辛巳、癸未、甲申、乙酉、丁亥、壬辰、癸丑、壬戌,皆支克干也,名《伐日》大凶。

四时通用八门捷法凡每日出八,用事从开休生二门大吉。休门在乾。

甲子、乙丑、丙寅、辛卯、壬展、癸巳、戊午、己未、庚申、休门在乾。

丁卯、戊辰、己巳、甲午、乙未、丙申、辛酉、壬戌、癸亥,休门在离。

庚午、辛未、壬申、丁酉、戊戌、己亥、丙子、丁丑、戊寅,休门在艮。

癸酉、甲戌、乙亥、庚子、辛丑、壬寅、丙子、丁丑、乙巳,休门在震。

乙卯、庚辰、辛巳、丙午、丁未、戊申,休门在兑。

壬午、癸未、甲申、己酉、庚戌、辛亥,休门在坤。

乙酉、丙戌、丁亥、壬子、癸丑、甲寅,休门在坎。

戊子、己丑、庚寅、乙卯、丙辰、丁巳,休门在巽。

四时通用八门捷法
孤虚法

黄石公曰:背孤击虚,一女可敌十人法,法十人用时孤,百人用日孤,千人用月孤,万人用年孤,惟有时孤,最验,今立成于后。

四时通用八门捷法

甲子旬,孤在戌亥,虚在辰巳。

甲戌旬,孤在申酉,虚在寅卯。

甲申旬,孤在午未,虚在子丑。

甲午旬,孤在辰巳,虚在戌亥。

甲辰旬,孤在寅卯,虚在申酉。

甲寅旬,孤在子丑,虚在午未。

旺气十倍,相气五倍,休气如数,囚气减少,死气减半也。

博弈胜负局

《金匮》云:得与无视孤,虚谓樗蒲博弈,以正时六甲,旬孤上坐者,胜,虚上坐者,负。又添以三奇,吉门斗罡以构指,他人必胜。

五帝旺气坐向方位

正五九月,正南方面,北大胜。二六十月,正东方面,西大胜。三七十一月,正北方面,南大胜。四八十二月,正西方面,东大胜。

单日双日出行法诀

单日东西五横,南北四直,五横四直相交。

双日南北五横、东西四直、五横四直相交,画毕况曰。

禹王减道,吾今出行,四纵五横,蚩尤备兵,撞吾者死,避我者生;吾游天下,还归故乡,谨请南斗六郎,北斗七星,吾奉:太上老君急急如律令。

左手恰本日字佐,右手子文画横。

月建属九星出行诗诀

建计除阴满罗喉,
平定水贪执水破,
破木危阳战是土,
收紫开金闭月孛,
建为青龙用为头,
除是明堂黄道游,
满为天刑平朱雀,
定为金匮吉神求,
执为大德直黄道,
破为白虎危玉堂,
成为天牢坚固守,
收为玄武盗贼愁,
开临司命为黄道,
勾陈为闭主亡流,
黄道出行为大吉,
行军斗战黑罢忧。

凡犯天刑者,出军必伤主,颠狂六畜,死亡之事。

犯天牢者,人伤贼害,亡财失利。

犯元武者,亡财走失利,息奴婢,遭劫贼,伤胎孕也。

犯青龙者,父母兄弟长妇死,入狱出逃亡贼,主凶恶事。

犯朱雀者,因死见血光亡,财于地。

犯白虎者,治明堂。

犯天牢者,治玉堂,即此厌,彼处以灾消,大有功。

伍子胥曰:凡远行诸事,不得往天庭、天狱、天牢三神,大凶。常乘青龙厉蓬星,凡出行百恶不敢起,大吉。

大金刚神直日百忌诗诀

奎、娄、角、亢、鬼、牛星。

出军定是不还兵，

若还远行逢盗贼，

经求财利百无成，

发船定是遭沉溺，

买卖交关不称情，

穿井用工难见水。

拜职为官剥重名，

婚姻仍主刑损害，

出丧冲着损生灵，

欲识星辰吉凶处，

出在符天秘密经。

占贼方位

视元武所立神，为来方支临，为去方元武盗神乘天驿二马，盗贼从克方⑬垣越屋而入，若无天驿二马，必穿穴而入。

元武盗神与长绳元素熬并者，其贼跳屋，从天窗中缘绳丽下，元武盗立地方，从水窦中而入。

占何人为盗

元武属阳为男，属阴为女，有气为少，无气为老，次看何类为之，寅为吏人；卯为经纪人；辰戌为凶恶军人；巳为手艺人；店舍、炉冶人；丑午为旅客；申为过犯人；夫为熟识人；酉为匠及金银赌博酒客。亥子多水族吉神并者，豪纵于凶神并因外家儿。

定惊恐

凡人行处不安稳，疑有恐怖之事，即以气巽之，便以距禁咒之日，急令辟恶鬼除制不祥，众邪消尽，魍魉逃亡，神符宜流，以知天罡，当我者死，直我者亡，急急如律令。

国学经典文库

国学经典

奇门遁甲

图文珍藏版

资政经典

导读

我们知道,领导水平是一个人政治素质、业务能力与个人涵养的综合体现,而读书学习水平则是一个人如何读书、读什么书、为什么读书的境界层次,二者有什么内在关联呢?这个问题,早在《尚书·说命》里就有过讨论。傅说对武丁说:"王,人求多闻,时惟建事,学于古训乃有获"。用今天的话来说就是一个人想要建功立业,就要多读多学经典。可见,古人很早就注重治政与读书学习的关系。

正如弥尔顿所言,"书籍是伟大心灵的宝贵血脉"。在历史艰难的进程中,政治无疑有非常强大的推动力。读资政经典更有利于我们从传统智慧中汲取丰富的治政经验。本卷辑选了唐代史学家吴兢撰写的政论性史书《贞观政要》,并加以评释。

近代以来,学科的分类使我们接受的专业教育越来越窄。常识与通识的缺乏是时代的文化征候。而治政,尤其需要以常识与通识作基础。因为政治所涉及的社会层面最深、最广,而常识往往蕴含在经典里。我们这个时代往往需要常识回归,无论是政治、学术还是工作与生活。

我国自古就有崇尚读书、热爱学习的传统。从"积财千万,无过读书"的古训,到"读万卷书,行万里路"的劝勉,从"读书破万卷,下笔如有神"的感悟,到"腹有诗书气自华"的经验之谈……无论是对于一个人、一个组织,还是对于一个民族、一个国家,读书的重要性都不言而喻。

现代社会的发展,一切知识都可以数字化、信息化,读书学习能力由此更成了一项基本技能。因为对信息、情报、报告等等的阅读思考与判断会影响着领导的决策。不读书学习,"知识就会老化,思想就会僵化,能力就会退化"。所以读书不是为了造就博学者,而是通过读书学习提高领导者的人文修养与科学素养,以利资政。

贞观政要

【导语】

《贞观政要》是唐代史学家吴兢撰写的一部政论性的史书,它以记言为主,记录了贞观年间唐太宗李世民与臣下魏徵、王珪、房玄龄、杜如晦等人关于施政问题的对话以及一些大臣的谏议和劝谏奏疏等。此外也记载了一些当时实行的政治、经济上的重大措施。

李世民像

全书共十卷四十章,每章多以故事、轶文为引子,生动有趣,概括集中,记叙与评介言简意赅,清晰明了。书中广泛引用了哲理教义较深的格言名句,因此这部著作既有史实,又有很强的政论色彩;既是唐太宗"贞观之治"的历史记录,又蕴含着丰富的治国安民的政治观点和成功的施政经验。所以该书是一部独具"资治"特色,对人富有启发的历史著作。书中列举的那些在思想上、认识上、决策上有重要实践意义和借鉴价值的史事,既显示贞观年间的政治面貌,又可激发后人的思索与追求,因此受到历代帝王的重视,成了后世"朝野上下必备""入世为人必读"的教科书。

君道篇第一

【题解】

《君道》篇是全书的总纲,列全书之首,探讨了为君之道。作者认为要想当好君主,必先安定百姓,要想安定天下,必须先正自身。"社稷安危,国家治乱,在于一人而已"。书中主要从三个方面讨论为君之道的教训:一是把握创业与守成的关系。创业固然艰难,但创业后更要居安思危,安而能惧,这对于君临天下的帝王来说,守成则更难。二是正确处理君民关系。圣明的君主常思古训:"君,舟也;民,水也。水能载舟,亦能覆舟。"为君不能"竭泽而渔",逼使百姓起来造反。三是正确对待君臣关系。君如头脑,臣如四肢,要密切配合,君主应听取臣下意见,兼听则明,且要诱导臣下敢于谏诤,以避免决策错误。从历代统治者的施政实践上看,这几条对于政权安危具有普遍意义。

【原文】贞观初①,太宗谓侍臣曰②:"为君之道③,必须先存百姓④。若损百姓以奉其身,犹割股以啖腹,腹饱而身毙。若安天下,必须先正其身,未有身正而影曲,上治而下乱者。朕每思伤其身者不在外物，皆由嗜欲以成其祸。若耽嗜滋味，玩悦声色，所欲既多，所损亦大，既妨政事，又扰生人。且复出一非理之言，万姓为之解体，怨讟既作⑤，离叛亦兴。朕每思此，不敢纵逸。"

【注释】①贞观：唐太宗李世民的年号。"贞观"共二十三年。②侍臣：指侍奉帝王的廷臣，也就是宫廷里皇帝身边的人。③道：方法，原则。④先存百姓：这里指以百姓的存活为先。⑤怨讟：亦作"怨黩"。因怨恨而出诽谤之言。讟，怨恨。

【译文】贞观初年，唐太宗对他身边的人说："做国君的原则，必须以百姓的存活为先。如果以损害百姓的利益来奉养自身，那就好像割自己大腿上的肉来填饱肚子，虽然肚子是填饱了，但人也就死了。如果要想安定天下，必须首先端正自身，世上绝对没有身子端正了而影子不正的情况，也没有上面的治理好了而下边的发生动乱的事。我常想，能损伤自身的并不是身外的东西，都是由于自身的贪欲才酿成祸患。如果一味贪恋美味，沉溺于音乐女色，欲望越多，所受的损害也就越大，既妨碍国家政事，又扰害百姓。如果再说出一些不合事理的话来，就更会弄得民心涣散，怨言四起，自然就众叛亲离。每当我想到这些，就不敢有一丝一毫的放纵和懈怠。"

【原文】贞观二年，太宗问魏徵曰："何谓为明君暗君？"

徵曰："君之所以明者，兼听也①；其所以暗者，偏信也。《诗》云：'先人有言，询于刍荛②。'昔唐、虞之理③，辟四门，明四目，达四聪。是以圣无不照，故共、鲧之徒④，不能塞也；靖言庸回⑤，不能惑也。秦二世则隐藏其身⑥，捐隔疏贱而偏信赵高⑦，及天下溃叛，不得闻也。梁武帝偏信朱异⑧，而侯景举兵向阙⑨，竟不得知也。隋炀帝偏信虞世基⑩，而诸贼攻城剽邑，亦不得知也。是故人君兼听纳下，则贵臣不得壅蔽，而下情必得上通也。"

太宗甚善其言。

【注释】①兼听：能够听取各方面的意见。②刍荛：指割草打柴的人。诗文出自《诗·大雅·板》。刍，草。荛，柴。③唐、虞：即指唐尧、虞舜。④共：共工氏。中国古代神话中的天神。为西北的洪水之神，传说他与黄帝族的颛顼发生战争，不胜，怒而头触不周山，使天地为之倾斜。后为颛顼诛灭。⑤靖言庸回：同"靖言庸违"。语言善巧而行动乖违。犹言口是行非。⑥秦二世：即秦二世胡亥（前209～前207在位），也称二世皇帝。是秦始皇第二十六子（最小的儿子）、太子扶苏的弟弟。始皇出巡死于沙丘，宦官赵高和丞相李斯篡改遗诏，立胡亥为帝，赐扶苏死。秦二世即位后，宦官赵高掌实权，实行惨无人道的统治，终于激起了前209年陈胜、吴广的农民起义。二世胡亥于前207年被赵高杀死，时年仅24岁。⑦赵高：本为赵国贵族，后入秦为宦官（一说赵高为"宦官"乃后世曲解），任中车府令，兼行符玺令事，"管事二十馀年"。秦始皇死后，他与李斯合谋伪造诏书，逼秦始皇长子扶苏自杀，另立胡亥为帝，并自任郎中令。他在任期间独揽大权，结党营私，征役更加繁重，行政更加苛暴。公元前207

年又设计害死李斯,成为秦国丞相,后来他迫二世自杀,另立子婴。不久被子婴杀掉,诛夷三族。⑧梁武帝(464~549):即萧衍。南朝梁的建立者,502至549年在位。字叔达,南兰陵(今江苏常州西北)人。曾任齐雍州刺史,镇守襄阳。后乘齐内乱,起兵夺取帝位。在任改定"百家谱",重用士族。提倡佛教,大建寺院,曾三次舍身同泰寺。中大同二年(547)接受东魏大将侯景的归降。次年冬,侯景引兵渡江,攻破都城,于围困中饥病而死。所作诗文,鼓吹儒、佛,并宣扬封建贵族腐朽生活。亦通乐律,曾创制准音器四具,名"通";又制长短不同之笛十二支,以应十二律。兼能书法,原有集,已佚,明人辑有《梁武帝御制集》。朱异(483~549):南朝梁吴郡钱塘(今浙江杭州南)人,字彦和。年少时好聚众博戏,颇为乡里所患。成年后折节从师,好学上进,遍治"五经",同时,广涉文史百家,兼通杂艺,博弈书算,皆其所长。20岁时到都城建康(今江苏南京),尚书令沈约当面试之,称道其才,勉励他清廉自律。次年,特敕提拔为扬州议曹从事史。不久朝廷诏求异能之士,五经博士明山宾上表推荐,称他"年时尚少,德备老成","器宇弘深,神表峰峻"。梁武帝召他解说《孝经》和《周易》,听后非常高兴,赞叹道:"朱异实异!"于是诏朱异入直西省,不久又兼太学博士。后累迁中书郎、散骑常侍、右卫将军,加侍中。为梁武帝所信任,居权要、掌机密三十馀年。太清元年(547)主张纳东魏降将侯景,又主与东魏和议,激成侯景之乱。建康被围,惭愤病死。撰有《礼》《易》讲疏及文集百余篇(已佚)。⑨侯景(503~552):北朝东魏将领。字万景,鲜卑化羯人。初为戍兵,从尔朱荣镇压葛荣起义,继转附高欢。东魏时,职位通显,历任尚书左仆射、司空、司徒、大行台等职,拥兵专制河南。高欢死后,投靠西魏,旋又附梁,受封河南王。太清二年(548)为东魏击败,奔寿春,闻武帝对己有反复,乃勾结觊觎皇位的萧正德起兵叛梁,攻陷台城,困死梁武帝,立萧纲,在三吴地区大肆烧杀抢掠。后西征江陵失利,返回建康(今江苏南京),自立为帝,改国号汉。他生性残忍酷虐,且军纪败坏,大失人心,不久即被王僧辩、陈霸先击败,在入海北逃途中为部属诱杀。⑩虞世基(?~618):字茂世,余姚(今属浙江)人。少与弟世南同师事顾野王。

【译文】贞观二年(628),唐太宗问魏微说:"什么叫作圣明君主?什么叫作昏暗君主?"

魏微答道:"君主之所以能圣明,是因为能够兼听各方面的不同意见;君主所以会昏暗,是因为偏听偏信。《诗经》中说:'古人说过这样的话,要向割草砍柴的人征求意见。'过去唐尧、虞舜治理天下,广开四方门路,招纳贤才,广开视听,了解各方面的情况,听取各方面的意见。因而圣明的君主能无所不知,所以像共工、鲧这样的坏人不能蒙蔽他;花言巧语的奸佞小人也不能迷惑他。秦二世却不是这样,他深居宫中,隔绝贤臣,疏远百姓,偏信赵高,直到天下大乱、百姓叛离,他还不知道。梁武帝偏信朱异,到侯景兴兵作乱举兵围攻都城,他竟浑然不知。隋炀帝偏信虞世基,到各路反隋兵马攻掠城邑时，他还不知道。由此可见，君主如能广泛听取各方意见，采纳臣子忠言，那么，权臣就不能蒙上蔽下，百姓的意见也就能传递给国君了。"

太宗很赞赏魏徵的这番话。

【原文】贞观十年，太宗谓侍臣曰："帝王之业，草创与守成孰难①？"

尚书左仆射房玄龄对曰②："天地草昧③，群雄竞起，攻破乃降，战胜乃克。由此言之，草创为难。"

魏徵对曰："帝王之起，必承衰乱。覆彼昏狡④，百姓乐推，四海归命，天授人与，乃不为难。然既得之后，志趣骄逸，百姓欲静而徭役不休，百姓凋残而侈务不息，国之衰弊，恒由此起。以斯而言，守成则难。"

【注释】①草创：开始创建。守成：保持已经创建的基业。②尚书左仆射：官名。秦始置，为尚书的为首长官。汉成帝建始四年(前29)置尚书五人，其中一人为仆射。东汉置尚书台，主官为尚书令，以尚书仆射为其副职。献帝时分设左、右仆射，历代沿置。魏晋后，令、仆(尚书令、尚书仆射)号为"朝端""朝右"，居宰相之任，成为贵官。唐不置尚书令，尚书省设左右仆射襄助尚书令工作，左、右仆射实际上成了尚书省的长官。房玄龄(579～648)：名乔，字玄龄。齐州临淄(今山东淄博)人。唐朝初年名相。房玄龄18岁时本州举进士，授羽骑尉。房玄龄在渭北投秦王李世民后，为秦王参谋划策，典管书记，是秦王得力的谋士之一。唐武德九年(626)，他参与玄武门之变，与杜如晦、长孙无忌、尉迟敬德、侯君集五人并功第一。唐太宗李世民即位后，房玄龄为中书令；贞观三年(629)二月为尚书左仆射；贞观十一年(637)封梁国公；贞观十六年(642)七月进位司空，仍综理朝政。贞观二十二年(648)，房玄龄病逝。因房玄龄善谋但有些优柔寡断，而杜如晦处事果断不善谋略，因此人称"房谋杜断"。后世以他和杜如晦为良相的典范，合称"房杜"。③草昧：蒙昧未开化的状况。这里借喻国家草创秩序未定阶段。④昏狡：昏庸害民。狡，伤害。

【译文】贞观十年(636)，唐太宗问身边的大臣们说："在帝王的事业中，创业与守业哪件事比较艰难？"

尚书左仆射房玄龄回答说："国家开始创业的时候，各地豪杰竞起，必须攻破城池才能使敌人投降，在战斗中获胜才能使敌人归顺。这样看来，还是创业艰难。"

魏徵回答说："帝王的兴起，一定是乘着前朝衰乱的时候。这时推翻昏庸无道的旧主，百姓就乐于拥戴，四海之内也都会先后归顺，这正是天授人与，如此看来创业并不算难。然而得到天下之后，志趣变得骄傲放纵，百姓想安宁地过日子，但徭役却无休无止，百姓穷困潦倒而国君却不停地奢侈享乐，国家的衰败，常常就是这样引起的。这样看来，守业更难。"

【原文】贞观十一年，特进魏徵上疏曰①：

"臣观自古受图膺运②，继体守文③，控御英杰，南面临下④，皆欲配厚德于天地，齐高明于日月，本枝百世，传祚无穷⑤。然而克终者鲜⑥，败亡相继，其故何哉？所以求之，失其道也。殷鉴不远⑦，可得而言。"

"昔在有隋，统一寰宇，甲兵强盛，三十余年，风行万里，威动殊俗。一旦举而弃之，尽为他人之有。彼炀帝岂恶天下之治安，不欲社稷之长久，故行桀虐⑧，以就灭亡哉？恃其富强，不虞后患⑨。驱天下以从欲⑩，罄万物而自奉⑪，采域中之子女，求远方之奇异。宫苑是饰，台榭是崇，徭役无时，干戈不戢⑫。外示严重，内多险忌。谗邪者必受其福，忠正者莫保其生。上下相蒙，君臣道隔，民不堪命，率土分崩。遂以四海之尊，殒于匹夫之手⑬，子孙殄绝⑭，为天下笑，可不痛哉！"

【注释】①特进：官位。西汉末年始置，以授列侯中有特殊地位者。南北朝为加官，无实职。唐为文散官之第二阶，相当于正二品。②受图膺运：谓帝王得受图箓，应运而兴。这里指承受天命开创帝业或继承帝位的人。图，河图。相传，上古伏羲氏时，洛阳东北孟津县境内的黄河中浮出龙马，背负"河图"，献给伏羲。伏羲依此而演成八卦，后为《周易》来源。又相传，大禹时，洛阳西洛宁县洛河中浮出神龟，背驮"洛书"，献给大禹。大禹依此治水成功，遂划天下为九州。膺运，膺期，指受天命为帝王。③继体守文：继承皇位，率由旧章。《榖梁传》曰："承明继体，则守文之君也。"体，这里指政权、皇位。文，这里指法令条文、典章制度。④南面临下：朝南而坐，以统治万民。⑤祚：福。这里指皇位。⑥克终者鲜：善始善终者很少。克，能。鲜，少。⑦殷鉴不远：语出《诗·大雅·荡》："殷鉴不远，在夏后之世。"这句诗揭示了一个历史教训，即夏代的灭亡，就是殷代的前车之鉴。原指殷朝的子孙要把夏朝的灭亡作为鉴戒。泛指前人的教训就在眼前。鉴，鉴戒。⑧桀：夏朝最后一个国王，名履癸，是中国历史上有名的暴虐、荒淫的国君之一。⑨虞：考虑，防范。⑩从欲：服从于自己的私欲。⑪罄万物而自奉：搜刮天下的财物尽情挥霍。罄，用尽，消耗殆尽。⑫干戈不戢：战事终年不休。戢，把兵器收藏起来。引申指停止战争。⑬殒于匹夫之手：竟死在匹夫之手。殒，死亡，丧身。匹夫，指平常的人。⑭子孙殄绝：子孙也被斩尽杀绝。殄绝，灭绝。

【译文】贞观十一年(637)，特进魏徵向太宗上书说：

"我看到自古以来，但凡承受天命开创帝业或继承帝位的人，他们驾驭英才，朝南而坐，以统治万民，都希望自己德配天地，功高日月，长久统治，帝位能世世代代相传下去。然而能善始善终的实在太稀少了，衰亡倾覆的相继发生，这是什么缘故呢？探求他们失败的原因，是因为他们没有懂得治国的道理。前朝覆灭的教训并不久远，可以讲得出来。"

"过去隋朝统一天下，兵甲强壮，三十馀年，声威远播万里。然而一下全部丧失，江山尽为别人所有。隋炀帝难道讨厌天下安定，不想让国家长治久安，故意要施行夏桀那样的暴政，弄得自己国破人亡吗？他不过是依仗国家富强，有恃无恐，不考虑后患。他驱使百姓顺从自己的奢欲，搜刮天下的财物尽情挥霍，挑选全国的美女，到域外探寻珍宝。装饰宫苑，构筑楼台，徭役长年不断，战事终年不休。君臣间外表威严庄重，内心却多猜忌险恶。奸佞邪恶的进谗者一定会享受福禄，忠诚正直的人却连性命都难保。上下互相欺蒙，君臣之间离心离德，百姓不堪忍受，国家从此分崩离析。于是一度曾统治四海的国君，竟死在匹夫之手，他们的子孙也被斩尽杀绝，为天下人所耻笑，这能不令人痛心吗！"

【原文】"圣哲乘机，拯其危溺，八柱倾而复正①，四维弛而更张②。远肃迩安③，不逾于期月④；胜残去杀⑤，无待于百年。今宫观台榭，尽居之矣；奇珍异物，尽收之矣；姬姜淑媛⑥，尽侍于侧矣。四海九州，尽为臣妾矣⑦。若能鉴彼之所以亡，念我之所以得，日慎一日，虽休勿休。焚鹿台之宝衣⑧，毁阿房之广殿⑨，惧危亡于峻宇，思安处于卑宫，则神化潜通，无为而治，德之上也。若成功不毁，即仍其旧，除其不急，损之又损。杂茅茨于桂栋⑩，参玉砌以土阶，悦以使人，不竭其力，常念居之者逸，作之者劳，亿兆悦以子来⑪，群生仰而遂性，德之次也。若惟圣罔念⑫，不慎厥终，忘缔构之艰难⑬，谓天命之可恃，忽采椽之恭俭，追雕墙之靡丽，因其基以广之，增其旧而饰之，触类而长，不思止足，人不见德，而劳役是闻，斯为下矣。譬之负薪救火⑭，扬汤止沸⑮，以暴易乱，与乱同道，莫可测也，后嗣何观！夫事无可观则人怨，人怨则神怒，神怒则灾害必生；灾害既生，则祸乱必作，祸乱既作，而能以身名全者鲜矣！顺天革命之后⑯，将隆七百之祚⑰，贻厥子孙⑱，传之万叶⑲。难得易失，可不念哉！"

【注释】①八柱倾而复正：使倾覆的国家重新匡正。古代神话传说，地有八柱，用以承天。这里借指国家。复正，重新匡正。②四维弛而更张：松弛的道德规范重新恢复。四维，古人以为天圆地方，天有八柱支持，地有四维系缀。维，是系物的大绳。此外，管子也非常重视礼义伦理在治国安民中的作用，在《管子·牧民》中提出了著名的"四维"说。其曰："礼义廉耻，国之四维，四维不张，国乃灭亡。"管仲把礼、义、廉、耻四种道德看作治国的四个纲。③远肃迩安：远近平安。迩，近。④期月：一整月。期，周。这里指一年的时间。⑤胜残去杀：使凶暴的人化而从善，不用刑杀。⑥姬姜：相传黄帝姓姬，炎帝姓姜；周朝姓姬，齐国姓姜。姬、姜两姓常通婚，于是古人多以"姬姜"为大国之女的代称，也用作妇女的美称。淑媛：美好的女子。泛指美女。⑦臣妾：古代对奴隶的称谓，男称臣，女称妾。有时亦作为所属臣下的称谓。⑧焚鹿台之宝衣：周武王伐纣，商纣王发兵拒之于牧野，发生大战。纣兵战败，商纣王逃至鹿台，"蒙衣其珠玉，自燔于火而死"。鹿台，商纣王所建的宫苑，地点在商都附近。⑨阿房之广殿：秦始皇时建筑的大型宫殿，规模宏大。公元前212年动工。阿房宫集中了当时全国各地宫殿建筑的优点，规模空前，气势宏伟，它"离宫别馆，弥山跨台，辇道相属"，景色蔚为壮观。《史记》记载："先作前殿阿房，东西五百步，南北五十丈，上可以坐万人，下可以建五丈旗。周驰为阁道，自殿下直抵南山，表南山之颠以为阙，为复道，自阿房渡渭,属之咸阳。"《汉书·贾山传》中对于阿房宫的恢宏之势也有如下记载:"起咸阳而西至雍,离宫三百,钟鼓帷帐,不移而具。又为阿房之殿,殿高数十仞,东西五里,南北千步,从车罗骑,四马骛驰,旌旗不挠,为宫室之丽至于此。"秦亡时未完工,项羽打进咸阳后被焚毁。遗址在今西安市西郊的阿房村一带,为全国重点文物保护单位。⑩茅茨:茅屋。桂栋:指豪宅。参玉砌以土阶:玉石台阶和泥土台阶一起使用。⑪亿兆:本义是极言其数之多。这里指庶民百姓,犹言众庶万民。⑫罔念:妄自尊大,意谓不把上天的旨意记在心头。罔,不。⑬缔构:即缔结、构造,是从古代建筑学中借过来的名词。"缔"和"构"原来都是名词,后引申为动词。这里指打天下、创建国家。⑭负薪救火:语出《韩非子·有度》。本义是指背着柴草去救火。比喻用错误的方法去消除灾祸,结果使灾祸反而扩大。⑮扬汤止沸:语出陈寿《三国志·魏书·刘廙传》。本义是指把锅里开着的水舀起来再倒回去,使它凉下来不沸腾。比喻使用的办法不彻底,不能从根本上解决问题。⑯顺天革命:顺应天命。古代以天子受天命称帝,故凡朝代更替、君主易姓,皆称为革命。⑰将隆七百之祚:将维持七百年隆盛的国运。隆,兴盛,昌盛。⑱贻厥:指留传,遗留。语出《尚书·五子之歌》:"明明我祖,万邦之君,有典有则,贻厥子孙。"这里特指传位给后代。⑲传之万叶:传至万世。叶,世,代。

【译文】"圣明的大唐乘机而起,拯救万民于水火之中,使倾覆的国家重新匡正,松弛的道德规范重新恢复。不超过一年的时间,就使凶暴的人能化而从善;也无须百年,便可达到刑罚废弃不用的安定境界。现今所有的宫殿观阁、楼台亭榭皇上都已拥有;奇珍异宝皇上都已收藏,佳人淑女都已侍候在皇上的身旁。四海九州的百姓都已成为皇上的臣属。如果此时能够总结一下隋朝之所以亡国的历史教训,思考我朝之所以得天下的成功经验,一天比一天警惕,虽有功德而不自恃。烧掉殷纣王的鹿台、宝衣,拆毁秦始皇宽广的阿房宫宫殿,居住在峻伟的宫殿里心里就会感到有危亡的惧怕,居住在简陋的房舍中却感到心安理得,这样就能与天地的神明在冥冥中贯通,从而达到无为而治的境界,这是德行的最高境界。如果顾惜现成的东西不忍毁坏,就让它们仍然保持原貌,但要免除那些并不急需的供奉,减少到最低限度。即使是豪宅间也夹杂着一些茅屋,玉石台阶和泥土台阶一起使用也无妨,要使百姓心甘情愿地效力,又要不用尽百姓的力量,要常想到居住的人享受着安逸,但劳动的人多么辛苦,这样很多的百姓就会自愿来到这里,他们非常尊敬君主而自己也称心如意,这是次一级的德行标准。如果是妄自尊大,不把上天的旨意记在心头,不考虑后果,不善始慎终,忘却打天下的艰难,认为是天命所归,抛弃住陋室时的俭朴作风,一心追求雕梁画栋的奢靡建筑,在原有宫殿的基础上还要扩建,在旧的建筑上广加修饰,依此类推,永不知足,百姓见不到德政,见到的只是无休止的劳役,这是最糟糕的德行。这样的做法就好比背着柴草去救火,倒进开水来止沸,是用强暴来替代混乱,实际上与先前的乱政走的是一条路,其后果不堪设想,后世子孙将如何看待你的事迹!没有可观的政绩就会产生人怨,产生人怨上天就会发怒,上天发怒就必然会发生灾害;发生灾害就会引起祸乱,祸乱一旦兴起,要想保全身家性命和美好名声就很少了!顺应天命,改朝换代之后,按理说可以维持七百年的兴盛国运,把江山遗留给子孙相承,传至万世。江山大业获得时艰难,却容易失去,能不认真考虑这个问题吗?"

【原文】是月,徵又上疏曰:

"臣闻求木之长者,必固其根本①;欲流之远者,必浚其泉源②;思国之安者,必积其德义。源不深而望流之远,根不固而求木之长,德不厚而思国之理,臣虽下愚,知其不可,而况于明哲乎!人君当神器之重③,居域中之大④,将崇极天之峻,永保无疆之休⑤。不念居安思危,戒奢以俭,德不处其厚,情不胜其欲,斯亦伐根以求木茂,塞源而欲流长者也。"

【注释】①固:巩固。②浚:疏通。③神器:指帝位、政权。④居域中之大:是占据天地间的四大之一。《老子》上篇曰:"道大,天大,地大,人亦大。域中有四大,而人居其一焉。"域中,指天地间。⑤无疆之休:指无穷无尽的美好日子。

【译文】本月,魏徵又上书说:

"我听说过,要想让树木长得好,必须使树木的根扎得牢固;要想让河水流得长远,必须疏通它的源头;要想使国家长治久安,就一定要积聚自己的道德仁义。河流的源头不深却希望河水流得长远,树木的根基不牢固却希望树木生长,道德不深厚却想使国家安定,我虽然十分愚笨,也知道那是不可能的,更何况明智的人呢?国君掌握国家大权,处于天地间至尊的地位,有至高无上的威严,应该永保无穷无尽的美好日子。但如果不能居安思危,不能力戒奢侈而提倡节俭,不能广积美德,不能节制情欲,要想达到这个目标,就像砍断树根而希望树木茂盛,堵塞源头而希望河水长流一样荒唐!"

政体篇第二

【题解】

《政体》篇的内容,除补充说明诸如坚守直道、灭私徇公、日慎一日、虽休勿休、正词直谏、裨益政教、惟欲清净、改革旧弊、从谏如流等君臣应当遵守的准则以外,着重说明唐太宗之所以能够实现"贞观之治",很重要的一点是信用了魏徵及其提出的当行帝道王道的意见,即"圣哲施化,上下同心,人应如响,不疾而速,期月而可,信不为难,三年成功,犹谓其晚"这一有所作为的主张。李唐政权建立以后,李世民和魏徵等人讨论了如何汲取历史教训,提出"君依于国,国依于民"的重民思想,制定偃革兴文,布德施惠,居安思危,务实求治的施政方针,因而仅在两三年时间里,就达到了"关中丰熟,咸自归乡","商旅野次,无复盗贼,囹圄常空,马牛布野,外户不闭"的古昔未有的繁荣景象。唐太宗对出现的"贞观之治",也认为在很大程度上要归功于魏徵,"惟魏徵劝我,既从其言,不过数载,遂得华夏安宁,远戎宾服"。太宗认为"天子者,有道则人推而为主,无道则人弃而不用,诚可畏也","君,舟也;民,水也。水能载舟,亦能覆舟"。这些名言寓意深刻,对后世影响极大。

【原文】贞观元年,太宗谓黄门侍郎王曰①:"中书所出诏敕,颇有意见不同,或兼错失而相正以否。元置中书、门下②,本拟相防过误。人之意见,每或不同,有所是非,本为公事。或有护己之短,忌闻其失,有是有非,衔以为怨③。或有苟避私隙,相惜颜面,知非政事,遂即施行。难违一官之小情,顿为万人之大弊,此实亡国之政,卿辈特须在意防也。隋日内外庶官,政以依违而致祸乱,人多不能深思此理。当时皆谓祸不及身,面从背言,不以为患。后至大乱一起,家国俱丧,虽有脱身之人,纵不遭刑戮,皆辛苦仅免,甚为时论所贬黜。卿等特须灭私徇公,坚守直道,庶事相启沃,勿上下雷同也。"

【注释】①黄门侍郎:秦汉时本为君主近侍之官,属少府。魏晋以下沿置,与侍中同掌侍从威仪,纠正违失。至唐玄宗天宝元年(742),改称门下侍郎,员二人,为门下省长官侍中之副,同判省事。职掌祭祀、赞献、奏天下之祥瑞。王珪(570~639):字叔玠,太原祁(今山西祁县)人,唐代初期著名的政治家。贞观二年(628)任侍中,进位宰相,成为与房玄龄、魏徵、杜如晦等齐名的唐初名相。他敢于直谏,惩恶扬善,为唐代初期的政治发挥了重要作用。②门下:本为门庭之下的意思。古代从皇帝到郡县长吏,均可适用。侍中等官本管皇帝门下众事,后形成官署门下省。唐曾改为东台、鸾台、黄门省等,旋复旧称。门下省原为皇帝的侍从机构,南北朝时权力逐渐扩大,北朝政出门下,成为中央政权机构的重心。隋唐时与中书省同掌机要,共议国政,并负责审查诏令,签署章奏,有封驳之权。其长官称侍中,或称纳言、左相、黄门监,皆因时而异。其下有黄门侍郎、给事中、散骑常侍、谏议大夫、起居郎等官。③衔:含着,这里指含恨在心。

【译文】贞观元年(627),太宗对黄门侍郎王珪说:"中书省所草拟颁发出的文告命令,门下省与其意见颇有不同,有时两省各有一些错误失当之处,但却又可以相互纠正。当初设置中书省、门下省的目的,就是为了相互防止发生过错失误。人们的意见常常会有不同,有正确的也有错误的,而本意都是为了办好公事。但有的人为了掩盖自己的短处,不愿听到别人指出自己的过失,听到别人议论他的是非,便含恨在心。有的人为了避免和别人产生私人恩怨,相互照顾脸面,明知有碍于政事的地方,仍马上施行。这种只为不违背一个官员的私情,却在顷刻间造成了危害千万百姓的大弊端,这实在是亡国的弊政,你们要特别注意防范。隋朝时,朝廷内外的官员都人云亦云,见风使舵,从而招致祸乱发生,人们往往不能深入思考其中的道理。当时大家都以为灾难不会落到自己头上来,当面说好话,背后搬弄是非,不觉得那样做会造成危害。到后来天下大乱,国破家亡,虽说有人能幸免于难,没有遭到刑戮,但也活得非常艰辛,还会深受社会舆论的谴责。所以你们身为大臣必须去除私欲,秉公办事,坚守正道,凡事都要相互讨论,互相启发,千万不要人云亦云。"

【原文】贞观五年,太宗谓侍臣曰:"治国与养病无异也。病人觉愈,弥须将护①;若有触犯,必至殒命。治国亦然,天下稍安,尤须兢慎②,若便骄逸,必至丧败。今天下安危,系之于朕,故日慎一日,虽休勿休③。然耳目股肱④,寄于卿辈,既义均一体,宜协力同心,事有不安,可极言无隐。傥君臣相疑,不能备尽肝膈⑤,实为国之大害也。"

【注释】①弥:格外,更加。②兢慎:兢兢业业,小心谨慎。③虽休勿休:虽然做好了也不自夸。以示谦虚谨慎。④股肱:大腿和胳膊。这里与前面的"耳目",都是比喻左右辅佐之臣。⑤备尽肝膈:做到推心置腹、坦诚相照。肝膈,比喻内心。

【译文】贞观五年(631),太宗对身边的大臣们说:"治国和养病的道理没有多大差别。当病人觉得病情有所好转时,就更加需要小心地调护;如果触犯调护禁忌,必然会导致死亡。治国也是这样,天下稍微安定的时候,尤其需要兢兢业业,小心谨慎。如果因此骄傲放纵,必然会招致衰乱覆亡。现在天下安危的责任全部维系在我一人身上,所以我一天比一天谨慎,即使有做得好的也不敢自夸。至于起耳目手足作用的就寄托在你们身上,既然君臣之间的道义把我们联成一个整体,就应当同心协力,政事有处理不妥当的地方,就应当毫无保留地直言不讳。倘若君臣之间互相猜忌,不能做到推心置腹、肝胆相照,实在是治国的大祸害啊!"

【原文】贞观六年,太宗谓侍臣曰:"看古之帝王,有兴有衰,犹朝之有暮①,皆为蔽其耳目,不知时政得失。忠正者不言,邪谄者日进②,既不见过,所以至于灭亡。朕既在九重③,不能尽见天下事,故布之卿等,以为朕之耳目。莫以天下无事,四海安宁,便不存意。'可爱非君,可畏非民④?'天子者,有道则人推而为主,无道则人弃而不用,诚可畏也。"

魏徵对曰:"自古失国之主,皆为居安忘危,处理忘乱,所以不能长久。今陛下富有四海,内外清晏⑤,能留心治道,常临深履薄⑥,国家历数⑦,自然灵长。臣又闻古语云:'君,舟也;人,水也。水能载舟,亦能覆舟⑧。'陛下以为可畏,诚如圣旨。"

【注释】①朝:早晨。②邪谄:邪恶谄佞小人。③九重:这里指九重宫阙。皇帝深居九重宫阙,一般人不可达到。言外之意就是皇帝与外界隔绝,听不见百姓的声音。④可爱非君,可畏非民:语出《尚书·大禹谟》。百姓所爱戴的不是君王吗?君王所畏惧的不是百姓吗?⑤清晏:清平安定。晏,平静,安逸。⑥履薄:行走于薄冰上。喻身处险境,戒慎恐惧之至。⑦历数:指国家的气运。⑧"君,舟也"六句:语出《易经·系辞上》。意谓君主好比是船,百姓好比是水。水能够载船行走,也能把船掀翻。

【译文】贞观六年(632)，太宗对身边的大臣们说："纵观古代的帝王，总是有兴盛有衰亡，就好像有早晨就必定有黄昏一样，这都是因为他们的耳目受了遮蔽，不了解当时的政治得失。忠诚正直的人不敢直言劝谏，邪恶谄谀的人却一天天得到重用，国君看不见自己的过失，所以导致国破家亡。我既然身居九重深宫，不能看见天下发生的所有事情，所以安排你们作为我的耳目去了解真实情况。不要以为天下无事，四海安宁，就不在意。《尚书》中说：'百姓所爱戴的不是君王吗？君王所畏惧的不是百姓吗？'作为国君，圣明有道，百姓就会拥戴他为君主，如果昏庸无道，百姓就会将他抛弃而不拥戴他，这实在令人感到恐惧啊！"

魏徵回答说："自古以来的亡国之君，都是因为处在安定的环境里就忘记了覆亡的危险，处在盛世就忘记了乱世，所以不能长久地统治国家。如今陛下拥有天下，内外清平安定，能够留心治国安邦之道，常常如临深渊，如履薄冰，以这样的态度治理天下，国运自然会长久。我又听过这样的古语说：'君主好比是船，百姓好比是水；水能够载船行走，也能把船掀翻。'陛下认为百姓的力量可畏，实际情况确实是如您讲的那样！"

【原文】贞观九年，太宗谓侍臣曰："往昔初平京师，宫中美女珍玩，无院不满。炀帝意犹不足，征求无已，兼东西征讨，穷兵黩武①，百姓不堪，遂致亡灭。此皆朕所目见。故夙夜孜孜②，惟欲清净，使天下无事。遂得徭役不兴，年谷丰稔③，百姓安乐。夫治国犹如栽树，本根不摇则枝叶茂荣。君能清静，百姓何得不安乐乎？"

【注释】①黩武：滥用武力，好战。②夙夜孜孜：这里指夜以继日，孜孜不倦。夙，早晨。③丰稔：指庄稼成熟。形容年成好。

【译文】贞观九年(635)，唐太宗对侍从的大臣们说："当年隋朝刚刚平定京师，宫中的美女、奇珍玩物，没有一个宫院不是满满的。但隋炀帝还是不满足，横征暴敛搜求不止，再加上东征西讨，穷兵黩武，弄得百姓不堪忍受，于是导致了隋朝灭亡。这些都是我亲眼见到的。因此我每天从早到晚辛勤努力、孜孜不倦，只求清净无为，使天下不生事端。从而做到不兴徭役，五谷丰登，百姓安居乐业。治国就好比种树，只要树根稳固不动摇就能枝繁叶茂。君主能够做到清静少欲，百姓怎么会不安居乐业呢？"

【原文】贞观十六年，太宗谓侍臣曰："或君乱于上，臣理于下；或臣乱于下，君理于上。二者苟逢，何者为甚？"

特进魏徵对曰："君心理，则照见下非。诛一劝百，谁敢不畏威尽力？若昏暴于上，忠谏不从，虽百里奚、伍子胥之在虞、吴①，不救其祸，败亡亦继。"

太宗曰："必如此，齐文宣昏暴②，杨遵彦以正道扶之得理③，何也？"

徵曰："遵彦弥缝暴主④，救理苍生⑤，才得免乱，亦甚危苦。与人主严明，臣下畏法，直言正谏，皆见信用，不可同年而语也。"

【注释】①百里奚:姓百里,名奚,字井伯。生卒不详。《左传》里称他为"百里",《史记》等书中称他为"百里傒"或"百里奚"。春秋时期楚国宛(今河南南阳)人,一说虞(今山西平陆北)人。春秋时秦国大夫。少时家境甚贫,颠沛流离,后出游诸国,到齐国,不被任用;又至周,仍不被任用;后被虞公任用为大夫,晋灭虞后被虏,作为陪嫁之臣被送往秦国,因秦穆公以媵臣待之,出走至宛,为楚人所执。后秦穆公闻其贤,用五张黑牡羊皮将其赎回,授以国政。称为五羖大夫。百里奚担任秦国宰相七年之久,"三置晋国之君","救荆州之祸","发教封内,而巴人致贡;施德诸侯,而八戎来服"。百里奚为秦国的国强民富,为秦穆公的霸业立下了不可磨灭的功绩,为秦国统一六国,为中国的统一奠定了基础。伍子胥(? ~前484):名员,春秋时楚国人。性刚强,青少年时,即好文习武,勇而多谋。周景王二十三年(前522),因遭楚太子少傅费无忌陷害,父、兄为楚平王所杀,被迫出逃吴国,发誓必倾覆楚国,以报杀亲之仇。他逃至吴国,助吴王筑城练兵,发愤图强。吴王阖闾去世后,他扶助夫差即位,帮助夫差打败越国,并阻止夫差让勾践回国,谏劝夫差放弃攻打齐国而伐越。夫差听信伯嚭谗言,于公元前484年秋赐剑使伍子胥自刎。春秋末期吴国的兴亡,伍子胥举足轻重,其治国用兵,以务实为旨,远见卓识,谋略不凡。《汉书·艺文志》著录有《伍子胥》兵书十篇,图一卷,已亡佚。虞、吴:春秋时期的两个小国。②齐文宣:即高洋,字子进,高欢的第二子,高澄的同父同母兄弟。孝静帝武定八年(550)五月,高洋带兵回到邺城,在金虎台逼孝静帝让位,自己坐上了皇帝的宝座,改元天保,尊父亲高欢为神武皇帝,哥哥高澄为文襄皇帝,他自己成了齐文宣皇帝。在位期间励精图治,使北齐的面积大为增加。在位后期,生活荒淫,草菅人命。幸丞相主持朝政,"主昏于上,政清在下",才不至于亡国。后病死,终年31岁。庙号显祖,谥文宣帝。③杨遵彦:名愔,字遵彦,小名秦王,弘农华阴(今陕西华阴)人。北齐时大臣,在文宣帝高洋手下很受重用。高洋代魏自立时,害死了魏孝静帝,把孝静帝的皇后、他的妹妹太原长公主许给了杨遵彦,并累封他至开封王。高洋临终的时候,他的儿子高殷还只有十六岁,且个性软弱,他对后事颇为忧虑,便遗诏让杨遵彦等人为宰辅,辅助他儿子治理国家。④弥缝:弥补,补救,缝合缺陷。⑤苍生:指平民百姓。

【译文】贞观十六年(642),太宗对身边的大臣们说:"有时是君主在上面昏乱,臣子在下面精心治理;有时是君主在上面精心治理,臣子却在下面作乱。如果碰到这两种情况,哪一种更严重呢?"

特进魏徵回答道:"君主有心治理好天下,就能洞察到臣下的过失。杀一儆百,谁还敢不畏惧君主的威严而尽力办事?如果君主在上面暴戾昏庸,不采纳臣下的劝谏,就像春秋时虞国、吴国,虽有百里奚、伍子胥这样的贤臣,也无法挽救国家的祸患,国破身亡也将随之而来。"

太宗说:"如果必然是这样,那么北齐文宣帝昏庸残暴,杨遵彦却能用正确的方法辅佐他治理好北齐,这又是什么道理呢?"

魏徵回答道:"杨遵彦弥补了暴君的过失,挽救了百姓,才使得北齐免于祸乱,但也是非常困苦的。这与君主廉正圣明,大臣畏惧法律,正确的谏言都被采纳的情况是不可同日而语的!"

任贤篇第三

【题解】

"任贤"即"任人唯贤",是唐太宗一再强调的"为政之要,惟在得人","致安之本,惟在得人"的"任贤"主张。从某种意义上说,"贞观之治"就是任贤实践的结果。《任贤》篇包含八章,分别介绍了唐太宗最为信任的八贤:房玄龄、杜如晦、魏徵、王珪、李靖、虞世南、李勣、马周。他们有的是秦王府中的府属旧人,有的是来自敌对营垒的谋臣;有的出将入相,有的出身低微。有文有武,职位有高有低,从政有长有短,而共同点都是贞观功臣,在那个时代做出过重要贡献。作者在叙述他们的事迹时,既赞颂了唐太宗的知人善任、爱才重贤,也高度评价了这些功臣在创立和巩固唐王朝过程中所起的巨大作用。这里仅选了魏徵一节,我们从中可以看到贞观"任贤"政治的一斑。

【原文】魏徵,钜鹿人也①,近徙家相州之临黄②。武德末,为太子洗马③。见太宗与隐太子阴相倾夺,每劝建成早为之谋。

【注释】①钜鹿:地名。今河北平乡。②相州:北魏在邺城立相州,是为相州名称之始。公元580年,北周灭北齐,邺城被焚,邺民全部迁至安阳。安阳遂称相州,亦称邺郡。唐属河北道,沿用相州一名,在今河北临漳西南。临黄:在今河南安阳黄县西北。③洗马:官名。汉时为东宫官属,太子出则为前导,晋时改掌朝廷图籍,后代因袭之。

【译文】魏徵,河北钜鹿人,前不久又迁居到相州的临黄。武德末年,担任太子洗马。当他看到太宗同隐太子李建成暗中争夺权力帝位时,常劝建成早做打算。

【原文】太宗既诛隐太子,召徵责之曰:"汝离间我兄弟,何也?"众皆为之危惧。徵慷慨自若,从容对曰:"皇太子若从臣言,必无今日之祸。"太宗为之敛容,厚加礼异,擢拜谏议大夫。数引之卧内,访以政术。徵雅有经国之才,性又抗直,无所屈挠。太宗每与之言,未尝不悦。徵亦喜逢知己之主,竭其力用。又劳之曰:"卿所谏前后二百馀事,皆称朕意,非卿忠诚奉国,何能若是?"

【译文】太宗杀了隐太子后,把魏徵叫来责问他说:"你为什么要离间我们兄弟?"当时大家都替魏徵担惊受怕,魏徵却慷慨自若,从容地回答说:"皇太子如果听了我的话,肯定不会有今天的杀身之祸。"太宗听了后肃然起敬,对他分外以礼相待,并提升他为谏议大夫。曾多次把他请进卧室,向他请教治理国家的办法。魏徵素有治国的才能,性情又刚直不阿、不屈不挠。太宗每次和他交谈,从来没有不高兴的。魏徵也庆幸遇到赏识自己的国君,竭尽全力来为太宗效劳。太宗抚慰魏徵说:"你所劝谏我的前后共有二百余起,都很符合我的心意。如果不是你忠诚为国,怎能这样?"

【原文】三年,累迁秘书监①,参预朝政。深谋远算,多所弘益。太宗尝谓曰:"卿罪重于中钩②,我任卿逾于管仲③,近代君臣相得,宁有似我于卿者乎?"

【注释】①秘书监:官名。东汉延熹二年(159)始置。属太常寺,典司图籍。后省。魏文帝又置,掌世文图籍,初属少府。晋初并入中书。晋永平时又置,并统著作局,掌三阁图书。宋与晋同。梁为秘书省长官,北朝亦置。隋炀帝时曾称秘书省令。唐高宗时曾改称太史,旋复旧,为秘书省的长官,主管国家的图书典籍。②中钩:指春秋时管仲射齐公子小白中其带钩事。齐襄公十二年(前686),齐国动乱,公孙无知杀死齐襄王,自立为君,一年后,公孙无知又被杀,齐国一时无君。逃亡在外的公子纠和小白,都力争尽快赶回国内夺取君位。管仲为使纠当上国君,埋伏中途欲射杀小白,箭射在小白的铜制衣带钩上。小白装死,在鲍叔牙的协助下抢先回国,登上君位。他就是历史上有名的齐桓公。桓公即位,设法杀死了公子纠,也要杀死射了自己一箭的仇敌管仲。鲍叔牙极力劝阻,指出管仲乃天下奇才,要桓公为齐国强盛着想,忘掉旧怨,重用管仲。桓公接受了建议,接管仲回国,不久即拜为相,主持政事。管仲得以施展全部才华。③管仲(?~前645):名夷吾,又名敬仲,字仲,春秋时期齐国著名的政治家,颍上(今安徽颍上)人。春秋时杰出的政治家、著名的军事家、军事改革家,以其卓越的谋略辅佐齐桓公成为春秋时第一个霸主。管仲的言论见《国语·齐语》。有《管子》一书传世。

【译文】贞观三年(629),经过多次升迁,魏徵升任至秘书监,参与管理朝政大事。他深谋远虑,对治理国家有很多重大的帮助。太宗曾对他说:"你曾有比管仲射中齐桓公带钩更大的罪过,而我对你的信任却超过了齐桓公对管仲的信任,近代君臣之间融洽相处,有像我和你这样的吗?"

【原文】六年,太宗幸九成宫①,宴近臣,长孙无忌曰②:"王珪、魏徵,往事息隐,臣见之若仇,不谓今者又同此宴。"太宗曰:"魏徵往者实我所仇,但其尽心所事,有足嘉者。朕能擢而用之,何惭古烈?徵每犯颜切谏,不许我为非,我所以重之也。"徵再拜曰:"陛下导臣使言,臣所以敢言。若陛下不受臣言,臣亦何敢犯龙鳞、触忌讳也③。"太宗大悦,各赐钱十五万。

【注释】①九成宫:始建于隋文帝开皇十三年(593)二月,竣工于隋开皇十五年(595)三月,开始名叫"仁寿宫",是文帝的离宫。唐太宗贞观五年(631)修复扩建,更名为"九成宫"。②长孙无忌(?~659):字辅机。洛阳(今河南洛阳)人。其先祖为鲜卑族拓跋氏,后改姓长孙。隋时名将;妹为太宗皇后。无忌虽出于军事世家,却好学,善于谋划。他从小就和李世民亲善,太原起兵后,常从李世民征伐,参与机密。唐武德九年(626)，李世民发动"玄武门之变"，他是策划和组织者之一。唐太宗时任尚书右仆射、司空、司徒等职，封齐国公，又徙赵国公。与房玄龄等同为宰相。唐高宗时期，长孙无忌由于反对武则天擅权，与武氏结怨。后遭武氏以谋反罪名诬陷，全宗族或杀或流放，长孙无忌本人遭流放至黔州(今四川彭水)，不久被迫自杀。贞观中，他和房玄龄主修《唐律》和《律疏》。永徽四年(653)，《律疏》三十卷成，即现存的《唐律疏议》。③龙鳞:这里指君主。《韩非子·说难》:"夫龙之为虫也，柔可狎而骑也。然其喉下有逆鳞径尺，若人有撄之者则必杀人。人主亦有逆鳞，说者能无撄人主之逆鳞则几矣。"意谓龙作为一种动物，驯服时可以戏弄着骑它，但它喉下有一尺长的逆鳞片，假使有人动它的话，就一定会受到伤害。君主也有逆鳞，进说者能不触动君主的逆鳞，就差不多成功了。后因以"龙鳞"指君主。

【译文】贞观六年(632)，太宗驾临九成宫，设宴招待亲近的大臣，长孙无忌说:"王珪、魏徵过去侍奉过隐太子李建成，我见到他们就像见到仇敌一样，想不到今天同在一起参加宴会。"太宗说:"魏徵过去确实是我的仇敌，但他能尽心尽力地来侍奉主子，有值得赞扬的地方。我能提拔重用他，和古代圣贤相比也毫无愧色吧? 魏徵每次都能犯颜直谏，不许我做错事，这是我器重他的原因。"魏徵向太宗拜了两拜说:"陛下引导我进谏言，所以我才敢直言不讳。如果陛下不接受我的意见，我怎么还敢去违逆龙鳞、触犯忌讳呢?"太宗听了很是高兴，每人赐给十五万钱。

【原文】七年，代王珪为侍中，累封郑国公。寻以疾乞辞所职，请为散官①。太宗曰:"朕拔卿于仇虏之中，任卿以枢要之职②，见朕之非，未尝不谏。公独不见金之在矿? 何足贵哉? 良冶锻而为器，便为人所宝。朕方自比于金，以卿为良匠。虽有疾，未为衰老，岂得便尔耶?"徵乃止。后复固辞，听解侍中，授以特进，仍知门下省事。

【注释】①散官:有官名而无固定职事之官。与职事官相对而言。《隋书·百官志下》:"居曹有职务者为执事官，无职务者为散官。"②枢要:指中央政权中机要的部门或官职。

【译文】贞观七年(633)，魏徵取代王珪担任侍中，加封到郑国公。不多久因病请求辞去所任的官职，只做个闲职散官。太宗说:"我把你从仇敌中提拔起来，委任你中央枢要之职，你每次见到我有不对的地方，从来没有不加以劝谏的。你难道没有见过矿石中未曾提炼的金子吗? 它有什么可宝贵的呢? 如果遇上高明的冶炼工匠把它锻炼成器物，就会被人们当作宝贝。我就好比是矿石中的金子，你就是从矿石中把金子提炼出来并锻造成器的高明工匠。你虽然有病，但还不算衰老，怎么就想到要辞职了呢?"魏徵听了只好作罢。后来魏徵又坚决要求辞职，太宗终于同意了他的意见，免去他侍中的职务，只挂个特进的散官头衔，仍然主持门下省事务。

【原文】十二年，太宗以诞皇孙，诏宴公卿。帝极欢，谓侍臣曰:"贞观以前，从我平定天下，周旋艰险，玄龄之功无所与让。贞观之后，尽心于我，献纳忠谠，安国利人，成我今日功业,为天下所称者,惟魏徵而已。古之名臣,何以加也?"于是亲解佩刀以赐二人。庶人承乾在春宫①,不修德业;魏王泰宠爱日隆②,内外庶寮③,咸有疑议。太宗闻而恶之,谓侍臣曰:"当今朝臣,忠謇无如魏徵④,我遣傅皇太子,用绝天下之望。"

【注释】①承乾:即李承乾,字高明,太宗长子。母亲是李世民的正室夫人长孙皇后。武德二年(619)生于承乾殿,故取名"李承乾"。八岁被立为太子,半辈子娇宠。武德三年(620)封恒山王,七年(624)徙封中山。太宗即位,为皇太子。贞观十七年(643)四月因谋逆被贬为庶人,囚禁于右领军。同年九月初将李承乾流放到黔州(今四川彭水)。两年后在黔州病死。②魏王泰(618~652):字惠褒,太宗第四子。少善属文,武德三年(620)封宜都王,贞观二年(628)改封越王,徙封魏王。太宗以泰好士爱文学,特令就府别置文学馆,任自引召学士。贞观二十一年(647)进封濮王。唐太宗最初立长子李承乾为太子,后来又爱重第四子魏王李泰,李承乾由此产生了夺嗣之惧,企图发动政变刺杀李泰,没有成功,被废为庶人。唐太宗为防止身后发生兄弟仇杀的悲剧,贬魏王李泰,改立第九子晋王李治为太子,即以后的唐高宗。太宗晚年著《帝范》一书以教诫太子,其中总结了他一生的政治经验,也对自己的功过进行了评述。③庶寮:亦作"庶僚",即指百官。④忠謇:忠诚正直。这里指忠诚正直的人。

【译文】贞观十二年(638),太宗因为皇孙诞生,下诏宴请公卿大臣。太宗非常高兴,对群臣说:"贞观以前,跟随我平定天下,历尽了艰险困苦的,房玄龄的功劳最大,没有人能比得上的。贞观以后,对我竭尽心力,进献忠直之言,安国利民,使我能成就今日的功业,被天下人所称道的人,就只有魏徵一人。即使是古代的名臣,又怎么能超过他们呢?"于是,太宗亲手解下身上的佩刀,赐给二人。后来被废为庶人的皇太子李承乾在东宫不修养德行;魏王李泰日益受太宗宠爱,朝廷内外百官议论纷纷。太宗听说后非常厌恶,对身边的大臣们说:"当今的朝臣百官,论忠诚正直没有比得上魏徵的,我派他做皇太子的师傅,用来断绝天下人的想法。"

【原文】十七年,遂授太子太师①,知门下事如故。徵自陈有疾。太宗谓曰:"太子宗社之本,须有师傅,故选中正,以为辅弼。知公疹病,可卧护之。"徵乃就职。寻遇疾。徵宅内先无正堂,太宗时欲营小殿,乃辍其材为造,五日而就。遣中使赐以布被素褥,遂其所尚。后数日,薨。太宗亲临恸哭,赠司空,谥曰文贞。太宗亲为制碑文,复自书于石。特赐其家食实封九百户②。

【注释】①太子太师:是东宫三师(太子太师、太子太傅、太子太保)之一。辅导皇太子的官员,一般以位高望重的大臣兼任,亦有专任者。从一品官。②食实封:谓受封爵并可实际享用其封户租赋。《资治通鉴·唐中宗景龙三年》:"于时食实封者凡一百四十徐家。"胡三省注:"唐制:食实封者,得真户,户皆三丁以上,一分入国。开元定制,以三丁为限,租赋全入封家。"

【译文】贞观十七年(643),任命魏徵做太子太师,仍然兼管门下省的政事。魏徵提出自己有病在身,难以胜任。太宗对他说:"太子是宗庙社稷的根本,必须有好的师傅教导,因此要选择公正无私的人辅佐他。我知道你身体有病,你可以躺在床上来教导太子。"于是魏徵接受了太子太师的职务。不久魏徵得了重病。他原来住的宅院内没有正堂,太宗当时本想给自己建造一座小殿,因此就停下工来,把材料给魏徵造了正堂,五天就竣工了。又派宫中使节赐给魏徵布被和素色的褥子,以顺从他的喜好。几天以后,魏徵病逝。太宗亲自到他的灵柩前痛哭,追赠他为司空,赐谥号曰"文贞"。太宗亲自给他撰写碑文,并亲笔书写在石碑上。还特别赐给魏徵家属食实封九百户。

【原文】太宗后尝谓侍臣曰:"夫以铜为镜,可以正衣冠;以古为镜,可以知兴替;以人为镜,可以明得失。朕常保此三镜,以防己过。今魏徵殂逝①,遂亡一镜矣!"因泣下久之。乃诏曰:"昔惟魏徵,每显予过。自其逝也,虽过莫彰②。朕岂独有非于往时,而皆是于兹日?故亦庶僚苟顺,难触龙鳞者欤!所以虚己外求,披迷内省。言而不用,朕所甘心。用而不言,谁之责也?自斯已后,各悉乃诚。若有是非,直言无隐。"

【注释】①殂逝:逝世。②彰:明显,显著。

【译文】太宗后来常对身边的大臣们说:"用铜来做镜子,可以端正衣冠;用历史来做镜子,可以知道朝代的兴衰更替;用人来做镜子,可以明白自己的得失。我经常注意保持这三面镜子,用来防止自己的过失。如今魏徵去世,我损失掉了一面镜子啊!"因此伤心得哭了很久。于是太宗下诏说:"过去只有魏徵能经常指出我的过失。自从他去世后,我虽有过失,却没有人公开指出了。难道我只在过去有错误,而今天做事都是正确的吗?显然是臣子们对我苟且顺从,不敢来触犯龙鳞吧!因此我虚心征求他人意见,用以排除假象,反省自身。即便是所提意见我没有采纳,我愿承担责任。如果我准备接纳规谏而你们却不进言,这个责任谁来承担呢?从今以后,大家都要竭尽忠诚,如果有不同的意见,请你们直言劝谏,不要隐瞒。"

求谏篇第四

【题解】

《求谏》及下篇《纳谏》,记录了唐初君臣虚己外求、从谏如流的盛况,以及唐太宗求谏的嘉言美行,反映了唐初统治集团内部能够发表和听取不同意见,君主比较开明,君臣关系比较和谐的事实。《求谏》篇的主要内容是鼓励臣下提意见,是唐太宗用人思想的精华。贞观年间,特别是贞观之初,恐人不言,导之使谏,这一兼听纳下的思想和行动,造成了谏净蔚然成风、君臣共商国是的良好风气,是"贞观之治"中最引人瞩目的重要方面。唐太宗宣称:"君暗臣谀,危亡不远;朕今志在君臣上下各尽至公,共相切磋,以成治道。公等各宜务尽忠谠,匡救朕恶,终不以直言忤意,辄相责怒。"贞观第一位谏臣魏徵也说:"陛下导臣使言,臣所以敢言。若陛下不受臣言,臣亦何敢犯龙鳞、触忌讳也。"这对于一个专制帝王确实是难能可贵的。唐太宗能够做到求谏，是有他在认识论、君臣论等方面较为深刻的政治思想基础的。因而能从制度上保证广开言路，采取一些重要措施，如健全封驳制度、反对盲目顺旨、重视谏官作用，特别是诏令宰相入阁商议军国大事时，必须使谏官随入列席，以便他们对军国大政充分发表意见。唐太宗也因此而成为一个从谏如流、雄才大略的帝王君主。

【原文】太宗威容严肃，百僚进见者，皆失其举措。太宗知其若此，每见人奏事，假颜色，冀闻谏诤①，知政教得失。贞观初，尝谓公卿曰："人欲自照，必须明镜；主欲知过，必藉忠臣。主若自贤，臣不匡正，欲不危败，岂可得乎？故君失其国，臣亦不能独全其家。至于隋炀帝暴虐，臣下钳口②，卒令不闻其过，遂至灭亡，虞世基等寻亦诛死。前事不远，公等每看事有不利于人，必须极言规谏。"

【注释】①冀：希望。②钳口：以威胁、恐吓等方式限制他人言论。

【译文】太宗平时仪表庄重，面容严肃，前来晋见的百官，往往紧张得不知所措。太宗了解到这种情况后，每当看到有人前来奏事，总是和颜悦色，希望能够听到谏诤，从而了解到朝政的得失。贞观初年，太宗曾经对公卿大臣们说："人要想看清自己的面貌，必须依靠明镜；国君要想知道自己的过失，就必须依靠忠臣。假如君主自以为圣明，臣下又不去纠正国君的过失，要想国家没有覆亡的危险怎么可能办得到呢？所以说君主丧失了他的国家，他的臣下也不可能独自保全自己家。至于像隋炀帝那样的残暴淫虐，臣下都把嘴闭起来不敢讲话，最终使他因为听不到自己的过失而导致灭亡，虞世基等人不久也被诛杀。前事不远，诸位以后每当看到事情有不利于百姓的，必须直言规劝谏诤。"

【原文】贞观元年，太宗谓侍臣曰："正主任邪臣，不能致理；正臣事邪主，亦不能致理。惟君臣相遇，有同鱼水，则海内可安。朕虽不明，幸诸公数相匡救，冀凭直言鲠议①，致天下于太平。"谏议大夫王珪对曰："臣闻木从绳则正，后从谏则圣②。故古者圣主必有争臣七人③，言而不用，则相继以死。陛下开圣虑，纳刍荛④，愚臣处不讳之朝，实愿罄其狂瞽⑤。"太宗称善。

【注释】①鲠议：刚直的议论。②"臣闻"两句：这是贤臣傅说告诫殷商高宗的话，以木工需"从绳而正"的道理，说明帝王对于谏诤不可不受。语出《伪古文尚书·说命》。③争臣：直言谏诤的大臣。"争臣七人"句语出《孝经·谏诤》。争，通"诤"，规谏。④刍荛：指割草打柴的人。⑤罄：用尽，消耗殆尽。狂瞽：愚妄无知。多用作自谦之辞。

【译文】贞观元年(627)，太宗对身边的大臣们说："正直的君主任用了奸臣，就不可能治理好国家；忠直的臣子侍奉昏庸的君主，也不可能治理好国家。只有正直的君主和忠直的大臣在一起，如鱼得水，那么天下就可以平安无事了。我虽然称不上贤明，幸亏有你们多次匡正补救过失，希望凭借你们的直言鲠议，使天下达到太平。"谏议大夫王珪回答道："臣听说加工木材有了准绳的标线才能锯得正直，君主能够听从臣子的规谏就会变得圣明。所以古代圣明的君主，都设有谏臣七人，如果谏言不被采纳，就会相继以死谏诤。如今陛下广开思路，采纳臣民的建议，我处在这个无须忌讳的开明圣朝，真心愿意把愚昧之见都讲出来。"太宗听后很赞赏王珪的话。

【原文】太宗曰："人君必须忠良辅弼，乃得身安国宁。炀帝岂不以下无忠臣，身不闻过，恶积祸盈，灭亡斯及。若人主所行不当，臣下又无匡谏，苟在阿顺，事皆称美，则君为暗主，臣为谀臣，君暗臣谀，危亡不远。朕今志在君臣上下，各尽至公，共相切磋，以成理道。公等各宜务尽忠谠，匡救朕恶，终不以直言忤意，辄相责怒。"

【译文】太宗说："作为君主必须有忠良的大臣辅佐，才能得以身安国宁。隋炀帝难道不是因为手下没有忠臣，他又听不进别人劝谏，以致小祸累积酿成大祸，灭亡也就来临了。如果君主的所作所为不当，臣下又不能规劝纠正，一味阿谀顺从，事事称颂赞扬，这样的君主就是昏君，这样的大臣就是谀臣，君昏臣谀，国家危亡也就不远了。我现在的愿望是君臣上下各尽公心，有事相互协商切磋，因此实现太平治世。诸位务必忠于职守，直言敢谏，纠正、补救我的过失，我绝对不会因为直言规劝就发怒责备你们。"

【原文】贞观五年，太宗谓房玄龄等曰："自古帝王多任情喜怒，喜则滥赏无功，怒则滥杀无罪。是以天下丧乱，莫不由此。朕今夙夜未尝不以此为心，恒欲公等尽情极谏。公等亦须受人谏语，岂得以人言不同己意，便即护短不纳？若不能受谏，安能谏人？"

【译文】贞观五年（631），太宗对房玄龄等人说："自古以来帝王多是任情喜怒哀乐，高兴的时候就滥加奖赏，发怒的时候就滥杀无辜。所以天下的祸乱，没有一个不是由此而引起的。我现在日夜都把这件事放在心上，常常希望诸位对我极力劝谏。你们也要能接受别人规劝自己的话，怎么能因为别人的意见不合自己的心意，就顾忌自己的过失而不采纳别人的规劝呢？如果你自己不能接受别人的规劝，又怎么能去劝谏别人呢？"

【原文】贞观十五年，太宗问魏徵曰："比来朝臣都不论事，何也？"徵对曰："陛下虚心采纳，诚宜有言者。然古人云：'未信而谏，则以为谤己；信而不谏，则谓之尸禄[1]。'但人之才器，各有不同。懦弱之人，怀忠直而不能言；疏远之人，恐不信而不得言；怀禄之人[2]，虑不便身而不敢言。所以相与缄默，俯仰过日[3]。"

【注释】①尸禄：指空食俸禄而不尽其职，无所事事。②怀禄：贪恋爵禄。③俯仰：本指低头和抬头。引申为随便应付，左右周旋。

【译文】贞观十五年（641），太宗问魏徵说："近来朝臣都不议论政事，这是为什么呢？"

魏徵回答说："陛下一向虚心采纳臣下的意见，本来应当会有进谏的人。然而古人曾说过:'不被信任的人进谏,会被认为是毁谤自己;信任的人而不进谏,就叫作空食俸禄而不尽其职。'但是人的才能气度,各有不同。胆小怕事的人,心存忠直而不能进谏;被疏远的人,怕不信任而无法进谏;贪恋禄位的人,怕不利于自身而不敢进谏。所以大家沉默不言,应付着混日子。"

纳谏篇第五

【题解】

《纳谏》是《求谏》的姊妹篇,是记录唐初君臣虚己外求、从谏如流的盛况,反映了唐初统治集团内部能够发表和听取不同意见,君主比较开明,君臣关系比较和谐的事实。本篇内列举了一些唐太宗虚怀纳谏的具体事迹,说明一个专制社会中至高无上的皇帝,能够接受谏诤,改进政务的难能可贵。大臣们从忠君爱君的立场出发,希望唐太宗"须以欲从人,不可以人从欲",而唐太宗也基本做到了这点。纵观贞观年间唐太宗的纳谏状况,诚如魏徵所言:"贞观之初,恐人不言,导之使谏;三年已后,见人谏争,悦而从之;一二年来,不悦人谏,虽勉勉听受,而意终不平,谅有难色。"唐太宗也不能不承认:"诚如公言,非公无能道此者。"虽然贞观初期与后期唐太宗在纳谏态度上也有所变化,但总的看来唐太宗还算是一个历史上能够纳谏的开明君主。

【原文】贞观二年,隋通事舍人郑仁基女①,年十六七,容色绝姝,当时莫及。文德皇后访求得之②,请备嫔御。太宗乃聘为充华③。诏书已出,策使未发。

魏徵闻其已许嫁陆氏,方遽进而言曰:"陛下为人父母,抚爱百姓,当忧其所忧,乐其所乐。自古有道之主,以百姓之心为心,故君处台榭,则欲民有栋宇之安;食膏粱,则欲民无饥寒之患;顾嫔御,则欲民有室家之欢。此人主之常道也。今郑氏之女,久已许人,陛下取之不疑,无所顾问,播之四海,岂为民父母之道乎?臣传闻虽或未的,然恐亏损圣德,情不敢隐。君举必书,所愿特留神虑。"

魏徵像

【注释】①通事舍人:官名。掌诏命及呈奏案章等事。②文德皇后:即长孙皇后(601～636)。长安(今陕西西安)人。出生于官宦之家,父亲长孙晟,隋时官至右骁卫将军。从小爱好诗书,通达礼仪。十三岁嫁李世民为妻。唐朝建立后,被册封为秦王妃,李世民升储登基以后,被立为皇后。③充华:妃嫔称号。晋武帝置,为九嫔之末。

【译文】贞观二年(628),隋朝的通事舍人郑仁基的女儿,年方十六七岁,是个容貌极为美丽的绝代佳人,当时没有谁能比得上她。文德皇后寻访到后,请求太宗留在后宫作为嫔妃。于是太宗便聘她为充华。诏书已经发出,但册封的使者尚未动身。

魏徵听说这名女子早已许配给陆家,就急忙进谏说:"陛下身为百姓的父母,爱抚百姓,就应该忧百姓所忧的事,乐百姓所乐的事。自古以来有道的君主,都是以百姓的心愿为自己的心愿的。所以君主身居楼台馆阁,就要让百姓也有房屋可以安身;君主进食膏粱鱼肉,就要让百姓不受饥饿的威胁;君主看到妃嫔宫女,就要想到百姓也有婚配成家的欢乐。这才是做君主的正常道理。如今郑家的女儿早已许配别人,陛下聘娶她时,竟不加考虑,也不曾询问。这件事如果传遍天下,哪里是君主为民父母的作为?虽然我听到的只是传闻,不一定确实,但唯恐损害陛下的名誉和圣德,所以不敢隐瞒。君主的一举一动都有史官记录,希望陛下要特别留心考虑。"

【原文】简点使、右仆射封德彝等①,并欲中男十八已上,简点入军。敕三四出,徵执奏以为不可。

德彝重奏:"今见简点使云,次男内大有壮者。"

太宗怒,乃出敕:"中男已上,虽未十八,身形壮大,亦取。"徵又不从,不肯署敕。

太宗召徵及王珪,作色而待之,曰:"中男若实小,自不点入军。若实大,亦可简取。于君何嫌?过作如此固执,朕不解公意!"

徵正色曰:"臣闻竭泽取鱼,非不得鱼,明年无鱼;焚林而畋,非不获兽,明年无兽。若次男已上尽点入军,租赋杂徭,将何取给?且比年国家卫士,不堪攻战,岂为其少,但为礼遇失所,遂使人无斗心。若多点取人,还充杂使,其数虽众,终是无用。若精简壮健,遇之以礼,人百其勇,何必在多?陛下每云,我之为君,以诚信待物,欲使官人百姓,并无矫伪之心。自登极已来,大事三数件,皆是不信,复何以取信于人?"

【注释】①简点使:唐代临时负责选拔士卒的官名。唐初,征十八岁以上中男入伍,置诸道简点使。简点,选定。

【译文】简点使、右仆射封德彝等人,都主张把年满十八岁以上未成壮丁的中男也征召入伍。为此事下了三四次敕文,魏徵上奏认为不可以实行。

封德彝重新上奏说:"今天看到从事简点军士的官员说,在次男中也有很多身强体壮的人。"

太宗大怒,于是下令:"中男以上,即使未满十八岁,只要身体强大的,亦可征召入伍。"魏徵又表示不同意,不肯签署敕令。

太宗将魏徵、王珪都召来,对他们板起面孔说:"中男当中如果真是瘦小的,自然不能检点入军。如果身体强壮,也可以选拔入伍。这对你们有什么妨碍?为什么要这样固执,我真不了解你们是什么用意!"

魏徵严肃地回答说:"臣听说,排尽池塘的水来捕鱼,不是捕不到鱼,而是明年就没有鱼可捕了;焚烧树林来捕猎,不是抓不到野兽,而是明年就没有野兽可打了。如果次男以上的男丁都检点入军,那么租赋杂役将靠谁来供给?而且近年来的士卒不能胜任攻城作战的要求，哪里是因为人数少，只是因为没有得到应有的礼遇，这就使他们失去了斗志。如果再多地征召士卒，让他们去充当杂役，士兵人数虽然增多了，但终究也没有什么用。如果精心选拔身体健壮的成年男子，给他们应有的礼遇，人人都会勇气百倍，何必要那么多兵士？陛下常说：我做国君，以诚信待人，要使官吏、百姓都没有矫饰虚伪之心。但是自从陛下即位以来，有几件大事都是不守信用的，这又怎么能取信于人呢？"

【原文】贞观七年，蜀王妃父杨誉在省竞婢^①，都官郎中薛仁方留身勘问^②，未及与夺。其子为千牛^③，于殿庭陈诉，云："五品以上非反逆不合留身，以是国亲，故生节目^④，不肯决断，淹历岁年。"

太宗闻之，大怒曰："知是我亲戚，故作如此艰难。"即令杖仁方一百，解所任官。

魏徵进曰："城狐社鼠皆微物^⑤，为其有所凭恃，故除之犹不易。况世家贵戚，旧号难理，汉、晋以来，不能禁御；武德之中^⑥，已多骄纵；陛下登极，方始萧然。仁方既是职司^⑦，能为国家守法，岂可枉加刑罚，以成外戚之私乎！此源一开，万端争起，后必悔之，将无所及。自古能禁断此事，惟陛下一人。备豫不虞^⑧，为国常道。岂可以水未横流，便欲自毁堤防？臣窃思度，未见其可。"

太宗曰："诚如公言，向者不思^⑨。然仁方辄禁不言，颇是专擅，虽不合重罪，宜少加惩肃。"乃令杖二十而赦之。

【注释】①蜀王：即李愔（？～667），唐太宗第六子，吴王李恪同母弟，贞观五年（631），封梁王，十年（636），改封蜀王、益州都督。②都官郎中：掌配没徒隶、簿录俘囚、公私良贱诉竞雪冤。留身：拘留人身。③千牛：即"千牛备身"的简称，禁卫武官。唐设置左右千牛卫，为禁军之一。④节目：本指树木枝干相接的地方或纹理纠结不顺的地方。这里比喻为枝节。⑤城狐社鼠：本指城墙上的狐狸，社庙里的老鼠。这里比喻依仗权势作恶，一时难以驱除的小人。⑥武德：唐高祖的年号（618～626），也是唐朝的第一个年号。⑦职司：职务，职责。⑧备豫不虞：防备意外。⑨向者：以往，从前。

【译文】贞观七年（633），蜀王李愔妃子的父亲杨誉在皇宫禁地追逐婢女，都官郎中薛仁方将他拘留并审问，还没来得及进行处理。杨誉的儿子是千牛卫武官，在殿廷上诉述说："五品以上的官员，不是犯反叛罪的不应拘留，因为我父亲是皇亲国戚，薛仁方就故意节外生枝，不肯决断，拖延时日。"

太宗听了很生气地说："明知是我的亲戚，还故意做如此的刁难！"当即下令打薛仁方一百杖，并免去他所担任的官职。

魏徵进谏说："城墙下的狐狸和神社中的老鼠，都是些微不足道的小动物，因为它们有所依仗，要除掉它们还真不容易。何况世家贵戚历来就号称难以管理。汉、晋以来就不能控制禁止；武德年间很多皇亲国戚骄横放纵；陛下登基后他们才开始有所收敛。薛仁方既然担当主管官员，能为国家执法，怎能对他随便施加刑罚,以达到外戚挟私报复的目的呢?如果这个先例一开,以后各种事端都会接踵而来,到时后悔也来不及了。自古以来能禁止外戚骄纵的只有陛下一人。防备意外,是治国的常识。怎么能在河水尚未泛滥的时候,就想自己毁掉堤防呢?我私下认为,这种做法是不对的。"

太宗说:"确实如你所说,先前我没有仔细考虑。但是薛仁方妄自拘留人而不申报,也很是专权,虽算不上是重罪,也应稍加惩罚。"于是下令打了薛仁方二十杖,免予解职处分。

【原文】贞观八年,左仆射房玄龄、右仆射高士廉于路逢少府监窦德素①,问北门近来更有何营造。德素以闻,太宗乃谓玄龄曰:"君但知南衙事②,我北门少有营造,何预君事?"玄龄等拜谢。

魏徵进曰:"臣不解陛下责,亦不解玄龄、士廉拜谢。玄龄既任大臣,即陛下股肱耳目,有所营造,何容不知?责其访问官司,臣所不解。且所为有利害,役功有多少,陛下所为若是,当助陛下成之,所为不是,虽营造,当奏陛下罢之。此乃君使臣、臣事君之道。玄龄等问既无罪,而陛下责之,臣所不解;玄龄等不识所守,但知拜谢,臣亦不解。"

太宗深愧之。

【注释】①高士廉(576~647):名俭,以字显。李世民长孙皇后、长孙无忌的亲舅舅。高士廉对李世民极为器重,以致主动将长孙后许配给李世民。因得罪杨广,被发配岭南。随后中原大乱,被隔绝在外,直到李靖灭萧铣南巡时才得以回归。其人善行政、文学,为李世民心腹,参与玄武门之变的策划。贞观年间,任侍中、安州都督、益州大都督府长史、吏部尚书、尚书右仆射、同中书门下三品,封申国公。少府监:官名,是少府监的长官。少府,为专管宫廷修建工程的官署名。②南衙:宰相官署。唐代皇宫在长安城北面,中央的省、台、寺、监各官署都设在宫城之南,故称南衙或南司。

【译文】贞观八年(634),左仆射房玄龄、右仆射高士廉在路上遇到了少府监窦德素,问他皇宫北门近来又再营建些什么工程。窦德素将这件事报告给太宗,于是,太宗对房玄龄说:"你只要管好南衙的事务就行了,我北门宫内稍有营建,跟你有什么关系?"房玄龄等人跪下谢罪。

魏徵进谏说:"臣不明白陛下为什么要指责房玄龄、高士廉,也不明白房玄龄、高士廉为什么要谢罪。房玄龄既然是朝廷大臣,也就是陛下的股肱和耳目,宫内有所营建,他们怎么可以不知道呢?陛下指责他询问主管部门,臣不理解。况且所营建的房屋是有利还是有害,所使用的人工是多还是少,如果陛下决策得对,就应当协助陛下来完成;如果陛下决策得不对,即使已开始营造,也应当奏请陛下停工。这才是'君任用臣、臣侍奉君'的正道。房玄龄等询问此事既然没有过错,而陛下却加以责备,这是臣所不明白的;房玄龄等人不清楚自己的职守,只知道下拜谢罪,这也是臣所不理解的。"

太宗听后很是惭愧。

【原文】贞观十一年，所司奏凌敬乞贷之状①。太宗责侍中魏徵等滥进人。

徵曰："臣等每蒙顾问，常具言其长短②。有学识，强谏诤，是其所长；爱生活，好经营，是其所短。今凌敬为人作碑文，教人读《汉书》③，因兹附托，回易求利，与臣所说不同。陛下未用其长，惟见其短，以为臣等欺罔，实不敢心服。"

太宗纳之。

【注释】①凌敬：初为窦建德的谋臣，失败后降唐。②长短：这里指长处和短处。③《汉书》：又称《前汉书》，我国第一部纪传体断代史，东汉班固撰。它的体例沿袭《史记》，但又有所创新，成为后世纪传体史书的范本；它的史料价值和文学价值也很高。主要记述汉高祖元年（前206）至王莽地皇四年（23）共二百三十年的史事，是继《史记》之后我国古代又一部重要史书。

【译文】贞观十一年（637），有关部门奏上凌敬向人借贷的文书。于是太宗责怪侍中魏徵等人当初滥荐人才。

魏徵回答说："臣等每次承蒙陛下垂询，总是尽可能地将所举荐人的长处、短处都讲出来。凌敬这个人有学识识大体，敢于谏诤，这是他的长处；喜好生活享受，喜欢经营财物，这是他的短处。现在凌敬为别人撰写碑文，教人读《汉书》，由此拉上关系，交换牟利，这和臣等所介绍他的情况不正相同吗？陛下没有用他的长处，只看到他的短处，就认为臣等欺君瞒上，这实在不能使臣心服。"

太宗接受了这个意见。

君臣鉴戒篇第六

【题解】

《君臣鉴戒》篇重点是以历史为镜子，引用历史上的经验教训，说明"君臣本同治乱，共安危，若主纳忠谏，臣进直言，斯故君臣合契，古来所重"的道理。唐太宗要臣僚懂得"君失其国，臣亦不能独全其家"的利害关系，又从多方面引用历史故事，提请臣下注意竭尽为臣之道。魏徵等大臣也以历史鉴戒，要唐太宗做一位善始善终的有道明君，要他看清"首虽尊高，必资手足以成礼，君虽明哲，必藉股肱以致治"的道理。又引用孟子关于君臣关系的论述来告诫："君视臣如手足，臣视君如腹心；君视臣如犬马，臣视君如国人；君视臣如粪土，臣视君如寇雠。"认为"臣之事君无二志，至于去就之节，当缘恩之厚薄"。文中强调，只要皇帝能以诚信待人，臣属才能尽忠尽职。

【原文】贞观三年，太宗谓侍臣曰："君臣本同治乱，共安危，若主纳忠谏，臣进直言，斯故君臣合契①，古来所重。若君自贤，臣不匡正，欲不危亡，不可得也。君失其国,臣亦不能独全其家。至如隋炀帝暴虐,臣下钳口,卒令不闻其过,遂至灭亡。虞世基等,寻亦诛死。前事不远,朕与卿等可得不慎,无为后所嗤!"

【注释】①合契:对合符契。古代早期的兵符、债券、契约多以竹木或金石制成,刻字后中剖为二,双方各执其一,两半对合则生效。这里引申为符合、投合。

【译文】贞观三年(629),太宗对身边的大臣们说:"君臣之间本应该同治乱,共安危,如果君主能够接纳忠诚的规谏,臣子敢于直言不讳,那就是君臣情投意合,这个是自古以来很受推重的。如果君主自以为是,臣子又不去进谏匡正,要想国家不危亡是不可能的。君主丧失了国家,臣子也不能单独保全自己的家庭。至于像隋炀帝那样暴虐,臣子都闭口不言,终于使他听不到自己的过失,最后导致国破身亡。虞世基等人不久也被诛杀。此事距今不远,我与大家不能不谨慎行事,千万不要让后人讥笑啊!"

【原文】贞观六年,太宗谓侍臣曰:"朕闻周、秦初得天下,其事不异。然周则惟善是务①,积功累德,所以能保八百之基。秦乃恣其奢淫,好行刑罚,不过二世而灭。岂非为善者福祚延长②,为恶者降年不永③?朕又闻桀、纣,帝王也,以匹夫比之,则以为辱。颜、闵匹夫也④,以帝王比之,则以为荣。此亦帝王深耻也。朕每将此事以为鉴戒,常恐不逮,为人所笑。"

魏徵对曰:"臣闻鲁哀公谓孔子曰⑤:'有人好忘者,移宅乃忘其妻。'孔子曰:'又有好忘甚于此者,丘见桀、纣之君乃忘其身。'愿陛下每以此为虑,庶免后人笑尔!"

【注释】①惟善是务:即惟务善事,只做好事。②福祚:福禄,福分。③降年不永:谓上天赐予人的年龄,寿命。不永:不能长久,不能永远。④颜:即颜回(前523~前490),春秋末鲁国(今山东曲阜)人。字子渊,一作颜渊,孔子的得意门人,以德行著称。闵:即闵损(前536~前487),字子骞,春秋末期鲁国人。孔子七十二弟子之一,以德行修养而著称,在这方面和颜渊齐名。⑤鲁哀公:即姬将,春秋诸侯国鲁国君主之一,是鲁国第二十六任君主。他是鲁定公的儿子,承袭鲁定公担任该国君主,在位27年。

【译文】贞观六年(632),太宗对身边的大臣们说:"我听说周朝、秦朝当初取得天下时,他们采取的方法并没有什么不同。然而周朝建国后只做好事,积累功德,所以能保持八百多年的基业。而秦朝却肆意骄奢淫逸,滥施刑罚,所以没有超过两代就灭亡了。这难道不正是做善事的福禄长久,而作恶的年寿不长吗?我又听说夏桀、商纣虽是帝王,但用普通百姓与他们相比,百姓也觉得是一种耻辱。颜回、闵子骞是普通百姓,用帝王与他们相比,帝王也会引以为荣。这也是帝王深感羞惭的事。我经常把这些事引以为戒,常担心自己的德行赶不上颜回、闵子骞,而被人耻笑。"

魏徵说:"臣曾听说鲁哀公对孔子说:'有一个健忘的人,在搬家时把他的妻子给忘了。'孔子说:'还有比这个人更健忘的,我看像夏桀、商纣这样的国君就把自己也给忘了！'希望陛下常想到这些事情，以免被后人耻笑。"

【原文】贞观十四年，特进魏徵上疏曰：

"臣闻君为元首，臣作股肱，齐契同心，合而成体。体或不备，未有成人。然则首虽尊高，必资手足以成体。君虽明哲，必藉股肱以致治。故《礼》云①：'民以君为心，君以民为体，心庄则体舒，心肃则容敬。'《书》云②：'元首明哉，股肱良哉，庶事康哉。''元首丛脞哉，股肱惰哉，万事堕哉。'然则委弃股肱，独任胸臆，具体成理，非所闻也。"

【注释】①《礼》：即《礼记》，是中国古代一部重要的典章制度书籍，是战国至秦汉年间儒家学者解释说明经书《仪礼》的文章选集，也可以说是关于中国古代礼乐文化的论著汇编。下文所引为《礼记·缁衣》篇里的内容。②《书》：也称为《尚书》，意为上代之书。它是我国第一部上古历史文件和部分追述古代事迹著作的汇编，书中保存了商周特别是西周初期的一些重要史料。下文所引为《尚书·益稷》篇里的内容。

【译文】贞观十四年（640），特进魏徵上书说：

"臣听说君主就好像是人的头脑，臣子就好像是人的四肢，头脑和四肢协调一致，才能成为一个完整的人体。身体器官不完备，就不能成为一个完整的人。头脑虽然高贵重要，但必须借助四肢的配合，才能成为一个完整的人体。君主虽然英明，也必须借助大臣才能达到治理国家的目的。所以《礼记》中说：'百姓把君主看成是自己的心脏，君主把百姓看成是自己的躯体。内心庄重，身体才会舒坦；内心严肃，面容才会恭敬。'《尚书》中说：'君主英明，大臣贤良，诸事康宁！'又说：'君主琐碎，大臣懒惰，万事不成！'那么，把作为四肢的大臣抛开，只凭君主的独断专行，能治理好国家的，我从来没有听说过。

【原文】"夫君臣相遇，自古为难。以石投水，千载一合，以水投石，无时不有①。其能开至公之道，申天下之用，内尽心膂②，外竭股肱，和若盐梅③，固同金石者，非惟高位厚秩，在于礼之而已。昔周文王游于凤凰之墟，袜系解，顾左右莫可使者，乃自结之。岂周文之朝尽为俊乂④，圣明之代独无君子者哉？但知与不知，礼与不礼耳！……《礼记》称：鲁穆公问于子思曰⑤：'为旧君反服，古欤？'子思曰：'古之君子，进人以礼，退人以礼，故有旧君反服之礼也。今之君子，进人若将加诸膝，退人若将坠诸渊。毋为戎首，不亦善乎，又何反服之礼之有？'……孟子曰：'君视臣如手足，臣视君如腹心；君视臣如犬马，臣视君如国人；君视臣如粪土，臣视君如寇雠。'虽臣之事君无二志，至于去就之节，当缘恩之厚薄。然则为人主者，安可以无礼于下哉！"

【注释】①"以石投水"四句：语出《文选·运命论》。意谓使石头顺从流水，千年才能偶然遇上一次；而让流水顺从石头，则时刻都在发生。比喻君臣之间的关系。"以石投水"比喻君臣互相投契，"以水投石"比喻臣言不为君主所听。②心膂：心思与精力。③和若盐梅：比喻君臣之间互相投契。语本《尚书·说命》"若作和羹，尔惟盐梅"。"盐""梅"都是古代的调味品。④俊乂:才德出众的人。⑤鲁穆公:即姬显,为春秋诸侯国鲁国的第二十九任君主。他是鲁元公的儿子,承袭鲁元公任该国君主,在位33年。子思:名孔伋,字子思,孔子之孙。生于东周敬王三十七年(前483),卒于周威烈王二十四年(前402),终年八十二岁。春秋战国时期著名的思想家。

【译文】"君臣互相知遇,自古以来就是很难得的。就像是要让石头顺从流水,千年才能遇上一次;而让流水顺从石头,则无时不有。君臣能够秉持大公无私的道义,尽展天下人才的作用,君主在内尽心尽力,大臣在外竭力辅佐,二者融洽得就像羹里的盐和梅,坚固得如同金石,达到这样的境界,不是仅靠高官厚禄,而是在于以礼相待。以前周文王巡游于凤凰之墟,袜子带开了,看看左右,没有一个可供使唤的人,就自己将袜带系上。难道周文王的朝代全是有贤德的人,而今圣明的时代就偏偏缺少君子吗? 只是君臣间知遇或不知遇、待之有礼或无礼罢了!……《礼记》上记载,鲁穆公询问子思说:'被斥退的臣子为他原来的君主服丧服,符合古制吗?'子思说:'古代有德的君主,用人的时候以礼相待,斥退人的时候也是以礼相待,所以有被斥退的臣子为旧君服丧的礼制。现在的君主,用人的时候就好像要把人抱在膝盖上,斥退人的时候就好像把人推入深渊。所以,被斥退的臣子不当戎首率兵来讨伐就不错了,哪里还有为旧君主服丧的礼节呢?'……孟子说:'君主看待臣子如同手足,臣子就把君主视为腹心;君主看待臣子如同犬马,臣子就把君主视同路人;君主看待臣子如同粪土,臣子就把君主视为仇敌。'虽然臣子侍奉君主不能有二心,至于在决定去留的原则上,应当根据君主对自己恩德的厚薄来定。那么做君主的,怎么可以对待臣下无礼呢?

【原文】"《礼记》曰:'爱而知其恶,憎而知其善。'若憎而不知其善,则为善者必惧。爱而不知其恶,则为恶者实繁。《诗》曰:'君子如怒,乱庶遄沮①。'……《书》曰:'抚我则后,虐我则雠。'荀卿子曰②:'君,舟也。民,水也。水所以载舟,亦所以覆舟。'故孔子曰:'鱼失水则死,水失鱼犹为水也。'"

【注释】①乱庶遄沮:祸乱就会迅速终止。庶,差不多。遄,快,迅速。沮,阻止,终止。②荀卿子:即荀况(约前313~前238),号卿。战国时赵国猗氏(今山西安泽)人。他是战国末期儒家学派中的大师,是我国古代杰出的唯物主义思想家、教育家。早年曾游学于齐国,广泛接触各派学说。到过秦国、燕国,回过赵国。韩非、李斯都是他的学生。因为德高望重,曾三次被推为祭酒。晚年到楚国,春申君黄歇任他为兰陵(今山东苍山)令。失官后家居著书,死后葬于兰陵。

【译文】"《礼记》中说:'自己喜爱的人,要知道他们的缺点;自己憎恨的人,要知道他们的优点。'如果憎恨一个人就看不到他的优点,那么做善事的人一定会感到恐惧;如果喜爱一个人,就看不到他的缺点和错误,那么做坏事的人就会增多。《诗经》中说:'如果君主对谗佞的小人怒责,作乱的事大概很快就会停止。'……《尚书》中说:'抚爱我的就是我的君主,虐待我的就是我的仇敌。'荀子说:'君主,好比是船;百姓,好比是水。水可以浮载船,但也可以使船翻。'所以孔子说:'鱼失去水就会死亡,水失去鱼依然是水。'"

【原文】"夫委大臣以大体^①,责小臣以小事,为国之常也,为治之道也。今委之以职,则重大臣而轻小臣;至于有事,则信小臣而疑大臣。信其所轻,疑其所重,将求至治,岂可得乎?又政贵有恒,不求屡易。今或责小臣以大体,或责大臣以小事;小臣乘非所据,大臣失其所守;大臣或以小过获罪,小臣或以大体受罚。职非其位,罚非其辜,欲其无私,求其尽力,不亦难乎?小臣不可委以大事,大臣不可责以小罪。任以大官,求其细过,刀笔之吏^②,顺旨承风,舞文弄法,曲成其罪。自陈也,则以为心不伏辜^③;不言也,则以为所犯皆实。进退惟谷,莫能自明,则苟求免祸。大臣苟免,则谄诈萌生;谄诈萌生,则矫伪成俗;矫伪成俗,则不可以臻至治矣!"

【注释】①大体:重要的义理。这里指大事、重任。②刀笔之吏:指代办文书的小吏。刀笔,指刀和笔,都是古时在竹简上写字、改字的工具。③伏辜:服罪。

【译文】"把大事委托给大臣,把小事责成给小臣,这是治国的常理,也是处理朝政的正确方法。现在委任职官时,重视大臣而轻视小臣;到有事情时,却信任小臣而猜疑大臣。这是信任自己所轻视的,怀疑自己所重视的,用这种方法想求得太平盛世,怎么可能实现呢?再者朝政贵在稳定,不能贪求多变。现在有时责成小臣去办大事,有时又责成大臣去办小事;小臣处在他不该占据的位置,而大臣却又失去应有的职守;大臣或者因为小错而获罪,小臣或者因为大事而受罚。这样职非其位,而罚非其罪,要想让他们没有私心,竭诚尽力,不是很难的吗?小臣不能委任以大事,大臣不能因小错而责罚。将国家大事委任给大臣,而又苛求其小过,这样代办文书的小吏就会顺着陛下的旨意,舞文弄法,曲成其罪。如果大臣为自己辩解表白,就认为他是不肯服罪;如果不辩解表白,就以为所犯都是事实。真是进退两难,不能自己辩明冤屈,于是只好苟且免祸。大臣采取苟且免祸的态度,谄诈的念头就会滋生;一旦谄诈的念头滋生,就会虚伪成风;如果虚伪成风,就难以达到天下太平了!"

【原文】"又委任大臣,欲其尽力,每官有所避忌不言,则为不尽。若举得其人,何嫌于故旧;若举非其任,何贵于疏远?待之不尽诚信,何以责其忠恕哉?臣虽或有失之,君亦未为得也。夫上之不信于下,必以为下无可信矣;若必下无可信,则上亦有可疑矣!《礼》曰:'上人疑则百姓惑,下难知则君长劳。'上下相疑,则不可以言至治矣。"

【译文】"再者,委任大臣,是想要他们尽心为国,但每当委任大臣时却有所顾忌而不敢直言,这就是不尽心。如果举荐的人适当,何必因故人旧友而避嫌;如果举荐的人不当,何必以关系疏远的人而为贵?对待大臣不诚心诚意,又怎能要求他们对自己忠诚呢?臣子就算偶然有所过失,君主也不能这样对待他们。君主对臣下不信任,一定会认为臣下没有可信任之处;如果臣下确实没有什么可信任的,那么君主也就值得怀疑了!《礼记》中说:'君主多疑,百姓就会疑惑;对臣下不了解,君主就会忧心忡忡。'上下相互猜疑,就根本谈不上天下大治了。"

择官篇第七

【题解】

《择官》篇主要是进一步阐述了唐太宗"致安之本,惟在得人"的思想和具体办法,记录了唐初"任官唯贤才",知人善用,重视地方官人选等情况。一是要求主管大臣要把择官用人作为大事来处理。"公为仆射,当助朕忧劳,广闻耳目,求访贤哲"。一是要妥善办理从中央到地方的各级官吏的选拔和管理。"朝廷必不可独重内官,外刺史、县令,遂轻其选。所以百姓未安,殆由于此","朕居深宫之中,视听不能及远,所委者惟都督、刺史,此辈实治乱所系,尤须得人"。一是要讲求质量,务求称职。提出了官不在多,量才授职,宁缺勿滥的思想。"当须更并省官员,使得各当所任,则无为而理矣"。"乱世惟求其才,不顾其行。太平之时,必须才行俱兼,始可任用"。任人唯贤是"贞观之治"的一项重要内容,也是"贞观之治"赖以实现的基本保证。本篇比较全面地反映了贞观时期以德行为重的择官原则。

【原文】贞观元年,太宗谓房玄龄等曰:"致治之本,惟在于审。量才授职,务省官员。故《书》称:'任官惟贤才。'又云:'官不必备,惟其人。'若得其善者,虽少亦足矣;其不善者,纵多亦奚为?古人亦以官不得其才,比于画地作饼,不可食也。《诗》曰:'谋夫孔多①,是用不就。'又孔子曰:'官事不摄②,焉得俭?'"

【注释】①孔多:很多。②摄:代理。

【译文】贞观元年(627),太宗对房玄龄等大臣说:"治国的根本,关键在于审察官吏。根据才能授予适当的官职,务必精简官员。所以《尚书》中说:'任用官员惟选贤才。'又说:'官员不一定要齐备,只要任人得当。'如果得到不好的官员,人数虽少也足够用了;如果得到不好的官员,人数再多又有什么用呢?古人也把没有选到适当的人才,比作在地上画饼,那是不能吃的。《诗经》中说:'谋划者中庸人多,所以事情办不成。'而且孔子也说:'做官的人一身不能兼二职,怎能谈得上节俭?'"

【原文】贞观三年,太宗谓吏部尚书杜如晦曰:"比见吏部择人,惟取其言词刀笔,不悉其景行①。数年之后,恶迹始彰,虽加刑戮,而百姓已受其弊。如何可获善人?"

如晦对曰:"两汉取人,皆行著乡闾②,州郡贡之,然后入用,故当时号为多士。今每年选集,向数千人,厚貌饰词③,不可知悉,选司但配其阶品而已④。铨简之理⑤,实所未精,所以不能得才。"

【注释】①景行:崇高的德行。②乡闾:古以二十五家为闾,一万二千五百家为乡,因以"乡闾"泛指民众聚居之处。③厚貌饰词:伪装忠厚。④选司:旧时主管铨选官吏

【译文】贞观三年(629),太宗对吏部尚书杜如晦说:"近来见吏部选拔官员,只按他的口才文笔来录取,而不全面考察其德行。数年之后,有些人的劣迹才开始暴露,虽然对他们加以刑杀,但百姓已深受其害。如何才能挑选出好的人才呢?"

杜如晦回答说:"两汉时选拔的人才,都是德行称著于乡间和闾里的人,由州郡将他们举荐给朝廷,然后才录用,所以当时号称人才济济。现在每年选拔官员,候选者云集多达数千人,这些人伪装忠厚,掩饰其词,不可能完全地了解他们,主管铨选官吏的机构只能做到授予他们一定的等级品位而已。考量选拔的方法实在不够精密,所以得不到真正的人才。"

【原文】贞观六年,太宗谓魏徵曰:"古人云,王者须为官择人,不可造次即用①。朕今行一事,则为天下所观;出一言,则为天下所听。用得正人,为善者皆劝;误用恶人,不善者竞进。赏当其劳,无功者自退;罚当其罪,为恶者戒惧。故知赏罚不可轻行,用人弥须慎择。"

徵对曰:"知人之事,自古为难,故考绩黜陟②,察其善恶。今欲求人,必须审访其行。若知其善,然后用之。设令此人不能济事,只是才力不及,不为大害。误用恶人,假令强干,为患极多。但乱代惟求其才,不顾其行。太平之时,必须才行俱兼,始可任用。"

【注释】①造次:仓促,匆忙。②考绩黜陟:考核官吏,按其政绩好坏以定升降。黜陟,指人才的进退,官吏的升降。

【译文】贞观六年(632),太宗对魏徵说:"古人说,君主必须根据官职来选择合适的人才,决不可匆忙任用。我现在每做一件事,就被天下人看得到;每说一句话,就被天下人听得到。任用了正直的人,干好事的人就会得到劝勉;任用了坏人,不干好事的人就会竞相钻营。奖赏要与功绩相当,没有功绩的人就会自动退避;惩罚要与罪过相称,作恶的人就会有所戒惧。由此可知赏罚不可随便使用,用人更加应该慎重选择。"

魏徵回答说:"真正了解一个人的事,自古以来就是很难的,所以用考察政绩的办法来决定官职的升降,来观察人的善恶。现在要访求人才,必须慎重地考察他的品行。如果了解到他品行好,然后才可任用。即使他办的事并不成功,那也只是因为他的才干和能力达不到,不会造成大的危害。如果误用了品质恶劣的人,即使他精明强干,危害也就极大。但在天下混乱时,往往只要求他的才能,顾不上他的品行。天下太平时,必须是德才兼备的人方才可以任用。"

【原文】贞观十一年,侍御史马周上疏曰:"理天下者,以人为本。欲令百姓安乐,惟在刺史、县令。县令既众,不能皆贤,若每州得良刺史,则合境苏息①。天下刺史悉称圣意,则陛下可端拱岩廊之上②,百姓不虑不安。自古郡守、县令皆妙选贤德,欲有迁擢为将相,必先试以临人③,或从二千石入为丞相及司徒、太尉者④。朝廷必不可独重内官,外刺史、县令,遂轻其选。所以百姓未安,殆由于此。"

【注释】①苏息:休养生息。②岩廊:高峻的廊庑。借指朝廷。③临人:治民。这里指地方官员。④二千石:汉制。郡守俸禄为二千石,即月俸百二十斛。世因称郡守为"二千石"。丞相:官名。中国古代皇帝的股肱。典领百官,辅佐皇帝治理国政,无所不统。丞相制度起源于战国。唐、宋以后尚书省或中书省有时设左、右丞相,相当于原来的尚书左右仆射,位居尚书令或中书令之次,握有实权。司徒:上古官名。相传尧、舜时已经设置,主管教化民众和行政事务。夏、商、周时期,朝廷都设有司徒官,为"六卿"之一,称为地官大司徒,职位相当于宰相。春秋时列国也多设有这个职位。太尉:官名。秦代始设,为全国军政首脑。汉武帝时改称大司马。历代多沿置,但渐成加官,无实权。后成为对武官的尊称。

【译文】贞观十一年(637),侍御史马周上书说:"治理天下的人必须以人为本。要想让百姓安居乐业,关键在于选用好刺史和县令。县令的人数太多,不可能都贤能,如果每州能选得一个贤能的刺史,那么整个州郡内的百姓就都能得到休养生息。全国的刺史如果都能使陛下称心如意,那么陛下就可以拱手端坐在朝廷之上,不用担心百姓不能安居乐业。自古以来,郡守和县令都要精心选拔那些有贤德的人来担任,打算提升做大将或宰相的人,必定先让他们试做地方官,或者就从郡守中选拔入朝担任丞相及司徒、太尉。朝廷不能只重视内臣的选拔,而把刺史和县令置之度外,就轻易决定刺史和县令的人选。百姓之所以不能够安居乐业,原因大概就在这里。"

【原文】贞观十一年,治书侍御史刘洎以为左右丞宜特加精简,上疏曰:"臣闻尚书万机,实为政本,伏寻此选,授受诚难。是以八座比于文昌①,二丞方于管辖②,爰至曹郎③,上应列宿④,苟非称职,窃位兴讥。伏见比来尚书省诏敕稽停,文案壅滞。臣诚庸劣,请述其源。贞观之初,未有令、仆,于时省务繁杂,倍多于今。而左丞戴胄,右丞魏徵,并晓达吏方,质性平直,事应弹举,无所回避。陛下又假以恩慈,自然肃物。百司匪懈,抑此之由。及杜正伦续任右丞⑤,颇亦厉下。

"比者纲维不举⑥,并为勋亲在位,器非其任,功势相倾。凡在官寮,未循公道,虽欲自强,先惧嚣谤。所以郎中予夺,惟事谘禀;尚书依违,不能断决。或惮闻奏,故事稽延,案虽理穷,仍更盘下。去无程限,来不责迟,一经出手,便涉年载。或希旨失情,或避嫌抑理。勾司以案成为事了,不究是非;尚书用便僻为奉公⑦,莫论当否。互相姑息,惟事弥缝。且选众授能,非才莫举,天工人代⑧,焉可妄加?至于懿戚元勋⑨,但宜优其礼秩,或年高耄及,或积病智昏,既无益于时宜,当置之以闲逸。久妨贤路,殊为不可。将救兹弊,且宜精简。尚书左右丞及左右郎中,如并得人,自然纲维备举,亦当矫正趋竞,岂惟息其稽滞哉!"

【注释】①八座:亦作"八坐",封建时代中央政府的八种高级官员。历朝制度不一,所指不同。隋唐以六尚书、左右仆射及令为"八座"。文昌:即"文昌帝君",亦称梓潼帝君。道教神名。唐宋时封王,元时封为帝君,掌人间功名、禄位事。②二丞:指尚书左丞、右丞。管:钥匙。辖:插在轴端孔内的车键,使车轮不会脱落。③曹郎:即部曹。部属各司的官吏。④列宿:众星宿。⑤杜正伦(?~659):相州洹县(今河北临漳西南)人。隋仁寿中,与兄正玄、正藏均以秀才擢第。善文章,通佛经。任羽骑尉。入唐,直秦王府文学馆。贞观初,以魏徵荐,擢授兵部员外郎。累迁至中书侍郎。⑥纲维:总纲和四维。比喻法度。⑦便僻:谄媚逢迎。⑧天工人代:谓天的职司由人代替执行。⑨懿戚:指皇亲国戚。

【译文】贞观十一年(637),治书侍御史刘洎认为尚书省左、右丞应该特别精心选任。他向太宗上书说:"臣听说尚书省日理万机,确实是政府最重要的部门,寻求适当的人来主持这个部门确实很难。所以人们把尚书省的八座比作天上的文昌宫内的众星,左右二丞比是锁管和插在轴端孔内的车键,各部的曹官,也都与上天的星宿对应,如果不称职,就会招来窃居要职的讥评。我看到近来尚书省内诏书敕令稽留停滞不迅速执行,文件堆积案头。我虽庸劣无能,也请让我讲一讲这种现象的原因。贞观初年,尚书省内没有设置尚书令、左右仆射的职务,当时省内公务繁杂,事情比现在多一倍。而当时的尚书左丞戴胄、右丞魏徵,都深知管理官吏和处理政事的方法,品性又公平正直,凡遇到应该弹劾举报的事情,他们从不回避。陛下对他们又格外地信任和爱护,自然能整肃纲纪。各个部门之所以不敢懈怠,就是任人得当的缘故。到杜正伦继任右丞的时候,他也能够对下面严格要求。

"近来之所以纲纪不整,都是由于功勋国戚占据了位置,他们的才能不能胜任职务,只是凭借功勋权势相互倾轧。其他在职的官员,也不能秉公办事,他们虽然也想自强振作,但是首先想到的是害怕受到流言蜚语的诽谤。所以郎中裁决事情时,只是报请上级处理;各部尚书也模棱两可,不能决断。有的人害怕向皇上奏明,也故意拖延,有些案件虽已弄得很清楚,仍然盘问下属。公文发出没有期限,回复迟了也不责备,事情一经交办,就拖上成年累月。有的只为迎合上边的旨意而不惜违背实际情况,有的为避免嫌疑而不管是否在理。办案部门只求结案了事,而不追究是非;尚书把谄媚逢迎作为办事的标准,也不管他对错。他们上下互相姑息,有了问题便极力掩盖弥合。选拔人才应该从众人中选拔有才能的授予,没有才能的就不应举荐,官吏是代替上天做事,怎能胡乱授予?至于国戚皇亲和国家元勋,只能给他们优厚的礼遇,有的人年高老耄,有的人久病智衰,既然已不能再为当今做出贡献,就应当让他们休闲养逸安度晚年。如果还让他们长期在位阻碍进用贤能的仕途,这是极不恰当的。为纠正这类弊端,应先精心挑选官员。尚书左、右丞和左、右郎中的人选,如果这些职位都用上称职的人,自然就能纲举目张,也能够纠正那些歪门邪道、投机钻营的歪风,这岂止是解决办事拖拉的问题啊!"

【原文】贞观十四年，特进魏徵上疏曰：

"臣闻知臣莫若君，知子莫若父。父不能知其子，则无以睦一家；君不能知其臣，则无以齐万国。万国咸宁，一人有庆，必藉忠良作弼①。俊乂在官，则庶绩其凝②，无为而化矣。……然今之群臣，罕能贞白卓异者，盖求之不切，励之未精故也。若勖之以公忠，期之以远大，各有职分，得行其道。贵则观其所举，富则观其所与，居则观其所好，习则观其所言③，穷则观其所不受，贱则观其所不为。因其材以取之，审其能以任之，用其所长，掩其所短。进之以六正，戒之以六邪④，则不严而自励，不劝而自勉矣。

【注释】①弼：辅弼，辅助，帮助。②庶绩：各种事业。凝：聚集。此句意谓各种事业才能成功。③习：近习（亲信、亲近）的意思。指君主宠爱亲信的人。④六正、六邪：西汉光禄大夫刘向著有《说苑》一书，其中谈到为官之道时，把官员分为"六正""六邪"十二类。"六正"为"圣臣""良臣""忠臣""智臣""贞臣""直臣"；"六邪"为"具臣""谀臣""奸臣""谗臣""贼臣""亡国之臣"。

【译文】贞观十四年，特进魏徵上疏说：

"臣听说，知臣莫若君，知子莫若父。父亲如果不了解儿子，就无法使一家和睦；君主如果不了解臣子，就不能使天下一统。天下安宁，君主坐在朝廷上受万民朝拜，必须要依靠忠臣良将的辅佐。有贤能的人在朝做官，各种事业才能成功，君主不必操劳天下就可无为而治。……然而现在的群臣当中，很少有正直清白、才能卓越的人，大概是对他们要求得不严，磨砺得不够的缘故吧。如果用公正无私、忠心报国来勉励他们，用树立远大理想来要求他们，使他们各有职责，各自施展其才能并实行他们的主张。显贵时要观察他们所举荐的人，富裕时要观察他们所蓄养的门客，闲居时要观察他们喜好什么，亲近时要观察他们所说的话，穷困时要观察他们不屑接受的东西，贫贱时要观察他们不屑去做的事情。根据他们的才能选拔他们，考察他们的能力任用他们，发挥他们的长处，回避他们的短处。用'六正'来引导他们上进，用'六邪'来使他们警戒，这样，即使不严格要求，他们也会刻苦自励；用不着规劝，他们也能努力自勉。

【原文】"故《说苑》曰①：人臣之行，有六正、六邪。行六正则荣，犯六邪则辱。何谓六正？一曰，萌芽未动，形兆未见，昭然独见存亡之机，得失之要，预禁乎未然之前，使主超然立乎显荣之处，如此者，圣臣也。二曰，虚心尽意，日进善道，勉主以礼义，谕主以长策，将顺其美，匡救其恶，如此者，良臣也。三曰，夙兴夜寐，进贤不懈，数称往古之行事，以励主意，如此者，忠臣也。四曰，明察成败，早防而救之，塞其间，绝其源，转祸以为福，使君终以无忧，如此者，智臣也。五曰，守文奉法，任官职事，不受赠遗，辞禄让赐，饮食节俭，如此者，贞臣也。六曰，国家昏乱，所为不谀，敢犯主之严颜，面言主之过失，如此者，直臣也。是谓六正。何谓'六邪'？一曰，安官贪禄，不务公事，与代浮沉，左右观望，如此者，具臣也。二曰，主所言皆曰善，主所为皆曰可，隐而求主之所好而进之，以快主之耳目，偷合苟容，与主为乐，不顾其后害，如此者，谀臣也。三曰，内实险②，外貌小谨，巧言令色，妒善嫉贤。所欲进则明其美、隐其恶，所欲退则明其过、匿其美，使主赏罚不当，号令不行，如此者，奸臣也。四曰，智足以饰非，辩足以行说，内离骨肉之亲，外构朝廷之乱，如此者，谗臣也。五曰，专权擅势，以轻为重，私门成党，以富其家，擅矫主命，以自贵显，如此者，贼臣也。六曰，谄主以佞邪，陷主于不义，朋党比周，以蔽主明，使白黑无别，是非无间，使主恶布于境内，闻于四邻，如此者，亡国之臣也。是谓六邪。贤臣处六正之道，不行六邪之术，故上安而下理。生则见乐，死则见思，此人臣之术也。《礼记》曰：'权衡诚悬，不可欺以轻重；绳墨诚陈，不可欺以曲直；规矩诚设，不可欺以方圆；君子审礼，不可诬以奸诈。'然则臣之情伪，知之不难矣。又设礼以待之，执法以御之，为善者蒙赏，为恶者受罚，安敢不企及乎？安敢不尽力乎？

【注释】①《说苑》：西汉刘向撰。原二十卷，后仅存五卷，经宋曾巩搜辑，复为二十卷。内分君道、臣术、建本、立节等二十门，分类纂辑先秦至汉代史事传说，内容多哲理深刻的格言警句，杂以议论，叙事意蕴讽喻，故事性颇强，借以阐明儒家的政治思想和伦理观念，是一都富有文学意味的重要文献。②险：亦作"险陂"，阴险邪僻。

【译文】"所以《说苑》里讲：臣子的行为有六正、六邪两类。按照六正去做，就会光荣；犯了六邪的毛病，就会可耻。什么是六正呢？第一是，当事情的端倪还没有萌生，各种征兆还不显著的时候，就能独特敏锐地看到存亡的关键、得失的要害，防患于未发生之前，使君主超然立于显赫荣耀的地位，这样的臣子就是圣臣。第二是，能够虚心尽意，不断地提出好的建议，勉励君主施行礼义，告知君主好的良策，积极推行君主好的政策，匡正君主的错误，这样的臣子就是良臣。第三是，能起早贪黑，坚持不懈地为国家推荐贤才，反复引用历史的经验教训来激励君主，这样的臣子就是忠臣。第四是，能够明察成败，并及早地加以预防或补救，堵塞漏洞，根绝祸源，转祸为福，使君主最终解除忧患，这样的臣子就是智臣。第五是，能够奉公守法，照章办事，不受贿赂，推让官禄和赏赐，生活节俭，这样的臣子就是贞臣。第六是，在国家昏乱之时，不做阿谀逢迎的事，敢于冒犯君主而直言诤谏，当面指出君主的过失，这样的臣子就是直臣。这些就是所谓的六正。什么是六邪呢？第一是，贪图官禄，不努力办好公事，随波逐流，左右观望，这样的臣子就是具臣。第二是，凡是君主所说的都一律称好，君主所做的都表示认可，暗中打听君主的喜好并加以进奉，以此来取悦君主耳目声色之好，投其所好，引导君主游玩取乐，而不顾对国家的后害，这样的臣子就是谀臣。第三是，内心阴险邪僻，外表小心谨慎，巧言令色，嫉贤害能。凡是他想推荐的人，就只讲优点而掩盖缺点，凡是他所排挤的人，就专讲坏处而隐藏美德，致使君主赏罚不当，号令不能施行，这样的臣子就是奸臣。第四是，智谋足以掩饰自己的过失，能言善辩足以推行自己的谬说,在内离间骨肉之亲,在外造成朝廷的混乱,这样的臣子就是谗臣。第五是,专权擅势,以轻为重,结党营私,损国肥家,借用君主的名义行事,以达到自己的地位显贵,这样的臣子就是贼臣。第六是,用花言巧语谄谀君主,使君主陷于不义,结纳朋党,以此来蒙蔽君主的耳目视听,使黑白不辨,是非不分,使君主的恶名传遍全国,远扬四周邻国,这样的臣子就是亡国之臣。这就是所谓的六邪。贤良的臣子都会身处六正之道,不实行六邪之术,所以能使上安而下治。他们生前被人爱戴,死后被人怀念,这才是为人臣的正道。《礼记》中说:'有秤杆在那里悬挂着,就不可能在轻重方面受到欺骗;有绳墨在那里放着,就不可能在曲直方面受到欺骗;有圆规和矩尺在那里摆着,就不可能在方圆方面受到欺骗;君子懂得各种礼度规范,就不会被奸诈所欺骗。'这样臣子的忠奸真伪,就不难分辨了。如果再用礼仪来对待他们,用法律来约束他们,有功的受赏,作恶的受罚。这样他们哪敢不求上进?哪敢不尽心出力呢?

【原文】"国家思欲进忠良,退不肖,十有余载矣。徒闻其语,不见其人,何哉?盖言之是也,行之非也。言之是,则出乎公道;行之非,则涉乎邪径。是非相乱,好恶相攻。所爱虽有罪,不及于刑;所恶虽无辜,不免于罚。此所谓'爱之欲其生,恶之欲其死'者也。或以小恶弃大善,或以小过忘大功。此所谓'君之赏不可以无功求,君之罚不可以有罪免'者也。赏不以劝善,罚不以惩恶,而望邪正不惑,其可得乎?若赏不遗疏远,罚不阿亲贵①,以公平为规矩,以仁义为准绳,考事以正其名,循名以求其实,则邪正莫隐,善恶自分。然后取其实,不尚其华,处其厚,不居其薄,则不言而化,期月而可知矣!若徒爱美锦,而不为民择官,有至公之言,无至公之实;爱而不知其恶,憎而遂忘其善。徇私情以近邪佞,背公道而远忠良,则虽夙夜不怠,劳神苦思,将求至理,不可得也。"

【注释】①阿:迎合,偏袒。

【译文】"国家想进用忠良之臣,斥退不肖之臣,已有十多年了。但只是听到这样的说法,而没有看见这样的人,这是什么缘故呢?大概是因为说的是对的,而做的是不对的。说得对,就符合于公道;做得不对,就走上邪门歪道了。这样就会是非混乱,好恶相攻。喜爱的人虽然犯了罪,也不会受到处罚;憎恨的人尽管无辜,也免不了受到处罚。这就是所谓的'爱之欲其生,恶之欲其死'。或者是因为有小缺点就否定了他显著的成绩,或者是因为小过失就忘记他大的功劳。这就是所谓的'君之赏不可以无功求,君之罚不可以有罪免'。如果奖赏不能起到劝善,惩罚不能起到惩恶,而又希望达到邪正分明,这怎么可以得到呢?如果奖赏时能做到不遗漏疏远的人,惩罚时不偏袒亲戚权贵,以公平作为规矩,以仁义作为准绳,考核事实来辨证名分,按照名分来责求实际工作,这样就可以使邪、正都隐蔽不住,善、恶自然分明。然后就录用那些有真才实干的,不要那些浮华的;录用那些老实忠厚的,不要那些浅薄的,这样就可以达到'不言而化'的境界,一年就可以知道结果了!如果只喜欢徒有仪表的人,而不去为百姓选择好的官吏,只有至公的言辞,而没有至公的事实;对所喜爱的人就看不见他的缺点,对所憎恶的人就忘记了他的优点。徇私情而去亲近那些邪佞的小人,背离公道而疏远那些贤良的忠臣,即使日夜不停地辛劳,冥思苦想,希望实现天下大治,也是不能够得到的。"

封建篇第八

【题解】

"封建"是我国古代的一种政治制度,即"封土建国"或"封爵建藩"。君主把土地分给宗室和功臣,让他们在这土地上永享福禄。在本篇中,唐太宗曾认为周、汉分封宗室,国祚绵长,而隋朝在短期内迅速崩溃的原因之一,则是郡县制削弱了王室在地方上的屏藩力量,所以登基后一再提出裂土以分封宗室和功臣的错误主张。贞观十一年(637),太宗诏令"宗室勋贤作镇藩部,贻厥子孙,嗣守其政,非有大故,无或黜免",认为封建亲贤,当是子孙长久之道。礼部侍郎李百药、中书舍人马周引用周秦汉隋的历史教训上书,从各个角度说明了分封制的弊端,极力谏阻唐太宗推行这种制度。李百药、马周认为:得失成败,各有由焉。政或兴衰,有关于人事。宜赋以茅土,畴其户邑,必有材行,随器方授,则翰翮非强,亦可以获免尤累。而设官分职,任贤使能,以循良之才,膺共治之寄,刺举分竹,才是治世之道。而封君列国,藉其门资,或忘其先业之艰难,或轻其自然之崇贵,莫不世增淫虐,代益骄侈。最后弄的个国破人亡。

【原文】太宗曰:"国家大事,惟赏与罚。赏当其劳,无功者自退。罚当其罪,为恶者戒惧。则知赏罚不可轻行也。"

【译文】太宗说:"处理国家大事,要做好赏与罚。赏赐的要与功劳相当,无功之人就会自动退避。惩罚要与过错相当,作恶的人就会感到畏惧。由此可知,赏与罚是不可以轻易施行的。"

【原文】"然则得失成败,各有由焉。而著述之家,多守常辙①,莫不情忘今古,理蔽浇淳。欲以百王之季,行三代之法,天下五服之内②,尽封诸侯,王畿千里之间,俱为采地③。是则以结绳之化行虞、夏之朝④,用象刑之典治刘、曹之末⑤,纪纲弛紊,断可知焉。锲船求剑⑥,未见其可;胶柱成文⑦,弥多所惑。徒知问鼎请隧⑧,有惧霸王之师;白马素车⑨,无复藩维之援。不悟望夷之衅⑩,未堪羿、浞之灾⑪;既罹高贵之殃⑫,宁异申、缯之酷⑬。此乃钦明昏乱,自革安危,固非守宰公侯,以成兴废。且数世之后,王室浸微,始自藩屏,化为仇敌。家殊俗,国异政,强陵弱,众暴寡,疆场彼此,干戈侵伐。狐骀之役,女子尽⑭;崤陵之师,只轮不反⑮。斯盖略举一隅,其馀不可胜数。陆士衡方规规然云⑯:'嗣王委其九鼎⑰,凶族据其天邑⑱,天下晏然,以治待乱。'何斯言之谬也!而设官分职,任贤使能,以循良之才,膺共治之寄,刺举分竹⑲,何世无人?至使地或呈祥,天不爱宝,民称父母,政比神明。曹元首方区区然称㉑:'与人共其乐者,人必忧其忧;与人同其安者,人必拯其危。'岂容以为侯伯,则同其安危;任之牧宰,则殊其忧乐?何斯言之妄也!"

【注释】①常辙:常规。②五服:古代王畿外围,以五百里为一区划,由近及远分为侯服、甸服、绥服、要服、荒服,合称五服。服,服侍天子之意。③采地:指古代卿大夫的封邑。④结绳之化:结绳记事的古老教化。结绳记事是文字发明前,人们所使用的一种记事方法。即在一条绳子上打结,用以记事。据古书记载为:"事大,大结其绳;事小,小结其绳。结之多少,随物众寡。"⑤象刑之典:相传上古无肉刑,仅用与众不同的服饰加之犯人以示辱,谓之象刑。刘、曹:指刘汉、曹魏。⑥锲船求剑:即刻舟求剑。《吕氏春秋·察今》里说:有个楚国人乘船渡江,不小心把佩带的剑掉进了江里。他急忙在船沿上刻上一个记号,说:"这儿是我的剑掉下去的地方。"船靠岸后,这个人顺着船沿上刻的记号下水去找剑,但找了半天也没有找到。比喻不懂事物已发展变化而仍用静止的方法去看问题。⑦胶柱成文:意同"胶柱鼓瑟",比喻固执拘泥,不知变通。胶柱,胶住瑟上的弦柱,以致不能调节音的高低。⑧问鼎:传说古代夏禹铸造九鼎,代表九州,作为国家权力的象征。夏、商、周三代以九鼎为传国重器,为得天下者所据有。楚王问鼎,有取而代周之意。后遂称图谋王位为"问鼎"。请隧:隧葬,天子的葬礼。《左传·僖公二十五年》:"晋侯朝王。王享醴,命之宥。请隧,弗许。"杨伯峻注:"请隧者,晋文请天子允许于其死后得以天子礼葬己耳。"后亦指图谋统治天下。⑨白马素车:驾白马,乘素车。古代凶丧舆服。《史记·秦始皇本纪》:"楚将沛公破秦军入武关,遂至霸上,使人约降子婴。子婴即系颈以组,白马素车,奉天子玺符,降轵道旁。沛公遂入咸阳。"裴《集解》引应劭曰:"素车白马,丧人之服也。"⑩望夷之衅:望夷是秦代的宫名,故址在今陕西泾阳东南。因东北临泾水以望北夷,故名。秦末,赵高迫杀秦二世于此。衅,事端,祸乱。⑪羿、浞之灾:夏启去世后,他的儿子太康即位;太康死后,他的儿子仲康即位;仲康死后,子相即位。这时他们都开始喜欢享受,不再体贴民众。东夷族中力量比较强盛的有穷氏首领后羿(又称夷羿)趁夏王朝内部发生王权之争,占据夏都,"因夏民以代夏政",夺取了王位。后羿称帝后,不吸取教训,以为自己善于射箭,便不关心民众,每天以田猎为乐。不久后羿被他的亲信东夷族伯明氏成员寒浞杀害,寒浞自立为帝。⑫罹:遭遇。高贵之殃:魏高贵乡公即是曹髦(241~260),字彦士。文帝孙,东海王曹霖子,封为高贵乡公。曹芳被废后,司马师立他为帝。在位七年,太子舍人成济受司马昭、贾充指使将他杀死。⑬申、缯之酷:周幽王三年,天灾频繁,周朝统治内外交困。这时,幽王改以嬖宠美人褒姒为后,其子伯服为太子,废掉正后申侯之女及太子宜臼。结果,宜臼逃奔申国,激怒了申侯。于是申侯联合缯侯和犬戎进攻幽王,幽王和伯服均被犬戎所杀。⑭"狐骀"两句:狐骀之战,使邾国妇女全部用麻束发送葬。据《左传·襄公四年》记载:冬十月,邾国、莒国、讨伐鄣国,鲁军救鄣,入邾境。邾军在狐骀(今山东滕县东南)被击败,邾国去接丧的女子都系发戴孝。髽,古代妇人服丧的露髻,用麻束发。⑮"崤陵"两句:崤陵之战,秦军全军覆没,连一只车轮子也未能返回秦国。据《左传·僖公三十二年》记载:晋文公死后,秦国和晋国在崤陵打了一仗,秦国中了晋国的埋伏,结果大败,三员大将被俘。⑯陆士衡(261~303):字机,西晋吴郡(今江苏苏州)人。三国吴丞相陆逊之孙、大司马陆抗之子。吴时任牙门将。吴亡回乡读书,作《文赋》,为古代重要文学理论著作。其诗形式华美,技巧纯熟,有"陆才如海"之誉。其书法《平复帖》,为后人师法。⑰嗣王:继位之王。这里指周惠王、襄王、悼王出外流亡。⑱凶族:原指与尧舜部族敌对的四个部落,后亦泛称敌对的民族或恶人。这里指叛乱的周王室子弟颓、子带、子朝。⑲刺举:谓检举奸恶,举荐有功。分竹:给予作为权力象征的竹使符,谓封官授权。⑳曹元首:三国时魏人,曾作《六代论》。区区然:自以为然的样子。

【译文】"然而,事情的得失成败,各有其本身的原因。而写书的人大多墨守成规,分辨不出古今的情势,弄不明白古今和时代的风气虚伪与淳厚的区别。想在百王之后,推行夏、商、周三代的制度,将天下五服之内的国土全部分封给诸侯,千里王畿之间也都分给卿大夫做采邑。这是要在虞舜、夏禹的时代实行上古结绳记事的古老教化,在汉魏时代推行尧舜时期的象刑法典,这样就会造成纪纲混乱,断然可知。刻舟求剑是行不通的;胶柱鼓瑟更是值得怀疑。大家只知道楚庄王图谋统治天下和晋文公想得到王者葬礼的野心,霸主军队的可怕;以及秦王子婴白马素车出降,没有诸侯出来援助。未能从望夷宫秦二世被弑事件中有所领悟,夏朝后羿推翻太康、后又被寒浞杀害所带来的灾难,更是不堪回首;魏朝高贵乡公遭遇的杀身之祸,难道与周幽王被申侯与缯勾结犬戎所杀那样悲惨的遭遇有所不同。这都是因为帝王自己昏乱,自己把自己由太平引向覆亡,并不是因为郡县制与分封制造成的兴废。几代之后,皇室逐渐衰微,原本作为屏障的诸侯,都变成仇敌。以至于各诸侯家庭传统不同,各诸侯国的政治不同,以强凌弱,以众侵寡,对峙疆场,干戈相见。狐骀之战,使邾国妇女全部用麻束发去送葬;崤陵之战,秦军全军覆没,连一只车轮子也未能返回秦国。这里只略举数例,其余的不可胜数。陆士衡却一本正经地说:'继位的国君虽然抛弃九鼎而出逃,凶恶的外族占据了京城,但天下安定,终究会扭转乾坤,化乱世为太平。'这话真是荒谬透顶! 实行郡县制,设官分职,任用贤能,用贤良的人才,担负起共同治理国家的重任,考察进用,哪个朝代没有贤良的人才? 这样就会使大地呈祥、上天降瑞,百姓就会称颂国君为人民的父母,把朝廷奉为神明。曹元首却自以为然地说:'与别人能共享欢乐的人,别人一定能为他分忧;与别人能共享安逸的人,别人一定能拯救他的危难。'怎么能说分封诸侯,就能安危共济;而任命刺史、县官,就不能与国君同享忧乐呢? 这是何等荒谬啊!"

【原文】"封君列国,藉庆门资①,忘其先业之艰难,轻其自然之崇贵,莫不世增淫虐,代益骄侈。离宫别馆,切汉凌云,或刑人力而将尽,或召诸侯而共乐。陈灵则君臣悖礼②,共侮徵舒;卫宣则父子聚③,终诛寿、朔④。乃云为己思治,岂若是乎?内外群官,选自朝廷,擢士庶以任之,澄水镜以鉴之⑤,年劳优其阶品,考绩明其黜陟。进取事切,砥砺情深。或俸禄不入私门⑥,妻子不之官舍⑦。班条之贵,食不举火⑧;剖符之重,居惟饮水⑨。南阳太守,弊布裹身⑩;莱芜县长,凝尘生甑⑪。专云为利图物,何其爽欤!总而言之,爵非世及,用贤之路斯广;民无定主,附下之情不固。此乃愚智所辨,安可惑哉?至如灭国弑君,乱常干纪⑫,春秋二百年间,略无宁岁。次睢咸秩,遂用玉帛之君⑬;鲁道有荡⑭,每等衣裳之会。纵使西汉哀、平之际⑮,东洛桓、灵之时⑯,下吏淫暴,必不至此。为政之理,可以一言蔽焉。”

【注释】①门资:犹门第。②陈灵(?～前599):即陈灵公,春秋时陈国君。名平国。公元前613至前599年在位。公元前600年,灵公与其臣子孔宁、仪行父都与大夫夏徵舒的母亲夏姬私通,另一个臣子泄冶看不过去,便进言灵公,希望他能做好百姓的榜样,灵公便把泄冶杀了。他们的丑闻传遍全国,陈国百姓甚至作诗讽刺他们的丑行。有一天,灵公与孔宁、仪行父三人又去夏姬家中,灵公向两位臣子说:“徵舒长得很像你们啊。”两位臣子也回称:“也很像国君您啊。”夏徵舒听闻此话后,极为愤怒,便在灵公喝完酒离开夏家时,在门外将灵公射杀。③卫宣:即卫宣公。卫宣公为人淫纵不检。做公子的时候就与其父卫庄公的妾夷姜私通,生下了长子公子急,寄养于民间。登基后依然淫性不减,因原配邢妃不受宠,就立了公子急为嗣子。公子急十六岁时,聘了齐僖公的女儿宣姜为妻,卫宣公听说宣姜美貌,就自己迎娶了宣姜。后来宣姜为卫宣公生了公子寿和公子聘两个儿子。卫宣公因为宠爱宣姜就想立公子寿而废公子急。宣姜与怀有野心的公子朔设计要加害公子急,计划以出使齐国之名让公子急离开都城,然后在半路上暗杀公子急。结果被公子寿事先发觉告诉了公子急。但公子急却执意要杀身成仁,情急无奈之下,公子寿就以送别为名设酒席灌醉了公子急,而自己冒充公子急出使齐国,结果在半路被盗贼暗杀。酒醒后的公子急急忙赶到亮明了身份也被盗贼杀害。丧子后的卫宣公精神恍惚,不久就病死了。聚麀:本指兽类父子共一牝的行为。禽兽不知父子夫妇之伦,故有父子共牝之事。后以指两代的乱伦。麀,牝鹿。④寿、朔:指卫宣公的儿子公子寿和公子朔。⑤水镜:喻指明鉴之人。⑥俸禄不入私门:指东汉时豫州刺史杨秉计日受俸,馀禄不入私门事。世以廉洁称。⑦妻子不之官舍:指东汉时钜鹿太守魏霸、颍川太守何并皆以简朴宽恕为政,在办公时妻子不得入官舍。⑧食不举火:指东汉安帝时冀州刺史左雄在任办公时经常吃干粮,舍不得用火烧饭。⑨居惟饮水:指晋朝邓攸为吴郡太守时自己带米上任,不受俸禄,只饮当地的水。⑩“南阳太守”两句:指东汉权豪之家多尚奢丽,南阳太守羊续深疾之,常敝衣薄食,车马羸败。南阳,在今河南省西南部。⑪“莱芜县长”两句:指东汉桓帝时范丹为莱芜长,自知性格狷急,不能从俗,常佩戴皮绳上朝以自警。遭党锢之祸后,遁逃于梁沛之间,十多年间,结草屋而居,有时绝粮断炊,但穷居自若。在汉末乐府古诗中,有首民谣赞颂范丹:"甑中生尘范史云,釜中生鱼范莱芜",成为廉吏典范。莱芜,在今山东莱芜境内。⑫乱常:破坏纲常,违反人伦。干纪:违犯法纪。⑬"次雎"两句:指鲁僖公十九年,宋襄公派邾文公到睢水祭祀,将鄫国的国君杀了做祭品。⑭鲁道有荡:语出《诗·齐风·载驱》,意谓道路平坦而广阔。过去认为该诗是对齐襄公与文姜的淫荡行为的无情讽刺。衣裳之会:与"兵车之会"相对而言,原指春秋时代诸国之间和好的会议。这里指乱伦的幽会。⑮哀、平:指西汉的哀帝刘欣(前6~1)和平帝刘衍(1~5)期间。⑯东洛:指东汉都城洛阳。桓、灵:指东汉的桓帝刘志(147~167)和灵帝刘宏(168~189)。

【译文】"被分封的列国诸侯,凭借着他们祖宗的门第和资望,忘记了他们祖宗创业的艰难,轻视他们自然就得到的显贵,一代比一代更加骄奢淫逸。他们的离宫别馆高耸入云,有的耗尽了民脂民膏,有的邀约其他诸侯一起来寻欢作乐。陈灵公违背君臣之礼,和臣子一同侮辱微舒;卫宣公则父娶子妻,最终杀了他的儿子寿和朔。还说他们是为了治理好自己的国家,难道是这个样子吗?如果内外群官都是由朝廷来选拔,挑选出来的士大夫由百姓来任用,用明鉴之人来鉴定和审查,按照任职年数及政绩来决定他们官职的升降。这样他们就会急切进取,磨砺高洁的情操。有的人廉洁奉公,不把官禄拿进家门;有的人单身赴任,将妻子儿女留在家中。有的人官位显赫,却常吃干粮,舍不得用火烧饭;有的人身为封疆大吏,却自己携带米粮,只喝当地的水。东汉南阳太守羊续常穿着旧布衣服,莱芜县令范丹的米缸上经常蒙了一层灰尘。如果说做官都是为了贪图利禄,为什么他们还这样清廉!总而言之,只有爵位俸禄不是世袭,任用贤才的路子才会很宽广;百姓要是没有一个固定的国君,依附于下的感情就不巩固。这个道理是聪明的人和愚昧的人都懂得的,怎么会迷惑不解呢?至于像灭国弑君、破坏纲常、违犯法纪一类的事,在春秋二百年间,几乎就没有过安宁的年份。宋襄公到睢水祭祀,竟杀掉鄫国国君做祭品;鲁国的道路平坦而广阔,竟也有过乱伦的幽会。即使在西汉的哀帝、平帝之际和东汉的桓帝、灵帝之时,下层官吏的淫乱残暴也不会达到这种程度。治理国家的道理,可以用一句话就概括说明了。"

【原文】中书舍人马周又上疏曰:

"伏见诏书令宗室勋贤作镇藩部,贻厥子孙,嗣守其政,非有大故,无或黜免。臣窃惟陛下封植之者,诚爱之重之,欲其胤裔承守①,与国无疆,何则?以尧、舜之父,犹有朱、均之子②,况下此以还,而欲以父取儿,恐失之远矣。傥有孩童嗣职,万一骄逸,则兆庶被其殃,而国家受其败。政欲绝之也,则子文之理犹在③;政欲留之也,而栾黡之恶已彰④。与其毒害于见存之百姓,则宁使割恩于已亡之一臣,明矣。然则向之所谓爱之者,乃适所以伤之也。臣谓宜赋以茅土⑤,畴其户邑⑥,必有材行,随器方授,则虽其翰翮非强⑦,亦可以获免尤累⑧。昔汉光武不任功臣以吏事,所以终全其世者,良由得其术也。愿陛下深思其宜,使夫得奉大恩,而子孙终其福禄也。"

太宗并嘉纳其言。于是竟罢子弟及功臣世袭刺史。

【注释】①胤裔承守:世代袭守职位。②朱、均:即指丹朱和商均。丹朱,唐尧之子,名朱。因封于丹水,故曰丹朱。因傲慢荒淫,尧禅位于舜。《史记·五帝本纪》:"尧知子丹朱之不肖,不足授天下,于是乃权授舜。"商均,舜之子。相传舜以商均不肖,乃使伯禹继位。事见《孟子·万章上》《史记·五帝本纪》。在文献记载中常把商均与丹朱并用为不肖子之典型。③子文之理:春秋时期楚国斗谷于菟任令尹时,正值楚国统治集团内争和子元内乱之后,困难重重,斗谷于菟能从国家和民族利益出发,毫不犹豫地"自毁其家",尽力相助效劳,使楚国迅速渡过了难关。因此,斗氏之族从稳定楚国政局,到解决国计民生困难,均做出了巨大贡献。子文,楚国令尹,是一代贤相。他曾辅佐楚成王执掌国政。在治理国家、外交和军事方面,具有杰出的才能。这里的"子文之治"泛指先人的功劳。理,治。④栾黡之恶:晋国大夫栾武子之子栾黡的劣迹。栾黡,栾书嫡子。栾书在悼公即位的事上起了决定性作用,一直得到悼公的优容。栾书死后栾黡一直担任晋国下军主将,作风强悍霸道,几乎得罪了当时的所有家族。栾黡死后不久,其子栾盈就被范氏驱逐,旋于前550年即被灭族,栾氏退出晋国政治舞台。⑤茅土:指王、侯的封爵。古天子分封王、侯时,用代表方位的五色土筑坛,按封地所在方向取一色土,包以白茅而授之,作为受封者得以有国建社的表征。⑥户邑:户口与县邑。汉代开始以户口或县邑为封建单位。⑦翰翮:羽翼。这里指才能、能力。⑧尤累:过失。

【译文】中书舍人马周又上书说:

"臣见到诏书命令宗室子弟和有功之臣到封地做刺史,并传位给他们的子孙,使其世代保守政权,没有大的原因,不得罢免。臣私下认为陛下对所封的人,确实是爱惜和器重他们,希望他们世袭承守职位,与国家一样万年无疆,为什么要这么做呢?像尧、舜这样的父亲,尚且有丹朱、商均这样的不肖子孙,何况尧、舜以下的人,要根据父亲的功德来推断儿子,恐怕相差得太远了。倘若有人在孩童时就承袭了父亲的职位,万一长大以后变得骄横淫逸起来,那么不但百姓遭殃,国家也会受其败坏。若要断绝他们的官职和封地吧,其先人的功劳尚在;若要保留他们的官职和封地吧,但其本人的过恶已明显暴露。与其让这些人去毒害活着的老百姓,还不如断恩于一个已故的功臣,这是很明显的道理。这样一来,原来认为是对他们的爱护,其实恰恰是对他们的伤害。臣下认为,最好是给他们封一些土地,作为食邑,他们的子孙中确有才能者,可根据他们的才能授予官职,对那些能力不强的人,也可以免去过失和罪咎。过去东汉光武帝不让功臣担任政事,所以才能保全他们的一生,确实是由于他处理的方法得当啊。希望陛下深思有关事宜,使宗室和功臣能蒙受陛下的大恩,而他们的子孙也能终享福禄。"

太宗非常赞赏李百药和马周的意见，并加以采纳。于是停止了分封宗室弟子和功臣世袭刺史的做法。

太子诸王定分篇第九

【题解】

本篇主要记录了李世民等人教育太子、诸王的言论和事迹。在封建社会，太子身为储君，将来必定会君临天下，统治万民。应预先确立名分，否则觊觎皇位的人时时会对太子构成威胁，历史上皇帝的兄弟、子孙为争夺皇位而发生刀兵相见、骨肉相残的悲剧事件数不胜数。因此早日确立太子和诸王的名分，确立太子的崇高地位，同时断绝其他人的非分之想，避免发生兄弟阋墙的惨剧，也是让国家长治久安的良策。本篇认为应当尽早给诸王确定不同的名分，并严格遵循礼仪制度，做到厚薄有差，以绝非分之想，断绝祸患之源。同时也要教育太子、诸王以忠、孝、恭、俭为做人的正道，"贫不学俭，富不学奢"，让万代子孙遵照执行，才不会导致国家灭亡。

【原文】贞观十一年，侍御史马周上疏曰："自汉晋以来，诸王皆为树置失宜[1]，不预立定分，以至于灭亡。人主熟知其然，但溺于私爱，故使前车既覆而后车不改辙也。今诸王承宠遇之恩有过厚者，臣之愚虑，不惟虑其恃恩骄矜也。昔魏武帝宠树陈思[2]，及文帝即位[3]，防守禁闭，有同狱囚，以先帝加恩太多，故嗣王疑而畏之也[4]。此则武帝之宠陈思，适所以苦之也。且帝子何患不富贵？身食大国[5]，封户不少，好衣美食之外，更何所须？而每年别加优赐，曾无纪极。俚语曰[6]：'贫不学俭，富不学奢。'言自然也。今陛下以大圣创业，岂惟处置见在子弟而已？当须制长久之法，使万代遵行。"

【注释】①树置：树立。这里指封授爵位或职务。②魏武帝：即曹操（155～220），三国时政治家、军事家、诗人。字孟德，小名阿瞒，沛国谯县（今安徽亳州）人。三国时魏国的真正创业者，他通过"挟天子以令诸侯"的手段，控制东汉王朝，为其子曹丕代汉建魏打下了坚实基础。陈思：即曹植（192～232），为魏武帝（曹操）第三子，文帝之弟，字子建，谥号思，故称陈思王。③文帝：即魏文帝曹丕（187～226），见前注。④嗣王：继位之王。⑤身食大国：指分封的食邑很大。⑥俚语：粗俗的或通行面极窄的方言词。

【译文】贞观十一年（637），侍御史马周上书说："自汉晋以来，分封诸王都因为封授的位置不当，没有预先确立名分，因而导致灭亡。国君们对这些事是很清楚的，但因为沉溺于个人感情，所以没有能吸取前车之鉴而改变做法。现在诸王当中有过于受宠的，臣所忧虑的，不仅仅是他们倚仗宠爱而骄奢自大。从前魏武帝宠爱陈思王曹植，后来魏文帝曹丕即位，便对曹植防范禁制，使他就像在狱中的囚犯一样，这是因为先帝对他的恩宠太多，所以继位的君主对他就有所疑虑和惧怕了。魏武帝宠爱曹植，恰恰是害了他。况且，帝王的儿子还用得着担心没有富贵可享受，他们分封的食邑很大，封赐的食户也不少，穿好的衣服，吃好的食物，还有什么需要的？何况每年还得到不计其数的额外优厚赏赐而没有限制。俗话说：'贫不学俭，富不学奢。'意思是说，这些习性自然就会那样。现在陛下以圣明的德行开创帝业，难道仅仅是安顿好现在的子弟就算成功了吗？应当制定长远的制度，让万代子孙遵照执行。"

【原文】贞观十三年，谏议大夫褚遂良以每月特给魏王泰府料物①，有逾于皇太子，上疏谏曰："昔圣人制礼，尊嫡卑庶。谓之储君②，道亚霄极③，甚为崇重，用物不计，泉货财帛，与王者共之。庶子体卑，不得为例，所以塞嫌疑之渐，除祸乱之源。而先王必本于人情，然后制法，知有国家，必有嫡庶。然庶子虽爱，不得超越嫡子，正体特须尊崇④。如不能明立定分，遂使当亲者疏，当尊者卑，则佞巧之徒承机而动，私恩害公，或至乱国。伏惟陛下功超万古，道冠百王，发施号令，为世作法。一日万机，或未尽美，臣职谏诤，无容静默。伏见储君料物，翻少魏王⑤，朝野见闻，不以为是。臣闻《传》曰：'爱子，教以义方⑥。'忠、孝、恭、俭，义方之谓。昔汉窦太后及景帝并不识义方之理⑦，遂骄恣梁孝王⑧，封四十馀城，苑方三百里。大营宫室，复道弥望，积财锱巨万计⑨，出警入跸⑩，小不得意，发病而死。宣帝亦骄恣淮阳王⑪，几至于败，赖其辅以退让之臣，仅乃获免。且魏王既新出阁⑫，伏愿恒存礼训，妙择师傅，示其成败；既敦之以节俭，又劝之以文学。惟忠惟孝，因而奖之；道德齐礼，乃为良器。此所谓'圣人之教，不肃而成'者也。"

【注释】①料物：指物资、食物、用物等。②储君：候补王位的人。③道亚霄极：德行仅次于国君。道，名分。亚，仅次于。霄极，天空的最高处。这里指喻朝廷君王。④正体：旧指承宗的嫡长子。⑤翻：通"反"，反而。⑥"爱子"句：语出《左传·隐公三年》。意谓爱护子女，就要教育他们懂得道理规矩。义方，做事应该遵守的规范和道理。⑦窦太后（前205~前135）：名漪，清河郡（今河北清河）人。出身于良家子女，吕后时，窦姬被选中去了代国。到了代国，代王刘恒却非常喜欢她，先与她生了个女儿刘嫖，后又生了两个儿子：刘启和刘武。等到代王成为汉文帝后，于公元前180年三月封窦姬为皇后，长子刘启立为太子，刘嫖封为馆陶长公主，幼子刘武先封为代王，后封为梁孝王。文帝去世后，景帝刘启即位，窦后成了皇太后。公元前135年，太皇太后去世，与文帝合葬霸陵。景帝：即汉景帝刘启（前188~前141），汉文帝刘恒长子，母亲窦姬（窦太后），汉惠帝七年（前188）生于代地中都（今山西平遥西南）。在位16年，卒于景帝后元三年（前141），谥号"孝景皇帝"。⑧梁孝王：汉文帝刘恒幼子刘武，先封为代王，后封为梁孝王。⑨财锱：钱财。锱，穿钱的绳子。引申为成串的铜钱，也泛指钱币。⑩出警入跸：古代帝王进出时所经之地都要戒备、清道、断绝行人。这里指梁孝王进出时的警戒和清道仪式都如同帝王。⑪宣帝：即刘询（前91~前49），本名病己，字次卿。戾太子（刘据）孙，史皇孙刘进子，汉武帝的曾孙。继汉昭帝后即位。

汉武帝晚年，太子刘据与其子都因巫蛊之祸而死，当时刘询年幼，流落民间，深知民间疾苦和吏治得失。元平元年(前74)昌邑王被废后，霍光等大臣将他从民间迎入宫中，先封为阳武侯，于同年七月继位，时年十八岁。亲政后，励精图治，任用贤能；在经济上采取的重要措施是招抚游民，恢复和发展农业生产；他儒、法并用，是德化和法治相结合的政治思想。淮阳王：淮阳王族开基始祖刘钦，是汉宣帝的二子，元康三年(前65)受封为淮阳王，公元前48年就国，建都于陈(今河南淮阳)。刘钦在位36年去世，传位给儿子淮阳文王刘去。王莽篡位后，淮阳王国灭亡。⑫出阁：皇子出就藩封称"出阁"。

【译文】

贞观十三年(639)，谏议大夫褚遂良因为每月特别供给魏王李泰府的物品，超过了皇太子，而上书进谏说："从前圣人制定的礼制，尊重嫡子，抑制庶子。皇太子称之为储君，德行仅次于国君，极为高贵尊崇，所用的物资用不着限制，钱财货物，可以和国君共同享用。庶子的地位较低，不得拿嫡子来比照，以此来杜绝嫌疑，清除祸源。先王一定是根据人之常情来制定礼法的，明白有国有家，就必须有嫡有庶，这样才能安定有序。庶子即使被宠爱，也不得超过嫡子，因为嫡子的地位必须要特别尊崇。如果不能明确地确立他们的名分，就会使应当亲近的人反而疏远，应当尊崇的人反而卑贱，那些佞巧奸邪之徒就会乘机活动，因私宠而损害公道，惑乱人心，扰乱国家。陛下功业超越了万古，德行冠于百王，发号的政策诏令亦是后世的楷模。陛下日理万机，有时未必妥善，但臣子的职责就是谏诤，不容许他们沉默不言。为臣的看到供应太子的物资，反而比魏王少，朝野或民间听到后都认为这样做不对。臣听说《左传》上说：'爱护子女，就要教育他们懂得道理规矩。'忠、孝、恭、俭，就是做人的正道。以前汉朝的窦太后、汉景帝都不懂得这个道理，于是娇惯梁孝王，赐给他四十多座城，其苑围方圆达三百里。梁孝王大肆修建宫室，建造的楼阁复道举目相望，积聚的钱财数以万计，进出时的警戒和清道仪式都如同帝王，但后来稍有不如意，就病发死了。汉宣帝放纵娇惯淮阳王，几乎导致国家败亡，幸亏有谦逊的大臣辅佐，才使他免于灾难。魏王是新近出藩到封地就任的，臣希望陛下要常用礼义教导他，好好为他选择师傅，用国家成败的道理来启示他；既要他勤俭节约，又要用文章学问来劝勉他。尽忠尽孝，就予以奖励；用道德来引导他，用礼仪来约束他，这样才能使他成为有用的人才。这就是所谓'圣人的教化，不用疾言厉色就能使人成器'的道理。"

尊敬师傅篇第十

【题解】

本篇主要是记述了唐太宗教谕太子和诸王尊敬师傅、努力学习的言论以及大臣们的相关奏疏。太宗认为"不学则不明古道，而能政致太平者未之有也"。凡是圣明的帝王，都有道德高尚的师傅，"黄帝学大颠，颛顼学录图，尧学尹寿，舜学务成昭，禹学西王国，汤学威子伯，文王学子期，武王学虢叔。前代圣王，未遭此师，则功业不著乎天下，名誉不传乎载籍"。"古来帝子，生于深宫，及其成人，无不骄逸，是以倾覆相踵，少能自济"。太子与诸王地位高贵，尽享荣华，教育不当便会骄奢淫逸，自取灭亡。

贞观君臣对约束皇子、尊师重学的重要性认识得十分深刻，其所规定的具体做法确实有助于限制皇子的骄纵情绪，从而提高他们的个人素质。

【原文】贞观六年，诏曰："朕比寻讨经史，明王圣帝，曷尝无师傅哉？前所进令，遂不睹三师之位①，意将未可。何以然？黄帝学大颠，颛顼学录图，尧学尹寿，舜学务成昭，禹学西王国，汤学威子伯，文王学子期，武王学虢叔。前代圣王，未遭此师，则功业不著乎天下，名誉不传乎载籍。况朕接百王之末，智不同圣人，其无师傅，安可以临兆民者哉？《诗》不云乎：'不愆不忘，率由旧章②。'夫不学则不明古道，而能政致太平者未之有也！"

【注释】①三师：北魏以后以太师、太傅、太保为三师，都是古代与天子坐而论道和辅导太子的官员。②"不愆"两句：语出《诗·大雅·嘉乐》。意谓不犯过失不忘本，一切按照老规矩办事。愆，过失，差错，罪过。率，遵循。旧章，老法规。

【译文】贞观六年（632），太宗下诏说："我近来研讨经史，凡是圣明的帝王，哪一个没有师傅呢？先前所呈上来的官职的法令中竟不见有三师的职位，想来不妥。为什么呢？黄帝曾向大颠学习，颛顼曾向录图学习，尧曾向尹寿学习，舜曾向务成昭学习，禹曾向西王国学习，汤曾向威子伯学习，文王曾向子期学习，武王曾向虢叔学习。前代的圣明君主，如果不曾受这些老师的教育，他们的功业就不会那么显扬天下，他们的声名也不会在史籍中记载流传。何况我位居历代帝王之后，智慧比不上圣人，如果没有师傅的指教，怎么能够统率亿万百姓呢？《诗经》上说：'不犯过失不忘本，一切按照老规矩办事。'如果不学习，就不明白古人的治国之道，不这样而能使天下太平的是从来没有过的！"

【原文】贞观八年，太宗谓侍臣曰："上智之人，自无所染，但中智之人无恒①，从教而变。况太子师保②，古难其选。成王幼小，周、召为保傅③。左右皆贤，日闻雅训，足以长仁益德，使为圣君。秦之胡亥④，用赵高作傅。教以刑法，及其嗣位，诛功臣，杀亲族，酷暴不已，旋踵而亡。故知人之善恶，诚由近习。"

【注释】①无恒：无常。这里指不稳定。②师保：即指太师、太保。古人教育太子有师有保，统称"师保"。③周、召：周公旦（武王弟）和召公。见前注。保傅：古代保育、教导太子等贵族子弟及未成年帝王、诸侯的男女官员，统称为保傅。④胡亥：即秦二世。

【译文】贞观八年（634），太宗对身边的大臣们说："智慧高明的人，自然不会受周围环境的熏染,但智慧中等的人就不稳定了,会随着所受的教育而改变。况且太子的师保人选,自古以来就很难选择。周成王年幼的时候,周公和召公担任太傅、太保。左右都是贤明之人,他天天接受有益的教导,足以增长仁义道德,于是成了圣明的国君。秦朝的胡亥,启用赵高做他的太师。赵高用苛刑峻法来教育他,等到秦二世继位之后,就诛戮功臣,屠杀宗族,残暴酷毒,很快就灭亡了。因此可知,人的善恶确实可以受到周遭环境和左右亲近的习染和影响。"

教诫太子诸王篇第十一

【题解】

本篇主要是记述了唐太宗如何教谕和训诫太子诸王的言论以及大臣关于如何管教诸王的奏疏。自古以来,国君王侯能保全自己的,为数很少。他们自幼富贵,不知稼穑艰难,骄傲懒惰,贪图享受,以致违法乱纪,不免自取灭亡。太宗总结历史的教训,对子弟严加教戒,力图使他们自守分际,谨慎修身,以期常葆富贵。他认识到"舟所以比人君,水所以比黎庶,水能载舟,亦能覆舟。尔方为人主,可不畏惧"的深刻道理。他考察了前代的历史教训,认为凡是拥有一方土地的诸侯,其兴盛必定是由于积善,其败亡必定是由于积恶。"若不遵诲诱,忘弃礼法,必自致刑戮"。其核心思想就是要求诸王戒骄奢、知礼度,所以对他们的严格约束不失为防微杜渐的明智之举。

【原文】贞观十八年,太宗谓侍臣曰:"古有胎教世子①,朕则不暇。但近自建立太子,遇物必有诲谕。见其临食将饭,谓曰:'汝知饭乎?'对曰:'不知。'曰:'凡稼穑艰难,皆出人力,不夺其时,常有此饭。'见其乘马,又谓曰:'汝知马乎?'对曰:'不知。'曰:'能代人劳苦者也,以时消息,不尽其力,则可以常有马也。'见其乘舟,又谓曰:'汝知舟乎?'对曰:'不知。'曰:'舟所以比人君,水所以比黎庶,水能载舟,亦能覆舟。尔方为人主,可不畏惧?'见其休于曲木之下,又谓曰:'汝知此树乎?'对曰:'不知。'曰:'此木虽曲,得绳则正。为人君虽无道,受谏则圣。此傅说所言,可以自鉴。'"

【注释】①胎教:一种对胎儿施行教育的方法。孕妇谨言慎行,心情舒畅,给胎儿以良好影响,谓之"胎教"。传说周文王的母亲怀孕的时候,眼睛不看邪恶的东西,耳朵不听不健康的音乐,嘴里不说恶语脏话。她认识到,母亲所接触的外界事物都会感应给胎儿,并对其产生一定的影响。她晚上就命乐官朗诵诗歌给她听,演奏高雅的音乐给她听,因此周文王一生下来就很聪明。

【译文】贞观十八年(644),唐太宗对侍从的大臣们说:"古时候曾有胎教世子的传说,我却没有时间考虑这事。但最近自册立太子以来,遇到事物都要对他教诲晓谕。见他对着饭菜准备吃饭时,我便问他:'你知道饭是怎样来的?'回答说:'不知道.'我说:'凡是种庄稼的农事都很艰难辛苦,全靠农民出力,不要违背农业时令,才常有这样的饭吃.'看到他骑马,又问他:'你对马了解吗?'回答说:'不知道.'我说:'马是能够代替人做许多劳苦的工作的,要让它按时休息,不耗尽它的气力,这样就可以常有马骑.'看到他乘船,又问他:'你对船了解吗?'回答说:'不知道.'我说:'船好比是君主,水好比是百姓,水能浮载船,也能推翻船.你不久将做君主了,对这个道理怎能不感到畏惧呢?'看到他靠在弯曲的树下休息,又问他:'你对这棵树了解吗?'回答说:'不知道.'我说:'这树虽然长得弯曲,但用墨绳校正就可加工成平正的木材.做君主的虽然有时德行不高,但只要能够接纳规谏,也会成为圣明之君.这是傅说讲的道理,可以对照自己作为鉴戒.'"

【原文】贞观七年,太宗谓侍中魏徵曰:"自古侯王能自保全者甚少,皆由生长富贵,好尚骄逸,多不解亲君子远小人故尔.朕所有子弟,欲使见前言往行,冀其以为规范."因命徵录古来帝王子弟成败事,名为《自古诸侯王善恶录》,以赐诸王.其序曰:

"观夫膺期受命①,握图御宇②,咸建懿亲③,藩屏王室,布在方策④,可得而言.自轩分二十五子⑤,舜举一十六族,爰历周、汉,以逮陈、隋,分裂山河,大启盘石者众矣⑥.或保乂王家,与时升降;或失其土宇,不祀忽诸⑦.然考其盛衰,察其兴灭,功成名立,咸资始封之君;国丧身亡,多因继体之后.其故何哉?始封之君,时逢草昧,见王业之艰阻,知父兄之忧勤.是以在上不骄,夙夜匪懈.或设醴以求贤⑧,或吐飧而接士⑨.故甘忠言之逆耳,得百姓之欢心.树至德于生前,流遗爱于身后.暨夫子孙继体,多属隆平,生自深宫之中,长居妇人之手,不以高危为忧惧,岂知稼穑之艰难?昵近小人,疏远君子,绸缪哲妇⑩,傲狠明德,犯义悖礼,淫荒无度,不遵典宪,僭差越等⑪.特一顾之权宠,便怀匹嫡之心;矜一事之微劳,遂有无厌之望.弃忠贞之正路,蹈奸宄之迷途.慁谏违卜⑫,往而不返.虽梁孝、齐冏之勋庸⑬,淮南、东阿之才俊⑭,摧摩霄之逸翮,成穷辙之涸鳞,弃桓、文之大功⑮,就梁、董之显戮⑯.垂为明戒⑰,可不惜乎?皇帝以圣哲之资,拯倾危之运,耀七德以清六合⑱,总万国而朝百灵⑲,怀柔四荒,亲睦九族.念华萼于《棠棣》⑳,寄维城于宗子㉑.心乎爱矣,靡日不思,爰命下臣,考览载籍,博求鉴镜,贻厥孙谋.臣辄竭愚诚,稽诸前训.凡为藩为翰㉒,有国有家者,其兴也必由于积善,其亡也皆在于积恶.故知善不积不足以成名,恶不积不足以灭身.然则祸福无门,吉凶由己,惟人所召,岂徒言哉!今录自古诸王行事得失,分其善恶各为一篇,名曰《诸王善恶录》,欲使见善思齐,足以扬名不朽;闻恶能改,庶得免乎大过.从善则有誉,改过则无咎.兴亡是系,可不勉欤?"

【注释】①膺期受命:受命登基.膺期,承受期运.指受天命为帝王.②握图御宇:掌握版图,治理天下.③懿亲:至亲.特指皇室宗亲、外戚.④方策:同"方册",典籍.⑤轩:指轩辕氏,即黄帝.黄帝分封二十五子事,见《国语》.⑥盘石:同"磐石",巨石.这里比喻国家的根基.⑦不祀:不为人奉祀.比喻亡国.⑧醴:一种甜酒.⑨

吐飧：吐哺，极言殷勤待士。传周公一饭之间，三次停食吐哺，以接待宾客。喻求贤殷切。⑩绸缪哲妇：迷恋美色。绸缪，缠绵，情深意长。哲妇，本指多谋虑的妇人。后因以指乱国的妇人。《诗·大雅·瞻卬》："哲夫成城，哲妇倾城。懿厥哲妇，为枭为鸱。"孔颖达疏："若为智多谋虑之妇人，则倾败人之城国。妇言是用，国必灭亡。"⑪僭差：僭越失度，超越本分。差，等级，既定的本分。⑫愎谏违卜：刚愎自用，不听劝谏，违反天意，坚持错误。卜，占卜。古时占卜，用龟甲称卜，用蓍草称筮，合称卜筮。古人认为占卜的结果代表天意，违卜就是违反天意。⑬梁孝：指西汉梁孝王刘武，七国之乱期间，曾率兵抵御吴王刘濞，保卫了国都长安，功劳极大。齐冏：指晋齐王司马冏。字景治，河内温县（今河南温县西）人。司马昭之孙，齐王攸子。袭封齐王。及赵王伦篡位，他联络河间王颙、成都王颖、常山王乂等共讨赵王伦，迎惠帝复位。勋庸：功勋。⑭淮南：指淮南王刘安。西汉思想家、文学家，沛郡丰（今江苏沛县）人。汉高祖刘邦之孙，淮南厉王刘长之子，袭封为淮南王。好读书鼓琴，善为文辞，才思敏捷。东阿：指魏东阿王曹植。⑮桓：指齐桓公。姜姓，名小白。春秋时期齐国国君。任用管仲进行改革，国力富强，是春秋时期的第一位霸主。文：指晋文公。姓姬，名重耳。春秋时霸主晋国国君，春秋时期著名的政治家。实行"通商宽农""明贤良""赏功劳"等政策，整顿内政，任用赵衰、狐偃等人，发展农业、手工业，加强军队，国力大增，出现"政平民阜，财用不匮"的局面。春秋五霸之一。⑯梁：指梁冀。字伯卓。安定乌氏（今甘肃平凉西北）人。东汉外戚和权臣。梁冀夫妻生性贪恣，依仗权势多方搜刮财物，梁氏专权自恣，极力诛除异己。桓帝对梁冀专权素有不满，加以梁冀刺杀贵人邓猛姊婿邴尊事发，桓帝遂与宦官单超等五人密谋诛冀，梁冀与妻自杀，子胤及诸梁宗亲无长少皆弃市。朝廷百姓称庆。董：指董卓。字仲颖。陇西临洮（今甘肃岷县）人。东汉末年权臣。灵帝病危时，他驻屯河东，拥兵自重，坐待事变。灵帝死后，董卓引兵驰抵京城，势力大盛，废黜少帝，立陈留王为献帝，卓迁太尉领前将军事，进位相国。董卓放纵士兵在洛阳城中大肆剽房财物，淫掠妇女，又虐刑滥罚，以致人心恐慌，内外官僚朝不保夕。初平三年（192）四月，董卓入朝时为吕布所杀。消息传开后，百姓歌舞于道，置酒肉互相庆贺。董卓被陈尸街衢，其家族被夷灭。⑰明戒：明白显著的鉴戒。⑱七德：指武王的七种德行，禁暴、戢兵、保大、定功、安民、和众、丰财。六合：指上（天）、下（地）和东、西、南、北四方，泛指天下或宇宙。⑲百灵：百姓。⑳华萼：亦作"花萼"，托在花瓣下部的一圈绿色小片。花萼相承，比喻兄弟之爱。《棠棣》：《诗·小雅》篇名。《诗·小雅·棠棣》云："棠棣之华，鄂不。凡今之人，莫如兄弟。"是一首申述兄弟应该互相友爱的诗。"棠棣"也作"常棣"，俗称棣棠，花黄色春末开。后常用以指兄弟。㉑维城：连城以卫国。这里借指皇子或皇室宗族。宗子：古代宗法制度称大宗的嫡长子为"宗子"。㉒藩：篱笆，藩篱。这里指封建王朝的属国或属地。翰：通"干（翰）"，草木的茎干。这里引申为骨干，指受分封、保国家的皇子或皇室宗族。

【译文】贞观七年(633),太宗对侍中魏徵说:"自古以来的王侯,能够自我保全的很少,都是因为生长在富贵的环境中,喜欢骄奢淫逸,多数人不懂得亲近君子、远离小人的缘故。我想让所有的子弟都能知道前代王侯的言行,希望他们以此作为行动的规范。"于是命令魏徵辑录自古以来帝王子弟的成败事迹,取名为《自古诸侯王善恶录》,分别赐给诸王。此书的序言说:

"历来受命登基的帝王,掌握版图,治理天下,都分封自己的皇室宗亲、外戚做诸侯,让他们做王室的屏藩,这都记载在史册中,历历可考。自从轩辕黄帝分封二十五个儿子,虞舜任用了十六位贤臣,历经周、汉,一直到陈、隋等朝代,各朝皇帝割裂国土,大动国家根基的为数算是不少了。这些诸侯,有的保国安邦,与时代的变迁而沉浮;而有的却失去封国,亡族灭家。然而考察其盛衰兴亡的规律,凡是功成名就的,大都是最初所封的侯王;而国灭身亡的,大都是后世继位的侯王。这是什么原因呢?最初所封的侯王,当时赶上国家草创时期,亲自经历了创建王业的艰难险阻,知道父兄的忧愁劳苦。所以他们身处上位而不骄奢,日夜操劳而不松懈。有时像汉代的楚元王设醴酒招待贤人,有时像周公旦一样吃饭时还停食以接待宾客。所以,他们能够听取逆耳的忠言,深得百姓的欢心。他们在生前能树立高尚的品德,身后能被百姓所称颂爱戴。等到他们的子孙继位为侯王时,多属太平年代,他们生长在深宫当中,在妇人的手里长大,他们不以身居高位而感到覆亡的危险,哪里知道稼穑的艰辛呢?他们亲近小人,疏远君子,迷恋美色,轻视美德,违背礼义,荒淫无度,不遵法令,逾越侯王的本分。倚恃国君一时的宠爱,便产生与嫡子相匹敌的念头;自以为有一点功劳,便滋长无穷的欲望。抛弃了忠诚正直的大道,走上了为非作歹的邪路。刚愎自用,不听劝谏,违反天意,迷途不返。即使有梁孝王、齐王同那样的功勋,淮南王、东阿王那样的才华,也不免摧折凌云健翅,成为涸辙之鱼,抛弃了齐桓公、晋文公那样的功业,落得梁冀、董卓那样被诛戮的下场。成为后世明白显著的鉴戒,能不可惜吗?皇上以英明圣哲的能力,拯救了倾危的世道,秉持七德,廓清天下,统领万国,百姓来朝,怀柔四邻,亲睦九族。咏吟《棠棣》中'华萼'的诗句,念及兄弟手足的感情;希望连城护卫王室,分封皇室宗亲。心中充满了恩爱,无时不再思念,于是命令下臣考求史籍,广泛收集历史经验作为借鉴,留传给子孙。臣竭尽愚诚,考察了前代的历史教训。凡是拥有一方土地的诸侯,其兴盛必定是由于积善,其败亡必定是由于积恶。由此可知,不积善不足以成就功名,不积恶不至于败国亡身。然而祸福不是注定的,吉凶全在于自己,由人招致,这难道是空话!现辑录自古以来诸王行事得失的事例,把善恶分为两类,各为一篇,取名为《诸王善恶录》,希望能够使太子诸王效法美善的德行,得以扬名不朽;闻恶能改,避免犯下大错。从善就一定会受到赞誉,改过就会无灾。这是关系到国家兴亡的事,怎能不以此自勉呢?"

【原文】贞观十年,太宗谓荆王元景、汉王元昌、吴王恪、魏王泰等曰①:"自汉已来,帝弟帝子,受茅土、居荣贵者甚众,惟东平及河间王最有令名[2],得保其禄位。如楚王玮之徒[3],覆亡非一,并为生长富贵,好自骄逸所致。汝等鉴诫,宜熟思之。拣择贤才,为汝师友,须受其谏诤,勿得自专。我闻以德服物,信非虚说。比尝梦中见一人云虞、舜,我不觉竦然敬异,岂不为仰其德也?向若梦见桀、纣,必应斫之。桀、纣虽是天子,今若相唤作桀、纣,人必大怒。颜回、闵子骞、郭林宗、黄叔度虽是布衣[4],今若相称赞道类此四贤,必当大喜。故知人之立身,所贵者惟在德行,何必要论荣贵。汝等位列藩王,家食实封[5],更能克修德行,岂不具美也?且君子、小人本无常,行善事则为君子,行恶事则为小人,当须自克励,使善事日闻,勿纵欲肆情,自陷刑戮。"

【注释】①荆王元景:指太宗弟李元景(?~653年),唐高祖第六子。武德三年(620)封为赵王,八年(625)授安州都督。贞观初,历迁雍州牧、右骁卫大将军。十年徙封荆王,授荆州都督。高宗即位,进位司徒。永徽四年(653),坐与房遗爱谋反赐死,国除。汉王元昌:即李元昌,唐高祖李渊庶七子,武德三年(620)封鲁王,贞观十年(636)封汉王。书法受之史陵,祖述羲、献,在童年已精笔意。善行书,又善画马,笔迹妙绝。②东平:即东汉东平王刘苍。刘苍是东汉开国皇帝刘秀的儿子,建武十五年(39)封东平公,十七年(41)晋爵为王。刘苍博学多才,东汉明帝刘庄对他很器重,每次外出巡视,都把京城交给他管理。刘苍虽然地位很高,却毫无骄奢淫逸的贵族习气,而且很关心百姓的生活,为东汉初年的太平盛世做出了重要贡献。河间王:即西汉河间王刘德,汉景帝的儿子,武帝异母兄。以皇子的身份受封为河间王。他喜好儒学,为王二十六载,始终没有卷入诸王争权的政治漩涡,而将其毕生精力投入了对中国文化古籍的收集与整理,一时之间刘德贤名传遍天下。后刘德因遭武帝猜疑,终忧悒成疾而死。汉武帝念其功劳,遂赐谥为"献王"。③楚王玮:指西晋楚王司马玮,字彦度。晋武帝第五子。初封始平王,后徙封于楚,都督荆州诸军事。武帝死,入朝为卫将军,与贾后连谋除杨骏。汝南王司马亮辅政,司马玮又与贾后合计捕杀汝南王司马亮。贾皇后恶亮又忌玮,于是使惠帝为诏,言楚王矫诏害亮,且欲诛朝臣,图谋不轨,被下廷尉,遂斩之。④郭林宗:即东汉郭泰(128~169年),字林宗,太原郡介休(今山西介休)人。郭泰素有大志,就读于成皋屈伯彦门下。三年之后,竟博通"三坟五典"。有弟子千人,名震京师,士林以为典范。黄叔度:名宪,字叔度。东汉汝南慎阳(今河南正阳)人。叔度家世代贫居,自幼苦读经书,遂成饱学之士。他德才非凡,为天下名士所敬服。⑤实封:古代封建国家名义上封赐给功臣贵戚食邑的户数与实际封赏数往往不符,实际上赐予的封户叫实封。

【译文】贞观十年(636),太宗对荆王李元景、汉王李元昌、吴王李恪、魏王李泰等人说:"自汉朝以来,皇帝的兄弟和儿子受封王爵、享受荣华富贵的人非常多,只有汉朝的东平王、河间王名声最好,能保守自己的俸禄和地位。像晋朝的楚王司马玮之类,国灭身亡的不止一例,都是因为生长在富贵当中,喜好骄纵淫逸所造成的。你们应该以之作为鉴戒，好好想一想。选择贤良的人做你们的师傅和朋友，你们必须接受他们的谏诤，不得自以为是、独断专行。我听说以德服人，确实不是虚妄的说法。最近我曾梦见一个人他自称是虞舜，便不禁肃然起敬，这难道不是因为崇慕他的德行的原因吗？如果当时梦见的是桀、纣，我一定会拿刀去砍他。桀、纣虽然是天子，现在如果将某人称作桀、纣，此人必定会大怒。颜回、闵子骞、郭林宗、黄叔度虽然都是普通百姓，现在如果称赞某人与这四位贤人相似，此人必定会非常高兴。由此可知人立身处世，最可贵的是德行，何必要讲荣华富贵。你们位列藩王，衣食有封地食邑做保障，要是能勤修德行，岂不是更完善了吗？况且君子和小人本来就不是固定不变的，做善事就是君子，做恶事就是小人。你们应当自己克制私欲，刻苦自励，使每天都能听到你们的善事，不要放纵情欲，使自己陷入刑罚之中。"

规谏太子篇第十二

【题解】

本篇主要是记述了太宗选择贤臣来规谏教育太子李承乾的事迹。李承乾是唐太宗的嫡长子，武德二年(619)生于长安承乾殿，因而命名。武德九年(626)十月，太宗刚刚即位，便将年仅八岁的李承乾立为太子。幼年的李承乾聪明伶俐，太宗对他很是喜欢，并选择德高望重的大臣做他的老师，严格教导。他们引经据典，以古为鉴，谆谆教诲，忠直忘私，得到了唐太宗的支持和褒奖。一开始，李承乾积极上进，能识大体，颇得太宗和朝廷大臣的好评。但由于李承乾生于深宫之中，长于妇人之手，自幼养尊处优，喜好声色，沉溺于畋猎，慢慢地沾染了不少坏习惯，生活日益荒唐颓废。李百药、孔颖达、张玄素、于志宁等大臣，恪尽职守，用历史上许多经验和教训屡屡直言规劝太子，可惜的是这些规谏不被太子李承乾所采纳。太宗的期望变成了失望，太子李承乾渐被疏远，最终酿成政变阴谋，被废黜至死。太子是一国的储君，是皇位的法定继承人，贤良与否，事关重大。李承乾虽因不听规劝终遭废黜，但贞观君臣对教诫太子的高度重视还是值得称道的。

【原文】贞观五年，李百药为太子右庶子。时太子承乾颇留意《典》《坟》①，然闲宴之后②，嬉戏过度。百药作《赞道赋》以讽焉③，其词曰：

"下臣侧闻先圣之格言，尝览载籍之遗则。伊天地之玄造④，洎皇王之建国，日人纪与人纲⑤，资立言与立德。履之则率性成道⑥，违之则罔念作忒⑦。望兴废如从钩⑧，视吉凶如缫⑨。至乃受图膺箓⑩，握镜君临⑪。因万物之思化，以百姓而为心。体大仪之潜运⑫，阅往古于来今。尽为善于乙夜，惜勤劳于寸阴。故能释层冰于瀚海⑬，变寒谷于蹛林⑭。总人灵以胥悦，极穹壤而怀音⑮。"

【注释】①《典》《坟》：是《五典》《三坟》的简称，夏商之前的古文献资料，已失传。

这里借指各种古代文籍。②闲宴:悠闲安逸。③讽:指用含蓄的话批评或劝告。④伊:用在某些词语前面,表示加强语气。玄造:犹造化。⑤人纪、人纲:人之纲纪。指立身处世的道德规范。⑥履:实行,执行。率性:尽情任性。成道:成就道德。⑦罔念:谓不思为善。忒:差错。这里指走向邪路。⑧从钧:顺从天意。钧,上天。⑨绳索。这里引申为缠绕联结。⑩受图膺箓:承受天命。图,河图。膺,受。箓,符命。图、箓都是古代天子将兴的符应。⑪握镜:执持明镜。喻帝王受天命,怀明道。⑫大仪:太极。指形成天地万物的混沌之气。潜运:悄悄运转。⑬瀚海:蒙古大沙漠的古称。⑭蹛林:匈奴秋社之处。匈奴土俗,秋社绕林木而会祭,故称。这里借指匈奴。蹛,绕,环绕。⑮穹壤:指天地。

【译文】贞观五年(631),李百药任太子右庶子。当时,太子李承乾对《五典》《三坟》等古代典籍兴趣浓厚,然而在悠闲的时候,却嬉游过度。于是,李百药就写了一篇《赞道赋》来劝谕太子。赋中说:

"下臣听说过前代圣贤的格言,浏览过古代典籍的遗训。自天地开辟,皇王建立国家,就有人伦纲纪,用来帮助树立言论和德行。实行它就能成就道德,违背它就可能走向邪路。看国家的兴废如同顺从天意,观人事的吉凶如同缠绕联结。于今我大唐国君承受天命,胸怀明道,君临天下。必须按照万物的规律办事,要以百姓的利益作为根本。体察天地运行的规律,纵览古今的历史经验。要孜孜不倦地日夜做善事,勤劳治政,珍惜光阴。因此能让瀚海中的冰雪融化,让边远寒冷的林变为阳春。让海内百姓都欢欣喜悦,让天下都传颂皇帝的美好名声。"

【原文】"赫矣圣唐,大哉灵命①,时维大始,运钟上圣②。天纵皇储,固本居正;机悟宏远,神姿凝映。顾三善而必弘③,祗四德而为行④。每趋庭而闻礼,常问寝而资敬。奉圣训以周旋,天文之明命⑤。迈观乔而望梓⑥,即元龟与明镜⑦。自大道云革⑧,礼教斯起,以正君臣,以笃父子。君臣之礼,父子之亲,尽情义以兼极,谅弘道之在人。岂夏启与周诵,亦丹朱与商均。既雕且琢,温故知新。惟忠与敬,曰孝与仁。则可以下光四海,上烛三辰⑨。昔三王之教子,兼四时以齿学;将交发于中外,乃先之以礼乐。乐以移风易俗,礼以安上化人。非有悦于钟鼓,将宣志以和神。宁有怀于玉帛,将克己而庇身。生于深宫之中,处于群后之上⑩,未深思于王业,不自珍于匕鬯⑪。谓富贵之自然,恃崇高以矜尚。必恣骄狠,动愆礼让。轻师傅而慢礼仪,狎奸谄而纵淫放。前星之耀遽隐⑫,少阳之道斯谅⑬。虽天下之为家,蹈夷险之非一。或以才而见升,或见谗而受黜。足可以省厥休咎⑭,观其得失。……致庶绩于咸宁,先得人而为盛。帝尧以则哲垂谟⑮,文王以多士兴咏。取之于正人,鉴之于灵镜。量其器能,审其检行。必宜度机而分职,不可违方以从政。若其惑于听受,暗于知人,则有道者咸屈,无用者必伸。谗谀竞进以求媚,玩好不召而自臻。直言正谏,以忠信而获罪;卖官鬻爵⑯,以货贿而见亲。于是亏我王度,斁我彝伦⑰。九鼎遇奸回而远逝,万姓望抚我而归仁。

盖造化之至育,惟人灵之为贵。"

【注释】①灵命:犹天命。②运:运气。钟:逢。③三善:指臣事君、子事父、幼事长的三种道德规范。④祗:敬。四德:《易》以元、亨、利、贞为四德。《文言》曰:"元者,善之长也;亨者,嘉之会也;利者,义之和也;贞者,事之干也。君子体仁,足以长人;嘉会,足以合礼;利物,足以和义;贞固,足以干事。君子行此四德者,故曰:乾,元亨利贞。"《子夏传》曰:"元,始也。亨,通也。利,和也。贞,正也。言乾禀纯阳之性,故能首出庶物,各得元始、开通、和谐、贞固,不失其宜。是以君子法乾而行四德。"⑤天文:此处意同圣旨。明命:圣明的命令。⑥迈观乔而望梓:意谓奉行父子之道。迈,行。乔、梓,《尚书大传·梓材》曰:"伯禽与康叔见周公,三见而三笞之。康叔有骇色,谓伯禽曰:'有商子者,贤人也。与子见之。'乃见商子而问焉。商子曰:'南山之阳有木焉,名乔。'二三子往观之,见乔实高高然而上,反以告商子。商子曰:'乔者,父道也。南山之阴有木焉,名梓。'二三子复往观焉,见梓实晋晋然而俯,反以告商子。商子曰:'梓者,子道也。'"乔木高,梓木低,比喻父位尊,子位下,后因以"乔梓"比喻父子。⑦元龟:比喻可资借鉴的往事。晋刘琨《劝进表》云:"前事之不忘,后事之元龟也。"⑧大道:这里指最高的治世原则,包括伦理纲常等。革:变革。⑨三辰:谓日、月、星。⑩群后:指众诸侯王。⑪匕鬯:《易·震》云:"震惊百里,不丧匕鬯。"王弼注:"匕,所以载鼎实;鬯,香酒。奉宗庙之盛也。"后因代指宗庙祭祀。这里指代宗庙,转指国家政权。⑫前星:《汉书·五行志下》:"心,大星,天王也。其前星,太子;后星,庶子也。"后因以"前星"指太子。⑬少阳:东宫,太子所居。后以此指太子。⑭休咎:吉与凶,祸与福。⑮则哲:《尚书·皋陶谟》:"知人则哲,能官人。"后以"则哲"谓知人。垂谟:垂视法则。⑯鬻狱:受贿而枉断官司。⑰斁:败坏。彝伦:指伦常。

【译文】"显赫繁盛的大唐,崇高的天命,当创业的开始,上圣遇上了好机运。皇太子天资聪明,根基牢固,心地纯正;机智深远,英姿照人。念'三善'而必弘扬,敬'四德'而为之实行。每当经过中庭听到父王关于礼仪的教诲,常常问候起居以表敬爱。依照圣人的训导来待人接物,使圣人的旨意发扬光大。遵行父子之道,作为自己立身行事的准则和借鉴。自从大道变革,礼教兴起,端正了君臣之间的道义,笃厚了父子之间的情义。君臣之间的礼法和父子之间的亲情,充满情义而达到极点,但能否弘扬大道,完全在于个人。怎么能说夏启和周诵这样的贤太子与丹朱和商均这样的不肖之子一样呢?所以要精雕细刻,温故知新。只要拥有忠、敬、孝、仁,就可以下照四海,上耀日月星三辰。过去三王教育子弟,按照年龄、四季顺序就学;将让太子出宫就位,就要先以礼乐教化。乐可以移风易俗,礼可以安定社稷、教化百姓。学乐并不是为了听钟鼓之音,而是为了抒发心志、和悦精神。不是为了客啬玉帛,而是要用礼来克制私欲,保全自身。生长在深宫之中,位处于诸王之上;未曾深思过帝业的艰难,不能珍惜自己的国家。反而认为富贵荣华来于自然,自恃地位崇高而骄矜自大。一定会放纵骄横，动则丧失礼让。轻视师傅，简慢礼仪，亲近奸邪而放纵淫逸。这样，太子的光辉就会遽然隐没，德行就会受到影响。虽然太子以天下为家，但遭遇的安危却有所不同。有的会因为才德兼备而升登帝位，有的会遭到谗言诋毁而被废黜。这些完全可以从中看出吉凶，祸福，成败，得失。……要想朝政处理得当，天下安定，必须先得人才才能兴盛。帝尧知人并能成为后世典范，文王以人才众多而为后人传颂。从正直的人中选拔人才，用'灵镜'来加以鉴别。衡量他们的才能，审查他们的德行。一定要根据他们的具体情况来分派职务，不可违反制度使其参政。如果被传闻所迷惑，没有看清人的本性，就会造成有道德有本领的人受冤屈，而卑鄙无能之人一定会得逞。这样一来，那些善于诌谀的人竞相溜须拍马，游手好闲的人不请自来。那些直言诤谏的人士，会因为忠信而获罪；那些卖官枉法的不良之辈，就会因为贿赂而受到亲近。于是就会毁坏法度，败坏伦常。国家就会败亡在奸人的手中，百姓就会盼望我来安抚而归于仁义。天生万物，只有人最为贵。"

【原文】贞观十三年，太子右庶子张玄素以承乾颇以游畋废学，上书谏曰：

"臣闻皇天无亲，惟德是辅，苟违天道，人神同弃。然古三驱之礼①，非欲教杀，将为百姓除害。故汤罗一面，天下归仁②。今苑内娱猎，虽名异游畋，若行之无恒③，终亏雅度。且傅说曰：'学不师古，匪说攸闻④。'然则弘道在于学古，学古必资师训。既奉恩诏，令孔颖达侍讲，望数存顾问⑤，以补万一。仍博选有名行学士，兼朝夕侍奉。览圣人之遗教，察既往之行事，日知其所不足，月无忘其所能，此则尽善尽美。夏启、周诵焉足言哉！夫为人上者，未有不求其善，但以性不胜情，耽惑成乱⑥。耽惑既甚，忠言尽塞，所以臣下苟顺，君道渐亏。古人有言：'勿以小恶而不去，小善而不为。'故知祸福之来，皆起于渐⑦。殿下地居储贰，当须广树嘉猷⑧。既有好畋之淫，何以主斯匕鬯？慎终如始，犹恐渐衰，始尚不慎，终将安保！"

【注释】①三驱：古王者田猎之制。谓田猎时须让开一面，三面驱赶，以示好生之德。一说，田猎一年以三次为度。②汤罗一面，天下归仁：意谓张布罗网仅止一面，天下都归服于他的仁义。据《史记》记载，商汤出猎时，见四面张网，恐禽兽被杀绝，于是就命令撤去三面之网，并祷告说："想往左就往左，想往右就往右，不听话的就进入罗网。"商汤因仁慈而赢得天下之心。③无恒：无常。这里指没有节制。④学不师古，匪说攸闻：意谓在学习上不师法古代圣贤，我还不曾听说过。语出《尚书·商书·说命》。原文为："学于古训乃有获。事不师古，以克永世，匪说攸闻。"匪，通"非"。攸，所。⑤顾问：咨询。⑥耽惑：犹迷惑。⑦渐：慢慢地，一点一点地，一步一步地。⑧嘉猷：治国的好规划。这里指好的德行。

【译文】贞观十三年(639)，太子李承乾因为常常打猎荒废学业，太子右庶子张玄素上书规谏说：

"臣听说，苍天对人不分亲疏，只佑助有德之人，如果有人违背天意，人和神都要抛弃他。古代对打猎所规定的'三驱'之礼，不是教人嗜杀，而是要为百姓除害。所以商汤打猎时，张布罗网仅止一面，天下都归服于他的仁义。如今殿下在宫苑里打猎玩乐，名义上虽然和出外游猎有所区别，但是如果没有节制，终究有伤您儒雅的气度。况且傅说曾经说过：'在学习上不师法古代圣贤，我还不曾听说过。'既然如此，弘扬道德就应该学习古礼，而学古必须依靠师傅的训导。既然已经奉圣上恩诏，令孔颖达为太子讲解经书，就希望殿下常常能以事咨询，万一有所不足可以弥补。还应该广泛选择一些有德行的饱学之士，早晚侍读。可以多学习些圣人的遗教，经常审查自己以往的言行，每天都能知道自己的不足之处，每个月不忘自己学会的东西，这样就会尽善尽美了。夏启、周诵又有什么值得称道的！作为君主，没有不愿意追求美德的，只是因为有时理智不能克制情欲，沉溺迷惑才造成昏乱。如果沉溺迷惑得厉害了，就会听不进忠言，因此臣下随意附和，国君之道就会逐渐亏损。古人曾说过：'不要因为过错很小就不去改正，也不要因为善事很小就不屑去做。'因此要知道祸福的发生，都是从小事慢慢地开始的。殿下身居太子的地位，应当广泛建树好的德行。已经养成嗜好游猎的毛病，将来如何担起主持朝政的重任？谨慎从事，至终如始，尚且担心有时会慢慢地懈怠，如果一开始就不慎重，又怎能保持到最后！

仁义篇第十三

【题解】

在本篇中，主要是记载了唐太宗主张"以仁义诚信为治"的治国主张。唐太宗认为，自古以来用仁义治国的，国家气运就会长久。所以他认为"为国之道，必须抚之以仁义，示之以威信，因人之心，去其苛刻，不作异端，自然安静"，"行仁义则灾害不生"。唐太宗"君道"学说的核心内容是传统儒家的仁政和仁义思想，这也是他当政后推行让步政策、宽简刑罚、轻徭薄赋的理论基础。本篇和下面的《崇儒学》等篇，都反映了唐初统治者尊崇儒学、重视道德教化、主张省刑慎罚、以仁义治天下的思想。

【原文】贞观二年，太宗谓侍臣曰："朕谓乱离之后，风俗难移。比观百姓渐知廉耻，官人奉法，盗贼日稀，故知人无常俗，但政有治乱耳。是以为国之道，必须抚之以仁义，示之以威信，因人之心，去其苛刻，不作异端①，自然安静。公等宜共行斯事也！"

【注释】①异端：指违背正道的事情。

【译文】贞观二年(628)，太宗对身边的大臣们说："我认为在国家乱离之后，社会风气很难在短时间内变好。近来看到百姓都逐渐懂得了廉耻，官吏百姓都能奉公守法，盗贼日渐减少，从而知道人没有一成不变的风俗，只是施政有治乱好坏的区别。所以，治国之道，必须用仁义来安抚百姓，向他们展示威严和诚信，要顺应民心，废除严刑酷法,不做违背正道的事情,天下自然就安定平静。你们应当共同努力做好这件事!"

【原文】贞观十三年,太宗谓侍臣曰:"林深则鸟栖,水广则鱼游,仁义积则物自归之。人皆知畏避灾害,不知行仁义则灾害不生。夫仁义之道,当思之在心,常令相继,若斯须懈怠①,去之已远。犹如饮食资身,恒令腹饱,乃可存其性命。"

【注释】①斯须:片刻。

【译文】贞观十三年(639),太宗对身边的大臣们说:"树林茂密了鸟儿就会来栖息,江湖广阔了群鱼就会来游弋,仁义积累得深厚了百姓就自然会来归顺。人们都知道躲避灾害,但不知道施行仁义就能使灾害不发生。仁义之道应该牢记在心,经常让它持续不断,如果有片刻懈怠,就会远离仁义。这就好像人饮食是为了保养身子,经常使肚子吃饱,才可以维持生命。"

忠义篇第十四

【题解】

在本篇中,主要记载了唐太宗立意要表彰宣传的对封建君王效愚忠的言行。如冯立之对于隐太子、姚思廉之对于隋代王,都被认为是值得嘉许的。就连唐太宗贞观十九年(645)久攻辽东安市城不下,也要"嘉安市城主坚守臣节,赐绢三百匹,以劝励事君者"。同时还一再下令表彰历代那些"固守忠义,克终臣节"的官吏及其子孙,以此鼓励当代和后世一切臣民誓死效忠君王。又如唐太宗十分欣赏春秋战国时卫懿公的臣子弘演,此人竟忠义到"自出其肝,而内懿公之肝于其腹中"的程度。他感慨地说:"今觅此人,恐不可得。"而魏徵则认为忠义应是君臣双方面的事,他以当年豫让之语对之:"臣昔事范、中行,范、中行以众人遇我,我以众人报之。智伯以国士遇我,我以国士报之。"所以"在君礼之而已,亦何谓无人焉"。这是魏徵替唐太宗设计的培育忠臣的途径。但是,这里的"忠诚"乃是封建社会皇帝对臣子提出的道德要求,其真实意图就是想通过襃扬历代忠臣来激励大臣们对自己的效忠,我们今天必须用批判的眼光来阅读这些文章。

【原文】贞观十一年,太宗谓侍臣曰:"狄人杀卫懿公①,尽食其肉,独留其肝。懿公之臣弘演呼天大哭,自出其肝,而内懿公之肝于其腹中②。今觅此人,恐不可得。"

特进魏徵对曰:"在君待之而已,昔豫让为智伯报雠③,欲刺赵襄子④。襄子执而获之,谓之曰:'子昔不事范、中行氏乎⑤?智伯尽灭之,子乃委质智伯,不为报雠;今即为智伯报雠,何也?'让答曰:'臣昔事范、中行,范、中行以众人遇我,我以众人报之。智伯以国士遇我⑥,我以国士报之。'在君礼之而已,亦何谓无人焉?"

【注释】①狄人:中国古代北方的游牧民族。"狄"亦称翟。狄人部落众多,春秋时以赤狄、白狄、长狄最著。卫懿公:名赤,卫惠公之子,卫康叔十代孙,卫都朝歌人。卫懿公嗜好养鹤,公元前660年冬,北方狄人攻卫,到荥泽时,卫懿公发兵抵抗,大臣说:"君好鹤,鹤可令击狄。"卫懿公向国人"受甲",国人说:"叫鹤去抵抗敌人吧,我们哪里能够打仗呢!"卫懿公无奈便带少数亲信赴荥泽迎敌,结果兵败被杀。②内:同"纳",放入。③豫让:春秋战国时晋国人。晋出公二十二年(前453),赵、韩、魏共灭智氏。豫让用漆涂身,吞炭使哑,暗伏桥下,谋刺赵襄子未遂,后为赵襄子所捕。临死时,求得赵襄子衣服,拔剑击斩其衣,以示为主复仇,然后伏剑自杀。见《史记·刺客列传》。智伯:名瑶,又称智囊子。智氏世为晋大夫,智伯系荀首五世孙,春秋末年晋国六卿(智氏、韩氏、赵氏、魏氏、范氏、中行氏)之一。智伯在很短时间内使智氏盛极一时,超过根基深厚的韩、赵、魏三家,但由于他"贪而愎",盲目自信,急于求功,不能审时度势,最终被韩、赵、魏三家联手所灭。④赵襄子:名无恤,一作"毋恤",赵鞅(赵简子)之子。赵鞅去世,他接任其位担任晋国的六卿之一。公元前454年,与智瑶发生冲突,被围困在晋阳近一年,由部下张孟谈奇迹般地说服了智瑶的韩、魏盟军,突然向智瑶反攻,击斩智瑶。从此奠定三家分晋的基础。⑤范、中行氏:即范氏和中行氏,皆为春秋末年晋国六卿之一。公元前458年,范氏、中行氏被智氏、韩氏、赵氏、魏氏联手所灭,其封地被四家瓜分。⑥国士:一国中才能优秀的人物。

【译文】贞观十一年(637),太宗对身边的大臣们说:"狄人杀了卫懿公,吃光了他的肉,只留下他的肝。卫懿公的臣子弘演呼天大哭,挖出自己的肝,把卫懿公的肝放进自己腹中。如今要寻找这样的人,恐怕已经找不到了。"

特进魏徵说:"这也要看君主对待臣下的态度,从前豫让为智伯报仇,想刺杀赵襄子。赵襄子抓住他,问他说:'你从前不是侍奉范氏、中行氏吗?智伯将他们都灭掉了,你反而投靠了智伯,不为他们报仇;现在你却要为智伯报仇,这是为什么呢?'豫让回答说:'臣以前侍奉范氏、中行氏,范氏和中行氏以普通人对待我,所以我也像报答普通人那样来报答他们。智伯以国士一样对待我,我也要用国士的作为来报答他。'这关键是看国君如何对待臣子,怎么能说这样的忠臣现在就没有了呢?"

孝友篇第十五

【题解】

忠、孝在不同的时代有着不同的含义。在古代,即指忠于国君,孝于父母,是古人看重的两条最高道德标准,"孝子之门,忠义存焉",这是儒家的观点,也是历代推崇孝道的原因。本篇列举了房玄龄、虞世南、韩王李元嘉、霍王李元轨及突厥人史行昌五个人对行孝、友悌的故事,以及唐太宗对他们的赞扬和赏赐,反映出李世民对儒家的封建伦理道德始终持赞许和提倡的态度,其目的就是要求臣下对封建君主必须忠心不二,以维护其对人民的统治。同时也是"贞观之治"中尊崇儒学、重视教化的具体体现。

【原文】司空房玄龄事继母,能以色养①,恭谨过人。其母病,请医人至门,必迎拜垂泣。及居丧,尤甚柴毁②。太宗命散骑常侍刘泊就加宽譬③,遗寝床、粥食、盐菜。

【注释】①色养:谓承顺父母颜色。后因称人子和颜悦色奉养父母或承顺父母颜色为"色养"。②柴毁:谓居丧哀甚,瘦损如柴。③宽譬:宽慰劝解。

【译文】司空房玄龄侍奉继母,能够承顺父母和颜悦色,恭谨的态度超过常人。他继母生病,请来的医生到了门前,一定流泪迎拜。到了办丧事的时候,房玄龄十分悲伤,以至于骨瘦如柴。太宗派散骑常侍刘泊前去宽慰劝解,并赠给他寝床、粥食和盐菜。

【原文】贞观中,有突厥史行昌直玄武门①,食而舍肉,人问其故,曰:"归以奉母。"太宗闻而叹曰:"仁孝之性,岂隔华夷?"赐尚乘马一匹②,诏令给其母肉料。

【注释】①史行昌:人名。姓史名行昌。突厥族人本姓"阿史那",进入中原后改汉姓"史"。②尚乘:即指尚乘局,官署名。管理皇家马匹的官署。隋炀帝置,为殿内省六尚局之一。唐因其制。

【译文】贞观年间,有个名叫史行昌的突厥人在玄武门值班,吃饭时挑出菜里的肉不吃,有人问他是什么缘故,他回答说:"拿回家侍奉母亲。"太宗听了以后感叹地说:"仁孝的品性,哪里会有华夏与四夷的区别呢?"于是赐给他尚乘局的马一匹,并诏令给他母亲供应肉食。

公平篇第十六

【题解】

本篇以"公平"命名,主要是阐述君王处理政事,贵在公正平允。"私僻之径渐开,至公之道日塞,往来行路,咸知之矣。邦之兴衰,实由斯道。为人上者,可不勉乎?"处事不公正,奸邪之徒就有机可乘,正直的人难免受冤枉;处事公平,钻营的人就没有得逞的机会。所以"圣君任法不任智,任公不任私"。房玄龄说:"理国要道,在于公平正直,故《尚书》云:'无偏无党,王道荡荡。无党无偏,王道平平。'又孔子称,'举直错诸枉,则民服'。"而要达到公正平允,就必须提高人们的道德修养,"德者,所以循己也;威者,所以治人也。民之生也,犹铄金在炉,方圆薄厚,随镕制耳!是故世之善恶,俗之薄厚,皆在于君。"所以魏徵又引用《潜夫论》进谏太宗说:"人君之理,莫大于道德教化也。民有性、有情、有化、有俗。情性者,心也,本也;俗化者,行也,末也。是以上君抚世,先其本而后其末,顺其心而履其行。心情苟正则奸慝无所生,邪意无所载矣。"唐太宗在多数情况下尚能做到赏罚不以亲疏为据,而以礼法为度,赏不避仇,罚不避亲。可以说政治教化是推行至公之道的关键,如此久而久之,吏治与社会风气就会焕然一新。但从贞观十年(636)以后,他的骄傲情绪日益滋长,处事常有不当,这在本篇末尾收录的魏徵的长篇谏书中有明确的反映。

【原文】贞观二年,太宗谓房玄龄等曰:"朕比见隋代遗老,咸称高颎善为相者①,遂观其本传,可谓公平正直,尤识治体。隋室安危,系其存没。炀帝无道,枉见诛夷,何尝不想见此人,废书钦叹!又汉、魏已来,诸葛亮为丞相,亦甚平直,尝表废廖立、李严于南中②。立闻亮卒,泣曰:'吾其左衽矣③!'严闻亮卒,发病而死。故陈寿称④:'亮之为政,开诚心,布公道,尽忠益时者,虽仇必赏;犯法怠慢者,虽亲必罚。'卿等岂可不企慕及之?朕今每慕前代帝王之善者,卿等亦可慕宰相之贤者。若如是,则荣名高位,可以长守。"

玄龄对曰:"臣闻理国要道,在于公平正直,故《尚书》云:'无偏无党,王道荡荡。无党无偏,王道平平。'又孔子称'举直错诸枉,则民服⑤'。今圣虑所尚,诚足以极政教之源,尽至公之要,囊括区宇,化成天下。"

太宗曰:"此直朕之所怀,岂有与卿等言之而不行也?"

【注释】①高颎(? ~607):字昭玄,渤海蓚(今河北景县东)人,隋朝杰出的政治家、军事家、谋臣。"少明敏,有器局,略涉书史,尤善辞令"(《隋书·高颎列传》)。凭借自己敏锐的判断力,在北周末年,投靠杨坚,辅佐杨坚建立隋朝,成为隋朝开国功臣。杨坚称帝后,知高颎知兵事,多计谋,任命为尚书左仆射兼纳言。开皇八年(588)隋朝以晋王广为元帅伐陈,任元帅长史,指挥全军一举灭陈,完成南北统一,功封齐国公。高颎反对立次子杨广为太子,因高颎之女是杨勇的妻子,杨坚认为是高 在为私利,被文帝疏忌失权,开皇十九年(599)免官。大业三年(607),对炀帝的奢侈有所非议,为人告发,与贺若弼同时被杀。②廖立:字公渊,武陵临沅(今湖南常德)人。蜀汉之臣,刘备在赤壁之战后,占据了荆州,开始细心地寻访人才。经诸葛亮推荐,廖立历任长沙太守、巴郡太守、侍中、长水校尉。诸葛亮曾言:"庞统、廖立,楚之良才。"后因流露出对职位不满而被流放,在流放地得知诸葛亮的死讯,流下了眼泪。李严:字正方,荆州南阳(今河南南阳)人。以办事干练著称,官至中都护、骠骑将军、都乡侯,历任诸县郡不辱使命。李严的胆识和军事才能都十分杰出,对蜀汉政权的忠诚亦不容怀疑。诸葛亮北伐,李严督运粮草,但办事不力致使蜀军北伐被迫停止。后被罢官流放梓潼郡。建兴十二年(234),李严闻知诸葛亮逝世,认为后人不会给他起用的机会,于是气愤病死。南中:泛指我国川南、云、贵一带。③左衽:衣襟向左掩。披头散发,衣襟左开,借指亡国而异族入侵为主。语出《论语·宪问》:"微管仲,吾其被发左衽矣。"④陈寿(233~297):字承祚,西晋巴西安汉(今四川南充)人。少好学,师事同郡学者谯周,在蜀汉时曾任卫将军主簿、东观秘书郎、观阁令史、散骑黄门侍郎等职。当时,宦官黄皓专权,大臣都曲意附从。陈寿因为不肯屈从黄皓,所以屡遭遣黜。入晋以后,历任著作郎、长平太守、治书侍御史等职。280年,晋灭东吴,结束了分裂局面。陈寿当时四十八岁,开始撰写《三国志》。⑤举直错诸枉,则民服:意谓任用正直的人士而废弃邪恶的小人,百姓就会心悦诚服。语出《论语·为政》。

【译文】贞观二年(628),太宗对房玄龄等人说:"我近来看到隋朝的一些遗老,都称赞高颎善于做宰相,于是我就看了他的传记,确实可以称得上公平正直,尤其懂得治国之道。隋朝的安与危,与他的生死有着很大的关系。隋炀帝无道,他被枉杀,他何尝不想能见到这个人,不由得放下书本为他感叹!汉魏以来,诸葛亮做丞相,也很公平正直,他曾上表建议废黜廖立、李严,并将他们流放到南中。诸葛亮死后,廖立听到这个消息后,哭着说:'我们要亡国而异族入侵为主了!'李严听说诸葛亮逝世,竟生病死去。所以陈寿说:'诸葛亮处理政务,推诚布公,凡是忠心为国的,即使是仇人也一定奖赏;凡是违反法纪、玩忽职守的,即使是亲人也一定惩罚。'你们岂能不仰慕学习他们呢?我如今很美慕前代的圣明帝王,你们也应该仰慕前代的贤良宰相。假若能够这样做,那么荣耀的名誉和崇高的爵位就能长久保持了。"

房玄龄回答说:"臣听说,治理国家的关键,确实在于公平正直,所以《尚书》上说:'不结党营私,王道浩浩荡荡。不结党营私,王道平平坦坦。'还有孔子说:'任用正直的人士而废弃邪恶的小人,百姓就会心悦诚服。'现在圣上所考虑和倡导的,确实可以当作政治教化的根本、推行至公之道的关键,可以囊括宇宙,成就天下的教化。"

太宗说:"这正是我心中所想的,怎能只跟你们说说却不去实行呢?"

【原文】贞观十一年,时屡有阉宦充外使①,妄有奏。事发,太宗怒。

魏徵进曰:"阉竖虽微,狎近左右,时有言语,轻而易信,浸润之谮②,为患特深。今日之明,必无此虑,为子孙教,不可不杜绝其源。"

太宗曰:"非卿,朕安得闻此语?自今已后,充使宜停。"

魏徵因上疏曰:"臣闻为人君者,在乎善善而恶恶③,近君子而远小人。善善明,则君子进矣;恶恶著,则小人退矣。近君子,则朝无秕政④;远小人,则听不私邪。小人非无小善,君子非无小过。君子小过,盖白玉之微瑕;小人小善,乃铅刀之一割⑤。铅刀一割,良工之所不重,小善不足以掩众恶也;白玉微瑕,善贾之所不弃,小疵不足以妨大美也。善小人之小善,谓之善善;恶君子之小过,谓之恶恶;此则蒿兰同臭,玉石不分,屈原所以沉江,卞和所以泣血者也⑥。既识玉石之分,又辨蒿兰之臭,善善而不能进,恶恶而不能去,此郭氏所以为墟⑦,史鱼所以遗恨也⑧。"

【注释】①阉宦:宦官。②浸润之谮:比喻暗中诽谤别人的坏话。③善善、恶恶:喜欢好的,厌恶坏的。善善,第一个"善"是动词,喜欢、称赞的意思。第二个"善"是名词,指好的人或事。恶恶,第一个"恶"是动词,是厌恶、憎恶的意思。第二个"恶"是名词,指坏的人或事。④秕政:弊政。指不良的有害的政治措施。⑤铅刀之一割:语出《后汉书·班超传》:"况臣奉大汉之威,而无铅刀一割之用乎?"意谓铅刀虽不锋利,偶尔用得得当,也能割断东西。比喻才能平常的人有时也能有点用处。多作请求任用的谦词。⑥卞和:春秋楚人。相传他得玉璞,先后献给楚厉王和楚武王,都被认为欺诈,受刑砍去双脚。楚文王即位,他抱璞哭于荆山下,文王使人琢璞,得宝玉,名为"和氏璧"。⑦郭氏:这里指春秋时小国郭国,后为齐所灭。本书《纳谏》第一章云:"臣闻于《管子》曰:'齐桓公之郭国,问其父老曰:"郭何故亡?"父老曰:"以其善善而恶恶也。"桓公曰:"若子之言,乃贤君也,何至于亡?"父老曰:"不然,郭君善善而不能用,恶恶而不能去,所以亡也。'"⑧史鱼:春秋时卫国大夫,以直谏著名。史鱼曾劝告卫灵公要重用蘧伯玉,不可用弥子瑕,但卫灵公没有听他的话。史鱼将这件事当成了一块心病。等到史鱼得病快死的时候,他对他的儿子说:"我在卫国,不能推荐蘧伯玉、贬退弥子瑕,这是我作为臣子的失职。我活着的时候不能帮助君主行正道,那么死了之后,也不能根据礼的规定来埋我。所以,我死以后,你把我的尸体放在窗户边,对我来说就够了。"史鱼的儿子按照他说的做了。卫灵公来吊丧,看到这种情况后,觉得很奇怪,便问其中的原因。史鱼的儿子把他父亲说的话告诉了卫灵公。卫灵公惊愕得容颜失色,深为感动。于是,叫人把史鱼埋了,并且提拔了蘧伯玉,贬退了弥子瑕。

【译文】贞观十一年(637),当时常有宦官充当使者外出办事的,他们往往有一些虚妄的奏议。事情败露后,太宗大怒。

魏徵进谏说:"宦官的地位虽然低微,但经常侍奉在天子左右,常常在君主面前说些话,很容易让君主相信,那些暗中诽谤别人的坏话,会造成很大的危害。如今陛下圣明,当然不必有此顾虑,但为了教育子孙后代,不能不杜绝这个祸源。"

太宗说:"不是你魏徵,我怎能听到这样的话?从今以后,停止宦官充使的事。"

魏徵因而上书说:"臣听说做国君的关键在于喜欢好的而厌恶坏的,接近君子而疏远小人。鲜明地喜欢好人好事,君子就会进用;明确地反对恶人恶事,小人就会退避。亲近君子,朝政就不会出什么弊政;疏远小人,听取意见就不会偏信谮言。但小人也并非没有一点小的长处,君子也不是没有一点小的过错。君子小的过错,就好像是白玉上小的瑕疵;小人的一点长处,就好像用铅刀割一下的效果。铅刀割一次的效果,是不会被好的工匠所重视的,因为一点小的长处掩盖不了大的缺点;白玉虽然会有小瑕疵,但精明的商人是不会丢弃它的,因为小的瑕疵不足以妨碍美玉整体的美质。如果喜欢小人的一点长处,就算是喜欢好人好事;讨厌君子的一点过失,就算是讨厌坏人坏事;这就是将野蒿与香兰的气味同样看待,将美玉和石头不加区分,这就是屈原投江而死、卞和哭得眼里流血的原因。既然能够区别美玉和石头,又能分辨野蒿和兰草的气味,但喜欢好人而不能任用,讨厌恶人又不能驱逐,这正是郭国之所以灭亡,史鱼之所以遗恨尸谏的原因啊!"

【原文】"陛下聪明神武,天姿英睿,志存泛爱,引纳多涂①;好善而不甚择人,疾恶而未能远佞。又出言无隐，疾恶太深，闻人之善或未全信，闻人之恶以为必然。虽有独见之明，犹恐理或未尽。何则？君子扬人之善，小人讦人之恶。闻恶必信，则小人之道长矣；闻善或疑，则君子之道消矣[2]。为国家者，急于进君子而退小人，乃使君子道消，小人道长，则君臣失序，上下否隔[3]，乱亡不恤，将何以理乎？且世俗常人，心无远虑，情在告讦，好言朋党[4]。夫以善相成谓之同德，以恶相济谓之朋党，今则清浊共流，善恶无别，以告讦为诚直，以同德为朋党。以之为朋党，则谓事无可信；以之为诚直，则谓言皆可取。此君恩所以不结于下，臣忠所以不达于上。大臣不能辩正，小臣莫之敢论，远近承风，混然成俗，非国家之福，非为理之道。适足以长奸邪，乱视听，使人君不知所信，臣下不得相安。若不远虑，深绝其源，则后患未之息也。今之幸而未败者，由乎君有远虑，虽失之于始，必得之于终故也。若时逢少瘠[5]，往而不返，虽欲悔之，必无所及。既不可以传诸后嗣，复何以垂法将来？且夫进善黜恶，施于人者也；古作鉴，施于己者也。鉴貌在乎止水[6]，鉴己在乎哲人。能以古之哲王，鉴己之行事，则貌之妍丑宛然在目，事之善恶自得于心，无劳司过之史[7]，不假刍荛之议。巍巍之功日著，赫赫之名弥远。为人君者可不务乎？"

【注释】①多涂：各种途径。涂，同"途"，途径。②消：减少，受损害。③否隔：亦作"否鬲"，隔绝不通。④朋党：为私利而勾结在一起的宗派。⑤时逢少瘠：碰上了混乱的世道。瘠，毁坏。这里引申指乱世。⑥鉴貌在乎止水：查看容貌要对照静止之水。鉴，古代用铜制成的镜子。这里用作动词，指观察。⑦司过：掌纠察群臣过失的官吏。

【译文】"陛下聪明威武，天资英明睿智，心存博爱，能从各种途径选拔人才；但是，陛下喜好贤才而不太善于选择人才，憎恨恶人而又未能疏远佞臣。而且说话毫不隐讳，疾恶太深。听说别人的优点，有时未必全信；听说别人的缺点，就以为一定是如此。虽然陛下有独到的见解，但仍恐怕不尽合理。为什么呢？因为君子是称赞别人的好处的，小人是攻击别人的缺点的。听说别人的缺点就深信不疑，这样小人攻讦的手段就会增长；听说别人的优点就将信将疑，这样君子扬善的途径就会减少。治理国家的人急于进用君子而斥退小人，却反而让君子扬善的途径减少，让小人攻讦的手段增长，这样就会使君臣之间失去正常的秩序，上下隔绝不通，国家乱亡，将用什么去治理国家呢？况且世俗常人心无远虑，喜欢攻击别人的短处，好说别人结党营私。其实用善互相成全叫作'同德'，用邪恶互相帮助叫作'朋党'，现在却清浊合流，善恶不分，把告讦攻击他人当作诚实正直，把同心同德看成是结党营私。把同心同德看成是结党营私，就认为他们所做的事没有什么可值得相信；把告讦攻击他人当作诚实正直，就认为他们所说的话都可以听取。这样就会使得国君的恩惠不能施于臣下，臣下的忠心也不能够表现给国君。对此大臣不能分辨纠正，小臣不敢随便议论，到处都承袭了这种不良风气，浑然成为习惯，这不是国家的福祉，也不是治国的方法。只能助长奸邪,混淆视听,使国君不知道什么可信,臣下不能相安无事。如果不深谋远虑,杜绝它的根源,后患将难以止息。当今之所以没有败亡的原因,是因为陛下有远见卓识,虽然刚开始时有些失误,但是最终将会有所得。如果碰上了混乱的世道,又不加以改正,即使后悔,也一定来不及了。这些既然不能传给后代,又拿什么示范将来?况且进用贤良、黜退奸邪,是针对别人的;以历史为借鉴,是针对自己的。观察容貌要对着静止的水来照,省察自己要对着圣哲之人来照。能够用古代的圣君贤王来对照自己的所作所为,那么自己面貌的美丑宛如就在眼前,事情的好坏自己心里就会明白,无须劳神史官来记载,也无须百姓来议论。巍巍大功日益显著,赫赫名声更加远扬,为人君主者能不致力于此吗?"

【原文】"臣闻道德之厚,莫尚于轩、唐①;仁义之隆,莫彰于舜、禹。欲继轩、唐之风,将追舜、禹之迹,必镇之以道德,弘之以仁义,举善而任之,择善而从之。不择善任能,而委之俗吏,既无远度,必失大体。惟奉三尺之律②,以绳四海之人,欲求垂拱无为③,不可得也。故圣哲君临,移风易俗,不资严刑峻法,在仁义而已。故非仁无以广施,非义无以正身。惠下以仁,正身以义,则其政不严而理,其教不肃而成矣。然则仁义,理之本也;刑罚,理之末也。为理之有刑罚,犹执御之有鞭策也。人皆从化,而刑罚无所施;马尽其力,则鞭策无所用。由此言之,刑罚不可致理,亦已明矣。故《潜夫论》曰④:'人君之理,莫大于道德教化也。民有性、有情、有化、有俗。情性者,心也,本也;俗化者,行也,末也。是以上君抚世,先其本而后其末,顺其心而履其行。心情苟正,则奸慝无所生,邪意无所载矣。是故上圣无不务理民心,故曰:"听讼,吾犹人也,必也使无讼乎。"道之以礼,务厚其性而明其情。民相爱,则无相伤害之意;动思义,则无畜奸邪之心。若此,非律令之所理也,此乃教化之所致也。圣人甚尊德礼而卑刑罚,故舜先敕契以敬敷五教⑤,而后任咎繇以五刑也⑥。凡立法者,非以司民短而诛过误也,乃以防奸恶而救祸患,检淫邪而内正道。民蒙善化,则人有士君子之心;被恶政,则人有怀奸乱之虑。故善化之养民,犹工之为曲豉也⑦。六合之民⑧,犹一荫也⑨,黔首之属⑩,犹豆麦也,变化云为⑪,在将者耳!遭良吏,则怀忠信而履仁厚;遇恶吏,则怀奸邪而行浅薄。忠厚积,则致太平;浅薄积,则致危亡。是以圣帝明王,皆敦德化而薄威刑也。德者,所以修己也;威者,所以理人也。民之生也,犹铄金在炉⑫,方圆薄厚,随镕制耳⑬!是故世之善恶,俗之薄厚,皆在于君。世主诚能使六合之内、举世之人,咸怀忠厚之情而无浅薄之恶,各奉公正之心而无奸险之虑,则醇酽之俗,复见于兹矣。'后王虽未能遵古,专尚仁义,当慎刑恤典,哀敬无私,故管子曰:'圣君任法不任智,任公不任私。'故王天下,理国家。"

【注释】①轩、唐:指轩辕氏(黄帝)和陶唐氏(尧帝)。②三尺之律:据文献记载,古时把法律条文写在三尺长的竹简上,故称法律为"三尺之律"。但出土实物并非如此,有时法律条文也并不都写在三尺长的竹简上,如1973年在湖北云梦出土的《秦律》就写在长 23 厘米的竹简上,约合一尺长。③垂拱:垂衣拱手,谓不动手,不做什么事,就可以无为而治。④《潜夫论》:是东汉王符(节信)撰写的一部政论书籍。王符,字节信,安定临泾(今甘肃镇原)人。其生卒年月不可详考。大约生于东汉和帝、安帝之际,卒于桓帝、灵帝之际。少好学,有志操,与马融、窦章、张衡、崔瑗等人相友善。其活动在黄巾起义之前。当时东汉社会矛盾日趋尖锐和严重,朝政更加腐败黑暗,统治阶级的贪婪和残暴,再加上连年的自然灾害,使社会更加动荡不安,民不聊生。王符性情耿介,不苟同于世俗,于是终身不仕,隐居著书三十余篇,以抨击时政之得失,取名为《潜夫论》。《潜夫论》共三十六篇,多数是讨论治国安民之术的政论文章,少数也涉及哲学问题。他对东汉后期政治社会提出广泛尖锐的批判,涉及政治、经济、社会风俗各个方面,指出其本末倒置、名实相违的黑暗情形,认为这些皆出于"衰世之务",并引经据典,用历史教训警告当时的统治者。⑤敕契以敬敷五教:命契推行五教之义。五教,五常之教,指父义、母慈、兄友、弟恭、子孝五种伦理道德的教育。⑥五刑:中国古代的五种刑罚。最初为墨(将墨涂于犯人刺刻后的面额部)、劓(割去犯人的鼻子)、刖(弄断犯人之足)、宫(割去男犯生殖器,闭塞女犯生殖器)、大辟(对死刑的通称)五种。⑦曲豉:用大豆发酵制成的调味品,也叫豆豉。⑧六合:指上(天)、下(地)和东西南北四方,泛指天下或宇宙。⑨荫:庇护。⑩黔首:指平民百姓。⑪云为:指言论行为。⑫铄金:熔化金属。⑬镕:铸器使用的模型。

【译文】"臣听说道德的深厚,没有谁能赶得上黄帝和唐尧;仁义的崇高,没有谁能赶得上虞舜和夏禹。要想继承黄帝、唐尧的淳风,追上虞舜、夏禹的功绩,就必须用道德镇伏风俗,弘扬仁义,举用贤才,听从善言。如果不选择善人、任用能人,而把政事委托给俗吏,他们既无远见卓识,必定会丢失国家大体。只会拿法律条文去规范和苛求四海之内的百姓,想要做到无为而治的境界是不可能的。所以圣哲的国君治理天下,是靠移风易俗,不依靠严刑峻法,只是推行'仁义'而已。离了'仁'就无法广泛地施行恩德,离了'义'就无法端正自身。给臣下带来恩惠,用'义'来端正自身,这样,国家的政务不用严厉就能达到太平,国家的教化不用严峻就能有所成就。如此则仁义,是治国的根本;刑罚,为治国的末事。为了治国用刑罚,就像赶马车用鞭子。百姓们全都服从教化了,刑罚就无所施行了;马匹能自觉尽力了,鞭子也就没有什么用处了。由此而论,刑罚不能使国家太平的道理,也就很明显了。所以《潜夫论》中谈道:'国君的统治没有比道德教化更重要的。百姓有性、有情、有化、有俗。性与情是内心,是根本;教化与风俗是行动,是末节。所以圣明的国君治理天下,先是巩固根本,而后才做末节的事,是顺应民心来引导行动的。民众的心与情端正了,奸佞之事就无从产生,邪恶之事就无法存在。因此贤明的圣人没有不致力于治理民心的,所以孔子说:"审理案子,我也和别人一样,一定要做到使案件不再发生。"用礼来引导百姓,一定使民性民情淳厚清明。百姓互相敬爱,就不会有彼此伤害的意思;行动时想到义,就不会蓄积奸邪之心。像这些,都不是律令能做到的,这是通过道德教化所达到的。圣人都尊重仁义礼德而鄙视刑罚,所以舜帝先命契推行五教之义,然后再让咎繇实行五刑之法。大凡制定法律的原因,并不是为了纠察百姓的短处和惩治他们的过失,而是为了防范奸邪、避免祸患,肃清淫邪,使社会纳入正轨。百姓蒙受善政的教化,那么人人都会有君子一样的情怀;如果受到恶政的统治,那么人人都会产生邪恶不轨的念头。所以,用好的道德来教育百姓,就好像酿酒工匠做酒曲和豆豉一样。天下就如处于同一庇荫之下,百姓就好像酿酒的原料麦豆一样,他们的言论行为就全在于统治者的作为了!如果遇到好的官吏,他们就会胸怀忠信而努力践行仁义;如果遇到坏的官吏,他们就会心胸狭隘而行为浅薄。仁义忠信积累得深厚了,国家就会太平;奸邪浅薄的风气积累得深厚了,就会导致国家的危亡。所以圣明的国君都强调加强道德教化而鄙视严刑峻法。道德,是用来约束自己的;权威,是用来统治他人的。人们的生长过程就像金属在炉中冶炼,方圆薄厚都随铸器使用的模型来确定!所以,世道的善恶,风俗的薄厚,都取决于国君的作为。世上的国君果真能使天下的百姓都性情忠厚而无浅薄的恶习,各自都有奉公循正的心态,而没有奸邪阴险的想法,那么良好的社会风气就又可以重新出现。'后代的国君虽不能遵循这种古法,只是崇尚仁义,但也应当慎用刑罚,施行抚恤百姓的制度,力求公正无私,所以管子说:'圣明的国君是依赖法度而不依赖奸智,是听从公论而不曲从私见。'所以能够称王于天下,治理好国家。"

【原文】"凡听讼理狱,必原父子之亲,立君臣之义,权轻重之序,测浅深之量。悉其聪明,致其忠爱,然后察之,疑则与众共之。疑则从轻者,所以重之也,故舜命咎繇曰:'汝作士,惟刑之恤。'又复加之以三讯①,众所善,然后断之。是以为法,参之人情。故《传》曰②:'小大之狱,虽不能察,必以情。'而世俗拘愚苛刻之吏,以为情也者,取货者也。立爱憎者也,右亲戚者也,陷怨仇者也,何世俗小吏之情,与夫古人之悬远乎? 有司以此情疑之群吏,人主以此情疑之有司,是君臣上下通相疑也,欲其尽忠立节,难矣。"

【注释】①三讯:《周礼》以"三讯"判决庶民狱讼,一讯群臣,二讯群吏,三讯万民。形容对决狱的慎重。②《传》:指《左传》,语见《左传·庄公十年》。

【译文】"凡是听讼判案,必须推究父子之情,树立君臣之义,权衡罪行的大小,决定刑罚的重轻。要充分施展自己的聪明才智,发扬所有的忠厚仁爱,然后考察实行,若有疑难的地方就要与众人一起商量。有疑惑的就尽量从轻处理,这样做是表示慎重,所以舜对咎繇说:'你担任法官,就要怜恤刑狱。'还要加上向大臣、群吏和庶民多次查询,大家都认为正确,然后才能断案。这就是说,执法要参以人情。所以《左传》上说:'大小案件,即使不可能都审察得十分清楚,但断案的时候,一定要体恤人情。'而世俗中那些古板愚昧而又苛刻的官吏,认为所谓人情就是要索取贿赂,根据个人爱憎去断案,袒护亲戚,陷害仇人。为什么这种世俗小吏的想法,与古代圣人的人情相差得那么远呢?主管部门因为这种人情而怀疑官吏营私,国君又因为这种人情而怀疑主管官员舞弊,这样君臣上下相互猜疑,要想让臣子竭尽忠心,确立节操,那就难了。"

【原文】"凡理狱之情,必本所犯之事以为主,不严讯,不旁求,不贵多端,以见聪明,故律正其举劾之法,参伍其辞①,所以求实也,非所以饰实也。但当参伍明听之耳,不使狱吏锻炼饰理成辞于手②。孔子曰:'古之听狱,求所以生之也;今之听狱,求所以杀之也。'故析言以破律③,诋案以成法④,执左道乱政⑤,皆王诛之所以必加也。又《淮南子》曰⑥:'沣水之深十仞⑦,金铁在焉,则形见于外。非不深且清,而鱼鳖莫之归也。'故为政者以苛为察,以功为明,以刻下为忠,以讦多为功,譬犹广革,大则大矣,裂之道也。夫赏宜从重,罚宜从轻,君居其厚,百王通制。刑之轻重,恩之厚薄,见思与见疾,其可同日言哉!且法者,国之权衡也,时之准绳也。权衡所以定轻重,准绳所以正曲直。今作法贵其宽平,罪人欲其严酷,喜怒肆志,高下在心,是则舍准绳以正曲直,弃权衡而定轻重者也,不亦惑哉?诸葛孔明⑧,小国之相,犹曰'吾心如秤,不能为人作轻重',况万乘之主⑨,当可封之日,而任心弃法,取怨于人乎?"

【注释】①参伍:交互错杂。这里是错综比验的意思。语本《易·系辞上》:"参伍以变,错综其数。"②锻炼:本指锻造或冶炼。这里比喻枉法陷人于罪。③析言:谓巧说诡辩,曲解律令。④诋案:因案件判例来代替法律。⑤左道:指邪门歪道。⑥《淮南子》:又名《淮南鸿烈》,是西汉宗室淮南王刘安召致宾客,在他主持下编著的一部书。据《汉书·艺文志》云:"淮南内二十一篇,外三十三篇。"颜师古注曰:"内篇论道,外篇杂说。"现今所存的有二十一篇,大概都是原说的内篇所遗。据高诱序言,"鸿"是广大的意思,"烈"是光明的意思。作者认为此书包括了广大而光明的通理。全书内容庞杂,它将道、阴阳、墨、法和一部分儒家思想糅合起来,但主要的宗旨倾向于道家。《汉书·艺文志》则将它列入杂家。⑦沣水:河名。源出陕西长安西南秦岭中,北流至西安西北入渭河。仞:古代的长度单位。周制八尺,汉制七尺。⑧诸葛孔明(181～234):诸葛亮,复姓诸葛,字孔明。⑨万乘:周制,天子地方千里,能出兵车万乘,因以"万乘"指天子。

【译文】"凡是审理案件之事,一定要根据所犯罪的事实作为主要审查内容,不能严刑逼供,不能节外生枝,不是牵连的头绪越多,就越能显示判案者的聪明,所以法律规定了举证、审讯的制度,反复比验供词,是为了求得事实的真相,而不是要掩饰事实的真相。反复比验供词,多方调查,听取各方面的意见,是不让狱吏徇私枉法、掩饰事实真相、伪造判案文书而得逞。孔子说:'古代圣贤判案,是想尽办法寻求给人以生的理由;今人判案,是千方百计寻求给人以死的理由。'所以就会离析语言对法律断章取义,因案件判例来代替法律,施展邪门歪道来惑乱政治,这是王法一定要加以惩诛的。

《淮南子》说:'沣水虽然有十仞之深,金铁一类的东西沉到水底,在外面也能看得一清二楚。不是因为水不够深和不够清澈,但鱼鳖都不往那里去。'所以,为政者把细苛当作明察,把求功当作明智,把刻薄百姓当作忠心,把攻讦他人当作功劳,这就像是一张大的皮革,虽然倒是挺大,但也是容易破裂的原因。奖赏应该从重,惩罚应该从轻,国君要以仁厚为本,这是历代帝王通行的规矩。刑罚的轻重,恩情的厚薄,让百姓称颂或是让百姓痛恨,这两种做法的效果怎可同日而语!况且法律是治理国家的权衡,时事的准绳。权衡是用来确定轻重的,准绳是用来显示曲直的。现在制定法律以其宽容公平为贵,但判人的罪却极其严酷,甚至只凭个人的喜怒任意处治,高下在心,这就等于舍掉准绳来端正曲直,舍弃权衡来确定轻重,这不是太糊涂了吗?诸葛孔明是小国的丞相,还说过'我的心就像一杆秤,不能因为人的好恶而改变轻重'的话,更何况是大国的万乘之君,处在唐虞盛世,怎能随心所欲放弃法律,而取怨于百姓呢?"

【原文】"又时有小事,不欲人闻,则暴作威怒,以弭谤议①。若所为是也,闻于外,其何伤?若所为非也,虽掩之,何益?故谚曰:'欲人不知,莫若不为;欲人不闻,莫若勿言。'为之而欲人不知,言之而欲人不闻,此犹捕雀而掩目,盗钟而掩耳者,只以取诮②,将何益乎?臣又闻之,无常乱之国,无不可理之民者。夫民之善恶由乎化之薄厚,故禹、汤以之理,桀、纣以之乱;文、武以之安,幽、厉以之危③。是以古之哲王,罪己而不以尤人,求身而不以责下。故曰:'禹、汤罪己,其兴也勃焉;桀、纣罪人,其亡也忽焉。'今罪己之事未闻,罪人之心无已,深乖恻隐之情,实启奸邪之路。温舒恨于曩日④,臣亦欲恨于当今,恩不结于人心,而望刑措不用,非所闻也。臣闻尧有敢谏之鼓⑤,舜有诽谤之木⑥,汤有司过之史⑦,武有戒慎之铭⑧。此则听之于无形,求之于未有,虚心以待下,庶下情之达上,上下无私,君臣合德者也。魏文帝云⑨:'有德之君乐闻逆耳之言,犯颜之诤,亲忠臣,厚谏士,斥谗慝,远佞人者,诚欲全身保国,远避灭亡者也。'凡百君子,膺期统运,纵未能上下无私,君臣合德,可不欲全身保国,远避灭亡乎?然自古圣哲之君,功成事立,未有不资同心,予违汝弼者也。"

【注释】①弭:止息,中断。这里是阻止的意思。②诮:讥笑讽刺。③幽、厉:指周幽王和周厉王,他们都是西周时的暴君。周幽王在位时,沉湎酒色,不理国事,各种社会矛盾急剧尖锐化,政局不稳。幽王变本加厉地加重剥削,任用贪财好利善于逢迎的虢石父主持朝政,引起国人怨愤。周厉王在位期间,重用奸佞荣夷公,不听贤臣周公、召公等人劝阻,实行残暴的"专利"政策,奴役百姓,不让他们有丝毫的言论自由,以至于行人来往,只能以眼神来示意。于是周朝国势更加衰落,朝政更加腐败。百姓怨声载道、民不聊生。④温舒:即西汉时王温舒。阳陵(今陕西咸阳东)人。年轻时游手好闲,不务正业,且性格暴虐,在月黑风高之夜,拦路抢劫,再把人杀了埋掉。他经过几番投机钻营,竟官至中尉,统管京师治安。他当上高官后,其暴虐性格又得到进一步发展,他专门选用那些专好猜疑、心狠手毒、敢于祸及别人的歹毒之徒作为自己的鹰犬,嗜杀成性,至于国家法律常被置于不顾。对一些大案、疑案更是昏昏不辨。而且他还受员骑钱(接受部下贿赂),贪得无厌,终被朝廷诛灭五族。⑤尧有敢谏之鼓:相传尧曾在庭中设鼓,让百姓击鼓进谏,指出他施政有什么不对的地方。史称"敢谏之鼓"。⑥舜有诽谤之木:相传尧命舜在交通要道竖立木柱,让人在上面写谏言,指出自己的过失,以修明政治,史称"诽谤之木",也称"谤木"。见《史记·孝文本纪》。⑦汤有司过之史:据《淮南子》记载,商汤曾给自己设置了进谏的史官(司过)来指出自己的缺点和错误。⑧武有戒慎之铭:据《大戴礼记·武王践祚》载,姜太公述《丹书》云:"敬胜怠者吉,怠胜敬者灭;义胜欲者从,欲胜义者凶。"周武王闻之,退而为戒,写在几、案等器物上,作为座右铭。《政教真诠》云:"戒慎者,乃事必以正,戒谨恐惧也。"即警惕而审慎。《礼记·中庸》:"是故君子戒慎乎其所不睹,恐惧乎其所不闻。"

【译文】"陛下有时做的一些小事,不想让别人知道,就突然发威作怒,以此来阻止别人的议论。如果所做的事是正确的,就是传到外边,又有什么妨碍呢?如果所做的事是错误的,就是极力掩盖,又有什么好处呢?所以谚语说:'若要人不知,除非己莫为;若要人不闻,除非己莫言。'自己做了却想让别人不知道,自己说了却想让听见,这就像是掩目捕雀,掩耳盗铃,只会被人讥笑讽刺,又有什么益处呢?臣又听说,没有长时间混乱的国家,也没有不可治理的百姓。国民的善恶好坏取决于道德教化的厚薄,所以夏朝和商朝在禹和汤的治理下就天下大治,在桀和纣的统治下就天下大乱;周朝在文王、武王的治理下就秩序安定,在幽王、厉王的统治下就出现危机。因此,古代圣明的国君,严以责己而不怨恨别人,寻求自身的不足而不责备下属。因此说:'禹、汤时常责备自己,所以国家迅速兴旺;桀、纣处处怪罪别人,所以国家很快灭亡。'现在很少听说君王责备自己,而他们怪罪臣下之心不已,就会深深违背恻隐之情,并且开启奸邪之路。汉朝的王温舒有杀人不尽之恨,臣对此深感惋惜,恩泽未能结纳人心,只想干用刑罚我没听过这件事。臣听说过,尧时有敢谏之鼓,舜时有诽谤之木,汤时有专记过失的史官,武王时有戒慎的座右铭。这些都是先王倾听意见于事情没有发生的时候,寻求谏言于没形成过失的时候,虚心对待臣下,希望下情能够上达,上下无私,君臣同心同德。魏文帝也说:'有德之君喜欢听逆耳的话,喜欢听犯颜直谏之言,亲近忠贞的大臣,厚待直谏的人士,斥逐谀谗,远离奸佞的小人,实在是想保全自身和国家,远远避开亡国杀身之祸。'凡是承受天命控驭国运的国君,即使不能做到上下无私,君臣同德,难道可以不保全自身和国家,避开亡国杀身之祸吗?自古以来的圣明国君,能够功成名就、建立一番伟业的,没有不依靠君臣上下同心同德,也没有违背辅弼大臣意见的。"

诚信篇第十七

【题解】

本篇主要讲用"诚信"来治国的道理,同时也反映出贞观君臣对"诚信"原则高度重视的程度。如果君臣之间互相不能以真诚相待,则难以齐心协力治理国政。魏徵认为:"为国之基,必资于德礼,君之所保,惟在于诚信。诚信立则下无二心,德礼形则远人斯格。然则德礼诚信,国之大纲。"魏徵把诚信看成治理国家政务的大纲,"上不信则无以使下,下不信则无以事上","不信之言,无诚之令,为上则败德,为下则危身"。殷纣王轻慢侮弄五常,周武王就夺了他的天下;项羽因为没有仁信,就被汉高祖夺了他的江山;历史的教训比比皆是。君主只有以诚信对待朝臣,才能得到群臣的鼎力相助。朝廷只有摈弃诈伪,取信于民,才能使万民归心,天下太平。唐太宗以历史为鉴,能任人不疑,群臣也竭尽忠诚,这就是唐初君臣能成就"贞观之治"的重要原因,这也是儒家的处世修身准则在"贞观之治"中的具体运用。

【原文】贞观初,有上书请去佞臣者。太宗谓曰:"朕之所任,皆以为贤,卿知佞者谁耶?"

对曰:"臣居草泽①,不的知佞者②,请陛下佯怒以试群臣,若能不畏雷霆③,直言进谏,则是正人,顺情阿旨,则是佞人。"

太宗谓封德彝曰:"流水清浊,在其源也。君者政源,人庶犹水,君自为诈,欲臣下行直,是犹源浊而望水清,理不可得。朕常以魏武帝多诡诈,深鄙其为人,如此,岂可堪为教令④?"

【注释】①草泽:荒郊野地。这里指民间。②的:确实。③雷霆:形容盛怒时大发脾气。这里是对帝王暴怒的敬称。④教令:指教规和法令。

【译文】贞观初年,有人上书请求太宗清除邪佞的臣子。太宗说:"我所任用的人,都以为是贤臣,你知道哪个是邪佞的臣子吗?"

那人回答说:"臣住在荒野民间,不能确知哪个人是佞臣,请陛下假装发怒,用来试验群臣,假若能不惧怕陛下的雷霆之怒,仍能直言进谏的就是正人贤臣,如果依顺陛下情绪迎合旨意,阿谀奉承的就是奸邪谄佞之臣。"

太宗对封德彝说:"流水的清浊,关键在于水源。国君是政令发出的源头,臣子百姓就好比是水,如果国君自己先以诈术骗人,而要求臣子行为忠直,这就好像水源浑浊而希望流水清澈一样,这在道理上是讲不通的。我常常认为魏武帝曹操为人诡诈,所以特别鄙视他的为人,如果我也这样,还怎么可以去制定教规和法令呢?"

【原文】贞观十年,魏徵上疏曰:

"臣闻为国之基,必资于德礼;君之所保,惟在于诚信。诚信立则下无二心,德礼形则远人斯格①。然则德礼诚信，国之大纲，在于君臣父子，不可斯须而废也②。故孔子曰：'君使臣以礼，臣事君以忠③。'又曰：'自古皆有死，民无信不立④。'文子曰⑤：'同言而信，信在言前；同令而行，诚在令外。'然则言而不行，言无信也；令而不从，令无诚也。不信之言，无诚之令，为上则败德，为下则危身。虽在颠沛之中⑥，君子之所不为也。"

【注释】①格：正。②斯须：片刻，一会儿。③"君使臣"两句：见《论语·八佾》。为孔子答鲁定公之语。④"自古"两句：见《论语·颜渊》。为孔子答子贡之语。⑤文子：姓文，尊称子，其名字及籍贯已不可确考。《汉书·艺文志》道家类著录《文子》九篇，班固在其条文下只注明："老子弟子，与孔子同时。"没有记载其名字籍贯。据史书记载，他曾游学齐国，把道家兼融仁义礼的思想带到齐国，形成了齐国的黄老之学。1973 年，河北定县 40 号汉墓出土的竹简中有《文子》残简，其中与今本《文子》相同的文字有六章，也有不见于今本的一些内容，确证了《文子》一书为西汉时已有的先秦古书。传世《文子》分十二篇八十八章。在唐代时文子与老子、庄子并重，天宝元年唐玄宗诏封文子为"通玄真人"，诏改《文子》为《通玄真经》，与《老子》《庄子》《列子》并列为道教四部经典。《文子》一书的主要内容是解说老子之言，阐发老子的思想，同时又吸收了同期其他学派的某些思想，是继承和发展了的道家学说，在中国古代哲学史上占有一席之地。⑥颠沛：这里比喻处境窘迫困顿。

【译文】贞观十年（636），魏徵上书说：

"臣听说治理国家的基础，一定要依靠德行和礼义；国君所应该坚守的，只在于诚实信用。诚实信用树立以后，臣子对国君就没有二心；德行礼义形成后，边远的人民就会前来归正。既然如此，德行、礼义、诚实、信用，就是国家的纲领，贯穿于君臣、父子之中，不可片刻废弃。因此孔子说：'国君对待臣子要按照礼制，臣子侍奉国君要忠心不二。'他又说：'自古人生都有一死，如果百姓不讲信用就不能安身立命。'文子也说：'同样的话语被人信任，那是因为信任建立在话语的前面；同样的法令可以贯彻实行，那是因为有诚信在法令之外。'如果话说出来却不实行，是言而无信；法令制定了却不被服从，是因为没有诚意。不被实行的言语，没有诚意的法令，对国君来说会败坏道德名声，对百姓来说会招致杀身的危险。即使在颠沛流离的环境中，有德有才的君子也不会那样做。"

【原文】"夫君能尽礼，臣得竭忠，必在于内外无私，上下相信。上不信则无以使下，下不信则无以事上，信之为道大矣！昔齐桓公问于管仲曰：'吾欲使酒腐于爵①，肉腐于俎②，得无害于霸业乎③？'管仲曰：'此极非其善者，然亦无害于霸也。'桓公曰：'如何而害霸乎？'管仲曰：'不能知人，害霸也；知而不能任，害霸也；任而不能信，害霸也；既信而又使小人参之④，害霸也。'晋中行穆伯攻鼓⑤，经年而弗能下，馈间伦曰⑥：'鼓之啬夫⑦，间伦知之。请无疲士大夫，而鼓可得。'穆伯不应，左右曰：'不折一载,不伤一卒,而鼓可得,君奚为不取?'穆伯曰:'间伦之为人也,佞而不仁。若使间伦下之,吾可以不赏之乎?若赏之,是赏佞人也。佞人得志,是使晋国之士舍仁而为佞。虽得鼓,将何用之?'夫穆伯,列国之大夫;管仲,霸者之良佐,犹能慎于信任,远避佞人也如此,况乎为四海之大君,应千龄之上圣⑧,而可使巍巍之盛德,复将有所间然乎⑨。"

【注释】①爵:古代酒器。②俎:古代切肉用的砧板。③霸业:称霸为王的业绩。④参:干预。⑤中行穆伯:春秋时晋国六卿之一。鼓:春秋时夷国,白狄之别种。其地在今河北晋州市,后为晋国所灭。⑥馈间伦:晋国中行穆伯的左右官吏。⑦啬夫:古代官吏名。司空的属官。⑧上圣:指圣明之君。⑨间:间断,不连贯。

【译文】"国君能对臣子尽到礼仪,臣子就会为国君竭尽忠诚,关键在于内外无私,君臣之间互相信任。国君不信任臣子就无法驱使臣子,臣子不信任国君就不能服侍国君,可见诚信这条原则是多么重要!从前齐桓公问管仲:'我要是让酒在杯中变质,让肉在砧板上腐烂,这样会不会损害我的霸业?'管仲说:'这当然不是极好的事,但对霸业也没有什么危害。'桓公问:'那什么事才会有害于霸业呢?'管仲说:'不能了解人,对霸业有害;能了解人却不能用人,对霸业有害;能任用人而不能信任人,对霸业有害;即使能信任人却又让小人干预其间,也对霸业有害。'晋国的中行穆伯攻打鼓国,经过一年多时间也没能攻下,馈间伦说:'鼓国的啬夫,我了解他。请不要劳累士大夫,鼓国就可以到手。'中行穆伯没有理他,随从的人问中行穆伯说:'不折一载,不伤一卒,而鼓国就可以到手,您为什么不干呢?'中行穆伯说:'馈间伦的为人,奸佞而且不仁义。如果用馈间伦的计策攻下鼓国,我能不奖赏他吗?如果奖赏他,就是奖赏奸佞小人。奸佞小人得志,就会使晋国的士人都舍弃仁义而成为奸佞的人。即使攻下了鼓国,又有什么用呢?'穆伯,只是列国的一个大夫;而管仲,则是霸主的好辅佐,却都能够这样谨守信用,远避佞人,更何况陛下是统领天下的君主、上应千年的圣明天子,怎能让巍巍盛德,又有所间断呢?"

【原文】"若欲令君子小人是非不杂,必怀之以德,待之以信,厉之以义①,节之以礼。然后善善而恶恶,审罚而明赏②。则小人绝其佞邪,君子自强不息,无为之治③,何远之有?善善而不能进,恶恶而不能去,罚不及于有罪,赏不加于有功,则危亡之期,或未可保,永锡祚胤④,将何望哉?"

【注释】①厉:同"励",劝勉。②审:详知。明:明悉。③无为之治:语出《论语·卫灵公》。指以仁德感化民众,以达到社会安定的统治方法。这种治理方法是继承了老子思想,又总结了战国以来社会发展经验,兼综诸家之长的黄老之学。陆贾曾献给汉高祖刘邦《新语》一书,书中内容虽不尽为道家者言,但也提出"无为而治"的思想:"夫道莫大于无为,行莫大于谨敬。何以言之?昔虞舜治天下,弹五弦之琴,歌南风之诗,寂若无治国之意,漠若无忧民之心,然天下治。"④永锡祚胤:永远赐福给子孙后代。锡,赐予。祚胤,福运及于后代子孙。

【译文】"要想让君子小人是非分明,必须用仁德来安抚他们,用诚信来对待他们,用仁义来劝勉他们,用礼仪来节制他们。然后才能崇敬善良的人而厌恶奸邪的人,赏罚分明。这样,小人就会无法施展他们的邪佞,君子才能自强不息,无为而治的局面哪里还会遥远? 如果崇敬良善而不能任用善人,厌恶奸邪而又不能摒弃恶人,有罪过的人得不到惩罚,有功劳的人得不到奖赏,那么国家灭亡的日子说不定就会到来,永远赐福给子孙后代,还有什么指望呢?"

【原文】贞观十七年,太宗谓侍臣曰:"《传》称'去食存信'①,孔子曰'人无信不立'②。昔项羽既入咸阳,已制天下,向能力行仁信③,谁夺耶?"

房玄龄对曰:"仁、义、礼、智、信,谓之五常,废一不可。能勤行之,甚有裨益。殷纣狎侮五常④,武王伐之,项氏以无仁信为汉高祖所夺,诚如圣旨。"

房玄龄像

【注释】①去食存信:比喻宁可失去粮食而饿死,也要坚持信义。②人无信不立:语出《论语·颜渊》。意谓人没有诚信就无法安身立命。③向:假如,假使。④狎侮:轻慢侮弄。

【译文】贞观十七年(643),太宗对身边的大臣们说:"《左传》上讲'宁可舍弃粮食,也要保持诚信',孔子说'人没有诚信就无法安身立命'。从前,项羽攻入咸阳,已经控制了天下,假如他当时能努力施行仁信政策,谁还能夺取他的天下?"

房玄龄回答说:"仁、义、礼、智、信,称为五常,废去任何一项都不行。如果能勤恳地推行五常,会有很大的补益。殷纣王轻慢侮弄五常,周武王就讨伐他,项羽因为没有仁信就被汉高祖夺了他的江山,确实像陛下所讲的那样。"

俭约篇第十八

【题解】

本篇主要是记录了唐太宗等人提倡节己顺民、俭约慎行、反对铺张浪费的言行。太宗把奢侈纵欲视为王朝败亡的重要原因,因此厉行俭约,不务奢华。"自王公已下,第宅、车服、婚嫁、丧葬,准品秩不合服用者,宜一切禁断"。唐太宗认为"百姓所不欲者劳弊",因此"己所不欲,勿施于人",魏徵进谏也说"以欲从人者昌,以人乐己者亡",因此"不作无益害有益",使百姓得到休养生息的机会,如此则国家财货富足,百姓安居乐业。贞观时的统治者能"以欲从人"的思想和俭约自持的做法,的确是后代帝王将相所无法相比的。

【原文】贞观元年,太宗谓侍臣曰:"自古帝王凡有兴造,必须贵顺物情。昔大禹凿九山①,通九江②,用人力极广,而无怨讟者,物情所欲,共众所有故也。始皇营建宫室,而人多谤议者,为徇其私欲,不与众共故也。朕今欲造一殿,材木已具,远想秦皇之事,遂不复作也。古人云:'不作无益害有益③','不见可欲,使人心不乱④',固知见可欲,其心必乱矣。至如雕镂器物,珠玉服玩,若恣其骄奢,则危亡之期可立待也。自王公已下,第宅、车服、婚娶、丧葬,准品秩不合服用者,宜一切禁断。"

由是二十年间,风俗简朴,衣无锦绣,财帛富饶,无饥寒之弊。

【注释】①九山:泛指九州的大山。②九江:泛指九州的江河。③不作无益害有益:语出《尚书·周书·旅獒》。意谓不要做无益的事去损害有益的事。④"不见"两句:语出《老子》第三章。意谓不谋求满足私欲,不使民心混乱。

【译文】贞观元年(627),太宗对身边的大臣们说:"自古以来凡是帝王要兴建工程,必须重视顺应民心。从前,大禹开凿九州的大山,疏浚天下的江河,耗费人力非常多,却没有痛恨埋怨的人,是因为人民希望他这样做,和大家想法一样的缘故。秦始皇营造宫殿,很多人指责批评,是因为他为了满足个人的私欲,不和民心一致的缘故。我最近想建造一座宫殿,材料已经准备齐全,但想起过去秦始皇的事情,就不再兴建了。古人曾经说过:'不要做无益的事去损害有益的事','不要表现出谋求私欲的愿望,就可使民心不乱',由此可知表现出谋求私欲的愿望,民心必然会混乱。至于像各种精雕镂刻的贵重器具,珠宝美玉奇服珍玩,如果放纵骄奢享用,那么国家危亡的日子就会马上到来。从王公以下,住宅、车服、婚嫁、丧葬等各种事情,凡是和他的官职品级不相称的,应该一律停止。"

从此二十年间,风俗简朴,人们的衣着不追求华丽,物资富饶,人们没有遭受饥寒之苦。

【原文】贞观四年,太宗谓侍臣曰:"崇饰宫宇,游赏池台,帝王之所欲,百姓之所不欲。帝王所欲者放逸,百姓所不欲者劳弊。孔子云:'有一言可以终身行之者,其"恕乎"!己所不欲,勿施于人。'劳弊之事,诚不可施于百姓。朕尊为帝王,富有四海,每事由己,诚能自节。若百姓不欲,必能顺其情也。"

魏徵曰:"陛下本怜百姓,每节己以顺人。臣闻:'以欲从人者昌,以人乐己者亡。'隋炀帝志在无厌,惟好奢侈,所司每有供奉营造,小不称意,则有峻罚严刑。上之所好,下必有甚,竞为无限,遂至灭亡。此非书籍所传,亦陛下目所亲见。为其无道,故天命陛下代之。陛下若以为足,今日不啻足矣①。若以为不足,更万倍过此亦不足。"

【注释】①不啻:无异于,如同。

【译文】贞观四年(630),太宗对身边的大臣们说:"扩建修饰宫殿屋宇,游览观赏池水台榭,是帝王所希望的,却不是百姓所希望的。帝王所希望的是骄奢淫逸,百姓所不希望的是劳累疲惫。孔子说：'有一句话可以终身奉行，那就是"仁恕"吧！自己所不愿意做的，就不要强加给别人。'劳累疲惫的事，确实不能强加给百姓。我身为帝王，富有四海，每件事都是我说了算，真的能够节制自己的欲望。凡是百姓不希望的事，我一定能顺应民心。"

魏徵说："陛下一向怜悯百姓，常常节制自己去顺应民心。臣听说：'使自己的欲望能顺应民心的就会昌盛，用众人来满足自己享乐要求的就会灭亡。'隋炀帝贪得无厌，喜好奢靡，有关部门每次供奉器物和营造宫苑，稍不称心，就加以严刑重罚。上面所喜欢的，下面必定会做得更加厉害，上下攀比，没有节制，最终就会导致灭亡。这不仅在史籍上有所记载，也是陛下亲眼看见的事实。因为隋炀帝荒淫无道，所以上天赐命陛下取而代之。如果陛下认为这样就满足了，那么现在的尊贵富足也就如同满足了。如果陛下认为这样还没有满足，那么再超过现在的一万倍也不会知足。"

【原文】贞观十一年，诏曰："朕闻死者，终也，欲物之反真也；葬者，藏也，欲令人之不得见也。上古垂风，未闻于封树；后世贻则，乃备于棺椁①。讥僭侈者，非爱其厚费；美俭薄者，实贵其无危。是以唐尧，圣帝也，谷林有通树之说②；秦穆，明君也，橐泉无丘陇之处③。仲尼，孝子也，防墓不坟④；延陵⑤，慈父也，嬴、博可隐⑥。斯皆怀无穷之虑，成独决之明，乃便体于九泉，非徇名于百代也。洎乎阖闾违礼⑦，珠玉为凫雁；始皇无度，水银为江海⑧；季孙擅鲁⑨，敛以玙璠⑩；桓魋专宋⑪，葬以石椁。莫不因多藏以速祸，由有利而招辱。玄庐既发⑫，致焚如于夜台⑬；黄肠再开⑭，同暴骸于中野。详思曩事，岂不悲哉！由此观之，奢侈者可以为戒，节俭者可以为师矣。朕居四海之尊，承百王之弊，未明思化，中宵战悸⑮。虽送往之典，详诸仪制，失礼之禁，着在刑书，而勋戚之家多流遁于习俗，闾阎之内或侈靡而伤风⑯。以厚葬为奉终，以高坟为行孝，遂使衣衾棺椁，极雕刻之华，灵轀冥器⑰，穷金玉之饰。富者越法度以相尚，贫者破资产而不逮。徒伤教义，无益泉壤，为害既深，宜为惩革。其王公已下，爰及黎庶，自今已后，送葬之具有不依令式者⑱，仰州府县官明加检察，随状科罪。在京五品已上及勋戚家，仍录奏闻。"

【注释】①棺椁：棺材和套棺。泛指棺材。椁，套在棺外的外棺，就是棺材外面套的大棺材。②谷林：地名。帝尧所葬之处，其址在今山东鄄城县城的富春乡谷林。《吕氏春秋》云"尧葬谷林"。通树：指四周全部种上树。通，全部，整个。③橐泉：指橐泉宫，秦宫殿名，在今陕西凤翔南。《三辅皇图·宫》："《皇览》曰秦穆公冢在橐泉宫祈年观下。"亦省称"橐泉"。丘陇：亦作"丘垄"，坟墓。④防：地名。在今山东费县。坟：土堆。这里指用土堆成的坟包。⑤延陵：季札，姓姬。后稷之裔而吴王寿梦之第四子，封于延陵，故称延陵季子，后又封州来，故又称延州来季子。季子自齐反，其长子死，葬于嬴、博之间。孔子曰："延陵季子，吴之习于礼者也。"往而观其葬焉。其坎深不至于泉，其敛以时服。既葬而封，广轮掩坎，其高可隐也。既封，左袒，右还其封且号者三,曰:"骨肉归复于土,命也。若魂则无不之也,无不之也。"而遂行。孔子曰:"延陵季子之于礼也,其合矣乎。"⑥嬴、博:地名。都是春秋时齐邑,在今山东莱芜西北。隐:埋葬。⑦阖闾:即阖庐。春秋末吴的国君,名光。公元前514~前496年在位。他用专诸刺杀吴王僚而自立。曾伐楚入郢(今湖北江陵西北),后在李(今浙江嘉兴西南)为越王勾践所败,重伤而死。见《史记·吴太伯世家》。⑧水银为江海:据《史记·秦始皇本纪》记载,秦始皇陵地宫内"以水银为百川江河大海"。秦始皇以水银为江河大海的目的,不单是营造恢宏的自然景观,在地宫中弥漫的汞气体还可使入葬的尸体和随葬品保持长久不腐烂。而且汞是剧毒物质,大量吸入可导致死亡,因此地宫中的水银还可毒死盗墓者。⑨季孙:春秋后期鲁国大夫季平子。⑩玙璠:美玉。⑪桓魋:春秋时宋国向戌之孙,姓向,名魋。因为是宋桓公的后代,又以"桓"为氏;因为是宋国的司马,又称司马桓魋。曾任宋国主管军事行政的官,专擅宋国朝政。⑫玄庐:墓的别名。⑬夜台:也称"长夜台",坟墓。因坟墓封闭后非常黑暗,而且永远不会亮起来,所以称坟墓为"夜台"或"长夜台"。⑭黄肠:也称"黄肠题凑",即指帝王陵寝椁室四周用柏木枋堆垒成的框形结构。所谓"黄肠",是指堆垒在棺椁外的黄心柏木枋,"题凑"指木枋的头一律向内排列。⑮中宵:中夜,半夜。战惕:惊悸,恐惧。⑯间阎:里巷内外的门。后多借指里巷,也泛指民间。⑰灵輀:丧车。冥器:也称明器,就是陪葬器。中国人以物陪葬的习俗古已有之。《礼记·檀弓》有云:"夫明器,鬼器也。"⑱令:法规章程。式:有关细则。

【译文】贞观十一年(637),太宗下诏说:"我听说死亡就是生命的终结,是让人返璞归真;埋葬就是埋藏尸体,目的是使人再也看不见。古代的风俗,没有听说要堆坟树记;后世立下规矩,才为死者准备棺椁。谴责僭越奢侈的做法,不是吝啬嫌其费用太多;赞成节俭薄葬,其实是看重他没有做有害的事情。所以,唐尧是圣明的国君,传说他葬在谷林时仅在墓的四周种树做标记;秦穆公是圣明的国君,葬在橐泉宫时没有堆土做丘陇。孔子是孝子,在防这个地方合葬双亲时没有起土堆坟;延陵是位慈父,在远离家乡的嬴、博一带安葬了儿子。这些人都心怀着长远的考虑,有独特果断的明智,是便于死者能够安卧在九泉之下,并不是为了在百年以后获得美名。到吴王阖闾时就违背了礼制,墓中用珍珠美玉雕刻成凫雁;秦始皇更是奢侈无度,在墓中用水银来象征江海;季平子专擅鲁国大权,死后用美玉玙璠来装殓;桓魋在宋国专权,制造石椁来埋葬。这些人没有一个不是由于贪婪地贮藏财物而很快地引来灾祸,由于坟墓中有利可图而招来掘墓之辱。墓室打开之后,致使尸体在墓穴中被焚烧;黄肠题凑被拆散,尸骸和棺木一起暴露在旷野。仔细思考这些往事,难道不可悲吗!由此看来,奢侈的做法可以引为鉴戒,节俭的做法可以作为榜样。我位处全国之尊,同时也承续了百代帝王的弊端,我还没明白如何去教化百姓,所以睡到半夜也会恐惧忧虑。虽然丧葬的典章,已详细地记载在仪礼中,禁止违背礼法的条文,也写在了刑法里,但元勋贵戚之家大多随从习俗，民间也有奢侈浪费、败坏风气的现象。他们把厚葬当作奉老送终，把修建高大的坟墓当作孝道，于是衣衾棺椁雕饰得极其华丽，灵车葬器尽量用金银珠玉作装潢。富贵的人家超越法度而互相炫耀，贫穷的人家破卖家产还追赶不上。这只能是损害教义，对地下的死者毫无好处。厚葬的危害已经很深了，应当给以惩治革除。从王公以下到平民百姓，从今以后送葬的器物有不依照法令规定的，希望各州、府、县的官员明确地加以检察，根据情节定罪。在京城五品以上的官员及元勋贵戚之家，也要记录情况上奏。"

谦让篇第十九

【题解】

"谦让"就是为人谦逊礼让，是儒家修身伦理的重要内容。只有谦逊礼让，才能获得他人的指正，"己之才艺虽多，犹病以为少，仍就寡少之人更求所益"，进而提高自身的品德。君王位高权重，四海独尊，骄矜自傲之情往往油然而生。所以"凡为天子，若惟自尊崇，不守谦恭者，在身傥有不是之事，谁肯犯颜谏奏？"本篇记述了几则贞观君臣谦虚、恭谨的言行事迹。以李世民、李孝恭、李道宗等人的功高位重而能如此谦让自律，确实堪为后世楷模。太宗提倡克己谦让，鼓励臣子犯颜进谏，目的是为了在处理国政时少有过失。

【原文】贞观二年，太宗谓侍臣曰："人言作天子则得自尊崇，无所畏惧，朕则以为正合自守谦恭，常怀畏惧。昔舜诫禹曰：'汝惟不矜，天下莫与汝争能；汝惟不伐，天下莫与汝争功①。'又《易》曰：'人道恶盈而好谦②。'凡为天子，若惟自尊崇，不守谦恭者，在身傥有不是之事③，谁肯犯颜谏奏？朕每思出一言，行一事，必上畏皇天，下惧群臣。天高听卑④，何得不畏？群公卿士，皆见瞻仰，何得不惧？以此思之，但知常谦常惧，犹恐不称天心及百姓意也。"

魏徵曰："古人云：'靡不有初，鲜克有终⑤。'愿陛下守此常谦常惧之道，日慎一日，则宗社永固，无倾覆矣。尧舜所以太平，实用此法。"

【注释】①"汝惟不矜"四句：语出《尚书·虞书·大禹谟》。意谓你只要做到不矜持骄傲，天下就没有人敢和你争贤能；你只要做到不夸耀，天下就没有人敢和你争功劳。不伐，不自夸耀。②"人道"句：语出《周易·谦卦》。意谓人们都是厌恶骄傲自满而崇尚谦逊恭谨。③在身：自身。④卑：下。这里指在下面的民间情况。⑤"靡不"两句：语出《诗·大雅·荡》。意谓事情往往有始，但很难有终。

【译文】贞观二年(628)，太宗对身边的大臣们说："人们说做了皇帝的人就可以自认为尊贵崇高，无所畏惧了，我却认为正应该自己保持谦逊恭谨，经常心怀畏惧。从前舜帝告诫禹说：'你只要做到不矜持骄傲，天下就没有人敢和你争贤能；你只要做到不夸耀，天下就没有人敢和你争功劳。'又见《周易》上说：'人们都是厌恶骄傲自满而崇尚谦逊恭谨。'大凡做皇帝的，如果自认为尊贵崇高，不保持谦逊恭谨的话，自身倘若有所过失，谁还肯冒犯威严直言谏奏呢？我想每说一句话，每办一件事，都必定要上畏苍天，下畏群臣。苍天在上却倾听着人世间的善恶，怎么能不畏惧呢？诸位公卿大臣都在看着我，怎么能不畏惧呢？如此考虑，经常谦逊恭谨、小心畏惧，还恐怕不符合上天的旨意和百姓的心愿啊！"

魏徵说："古人说：'事情往往有始，但很难有终。'希望陛下经常坚守这谦逊恭谨、小心畏惧的态度，一天比一天谨慎从事，那么国家社稷就会永远巩固，不会倾覆了。尧舜时代之所以太平，确实用的就是这个方法。"

【原文】贞观三年，太宗问给事中孔颖达曰："《论语》云：'以能问于不能，以多问于寡；有若无，实若虚①。'何谓也？"

颖达对曰："圣人设教，欲人谦光②。己虽有能，不自矜大，仍就不能之人，求访能事。己之才艺虽多，犹病以为少，仍就寡少之人更求所益。己之虽有，其状若无；己之虽实，其容若虚。非惟匹庶，帝王之德，亦当如此。夫帝王内蕴神明③，外须玄默④，使深不可测，远不可知。故《易》称'以蒙养正'，'以明夷莅众'⑤。若其位居尊极，炫耀聪明，以才陵人⑥，饰非拒谏，则上下情隔，君臣道乖。自古灭亡，莫不由此也。"

太宗曰："《易》云：'劳谦，君子有终，吉⑦。'诚如卿言。"

【注释】①"以能"四句：语出《论语·泰伯》。意谓有才能的人向无才能的人请教，知识多的人向知识少的人请教；有学问的像没有学问的一样，知识充实的像知识空虚的一样。②谦光：语出《周易·谦卦》。意谓尊者谦虚而显示其光明美德。③蕴：蕴藏。指深藏而不露。④玄默：沉静不语。⑤《易》称"两句：语出《周易·蒙卦》及《明夷卦》。意谓"要用蒙昧来自养正道"，"用明智来治理民众"。莅众，临于众上。指治理民众。⑥陵人：也作"凌人"，以势压人。⑦"劳谦"三句：语出《周易·谦卦》。意谓勤劳而谦虚的君子，有好结果，是吉利的。

【译文】贞观三年(629)，太宗问给事中孔颖达说："《论语》说：'有才能的人向无才能的人请教，知识多的人向知识少的人请教；有学问的像没有学问的一样，知识充实的像知识空虚的一样。'这是什么意思？"

孔颖达回答说："圣人施行教化，是希望尊者谦逊而显示其光明美德。自己虽然有才能，也不骄傲自大，仍然要去向才能不如自己的人请教，学习他知道的事。自己的才艺虽很多，但还是怕懂得太少，仍然要去向才艺不如自己的人请教，以求得到更多的才艺。自己虽然有知识，但表现出来像没有知识一样；自己虽然很充实，但面容上显得却虚怀若谷。非但是百姓要这样，帝王的德行，也应当这样。帝王的内心里蕴藏着神明大智，但外表仍须保持沉默，使人感到深不可测，远不可知。所以《周易》说，'要用蒙昧来自养正道'，'用明智来治理民众'。如果身居最尊贵的地位，还炫耀自己的聪明,倚仗才能盛气凌人,掩饰过错,拒绝纳谏,那么上下的情况就会隔绝,君臣之道就会背离。自古以来国家的灭亡,没有一个不是由这种情况引起的。"

太宗说:"《周易》说:'勤劳而谦虚的君子,有好的结果,是吉利的。'确实像你所说的那样。"

仁恻篇第二十

【题解】

"仁恻"者,仁爱怜悯之意也,也是儒家思想的主要内容之一。本篇记述了唐太宗怜恤百姓、将士的一些故事。在封建社会,君主宽厚仁爱,体恤百姓疾苦,施行仁政,其目的是用以安宁百姓,维护统治。太宗遣送后宫宫女;出资赎买大旱时被卖男女;不避辰日哀悼襄州都督张公谨;亲到御州城北门楼抚慰兵士;诏集前后战亡人骸骨设太牢致祭;床前问病卒之疾苦;替李思摩吮血止伤等都表现出太宗的宽厚仁慈的恻隐之心,这些做法对收揽人心、上下和谐确实起到了很大作用。这也许是出现"贞观之治"的主要原因之一。

【原文】贞观二年,关中旱[①],大饥。太宗谓侍臣曰:"水旱不调,皆为人君失德。朕德之不修[②],天当责朕,百姓何罪,而多困穷!闻有鬻男女者,朕甚愍焉。"乃遣御史大夫杜淹巡检[③],出御府金宝赎之[④],还其父母。

【注释】①关中:指陕西渭河流域一带。②不修:指不善、不好。③杜淹(? ~628):字执礼,唐京兆杜陵(今陕西西安东南)人。隋时任御史中丞。王世充称帝,他在吏部任职,颇亲近用事。入唐,在秦王李世民府任文学馆学士等职。太宗时拜御史大夫,累官至吏部尚书,参与朝政。封安吉郡公。④御府:帝王的府库。

【译文】贞观二年(628),关中干旱,发生了大饥荒。太宗对身边的大臣们说:"水旱不调和,都是因为国君缺乏道德。我德行不好,苍天应当责罚我,百姓有什么罪过,而遭受这么多困苦灾难!听说有卖儿卖女的人,我很怜悯他们。"于是派遣御史大夫杜淹巡视检察灾区,拿出皇家府库的钱财赎回那些被卖的孩子,还给他们的父母。

【原文】贞观七年,襄州都督张公谨卒[①],太宗闻而嗟悼[②],出次发哀[③]。有司奏言:"准《阴阳书》云[④]:'日子在辰,不可哭泣。'此亦流俗所忌。"

太宗曰:"君臣之义,同于父子,情发于中,安避辰日?"遂哭之。

【注释】①襄州:在今湖北襄樊。都督:古时的军事长官。张公谨(594~632):字弘慎,魏州繁水(今河南南乐县西北)人。初为王世充部将,后归秦王李世民。玄武门之变,公谨独闭关拒战,以功授左武卫将军。贞观初,为代州都督,置屯田以省馈运,数言时政得失。后副李靖经略突厥,上陈可取之策,及破定襄,改襄州都督,进封邹国公。②嗟悼:哀伤悲叹。③出次:为悼念死者而避开正寝,出郊外暂住。次,处所。④

《阴阳书》:这里指古代专门用于择日、占卜、星相、风水等书。《汉书·艺文志》列为九流之一。

【译文】贞观七年(633),襄州都督张公谨去世,太宗闻知后哀伤悲叹,并出宫城为他发丧。有关部门上奏说:"根据《阴阳书》的说法:'在辰日,不能哭泣。'这也是民间丧俗所禁忌的。"

太宗说:"君臣之间的情义就同父子关系一样,哀痛发自内心,还避什么辰日?"于是前往吊丧哭泣张公谨。

【原文】贞观十九年,太宗征高丽,次定州①,有兵士到者,帝御州城北门楼抚慰之。有从卒一人病,不能进,诏至床前,问其所苦,仍敕州县医疗之,是以将士莫不欣然愿从。及大军回次柳城②,诏集前后战亡人骸骨,设太牢致祭③,亲临,哭之尽哀,军人无不洒泣。兵士观祭者,归家以言其父母,父母曰:"吾儿之丧,天子哭之,死无所恨。"

太宗征辽东,攻白岩城④,右卫大将军李思摩为流矢所中⑤,帝亲为吮血,将士莫不感励。

【注释】①次:临时驻扎。定州:今河北定州。②柳城:在今河北滦县东南。③太牢:古代祭祀时牛、羊、豕(猪)三牲具备谓之"太牢"。太牢之祭是古代国家规格最高的祭祀大典。④白岩城:在今辽宁辽阳东。⑤李思摩(?~649):即阿史那思摩,本姓阿史那,唐时突厥贵族。贞观四年(630),唐灭东突厥,思摩归唐,太宗嘉其诚,赐皇姓,封怀化郡王、右武卫大将军。贞观十三年(639),改授乙弥泥孰可汗,使率原突厥一部归于黄河以北。贞观二十一年(647)三月在长安病亡,四月,陪葬昭陵。起冢象白道山,在今礼泉县昭陵乡菜园头村北高险处。唐太宗去世后,高宗李治诏令琢诸蕃酋长十四人石像,列置在昭陵祭坛上,思摩即为其一。

【译文】贞观十九年(645),太宗亲征高丽,驻扎在定州,只要有兵士到,太宗都亲临州城北门楼抚慰他们。当时有一个随从的士兵生了病,不能进见,太宗就把他召到自己的床前,询问他的病情,敕令州县的官给他好好治疗,所以将士们没有不心甘情愿随驾出征的。等到大军回师驻扎在柳城时,又诏令收集前后阵亡将士的骸骨,设太牢隆重祭奠,太宗亲临祭祀,为死者哀悼痛哭,全军将士无不落泪哭泣。观看祭祀的士兵回到家乡,把这件事情告诉阵亡者的父母,他们的父母说:"我们的儿子战死,天子为他哭丧致哀,死了也没有什么遗憾了。"

太宗亲征辽东,攻打白岩城,右卫大将军李思摩被乱箭射中,太宗亲自替他吮血止伤,将士们没有不因此而受感动和激励的。

慎所好篇第二十一

【题解】

《慎所好》篇主要是记录了唐太宗对儒、释、道三教的不同看法,告诫人们不要盲目地随上所好,做国君的人对自己的爱好也要务必谨慎。太宗认为在上位的人有什么爱好,下面的人就会大张旗鼓地附和;至高无上的国君有什么爱好,必定会在社会上形成风气。像秦始皇的非分爱好、汉武帝的求神问仙、隋炀帝的专信邪道、梁武帝父子惟好释氏、老氏,都是虚妄之事,空有其名,害人害己。太宗认为应该喜好"尧舜之道、周孔之教","君天下者,惟须正身修德而已,此外虚事,不足在怀",正是由于当时君臣上下同心同德、去除虚妄、重视实际,所以在唐初的官吏中才能出现励精图治的风气,才开创了"贞观之治"的局面。

【原文】贞观二年,太宗谓侍臣曰:"古人云:'君犹器也,人犹水也,方圆在于器,不在于水。'故尧、舜率天下以仁,而人从之;桀、纣率天下以暴,而人从之。下之所行,皆从上之所好。至如梁武帝父子,志尚浮华,惟好释氏、老氏之教①。武帝末年,频幸同泰寺②,亲讲佛经,百寮皆大冠高履,乘车扈从,终日谈论苦空③,未尝以军国典章为意。及侯景率兵向阙④,尚书郎已下,多不解乘马,狼狈步走,死者相继于道路。武帝及简文卒被侯景幽逼而死⑤。孝元帝在江陵⑥,为万纽于谨所围⑦,帝犹讲《老子》不辍,百寮皆戎衣以听。俄而城陷,君臣俱被囚絷。庾信亦叹其如此⑧,及作《哀江南赋》,乃云:'宰衡以干戈为儿戏⑨,缙绅以清谈为庙略⑩。'此事亦足为鉴戒。朕今所好者,惟在尧、舜之道,周、孔之教⑪,以为如鸟有翼,如鱼依水,失之必死,不可暂无耳。"

【注释】①释氏:指佛教。佛姓释迦的略称。老氏:指老子。道教的始祖。②同泰寺:位于江苏江宁之东北。梁武帝普通二年(521)九月建立。本寺楼阁台殿悉仿王宫,有大殿、小殿、东西般若台、大佛阁、璇玑殿等堂宇,尤其是九级浮图耸入云表。帝尝亲临礼忏,舍身此寺,并设无遮大会等法会,又亲升法座,开讲涅槃、般若等经,后更于本寺铸造十方佛之金铜像。梁亡陈兴,本寺遂成废墟。③苦空:佛教语。谓人世间一切皆苦,凡事俱空。④侯景(?~552):北朝东魏将领。字万景,怀朔(今内蒙古固阳西南)人。初为戍兵,继转附高欢。东魏时,职位通显,历任尚书左仆射、司空、司徒、大行台等职,拥兵专制河南。欢死,投靠西魏,旋又附梁,受封河南王,太清二年(548)为东魏击败,遂勾结萧正德(萧衍侄)于八月举兵反叛。攻陷台城,困死梁武帝,遂立太子萧纲为帝(简文帝)。后西征江陵失利,返回建康(今江苏南京),自立为帝,改国号汉,改元太始,史称"侯景之乱"。梁元帝自江陵讨之,败逃被杀。⑤简文:即简文帝(503~551)。南朝梁皇帝,名萧纲,字世缵,小字六通,南兰陵(今江苏常州西北)人。武帝第三子。⑥孝元帝:即南朝梁元帝。名绎,字世诚,小字七符。萧衍第七子。天正元年(552)在江陵即位称帝。年号承圣。但当时梁州、益州已并于西魏、襄阳也在西魏控制之中。江陵形势十分孤立。承圣三年(554)九月西魏宇文泰派万纽于谨、宇文护率军五万南攻江陵。十一月江陵城陷,萧绎被俘遭害。江陵:今湖北荆州。⑦万纽于谨:本姓万忸于氏。字思敬,洛阳(今河南洛阳东北)人。北魏、西魏、北周名将。西魏大统元年(535),拜西魏骠骑大将军。后以功晋爵常山郡公,拜大丞相府长史,兼大行台尚书。十二年,拜尚书左仆射,旋迁司空。十五年,进位柱国大将军。西魏恭帝元年(554),领兵五万攻南朝梁,并预料梁元帝萧绎必据守都城江陵,遂先遣精骑断梁军退路,后率大军直趋江陵,多路合围,一举克之,擒元帝。三年(556),拜大司寇。北周孝闵帝元年(557),封燕国公,迁太傅、大宗伯,参与朝政。⑧庾信(513~581):字子山,南阳新野(今河南新野)人。少聪敏好学,有才名。初仕梁,为昭明太子伴读,曾任尚书度支郎中、东宫领直等官。后奉命由江陵出使西魏,值西魏灭梁,被留。历仕西魏、北周,官至骠骑大将军、开府仪同三司。在梁时出入宫禁,为文绮艳,与徐陵并为宫廷文学代表,时称"徐庾体"。他的《哀江南赋》和《拟咏怀》诗可为代表。虽有堆砌典故、用意曲深之弊,但总的成就集六朝诗、赋、文创作之大成,对唐代文学影响甚巨。⑨宰衡:指宰相。⑩庙略:朝廷的谋略。⑪周、孔:指周公、孔子。

【译文】贞观二年(628),太宗对身边的大臣们说:"古人说:'国君好比是盛水的容器,百姓好比是水,水的形状是方是圆决定于装它的容器,而不决定于水本身。'所以尧、舜用仁义统治天下,而人们也跟着行仁义;桀、纣用暴虐统治天下,而人们也跟着行暴虐。下边的人做些什么,都是跟着上面人的喜好。至于像梁武帝父子崇尚浮华,只有喜欢佛教、道教。武帝末年,经常驾临同泰寺,亲自讲解佛经,随从的官僚们也都跟着戴大帽穿高靴,乘车随从,整天谈论佛经义旨,不把军机要务、法典制度放在心上。等到侯景率兵攻打京师时,尚书郎以下的官员多数不会骑马,徒步狼狈逃窜,被杀死的人在路上一个接一个。梁武帝和儿子简文帝最后被侯景幽禁而死。孝元帝在江陵被西魏万纽于谨所包围时,他还在不停地讲论《老子》,官员们都穿着军装听讲。不久江陵城被攻破,君臣都被俘虏。庾信也感叹他们的如此作为,在《哀江南赋》中写道:'宰相把战争当作儿戏,官吏把清谈当作国家的谋略。'这件事实在可以作为鉴戒。我现在所喜欢的,只有尧、舜的准则,和周公、孔子的礼教,我认为就像鸟有了翅膀和鱼依靠水一样,失去它必死无疑,不能片刻没有啊!"

【原文】贞观四年,太宗曰:"隋炀帝性好猜防,专信邪道,大忌胡人①,乃至谓胡床为交床②,胡瓜为黄瓜,又筑长城以避胡,终被宇文化及使令狐行达杀之③。又诛戮李金才④,及诸李殆尽,卒何所益?且君天下者,惟须正身修德而已,此外虚事,不足在怀。"

【注释】①胡人:我国古代对北方边地及西域各民族人民的称呼。②胡床:一种有靠背、能折叠的坐具。③令狐行达:复姓令狐,名行达。时任尉,奉宇文化及之命杀死了隋炀帝。④李金才：即李浑，隋右骁卫大将军。大业十一年（615）隋炀帝以李浑门族强盛，又因一句"李氏当为天子"的谶语，杀李浑及其宗族三十二人。

【译文】贞观四年（630），太宗说："隋炀帝生性猜疑，好设防范，一味迷信邪门歪道，最忌讳胡人，以至于改称胡床为交床，胡瓜为黄瓜，修筑长城来防备胡人，可是最终还是被有胡人血统的宇文化及派遣令狐行达杀死。另外，隋炀帝诛杀了李金才，李氏家族几乎被杀尽，最终有什么好处呢？统治天下的国君，只要端正自身、修养品德就行了，除此以外的那些虚妄荒诞之事，不值得放在心上。"

慎言语篇第二十二

【题解】

《慎言语》主要记载的是贞观时君臣对于言语得失的探讨，并指出君主"出言（说话）"要特别慎重。古代帝王，君临天下，一言九鼎，若帝王出言不慎，则会影响施政，或令臣下演绎出无穷的事端。所以，当时的朝臣们每每利用各种时机，来谏劝李世民慎开"金口"。太宗认为"欲出一言，即思此一言于百姓有利益否，所以不敢多言"。太宗心忧天下黎民，把"出言"是否对百姓有利，看作是慎言语的标准。因此杜正伦进言曰："若一言乖于道理，则千载累于圣德，非止当今损于百姓。"魏徵认为："人君居四海之尊，若有亏失，古人以为如日月之蚀，人皆见之。"所以称君无戏言，帝王务必三思而后言。

【原文】贞观二年，太宗谓侍臣曰："朕每日坐朝，欲出一言，即思此言于百姓有利益否，所以不敢多言。"

给事中兼知起居事杜正伦进曰[①]："君举必书，言存左史[②]。臣职当兼修起居注，不敢不尽愚直。陛下若一言乖于道理，则千载累于圣德[③]，非止当今损于百姓，愿陛下慎之。"

【注释】①给事中：官名。秦汉为列侯、将军、谒者等的加官。侍从皇帝左右，备顾问应对，参议政事，因执事于殿中，故名。隋唐以后为门下省之要职，掌驳政令之违失。知起居事：古代官职。唐初在门下省设起居郎，掌修起居注之事，逐日记录皇帝的言行。②左史：官名。《礼记·玉藻》记载曰周代史官有左史、右史之分。左史记行动，右史记言语。而《汉书·艺文志》记载曰左史记言，右史记事。唐宋曾以门下省之起居郎、中书省之起居舍人为左、右史，分别主记事与记言。有学者结合文献及考古资料研究认为，左史、右史之名均出现于西周时期，从其职能以及当时人们的习惯来看，它并不是先秦时期的实有官制，应该是内史、太史的譬喻称呼。至于记言记事之职责，也并不特指左史、右史，而是针对先秦史官共有的职能而言。③累：牵连。

【译文】贞观二年（628），太宗对身边的大臣们说："我每天坐朝听政，想要说话的时候，就要考虑到这句话对百姓是否有益处，所以不敢随便多说。"

给事中兼知起居事杜正伦进言说："国君的举动一定要记录下来，左史负责记录言语。臣现在的职务是兼修起居注，不敢不尽自己的愚忠秉笔直书。陛下如果有一句话违背了道理，那么千年以后也会牵连到您圣明的德行，不仅仅是对当今的百姓有所损害，希望陛下说话慎重。"

【原文】贞观八年，太宗谓侍臣曰："言语者君子之枢机①，谈何容易？凡在众庶，一言不善，则人记之，成其耻累。况是万乘之主，不可出言有所乖失。其所亏损至大，岂同匹夫？我常以此为戒。隋炀帝初幸甘泉宫②，泉石称意，而怪无萤火，敕云：'捉取荧火，于宫中照夜。'所司遽遣数千人采拾，送五百舆于宫侧。小事尚尔，况其大事乎？"

魏徵对曰："人君居四海之尊，若有亏失，古人以为如日月之蚀，人皆见之，实如陛下所戒慎。"

【注释】①枢机：比喻事物的关键。②甘泉宫：汉代古宫殿，位于今陕西淳化北甘泉山上，宫以山名。甘泉宫为汉武帝仅次于长安未央宫的重要活动场所，它不只是作为统治阶级的避暑胜地，而且许多重大政治活动都安排在这里进行。隋唐时又有所增修扩建。

【译文】贞观八年(634)，太宗对身边的大臣们说："言语是君子德行的关键表现，谈何容易？一般百姓一句话讲错了，就会被人们记住，成为他的耻辱和累赘。何况是一个国家的君主，说话更不能出现什么过失。因为它造成的危害特别大，岂能与普通百姓相比？我经常以此为戒。隋炀帝初次驾临甘泉宫时，对宫里的泉水山石很满意，但责怪没有萤火虫，于是下令：'捉一些放到宫里，晚上用来照明。'主管官署急忙派出几千人去各处捕捉，结果送来五百车萤火虫在甘泉宫两侧。小事尚且如此，何况那些大事呢？"

魏徵回答说："国君处在天下最崇高的地位，如果有所失误，古人认为像日食月食亏损一样，人们都能看得见，确实要像陛下这样警惕慎重。"

【原文】贞观十六年，太宗每与公卿言及古道①，必诘难往复。

散骑常侍刘洎上书谏曰②："帝王之与凡庶、圣哲之与庸愚，上下相悬，拟伦斯绝③。是知以至愚而对至圣，以极卑而对极尊，徒思自强，不可得也。陛下降恩旨，假慈颜，凝旒以听其言④，虚襟以纳其说⑤，犹恐群下未敢对扬⑥。况动神机，纵天辩，饰辞以折其理，援古以排其议，欲令凡庶何阶应答⑦？臣闻皇天以无言为贵，圣人以不言为德，老子称'大辩若讷⑧'，庄生称'至道无文'⑨此皆不欲烦也。是以齐侯读书，轮扁窃议⑩，汉皇慕古，长孺陈讥⑪，此亦不欲劳也。且多记则损心，多语则损气。心气内损，形神外劳，初虽不觉，后必为累。须为社稷自爱，岂为性好自伤乎？窃以今日升平，皆陛下力行所至。欲其长久，匪由辩博；但当忘彼爱憎，慎兹取舍，每事敦朴，无非至公⑫，若贞观之初则可矣。至如秦政强辩⑬，失人心于自矜；魏文宏材⑭，亏众望于虚说。此才辩之累，较然可知。伏愿略兹雄辩，浩然养气⑮，简彼缃图⑯，淡焉怡悦⑰。固万寿于南岳⑱，齐百姓于东户⑲，则天下幸甚，皇恩斯毕⑳。"

太宗手诏答曰："非虑无以临下，非言无以述虑。比有谈论，遂至烦多。轻物骄人，恐由兹道。形神心气，非此为劳。今闻谠言，虚怀以改。"

【注释】①古道：指古代的治国思想等。②散骑常侍：在皇帝左右规谏过失，以备顾问。唐代分属门下省和中书省，在门下省者称左散骑常侍，在中书省者称右散骑常侍。虽无实际职权，仍为尊贵之官，多用为将相大臣的兼职。③拟伦：伦比，比拟。④凝旒：形容帝王态度肃穆专注。⑤虚襟：虚怀，虚心。⑥对扬：对答。⑦阶：台阶和梯子。这里比喻凭借的途径。⑧大辩若讷：谓真正善辩的人好像言语迟钝一样。讷，不善于讲话，说话迟钝。⑨庄生：即庄周。名周，字子休（一说子沐），战国时代宋国蒙（今安徽蒙城）人。著名思想家、哲学家、文学家，是道家学派的代表人物，老子哲学思想的继承者和发展者，先秦庄子学派的创始人。他的学说涵盖着当时社会生活的方方面面，他的思想包含着朴素辩证法因素，认为一切事物都在变化。他认为"道"是"先天地生"的，主张"无为"，放弃生活中的一切争斗。其根本精神还是归依于老子的哲学。后世将他与老子并称为"老庄"，他们的哲学为"老庄哲学"。至道无文：意谓最高的道理不须用文采修饰。文，指文采修饰。⑩齐侯读书，轮扁窃议：据《庄子》记载，齐桓公在堂上读书，在堂下做车轮的轮扁看见觉得好奇，就走上堂来对齐桓公说："冒昧请问，您读的书里讲什么？"桓公说："是圣人的教诲。"轮扁问："圣人还活着吗？"桓公说："已经死了。"轮扁说："那么您读的书，不过是古人留下的糟粕罢了。"意谓古代的圣人死掉了，他们关于治国的诀窍也就一起死掉了，是传不给后人的。⑪汉皇慕古，长孺陈讥：据《史记》记载：汉武帝时，长孺敢于犯颜直谏，因常规劝武帝，武帝听得不耐烦。一次武帝召集群儒说："我欲振兴政治，效法尧舜，如何？"长孺说："陛下内多欲而外施仁义，奈何欲效唐虞之治乎！"武帝听了十分生气。从此以后，长孺的官职再也没有升上去了。长孺，即汲黯，西汉濮阳（今河南濮阳西南）人，字长孺。孝景帝时为太子洗马，武帝即位后为谒者，并先后任荥阳令、东海太守，主爵都尉，位列九卿。汲黯为政，以民为本，同情民众的疾苦；威武不屈，刚直不阿，不畏权贵，敢于诤而折；秉公事职，敢于犯颜直谏；为官清正，廉洁奉公。⑫至公：最公正的原则。⑬秦政：即秦始皇，嬴姓，名政。⑭魏文：即魏文帝曹丕。宏材：指有杰出的才能。曹丕爱好文学，并有相当的成就。⑮浩然养气：即指养浩然之气。浩然之气是指一种浩大刚正的精神。浩，盛大、刚直的样子。气，指精神。⑯缃图：指年久而纸已发黄的书卷图籍。缃，浅黄色。⑰淡焉：使之淡漠。怡悦：取悦，喜悦。⑱南岳：典出《诗·小雅·天保》："不骞不崩，如南山之寿。"后用为人祝寿之词。⑲东户：即东户季子，传说中的上古君主。《淮南子·缪称训》云："昔东户季子之世，道路不拾遗，耒耜、馀粮宿诸晦首。"高诱注:"东户季子,古之人君。"亦省称"东户"。⑳毕:遍及。

【译文】贞观十六年(642),太宗每次和公卿大臣讨论古代的治国之道时,一定要反复提出问题诘问。

散骑常侍刘洎上书劝谏说:"帝王和臣子、圣明贤能的人和平庸愚昧的人之间,上下相差悬殊,无法比拟。因此,拿极愚蠢的人与极圣明的人相比,拿极卑贱的人与极尊贵的人相比,纵使前者想自己努力超过对方,也是不可能做到的。陛下施恩下旨,和颜悦色,肃穆专注地认真倾听别人的言论,虚心地接受别人的意见,尚且担心臣子不敢当面对答。何况陛下启动神思、运用雄辩,修饰言辞来驳斥别人的说法。引经据典来否定别人的议论,还想叫臣子怎样应答呢?臣听说苍天把不说话看作是尊贵,圣人把不说话视为美德。老子认为'真正善辩的人如同言语迟钝一样',庄子认为'最高的道理不须用文采修饰',这都是不希望言语繁多的意思。所以齐桓公读书,轮扁私下非议;汉武帝慕古尊儒,汲黯提出了讥讽,这都是不希望他们过分劳神。况且多记事就会损伤心神,多说话就会损伤元气。内伤心神、元气,外伤形体、精神,即使起初察觉不到,以后一定会留下祸患。应该为国家爱惜自己,怎么能为兴趣损伤自己呢?我认为如今天下升平,都是陛下努力治理国家的结果。想要让它长久保持下去,不是靠雄辩博览能办到的;只是应当忘掉那些爱憎之情,谨慎进行这方面的取舍,做每件事都要朴实无华,无不遵奉至公之道,像贞观初年一样就可以了。至于像秦始皇强辞善辩,因为自傲而失去人心;魏文帝有杰出的才能,却因为空言浮论而失去了众望。这种由口才和雄辩带来的损害,是明白可知的。臣竭诚希望陛下减少一些这种雄辩,修养浩然正气,少看一些古代书籍,恬淡喜悦。自己保持长寿像南山一样,把国家治理得像东户时代一样,那么天下百姓就非常幸运了,皇恩也就遍及天下了。"

太宗亲笔写诏书批复说:"不思考就不能治理天下,不说话就不能阐述自己的想法。近来和臣子谈论,形成言说过于频繁。轻视别人,态度骄傲,恐怕由此而产生。身体、精神、心思和元气确实不应该为此而劳损。今天听到你忠诚正直的劝言,我一定虚心接受予以改正。"

杜谗邪篇第二十三

【题解】

《杜谗邪》主要是记述了贞观时君臣对谗言祸国的认识,同时告诫人们要"斥弃群小,不听谗言",因为谗言是祸乱的根源,进谗言的人是国家的蟊贼。在历史上,凡是"世乱则谗胜",一旦谗言得逞,则忠良就会蒙冤,国政就会败坏,百姓就会遭殃。"恺悌君子,无信谗言。谗言罔极,交乱四国"。国君任用贤人、勇于纳谏,则自然谗佞无门、政治清明。"若暗主庸君,莫不以之迷惑,忠臣孝子所以泣血衔冤"。封建皇帝高高在上,处于被"万心攻一心"的地位,正确地分辨谗言忠告,从而做到近君子、远小人,这是最高统治者必须始终认真对待的问题。文中所记唐太宗信任忠臣、惩处邪佞小人的做法,确实令人称道。

【原文】贞观初,太宗谓侍臣曰:"朕观前代谗佞之徒①,皆国之蟊贼也②。或巧言令色,朋党比周③;若暗主庸君,莫不以之迷惑,忠臣孝子所以泣血衔冤。故丛兰欲茂,秋风败之;王者欲明,谗人蔽之。此事著于史籍,不能具道。至如齐、隋间谗谮事,耳目所接者,略与公等言之。斛律明月④,齐朝良将,威震敌国。周家每岁斫汾河冰⑤,虑齐兵之西渡。及明月被祖孝徵谗构伏诛⑥,周人始有吞齐之意。高颎有经国大才⑦,为隋文帝赞成霸业,知国政者二十馀载,天下赖以安宁。文帝惟妇言是听⑧,特令摈斥,及为炀帝所杀,刑政由是衰坏⑨。又隋太子勇抚军监国⑩,凡二十年间,固亦早有定分。杨素欺主罔上,贼害良善,使父子之道一朝灭于天性⑪,逆乱之源,自此开矣。隋文既混淆嫡庶,竟祸及其身,社稷寻亦覆败。古人云'代乱则谗胜',诚非妄言。朕每防微杜渐,用绝谗构之端,犹恐心力所不至,或不能觉悟。前史云:'猛兽处山林,藜藿为之不采⑫;直臣立朝廷,奸邪为之寝谋。'此实朕所望于群公也。"

魏徵曰:"《礼》云:'戒慎乎其所不睹,恐惧乎其所不闻⑬。'《诗》云:'恺悌君子,无信谗言。谗言罔极,交乱四国⑭。'又孔子曰:'恶利口之覆邦家⑮',盖为此也。臣尝观自古有国有家者,若曲受谗谮,妄害忠良,必宗庙丘墟,市朝霜露矣⑯。愿陛下深慎之!"

【注释】①谗佞:指那些进谗言的邪佞小人。②蟊贼:本指吃禾苗的两种害虫。这里用来比喻危害人民或国家的人。③朋党比周:结党营私,排斥异己。④斛律明月(515~572):即斛律光,字明月,北齐朔州敕勒部(今山西朔城区)人,出身于将门之家,是北朝时期著名的将领。他少工骑射,以武艺知名。北齐建立后,封西安县子。皇建元年(560)晋爵钜鹿郡公。后历位太子太保、尚书令、司空、司徒。河清三年(564),因功升为太尉。天统三年(568)秋,官拜太保,承袭爵位咸阳王,后升为太傅。武平初年,斛律光屡胜周兵,战功卓著,拜为左丞相,别封清河郡公。他的部队战斗力很强,在北齐和北周的频繁战争中,从没有打过败仗,北周将士都很怕他。武平三年(572),斛律光被奸奸祖挺诬陷为谋反朝廷,诱到宫中杀害。朝野上下都十分悲痛。⑤周家:指北周。汾河:是黄河的第二大支流,也是山西境内最大的河流。⑥祖孝徵:即祖挺,字孝徵。北齐大臣。曾散布谣言,谗杀斛律明月等贤臣。⑦高颎:字昭玄,一名敏。隋代名相。自称渤海县(今河北景县)人。隋文帝拟废太子杨勇,立次子杨广为太子时,高颎反对,渐被文帝和皇后疏忌;开皇十九年(599)被人诬告免官。仁寿四年(604),隋炀帝即位,高颎复起为太常卿。大业三年(607),因对隋炀帝的奢侈和当时政事有所非议,为人告发,与贺若弼同日被杀。⑧文帝:指隋文帝。妇:指隋文帝之妻孤独皇后。⑨刑政:刑法政令。⑩隋太子勇:即太子杨勇,杨坚与皇后独孤氏的长子。杨勇不善于伪装,比较随意,而次子杨广却是很有心计的人,他与杨素多方设计,陷害杨勇,最后被废为庶人,远离京城。杨素(?~606):字处道,弘农华阴(今陕西华阴)人。初事北周武帝。后事隋文帝杨坚,为上柱国,拜御史大夫。588年,伐陈有功,任荆州总管。继为纳言、尚书左仆射。执掌朝政,以奸诈自立。依附晋王杨广参与宫廷阴谋,废太子杨勇,杀文帝。杨广立,他拜司徒。杨素十分骄横,任意侮辱属臣,凡逆己者,必加陷害。贪图财货,广营产业。死于公元606年。⑪天性:先天具有的品质或性情。⑫藜藿:指藜藿之类的野菜。⑬"戒慎"两句:语出《礼记·中庸》。此句意谓在别人看不见的地方也要谨慎,在别人听不见的时候也要提心忧虑。⑭"恺悌"四句:语出《诗·小雅·青蝇》。此句意谓平易近人的君子,不要听信谗言。谗言违背公正原则,会搅乱天下四方。恺悌,亦作"恺弟",平易近人。罔极,不正。⑮恶利口之覆邦家:语出《论语·阳货》。此句意谓厌恶那些以花言巧语使国家覆灭的人。⑯市朝霜露:意谓人们聚集的闹市变得冷落无人。

【译文】贞观初年,太宗对身边的大臣们说:"我看前代那些进谗言的邪佞小人,都是损害国家的蠹贼。他们花言巧语,结党营私;如果国君愚昧昏庸,没有不被迷惑的,这就是忠臣孝子泣血衔冤的原因。所以兰花正要长得茂盛,秋风却来摧残它;国君想要明察事理,谗佞小人就来蒙蔽他。这样的事情都记载在史籍上,不能一一说来。至于北齐和隋朝时期诽谤诬陷忠良的事,我耳闻目睹的,简要地向你们说一说。斛律明月是北齐的良将,威名震撼敌国。北周每年冬天都要砸破汾河的封冰,就是担心北齐的军队西渡汾河来进攻。等到斛律明月被祖孝徵的谗言惨遭杀害以后,北周才产生了吞并北齐的念头。高颎很有治理国家的才能,他协助隋文帝完成霸业,执掌国家政务二十多年,天下靠他得以安宁。可是隋文帝只听信妇人的话,特意排斥他,到高颎被隋炀帝杀害之后,隋朝的法制政令从此也就衰败了。另外,隋太子杨勇领军监国前后有二十年,本来早就确定了储君的名分。杨素欺君罔上,残害忠良,使他们父子之间的亲情一下子泯灭,叛逆祸乱的根源从此就开始了。隋文帝混淆了嫡子和庶子的名分,结果招来杀身之祸,不久国家也就覆亡了。古人说'世道混乱谗言就会猖獗',确实不是妄言乱语。我常常防微杜渐,禁绝谗言和诬陷之事的发生,但仍然还担心有心力照顾不到的地方,或者有没能察觉的问题。前朝史书上说:'猛兽盘踞山林,藜藿之类的野菜因此就没人敢去采摘;忠臣执掌朝政,奸诈邪恶的小人因此就会停止阴谋活动。'这确实是我对你们的期望。"

魏徵说:"《礼记》上说:'在别人看不见的地方要谨慎,在别人听不见的地方也要小心。'《诗经》上说:'平易近人的君子,不听信谗言。谗言违背公正原则,只会搅乱天下四方。'另外,孔子说:'厌恶那些以花言巧语使国家覆灭的人',大概就是针对这个问题说的。臣曾观察自古以来统治国家的人,如果听信谗言,残害忠良,必然导致国家灭亡,宗庙变成废墟,闹市变得冷落。希望陛下对这件事特别慎重!"

【原文】贞观十年，太宗谓侍臣曰："太子保傅①，古难其选。成王幼小，以周、召为保傅，左右皆贤，足以长仁，致理太平，称为圣主。及秦之胡亥②，始皇所爱，赵高作傅，教以刑法。及其篡也，诛功臣，杀亲戚，酷烈不已，旋踵亦亡。以此而言，人之善恶，诚由近习。朕弱冠交游③，惟柴绍、窦诞等④，为人既非三益⑤，及朕居兹宝位，经理天下，虽不及尧、舜之明，庶免乎孙皓、高纬之暴⑥。以此而言，复不由染，何也？"

魏徵曰："中人可与为善⑦，可与为恶，然上智之人自无所染。陛下受命自天，平定寇乱，救万民之命，理致升平，岂绍、诞之徒能累圣德？但经云：'放郑声⑧，远佞人。'近习之间，尤宜深慎。"

【注释】①保傅：即太保、太傅，古代保育、教导太子的官员。②胡亥：姓嬴名胡亥，秦朝第二代皇帝，始皇少子。早年曾从中车府令赵高学习狱法。秦始皇三十七年（前210）始皇帝病死，胡亥在赵高和丞相李斯的扶植下，立为太子，并承袭帝位，称二世皇帝。③弱冠：古时以男子二十岁为成人，初加冠，因体犹未壮，故称弱冠。后遂称男子二十岁或二十几岁的年龄为弱冠。④柴绍（？～638）：字嗣昌，晋州临汾（今山西临汾）人，唐朝大将，凌烟阁二十四功臣之一。唐国公李渊也将三女儿（即后来的平阳公主）嫁给了他。唐朝建立，为左翊卫大将军。此后柴绍随秦王李世民参加统一战争，屡立战功，因此封为霍国公，赐食邑一千二百户，并转为右骁卫大将军。窦诞：唐王朝开国功臣，他曾以元帅府司马的身份伴随李世民东征西战。李世民接唐王位后，为照顾窦的资历与功勋，以宗王卿的官衔让他管理内部事务。但窦终因上了年纪，在君臣众人讨论国事出现"昏谬失对"的现象，对此李世民感慨良多，遂以光禄大夫罢官。⑤三益：谓正直、诚信、多闻（博学）。借指良友。语本《论语·季氏》："孔子曰：益者三友，损者三友。友直，友谅，友多闻，益矣。"⑥孙皓（242～283）：字元宗，又名彭祖，孙权的孙子，孙和的儿子。三国时期东吴的第四代君主。在位期间，专横残暴，奢侈荒淫无道，不得民心。高纬（556～577）：北齐后主，字仁纲，南北朝时期北齐第五位皇帝。他即位时，腐朽的北齐政权已经摇摇欲坠，他自己仍然荒淫无道，导致北齐军队衰弱，政治腐败。后北周来攻，齐军大败，高纬被周军俘虏，不久被杀。⑦中人：指中等智慧的人。⑧郑声：原指春秋战国时郑国的音乐。古代人认为郑声淫，与孔子等提倡的雅乐不同，故受儒家排斥。此后，凡与雅乐相悖的音乐，均为崇"雅"黜"俗"者斥为"郑声"。

【译文】贞观十年（636），太宗对身边的大臣们说："太子的师傅自古以来就难以选择。周成王幼年继位，周公、召公做他的师傅，身旁左右都是贤人，足以增长仁德，使国家太平，因此被称为圣明君主。到了秦朝的胡亥，为秦始皇所宠爱，让赵高做他的师傅，教他刑政苛法。到了胡亥篡立为皇帝后，诛杀功臣，残害亲戚，不断残暴酷虐，可时间很短也就灭亡了。由此说来，人品行的善恶，确实是受亲近人的影响。我年轻时所交往的只有柴绍、窦诞等人，他们算不上属于正直、诚信、多闻'三益'之列的人，但到我即位治理天下时，虽然赶不上像尧、舜那样的圣明，但也不至于像孙皓、高纬那样昏庸残暴。由此说来，人的品行又不受亲近的人熏染，这是什么原因呢？”

魏征说：“智慧中等的人可以为善，也可以作恶，但智慧上等的人自然就不会被别人熏染。陛下受命于天，平定寇盗战乱，拯救万民的性命，使天下大治，四海升平。柴绍、窦诞等人怎能影响了陛下的圣德呢？但是经书上说过：‘抛弃淫靡的音乐，远离奸佞的小人。’在对待亲近人的方面，尤其应该特别谨慎。”

悔过篇第二十四

【题解】

人非圣贤，孰能无过？即使贵为帝王，也难免发生过失。重要的是对待过失的态度：掩盖过失，只能酿成更大的过失；听从谏言，及时改正过失，就能大大降低损失。本篇记述了唐太宗的懊悔之言和改过之行。能够经常反省自己的不足，接纳规谏之言，并立即改正，是唐太宗个人修养的一大优点。太宗度量宽宏，勇于自省，闻过即改，从善如流，终致国泰民安，也是他促成“贞观之治”的原因之一。

【原文】贞观二年，太宗谓房玄龄曰：“为人大须学问。朕往为群凶未定，东西征讨，躬亲戎事，不暇读书。比来四海安静，身处殿堂，不能自执书卷，使人读而听之。君臣父子，政教之道，并在书内。古人云：‘不学，墙面①，莅事惟烦。’不徒言也。却思少小时行事，大觉非也。”

【注释】①墙面：谓面对墙壁目无所见。比喻不学无术或一无所知。

【译文】贞观二年（628），太宗对房玄龄说：“做人非常需要学问。我以前因为群凶没有平定，东征西讨，亲自主持军务，没有空闲读书。近来国家安宁，我又身处于殿堂之上，即使不能亲自手执书卷阅读，也要叫人朗读给我听。君臣父子的伦理纲常、政治教化的策略道术，都写在书本里了。古人说：‘不学习就一无所知，碰到事情也就没有能力解决。’这不是空话。反思自己年轻时的所作所为，觉得很不对。”

【原文】贞观十七年，太宗谓侍臣曰：“人情之至痛者，莫过乎丧亲也。故孔子云：‘三年之丧，天下之通丧，自天子达于庶人也①。’又曰：‘何必高宗？古之人皆然②。’近代帝王，遂行不逮，汉文以日易月之制③，甚乖于礼典。朕昨见徐幹《中论·复三年丧》篇④，义理甚精审，深恨不早见此书。所行大疏略，但知自咎自责，追悔何及！”因悲泣久之。

【注释】①“三年”三句：语出《论语·阳货》。②“何必”二句：语出《论语·宪问》。高宗：指商君武丁。③以日易月：古代帝王去世，太子继位得服丧三年（三十六月），后来汉文帝改为三十六日即释服终丧，因称“以日易月”。④徐幹（170~217）：字伟长，汉北海剧县（今山东昌乐）人。东汉末文学家、哲学家。“建安七子”之一。著有《中论》二十篇。阐述儒家思想。《复三年丧》是其中的一篇。

【译文】贞观十七年（643），太宗对身边的大臣们说："人的感情中最为悲痛的，莫过于失去父母双亲。所以孔子说：'给父母服三年丧，是天下通行的丧期，从天子到百姓都是如此。'又说：'岂只是殷商高宗？古人都是这样做的。'近代帝王实行的丧期不及古人，汉文帝时以日代月的制度，大大违背了礼的原则。我昨天读了徐《中论·复三年丧》篇，文章的义理十分精深，恨没能早日看到这部书。我当年所行的丧礼太简单了，现在只能归罪自己、责备自己，追悔莫及啊！"因此悲痛地哭泣了很久。

【原文】贞观十八年，太宗谓侍臣曰："夫人臣之对帝王，多承意顺旨，甘言取容。朕今欲闻己过，卿等皆可直言。"

散骑常侍刘洎对曰："陛下每与公卿论事，及有上书者，以其不称旨，或面加诘难，无不惭退。恐非诱进直言之道①。"

太宗曰："朕亦悔有此问，当即改之。"

【注释】①诱：劝导。

【译文】贞观十八年（644），太宗对身边的大臣们说："凡是臣下对于帝王，大多是顺承旨意，说好听的话以取悦帝王。我现在想听听自己的过错，你们都可以直言不讳。"

散骑常侍刘洎回答说："陛下每次与大臣讨论事情，以及有人上书奏事的时候，因为他的意见不合您的心意，您有时当面加以责难，使他们无不难堪地退下来。这恐怕不是劝导臣子直言进谏的方法。"

太宗说："我也后悔有这样的追问责难，应当立即改正。"

奢纵篇第二十五

【题解】

本篇转录了贞观十一年（637）侍御史马周论述时政的一篇上疏，以及太宗对奏疏的反应。马周通过列举大量史实，指出了在贞观中期社会上存在着一些奢侈方面的问题，希望引起唐太宗的注意，并提出了解决的办法。马周认为如果帝王奢侈纵欲，则不免横征暴敛，不惜民力；臣子奢侈骄纵，则难免自取败亡。应以"节俭于身、恩加于人二者是务"，"若以陛下之圣明，诚欲励精为政，不烦远求上古之术，但及贞观之初，则天下幸甚"。马周的奏疏，劝谏唐太宗要戒奢侈、抑骄纵，他认为百姓所患不仅是贫苦，更重要的是上下不能同甘共苦。如果统治者不能体恤百姓，百姓自然离心离德。提醒太宗要吸取历史教训，俭朴节用，爱惜民力。其言辞恳切，深为太宗赏识。

【原文】贞观十一年，太宗令所司造金银器物五十事，侍御史马周上疏陈时政曰：

"臣历观前代，自夏、殷、周及汉氏之有天下，传祚相继①，多者八百馀年，少者犹四五百年，皆为积德累业，恩结于人心。岂无僻王②，赖前哲以免！自魏、晋已还，降及周、隋，多者不过五六十年，少者才二三十年而亡，良由创业之君不务广恩化③，当时仅能自守，后无遗德可思。故传嗣之主政教少衰，一夫大呼而天下土崩矣。今陛下虽以大功定天下，而积德日浅，固当崇禹、汤、文、武之道，广施德化，使恩有馀地，为子孙立万代之基。岂欲但令政教无失，以持当年而已！且自古明王圣主，虽因人设教，宽猛随时④，而大要以节俭于身、恩加于人二者是务。故其下爱之如父母，仰之如日月，敬之如神明，畏之如雷霆，此其所以卜祚遐长而祸乱不作也⑤。

【注释】①传祚：帝位相传。祚，帝位。②僻王：指邪僻不正的国君。③恩化：恩德教化。④宽猛：宽大与严厉。⑤卜祚：古人认为帝位是上天所赐，而占卜可以测知天意，故以"卜祚"借称帝位。遐：长远。

【译文】贞观十一年(637)，唐太宗下诏令宫中有关司衙铸造宫内金银用器五十种，侍御史马周上疏论述当时的政事说：

"臣通观前朝历史，从夏朝、殷朝、周朝以及汉朝的情况看来，帝位的传袭继承，时间长的有八百多年，短的也有四五百年，都是因为积累德行、功业，他们的恩德深入到百姓的心中。难道其间没有出现过邪僻不正的国君吗？只是依赖前朝贤君的恩泽而免于祸难罢了！从魏、晋以来，一直到北周、隋朝，国祚长的不过五六十年，短的仅有二三十年就灭亡了，都是因为创业的帝王没有致力于推广恩德教化，当时只能保住自己的帝位，没有留下让后人怀念的恩德的缘故。所以继位的帝王政治教化稍有衰减，只要有一个人站出来呼吁造反，国家就会土崩瓦解。现在陛下虽然凭巨大的功勋平定了天下，但是积累德行的时间不长，所以应当推崇禹、汤、文王、武王的治国原则，广泛施行恩德教化，使恩德有余，为子孙后代奠定万世传袭的基础。怎能只想求得政治教化没有过失，以保持自己当时的统治就行了！况且自古以来圣明的帝王虽然是因人设教，宽厚和严厉随着时局而变化，但是最关键的是在自身节俭、施恩百姓两个方面。因此百姓爱戴他们像爱戴自己的父母一样，瞻仰他们像瞻仰日月一样，尊敬他们像尊敬神灵一样，畏惧他们像畏惧雷霆一样，这就是他们的帝位能长久传承而不发生祸乱的原因。

【原文】"今百姓承丧乱之后，比于隋时才十分之一，而供官徭役，道路相继，兄去弟还，首尾不绝。远者往来至五六千里，春秋冬夏，略无休时。陛下虽每有恩诏，令其减省，而有司作既不废，自然须人，徒行文书，役之如故。臣每访问，四五年来，百姓颇有怨嗟之言，以陛下不存养之。昔唐尧茅茨土阶①，夏禹恶衣菲食②，如此之事，臣知不复可行于今。汉文帝惜百金之费，辍露台之役，集上书囊，以为殿帷，所幸夫人，衣不曳地。至景帝以锦绣纂组妨害女工，特诏除之，所以百姓安乐。至孝武帝虽穷奢极侈，而承文、景遗德，故人心不动。向使高祖之后，即有武帝，天下必不能全。此于时代差近③，事迹可见。今京师及益州诸处营造供奉器物④，并诸王妃主服饰，议者皆不以为俭。臣闻昧旦丕显,后世犹怠⑤;作法于理,其弊犹乱。陛下少处人间,知百姓辛苦,前代成败,目所亲见,尚犹如此,而皇太子生长深宫,不更外事,即万岁之后⑥,固圣虑所当忧也。"

【注释】①茅茨土阶:茅草盖的屋顶,泥土砌的台阶。形容房屋简陋,或生活俭朴。茨,用茅草、芦苇盖的屋顶。阶,台阶。②恶衣菲食:粗劣的衣食。形容生活俭朴。菲,质量差。③差近:较近。④益州:在今四川成都一带。⑤昧旦丕显,后世犹怠:语出《左传·昭公三年》。意谓起早贪黑勤奋工作而取得功业显赫的国君,其后代犹且懈怠不为。昧旦,拂晓,黎明。丕,大。⑥万岁:对皇帝死亡的讳称。

【译文】"如今百姓经过社会丧乱之后,人口只相当于隋朝的十分之一,但供官府服徭役的人,在路上络绎不绝,兄长离家,弟弟才回来,前后相接不断。路程远的往返有五六千里,春夏秋冬,几乎没有休息的时候。陛下虽然时常降下仁慈的恩诏,命令他们减省徭役,但是有关部门仍然不能停止,自然仍须征调人夫,所以诏书也是白白下达,百姓照旧被役使。臣每次去访问,四五年来,百姓颇有怨恨嗟叹之言,认为是陛下不存恤抚养他们。从前唐尧用茅草盖房,用土块砌台阶,夏禹粗衣劣食。像这样的事,臣深知不可能再在今天施行。汉文帝因珍惜百金的费用,停止建造露台,还收集臣子上书用的布袋,用作宫殿的帷帐,他所宠爱的夫人的衣裙短得不能拖在地上。到了景帝时,因为做锦绣五彩绦带之类丝织品而妨害了妇女应做的其他事,他特意下诏废弃不用,因此百姓安居乐业。到了武帝时,虽然他穷奢极欲,但是依赖文帝、景帝遗留下的恩德,因而民心没有骚乱。假如汉高祖之后,就是武帝时代,天下一定不会保全。由于这些事情发生时代离当今较近,其事迹还可以清楚可见。现在京师和益州等地在制造供奉皇室使用的器物以及诸位亲王、妃嫔、公主的服饰,议论的人都认为不够节俭。臣听说,起早贪黑勤奋工作而取得功业显赫的国君,其后代犹且懈怠不为;制定出合乎情理的法令,久而久之也会产生弊端和混乱。陛下小时候在民间长大,知道百姓的辛苦,前代的兴亡成败,都是亲眼看见的,尚且还是这样,而皇太子生长在深宫里,没有经历过宫墙之外的世事,陛下万岁之后的事情,确实应当引起陛下的忧虑了。"

【原文】"臣窃寻往代以来成败之事,但有黎庶怨叛①,聚为盗贼,其国无不即灭。人主虽欲改悔,未有重能安全。凡修政教,当修之于可修之时,若事变一起而后悔之,则无益也。故人主每见前代之亡,则知其政教之所由丧,而皆不知其身之有失。是以殷纣笑夏桀之亡,而幽、厉亦笑殷纣之灭。隋帝大业之初,又笑周、齐之失国。然今之视炀帝,亦犹炀帝之视周、齐也。故京房谓汉元帝云②:'臣恐后之视今,亦犹今之视古。'此言不可不戒也。

【注释】①黎庶:庶民,百姓。②京房(前77~前37):西汉学者,本姓李,字君明,东郡顿丘(今河南清丰西南)人。由于他开创了今文《易》学"京氏学",所以驰名于中国学术史。京房的《易》学把灾异与政治相联系在一起，京房讲灾异的目的在于干政，推行自己的政治主张。由此，当汉元帝召见他时，他就趁机对元帝宣讲自己的见解，通过讲灾变的方法，京房获得了元帝的信任。

【译文】"臣私下寻思前代以来国家兴亡成败的事情，发现只要有百姓怨恨背叛，聚众做盗贼，他的国家就没有不迅速灭亡的。国君虽然想悔改，也不可能重新获得安全者。凡是修整政治教化，应当在能够修整的时候就去修整，如果事变一旦发生才感到后悔，那就毫无益处了。所以后代的国君每当看见前朝的覆亡，才知道前朝的政治教化失败的原因，却完全不知道自己身上所存在的过失。因此殷纣王嘲笑夏桀的灭亡，而周幽王、周厉王又嘲笑殷纣王的灭亡。隋炀帝大业初年，又嘲笑北周、北齐丧失国家。然而现在看隋炀帝，也像隋炀帝当时看北周、北齐一样。所以，京房对汉元帝说：'臣忧虑后人看待今日的态度，也像今日看待前代的眼光一样。'这话不能不引起警戒啊！"

【原文】"往者贞观之初，率土霜俭①，一匹绢才得粟一斗，而天下怡然。百姓知陛下甚忧怜之，故人人自安，曾无谤讟。自五六年来，频岁丰稔，一匹绢得十馀石粟，而百姓皆以陛下不忧怜之，咸有怨言，以今所营为者，颇多不急之务故也。自古以来，国之兴亡不由蓄积多少，唯在百姓苦乐。且以近事验之，隋家贮洛口仓②，而李密因之③；东京积布帛④，王世充据之⑤；西京府库⑥，亦为国家之用，至今未尽。向使洛口、东都无粟帛，即世充、李密未必能聚大众。但贮积者固是国之常事，要当人有余力而后收之。若人劳而强敛，竟以资寇，积之无益也。然俭以息人，贞观之初，陛下已躬为之，故今行之不难也。为之一日，则天下知之，式歌且舞矣⑦。若人既劳矣，而用之不息，傥中国被水旱之灾，边方有风尘之警⑧，狂狡因之窃发⑨，则有不可测之事，非徒圣躬旰食晏寝而已⑩。若以陛下之圣明，诚欲励精为政，不烦远求上古之术，但及贞观之初，则天下幸甚。"

太宗曰："近令造小随身器物，不意百姓遂有嗟怨，此则朕之过误。"乃命停之。

【注释】①率土霜俭：全国土地荒芜。率土，四海之内，犹全国。霜俭，犹荒歉。②洛口仓：古粮仓名，又名兴洛仓。隋大业二年(606)筑，故址在今河南巩义市东南。因地处旧洛水入黄河处而得名。③李密(582~619)：字法主。京兆长安人，祖籍辽东襄平(今辽宁辽阳南)。隋末农民起义中瓦岗军后期领袖。大业九年(613)参与杨玄感起兵反隋。玄感败，李密逃亡。大业十二年(616)，入瓦岗军。李密军令严肃，赏赐优厚，士卒乐意为他所用。他建议袭取隋军兴洛(后改洛口)仓，开仓赈济，扩充队伍，然后进取东都。大业十三年(617)，瓦岗军攻取洛口仓，招就食饥民几十万，起义队伍迅速壮大。因：沿袭。④东京：杨坚建立隋朝，以洛阳为东都，称东京。⑤王世充(？～621)：隋末地方割据者。字行满，新丰(今陕西临潼东北)人。祖籍西域，其祖支颓耨，徙居关中。开皇年间，因军功升至兵部员外郎。大业年间，至江都宫监，为隋炀帝信任。618 年,隋炀帝被宇文化及所杀,他与元文都、皇甫无逸等人在东都(今河南洛阳)拥立杨侗为皇帝,世充被任命为吏部尚书郑国公,他击败并招降群雄之一的李密。619 年,废杨侗,自立为帝,国号郑国,年号开明,统治区为今河南北部。后因其统治过于严苛残酷,导致人民逃亡,且不少将领投奔唐朝。621 年,与李世民作战失败投降,唐徙世充及其家属于蜀,临行,为仇人所杀。⑥西京:杨坚建立隋朝,以长安为首都,称西京。⑦式歌且舞:载歌载舞。式,文言助词,无义。⑧风尘:比喻战乱。⑨狂狡:指狂妄狡诈之徒。⑩旰食:指勤于政事不能按时吃饭。晏寝:晚睡。

【译文】"从前在贞观初年时,全国土地荒芜,一匹绢只能换一斗粟,但天下安居乐业。百姓知道陛下十分关心爱护他们,所以人人自安,没有一点怨言。从贞观五六年以来,连年取得丰收,一匹绢可以换十多石粟,然而百姓都认为陛下不关心爱护他们,总有怨言,这是因为如今营作的事务,许多都是无关紧要的缘故。自古以来,国家的兴亡不是由于财物蓄积得多少,只在于百姓的苦乐。就拿近来的事来看,隋朝在洛口仓储藏粮食,却被李密夺取了;东京洛阳积蓄布帛,却被王世充占有了;西京府库的财物,也被我大唐所用,至今还没有用完。如果原来洛口仓、洛阳没有积蓄粮食布帛,那么王世充、李密未必能够聚集起大规模的队伍。只是贮积财物本来是国家的正常事务,重要的是应当在百姓有了馀力时再去征收。如果百姓劳苦不堪而去强行征收,最终还是资助了贼寇,这样的贮积是没有好处的。然而崇尚节俭来使百姓得以休息,这在贞观初年陛下已经亲自实行过,所以现在重新实行并不难。只要实行一天,天下就都会知道,百姓就会载歌载舞。如果百姓已经劳苦不堪,却还要不停地役使他们,倘若国内遭受水旱之灾,边境有战乱的警报,狂妄狡诈之徒就会乘机反叛,就会出现不可预测的情况,那就不仅仅使陛下晚进餐迟睡觉而已。如果以陛下的圣明,真要想励精图治,就不需要远求上古时的治国办法,只要赶得上贞观初年那样,那天下就很幸运了。"

太宗说:"最近下令制造一些随身的小件器物,没想到百姓因此就有嗟叹怨言,这就是我的过错了。"于是命令停止制造。

贪鄙篇第二十六

【题解】

"贪鄙",即贪婪卑鄙。本篇里作者列举了不少历史上"贪冒"的例子,集录了唐太宗论述贪鄙利弊的一些言论。唐太宗认为受贿贪财是得小利而招大弊,得不偿失,其目的就是告诫大家不能贪得无厌,贪欲乃是罪恶的源泉。如果帝王贪得无厌,就会劳役无度,信任群小,疏远忠良,最终导致灭亡;如果上下清廉,方可长守富贵,江山永存。"贤者多财损其志,愚者多财生其过","若徇私贪浊,非止坏公法,损百姓……亦有因而致死"者,"祸福无门,惟人所召。然陷其身者,皆为贪冒财利","大丈夫岂得苟贪财物,以害身命,使子孙每怀愧耻耶"? 以此来告诫百官清廉自持,常保身家平安。

【原文】贞观二年,太宗谓侍臣曰:"朕尝谓贪人不解爱财也,至如内外官五品以上①,禄秩优厚,一年所得,其数自多。若受人财贿,不过数万,一朝彰露,禄秩削夺,此岂是解爱财物? 视小得而大失者也。昔公仪休性嗜鱼②,而不受人鱼,其鱼长存。且为主贪,必丧其国;为臣贪,必亡其身。《诗》云:'大风有隧,贪人败类③。'固非谬言也。昔秦惠王欲伐蜀④,不知其径,乃刻五石牛,置金其后。蜀人见之,以为牛能便金,蜀王使五丁力士拖牛入蜀,道成,秦师随而伐之,蜀国遂亡。汉大司农田延年赃贿三千万⑤,事觉自死。如此之流,何可胜记! 朕今以蜀王为元龟,卿等亦须以延年为覆辙也。"

【注释】①内外官:指内、外朝官。旧时朝官有内朝、外朝之分。外朝官是指以丞相为首的各官,如御史大夫和九卿等;内朝官是皇宫之内接近君主的各官,也称中朝官。②公仪休:春秋时期鲁国的贤相。据《淮南子·道应训》载:公仪休喜欢吃鱼,有人就送鱼给他,他拒而不受。送鱼的人说:"听说你喜欢吃鱼,为什么不肯接受我送的鱼呢?"公仪休说:"正因为我喜欢吃鱼,所以更不能接受你的鱼。我现在做宰相,买得起鱼,自己可以买来吃,如果我因为接受了你送的鱼而被免去宰相之职,我自己就买不起鱼了,你难道还会再给我送鱼吗? 这样一来,我还能再吃得到鱼吗? 因此,我是决不能接受你送的鱼的。"③"大风"两句:语出《诗·大雅·桑柔》。意谓大风因隧道而生成,贪财的人败坏同类。④秦惠王(前356~前311):即秦惠文王,名嬴驷,孝公之子。公元前325年,惠文王自称为王。在位期间,任用贤能,推行法制,并不断向外拓展领土。在对关东六国作战取胜后,秦惠文王于公元前316年出兵灭蜀。蜀:我国古代先秦时期的蜀族在现今四川建立的国家,后被秦国所灭。但关于蜀国的历史在先秦文献中一直没有详细记载,直到东晋常璩在其《华阳国志·蜀志》中才记载了关于蜀国的历史和传说。⑤大司农:官名。汉景帝时称大农令,武帝太初元年更名大司农。掌租税、钱谷、盐铁和国家的财政收支。为九卿之一。田延年(?~前72):字子宾,西汉阳陵(今陕西高陵西南)人。初为大将军霍光长史,后任河东太守,诛杀豪强,奸邪震惧。入为大司农。宣帝即位,他以定策功封阳成(一作阳城)侯。不久,因主守盗官钱三千万,被人告发,自刎而死。

【译文】贞观二年(628),太宗对身边的大臣们说:"我曾经说过,贪财的人是不懂得爱惜财物的,比如说当今内、外朝官员五品以上的,俸禄品秩都很优厚,一年之内所得到的,数量自然很多。如果收受别人的贿赂,也不过数万,一旦暴露出来,官职俸禄都被削夺,这哪里能算得上是懂得爱财? 这是看见小的利益,却失掉了大的利益。从前,公仪休喜欢吃鱼,但他却不收别人送的鱼,所以他能长久地吃到鱼。作为一国之君要是很贪婪，必然丧失掉他的国家；作为臣子要是很贪婪，必然丧失掉他的性命。《诗经》上说：'大风因隧道而生成，贪财的人败坏同类。'这确实不是荒谬的话。从前秦惠王想征伐蜀国，不知道前往蜀国的道路，就雕刻了五头石牛，把金子放置在牛的屁股后面。蜀国人见后，以为石牛会拉出黄金来，于是蜀王派了五个大力士把石牛拖回蜀国，结果就形成了道路，秦军跟随其后而攻打了蜀国，蜀国就灭亡了。汉朝大司农田延年贪赃三千万，事发后自刎而死。类似这样的事，怎么能数得过来！我今天把蜀王作为借鉴，你们也要把田延年当作前车之鉴啊！"

【原文】贞观四年，太宗谓公卿曰："朕终日孜孜，非但忧怜百姓，亦欲使卿等长守富贵。天非不高，地非不厚，朕常兢兢业业，以畏天地。卿等若能小心奉法，常如朕畏天地，非但百姓安宁，自身常得欢乐。古人云：'贤者多财损其志，愚者多财生其过。'此言可以为深诫。若徇私贪浊，非止坏公法，损百姓，纵事未发闻①，中心岂不恒恐惧？恐惧既多，亦有因而致死。大丈夫岂得苟贪财物，以害身命，使子孙每怀愧耻耶？卿等宜深思此言。"

【注释】①纵：即使。

【译文】贞观四年(630)，太宗对公卿大臣们说："我整天孜孜不倦，不仅仅是忧念爱惜百姓，也是想让你们能够长久地富贵。天并不是不高，地并不是不厚，然而我常常兢兢业业，是因为对天地十分敬畏。你们如果能够小心谨慎奉公守法，经常像我敬畏天地一样，不但能够使得百姓安宁，你们自身也经常能得到快乐。古人说：'贤明的人如果财产多了，就会损害他们的志向；愚蠢的人如果财产多了，就会造成他们的过错。'这话可以深以为诫。如果徇私贪污，不但是破坏了国法，伤害了百姓，即使事情没有败露，心中怎能不常怀恐惧呢？恐惧多了，也有因此而导致死亡的。大丈夫怎么能够为了贪图财物而害了自身性命，使子孙后代每每为此感到惭愧羞耻呢？你们应当深刻地思考这些话。"

【原文】贞观十六年，太宗谓侍臣曰："古人云：'鸟栖于林，犹恐其不高，复巢于木末；鱼藏于泉，犹恐其不深，复穴于窟下。然而为人所获者，皆由贪饵故也。'今人臣受任，居高位，食厚禄，当须履忠正，蹈公清，则无灾害，长守富贵矣。古人云：'祸福无门，惟人所召①。'然陷其身者，皆为贪冒财利②，与夫鱼鸟何以异哉？卿等宜思此语，用为鉴诫。"

【注释】①祸福无门，惟人所召：语出《左传·襄公二十三年》。意谓祸福无定，由人自取。②贪冒：贪图财利。

【译文】贞观十六年(642)，太宗对身边的大臣们说："古人说：'鸟栖息在树林里，还担心树木不够高，又在树梢上筑巢；鱼潜藏在泉水里，还担心水不够深，又在洞窟下做穴。但是它们仍然被人捕获，这都是因为贪食诱饵的缘故啊。'现在臣子接受任命，身居高位，享有厚禄，应当做事忠诚正直，遵循清廉无私的原则，那么就不会有灾难，能长久保持富贵。古人说：'祸福无定，由人自取。'然而那些以身犯法的人，都是因为贪图财利，这与那些鱼、鸟有什么不同呢？你们应该思考这些话，作为借鉴和告诫。"

崇儒学篇第二十七

【题解】

《崇儒学》篇主要记述了贞观时君臣有关崇儒重道的一些言行。作者认为学识的厚薄对治国安邦能力的大小有很大影响，而且与世风民俗的好坏也有很大关系。自汉武帝采纳董仲舒"罢黜百家，独尊儒术"的建议以来，儒家思想就成为历代王朝的统治思想，备受推崇。太宗即位之初，也着意文治，崇尚儒学。所以他连年下诏，确定孔子、颜回为先圣先师，设置弘文馆，将前代名儒左丘明、卜子夏、公羊高、谷梁赤、伏胜、高堂生、戴圣、毛苌、孔安国、刘向、郑众、杜子春、马融、卢植、郑玄、服虔、何休、王肃、王弼、杜预、范宁等的著作"垂于国胄"，并将这些名儒"配享尼父庙堂"。同时命令颜师古考定五经、孔颖达撰写《五经正义》，"付国学施行"。太宗认为"为政之要，惟在得人，用非其才，必难致理。今所任用，必须以德行、学识为本"。贞观时期崇孔尊儒，兴学重教，把勤奋学习儒家思想看作是一种美德，使儒学成为封建社会的正统思想，其目的是为了维护自己的统治。

【原文】太宗初践阼①，即于正殿之左置弘文馆②，精选天下文儒，令以本官兼署学士③，给以五品珍膳，更日宿直④，以听朝之隙，引入内殿，讨论坟典⑤，商略政事，或至夜分乃罢。又诏勋贤三品已上子孙⑥，为弘文馆学生。

【注释】①践阼：即位。践，踏。阼，大殿前东面的台阶称"阼"，君主即位时践阼升殿，因称君主即位为"践阼"。②弘文馆：唐武德四年（621）置修文馆于门下省。九年（626），太宗即位，改名弘文馆。聚书二十余万卷。置学士，掌校正图籍，教授生徒。置校书郎，掌校理典籍，刊正错谬。③学士：最早见于《周礼·春官》，指那些在学校读书的人。唐代置学士于学士院，以文学言语参谋谏净，掌制诰，得受优宠。其后有承旨、侍读、侍讲、直学士等品秩之分。④更日：隔日或按日轮换。宿直：夜间值班。⑤坟典："三坟""五典"的并称，后转为古代典籍的通称。⑥勋贤：指有功勋有才能的人。

【译文】太宗登基初年，就在皇宫正殿的左边修建了一个弘文馆，精选了全国通晓儒学的人，让他们以原来的官职兼任弘文馆学士，供给他们五品以上高官的珍贵饮食享用，按日轮换在皇宫里值班，在皇帝上朝的间隙就召到内殿来，讨论古代典籍，商议治政方略，有时到夜深才结束。太宗又下诏让那些三品以上有功勋有才能的人的子孙，做弘文馆的学生。

【原文】贞观二年，诏停以周公为先圣，始立孔子庙堂于国学①，稽式旧典②，以仲尼为先圣,颜子为先师,而笾豆干戚之容③,始备于兹矣。是岁大收天下儒士,赐帛给传④,令诣京师,擢以不次⑤,布在廊庙者甚众⑥。学生通一大经已上⑦,成得署吏。国学增筑学舍四百余间,国子、太学、四门、广文亦增置生员⑧,其书、算各置博士、学生⑨,以备众艺。太宗又数幸国学,令祭酒、司业、博士讲论⑩,毕,各赐以束帛。四方儒生负书而至者,盖以千数。俄而吐蕃及高昌、高丽、新罗等诸夷酋长亦遣子弟请入于学⑪。于是国学之内,鼓箧升讲筵者⑫,几至万人,儒学之兴,古昔未有也。

【注释】①国学:《周礼·春官·乐师》云:"乐师掌国学之政,以教国子小舞。"孙诒让《周礼正义》云:"国学者,在国城中王宫左之小学也。"周代的"国学"只是国家所办的"贵族子弟学校"。此后朝代更替,国学逐步由小学演变为高等学府。②稽式:准则,法式。这里引申为取法。③笾豆:笾和豆,古代祭祀时盛食物的礼器。干戚:干(盾)和戚(大斧),古代祭祀时操干戚以舞。④给传:谓朝廷给予驿站车马。汉代,凡朝廷征召之人由公车(官署名)以车接送。⑤不次:不依寻常次序。⑥廊庙:这里指朝廷。⑦大经:唐国子监教课及进士考试经书,皆按经文长短分大、中、小三级,唐以《礼记》《春秋左氏传》为大经。⑧国子:指国子学(监),我国封建时代的教育管理机关和最高学府,唐代国子学下辖国子、太学、四门学、广文馆、书学、算学和律学共七学。国子学是教文武三品以上官员及国公的子孙。太学:与国子学(监)均为传授儒家经典的最高学府,只是教育的对象不同,太学是教文武五品以上官员及郡县公的子孙。四门:即四门学。唐代四门学隶国子学(监),传授儒家经典,性质与国子学、太学同,只是四门学的教育对象是七品以上官员及普通人家的优秀子弟。广文:"广文馆"的简称。官署名,领国子学中修进士业者。⑨书、算:即指书学和算学。书学是唐代培养书法人才的学校。《新唐书·选举志》:"凡书学:《石经三体》限三岁,《说文》二岁,《字林》一岁。"算学是培养天文、数学人才的学校。⑩祭酒:为国子监的主管官。司业:学官名。隋以后国子监置司业,为监内的副长官,协助祭酒,掌儒学训导之政。博士:古代学官名,是管教七品以上官员的子弟以及有才干的庶人子弟。⑪吐蕃:公元七至九世纪时我国古代藏族所建政权,与唐经济文化联系至为密切。高昌:故城坐落在今新疆维吾尔自治区吐鲁番东面四十多公里的三堡乡。高昌古城,历史悠久,始建于公元前1世纪汉代,因其"地势高敞,人广昌盛"而得名。公元460年(和平元年)车师国亡,柔然立阚氏伯周为王,称其国为高昌国,掀开了高昌王国的序幕。640年唐朝统一高昌,在此设立西州,辖高昌、交河、柳州、天山、蒲昌五县。高丽:少数民族政权之一,在今朝鲜半岛。新罗:朝鲜半岛东南部土著民族建立的本土政权。⑫鼓箧:谓击鼓开箧,古时入学的一种仪式。这里借指来求学的人。讲筵:讲经、讲学的处所。这里借指讲学的人。

【译文】贞观二年(628),太宗下诏停止庙祀周公为先圣,开始在国子学内建立奉祀孔子的庙堂,取法旧有的制度,尊孔子为先圣,颜渊为先师,庙堂两边陈列的笾豆、干戚等礼器和乐舞用具从此齐备了。这一年又广泛招揽天下的儒士，赏赐给他们布帛，供给他们驿传车马，让他们到京城来，不按寻常的次序授予他们高低不等的官职，因此在朝廷做官的儒士有很多。太学生中如能读通《礼记》《左传》大经中的一种，都能任职为吏。在国子学内增加建筑了四百多间房舍，国子、太学、四门、广文四学也都增加了学生的名额，书学、算学也分别设置了博士、招收学生，使各种科目都设置完备。太宗又几次亲自前往国学，命祭酒、司业以及博士等学官进行讲论，讲完后每人赏赐五匹帛。四面八方带着书赶来求学的儒生数以千计。不久以后吐蕃和高昌、高丽、新罗等四夷的首长们也派他们的子弟前来申请入学。于是在国子学内，前来讲学和求学的人几乎达到万人，儒学这么兴旺，是自古以来未曾有过的。

【原文】贞观二年，太宗谓侍臣曰："为政之要，惟在得人，用非其才，必难致理。今所任用，必须以德行、学识为本。"

谏议大夫王珪曰："人臣若无学业，不能识前言往行，岂堪大任。汉昭帝时[1]，有人诈称卫太子[2]，聚观者数万人，众皆致惑。隽不疑断以蒯聩之事[3]。昭帝曰：'公卿大臣，当用经术明于古义者，此则固非刀笔俗吏所可比拟[4]。'"

【注释】[1]汉昭帝(前94~前74)：即汉武帝少子刘弗陵，西汉第六位皇帝。前87~前74年在位，前后在位共十三年。[2]卫太子：名叫刘据，是大将军卫青的姐姐卫皇后所生，元狩元年(前122)被立为太子，成了汉武帝法定的接班人。据《汉书·昭帝纪》记载：始元五年(前82)，张延年诈称为卫太子刘据，后以诬罔罪腰斩(而《资治通鉴》记载冒充卫太子的男子则是成方遂)。[3]隽不疑：西汉勃海(今河北沧县东)人。初为郡文学。暴胜之为绣衣御史至勃海，知其贤，荐于武帝，任为青州刺史。昭帝即位，齐孝王孙刘泽与燕王旦联络郡国谋反，他发觉收捕，擢为京兆尹。治民严而不残，吏民服其威信。始元五年(前82)，有人冒充卫太子，朝臣不敢辨，他以儒经决事，收捕追治，终发其伪。以此名重当时。蒯聩：春秋时卫灵公的世子，因事不顺从卫灵公，曾出奔宋国。卫灵公死，蒯聩又回卫国争位，卫出公不接纳他。汉昭帝时(始元五年)有人冒充卫太子，隽不疑根据《春秋》里的记载说卫出公不接纳蒯聩是对的，隽不疑在辨别真假卫太子时以儒经决事，根据《春秋》的义理把那个冒充卫太子的人给抓了起来，经审查，此人果然是冒充卫太子。[4]刀笔俗吏：指旧时官衙内办理公文案卷的小吏。古代在竹简上记事，错讹处用刀刮去，故称。

【译文】贞观二年(628)，太宗对身边的大臣们说："治理国家的关键在于选择合适的人才，如果用非其人，就很难治理好国家。如今用人，必须将道德品行、学问见识作为选拔的根本。"

谏议大夫王珪说："臣子如果没有学问，那就不会了解历史上的种种言行，怎能担负重大的责任？汉昭帝时，有人出来诈称自己是卫太子刘据，引来万人围观，当时在场的人都被迷惑了。京兆尹隽不疑根据《春秋》上记载的蒯聩的故事辨清了那个人。

昭帝说：'公卿大臣，应当选用通晓经学儒术懂得古义的人。这本来不是一般的刀笔之吏可比拟的。'"

【原文】太宗尝谓中书令岑文本曰："夫人虽禀定性，必须博学以成其道，亦犹蜃性含水①，待月光而水垂；木性怀火，待燧动而焰发②；人性含灵，待学成而为美。是以苏秦刺股③，董生垂帷④。不勤道艺，则其名不立。"

文本对曰："夫人性相近，情则迁移，必须以学饬情，以成其性。《礼》云：'玉不琢不成器，人不学不知道。'所以古人勤于学问，谓之懿德⑤。"

【注释】①蜃：即大蛤蜊。栖息于潮湿地带及浅海泥沙滩的表层，其肉质鲜美无比，可供食用。相传大蛤蜊的本性含水，等到有月光的时候才喷出来，借用光的折射原理形成美丽的图案。②燧：古代取火的器具。③苏秦刺股：苏秦，字季子。洛阳（今河南洛阳）人，师事鬼谷子。战国时期，中原大地七雄并立，战争连年不断，各国都想统一中原。年轻的苏秦凭借自己的学识和口才游说当时最强大的秦国，希望得到重用。但是未能如愿。后得太公《阴符经》，潜心研读。读书欲睡，就用锥子刺自己的大腿，血流至脚跟，经过了一番努力，终于学有所成。后来游说诸侯，合齐、楚、燕、赵、魏、韩六国抗秦，佩六国相印，开始了辉煌的政治生涯。④董生垂帷：董生，名仲舒，广川（今河北枣强）人，汉景帝时为博士。相传他在讲学时，为专心教书，放下帷幕，弟子均不得见其面。武帝即位，上对策三篇，任用为江都王相。生平讲学著书，他建议"独尊儒术，罢黜百家"，为武帝所采纳，使儒学成为封建社会的正统。著有《春秋繁露》等书。⑤懿德：美德。懿，美好（多指品德）。

【译文】太宗曾对中书令岑文本说："人虽然各自有确定的秉性，但必须博学才能有所成就，就像大蛤蜊本性含水，但要等月光照射时才会把水吐出来而形成美丽的图案；又像木材本身包含着易燃的因素，但要靠钻动燧石才能发出火来；人的本性中包含着聪明灵巧，但要通过学习才能显出他的美质。所以当年有苏秦刺股和董生垂帷这样刻苦学习的故事。说明不勤奋学习道德和技能，就不会树立起他们的名声。"

岑文本回答说："人的天性是相近的，但人的情趣则可以随时变化，必须依靠学习来驾驭情感成就人的本性。《礼记》上说：'玉不琢不成器，人不学不知道。'所以古人都注重勤奋学习，把它看作是一种美德。"

文史篇第二十八

【题解】

本篇主要记载了太宗对书写史书及"实录"内容的一些看法。太宗在阅读史书时发现前朝史书多看重靡丽文章，不务政事，甚至有导致灭亡者。他认为这些文章辞藻虚浮华丽，对于勉励劝诫人没有什么益处。因而鼓励臣子上书论政，要"词理切直，可裨于政理者”，同时他认为“若事不师古，乱政害物，虽有辞藻，终贻后代笑”。此外，太宗还特别关注记载自己言行的起居注，他认为“国史，用为惩恶劝善，书不以实，后嗣何观”？因而他对玄武门事变的记载，要求史官秉笔直书，使“雅合至公之道”，从而也反映出作者自己提倡秉笔直书、反对曲笔的观点。

【原文】贞观初，太宗谓监修国史房玄龄曰：“比见前、后《汉史》载录扬雄《甘泉》《羽猎》①，司马相如《子虚》《上林》②，班固《两都》等赋③，此既文体浮华，无益劝诫，何假书之史策④？其有上书论事，词理切直，可裨于政理者，朕从与不从皆须备载。”

【注释】①前、后《汉史》：即指前、后《汉书》。扬雄（前53~18）：一作“杨雄”，字子云，西汉蜀郡成都（今四川成都郫都区）人。西汉学者、辞赋家。少时好学，博览多识，酷好辞赋。后始游京师，经人引荐，被喜爱辞赋的成帝召入宫廷，侍从祭祀游猎，任给事黄门郎。他历成、哀、平“三世不徙官”。王莽称帝后，扬雄校书于天禄阁。后受他人牵累，即将被捕，于是坠阁自杀，未死。后召为大夫。扬雄一生悉心著述，除辞赋外，又仿《论语》作《法言》，仿《周易》作《太玄》，表述他对社会、政治、哲学等方面的思想，在思想史上有一定价值。扬雄早期以辞赋闻名，他最服膺司马相如，“每作赋，常拟之以为式”（《汉书·扬雄传》）。《甘泉》《羽猎》：扬雄的两篇赋名，是模拟司马相如《子虚》《上林》而写的，其内容为铺写天子祭祀之隆、苑囿之大、田猎之盛，结尾兼寓讽谏之意。其用辞构思亦华丽壮阔，与司马相如赋相类，所以后世有“扬马”之称。②司马相如（约前179~前117）：字长卿。西汉蜀郡成都（今四川成都）人，是汉代很有成就的散文名家、辞赋家。作品善于描写景物，烘托气氛，以情景交融的笔触，把人物感情的起伏跌宕写得惟妙惟肖，委婉动人，对后代的宫怨诗产生了相当大的影响。鲁迅先生对司马相如的评价最精炼，最权威：“不师故辙，自摅妙才，广博宏丽，卓绝汉代。”（《汉文学史纲要》）《子虚》：赋篇名。指司马相如的《子虚赋》。赋中假设子虚、乌有先生和亡是公三个寓言人物。写楚臣子虚使于齐，齐王盛待子虚。畋罢，子虚访问乌有先生，遇亡是公在座。子虚讲述齐王畋猎之盛，乌有先生不服，便以齐之大海名山、异方殊类，傲视子虚。在子虚看来，齐王对他的盛情接待中流露出大国君主的自豪、自炫。他作为楚国使臣，感到这是对自己国家和君主的轻慢。使臣的首要任务是不辱君命，于是，他以维护国家和君主尊严的态度讲述了楚国的辽阔和云梦游猎的盛大规模。全篇结构宏大，辞采富丽，是汉大赋的代表作。《上林》：赋篇名。指司马相如的《上林赋》。该赋本与《子虚赋》为一篇，《文选》收录时始分为二，将前一部分题作《子虚赋》，后一部分题作《上林赋》。《上林赋》写亡是公笑子虚、乌有先生微不足道，乃大肆铺陈汉天子上林苑之宏美巨丽，天子射猎之壮观盛举，以压倒齐、楚，表明非诸侯国所能比。文章写山泽之美，色彩斑斓，绚丽夺目；写草木之盛，千姿百态，目不暇接；写帝王生活，富丽堂皇，淋漓尽致。此赋词采富丽，气势恢弘，是描写皇家园林的最有代表性的作品。上林，指上林苑，故址在今陕西西安西及周至、户县界。它本是秦代的旧苑，汉武帝时重修并加扩大。③班固(32~92)：东汉史学家、文学家。扶风安陵(今陕西咸阳东北)人。父班彪也是史学家。他继承父业，续修《汉书》。又善于作赋，所写《两都赋》为汉赋名篇。公元89年，随大将军窦宪出击匈奴。后窦宪专权被杀，他受牵连，死在狱中。《两都》：赋篇名。分《西都赋》《东都赋》两篇。东汉班固作。两都，指西都长安和东都洛阳。东汉建都洛阳，"西土耆老"仍希望复都长安，班固持异议，因此作《两都赋》。赋中以主客问答方式假托"西都宾"向"东都主人"夸耀西都长安的关山之险要、宫苑之广大和物产之繁盛，希望东汉皇帝驾返西都；然后又以"东都主人"责备"西都宾"安土重迁和炫耀失实，又夸耀光武建都洛阳修文德、来远人的盛况，以驳斥"西都宾"的"淫侈之论"。最后归之为应建都洛阳。《两都赋》颂扬了东汉建都洛阳和光武帝中兴汉室的功绩，体制宏大，写法上铺张扬厉，是西汉大赋的继续。《两都赋》开拓了写京都的题材，对张衡的《二京赋》和左思的《三都赋》均有影响。④史策：即史册。策，通"册"。

【译文】贞观初年，太宗对主管监修国史的房玄龄说："近来看前、后《汉书》上载录了扬雄的《甘泉赋》《羽猎赋》，司马相如的《子虚赋》《上林赋》，班固的《两都赋》等，这些文章既辞藻虚浮华丽，对于勉励劝诫人也没有什么益处，为什么还记录在史册上？如果有人上书论述政事，只要文辞中肯直率，可以裨补于国事政务的，不论我是否采纳，都要详加记载。"

【原文】贞观十一年，著作佐郎邓隆表请编次太宗文章为集①。太宗谓曰："朕若制事出令，有益于人者，史则书之，足为不朽。若事不师古，乱政害物，虽有词藻，终贻后代笑，非所须也。只如梁武帝父子及陈后主、隋炀帝②，亦大有文集，而所为多不法，宗社皆须臾倾覆。凡人主惟在德行，何必要事文章耶？"竟不许。

【注释】①著作佐郎：著作局属官。《新唐书·百官志二》云："著作局。郎二人，从五品上；著作佐郎二人，从六品上。"著作郎掌撰碑志、祝文、祭文，与佐郎分判局事，专掌史任。邓隆：相州(今河南安阳)人。贞观初，召授国子主簿，与崔仁师、慕容善行、刘觊、庾安礼、敬播俱为修史学士。后改著作佐郎，历卫尉丞。编次：按一定的次序编排。②梁武帝父子：指南朝的梁武帝萧衍和其子萧统。梁武帝(46~549)，名萧衍，字叔达。是一个多才多艺学识广博的学者。他的政治、军事才能，在南朝诸帝中可以说是堪称翘楚；他在学术研究和文学创作上的成就，则更为突出。史书称他"六艺备闲，棋登逸品，阴阳纬候，卜筮占决，并悉称善"，"草隶尺牍，骑射弓马，莫不奇妙"。陈后主(553~604)：即陈叔宝，南朝陈皇帝。在位时大建宫室，生活奢侈，日与妃嫔、文臣游宴，制作艳词。隋兵南下时，恃长江天险，不以为意。祯明三年(589)，隋兵入建康(今江苏南京)，被俘。后在洛阳病死，追封长城县公。

【译文】贞观十一年(637)，著作佐郎邓隆上表请求将太宗的文章编辑成文集。太宗对他说："我制订的政策、发出的诏令，如果对人民有好处的，史书已经记载了，足以流传不朽。如果处理的事务不师法古人，扰乱国家、对百姓有害，虽然文章辞藻华丽，终究会被后代耻笑，这不是我需要的。像梁武帝父子和陈后主、隋炀帝，也都有文集，但是他们的所作所为大多不合法度，国家在短时间内就灭亡了。凡是做君主的只在于道德品行的修养，何必要从事文章的写作呢?”太宗最终没有允许编辑文集的事。

礼乐篇第二十九

【题解】

本篇着重记载了贞观君臣在这方面的许多言论，以及修订礼乐制度的各种举措。太宗认为“礼乐之作，是圣人象物设教，以为搏节”的，因此他诏吏部尚书高士廉等刊正姓氏，撰为《氏族志》，其目的在于“崇树今朝冠冕”。他还诏曰：“氏族之美，实系于冠冕，婚姻之道，莫先于仁义”，“使识嫁娶之序，务合典礼”。当时许多经济和政治上的典章制度，常常贯串在各种礼中，依靠各种礼的举行来加以确立和维护。因此礼乐是纲常伦理的关键，是处理人际关系、调整君臣秩序的原则。太宗诏令改革礼制，自身躬行不辍，并用礼法教诫诸子大臣，懂得“礼乐”是一种有效的治国方式。古代帝王常用兴礼乐为手段以求达到尊卑有序、远近和合的统治目的。

【原文】太宗初即位，谓侍臣曰：“准《礼》①，名，终将讳之②，前古帝王，亦不生讳其名。故周文王名‘昌’，《周诗》云：‘克昌厥后。’春秋时鲁庄公名‘同’，十六年《经》书③：‘齐侯、宋公同盟于幽。’唯近代诸帝，皆妄为节制，特令生避其讳，理非通允，宜有改张。”

因诏曰：“依《礼》，二名义不偏讳④。尼父达圣，非无前指。近世以来，曲为节制，两字兼避，废阙已多，率意而行，有违经语。今宜依据礼典，务从简约，仰效先哲，垂法将来。其官号人名及公私文籍，有‘世’及‘民’两字不连读，并不须避。”

【注释】①准《礼》：按照《周礼》。准，按照。②名，终将讳之：意谓人的名字，要等到他死了以后才避讳。《左传·桓公六年》云：“周人以讳事神，名，终将讳之。”意谓周代用避讳事奉神灵，人死之后，他的名字就必须避讳。封建时代为了维护等级制度的尊严，说话写文章时遇到君主或尊亲的名字都不直接说出或写出，叫作避讳。③《经》：指《春秋》经。④“依《礼》”两句：意谓按照《礼记》，人名的两个字，不需要一一避讳。这里的《礼》指《礼记》。《礼记·曲礼上》云：“二名不偏讳。”郑玄注：“谓二名不一一讳也。孔子之母名‘徵在’，言‘在’不称‘徵’，言‘徵’不称‘在’。”

【译文】太宗即位不久，对身边的大臣们说：“按照《周礼》，人的名字要等到死后才避讳，从前古代帝王的名字也不在他们生前避讳。因此周文王名‘昌’，《周颂》上说：‘克昌厥后。’春秋时鲁庄公名‘同’，庄公十六年《春秋》经记载着：‘齐侯、宋公同盟于幽。’只有近代这些帝王才都乱加限制，特意下令在其生前就要避讳，这在道理上讲不通,应当有所改变。"

于是下诏说:"按照《礼记》,人名的两个字,不需要一一避讳。孔子是通达事理的圣人,以前也不是没有指出过。近代以来,不合理地加以限制,人名的两个字都要避讳,废除和空缺的字因此很多,这样轻率任意地做,有违经典的训示。现在应该依据礼法,务必遵行简约的规定,效法前朝圣人,给后世也留下可行的法则。官职、人名以及公私文书典籍中,有'世'和'民'两个字而并不连读的,都不用避讳。"

【原文】又诏曰:"氏族之美,实系于冠冕①。婚姻之道,莫先于仁义。自有魏失御②,齐氏云亡,市朝既迁③,风俗陵替④,燕、赵古姓,多失衣冠之绪,齐、韩旧族,或乖德义之风。名不著于州闾,身未免于贫贱,自号高门之胄,不敦匹嫡之仪⑤,问名唯在于窃赀⑥,结褵必归于富室⑦。乃有新官之辈,丰财之家,慕其祖宗,竞结婚姻,多纳货贿,有如贩鬻。或自贬家门,受屈辱于姻娅⑧;或矜其旧望,行无礼于舅姑⑨。积习成俗,迄今未已,既紊人伦,实亏名教。朕夙夜兢惕,忧勤政道,往代蠹害,咸已惩革,唯此弊风,未能尽变。自今已后,明加告示,使识嫁娶之序,务合典礼,称朕意焉。"

【注释】①冠冕:这里借指仕宦官爵。我国古代社会等级森严,阶级地位的高低往往决定人的尊卑贵贱。除了衣饰之外,冠冕、巾帻也尊卑分明。②失御:亦作"失驭",失去驾驭。指丧失统治能力。③市朝:本指争名逐利之所。这里泛指朝野。④陵替:衰落,衰败。⑤敦:遵循,遵守。匹嫡:这里指缔结婚姻。⑥问名:旧时婚礼中六礼之一。谓男家具书托媒请问女子的名字和出生的年月日。这里泛指求亲。⑦结褵:代称成婚。⑧姻娅:泛指姻亲。⑨舅姑:妻称夫之父母(俗称公婆)、夫称妻之父母(俗称岳父母)皆曰舅姑。

【译文】太宗又下诏说:"氏族值得赞美的地方,实际上是和官爵联系在一起的。婚姻的准则,应该先讲究仁义道德。自从北魏丧失统治能力,北齐灭亡,朝野已经变迁,风俗也已衰落,燕、赵的古姓家族,很多已经失去了官宦的地位,齐、韩的旧家大族,有的也违背了礼义的风气。他们的名字在州郡里间已经听不到了,自身也不免变得贫贱,还自吹是高门贵族的后代,不遵循婚姻的礼仪,求亲只是为了勒索财物,缔结婚约一定要寻找富裕人家。于是就有一些新做官的人和有钱的人家,羡慕那些人祖宗的名声,争相和他们结成姻亲,赠送大量的彩礼,就像买卖东西一样。有的自己降低门第,受到姻亲的污辱;有的还夸耀自己过去的门第,对公公婆婆没有礼貌。这些坏习惯已积习成俗,至今还没有停止,既紊乱了人伦,又损害了名教。我日夜战战兢兢,思索治国之道,历代的积习弊端都做了惩治和革除,只有这种坏风气还没能完全改变。从今以后,明白告示,使大家懂得嫁娶的礼仪,一定要遵守礼法,这才符合我的心意。"

【原文】贞观十七年十二月癸丑,太宗谓侍臣曰:"今日是朕生日,俗间以生日可为喜乐,在朕情翻成感思。君临天下,富有四海,而追求侍养,永不可得。仲由怀负米之恨①,良有以也。况《诗》云:'哀哀父母,生我劬劳②。'奈何以劬劳之辰,遂为宴乐之事!甚是乖于礼度。"因而泣下久之。

【注释】①仲由怀负米之恨:仲由,字子路。孔子的学生。据《孔子家语》记载:子路生长在非常贫穷的家庭里,吃得不好,穿得也不好。他怕父母营养不够,为了让父母能吃到米饭,他要到百里之外才能买到米,背回家奉养父母。虽然是这样辛苦,但是子路甘之如饴,孝敬之心始终没有间断和停止过。后来子路发达了,环境和物质条件好了,可是他的父母已经先后过世。生活环境这么好的情况下,他很想要报答父母之恩,可是父母已经不在身边了,所以他非常的痛心。②"哀哀"两句:语出《诗·小雅·蓼莪》。意谓哀伤我父母,生我真劳苦。

【译文】贞观十七年(643)十二月癸丑日,太宗对身边的大臣说:"今天是我的生日,民间认为生日可以高高兴兴、欢欢乐乐,而我的心情反而成了感慨和思念。当了君主,统治天下,拥有四海,想求得侍奉双亲,却永远无法做到了。子路怀有不能为父母背米的遗恨,实在有道理。况且《诗经》上说:'哀伤我父母,养育我真劳苦。'怎么能在父母劳苦的日子来举行宴会庆祝呢!这太有悖于礼仪法度了!"因此太宗哀伤哭泣了很长时间。

【原文】贞观二年,太常少卿祖孝孙奏所定新乐①。太宗曰:"礼乐之作,是圣人象物设教,以为撙节②,治政善恶,岂此之由?"

御史大夫杜淹对曰③:"前代兴亡,实由于乐。陈将亡也,为《玉树后庭花》④,齐将亡也,而为《伴侣曲》⑤,行路闻之,莫不悲泣,所谓亡国之音。以是观之,实由于乐。"

太宗曰:"不然,夫音声岂能感人?欢者闻之则悦,哀者听之则悲。悲悦在于人心,非由乐也。将亡之政,其人心苦,然苦心相感,故闻而则悲耳。何有乐声哀怨,能使悦者悲乎?今《玉树》《伴侣》之曲,其声具存,朕当为公奏之,知公必不悲耳。"

尚书右丞魏徵进曰:"古人称,礼云,礼云,玉帛云乎哉?乐云,乐云,钟鼓云乎哉⑥?乐在人和,不由音调。"

【注释】①祖孝孙(?~628):隋唐间乐律学家。幽州范阳(今北京西)人。河北范阳祖氏家族律历算数学的传人之一。隋初开皇年间任协律郎,参定雅乐,曾奉命向陈山阳太守毛爽学习"京房律法",亦曾建言用"三百六十律",未被采纳。入唐后,历任著作郎、吏部郎、太常少卿等职。武德九年(626)唐高祖"诏太常少卿祖孝孙,协律郎窦等定乐",至贞观二年(628)乐成。新乐:《新唐书·乐志》曰:"武德九年,乃命祖孝孙修订雅乐,而梁、陈尽吴、楚之音,周、齐杂胡戎之伎。于是斟酌南北,考以古音,作为唐乐,贞观二年奏之。"祖孝孙等所制定的新雅乐有八十四调、三十四曲、十二和。②撙节:抑制,节制。③杜淹:字执礼,隋时隐太山,文帝恶之,谪戍江表。秦王引为天策府曹参军,文学馆学士,侍宴,赋诗尤工,赐金钟。坐事流嶲州。太宗召拜御史大夫,检校吏部尚书,参预朝政。④《玉树后庭花》:乐府吴声歌曲名,南朝陈后主作,著名的亡国之音。歌曰："丽宇芳林对高阁,新装艳质本倾城;映户凝娇乍不进,出帷含态笑相迎。妖姬脸似花含露,玉树流光照后庭;花开花落不长久,落红满地归寂中!"歌词本是形容嫔妃们娇娆媚丽的,堪与鲜花比美竞妍,但却笔锋一转,蓦然点出"玉树后庭花,花开不复久"的哀愁意味,时人都认为是不祥之兆。陈后主君臣整日酣歌,自夕达旦,以此为常,由此亡国。⑤《伴侣曲》:为荒嬉无度的南齐东昏侯萧宝卷(483~501)所作。萧宝卷在位期间荒淫无道,聚敛无度,荒唐残酷,穷奢极侈,宠潘贵妃,嬉游无度。每逢出巡,必令人敲鼓清道,触犯者一律处死。大修宫室,国库殆尽。他宠爱贵妃潘玉儿,恣其所为,作《伴侣曲》,不理朝政;又凿黄金为莲花,贴放于地,令潘妃行走其上,就是著名的"步步生莲花"。他任意诛杀大臣,逼得文官告退,武将造反,京城几度岌岌可危,后终于被萧衍攻破。萧宝卷被手下所杀,萧衍掌权后,授意宣德太后剥夺其帝号,追封为东昏侯。⑥"礼云"几句:语出《论语·阳货》。

【译文】贞观二年(628),太常少卿祖孝孙奏上他制作的新雅乐。太宗说:"制礼作乐,本来是圣人取法天地的物象而施行的教化,是用来抑制人的情感的,政事的好坏,怎么跟它有关呢?"

御史大夫杜淹回答说:"前朝的兴亡,的确是由于音乐。陈朝快要灭亡时创作了《玉树后庭花》,南齐快要灭亡时创作了《伴侣曲》,过路的人听到了,没有不悲哀流泪的,这就是所谓的亡国之音。从这一点看来,国家的兴亡确实与音乐有关系。"

太宗说:"不是那样的,声音怎么能影响人呢?欢快的人听到就喜悦,哀愁的人听到就悲伤。欢快和哀愁存在人的心中,并不是由于音乐的影响。将要灭亡的国家,百姓的内心就会愁苦,因为受愁苦心情的影响,所以听到这种音乐就觉得悲伤。哪里有哀怨的乐声能使愉快的人悲伤呢?现在《玉树后庭花》《伴侣曲》的乐谱都还在,我能为你们演奏一番,我知道你们一定不会感到悲伤的。"

尚书右丞相魏徵回答说:"古人说,礼呀,礼呀,仅仅是指玉帛说的吗?乐呀,乐呀,仅仅是指钟鼓说的吗?快乐的关键是由于人内心的和睦,不是由音乐来调节的。"

务农篇第三十

【题解】

《务农》篇主要记录了唐初统治者重视农桑、轻徭薄赋、与民休息、发展生产的一些言论和措施。太宗认为"凡事皆须务本。国以人为本,人以衣食为本,凡营衣食,以不失时为本","君无为则人乐,君多欲则人苦"。基于这种认识,太宗强调要省徭薄赋,不夺农时,期望五谷丰登,农民安居乐业。我国是传统的农业国家,历代王朝都把农业视为国家的根本,推行重农政策。农业发达,国家才能富庶;国家富庶,社会才能安定,王朝才能国祚绵长。唐太宗推行了轻徭薄赋的农业政策,使农业生产迅速恢复，这也为实现"贞观之治"提供了必要的物质基础。

【原文】贞观二年，太宗谓侍臣曰："凡事皆须务本。国以人为本，人以衣食为本，凡营衣食，以不失时为本。夫不失时者，唯在人君简静乃可致耳①。若兵戈屡动，土木不息，而欲不夺农时，其可得乎？"

王珪曰："昔秦皇、汉武，外则穷极兵戈，内则崇侈宫室，人力既竭，祸难遂兴。彼岂不欲安人乎？失所以安人之道也。亡隋之辙，殷鉴不远，陛下亲承其弊，知所以易之。然在初则易，终之实难。伏愿慎终如始，方尽其美。"

太宗曰："公言是也。夫安人宁国，惟在于君。君无为则人乐，君多欲则人苦。朕所以抑情损欲，克己自励耳。"

【注释】①简静：谓施政不繁苛。

【译文】贞观二年（628），太宗对身边的大臣说："凡处理事情都必须抓住根本。国家以民众为根本，民众以衣食为根本，凡经营衣食，以不失农时为根本。而不违背农时，在于国君施政不繁苛才可以达到。假若连年征战，土木营建不停息，而想不挤占农事的时令，怎么可能呢？"

王珪说："从前秦始皇、汉武帝对外穷兵黩武，对内大造宫室，人力用尽，灾难随即就会发生。他们难道不想让人民安居乐业吗？只是失去了能安定人民的办法。隋朝灭亡的教训，殷鉴不远，陛下亲身承受隋朝的弊病，知道怎样去改造。然而事情开始还容易做到，要坚持到底就很难了。但愿陛下能够始终谨慎小心，才能达到最完善的境界。"

太宗说："你说得对啊。要使人民安乐国家安宁，关键在于国君。国君能够无为而治，人民就能安乐；国君贪得无厌，人民就要受苦。所以我要抑制感情、减少私欲，克制自己并进行自我勉励。"

【原文】贞观五年，有司上书言："皇太子将行冠礼①，宜用二月为吉，请追兵以备仪注②。"

太宗曰："今东作方兴③，恐妨农事，令改用十月。"

太子少保萧瑀奏言："准阴阳家④，用二月为胜。"

太宗曰："阴阳拘忌，朕所不行，若动静必依阴阳，不顾礼义，欲求福佑，其可得乎？若所行皆遵正道，自然常与吉会。且吉凶在人，岂假阴阳拘忌？农时甚要，不可暂失。"

【注释】①冠礼：古代男子二十岁（天子、诸侯可提前至十二岁）举行的加冠之礼，以示其成人。②追兵：谓征召、调集军队。③东作：谓春耕。《尚书·尧典》："寅宾出日，平秩东作。"孔传："岁起于东，而始就耕，谓之东作。"④阴阳家：本是战国时期提倡阴阳五行说的一个学派，《汉书·艺文志》列为九流之一。后指以择日、占星、风水等迷信为业的人。

【译文】贞观五年(631),主管官署上奏说:"皇太子将举行加冠礼,应当选择二月作为吉日,请调集士兵以供各项礼仪之需。"

太宗说:"现在春耕刚刚开始,恐怕妨碍农事,下令改在十月举行吧!"

太子少保萧瑀上奏说:"按照阴阳家的推算,在二月举行最好。"

太宗说:"阴阳禁忌,我不信奉,如果人的行动都依照阴阳禁忌去办,不考虑道德和礼义,想求得福佑,那怎么可能得到呢?如果所作所为都能遵守正道,自然能常常遇到吉利。况且吉与凶都取决于人,怎么能依靠阴阳禁忌来决定呢?农时非常重要,不可耽误片刻。"

【原文】贞观十六年,太宗以天下粟价率计斗直五钱,其尤贱处,计斗直三钱,因谓侍臣曰:"国以民为本,人以食为命,若禾黍不登①,则兆庶非国家所有。既属丰稔若斯②,朕为亿兆人父母,安得不喜?唯欲躬务俭约,必不辄为奢侈。朕常欲赐天下之人,皆使富贵。今省徭薄赋,不夺其时,使比屋之人。恣其耕稼,此则富矣。敦行礼让,使乡闾之间,少敬长,妻敬夫,此则贵矣。但令天下皆然,朕不听管弦,不从畋猎,乐在其中矣!"

【注释】①不登:指粮食歉收。登,粮食成熟。②丰稔:丰熟,丰收。

【译文】贞观十六年(642),太宗因为全国大多数地方粮价每斗值五枚钱,最便宜的地方,一斗只值三枚钱,于是对身边的大臣说:"国家以民众为根本,民众把粮食视为生命,如果粮食歉收,那么亿万百姓就不属于国家所有了。而今粮食如此丰足,我作为亿万百姓的父母,怎会不高兴呢?只想以身作则,厉行节约,一定不随意奢侈挥霍。我时常想赏赐天下百姓以恩惠,都让他们富贵起来。如今省除徭役租赋,不要占用他们的耕作时间,使家家户户的农民都能尽心耕耘收获,这样家家就能富足了。督促他们实行礼义谦让,使邻里乡亲之间年少的尊敬年长的,妻子尊敬丈夫,这样百姓就能尊贵了。只要能使天下都成为这样,我不听音乐,不去畋猎,也会乐在其中啊!"

刑法篇第三十一

【题解】

太宗认为使用刑罚要特别谨慎,要无偏无私,尤其对死刑判决要特别谨慎。"守文定罪,或恐有冤。自今以后,门下省覆有据法令合死而情可矜者,宜录奏闻",所以要求执法者要五次覆奏。同时太宗总结历史教训,告诫官员要自律,"乐不可极,极乐生哀;欲不可纵,纵欲成灾";"勿内荒于色,勿外荒于禽;勿贵难得之货,勿听亡国之音。内荒伐人性,外荒荡人心;难得之物侈,亡国之声淫";处理公务要"如履薄临深,战战栗栗,用周文小心";不要"危人自达,以钓声价"。由于贞观年间用刑宽大公平,所以社会才得以安宁,监狱也曾经几乎闲置不用。

【原文】贞观元年，太宗谓侍臣曰："死者不可再生，用法须务在宽简。古人云，鬻棺者欲岁之疫，非疾于人，利于棺售故耳。今法司覈理一狱①，必求深刻，欲成其考课②。今作何法，得使平允？"

谏议大夫王珪进曰："但选公直良善人，断狱允当者，增秩赐金，即奸伪自息。"诏从之。

太宗又曰："古者断狱，必讯于三槐、九棘之官③，今三公、九卿即其职也。自今以后，大辟罪皆令中书、门下四品已上及尚书九卿议之④，如此，庶免冤滥。"由是至四年，断死刑，天下二十九人，几致刑措⑤。

【注释】①覈理：审理。②考课：按一定的标准对官吏的政绩进行考核，以决定其升降赏罚。③三槐、九棘：相传，周代宫廷外种槐树三棵，荆棘九株。百官朝见天子之时，三公面对槐树而立，九卿面对荆棘而立。后世便以"三槐"代指三公一类官职，"九棘"代指九卿百官。④大辟：古代杀头的死刑。⑤刑措：也作"刑错"或"刑厝"，指置刑法而不用。

【译文】贞观元年（627），太宗对身边的大臣说："人死了就不可能再活，因此执法务必宽大简约。古人说，卖棺木的人希望每年都发生瘟疫，并不是他对人们仇恨，只是因为瘟疫有利于棺木出售罢了。现在司法部门审理一件狱案，总想把案子办得严峻苛刻，用这种手段来完成考核成绩。现在用什么办法，才能使得办案公平恰当呢？"

谏议大夫王珪说："只管选择公正善良的人才，判案公允的人就增加俸禄，赏赐金帛，奸诈邪恶自然就会停止。"太宗下诏照办。

太宗又说："古时候审案，一定要询问三槐、九棘这些官员，现今的三公、九卿就相当于这样的职务。从今以后，杀头的死刑都要让中书省、门下省四品以上官员以及尚书九卿等共同议决，这样才能避免冤案和滥用刑罚。"从这时到贞观四年（630），判为死刑的全国只有二十九人，几乎刑罚都快要搁置不用了。

【原文】蕴古，初以贞观二年自幽州总管府记室兼直中书省，表上《大宝箴》①，文义甚美，可为规诫。其词曰：

"今来古往，俯察仰观；惟辟作福②，为君实难。宅普天之下，处王公之上；任土贡其所有③，具僚和其所唱④。是故恐惧之心日弛，邪僻之情转放。岂知事起乎所忽，祸生乎无妄⑤。固以圣人受命，拯溺亨屯⑥；归罪于己，推恩于民，大明无偏照，至公无私亲；故以一人治天下，不以天下奉一人。礼以禁其奢，乐以防其佚。左言而右事，出警而入跸⑦。四时调其惨舒⑧，三光同其得失⑨。故身为之度，而声为之律。勿谓无知，居高听卑；勿谓何害，积小成大。乐不可极，极乐生哀；欲不可纵，纵欲成灾。壮九重于内⑩，所居不过容膝；彼昏不知，瑶其台而琼其室⑪。罗八珍于前⑫，所食不过适口；惟狂罔念，丘其糟而池其酒⑬。勿内荒于色⑭，勿外荒于禽；勿贵难得之货⑮，勿听亡国之音。内荒伐人性，外荒荡人心；难得之物侈，亡国之声淫。勿谓我尊而傲贤侮士，勿谓我智而拒谏矜己。闻之夏后⑯，据馈频起⑰；亦有魏帝，牵裾不止⑱。安彼反侧，如春阳秋露；巍巍荡荡，推汉高大度⑲。抚兹庶事，如履薄临深，战战栗栗，用周文小心⑳。"

【注释】①《大宝箴》：《周易·系辞下》说："天地之大德曰'生'，圣人之大宝曰'位'。"后通常以"大宝"指帝位。箴，一种用以规谏劝诫的文体。②辟：指君主。《汉书·五行志》注："辟，天子也。"③任土：依据土地的具体情况。④具僚：亦作"具寮"，指百官。⑤无妄：意外。⑥亨屯：谓解救困厄，使困苦的人通达。⑦出警而入跸：古代天子出称"警"，入称"跸"。意谓帝王出入时肃清道路，禁止行人。⑧惨舒：汉张衡《西京赋》："夫人在阳时则舒，在阴时则惨，此牵乎天者也。"后以"惨舒"指心情忧郁或舒畅。⑨三光：古时指日、月、星。《白虎通·封公侯》："天有三光日月星，地有三形高下平。"⑩九重：指九重宫阙，帝王居处。⑪瑶其台而琼其室：玉砌的楼台宫室。泛指华丽的宫廷建筑物。相传暴君桀作瑶台，纣作琼室。瑶、琼，泛指美玉。⑫八珍：泛指珍馐美味。⑬丘其糟而池其酒：相传暴君桀、纣以酒为池，酒糟为堤。批评昏君瑶台琼室、丘糟池酒的荒淫腐化生活。⑭荒：迷乱，放荡。这里指沉迷。⑮勿贵难得之货：意谓不要看重那些难得的宝物。《老子》曰："难得之货，令人行妨。"⑯夏后：即夏禹。⑰据馈频起：指吃一次饭要频繁地站起好几次，形容事务繁忙。传说夏禹为了接待前来来访问的人，经常是"一馈而十起，一沐三握发"（吃一顿饭站起来十次，洗一次头发三次手握湿发同人谈话），决不慢待来访的人。这个故事，虽然是传说，但是反映了夏禹的为人勤政的精神和人民的愿望。后被借用到很多人身上。馈，吃饭。⑱牵裾：牵拉着衣襟。借指直言极谏。三国时魏文帝曹丕要从冀州迁十万户去充实河南，群臣上谏不听。辛毗再去谏，曹丕不答而入内，辛毗拉住他的衣裾直言极谏。后来魏文帝终于减去五万户。事见《三国志·魏书·辛毗传》。⑲汉高大度：《史记·高祖本纪》云："仁而爱人，喜施，意豁如也。常有大度，不事家人生产作业。"汉高，指汉高祖刘邦。⑳周文小心：周文王谨慎小心。语出《诗·大雅·大明》，云："维此文王，小心翼翼。"周文，指周文王。

【译文】张蕴古，当初在贞观二年（628）时任幽州总管府记室兼中书省的职务，向太宗呈奏《大宝箴》，文辞和意义都很好，可以作为对君主的规劝警戒。其文章说：

"古往今来，上下观察；只有君主作威作福，但作为君主也确实很难。居普天之下，处王公之上；根据土地的具体情况有权要求贡献其所有，百官同声附和君主的旨意。所以恐惧的心思日渐松弛，邪恶不正的情欲则日渐放纵。哪里知道事变往往发生在人所忽略的时候，灾祸往往发生在意料之外。本来让帝王承受天命，就是拯救万民于水火之中，使处于危难的人能够亨通；过错归罪于自己，恩德施给予百姓，最光明的日月不会偏照，大公无私的人不会私亲；所以用一个人治理天下，而不是用天下侍奉一个人。用礼制来禁止帝王的奢侈，用音乐来防止帝王的放荡。左史记载帝王的言论，右史记载帝王的行为，帝王出入时肃清道路，禁止路人通行。春夏秋冬调节帝王的喜怒哀乐,日月星辰共享帝王的成败得失。所以用自身为法度,用声音为钟律。不要说不知道,处在高位要了解下情;不要说没有祸害,积累小害可以成为大祸害。享乐不可达到极点,乐极生悲;情欲不可放纵,纵欲成灾。在宫内大肆营造九重宫殿,所居住的不过是很小的一部分;那些昏君不明白这个道理,竟用美玉来修筑亭台楼阁。面前陈列着珍馐美味,所吃的不过是适合口味的一小部分;而一味放纵不知节制的君王,过着丘糟池酒的荒淫生活。在内不要沉迷于美色,在外不要沉迷于狩猎;不要看重那些难得的宝物,不要欣赏亡国的音乐。在内沉迷于美色就会戕害人性,在外沉迷于田猎就会扰乱人心;贪图难得的宝物是奢侈,迷恋亡国的音乐是淫泆。不要自以为尊贵就傲视贤良,侮辱有才能的人士;不要自以为聪明就拒绝规谏,自傲自矜。听说夏禹在吃一次饭之间也要频繁站起好几次,事务十分繁忙;又听说魏文帝被谏臣扯着衣袖不放,而终于采纳了谏劝建议。安抚那些心怀猜疑的人,要像春天的阳光和秋天的露水那样温润;胸怀宽广,要像汉高祖那样豁达大度。处理政事,要像脚踏薄冰、面临深渊那样谨慎,战战兢兢,就像周文王那样小心。"

【原文】"《诗》云:'不识不知①。'《书》曰:'无偏无党②。'一彼此于胸臆,捐好恶于心想。众弃而后加刑,众悦而后命赏。弱其强而治其乱,伸其屈而直其枉。故曰:如衡如石③,不定物以数,物之悬者,轻重自见;如水如镜,不示物以形,物之鉴者,妍媸自露④。勿浑浑而浊,勿皎皎而清;勿汶汶而暗⑤,勿察察而明。虽冕旒蔽目而视于未形⑥;虽黈纩塞耳而听于无声⑦。纵心乎湛然之域,游神于至道之精。扣之者,应洪纤而效响⑧;酌之者,随浅深而皆盈。故曰:天之清,地之宁,王之贞⑨。四时不言而代序,万物无为而受成;岂知帝有其力,而天下和平。吾王拨乱,戡以智力⑩;人惧其威,未怀其德。我皇抚运,扇以淳风;民怀其始,未保其终。爰述金镜,穷神尽性。使人以心,应言以行。包括理体,抑扬辞令。天下为公⑪,一人有庆⑫。开罗起祝⑬,援琴命诗⑭。一日二日,念兹在兹。惟人所召,自天祐之。争臣司直⑮,敢告前疑。"

太宗嘉之,赐帛三百段,仍授以大理寺丞。

【注释】①不识不知:语出《诗·大雅·皇矣》。意谓没有多少知识。旧喻民风淳朴。②无偏无党:语出《尚书·洪范》。意谓不偏私,不阿党。③衡、石:泛指称重量的器物。衡,秤。石,古代重量单位,一百二十斤为一石。④妍媸:美好和丑恶。⑤汶汶:昏暗不明的样子。⑥冕旒:古代大夫以上的礼冠。顶有延,前后有旒,故曰"冕旒"。旒,古代皇帝礼帽前后的玉串。天子之冕冠的前后悬垂着玉串十二旒,诸侯九,上大夫七,下大夫五。取目不视恶之意。见《周礼·夏官·弁师》。⑦黈纩:黄绵所制的小球。悬于冠冕之上,垂两耳旁,以示不欲妄听是非。⑧洪纤:大小,巨细。⑨天之清,地之宁,王之贞:语出《老子》,云:"天得一以清,地得一以宁,……侯王得一以正。"意谓天有道就清明,地有道就安宁,国君有道天下就公正。"一"指"道",是一种社会性的意识,是人们共同遵循的行为准则和规范。贞,通"正"。⑩戡:用武力取胜。

⑪天下为公:原指君位不为一家私有,后变为一种美好的社会政治理想。语出《礼记·礼运》,云:"大道之行也,天下为公。"⑫一人有庆:语出《尚书·吕刑》,云:"一人有庆,兆民赖之,其宁惟永。"注云:"一人:天子也。庆:善也。"孔传:"天子有善,则兆民赖之,其乃安宁长久之道。"常用为歌颂帝王德政之词。⑬开罗起祝:意谓像商汤网开三面那样祝告禽兽逃生。见《史记·殷本纪》。⑭援琴命诗:指舜帝操五弦琴,歌《南风》之诗。意谓如舜帝弹琴颂诗那样教化百姓。⑮争臣:通"诤臣",谏诤之臣。

【译文】"《诗经》上说:'没有多少知识,却遵守上帝的法则。'《尚书》上说:'不偏私,不阿党。'国君在胸中要一律平等待人,在心中要抛弃个人好恶。众人都唾弃的就加以惩罚,众人都赞扬的就加以奖赏。使强暴的势力削弱,使混乱的局面得到治理;使冤屈的得以昭雪,使诬枉的得以纠正。所以说:就像秤和石一样,它并不能确定物体的数量,但悬挂上去的东西,其轻重自然显示;就像清水和铜镜一样,它并不显示物体的形状,但是照到的东西,其美丑自然会显露。不要以浑沌不清为污浊,不要以洁白无尘为清明;不要以昏暗不明为愚昧,不要以严苛细察谓精明。虽然冕冠上的流珠遮住了双目,但仍能够看出没有暴露的事情;虽然冕冠旁的黈纩挡住了耳朵,但仍能够听到没有发出的声响。思想驰骋在清澈明净的境界,精神遨游在大道精华之中。敲击的乐器,随敲击的轻重而发出相应的回响;盛酒的器皿,随酒杯的深浅而各自盈满。所以说:天有道就清明,地有道就安宁,国君有道天下就公正。四季不语而按时更替,万物无为而自然成长;哪里知道帝王有统治威力,而使天下太平安定。陛下拨乱反正,以智慧和武力取胜;百姓只惧怕陛下的威严,却未能感念陛下的恩德。陛下掌握着国家的命运,倡导敦厚纯朴的风气;百姓感怀良好的开端,但还未能保持到最终。于是陈述清明治道,显示陛下下洞察一切。用诚心役使百姓,用行动履行诺言。原则与义理要面面俱到,语言辞令要加以褒贬。天下为公,皇帝有美好的德行。像商汤网开三面那样祝告禽兽逃生,如舜帝弹琴颂诗那样教化百姓。一天又一天,念念不忘这些事。祸福由人自召,上天择善护佑。谏诤之臣的职责在于直言规劝,敢奏告上前面的疑虑。"

太宗称赞他这些意见,赐给他绢帛三百段,并授任他为大理寺丞。

【原文】贞观十一年,特进魏徵上疏曰:

"臣闻《书》曰:'明德慎罚①','惟刑恤哉②'!《礼》云:'为上易事,为下易知,则刑不烦矣。上人疑则百姓惑,下难知则君长劳矣③。'夫上易事,则下易知,君长不劳,百姓不惑。故君有一德,臣无二心,上播忠厚之诚,下竭股肱之力,然后太平之基不坠,'康哉'之咏斯起④。当今道被华戎⑤,功高宇宙,无思不服⑥,无远不臻⑦。然言尚于简文⑧,志在于明察,刑赏之用,有所未尽。夫刑赏之本,在乎劝善而惩恶,帝王之所以与天下为画一,不以贵贱亲疏而轻重者也。今之刑赏,未必尽然。或伸屈在乎好恶,或轻重由乎喜怒。遇喜则矜其情于法中,逢怒则求其罪于事外。所好则钻皮出其毛羽，所恶则洗垢求其瘢痕。瘢痕可求则刑斯滥矣，毛羽可出则赏典谬矣。刑滥则小人道长，赏谬则君子道消。小人之恶不惩，君子之善不劝，而望治安刑措，非所闻也。"

【注释】①明德慎罚：语出《尚书·康诰》。西周的立法指导思想之一。所谓明德，就是提倡尚德、敬德，它是慎罚的指导思想和保证。所谓慎罚，就是刑罚适中，不乱罚无罪，不乱杀无辜。②惟刑恤哉：语出《尚书·舜典》。意谓量刑时要有悯恤之意，使刑罚轻重适中。恤，怜悯，体恤。③"为上"五句：语出《礼记·缁衣》。④"康哉"之咏：相传虞舜时天下大治，作歌颂之，其臣皋陶赓续而歌："庶事康哉！"⑤华戎：指天下百姓。华，指华夏民族。戎，指西方少数民族。⑥无思不服：语出《诗·大雅·文王》。意谓没有谁不想归服的。⑦臻：至，达到。⑧简文：选择美好的文辞。简，通"柬"，选择。

【译文】贞观十一年（637），特进魏徵上奏章说：

"臣看到《尚书》上说：'提倡尚德，刑罚适中'，'量刑时要有悯恤之意！'《礼记》上说：'国君容易侍奉，臣子就容易了解旨意，刑罚就不会太烦琐庞杂。国君犹疑不定，百姓就会觉得迷惑，臣子难以了解旨意，国君就会操劳疲惫。'国君容易侍奉，臣子容易了解旨意，那么国君就不用烦心操劳，百姓也就不迷惑。因此国君有纯一的美德，臣子就没有二心，国君广布忠厚的诚意，臣子就会竭尽辅佐的力量，然后国家太平的根基就不会动摇，欢唱天下大治的歌咏就会兴起。当今陛下仁德覆盖了天下的百姓，功勋高过宇宙，没有谁不想归服的，没有哪个边远的地方是达不到的。然而在语言上崇尚选择美好的文辞，心志却在苛察烦琐小事，惩罚和赏赐的施行，还有不尽如人意之处。刑罚赏赐的根本，在于鼓励美善而惩治罪恶，帝王使用的刑罚和赏赐之所以天下一致，就在于不能因为亲疏贵贱而改变刑赏的轻重。如今施行的惩罚和赏赐，却未必都是这样。有的因自己的好恶来决定刑赏或伸或屈，有的因自己的喜怒来决定刑赏的轻重。遇到高兴时就在法律中寻求情有可原之处，遇到发怒时就到事实之外去寻找其罪过。对待喜爱的人就会钻开肉皮去寻找羽毛，极力为他开脱；对待憎恶的人就会洗净灰垢去寻找疤痕，极力对他挑剔。疤痕是可以找到的，但惩罚就会因此被滥用了；羽毛是可以找出的，但赏赐就会因此而变得荒谬。滥用惩罚，小人的胡作非为就会增多；赏赐荒谬，君子的正确主张就会损害。小人的罪恶不惩罚，君子的美善不勉励，而希望国家安宁、刑罚停止不用，臣下还没有听说过。"

【原文】"且夫暇豫清谈，皆敦尚于孔、老①；威怒所至，则取法于申、韩②。直道而行，非无三黜③，危人自安，盖亦多矣。故道德之旨未弘，刻薄之风已扇④。夫刻薄既扇，则下生百端，人竞趋时，则宪章不一。稽之王度⑤，实亏君道。昔州犁上下其手⑥，楚国之法遂差；张汤轻重其心⑦，汉朝之刑以弊。以人臣之颇僻，犹莫能申其欺罔，况人君之高下，将何以措其手足乎！以睿圣之聪明，无幽微而不烛⑧，岂神有所不达，智有所不通哉？安其所安，不以恤刑为念；乐其所乐，遂忘先笑之变⑨。祸福相倚，吉凶同域,惟人所召,安可不思？顷者责罚稍多,威怒微厉,或以供帐不赡,或以营作差违,或以物不称心,或以人不从欲,皆非致治之所急,实恐骄奢之攸渐[10]。是知'贵不与骄期而骄自至,富不与侈期而侈自至',非徒语也。"

【注释】①孔、老:即孔子、老子。指孔子的儒家王道学说和老子的无为思想。②申、韩:即申不害和韩非。指他们所代表的战国时期法家思想。③三黜:指多次被罢官。形容宦途不顺。④扇:炽盛,旺盛。⑤稽:考核,衡量。⑥州犁上下其手:比喻玩弄手法,串通作弊。州犁,即伯州犁,晋国人。斗伯比后裔,伯宗之子。春秋时期晋国大夫、楚国太宰。《左传·襄公二十六年》记载了公元前547年楚国攻打郑国,楚大夫穿封戍俘虏了郑将皇颉,楚康王的弟弟公子围欲抢夺战功,就与穿封戍争执起来。伯州犁为了偏袒公子围,于是叫俘虏皇颉作证。让皇颉立于庭中,让公子围和穿封戍立于皇颉对面。伯州犁采用的"上下其手"的暗示法向皇颉暗示了应该说是公子围擒获了他。皇颉对伯州犁的暗示心领神会,作为楚国战俘,他急于求释,为讨好楚国当权者,他只好顺着伯州犁的暗示做了回答,最后果然得到了宽赦。⑦张汤轻重其心:意谓张汤经常揣摩皇上的意图,常以皇帝意旨为治狱准绳。张汤(？～前115),西汉杜陵(今陕西西安东南)人。西汉武帝时期名臣。《汉书》记载其起于书吏,曾为长安吏、茂陵尉、侍御史,后迁升御史大夫,位至三公。他用法主张严峻,但常揣摩皇上的意图,还以《春秋》之义加以掩饰。⑧烛:照耀。引申为察见。⑨先笑之变:指命运的变化。先笑,语出《周易·同人》:"九五,同人。先号咷而后笑,大师克相遇。"后以"先笑后号"指命运先吉后凶。南朝梁刘孝标《辩命论》云:"然命体周流,变化非一,或先号后笑,或始吉终凶。"⑩攸:所。

【译文】"悠闲清谈的时候,都崇尚孔子和老子的学说;到逞威发怒之时,就采用申不害和韩非的思想。做事正直的人往往被多次撤职,损人利己而求得自安的人也就越来越多。所以道德的宗旨没有弘大,刻薄的风气却炽盛起来。刻薄的风气炽盛之后,社会就弊端百出,人人竞相趋赶时尚,于是典章制度就无法统一。用古代圣王的德行风度来衡量,实在有损君王的德业。过去伯州犁玩弄手法,串通作弊,于是楚国的法令就混乱了;张汤依据自己的心意决定量刑的轻重,于是汉朝的刑律也就遭到破坏。由于臣子的邪僻,欺骗蒙蔽尚且不能揭露,更何况国君再任意轻重高下国法,那么百姓将会更加手足无措!凭皇上这样的圣明,没有什么隐微的地方不被察觉,难道还有考虑不周,认识不到的吗？安于天下太平,就会不再考虑慎重刑罚之事;自得其乐,就会忘记命运可能先吉后凶的变化。祸与福相辅相成,吉和凶是相连相接的,它们的到来完全是由于个人的招引,怎么可以不考虑呢？近来陛下责罚的人渐渐增多,发怒逞威也渐渐严厉,有时是因为供给的东西不充裕,有时是因为营造的宫室不如意,有时是因为使用的物品不称心,有时是因为下面的人不听从命令,但这些都不是治理国家的当务之急,着实让人担忧因此滋长起骄纵奢侈来。由此可知,'尊贵不以骄傲为警戒而骄傲自然来到,富裕不以奢侈为警戒而奢侈自然来到',这不是一句空话啊!"

【原文】"夫鉴形之美恶,必就于止水①;鉴国之安危,必取于亡国。故《诗》曰:'殷鉴不远,在夏后之世。'又曰:'伐柯伐柯,其则不远②。'臣愿当今之动静,必思隋氏以为殷鉴,则存亡治乱,可得而知。若能思其所以危,则安矣;思其所以乱,则治矣;思其所以亡,则存矣。知存亡之所在,节嗜欲以从人,省游畋之娱,息靡丽之作③,罢不急之务,慎偏听之怒。近忠厚,远便佞,杜悦耳之邪说,甘苦口之忠言。去易进之人,贱难得之货,采尧、舜之诽谤④,追禹、汤之罪己⑤,惜十家之产,顺百姓之心。近取诸身,恕以待物,思劳谦以受益⑥,不自满以招损。有动则庶类以和,出言而千里斯应⑦,超上德于前载,树风声于后昆⑧。此圣哲之宏规,而帝王之盛业,能事斯毕,在乎慎守而已。"

【注释】①止水:静止的水。②"伐柯"两句:语出《诗·豳风·伐柯》。第一个"柯"指伐木头用的斧头。第二个"柯"指被伐的木头,即枝柯,用来做斧柄。则,法则,方法。意谓用斧子去砍树做斧柄,不用去远处找图纸或样子,就在手边。所以"以人治人"的方法,不用去问别人,就拿自己做标准好了。③靡丽:奢侈华丽。④尧、舜之诽谤:相传尧、舜设在路旁立诽谤木牌,让人们写上谏言。诽谤,引以为谏言。《史记·孝文本纪》也云:"古之治天下,朝有进善之旌,诽谤之木,所以通治者而来谏者。"⑤罪己:引咎自责。《左传·庄公十一年》记载:"禹汤罪己,其兴也勃。"后世帝王在天灾人祸时,往往颁发引咎自责的诏书(罪己诏)。⑥劳谦:勤勉谦虚。⑦出言而千里斯应:意谓只要一说话,千里之外都会相应。《周易大传》云:"其出言善,则千里之外应之;其出言不善,则千里之外违之。"⑧后昆:后代。

【译文】"观察容貌的美丑,一定要在静止的水面上;借鉴国家的安危,一定要以灭亡的国家作为教训。所以《诗经》上说:'殷朝用作鉴戒的历史并不遥远,就在于夏朝之世。'又说:'用斧子去砍树做斧柄,不用去远处找图纸或样子,就在手边。'臣希望朝廷的一切举动,一定要考虑以隋朝的灭亡作为借鉴,那么存亡治乱就可得而知。如果能思考隋朝之所以危亡的原因,那么国家就更安稳了;如果能思考隋朝之所以混乱的原因,那么国家就能得以治理了;如果能思考隋朝之所以灭亡的原因,那么国家就能得以保全了。知道了存亡的关键所在,就要节制自身的嗜好和欲望而顺从众人,减少游猎的娱乐,停建奢侈华丽的宫室,停办不急需的事情,谨慎戒除偏听时的发怒。亲近忠诚善良的人,疏远阿谀谄媚的人,杜绝悦耳的邪僻之说,喜欢苦口的规劝忠言。罢去苟且取进的人,看轻难以得到的宝物,采取尧、舜竖立诽谤木牌的方法,效法禹、汤归罪于自己的作风,爱惜人民的财产,顺应百姓的心意。就近从自身做起,以宽恕之心待人,想到勤谨谦虚能得到益处,不要骄傲自满而招来损害。这样的话,一旦有所行动,天下百姓就会一齐响应;只要一说话,千里之外都会唱和;就能超越前朝有高尚道德的帝王，树立高尚的风格声望给后人。这是圣人前哲的宏大规划，是帝王的伟大事业，能够完全做到这些事，就在于谨慎自持而已。"

【原文】"夫守之则易，取之实难。既能得其所以难，岂不能保其所以易？其或保之不固，则骄奢淫逸动之也。慎终如始，可不勉欤！《易》曰：'君子安不忘危，存不忘亡，治不忘乱，是以身安而国家可保也。'诚哉斯言，不可以不深察也。伏惟陛下欲善之志，不减于昔时，闻过必改，少亏于曩日。若以当今之无事，行畴昔之恭俭①，则尽善尽美矣，固无得而称焉②。"

太宗深嘉而纳用。

【注释】①畴昔：往昔，从前。②称：相当，匹敌。

【译文】"守住国家社稷是容易的，但取得国家社稷是艰难的。既然能够取得困难的，怎会还不能保全容易的？如果有时不能牢牢地保住，那就是因为骄傲奢侈、荒淫放纵动摇了的缘故。要像开始时那样谨慎直到最后，怎能不时刻努力呢！《易经》上说：'君子在安逸的时候不能忘记危险，在存在的时候不能忘记覆亡，在太平的时候不能忘记动乱，因此自身平安而国家就能长治久安。'这句话说得很真实，不能不认真思考。臣看到陛下向往美善的愿望，并没有比过去减少，但闻过必改的作风，稍微比从前差了一点。如果利用如今天下太平的时机，厉行往昔的恭敬俭约，那就尽善尽美了，就没有什么人能和陛下相匹敌了。"

太宗很赞赏这番话，并且采纳了这些意见。

【原文】贞观十六年，太宗谓大理卿孙伏伽曰①："夫作甲者欲其坚，恐人之伤；作箭者欲其锐，恐人不伤。何则？各有司存②，利在称职故也。朕尝问法官刑罚轻重，每称法网宽于往代。仍恐主狱之司利在杀人，危人自达③，以钓声价。今之所忧，正在此耳！深宜禁止，务在宽平。"

【注释】①孙伏伽（？~658）：唐贝州武城（今河北清河）人。隋大业末，从大理寺史累补万年县法曹。入唐，上书言事，望高祖以隋炀帝为戒，开直言之路，废止奢侈逸乐之举。被擢为治书侍御史。及平王世充、窦建德，复请宽贷二人所部。贞观初，转大理少卿，亦以直言著名。后为大理卿，出为陕州刺史。永徽五年（654），以年老致仕。②司存：执掌，职责。③自达：这里是使自己显达。

【译文】贞观十六年（642），太宗对大理卿孙伏伽说："制造铠甲的人希望铠甲坚固，担心人受伤；制作弓箭的人希望箭矢锋利，唯恐人不受伤。为什么呢？这是因为他们各有执掌的职责，有利于他能胜任所担当的职务的缘故。我曾经询问过法官执行刑罚轻重的情况，他们总是说刑罚比过去的朝代宽大。我仍然害怕主管刑案的官署为追求自己的利益而滥施杀刑，用危害他人的手段来使自己显达，沽名钓誉。现在我所忧虑的正在这里啊！应大力加以禁绝，用刑务必宽大公平。"

赦令篇第三十二

【题解】

"赦令",就是减免罪刑或赋役的命令,是宽恕赦免的恩典。但如果使用过滥,则会带来很多弊病。太宗认为"一岁再赦,善人暗哑","愚人常冀侥幸,惟欲犯法,不能改过"。所以国家法令,惟须简约,不可一罪作数种条款,律法应该稳定划一,不能互相抵触,这样执法时才能做到公允平等。"格式既多,更生奸诈"。尤其是赦免令,更不能随意颁布,赦免愈多,就会使犯罪的人心存侥幸,达不到刑罚惩恶劝善的目的。因此,太宗从来慎用赦免令,意在维持社会法制的稳定。

【原文】

贞观七年,太宗谓侍臣曰:"天下愚人者多,智人者少。智者不肯为恶,愚人好犯宪章。凡赦宥之恩①,惟及不轨之辈。古语云:'小人之幸,君子之不幸。''一岁再赦,善人暗哑②。'凡养稂莠者伤禾稼③,惠奸宄者贼良人④。昔'文王作罚,刑兹无赦⑤',又蜀先主尝谓诸葛亮曰⑥:'吾周旋陈元方、郑康成之间⑦,每见启告理乱之道备矣,曾不语赦。'故诸葛亮理蜀十年不赦,而蜀大化。梁武帝每年数赦,卒至倾败。夫谋小仁者,大仁之贼,故我有天下已来,绝不放赦。今四海安宁,礼义兴行,非常之恩,弥不可数。将恐愚人常冀侥幸,惟欲犯法,不能改过。"

【注释】

①赦宥:宽恕,赦免。②暗哑:谓沉默不语。③稂莠:稂和莠,都是形状像禾苗而妨害禾苗生长的杂草。这里比喻坏人。④奸宄:亦作"奸轨",指违法作乱的人。⑤文王作罚,刑兹无赦:语出《尚书·康诰》。意谓文王创制惩罚,对有罪的人严加惩治,不轻易赦免。无赦,不宽免罪罚。⑥蜀先主:即刘备。东汉末,刘备即帝位于蜀,是为先主。⑦周旋:引申为交际应酬。陈元方:即陈纪,字元方,陈子。东汉末名士。郑康成:即郑玄,字康成,北海高密(今山东高密)人。东汉末年的经学大师,他对儒家经典的注释,长期被封建统治者作为官方教材,收入九经、十三经注疏中,对于儒家文化乃至整个中国文化的流传做出了相当重要的贡献。

【译文】

贞观七年(633),太宗对身边的大臣说:"天下愚昧的人多,聪明的人少。聪明的人是不会作恶的,愚昧的人却常常触犯法令。大凡宽恕赦免的恩典,涉及的只是那些图谋不轨的愚昧的人。古话说:'小人的幸运,就是君子的不幸。''一年之内发布几次大赦令,善良的人就会沉默不语。'凡是长着稂莠杂草的地方就会伤害禾苗的生长,给违法作乱的人施恩就会伤害善良的人。从前,'文王创制惩罚,对有罪的人不轻易赦免。'还有蜀汉先主刘备曾对诸葛亮说:'我经常和陈元方、郑康成交际应酬,常听到他们谈论全备的治国办法,却从来没有听到讲实行赦令的。'所以诸葛亮治理蜀国十年中从不实行大赦,而蜀国却得到大治。梁武帝每年都大赦好几次,最终却导致倾覆败亡。施小恩小惠往往会损害仁义之本,所以我自从统治天下以来,绝不发布赦免令。现在天下太平，礼义盛行，特别的恩典多得不可胜计。我担心愚昧的人常寄希望于侥幸，只想犯法遇赦，却不去改正过错。"

【原文】贞观十年，太宗谓侍臣曰："国家法令，惟须简约，不可一罪作数种条格。格式既多①，官人不能尽记，更生奸诈。若欲出罪即引轻条②，若欲入罪即引重条③。数变法者，实不益道理，宜令审细，毋使互文④。"

【注释】①格式：唐代法律的文本形式。格，是规定官吏的办事规则；式，是规定官署通用的文件程式。格、式创始于东魏、西魏。②出罪：开脱罪责。③入罪：加重罪责。④互文：指互有歧义的条文。

【译文】贞观十年(636)，太宗对身边的大臣说："国家法令，必须制订得简明，不应该一种罪有几种条款。格式繁多了，官吏就不能全都记下来，更容易发生奸诈。如果想开脱罪责就援引轻判的条款，如果想加重罪责就援引重判的条款。一再变更法令，实在无益于刑理，应该仔细审定法令，不要让法律条款产生歧义。"

【原文】贞观十一年，太宗谓侍臣曰："诏令格式①，若不常定则人心多惑，奸诈益生。《周易》称'涣汗其大号②'，言发号施令，若汗出于体，一出而不复入也。《书》曰：'慎乃出令，令出惟行，弗为反③。'且汉祖日不暇给④，萧何起于小吏⑤，制法之后，犹称画一。今宜详思此义，不可轻出诏令，必须审定，以为永式。"

【注释】①诏令：唐代法律的表现形式。诏，是皇帝的命令或文告的总称。令，是皇帝的命令，规定各种行政的重要制度。②涣汗其大号：语出《周易·涣》。孔颖达疏："涣汗其大号者，人遇险厄惊怖而劳，则汗从体出，故以汗喻险厄也。九五处尊，履正在号令之中，能行号令以散险厄者也。故曰涣汗其大号也。"大号，帝王的号令。③"慎乃"三句：语出《尚书·周官》。④日不暇给：形容事务繁忙，没有空闲。⑤萧何(？~前193)：西汉初年政治家。沛(今江苏沛县)人。早年任秦沛县监狱的小吏。秦末佐刘邦起义。攻克咸阳后，他收取了秦丞相、御史府所藏的律令、图书，掌握了全国的山川险要、郡县户口，并知民间疾苦，对日后制定政策和取得楚汉战争胜利起了重要作用。刘邦为汉王，以萧何为丞相，对建立汉朝起了重要作用。汉朝建立后，以他功最高封为酂侯。他采摭秦法，重新制定律令制度，作《九章律》(《盗律》《贼律》《囚律》《捕律》《杂律》《具律》《户律》《兴律》《厩律》)。在法律思想上，主张"无为"，喜好"黄老之术"，被拜为相国。高祖死后，他辅佐惠帝。惠帝二年(前193)卒。

【译文】贞观十一年(637)，太宗对身边的大臣说："朝廷发布的诏令格式，如果长期不能稳定，人们就会产生许多疑惑，奸诈之事就会发生得更多。《周易》上说'涣汗其大号'，是说发号施令，就像人体出汗，一出来就收不回去了。《尚书》上也说：'发布命令要慎重，命令发出就必须执行，不得更改。'汉高祖政事繁忙，没有空闲，丞相萧何又出身于小吏，但他们制定的法令还被称得上整齐划一。现在应该仔细地想想这个道理，不能轻率颁发诏令，必须严加审定，作为永久的准则。"

贡赋篇第三十三

【题解】

"贡赋"即土贡和赋税,在封建社会是劳动人民的致命负担,如果贡赋无穷,妄加攀比,既足以激发当政者的贪欲,也会将劳动人民逼向水深火热之中。本篇主要是记录了贞观时期君臣对纳受贡赋的看法和议论。贞观年间,唐王朝国势日渐强盛,各地和外国都派遣使者前来交纳贡赋。太宗不贪求贡赋,并汲取"始皇暴虐,至子而亡;汉武骄奢,国祚几绝"的历史教训。既不允许地方官去自己辖区以外的地方寻求贡赋,对于外国贡献的方物也往往婉拒。连鹦鹉"屡有苦寒之言"太宗都愍之,高丽美女也送回故土,都体现了太宗的怜悯之心。唐太宗能通过贡赋而想到国家的兴衰,从而不贪恋财物,退还贡品,获得了临邑属国及后世的赞许。

【原文】贞观二年,太宗谓朝集使曰①:"任土作贡,布在前典,当州所产,则充庭实②。比闻都督、刺史邀射声名③,厥土所赋,或嫌其不善,逾境外求,更相仿效,遂以成俗。极为劳扰,宜改此弊,不得更然。"

【注释】①朝集使:汉代时各郡每年遣使进京报告郡政及财经情况,称为上计吏。后世袭汉制,改称朝集使:②庭实:陈列于朝堂的贡献物品。③邀射:追求,谋取。

【译文】贞观二年(628),太宗对朝集使说:"根据土地的生产情况确定贡赋,都记载在从前的政典中,本州的土特产,就充当为朝堂的贡献物品。近来听说各州的都督、刺史为了追求声名,本州的土特产,有的他们嫌不好,就逾越州境到外地去寻求,地方官互相仿效,已经形成风气。极为烦劳,应该改掉这些弊病,不允许再这样做。"

【原文】贞观十八年,太宗将伐高丽,其莫离支遣使贡白金①。黄门侍郎褚遂良谏曰:"莫离支虐杀其主,九夷所不容,陛下以之兴兵,将事吊伐②,为辽东之人报主辱之耻③。古者讨弑君之贼,不受其赂。昔宋督遗鲁君以郜鼎④,桓公受之于太庙。臧哀伯谏曰⑤:'君人者将昭德塞违。今灭德立违而置其赂器于太庙,百官象之⑥,又何诛焉?武王克商,迁九鼎于雒邑⑦,义士犹或非之。而况将昭违乱之赂器,置诸太庙,其若之何?'夫《春秋》之书,百王取则,若受不臣之筐篚⑧,纳弑逆之朝贡,不以为愆,将何致伐?臣谓莫离支所献,自不合受。"

太宗从之。

【注释】①莫离支:高丽官名,相当于唐朝吏部尚书兼兵部尚书。②吊伐:即吊民伐罪,意谓慰问受苦的民众,讨伐有罪的统治者。③辽东:辽河以东的地区。这里指高丽人。④宋督遗鲁君以郜鼎:指春秋时宋督杀了殇公,把郜鼎送给鲁桓公,桓公收下郜鼎,放置在太庙里。宋督,宋之卑者,卑者以国氏。督,字华父,宋戴公之孙。鲁君,指鲁桓公。郜,周文王子所封国。在今山东成武东南。春秋时为宋所灭。《春秋

·桓公二年》记载:宋华父督弑其君殇公与夷,以部鼎贿鲁桓公,遂为宋相。⑤臧哀伯:即臧孙达,春秋时鲁国大夫。⑥象:效仿。⑦迁九鼎于雒邑:传说夏禹铸了九个鼎,象征九州,奉为国宝。商汤灭夏,迁九鼎于商邑。周武王灭商,又迁九鼎于雒邑。⑧筐筥:盛物竹器。方曰筐,圆曰筥。这里指贿赂的礼物。

【译文】贞观十八年(644),太宗将要讨伐高丽,高丽的莫离支派使者来贡献白金。黄门侍郎褚遂良规劝说:"莫离支残酷地杀害了他的国君,是东方各族都不能容忍的,陛下因此起兵,去吊民伐罪,为高丽的百姓洗雪国君被杀的耻辱。古时候讨伐杀害国君的罪人,是不接受他的贿赂的。春秋时宋督杀了殇公,把部鼎送给鲁桓公,桓公收下部鼎放置在太庙里。臧哀伯劝谏说:'统治百姓的国君要发扬道德,堵塞邪恶。如今宋督违背道德,行为邪恶,而把他贿赂的器物放在太庙里,如果百官都跟着效仿,还能惩罚谁呢?周武王灭亡了商朝,把九鼎搬迁到雒邑,仁人义士还说他的不对,更何况把明显是邪恶叛乱的贿赂之物放在太庙里呢?'《春秋》上的记载,是值得所有国君取法的准则,如果收受背叛国君的人的礼物,接受杀害国君之人的朝贡,还不认为是错误的,那用什么理由去讨伐高丽呢?臣认为莫离支贡献的礼品,自然不应当接受。"

太宗听从了他的意见。

辩兴亡篇第三十四

【题解】

此篇记述了贞观时期君臣探讨国家兴亡的一些言论。通过讨论,唐太宗认为,"行仁义,任贤良则理;行暴乱,任小人则败"。只有推行仁政,信任贤良,国家才会得到治理,反之则国家就要衰败灭亡。太宗深以为戒的是前朝的覆亡,对前朝覆亡的原因太宗认识很深刻,"馋人自食其肉,肉尽必死。人君赋敛不已,百姓既弊,其君亦亡"。他们总结历史经验教训,励精图治,目的在于国家长治久安,避免覆亡。贞观君臣讨论的种种议题,最终的目的都是为了避免国家的灭亡。这也可以说是全书的要旨。

【原文】贞观初,太宗从容谓侍臣曰:"周武平纣之乱,以有天下;秦皇因周之衰,遂吞六国。其得天下不殊,祚运长短若此之相悬也①?"

尚书右仆射萧瑀进曰:"纣为无道,天下苦之,故八百诸侯不期而会②。周室微,六国无罪,秦氏专任智力,吞食诸侯。平定虽同,人情则异。"

太宗曰:"不然,周既克殷,务弘仁义;秦既得志,专行诈力。非但取之有异,抑亦守之不同。祚之修短,意在兹乎!"

【注释】①祚运:福运。②八百诸侯不期而会:据《史记·周本纪》记载,商纣王昏乱暴虐,淫乱不止,诸侯都叛离殷商而归顺西伯姬昌(周文王)。周文王卒,武王即位,以太公望、周公旦等人为辅佐,师修文王之业。武王二年,东观兵于孟津(今河南洛阳孟津东北,时为黄河重要渡口),"诸侯不期而会盟津(孟津)者八百",诸侯都说可以伐纣,武王则认为灭商时机还不成熟,于是退兵。不久武王灭商。不期而会,未经约定而自动聚集。

【译文】贞观初年,太宗从容地对身边的大臣说:"周武王平定了商纣王的祸乱,从而取得了天下;秦始皇乘东周的衰微,就吞并了六国。他们取得天下的过程没有什么不同,福运的长短为什么那么悬殊?"

尚书右仆射萧瑀回答说:"商纣王治理无道,天下受他的苦,所以八百诸侯未经约定而自动聚集来讨伐纣王。周朝虽然衰落,六国没有罪过,秦始皇全靠智谋和武力,吞食诸侯,逐渐侵占各国的土地。虽然同是平定天下,人们对待他们的态度却不相同。"

太宗说:"不是那样的,周取代了商以后,努力弘扬仁义;秦国得志后,却一味地施行欺诈暴力。他们不但取得天下的方式不同,而且守护江山的手段也不同。国运的长短,道理就在这里吧!"

【原文】贞观二年,太宗谓黄门侍郎王珪曰:"隋开皇十四年大旱,人多饥乏。是时仓库盈溢,竟不许赈给,乃令百姓逐粮①。隋文不怜百姓而惜仓库,比至末年,计天下储积,得供五六十年。炀帝恃此富饶,所以奢华无道,遂致灭亡。炀帝失国,亦此之由。凡理国者,务积于人,不在盈其仓库。古人云:'百姓不足,君孰与足②。'但使仓库可备凶年③,此外何烦储蓄!后嗣若贤,自能保其天下;如其不肖,多积仓库,徒益其奢侈,危亡之本也。"

【注释】①逐粮:追逐粮食。这里指在灾年百姓到有粮食的地方去逃荒。②百姓不足,君孰与足:语出《论语·颜渊》。意谓如果百姓不富足,那么国君怎么会富足?此是孔子弟子有若答鲁哀公所问"年饥,用不足,如之何"时所言。也即是发挥孔子"政在使民富"(《说苑·政理》)的儒家思想。③凶年:灾荒年。

【译文】贞观二年(628),太宗对黄门侍郎王珪说:"隋文帝开皇十四年发生大旱,百姓大多饥饿困乏。当时国家的仓库粮食充溢,竟然不允许开仓赈济,却让百姓到有粮食的地方去逃荒。隋文帝不怜悯百姓而吝惜仓库里的粮食,到了他的晚年,统计天下的粮食积储,可供全国食用五六十年。隋炀帝倚仗这种富裕,所以才豪华奢侈,荒淫无道,终于导致国家灭亡。隋炀帝的亡国,也是因为这个缘由。凡是治理国家的人,务必让百姓积蓄财物,不在于国库的充溢。古人说:'如果百姓不富足,那么国君怎么会富足?'只要仓库的储蓄能够防备灾荒年,此外又何必过分储蓄!后代儿孙如果贤能,自然能够保持他的天下;如果他不贤能,仓库中储蓄再多,只能增加他的奢侈,也是国家灭亡的祸根。"

【原文】贞观九年,北蕃归朝人奏①:"突厥内大雪,人饥,羊马并死。中国人在彼者皆入山作贼②,人情大恶。"

太宗谓侍臣曰:"观古人君,行仁义,任贤良则理;行暴乱,任小人则败。突厥所信任者,并共公等见之,略无忠正可取者。颉利复不忧百姓,恣情所为,朕以人事观之,亦何可久矣?"

魏徵进曰:"昔魏文侯问李克③:'诸侯谁先亡?'克曰:'吴先亡。'文侯曰:'何故?'克曰:'数战数胜,数胜则主骄,数战则民疲,不亡何待?'颉利逢隋末中国丧乱④,遂恃众内侵,今尚不息,此其必亡之道。"

【注释】①北蕃:这里指北突厥国。归朝人:这里指归附唐朝的北突厥人。②中国人:这里指汉族人。③魏文侯(?~前396):战国时期魏国的建立者。姬姓,魏氏,名斯。在位期间首先实行变法,改革政治,奖励耕战,兴修水利,发展封建经济,北灭中山国(今河北西部平山、灵寿一带),西取秦西河(今黄河与洛水间)之地,遂成为战国初期的强国。李克:即李悝,战国初期魏国著名政治家。李克在经济策略方面主张尽地力之教,在政治方面主张法治,提倡富国强兵。文侯时魏国能走上富强之路,李克做出了很大贡献。④中国:指中原黄河流域一带。古代华夏族建国于黄河流域一带,以为居天下之中,故称中国。

【译文】贞观九年(635),北突厥归附唐朝的人报告太宗说:"突厥境内下了大雪,百姓遭遇饥荒,羊和马也死了很多。在那里的汉人都上山当了强盗,民情特别不好。"

太宗对身边的大臣说:"我观察自古以来的君主能施行仁义、任用贤良者,国家就治理得好;凡是推行暴政、任用小人者,国家就要败亡。突厥君主所信任的人,我们都看到了,大略没有忠诚正直可取的。颉利又不关心百姓,肆意妄为,我从突厥人情理上分析,他们怎么能长久统治呢?"

魏徵进言说:"从前魏文侯问李克:'诸侯中谁会先灭亡?'李克回答说:'吴国先灭亡。'魏文侯又问说:'为什么呢?'李克说:'吴国每战必胜,屡屡获胜,君主就会骄傲,连续打仗,百姓就会疲惫,还有什么不败亡的呢?'颉利可汗乘着隋末中原混乱的时机,就依仗兵强马壮而入侵中原,至今还不罢休,这就是他必定败亡的原因。"

【原文】贞观九年,太宗谓魏徵曰:"顷读周、齐史,末代亡国之主,为恶多相类也。齐主深好奢侈,所有府库,用之略尽,乃至关市无不税敛。朕常谓此犹如馋人自食其肉,肉尽必死。人君赋敛不已,百姓既弊,其君亦亡,齐主即是也①。"

【注释】①齐主:指齐后主高纬,北齐世祖高洋之子。

【译文】贞观九年(635),太宗对魏徵说:"近来读北周、北齐历史,末代亡国的皇帝,作恶的情况大多相类似。齐后主非常喜欢奢侈,所有府库的储存,差不多都被他用尽,竟至于关口、集市无处不征收重税来聚敛财富。我时常说这好像馋嘴的人吃自己的肉一样,肉吃完了自己必定会死亡。国君征收赋税没有休止,百姓疲惫以后,他的国君也就会灭亡,齐后主就是这样。"

征伐篇第三十五

【题解】

本篇主要记载了贞观时期君臣们关于征伐的议论和谏疏,以及对屡犯边境的各少数民族采取恩威并施、以德怀人的民族怀柔方法。唐太宗对征战的基本看法是:军备不可以全部解除,兵器不可以经常使用,所以要慎于征伐,主张和亲。对外战争,劳民伤财,一旦征战不利,则会大伤国家元气。自古穷兵黩武,均难免灭亡的命运。贞观初年,太宗爱惜民力,对突厥推行和亲政策,得保边境平安。但他晚年在处理高丽问题上却刚愎自用,好大喜功,一意孤行,未能接受房玄龄等大臣的劝谏和忠告,结果执意讨伐高丽,劳民伤财,招致惨败,得不偿失。

【原文】贞观四年,有司上言:"林邑蛮国,表疏不顺,请发兵讨击之。"

太宗曰:"兵者,凶器,不得已而用之。故汉光武云:'每一发兵,不觉头须为白。'自古以来,穷兵极武,未有不亡者也。苻坚自恃兵强①,欲必吞晋室,兴兵百万,一举而亡。隋主亦必欲取高丽,频年劳役,人不胜怨,遂死于匹夫之手。至如颉利,往岁数来侵我国家,部落疲于征役,遂至灭亡。朕今见此,岂得辄即发兵?且经历山险,土多瘴疠,若我兵士疾疫,虽克剪此蛮②,亦何所补?言语之间,何足介意!"竟不讨之。

【注释】①苻坚(338~385):十六国时前秦皇帝。略阳临渭(今甘肃秦安)人。氐族。初为东海王,后在宫廷斗争中获胜。357 年,自立为大秦天王。任用汉人王猛为丞相,抑制豪强,兴修水利,发展农桑,励精图治,统一黄河流域。383 年,苻坚不听劝告,亲率大军进攻东晋,在淝水大败。各族首领乘机反秦自立。后被羌族首领姚苌擒杀。②克剪:消灭。

【译文】贞观四年(630),有官员上奏说:"林邑蛮夷之国,所上奏章中的言辞不够恭顺,请发兵讨伐他们。"

太宗说:"兵器是凶器,不得已才使用它。所以汉光武帝说:'每一次发兵打仗,不觉头发胡须就变白了。'自古以来,凡是穷兵黩武的人,就没有不灭亡的。苻坚倚仗自己兵力强大,一心想要吞并晋朝,发兵百万,一次战争就自取灭亡。隋炀帝也一心想要夺取高丽,连年征发劳役,人民十分怨恨,最后死在匹夫的手中。至于像颉利,往年多次来侵犯我国,他的部落都疲于征战,也导致灭亡。我现在看到这些,哪能就调兵打仗呢?何况要翻山越岭,那些地方瘴气弥漫,瘟疫流行,假如我的士兵染上瘟疫,即使消灭了这个蛮国,又有什么好处呢?语言文字之间的不恭,何必在意!"太宗最终没有发兵讨伐林邑国。

【原文】太宗《帝范》曰①:"夫兵甲者,国家凶器也。土地虽广,好战则人凋;邦国虽安,忘战则人殆。凋非保全之术,殆非拟寇之方②,不可以全除,不可以常用。故农隙讲武,习威仪也;三年治兵,辨等列也。是以勾践轼蛙③,卒成霸业;徐偃弃武④,终以丧邦。何也? 越习其威,徐忘其务也。孔子曰:'以不教人战,是谓弃之⑤。'故知弧矢之威,以利天下,此用兵之机也。"

《帝范》书影

【注释】①《帝范》:唐太宗李世民撰。此书系唐太宗自撰的论述人君之道的一部政治文献,他在赐予子女时再三叮嘱,作为遗训:"饬躬阐政之道,皆在其中,朕一旦不讳,更无所言。"书成于贞观二十二年(648)。全书十二篇,分上、下两卷。言简意赅,论证有据,凡"帝王之细,安危兴废,咸在兹焉"。后佚。今本系四库馆臣从《永乐大典》中所辑出,文下有注。此书《四库全书总目》已著录,并刊聚珍版传世。②拟寇:犹御寇。③勾践轼蛙:据《吴越春秋》记载:越王勾践将伐吴,自谓未能得士之死力。道见蛙张腹而怒,将有战争之气,即为之轼。其士卒有问于王,曰:"君何为敬蛙而为之轼?"勾践曰:"吾思士卒之怨久矣,而未有称吾意者。今蛙虫无知之物,见敌而有怒气,故为之轼。"于是军士闻之,莫不怀心乐死。④徐偃弃武:刘向《说苑》曰:"王孙厉谓楚文王曰:'徐偃王好行仁义之道,汉东诸侯,三十二国尽服矣。王若不伐,楚必事徐王。'曰:'若信有道,不可伐。'对曰:'大之伐小,强之伐弱,犹大鱼之吞小鱼也,若虎之食豚也,恶有其理?'文王遂兴师伐徐,残之。徐偃王将死,曰:'吾修于文德,而不明武备;好行仁义之道,而不知诈人之术。'"徐偃,周穆王时诸侯,徐戎的首领,僭称偃王。⑤"以不教"两句:语出《论语·子路》。意谓让没有受过训练的人去作战,这等于是抛弃他们。

【译文】太宗的《帝范》中说:"武器铠甲是国家的凶器。土地虽然广阔,要是喜欢发动战争,百姓就会凋疲;国家虽然安宁,要是忘记了战备,百姓就会懈怠。百姓凋疲不是保全国家的方法,百姓懈怠也不是对付敌人的策略,武装既不能完全解除,也不能经常运用。所以农闲时就讲习武艺,是为了熟悉威仪;三年练兵,是为了辨别等级位列。因此,越王勾践给怒蛙敬礼,是为了激励士气,终于成就了霸主的大业;徐偃王废弃武备,终于丧失了国家。这是为什么呢? 因为越国经常练习其威仪,而徐偃王却忘掉了武备。孔子说:'让没有受过训练的人去作战,这等于是抛弃他们。'所以掌握了弓箭的威力,是用它来安定天下,这就是用兵者的职责。"

【原文】贞观二十二年,太宗将重讨高丽。是时,房玄龄遂上表谏曰:

"臣闻兵恶不戢①,武贵止戈。……《周易》曰:'知进而不知退,知存而不知亡,知得而不知丧。'又曰:'知进退存亡,而不失其正者,其惟圣人乎②!'由此言之,进有退之义,存有亡之机,得有丧之理,老臣所以为陛下惜之者,盖谓此也。《老子》曰③:'知足不辱,知止不殆。'臣谓陛下威名功德,亦可足矣;拓地开疆,亦可止矣。彼高丽者,边夷贱类,不足待以仁义,不可责以常理。古来以鱼鳖畜之,宜从阔略④。必欲绝其种类,深恐兽穷则搏。且陛下每决死囚,必令三覆五奏,进素食、停音乐者,盖以人命所重,感动圣慈也。况今兵士之徒,无一罪戾,无故驱之于战阵之间,委之于锋刃之下,使肝脑涂地,魂魄无归,令其老父孤儿、寡妻慈母,望辒车而掩泣⑤,抱枯骨而摧心⑥,足以变动阴阳,感伤和气,实天下之冤痛也!且兵,凶器也;战者,危事也,不得已而用之。"

【注释】①不戢:这里指不停止战争。戢,收藏。引申指停止战争。②"知进"三句:语出《周易·文言传》,是解释乾卦的句子。③《老子》:书名。道家的主要经典,相传为春秋末老聃所作。书中以"道"解释宇宙万物的演变,以为"道生一,一生二,二生三,三生万物","道"乃"夫莫之命(命令)而常自然",因而"人法地,地法天,天法道,道法自然"。"道"为客观自然规律,同时又具有"独立而不改,周行而不殆"的永恒意义。书中包括了大量朴素辩证法观点。④阔略:宽容简略。⑤辒车:也作"辒车",运载灵柩的车子。⑥摧心:极度伤心。

【译文】贞观二十二年(648),太宗将要再次兴兵讨伐高丽。这时房玄龄于是上奏章劝谏说:

"臣听说战争最可怕的在于不能止息,武功最可贵的在于能制止战争。……《周易》上说:'知道前进而不知道后退,知道生存而不知道灭亡,知道取得而不知道丧失。'又说:'知道前进、后退、生存、灭亡,而又不迷失正道的人,只有圣人吧!'根据这点来说,前进中包含着后退的含义,生存中包含着灭亡的契机,取得中包含着丧失的可能,老臣所以替陛下惋惜的原因,也就在于这个。《老子》上说:'知道满足就不会受辱,知道适可而止就不会有危险。'臣下认为陛下的威名功德,可以满足了;开拓版图、扩大疆域,可以停止了。那个高丽国是边远外族低贱的族类,不值得用仁义来对待它,不能用正常的道理来要求它。自古以来就把它当作鱼鳖来畜养,应该对它施行宽缓简略的政策。如果一定要灭绝他们的种族,我非常担心他们会像野兽被逼得无路可走时那样拼死反抗。况且陛下每次判决死刑囚犯,一定要下命令反复审查多次再上奏,并且吃素食,停止音乐,其原因就是因为人命至重,感动了陛下仁慈的心。何况现在的士卒没有一点罪恶过失,无缘无故地驱赶他们到战阵中,置身在锋利的刀刃之下,使他们肝脑涂地,魂魄不能回归故乡,让他们的老父孤儿、寡妻慈母,凝望着运载灵柩的车子掩面哭泣,怀抱着亲人的枯骨极度伤心,这样足以使阴阳发生异常变动,动摇和损伤天地间和谐的气运,这实在是天下的冤屈和悲痛啊!而且兵器,是凶险之器;战争,是危险的事情,万不得已才使用它们。"

【原文】贞观二十二年,军旅屡动,宫室互兴,百姓颇有劳弊。充容徐氏上疏谏曰①：

"妾见顷年以来，力役兼总②，东有辽海之军③，西有昆丘之役④，士马疲于甲胄，舟车倦于转输。且召募投戍，去留怀死生之痛；因风阻浪，往来有漂溺之危。一夫力耕，年无数十之获；一船致损，则倾数百之粮。是犹运有尽之农功，填无穷之巨浪；图未获之他众，丧已成之我军。虽除凶伐暴，有国常规，然黩武玩兵，先哲所戒。昔秦皇并吞六国，反速危亡之基；晋武奄有三方⑤，翻成覆败之业。岂非矜功恃大，弃德而轻邦，图利忘害，肆情而纵欲？遂使悠悠六合⑥，虽广不救其亡；嗷嗷黎庶，因弊以成其祸。是知地广非常安之术，人劳乃易乱之源。愿陛下布泽流仁⑦，矜恤弊乏，减行役之烦⑧，增雨露之惠。

【注释】①充容：唐代嫔妃名。徐氏：即唐太宗妃徐惠，湖州长城（今属浙江）人，徐孝德之女，唐太宗李世民的妃子。因为才思不凡，被唐太宗召入宫中，封为才人。贞观末，上书极谏征伐、土木之烦，太宗颇善其言。太宗卒，因悲成疾，二十四岁就以身殉情。赠贤妃。②力役：指力役和兵役。③辽海之军：指贞观十八年（644）唐太宗征伐高丽之事。④昆丘之役：指贞观二十二年（648）唐军西征龟兹之事。昆丘，即指昆仑山。⑤晋武奄有三方：指晋武帝代魏自立，并攻占蜀、吴，统一全国。奄，覆盖，包括。⑥六合：指上、下和东、西、南、北四方，即天地四方。也泛指天下。⑦流仁：指流离失所之人。仁，通"人"。⑧行役：指因军役或劳役而在外奔波跋涉的人。

【译文】贞观二十二年（648），军队屡次大规模行动，宫室交替兴建，百姓很是辛劳疲困。宫中充容徐氏上奏章规劝说：

"我私下里见到近年以来，徭役、兵役同时进行，东边有征辽的军队，西边有讨龟兹的战役。军士马匹都疲于战争，车船厌倦于来回运输。且招募来戍边的士兵，离去的或留下的都怀有生离死别的悲痛；因为风狂浪阻，运输的人员和粮米都有漂走淹死的危险。一个农夫努力耕作，一年也难有几十石的收获；一艘船遭到损坏，就倾覆数百石的粮食。这好像是运送有尽的农产品，去填充无尽的巨浪；贪图还没有获得的外族民众，却丧失了自己已经训练好了的军队。虽然铲除凶恶、讨伐残暴，是国家正常的规矩，然而滥用武力发动战争，是先哲经常警戒的事情。从前秦始皇吞并了关东六国，反而成为迅速覆亡的基础；晋武帝夺取魏、蜀、吴三国，反而成为导致倾败的坏事。难道不正是因为自恃功业强盛，抛弃了道德而轻视国家安危，贪图利益而忘了危害，放纵私欲的结果吗？于是使得久长无穷的天地，虽然广阔也不能挽救他们的灭亡；饥饿哀号中的百姓，由于困苦不堪而造成他们的灾祸。由此可知，地域广阔并不是保持国家长治久安的策略，人民劳苦才是容易发生祸乱的根源。希望陛下向流离失所的人们布施恩泽仁义，怜悯、接济穷困疲乏的人，减少徭役、军役跋涉的烦劳，增加像甘露一样的恩惠。

【原文】"妾又闻为政之本，贵在无为。窃见土木之功，不可兼遂。北阙初建，南营翠微①,曾未逾时,玉华创制②。非惟构架之劳③,颇有工力之费。虽复茅茨示约④,犹兴木石之疲;假使和雇取人⑤,不无烦扰之弊。是以卑宫菲食⑥,圣王之所安;金屋瑶台,骄主之为丽。故有道之君,以逸逸人;无道之君,以乐乐身。愿陛下使之以时,则力不竭矣;用而息之,则人斯悦矣。"

【注释】①翠微:即指翠微宫,唐离宫名。在终南山上,贞观二十一年(647)建。②玉华:即指玉华宫,唐离宫名。在陕西宜君县,贞观二十一年(647)建。③构架:指建造宫殿。④茅茨:以茅草盖屋,谓居住俭补。⑤和雇:古代官府出价雇用人力。⑥菲食:粗劣的饮食。

【译文】"妾又听说,治理国家的根本,最可宝贵的就是无为而治。妾私下以为,大兴土木的事情不能同时进行多项。北边的皇宫刚刚修建,南边又在营造翠微宫,还没有超过一年,又开始修建玉华宫。这不仅仅是建造屋宇的辛劳,还造成很多人力物力的浪费。虽然盖了茅草屋来显示俭朴节约,却又大兴土木,使人民疲惫不堪;即使是官府出价雇用人力,也不可避免会有烦扰百姓的弊端。因此简陋的宫室、简单的饮食,是圣明国君所安心受用的;金玉装饰的殿宇楼台,是骄奢放纵的国君为了奢侈靡丽。所以,有道的国君,用安逸使人民得到休息;昏庸无道的国君,用音乐使自己得到享乐。希望陛下要根据农时合理使用人力,那么人力就不会竭尽了;使用他们而又能让他们得到休息,这样百姓的内心就会高兴。"

【原文】"夫珍玩技巧,为丧国之斧斤;珠玉锦绣,实迷心之酖毒。窃见服玩鲜靡①,如变化于自然;职贡奇珍,若神仙之所制;虽驰华于季俗②,实败素于淳风。是知漆器非延叛之方,桀造之而人叛;玉杯岂招亡之术,纣用之而国亡。方验侈丽之源,不可不遏。夫作法于俭,犹恐其奢;作法于奢,何以制后?伏惟陛下,明照未形,智周无际,穷奥秘于麟阁③,尽探赜于儒林④。千王理乱之踪,百代安危之迹,兴亡衰乱之数,得失成败之机,固亦包吞心府之中,循环目围之内,乃宸衷久察⑤,无假一二言焉。惟知之非难,行之不易,志骄于业著,体逸于时安。伏愿抑志摧心,慎终成始,削轻过以添重德,择今是以替前非,则鸿名与日月无穷,盛业与乾坤永泰!"

太宗甚善其言,特加优赐甚厚。

【注释】①鲜靡:鲜艳细腻。②季俗:指末世颓败的风俗。③麟阁:即麒麟阁。汉宣帝曾将功臣的像画在麒麟阁内,以表彰其功绩。④探赜:探究幽深隐秘的事理。赜,幽深莫测。⑤宸衷:指帝王的心意。宸,帝王的住处。借指帝王。衷,内心。

【译文】"那些珍奇的玩物和技艺,是亡国的斧子;珠宝和锦绣,实在是迷乱心智的毒药。妾看见宫廷服用玩物鲜艳华丽,就像是从自然中变化出来的一样;进贡来的珍宝奇物,就像是神仙制造出来的一样;虽然可在颓废的世俗中张扬奢侈华丽,实际上却是败坏了淳朴的风尚。由此可知,漆器并不是招致叛逆的原因,夏桀造了它却引起了诸侯叛离;玉杯也不是招致灭亡的原因,纣王用了它却导致了国家的灭亡。这才

国学经典文库

国学经典

贞观政要

图文珍藏版

验证了奢侈靡丽是亡国的根源，不能不加以遏止。以俭朴作为法则，还担心太奢侈了；做事效法奢侈，又凭什么来约束后人？希望陛下洞察尚未成形的事物，智慧遍及无垠大地，在麒麟阁上探寻其成功的秘密，与儒林学士探究幽深微妙的义理。那么成千君王治理与祸乱的踪迹，百世安定与危险的迹象，兴亡治乱的命运，得失成败的关键，就能包容在心中，往复循环在眼前，这是陛下内心长期思考的结果，无须借助妾的一两句话来说明。但只是了解这些并不困难，而实行起来却不很容易。意志骄纵是由于功业显著，身体逸乐是由于时势安定。希望陛下能抑制内心的欲望，坚持当初的志向，改正轻微的过失来增添高尚的品德，择取今天正确的去代替昨天错误的，那么宏大的名声将与日月一样无穷，盛大的事业就会像天地一样永存！"

太宗很赞赏她的话，特别给予优厚的赏赐。

安边篇第三十六

【题解】

本篇主要记述了贞观年间君臣有关如何安置边远地区少数民族降众问题的议论。唐初武力强盛，加之太宗政策开明，四方外族乐于归顺大唐。魏徵、褚遂良等大臣主张为降众恢复旧国，选择亲附唐朝的酋长做他们的君主，以羁縻之。温彦博等主张收揽和教化这些降众，使他们成为唐朝的臣民。对他们处置得当，就可以为国家的藩屏，反之后患无穷。让他们内迁还是外徙，设置郡县还是立本族人为王，着意经略远方还是看重内政，贞观君臣们对此争论激烈，其方略也互有得失。

【原文】贞观四年，李靖击突厥颉利，败之，其部落多来归降者，诏议安边之策。

温彦博曰："天子之于万物也，天覆地载，有归我者则必养之。今突厥破除，馀落归附，陛下不加怜愍，弃而不纳，非天地之道，阻四夷之意，臣愚甚为不可，处之河南。所谓死而生之，亡而存之，怀我厚恩，终无叛逆。"

彦博又曰："臣闻圣人之道，无所不通。突厥馀魂，以命归我，收居内地，教以礼法，选其酋首，遣居宿卫，畏威怀德，何患之有？且光武居河南单于于内郡，以为汉藩翰，终于一代，不有叛逆。"又曰："隋文帝劳兵马，费仓库，树立可汗，令复其国，后孤恩失信，围炀帝于雁门①。今陛下仁厚，从其所欲，河南、河北，任情居住，各有酋长，不相统属，力散势分，安能为害？"

【注释】①雁门：指雁门关。在山西代县北部。长城重要关口之一，向为山西南北交通要冲。

【译文】贞观四年(630)，李靖攻打突厥颉利可汗，打败了他，有很多突厥部落前来归降，太宗诏令讨论安定边境的政策。

温彦博说："天子对待万物，就像上天覆盖、大地承载一样，归附我们的必然要收养他们。现在突厥被打败,剩下的部落都来归附,陛下不加怜悯,抛弃他们而不予接纳,这不是天覆地载的道理。阻绝了外族的诚意,臣虽然愚昧,也认为万万不可,应该在河套以南一带安置他们。这就是常说的:将要死的让他能生存下来,将要灭亡的让他能存在下去,使他们感激我皇的深厚恩德,永不会叛逆。"

温彦博又说:"我听说圣人的主张,没有什么地方达不到的。突厥残存的民众,把性命交给了我们,收容他们居住在内地,用礼仪法度教化他们,选拔他们的首领,派他们在宫禁中担任警卫,他们畏惧皇家的威力,感念皇上的恩德,会有什么祸患呢?而且汉光武帝让南单于的部众居住在内地州郡,作为东汉的屏障辅翼,经历了整整一个朝代并没有叛逆。"他又说:"隋文帝兴师动众,浪费府库的财物,为突厥树立可汗,让他们恢复自己的国家,后来突厥不念恩德失守信用,在雁门关围攻隋炀帝。现在陛下仁慈宽厚,顺从他们的意愿,河套南北地区,任他们随意居住,各部落都有酋长,相互之间不能统属,势力分散,怎么能成为祸害呢?"

【原文】贞观十四年,侯君集平高昌之后,太宗欲以其地为州县。

魏徵曰:"陛下初临天下,高昌王先来朝谒,自后数有商胡称其遏绝贡献①,加之不礼大国诏使,遂使王诛载加②。若罪止文泰,斯亦可矣。未若因抚其民而立其子,所谓伐罪吊民,威德被于遐外,为国之善者也。今若利其土壤以为州县,常须千馀人镇守,数年一易。每来往交替,死者十有三四,遣办衣资,离别亲戚,十年之后,陇右空虚③,陛下终不得高昌撮谷尺布以助中国。所谓散有用而事无用,臣未见其可。"

太宗不从,竟以其地置西州④,仍以西州为安西都护府,每岁调发千馀人,防遏其地。

【注释】①遏绝:阻止禁绝。②载加:一再增加。③陇右:古地区名。泛指陇山以西地区。古代以西为右,故称陇山以西为陇右。唐太宗贞观元年(627),分全国为十道,以东起陇山,西达沙州的地域始设陇右道。其地域包括今甘肃、新疆大部分地区和青海湖以东地区。④西州:唐朝在今新疆境内所置三州之一。贞观始置,天宝、至德时改名交河郡。领高昌、柳中、交河、蒲昌、天山五县,治高昌(今新疆吐鲁番东南高昌故城,即哈拉和卓古城)。贞观十四年(640)灭高昌氏王朝,以其地设西昌州(不久改称西州),并设安西都护府于交河(今新疆吐鲁番西)城。

【译文】贞观十四年(640),侯君集平定了高昌国之后,太宗准备在那个地方设立州县。

魏徵说:"陛下刚开始统治天下时,高昌国王鞠文泰首先来朝拜谒见,但是从那以后,西域胡商屡次称高昌国王阻止他们来大唐朝贡,再加上高昌王对我国使臣无礼,以致皇上对他们的讨伐一再增加。如果只追究鞠文泰一个人的罪过,这也就可以了。不如借此机会安抚那里的百姓并立高昌王的后代为王,这就是讨伐有罪的国君而慰问受难的百姓,使国家的威力恩德遍及边远的外邦,这才是治国的良策。现在如果贪图那里的土地而在那里设置州县，就必须常年派一千多人去镇守，几年更换一次。每次来往交换，死亡的就有十分之三四。还要派人置办衣物钱财，离别亲人，这样的话十年以后陇右地区就会变得空虚，陛下最终得不到高昌国的一撮谷、一尺布来资助中原。这就叫作分散有用的资财去从事无益的事情，我看不出它切实可行的道理。"

太宗没有听从他的意见，竟然还是在高昌境内设置了西州，并在西州设置安西都护府，每年调遣一千多人，前往防守这个地方。

【原文】黄门侍郎褚遂良亦以为不可，上疏曰："臣闻古者哲后临朝，明王创制，必先华夏而后夷狄，广诸德化，不事遐荒。是以周宣薄伐①，至境而反；始皇远塞②，中国分离。陛下诛灭高昌，威加西域，收其鲸鲵③，以为州县。然则王师初发之岁，河西供役之年，飞刍挽粟④，十室九空，数郡萧然，五年不复。陛下岁遣千馀人，而远事屯戍，终年离别，万里思归。去者资装，自须营办，既卖菽粟，倾其机杼⑤。经途死亡，复在方外。兼遣罪人，增其防遏。所遣之内，复有逃亡，官司捕捉，为国生事。高昌涂路，沙碛千里，冬风冰冽，夏风如焚，行人遇之多死。《易》云'安不忘危，理不忘乱'。设令张掖尘飞⑥，酒泉烽举⑦，陛下岂能得高昌一人菽粟而及事乎？终须发陇右诸州，星驰电击。由斯而言，此河西者方于心腹，彼高昌者他人手足，岂得糜费中华，以事无用？陛下平颉利于沙塞，灭吐浑于西海⑧。突厥馀落，为立可汗；吐浑遗萌⑨，更树君长。复立高昌，非无前例，此所谓有罪而诛之，既服而存之。宜择高昌可立者，征给首领⑩，遣还本国。负戴洪恩，长为藩翰。中国不扰，既富且宁，传之子孙，以贻永代。"

疏奏，不纳。

【注释】①周宣薄伐：指周宣王征伐猃狁，追到边境就班师回朝，不穷追。②始皇远塞：指秦始皇修筑长城，防范匈奴。远塞，在边境设立关防。③鲸鲵：比喻凶恶的敌人。④飞刍挽粟：指迅速运送粮草。刍，饲料。挽，拉车或船。⑤机杼：织布机和梭子。这里指代布帛。⑥张掖：郡名。位于今甘肃河西走廊中部，为通往西域的要冲。古为河西四郡（敦煌、酒泉、张掖、武威）之一，历代中原王朝在西北地区的政治、经济、文化和外交活动中心。⑦酒泉：郡名。位于今甘肃省西北部河西走廊西端。西汉设郡，古为河西四郡之一。隋曾置肃州。⑧西海：郡名。西汉末于今青海湖附近置西海郡。位于今青海青海湖一带。⑨遗萌：犹遗氓。萌，通"氓"，指外来的百姓。⑩征：征聘。

【译文】黄门侍郎褚遂良也认为不能这样做，上奏章说："臣听说古代圣哲的国君统治天下，明智的帝王创立制度，必定首先考虑华夏族然后再考虑外族的利益，广施恩德教化，不去征服遥远的荒服之地。因此，周宣王征伐猃狁，追到边境就班师回朝；秦始皇在边境修筑长城，设立关防，结果中原分崩离析。陛下诛灭了高昌国，威力达到西域，制服了凶恶的敌人，在那里设立了州县。然而，朝廷的军队刚出征的那年，也就是河西地区供给赋役的时候。由于大量迅速运送粮草，河西地区十室九空，几个州郡变得萧条荒凉，五年之内也恢复不了。陛下年派遣一千多人去远方镇守驻防，他们整年离别亲人，在万里之外渴望返回家园。而离开家乡人的路费行装，要自己筹办，已经卖掉了粮食，又卖尽了布帛。还有的人在途中死亡，就更不用说了。加上又要遣送罪犯，去增强那里的驻防力量，遣送的囚犯中又有逃跑的，官府要去追捕捉拿，给国家横生事端。通往高昌国的道路，有千里沙漠戈壁，冬天的风像冰一样寒冷，夏天的风像火一样炙热，行人遇到这种天气又多数死去。《易经》说：'平安时不要忘了危亡，太平时不要忘了祸乱。'假设张掖郡发生了战事，酒泉郡烽烟四起，陛下难道能得到高昌人一点粮米来资助吗？最终还要调发陇右各州的军队，星驰电击般的攻击敌人。由此说来，这河西地方才是自己的心腹，那高昌国只是别人的手足，怎么能浪费中华的财物去做无用的事情？陛下在塞外沙漠平定颉利，在西海灭掉吐谷浑。对突厥的余部，为他们新立可汗；对吐谷的遗民，为他们重树首领。再为高昌树立君长，并不是没有先例。这就是有罪就讨伐它，既然降服了就保全它。应该选择高昌国中可以扶植的人，征聘他担任首领，遣送他回到本国。高昌既然承受大恩，就将长久地成为大唐的屏障。中国受不到侵扰，既富裕又安宁，留传给子孙，使后代昌盛。"

奏章呈送上去，太宗没有采纳。

【原文】至十六年，西突厥遣兵寇西州。太宗谓侍臣曰："朕闻西州有警急，虽不足为害，然岂能无忧乎？往者初平高昌，魏徵、褚遂良劝朕立麴文泰子弟，依旧为国，朕竟不用其计，今日方自悔责。昔汉高祖遭平城之围而赏娄敬[1]，袁绍败于官渡而诛田丰[2]。朕恒以此二事为诫，宁得忘所言者乎！"

【注释】①平城之围：前201年（汉高祖六年），冒顿单于发兵围攻马邑，韩王信投降，次年又攻晋阳（今山西太原）。汉高祖闻讯，亲率三十万大军迎战，被匈奴围困于平城白登山（今山西大同东南）。后来用陈平计，向单于阏氏行贿，才得脱险。史称"平城之围"。平城，在今山西大同东北。娄敬：汉初齐国卢（今山东长清）人。汉高祖五年（前202）汉王朝完成统一后，打算定都洛阳。时娄敬建议定都长安，得到张良的支持，刘邦最终决定建都长安。为表彰娄敬，赐姓"刘"。西汉初年，匈奴为汉王朝北方的最大边患。前200年（汉高祖七年），韩王信勾结匈奴反叛，刘邦率军亲征，娄敬独持异议，认为只有实行"和亲"，方是上策。汉高祖七年七月，娄敬向刘邦提出迁徙山东豪强以实关中的建议，刘邦采纳这一建议，并命娄敬负责实施。娄敬所提定都、和亲、迁豪三项计策，对稳定汉初的政治形势起了重要的作用。②袁绍败于官渡：公元199年，袁绍率军南下，恃兵多粮足，在官渡（今河南中牟北）与处劣势的曹操相持。次年曹操利用袁绍轻敌和内部不稳之机，成功地突袭其后方屯粮重地，袁绍军心动摇。曹操乘机挥军全线出击，大破袁军主力，袁绍大败。袁绍（？～202），字本初，汝南汝阳（今河南商水西南）人。官僚家庭出身。初任司隶校尉。大将军何进召董卓谋诛宦官事泄被杀，他杀尽宦官。后董卓入京专朝政，他奔冀州（今河北中南部）称冀州牧，号召起兵讨董卓。后逐渐占有冀（今河北中南部）、青（今山东东北部）、幽（今河北北部）、并（今山西太原）等四州。公元200年，在官渡被曹操打败，不久病死。田丰：钜鹿郡（今河北钜鹿一带）人。博览多识，权略多奇。袁绍用田丰谋略，消灭公孙瓒，平定河北，虎踞四州。建安四年（199），曹袁争霸，田丰提出稳打稳扎的持久战略，袁绍执意南征而不纳。官渡之战，田丰再议据险固守，分兵抄掠的疲敌策略，乃至强谏，被袁绍以为沮众，械系牢狱。建安五年（200），袁绍官渡战败，将其杀害。

【译文】到了贞观十六年（642），西突厥派兵侵犯西州。太宗对身边的大臣说："我听说西州有紧急情况，虽然不至于造成大危害，但怎么能不忧虑呢？从前刚刚平定高昌时，魏徵、褚遂良劝我立鞠文泰的子弟做国君，让高昌依旧成为一个国家，我竟没有采纳他们的计策，到现在才后悔自责。过去汉高祖不听谋臣娄敬的劝谏，遭受平城之围，而后赏赐娄敬；袁绍不听谋臣田丰的劝阻，在官渡战败后诛杀了田丰。我常把这两件事引为鉴戒，难道能够忘记曾经劝谏过我的人吗？"

行幸篇第三十七

【题解】

在本篇中，作者分析了隋炀帝喜好巡幸，耗费人力，终致天怒人怨、身死国亡的教训，以此来劝诫唐太宗。古代帝王巡幸天下时，仪仗豪华，全靠所过之处人民供应，百姓往往因此倾家荡产。隋炀帝"不顾百姓，行幸无期"，遂致"身戮国灭，为天下笑"。唐太宗深知隋炀帝命丧江都的原因，因此自我警戒，减少巡游举动。太宗认为"虽复帝祚长短，委以玄天；而福善祸淫，亦由人事"，"广宫室，好行幸，竟有何益"。所以应当"战战栗栗，每事省约，参踪前列，昭训子孙"，"以副百姓所望"。大臣们也纷纷劝诫太宗节制奢侈行为，避免惊扰百姓。如此君臣一心，与民休息，方可"令百姓安静，不有怨叛"。

【原文】贞观初，太宗谓侍臣曰："隋炀帝广造宫室，以肆行幸，自西京至东都，离宫别馆，相望道次，乃至并州、涿郡①，无不悉然。驰道皆广数百步，种树以饰其傍。人力不堪，相聚为贼。逮至末年，尺土一人，非复己有。以此观之，广宫室，好行幸，竟有何益？此皆朕耳所闻，目所见，深以自诫。故不敢轻用人力，惟令百姓安静，不有怨叛而已。"

【注释】①并州：古州名。其地约当今河北保定和山西太原、大同一带地区。治所在今山西太原。涿郡：隋炀帝大业初罢州置郡，故改幽州为涿郡。唐武德元年（618）复为幽州，辖境相当于今北京市、河北北部、辽宁南部。治所在今河北涿州市。

【译文】贞观初年，太宗对身边的大臣说："隋炀帝大造宫室，供他纵情巡游，从长安到洛阳，离宫别馆，沿路相望。以至并州、涿郡，也没有哪一个地方不是这样的。驰道都宽达数百步,道路两边都种上树来做装饰。百姓的人力、物力不能承受,聚集起来反抗。到了隋朝末年,没有一尺土一个百姓是属于隋炀帝所有了。由此看来,大造宫室,喜爱巡游,到底有什么好处?这都是我亲耳听到、亲眼看到的,我深深地以此为戒。所以不敢轻易动用百姓的劳力,只想让百姓得到安宁,不要发生怨恨、叛乱就差不多了。"

【原文】贞观十一年,太宗幸洛阳宫,泛舟于积翠池①,顾谓侍臣曰:"此宫观台沼并炀帝所为,所谓驱役生人,穷此雕丽,复不能守此一都,以万人为虑。好行幸不息,人所不堪。昔诗人云:'何草不黄?何日不行②?''小东大东,杼轴其空③。'正谓此也。遂使天下怨叛,身死国灭,今其宫苑尽为我有。隋氏倾覆者,岂惟其君无道?亦由股肱无良。如宇文述、虞世基、裴蕴之徒④,居高官,食厚禄,受人委任,惟行谄佞,蔽塞聪明,欲令其国无危,不可得也。"

【注释】①积翠池:汉唐宫池名。唐段成式《酉阳杂俎·物异》:"汉积翠池中珊瑚高一丈二尺,一本三柯,上有四百六十二条,是南越王赵佗所献,号为烽火树,夜有光影,常似欲燃。"一本作"积草池",《西京杂记》卷一亦作"积草池"。《旧唐书·魏徵传》:"后太宗在洛阳宫,幸积翠池,宴群臣,酒酣各赋一事。"②"何草"两句:语出《诗·小雅·何草不黄》。描写行役在外的征夫生活艰险辛劳,表达了对遭受非人待遇的抗议。第一章以草黄起兴喻征夫之劳瘁。一连三句反诘,语意十分怨恨。世上没有不黄不枯的草,也没有不凋不谢的花。人的劳苦奔波却不一样。有人终年劳累奔波,当牛做马,不得歇息。有人锦衣玉食,作威作福,游手好闲。有人衣不遮体,食不果腹。有人却高枕无忧,饱食终日,无所用心。③"小东"两句:语出《诗·小雅·大东》。是周代东方诸侯小国怨刺西周王室诛求无已、劳役不息的诗。作者可能是一位精通星卜的文人,后来遭受西周王室的强迫劳动和残酷搜刮,实质上已沦为西人的奴隶。他思想感情也随着发生了转变。借着歌唱来揭露、批判统治者的罪恶,提出沉痛的控诉,发泄其怨愤之情。诗中鲜明地塑造了两个形象:一个是残酷、贪婪、骄奢的西人剥削者形象,一个是被榨取、被奴役、被压迫得透不过气来、对西人满怀仇恨的东人形象。诗通过这两个典型形象的刻画,深刻地反映了君子与小人两个阶级的对立。小东大东,指东方各诸侯小国。杼轴其空,生产废弛,贫无所有。杼轴,亦作"杼柚",是织布机上的两个部件,即用来持纬(横线)的梭子和用来承经(直线)的箝。这里泛指工商之事。④裴蕴(?~618):隋朝大臣。隋河东闻喜(今山西闻喜东北)人。初仕陈,隋灭陈之战中为内应,仕隋累官太常少卿、民部侍郎。为核检户口脱漏,他于大业五年(609)奏行"貌阅"法,搜得人口六十余万。擢御史大夫,参掌机密,迎合隋帝,助纣为虐,杀数万人,又陷害司隶大夫薛道衡。司马德戡举兵反隋时,被杀。

【译文】贞观十一年(637),太宗巡游洛阳宫,在积翠池里乘舟游玩,他回头对身边的大臣说:"这些宫、观、台、沼都是隋炀帝营造的,他役使人民,用尽财物建造这些雕饰华丽的东西,却又不能驻守这座都城,为百姓着想。却喜欢不停地出游,人民实在不堪忍受。古代诗人说:'哪有野草不枯黄,哪有一天不奔忙?''东方各诸侯小国,财产都被搜罗光。'说的正是这种情况。以致使天下的人们怨愤反叛隋炀帝,最终身死国亡,现在他的宫室苑囿全部都归属于我了。隋朝败亡的原因,难道仅仅是国君无道吗?同时也有辅佐大臣的不贤良。比如宇文述、虞世基、裴蕴之流,身居高官,享受厚禄,接受帝王的委任,却只会花言巧语,巴结逢迎,蒙蔽阻塞帝王的视听,想要他们的国家不危亡,不可能有这样的道理。"

【原文】贞观十三年,太宗谓魏徵等曰:"隋炀帝承文帝馀业,海内殷阜①,若能常据关中,岂有倾败?遂不顾百姓,行幸无期②,径往江都③,不纳董纯、崔象等谏诤④,身戮国灭,为天下笑。虽复帝祚长短,委以玄天;而福善祸淫,亦由人事。朕每思之,若欲君臣长久,国无危败,君有违失,臣须极言。朕闻卿等规谏,纵不能当时即从,再三思审,必择善而用之。"

【注释】①殷阜:富足。②行幸:古代专指皇帝出行。③径往江都:指公元 616 年,隋炀帝不顾隋朝的安危,再次巡游江都,临出发时,小官崔民象上表谏阻,隋炀帝杀死崔民象。走到汜水(今河南荥阳),小官王爱仁上表劝谏,隋炀帝又杀死王爱仁,继续前行。到了梁都(今河南开封),有人拦路上书,说你如果定要去江都,天下就不是你的了,隋炀帝又杀死了上书人,最后,他来到江都。江都,今江苏扬州。④董纯:隋代成纪(今甘肃秦安北)人,以功进位上开府、拜柱国、爵郡公。崔象:即崔民象,隋臣,信奉使。大业十二年(616),隋炀帝再次巡游江都,临出发时,崔民象上表谏阻,被隋炀帝所杀。

【译文】贞观十三年(639),太宗对魏徵等大臣说:"隋炀帝继承文帝遗留下的基业,国内富足,如果能够常住在关中,怎么会倾覆败亡呢?他不顾惜百姓,出游没有限度,径直前往江都,不接受董纯、崔象等人的直言劝谏,身死国亡,为天下人所耻笑。虽说帝位传承的长短,全由上天决定,然而福善祸淫,也是全由人的行为所决定的。我经常思虑这些问题,要想君臣长久平安,国家不危亡破败,君王有所过失,臣子必须极力进谏。我听到你们的规劝,即使不能当时就听从,经过再三思量审察,一定会选择好的建议加以采纳。"

【原文】贞观十二年,太宗东巡狩,将入洛,次于显仁宫①,宫苑官司多被责罚。

侍中魏徵进言曰:"陛下今幸洛州,为是旧征行处,庶其安定,故欲加恩故老。城郭之民未蒙德惠,官司苑监多及罪辜,或以供奉之物不精,又以不为献食,此则不思止足,志在奢靡。既乖行幸本心,何以副百姓所望?隋主先命在下多作献食,献食不多,则有威罚。上之所好,下必有甚,竞为无限,遂至灭亡。此非载籍所闻,陛下目所亲见,为其无道,故天命陛下代之。当战战栗栗,每事省约,参踪前列,昭训子孙,奈何今日欲在人之下?陛下若以为足,今日不啻足矣。若以为不足,万倍于此,亦不足也。"

太宗大惊曰:"非公,朕不闻此言,自今已后,庶几无如此事。"

【注释】①显仁宫:据《隋书》记载,隋炀帝大业元年(605)命宇文恺与封德彝等造显仁宫,起三山,造五湖,营建十六院,以供享乐。搜罗大江以南、五岭以北的奇材、异石,又下令各地贡献草木花果、奇禽异兽。

【译文】贞观十二年(638),太宗东巡,即将抵达洛阳,住在显仁宫,负责宫苑事务的各级官吏都受到太宗的责罚。

侍中魏徵进谏说:"陛下今日巡幸洛阳,是因为这里是往日曾经征战过的地方,如今这里已经安定,因此想给这里的百姓父老增加恩赐。如今城里的人民还没有受到陛下的恩惠,主管宫苑的各级官员却受到太多责罚,有的是因为供奉的器物不精美,有的是因为没有进献异味珍品。这就是不知道满足,一心追求奢侈华靡生活的表现。这样做既违背了陛下巡幸的本意,又怎能满足百姓们的希望呢?隋炀帝巡游时先命令下属多贡献美食,贡献的美食不多就要受到责罚。在上位的人有什么爱好,下面的人就会更加厉害,相互竞争就会没有限度,这样下去就会导致国家灭亡。这并不是在史籍上可以见到的,而是陛下亲眼所见的事实。正因为隋炀帝无道,所以上天才授命陛下取而代之。陛下应当战战兢兢、小心谨慎,事事俭省节约,参照前朝的事例来教训子孙,怎么今天的想法反而在他人之下?陛下如果感到满足,今天的供应无疑已经足够了。如果陛下感到不满足,即使比今天再好上一万倍,也还是不会满足的。"

太宗听后大吃一惊,说:"如果不是你,我是不会听到这席话的,从今以后,不会再发生这样的事情了。"

畋猎篇第三十八

【题解】

本篇主要记述的内容是群臣劝阻唐太宗过度畋猎的诤言与谏疏。群臣认为畋猎不但耗费民财,而且君主与猛兽格斗,践踏危险之地,是危害自身安全、置宗庙社稷于不顾的举动。虞世南认为应当"时息猎车,且韬长戟,不拒刍荛之请,降纳涓浍之流,祖袒徒搏,任之群下,则贻范百王,永光万代"。太宗临驾同州,亲格猛兽,晨出夜还。魏徵认为"猝遇逸材之兽,骇不存之地,虽乌获、逢蒙之伎不得用,而枯木朽株尽为难矣。虽万全而无患,然本非天子所宜近"。山林当中危机四伏,贵为皇帝,不应冒险,应该看重自身的安全。大臣们认为太宗应该"割私情之娱,罢格兽之乐,上为宗庙社稷,下慰群寮兆庶"。唐太宗最终采纳了这些谏言,克制了自己对畋猎的嗜好。

【原文】秘书监虞世南以太宗颇好畋猎,上疏谏曰:"臣闻秋狝冬狩①,盖惟恒典;射隼从禽②,备乎前诰③。伏惟陛下因听览之馀辰,顺天道以杀伐,将欲摧班碎掌④,亲御皮轩⑤,穷猛兽之窟穴,尽逸材之林薮。夷凶剪暴,以卫黎元⑥;收革擢羽,用充军器;举旗效获⑦,武遵前古。然黄屋之尊⑧,金舆之贵⑨,八方之所仰德,万国之所系心,清道而行,犹戒衔橛⑩,斯盖重慎防微,为社稷也。是以马卿直谏于前⑪,张昭变色于后⑫。臣诚细微,敢忘斯义?且天弧星罕⑬,所殪已多⑭,颁禽赐获,皇恩亦溥⑮。伏愿时息猎车,且韬长戟⑯,不拒刍荛之请,降纳涓浍之流,袒裼徒搏⑰,任之群下,则贻范百王⑱,永光万代。"太宗深嘉其言。

虞世南

【注释】①秋狝冬狩:秋天打猎称"秋狝",冬天打猎叫"冬狩"。狝,指秋天打猎。②隼:鸟类的一科,一种猛禽。翅膀窄而尖,上嘴呈钩曲状,背青黑色,尾尖白色,腹部黄色。饲养驯熟后,可以帮助打猎。从:追逐。③诰:文体的一种,用于告诫或劝勉。④班:通"斑",斑纹。这里借指老虎。掌:指熊掌。借指熊。⑤皮轩:古代用虎皮装饰的狩猎的车子。⑥黎元:百姓,民众。⑦效获:打猎的收获。这里指贡献猎获物。⑧黄屋:古代帝王专用的黄缯车盖。这里借指帝王之车。⑨金舆:亦作"金",帝王乘坐的车轿。⑩衔橛:指马嚼子和车之钩心。《汉书·司马相如传》注张揖曰:"衔,马勒衔也。橛,马口长衔也。"师古曰:"橛,谓车之钩心也。衔橛之变,言马衔或断,钩心或出,则致倾败以伤人也。"⑪马卿:汉司马相如字长卿,后人遂称之为马卿。据《史记》《汉书》记载,汉武帝虽有雄才大略的一面,但沉湎于游猎。司马相如为郎时,曾作为武帝的随从行猎长杨宫,武帝不仅迷恋驰逐野兽的游戏,还喜欢亲自搏击熊和野猪。司马相如写了一篇谏猎书呈上,由于行文委婉,劝谏与奉承结合得相当得体,武帝看了称"善",并采纳了他的意见。⑫张昭(156~236):徐州彭城郡(今江苏徐州)人。东汉末年张昭避乱扬州。孙策举事时,张昭出任长史、抚军中郎将。孙策器重张昭,有关文武之事均由张昭办理。孙策死时将孙权托付给张昭,张昭则尽力辅佐孙权,迅速稳定了民心士气。据《三国志·张昭传》记载,孙权每次打猎,常乘马射虎,虎常突前攀持马鞍。张昭变色而上前劝曰:"你用什么抵挡它? 为人君者,应该能驾驭英雄,驱使群贤,岂能驰逐于原野,骁勇于猛兽? 如一旦有所危险,恐天下耻笑?"⑬天弧星罕:比喻弓箭罗网四处密布。弧,弓。罕,掩捕鸟兔的长柄小网。⑭殪:杀死。⑮溥:通"普",普遍。⑯韬:掩藏。⑰袒裼徒搏:脱去衣服,徒手搏斗。袒裼,露出身体。徒搏,空手搏击。⑱贻范:指留下的典范。

【译文】秘书监虞世南认为太宗很喜欢打猎,于是上奏章规劝说:"臣听说国君在秋冬两季狩猎,大概是历来的传统;射猎猛禽和追捕野兽,前人已有详备的告诫。恳切希望陛下利用上朝批阅奏章的空余时间,顺应时令进行狩猎,要想猎杀虎豹熊黑,就亲自驾驰狩猎之车,穷追到猛兽的窟穴,搜杀尽山林中最凶猛的野兽。铲除凶恶,消灭残暴,保卫一方百姓;收集兽皮,拔取羽毛,充实军用器械;举起旌旗向宗庙献上猎获物，遵循上古的仪式。但是坐在用黄缯做车盖、金玉装饰的御车中的尊贵天子，全国人民景仰他的德行，他的行动为万国臣民所牵挂，要清理道路才出行，还要仔细检查马嚼子和车之钩心。这样谨小慎微的措施，都是为了宗庙社稷。因此，前有司马相如直言劝阻汉武帝，后有张昭严肃规劝吴主孙权。臣虽然微不足道，但怎么敢忘了这个道理？况且四处密布弓箭罗网，射杀的禽兽已经很多了，陛下的恩惠也很广泛而浩大。希望陛下能适时停止打猎，暂且收起长戟，不拒绝微臣的请求，接纳如涓涓细流般的诚意，把脱衣露体、徒手搏斗的事交给臣子们去做，给后世帝王留下光辉的典范，永远光照万代。"

太宗很赞赏他的建议。

【原文】贞观十四年，太宗幸同州沙苑①，亲格猛兽，复晨出夜还。

特进魏徵奏言："臣闻《书》美文王不敢盘于游田②，《传》述《虞箴》称夷羿以为戒③。昔汉文临峻坂欲驰下④，袁盎揽辔曰⑤：'圣主不乘危，不徼幸。今陛下骋六飞⑥，驰不测之山，如有马惊车覆，陛下纵欲自轻，奈高庙何？'孝武好格猛兽，相如进谏：'力称乌获⑦，捷言庆忌⑧，人诚有之，兽亦宜然。猝遇逸材之兽⑨，骇不存之地，虽乌获、逢蒙之伎不得用⑩，而枯木朽株尽为难矣。虽万全而无患，然本非天子所宜近。'孝元帝郊泰畤⑪，因留射猎，薛广德称：'窃见关东困极，百姓罹灾。今日撞亡秦之钟，歌郑、卫之乐，士卒暴露，从官劳倦，欲安宗庙社稷何？凭河暴虎⑫，未之戒也？'臣窃思此数帝，心岂木石，独不好驰骋之乐？而割情屈己，从臣下之言者，志存为国，不为身也。臣伏闻车驾近出，亲格猛兽，晨往夜还。以万乘之尊，暗行荒野，践深林，涉丰草，甚非万全之计。愿陛下割私情之娱，罢格兽之乐，上为宗庙社稷，下慰群寮兆庶⑬。"

太宗曰："昨日之事，偶属尘昏⑭，非故然也，自今深用为诚。"

【注释】①同州：唐州名。在今陕西大荔。沙苑：地名。在今陕西大荔之南。其地多沙草，宜放牧，唐置牧监于此。②"臣闻"句：语出《尚书·无逸》。意谓赞美文王不敢沉迷于出游打猎。盘，乐于。游田，出游打猎。③"《传》"句：语出《左传·襄公四年》。谓把将喜好打猎的后羿作为鉴戒。《虞箴》，古代虞人（掌山泽苑囿之官）为戒田猎而作的箴谏之辞。④峻坂：陡坡。⑤袁盎：字丝，是西汉时的大臣，楚国人。汉文帝时因为犯颜直谏，被调任陇西都尉，后至吴国做丞相。⑥六飞：亦作"六騑""六蜚"，古代皇帝的车驾六马，疾行如飞，故名。⑦乌获：战国时秦之力士。一说可能为更古之力士。后为力士的泛称。⑧庆忌：春秋时吴王僚之子。传说他身材高大，敏捷无比，能走追猛兽，手接飞鸟。⑨逸材：谓兽畜健壮有力。这里表示凶猛。⑩逢蒙：夏朝时有名的射箭手。⑪郊：这里指郊祀。古代于郊外祭祀天地，南郊祭天，北郊祭地。泰畤：古代天子祭天神之处。⑫凭河暴虎：比喻人有勇而无谋。凭，从水中走过去。暴虎，空手打虎。⑬寮：做官的人，官员。⑭尘昏：尘积昏暗。这里比喻糊涂。

【译文】贞观十四年（640），太宗驾临同州沙苑，亲自格杀猛兽，经常是清晨出去深夜才回来。

特进魏徵上奏说:"臣听说《尚书》上赞美文王不敢乐于出游打猎,《左传》记述《虞箴》里的话说,把喜好打猎的后羿作为鉴戒。过去,汉文帝面临陡坡,想驱车奔驰而下,袁盎拉住缰绳说:'圣明的国君不乘坐危险的车子,不心存侥幸。现在陛下驱驾六马之车,奔驰在无法预料结果的山上,如果发生马惊车翻的事故,陛下纵然不看重自己的性命,又怎么对得起祖先啊?'汉武帝喜好格杀猛兽,司马相如劝阻说:'论力气人们称赞乌获,论敏捷人们称赞庆忌,在人类中确实有这样杰出的人,野兽中也必然会有这样异常凶猛的野兽。倘若突然遇到凶猛的野兽,陷入死亡危险的境地,即使有乌获、逢蒙那样的绝技也无法施展,而那些朽木枯枝也能让人为难。即使万无一失而没有祸患,也原本不是天子所应该做的事。'汉元帝到南郊去祭祀天神,因此留下来打猎,薛广德上奏说:'臣见到关东地区极为困苦,那里的百姓正遭受着灾难。而现在每天撞着亡秦的编钟,唱着郑、卫两国的靡靡之音,士卒暴露在旷野当中,随从官员劳苦疲倦,是想如何安定宗庙社稷吗?为什么不以凭河暴虎的行为作为鉴戒呢?'臣私下考虑这几位帝王,难道心如木石,唯独不喜欢驰骋打猎的乐趣吗?而他们能割舍自己的喜好、委屈自己,听从臣子劝阻的原因,是在于心中存有保全国家的志愿,而不是为了自身。臣听说陛下最近驾车出巡,亲自与猛兽格斗,晨出夜归。以帝王极尊贵的身份,黑夜中在荒郊野外奔波,穿行于深密的丛林,跋涉走过茂密的草丛,尤其不是万全之计。希望陛下割舍个人喜爱的娱乐,停止与猛兽格斗的游乐,上为宗庙国家着想,下抚百官和百姓。"

太宗说:"昨天的事属于偶然糊涂,不是历来都是这样。从今以后我要深深作为警戒。"

灾祥篇第三十九

【题解】

本篇记述了唐太宗与侍臣们有关灾害祥瑞的议论。太宗认为:"但使天下太平、家给人足,虽无祥瑞,亦可比德于尧、舜。若百姓不足,夷狄内侵,纵有芝草遍街衢,凤凰巢苑囿,亦何异于桀、纣?"为人之君,贵在"至公理天下,以得万姓之欢心",这才是最大的祥瑞。虞世南、魏徵认为,邪恶战胜不了道德,修养道德可以消除灾变。岑文本认为,君犹舟,人犹水,水可以载舟,亦覆舟,只要能"明选举,慎赏罚,进贤才,退不肖。闻过即改,从谏如流",国家就会昌盛长久。贞观君臣看重的是国家治乱、百姓生计,并不在意灾异祥瑞,这也显示了"贞观之治"重人事、修德政的特点。

【原文】贞观六年,太宗谓侍臣曰:"朕比见众议以祥瑞为美事,频有表贺庆。如朕本心,但使天下太平,家给人足,虽无祥瑞,亦可比德于尧、舜。若百姓不足,夷狄内侵,纵有芝草遍街衢①,凤凰巢苑囿,亦何异于桀、纣?尝闻石勒时②,有郡吏燃连理木煮白雉肉吃③,岂得称为明主耶?又隋文帝深爱祥瑞,遣秘书监王劭著衣冠④,在朝堂对考使焚香以读《皇隋感瑞经》⑤。旧尝见传说此事,实以为可笑。夫为人君,当须至公理天下，以得万姓之欢心。昔尧、舜在上，百姓敬之如天地，爱之如父母，动作兴事，人皆乐之；发号施令，人皆悦之；此是大祥瑞也。自此后诸州所有祥瑞，并不用申奏。"

【注释】①芝草：即灵芝。菌属。古以为瑞草。②石勒(274～333)：十六国时后赵的建立者。上党武乡(今山西武乡，一说在今山西榆社北)人。羯族。年轻时被晋官吏掠卖到山东为耕奴，因而聚众起义。后投靠刘渊为大将，重用汉族失意官僚张宾，联合汉族上层，发展成割据势力。319年称赵王，建立政权，史称后赵。329年初灭前赵，取得黄河流域大部分地区，建都襄国(今河北邢台)。后称帝。③连理木：枝条连生一起的两棵树。古以为祥瑞。白雉：白色羽毛的野鸡。古时以为瑞鸟。④王劭：字君懋，生卒年不详，太原晋阳(今山西太原)人。隋代历史学家。隋文帝杨坚建立政权后，王劭被授为著作佐郎。隋炀帝继位后，王劭改任秘书监，数年后，卒于官。⑤《皇隋感瑞经》：也称《皇隋灵感志》，王劭编著。隋文帝任命王劭为著作郎，在任期间王劭前后上表言上受命符瑞甚众，隋文帝喜好机祥(吉凶祸福的预兆)，王劭乘势献谀，便"采民间歌谣，引图书谶纬，依约符命，捃摭佛经"，撰成《皇隋灵感志》三十卷，美化隋朝的统治。隋文帝读后令宣示天下。

【译文】贞观六年(632)，太宗对身边的大臣说："我近来听见众人议论，认为祥瑞的出现是喜事，频频有贺表上奏。要是依照我的本意，只要能使天下太平，家家户户丰衣足食，即使没有什么吉祥的征兆，我的德行也可以和尧、舜相比。如果百姓衣食不足，外族侵扰中原，即使满街长满了灵芝，凤凰在苑囿中筑巢，又和桀、纣有什么区别呢？我曾听说后赵石勒时，有个郡的官员烧连理木煮白雉肉吃，难道石勒能称得上是英明的国君吗？还有像隋文帝特别喜爱祥瑞之事，派秘书监王劭穿上礼服，在朝堂上对各州朝集使焚香朗读《皇隋感瑞经》。过去曾听到传说此事，觉得实在可笑。作为国君，应该用至公无私之心来治理天下，以此获得万众的欢心。从前尧、舜在帝位上，百姓像尊敬天地一样尊敬他们，像热爱父母一样热爱他们。他们兴办事情，百姓都乐意参加；他们发号施令，人民都乐于遵行；这才是最大的祥瑞啊！从今以后，各州出现祥瑞之类的事，一律不用申奏。"

【原文】贞观八年，有彗星见于南方①，长六丈，经百馀日乃灭。

太宗谓侍臣曰："天见彗星，由朕之不德，政有亏失，是何妖也？"

虞世南对曰："昔齐景公时有彗星见，公问晏子。晏子对曰：'公穿池沼畏不深，起台榭畏不高，行刑罚畏不重，是以天见彗星为公戒耳！'景公惧而修德，后十六日而星没。陛下若德政不修，虽麟凤数见②，终是无益。但使朝无阙政，百姓安乐，虽有灾变，何损于时？愿陛下勿以功高古人而自矜大，勿以太平渐久而自骄逸。若能慎终如始，彗星见未足为忧。"

太宗曰："吾之理国，良无景公之过。但朕年十八便为经纶王业③，北剪刘武周，西平薛举，东擒窦建德、王世充，二十四而天下定，二十九而居大位，四夷降伏，海内乂安④。自谓古来英雄拨乱之主无见及者，颇有自矜之意，此吾之过也。上天见变，良为是乎？秦始皇平六国，隋炀帝富有四海，既骄且逸，一朝而败，吾亦何得自骄也？言念于此,不觉惕焉震惧⑤!"

魏徵进曰:"臣闻自古帝王未有无灾变者,但能修德,灾变自销。陛下因有天变,遂能戒惧,反复思量,深自克责,虽有此变,必不为灾也。"

【注释】①彗星:绕着太阳旋转的一种星体,通常在背着太阳的一面拖着一条扫帚状的长尾巴,体积很大,密度很小。通称扫帚星。古人认为彗星为怪异之星,把彗星贬称为"扫帚星""灾星",往往把人间的战争、饥荒、洪水、瘟疫等灾难和彗星的出现联系在一起。②麟凤:指麒麟和凤凰。麒麟,古代传说中的一种动物。形状像鹿,头上有角,全身有鳞甲,尾像牛尾。古人以为仁兽、瑞兽,拿它象征祥瑞。凤凰,古代传说中的百鸟之王,也是古人常用来象征祥瑞的鸟类。③经纶:本指整理过的蚕丝。比喻规划、管理政治的才能。这里是经营、创建的意思。④乂安:太平、安定。⑤惕焉:担心、害怕的样子。

【译文】贞观八年(634),有彗星出现在南方,光芒长六丈,经过一百多天才消失。

太宗对身边的大臣说:"天空出现彗星,是因为我没有修好仁德,处理政事有过失,这是什么凶兆呢?"

虞世南回答说:"过去齐景公时也有彗星出现,景公询问晏子。晏子回答说:'您挖掘池沼时唯恐不深,修建台榭时只怕不高,施用刑罚时只嫌不重,所以天空出现彗星,向您提出告诫!'景公内心恐惧,因而修行仁德,十六天后彗星消失了。陛下如果不修行德政,即使是麒麟凤凰屡次出现,终究还是没有益处的。只要朝廷处理政事没有过失,百姓安居乐业,即使出现凶兆怪异现象,对陛下的治理又有什么损害呢?希望陛下不要因为功业高过古人而骄傲自大,不要因为太平日子渐渐长久就骄奢淫逸。如果能够始终如一保持谨慎,即使彗星出现,也不必担忧。"

太宗说:"我治理国家,确实没有齐景公那样的过失。但我十八岁就经营帝王事业,向北灭掉了刘武周,向西平定了薛举,向东擒获了窦建德、王世充,二十四岁时平定全国,二十九岁时登上帝位,四方的民族投降归顺,国内平安无事。我自己认为自古以来那些治理乱世的君主没有能赶得上我的,因而颇有一些骄傲自得的思想,这是我的过错。上天出现变异,当真是因为这个缘故吗?秦始皇平定六国,隋炀帝拥有天下的财富,他们既骄奢又淫逸,很快就败亡了,我又有什么值得骄傲的呢?说到这些,不由得感到非常担心、害怕!"

魏徵进言说:"臣听说自古以来的帝王没有一个不遭遇凶兆怪异的,只要能修行仁德,凶兆怪异自然会消除。陛下因为天空出现变异,就能够警惕惧怕,反复思量,深切自责,虽然有此凶兆,也一定不会成为灾祸。"

【原文】贞观十一年,大雨,穀水溢①,冲洛城门,入洛阳宫,平地五尺,毁宫寺十九所,所漂七百馀家。

太宗谓侍臣曰:"朕之不德,皇天降灾,将由视听弗明,刑罚失度,遂使阴阳舛谬,雨水乖常。矜物罪己,载怀忧惕,朕又何情独甘滋味?可令尚食断肉料②,进蔬食。文武百官各上封事,极言得失。"

中书侍郎岑文本上封事曰："臣闻开拨乱之业,其功既难;守已成之基,其道不易。故居安思危,所以定其业也;有始有卒,所以崇其基也。今虽亿兆乂安,方隅宁谧③,既承丧乱之后,又接凋弊之馀,户口减损尚多,田畴垦辟犹少。覆焘之恩著矣④,而疮痍未复;德教之风被矣,而资产屡空。是以古人譬之种树,年祀绵远,则枝叶扶疏⑤;若种之日浅,根本未固,虽壅之以黑坟⑥,暖之以春日,一人摇之,必致枯槁。今之百姓,颇类于此。常加含养,则日就滋息;暂有征役,则随日凋耗。凋耗既甚,则人不聊生;人不聊生,则怨气充塞;怨气充塞,则离叛之心生矣。故帝舜曰:'可爱非君,可畏非人⑦。'孔安国曰:'人以君为命,故可爱。君失道,人叛之,故可畏⑧。'仲尼曰:'君犹舟也,人犹水也。水所以载舟,亦所以覆舟⑨。'是以古之哲王虽休勿休,日慎一日者,良为此也。伏惟陛下览古今之事,察安危之机,上以社稷为重,下以亿兆为念。明选举,慎赏罚,进贤才,退不肖。闻过即改,从谏如流。为善在于不疑,出令期于必信。颐神养性,省游畋之娱;去奢从俭,减工役之费。务静方内,而不求辟土;载橐弓矢⑩,而不忘武备。凡此数者,虽为国之恒道,陛下之所常行。臣之愚昧,惟愿陛下思而不怠,则至道之美,与三、五比隆⑪,亿载之祚,与天地长久。虽使桑穀为妖⑫,龙蛇作孽⑬,雉雊于鼎耳⑭,石言于晋地⑮,犹当转祸为福,变灾为祥,况雨水之患,阴阳恒理,岂可谓天谴而系圣心哉?臣闻古人有言:'农夫劳而君子养焉,愚者言而智者择焉⑯。'辄陈狂瞽⑰,伏待斧钺⑱。"

太宗深纳其言。

【注释】①穀水:古河名。发源于渑池崤山以东的马头山谷。古时的穀水,自王城西北流经千金碣而东注,绕流故洛阳城四周,入洛水。②尚食:官名。掌帝王膳食。③宁谧:宁静。④覆焘:也作"覆帱",犹覆被。谓施恩、加惠。⑤扶疏:枝叶茂盛,高低疏密有致。⑥黑坟:色黑而坟起,谓土地肥沃。这里指肥土。⑦"可爱"两句:语出《尚书·虞书·大禹谟》。意谓可爱的并不是国君,可怕的并不是百姓。⑧"人以君"五句:是孔安国为《尚书》这句话作的注文,意谓百姓把国君当作性命,所以国君可爱。国君一旦丧失道义,百姓就会背叛他,所以百姓可畏。⑨"君犹舟"四句:语出《后汉书·皇甫规传》注引《孔子家语》。意谓国君就像是船,百姓就像是水。水能够承载船,也可以倾覆船。比喻在平时要想到可能发生的困难和危险。⑩橐:收藏弓矢、盔甲的袋子。这里指把武器收藏起来。⑪三、五:这里指三皇五帝。⑫桑穀为妖:据《史记·殷本纪》记载:"商汤的都城亳(今河南商丘,一说在今河南偃师)出现了桑树和穀树合生在朝堂上的怪异现象,一夜之间就长得有一搂粗。太戊帝很害怕,就去向伊陟询问。伊陟对太戊帝说:'我曾经听说,妖异不能战胜有德行的人,会不会是您在施政上有什么失误啊?希望您进一步修养德行。'太戊帝听从了伊陟的规谏,那怪树就枯死而消失了。"颜师古注说:"穀,即今之楮树也。"楮树又名构树,为桑科落叶乔木,皮可作纸。⑬龙蛇作孽:据《后汉书·五行志》记载,《五行传》曰:"皇之不极,是谓不建。厥咎眊,厥罚恒阴,厥极弱。时则有射妖,时则有龙蛇之孽。"在上古,本来龙是代表天帝,但降灾之事逐渐被称为"龙蛇之孽"时,于是有了妖龙、孽龙的称呼。

⑭雊雉于鼎耳：据《史记·殷本纪》记载，有一次武丁祭祀成汤，第二天，有一只野鸡飞来登在鼎耳上鸣叫，武丁为此惊惧不安。祖己说："大王不必担忧，先办好政事。"祖己进一步开导武丁说："上天监察下民是着眼于他们的道义。上天赐给人的寿运有长有短，并不是上天有意使人的寿运夭折，中途断送性命。有的人不遵循道德，不承认罪恶，等到上天降下命令纠正他的德行了，他才想起来说'怎么办'。唉，大王您继承王位，努力办好民众的事，没有什么不符合天意的，还要继续按常规祭祀，不要根据那些应该抛弃的邪道举行各种礼仪！"武丁听了祖己的劝谏，修行德政，全国上下都高兴，殷朝的国势又兴盛了。⑮石言于晋地：据《左传·昭公八年》记载："春，石言于晋魏榆。晋侯问于师旷曰：'石何故言？'对曰：'石不能言，神或凭焉。抑臣又闻之曰："作事不时，怨动于民，则有非言之物而言。"令宫室崇侈，民力凋尽，怨并作，莫保其性，石言，不亦宜乎？'于是晋侯方筑 祁之宫。叔向曰：'君子之言，信而有征。'"师旷认为，石头本身不会说话，如果听到石头说话，那么有三种可能，一种是有神附于其上；一种是民间流传的谣言；一种是朝廷腐败，民生凋敝，怨声载道。在后一种讲法里，他把一个精怪的传言解释为一种在政治昏乱情况下民怨沸腾的反应或表现，实际上是表达了一种"乱而生怪"的观念。师旷知道晋国政治腐败，百姓怨怒，面对邪恶暴政，人不敢言，托之于石。他利用"做事不时，怨动于民，则有非言之物而言"的传言来诱导晋侯施行善政。⑯"农夫"两句：意谓农夫生产粮食而为君子所食用，愚昧人说的话而为明智人择善而从。养，当作"食"，食用。⑰狂瞽：愚妄无知。多用作自谦之辞。⑱斧钺：斧和钺，古代兵器，用于斩刑。借指重刑。

【译文】贞观十一年(637)下大雨，榖水泛滥，冲进洛阳城门，涌入洛阳宫，平地水深五尺，冲毁宫庙佛寺十九处，淹没人家七百余户。

太宗对身边的大臣说："由于我没有修好德行，所以上天降下灾祸，或是由于我视听不明，刑罚过度，于是使得阴阳错乱，雨水反常。我怜悯百姓，责备自己，心怀忧惧，还有什么心情来享受美味呢？可以命令尚食官停止供应肉食，只进蔬菜素食。文武百官各上奏章，尽量指出政事的过失。"

中书侍郎岑文本上奏章说："臣听说开创拨乱反正的事业，成功已经很难；守住已成功的基业更加不容易。所以居安思危，是为了稳固这个事业；做事有始有终，是为了巩固国家的基业。现在虽然百姓安居乐业，边疆平静，但是既承接了丧亡乱离之后，紧接着又是衰败凋敝之时，天下人口减少了很多，开垦的田地尤其少。皇上庇护百姓的恩惠十分显著，但战争的疮痍尚未恢复；仁德教化的风气遍布全国，但国家财政仍然时常匮乏。因此古人用种树来做比喻，说年岁久远的树，其枝叶就会茂盛；如果种下的时间短，树根还没有稳固，即使用肥土去培护它，用春天般的阳光去温暖它，但只要有一个人去摇动它，就一定会导致枯萎。现在的百姓就很类似这种情况。经常给予关心养护，就会一天天繁衍生息；一旦有征调徭役，就会一天天凋敝耗损。凋敝耗损的程度愈深，就会民不聊生；民不聊生，就会心里充满怨恨；心里充满怨恨，就会产生背离叛乱的意图。所以帝舜说：'可爱的并不是国君，可怕的并不是民众。'孔安国说：'民众把国君当作性命，所以国君可爱。国君一旦丧失道义，民众就会背叛他，所以民众可畏。'孔子说：'国君就像是船，民众就像是水。水能够承载船，也可以倾覆船。'因此古人说，圣明的国君虽然有福禄却不敢享受，一天比一天谨慎，确实就是因为这个原因。希望陛下纵览古今的事例，考察安全与危险的关键，对上应该以国家利益为重，对下应该把亿万百姓放在心里。公正明白地选拔人才，慎重地进行奖赏惩罚，要选用贤良的人，斥退奸佞的人。听到自己的过失要立即改正，接受规劝要像流水一样自然。做善事要毫不犹豫，发布命令一定要有诚信。要保养精神性情，减省游猎娱乐的活动；要戒除奢侈，厉行节俭，减省土木建筑的费用。要尽力保持国内安定，不贪求开辟疆土；要把武器收藏起来，但不要忘记军备。大凡这几件事，是治理国家的常法，也是陛下经常所施行的。以臣的愚昧，只希望陛下多加思考而不要懈怠，那么完美的道德就能与三皇五帝比拟，亿万年的国运就会跟天地一样长久。即使出现桑穀成妖，龙蛇作孽，野雉在鼎耳上鸣叫，晋地的石头开口说话，也能转祸为福，变灾为吉祥。况且雨水造成的灾害，是阴阳变化常见的自然现象，怎么能说是上天谴责，而使陛下忧心呢？臣听说古人说过这样的话：'农夫生产粮食而为君子所食用，愚昧人说的话而为明智人择善而从。'臣的陈述愚妄无知，俯伏等待陛下的重罚。"

太宗很赞同他的话，并采纳了他的建议。

慎终篇第四十

【题解】

《慎终》篇所收录的言论，从不同的角度对这一问题进行了反复论述，反映李世民和魏徵等人注意防微杜渐，力求善始慎终的思想与事迹。其中魏徵的"十渐疏"列举了贞观后期唐太宗的十种骄纵倾向，分析透辟，言辞激烈。《慎终》置于全书之末，表达了作者吴兢对当朝及后世帝王的期望。

善始易，善终难。做一件事情，开头做好并不难，难的是坚持不懈，善始善终。治理国家也是一样的，创业难，守业更难。创业初期，往往能励精图治；承平日久，难免骄奢放纵，导致败亡。当权治国的人，应该居安思危，引以为戒。

【原文】贞观五年，太宗谓侍臣曰："自古帝王亦不能常化，假令内安，必有外扰。当今远夷率服，百谷丰稔，盗贼不作，内外宁静。此非朕一人之力，实由公等共相匡辅。然安不忘危，理不忘乱，虽知今日无事，亦须思其终始。常得如此，始是可贵也。"

魏徵对曰："自古已来，元首股肱不能备具①，或时君称圣，臣即不贤；或遇贤臣，即无圣主。今陛下圣明，所以致理。向若直有贤臣②，而君不思化，亦无所益。天下今虽太平，臣等犹未以为喜，惟愿陛下居安思危，孜孜不怠耳！"

【注释】①元首：头。这里指君主。②直有：只有。

【译文】贞观五年(631)，太宗对身边的大臣说："自古以来帝王也不能经常消除祸患，假使国内安定，外部必定会有侵扰。现在远方外族都已归顺，五谷丰登，没有盗贼出现，国家内外都平安宁静。这样的局面绝不是我一个人的力量可以达到的，实在是你们共同辅佐的结果。然而安定时不能忘了危亡，太平时不能忘了战乱，虽知今日无事，也必须考虑让这种状况保持始终。经常能够这样，才是可贵的。"

魏徵回答说："自古以来，君臣不可能都完美，有时国君圣明，大臣却不贤良；有时大臣贤良，却又没有圣明的国君。现在陛下圣明，因此天下太平。假如只有贤臣，而国君不考虑教化，也不会有什么益处。现在天下虽然太平，但我等臣子还不能以此为喜，只希望陛下能居安思危，孜孜不倦，不要懈怠！"

【原文】贞观六年，太宗谓侍臣曰："自古人君为善者，多不能坚守其事。汉高祖，泗上一亭长耳①，初能拯危诛暴，以成帝业，然更延十数年，纵逸之败，亦不可保。何以知之？孝惠为嫡嗣之重②，温恭仁孝，而高帝惑于爱姬之子，欲行废立③；萧何、韩信，功业既高，萧既妄系④，韩亦滥黜，自馀功臣黥布之辈⑤，惧而不安，至于反逆。君臣父子之间悖谬若此，岂非难保之明验也？朕所以不敢恃天下之安，每思危亡以自戒惧，用保其终。"

【注释】①泗上：泛指泗水北岸的地域。这里指泗水亭（今江苏沛县东），刘邦曾任泗水亭长。亭长：秦汉时在乡村每十里设一亭，置亭长，掌治安，捕盗贼，理民事。②孝惠：即汉惠帝刘盈（前213～前188），西汉第二位皇帝（前194～前188），他是汉朝开国皇帝刘邦的嫡长子，母亲吕雉，在位7年。③"高帝"两句：当初，汉高帝宠幸戚夫人，戚夫人有一子名曰刘如意，刘如意聪明伶俐，英武果敢，作风很像汉高帝，高帝觉得太子刘盈优柔寡断，软弱无能，便想废刘盈。刘盈的母亲吕皇后便请大贤商山四皓来替刘盈说话并辅佐，才免了废太子的厄运。④妄系：无故抓人入罪。⑤黥布：即英布（？～前195），六安（今安徽六安）人，因受秦律被黥，所以称黥布。初属项羽，为霸王帐下五大将之一，被封为九江王，后叛楚归汉，被封为淮南王。与韩信、彭越并称汉初三大名将。汉王十一年，吕后诛杀淮阴侯韩信，引起了英布的惊慌。同年夏，又杀梁王彭越。英布得知后，大为恐慌，怕祸及自身，于是暗中聚合部队，起兵反叛。后兵败被杀。

【译文】贞观六年（632），太宗对身边的大臣说："自古以来做善事的帝王，大多数不能坚持到底。汉高祖原本是泗水亭的一个亭长，最初还能够拯救危亡，剪除暴政，因此成就了帝王大业，然而再让他延长十几年的话，就会放纵逸乐而败亡，也不能保住他创下的帝业。为什么知道这些呢？汉惠帝刘盈有嫡长子继承人的重要地位，而且为人温和、恭敬、仁爱、孝顺，然而汉高祖却因爱姬的儿子刘如意而犹豫不决，准备废黜皇储而另立太子；萧何、韩信的功业很高，而萧何后来被无端械系下狱，韩信也被滥加贬黜，其余的功臣像黥布等辈，就会惧怕而不能自安，最终叛逆谋反。君臣父子之间悖逆荒谬到这种地步，难道不是难以保住功业的明证吗？所以我不敢倚仗天下安宁，而常常考虑到危险败亡来使自己警戒害怕，以此来保持到最终。"

【原文】贞观九年，太宗谓公卿曰："朕端拱无为①，四夷咸服，岂朕一人之所致，实赖诸公之力耳！当思善始令终，永固鸿业，子子孙孙，递相辅翼。使丰功厚利施于来叶②,令数百年后读我国史,鸿勋茂业粲然可观,岂惟称隆周、炎汉及建武、永平故事而已哉③?"

房玄龄因进曰:"陛下拗捴之志④,推功群下,致理升平,本关圣德,臣下何力之有?惟愿陛下有始有卒,则天下永赖。"

太宗又曰:"朕观古先拨乱之主,皆年逾四十,惟汉光武年三十三。但朕年十八便举兵,年二十四定天下,年二十九升为天子,此则武胜于古也。少从戎旅,不暇读书,贞观以来,手不释卷,知风化之本,见政理之源。行之数年,天下大理而风移俗变,子孝臣忠,此又文过于古也。昔周、秦已降,戎狄内侵,今戎狄稽颡⑤,皆为臣妾,此又怀远胜古也。此三者,朕何德以堪之?既有此功业,何得不善始慎终耶?"

【注释】①端拱:谓闲适自得,清静无为。②来叶:后世。③周:指西周。炎汉:指西汉。汉自称以火德王,故称炎汉。建武:刘秀称帝,国号汉,是为东汉,年号建武。永平:建武中元二年二月汉明帝即位,沿用建武中元年号,次年改元永平。④拗捴:亦作"拗抑",谦抑,谦让。⑤稽颡:古代一种跪拜礼,屈膝下拜,以额触地,表示极度的虔诚。

【译文】贞观九年(635),太宗对公卿们说:"我闲适自得,清静无为的政策,使四方外族全部归服,这哪里是我一个人能办得到的,实在是依靠诸位的大力扶持啊!应当考虑善始善终,永远巩固宏伟的基业,使子子孙孙,一代一代互相辅佐。让丰功伟业、深厚的利益延续到后世,让数百年以后读我朝历史的人们,感到伟大的功勋和繁荣的事业光辉耀眼,岂止是称颂西周、西汉和东汉光武帝、明帝的故事而已?"

房玄龄趁势进奏说:"陛下谦逊的心意,把功劳推让给群臣,国家治理的太平,其根本原因在陛下的大德,我们有什么功劳呢?只希望陛下有始有终,那么天下就永远可以得到依靠。"

太宗又说:"我观察古代拨乱反正的国君,年龄都超过了四十岁,只有汉光武帝是三十三岁。但是我十八岁就举兵创业,二十四岁时平定天下,二十九岁时升为天子,这是武功胜过了古人。我少年轻时从军,没有闲暇时间来读书,贞观以来,手不释卷,明白了教育感化的根本,发现了执政方略的渊源。施行了数年之后,天下大治,风俗习气得到改革,儿子孝顺,臣子忠心,这是文治又胜过了古人。过去周、秦以来各个朝代,外族入侵中原,现在戎狄都虔诚归服,都成了臣属,这是安抚远邦又胜过了古人。这三方面,我有什么德行可以承受得起?既然有了这样的功业,怎么能不善始善终呢?"

【原文】贞观十二年,太宗谓侍臣曰:"朕读书见前王善事,皆力行而不倦。其所任用公辈数人,诚以为贤,然致理比于三、五之代,犹为不逮,何也?"

魏徵对曰:"今四夷宾服①,天下无事,诚旷古所未有。然自古帝王初即位者,皆欲励精为政,比迹于尧、舜;及其安乐也,则骄奢放逸,莫能终其善。人臣初见任用者,皆欲匡主济时,追踪于稷、契②;及其富贵也,则思苟全官爵,莫能尽其忠节。若使君臣常无懈怠,各保其终,则天下无忧不理,自可超迈前古也。"

太宗曰:"诚如卿言。"

【注释】①宾服:归顺,顺服。②稷、契:稷和契的并称,唐虞时代的两位贤臣。稷,即后稷,名叫弃,是周代姬氏最初的远祖,帝尧时人。他爱好耕种农作物,能选择肥沃土壤和地势适宜的地方种植五谷,当时人民都效法他。尧帝见他对农事有特殊才干,就任用他为农师,掌管农事,封他于邰地(今陕西武功境),号称为后稷。契,虞舜时,派契、后稷帮助禹治水。十三年后,禹治好了水,同时也封契于商(今陕西商县)。虞舜又任命契为司徒,也开始治理商地。

【译文】贞观十二年(638),太宗对身边的大臣说:"我在读书时发现前朝帝王做过的善事,都身体力行而不知厌倦。我任用你们几位,确实认为你们是贤良的大臣,然而治理国家的成绩还是比不上三皇五帝时代,这是什么原因呢?"

魏徵回答说:"现在四方异族归顺,天下平安无事,的确是旷古未没有过的盛况。然而,自古以来凡是刚即位的帝王,都想振奋精神治理好国家,与尧、舜的功绩相媲美;等到他太平安乐时,就骄奢放纵,不能把善政坚持到底。凡是刚刚得到任用的臣子,都想辅佐国君,挽救时局,追赶上稷、契的功绩;等到他们富贵时,就只想苟且保住自己的官职爵位,不能够尽忠尽节了。假使能让君臣经常不懈怠,各自坚持到底,那么天下就不用担心治理不好,自然可以超越前代古人。"

太宗说:"确实像你说的这样。"

【原文】贞观十三年,魏徵恐太宗不能克终俭约,近岁颇好奢纵,上疏谏曰:

"臣观自古帝王受图定鼎①,皆欲传之万代,贻厥孙谋。故其垂拱岩廊②,布政天下。其语道也,必先淳朴而抑浮华;其论人也,必贵忠良而鄙邪佞;言制度也,则绝奢靡而崇俭约;谈物产也,则重谷帛而贱珍奇。然受命之初,皆遵之以成治;稍安之后,多反之而败俗。其故何哉?岂不以居万乘之尊,有四海之富,出言而莫己逆,所为而人必从,公道溺于私情,礼节亏于嗜欲故也?语曰:'非知之难,行之惟难;非行之难,终之斯难。'所言信矣。

【注释】①受图定鼎:建立王朝。受图,《尚书·仲虺》载,河伯曾以河图授大禹,后因称帝王受命登位为"受图"。定鼎,相传禹铸九鼎,为古代传国之宝,保存在王朝建都的地方。后来称定都或建立王朝为"定鼎"。②岩廊:亦作"岩郎",高峻的廊庑。这里借指朝廷。

【译文】贞观十三年(639),魏徵恐怕太宗不能始终保持俭朴节约,近几年又很喜欢奢侈放纵,于是上奏章规劝说:

"臣观察自古以来的帝王建立王朝,都想把皇位传到万世,为子孙做打算。所以他们垂衣拱手,端坐朝堂,向天下宣布政令。他们谈论治国的方略时,一定是推崇质朴敦厚而抑制虚浮华丽;在议论人物时一定是赞许忠诚贤良而鄙视邪恶奸佞;在讲述政治法度时一定是禁止奢侈浪费,崇尚俭朴节约;在谈论物产时就会说重视谷物布帛,轻视珍宝奇玩。在受命登基之初,都能遵循这些原则达到政治清明;稍微安定之后,大多数人违反了这些原则而败坏了社会风俗。这是什么缘故呢?难道不是因为处在极其尊贵的地位,拥有天下的财富,说出的话没有谁敢违背,所做的事别人都一定会遵从,公道被个人的情感所淹没,礼仪法度被欲望所损害的缘故吗?古话说:'不是了解它有困难,而是实行它才会困难;不是实行它有困难,而是坚持到底才困难。'所说的是很实在啊!

【原文】"伏惟陛下,年甫弱冠①,大拯横流②,削平区宇,肇开帝业。贞观之初,时方克壮,抑损嗜欲,躬行节俭,内外康宁,遂臻至治。论功则汤、武不足方③;语德则尧、舜未为远。臣自擢居左右,十有馀年,每侍帷幄,屡奉明旨。常许仁义之道,守之而不失;俭约之志,终始而不渝。一言兴邦,斯之谓也。德音在耳,敢忘之乎?而顷年已来,稍乖曩志④,敦朴之理,渐不克终。谨以所闻,列之如左。"

【注释】①弱冠:古时以男子二十岁为成人,初加冠,因体犹未壮,故称弱冠。②横流:水往四处乱流。这里指世道混乱。③方:泛指并列。这里是相提并论的意思。④曩志:过去的志向。曩,以前,过去。

【译文】"陛下年龄刚到二十,就极力拯救混乱的世道,平定了域中战乱,开创了帝王的基业。贞观初年,正当陛下年轻力壮的时候,就能够抑制嗜好和欲望,亲自实行节俭,内外安乐宁静,于是达到大治的局面。论功业,就是商汤、周武王也不能相提并论;论道德,就是与唐尧、虞舜也相差不远。臣自从被擢任为陛下的左右侍臣来,已有十多年,常常在宫廷中侍从君主,参与谋划,屡次接受英明的旨意。陛下常赞许仁义的治国方法,坚持奉行而不放弃;厉行俭朴节约的志向,始终不渝。一句话可以让国家兴盛起来,说的就是这个道理。陛下的话还在耳边回响,我怎么敢忘记呢?然而近年以来,陛下逐渐违背了原来的志向,敦厚纯朴的精神也渐渐不能坚持到底了。谨把臣所听说到的,列举在下面。"

【原文】"陛下贞观之初,无为无欲,清静之化,远被遐荒。考之于今,其风渐坠。听言则远超于上圣,论事则未逾于中主①。何以言之?汉文、晋武俱非上哲,汉文辞千里之马,晋武焚雉头之裘②。今则求骏马于万里,市珍奇于域外,取怪于道路,见轻于戎狄,此其渐不克终一也。"

【注释】①中主:中等才德的君主。②"晋武"句:晋武帝时,太医司马程据献上一件"雉头裘",(就是用野鸡头上绒毛做成的裘衣),武帝认为这是奇装异服,也不符合典礼,于是让人将"雉头之裘"在殿前烧毁。

【译文】"陛下在贞观初年,恪守无为无欲的治国方略,清明宁静的教化,覆盖到了遥远的荒凉地区。但考察时下,这种风气已经渐渐丧失了。听陛下的言论,已远远超过上古英明的帝王;论陛下的作为,却连中等才德的君主都没能超越。为什么这样说呢?汉文帝、晋武帝都不是英明圣哲的帝王,但汉文帝曾辞退了别人奉献的千里马,晋武帝曾烧掉了用雉头毛制成的裘衣。现在陛下却派人到万里之外去寻求骏马,到域外购买珍奇宝物,招致道路行人的惊怪,被外族所轻视,这是陛下渐渐不能坚持到底的第一个方面。"

【原文】"昔子贡问理人于孔子。孔子曰:"凛乎若朽索之驭六马①。'子贡曰:'何其畏哉？'子曰：'不以道遵之，则吾儳也，若何其无畏？'故《书》曰：'民惟邦本，本固邦宁②。'为人上者奈何不敬？陛下贞观之始，视人如伤，恤其勤劳，爱之犹子。每存简约，无所营为③。顷年已来，意在奢纵，忽忘卑俭，轻用人力，乃云：'百姓无事则骄逸，劳役则易使。'自古以来，未有由百姓逸乐而致倾败者也，何有逆畏其骄逸而故欲劳役之哉？恐非兴邦之至言，岂安人之长算？此其渐不克终二也。

【注释】①懔：恐惧。这里是小心谨慎的意思。六马：指用六匹马驾的车子。②"民惟"两句：语出《尚书·五子之歌》。意谓人民是国家的根本，根本牢固，国家才安宁。③营为：这里指经营大兴土木活动。

【译文】"从前子贡向孔子请教治理百姓的方法。孔子说：'要像用腐朽的缰绳驾驭六匹马拉着的车那样小心谨慎。'子贡问：'为什么这么担心呢？'孔子说：'不用仁义之道去引导百姓，百姓就会仇恨我，怎么能不担心呢？'所以《书》上说：'民众是国家的根本，根本牢固，国家才安宁。'统治百姓的国君怎么能对百姓不敬重呢？贞观初年，陛下对待百姓就像对待自身的伤口一样，怜悯他们的勤恳辛劳，爱护百姓就像爱护自己的子女一样。自己总是保持简朴节约，没有营构什么宫室。近几年来，却着意于奢侈纵欲，忽视了谦虚节俭，轻易地使用劳力，还说：'百姓没有事干就会放纵懒散，经常役使就容易驾驭。'自古以来，没有因为百姓清闲安乐而导致国家倾覆败亡的，哪有反而担心百姓安逸而故意去劳累他们的呢？这恐怕不是振兴国家的正确言论，怎么能作为安抚人民的长远打算呢？这是陛下渐渐不能坚持到底的第二个方面。"

【原文】"陛下贞观之初，损己以利物，至于今日，纵欲以劳人。卑俭之迹岁改，骄侈之情日异。虽忧人之言不绝于口，而乐身之事实切于心。或时欲有所营，虑人致谏，乃云：'若不为此，不便我身。'人臣之情，何可复争？此直意在杜谏者之口①，岂曰择善而行者乎？此其渐不克终三也。"

【注释】①直：只是。

【译文】"贞观初年，陛下简省自己的享受而让百姓得到好处，到了现在，却放纵个人的私欲而劳役百姓。谦逊俭朴的作风一年年地在改变，骄矜奢侈的性情一天天在发展。虽然关心百姓的话在口中不停地说着，但自身享乐的事在心里是最关切的。有时想营造宫室，担心臣子进谏劝阻，就说：'如果不这样做，对我自身不方便。'碍于君臣的情分，臣子怎么能再谏诤呢？这只是意在封住大臣们的嘴，哪能说是选择好的意见而施行呢？这是陛下渐渐不能坚持到底的第三个方面。"

【原文】"立身成败，在于所染，兰芷鲍鱼①，与之俱化。慎乎所习，不可不思。陛下贞观之初，砥砺名节②，不私于物，唯善是与③，亲爱君子，疏斥小人。今则不然，轻亵小人④，礼重君子。重君子也，敬而远之；轻小人也，狎而近之。近之则不见其非，远之则莫知其是；莫知其是，则不间而自疏，不见其非，则有时而自昵⑤。昵近小人，非致理之道；疏远君子，岂兴邦之义？此其渐不克终四也。"

【注释】①兰芷：兰草与白芷，皆香草。这里比喻品质高洁的人。鲍鱼：咸鱼，气味腥臭。这里比喻腐败丑恶的人。亲近兰芷,远离鲍鱼,是儒家教人处世立身的原则。在接触人与事的过程中,要接触像兰芷一样品质高洁的人,要拒绝像鲍鱼一样腐败丑恶的人。②砥砺:磨炼。③与:交往,友好。④轻亵:轻佻地亲近。⑤昵:亲近,亲热。

【译文】"立身的成功与失败,取决于人所接触的环境,接触像兰芷一样品质高洁的人和像鲍鱼一样腐败丑恶的人,时间久了就会受到它们的影响。因此要谨慎地对待所接触的东西,不能不认真思考。陛下在贞观初年时,注意磨炼名誉和节操,对人不偏私,只要是善良的就和他交往,亲近爱护君子,疏远斥退小人。现在就不是那样了,对小人轻佻地亲近,对君子礼节性地尊重。名义是尊重君子,实际上是敬而远之;名义上是轻视小人,实际上是亲近他们。亲近小人就看不见他们的错误,疏远君子就不知道他们的正确;不知道君子的正确,就会不用别人离间也自然疏远他们,看不见小人的错误,就会不时地自觉去亲近他们。亲近小人,绝不是治理国家的办法;疏远君子,难道是振兴国家的方略? 这是陛下渐渐不能坚持到底的第四个方面。"

【原文】"《书》曰:'不作无益害有益,功乃成;不贵异物贱用物,人乃足。犬马非其土性不畜,珍禽奇兽弗育于国①。'陛下贞观之初,动遵尧、舜,捐金抵璧②,反朴还淳。顷年以来,好尚奇异,难得之货,无远不臻;珍玩之作,无时能止。上好奢靡而望下敦朴,未之有也。末作滋兴③,而求丰实,其不可得亦已明矣。此其渐不克终五也。"

【注释】①"不作"六句:语出《尚书·旅獒》。②捐金抵璧:谓不重财物。语本晋葛洪《抱朴子·安贫》:"上智不贵难得之财,故唐虞捐金而抵璧。"③末作:古代指工商业。

【译文】"《尚书》上说:'不要做无益的事来损害有益的事,事业才能成功;不看重奇异的东西,不轻视日常用品,百姓才会富足。犬马不是本地生长的就不要畜养,珍禽奇兽不要养育在国中。'陛下在贞观初年,动则效法唐尧、虞舜,不看重财物,返璞归真。近几年来,喜欢崇尚稀奇怪异的东西,难以获得的物品,无论多远也要弄到手;珍奇玩物的制作,没有时间能够停止。国君喜欢奢靡而希望下面的人敦厚俭朴,是没有过的事。大举兴办工商业而指望农民丰足厚实,这不可能办到是很明显的。这是陛下渐渐不能坚持到底的第五个方面。"

【原文】"贞观之初,求贤如渴,善人所举①,信而任之,取其所长,恒恐不及。近岁已来,由心好恶,或众善举而用之,或一人毁而弃之;或积年任而用之,或一朝疑而远之。夫行有素履②,事有成迹。所毁之人,未必可信于所举;积年之行,不应顿失于一朝。君子之怀,蹈仁义而弘大德;小人之性,好谗毁以为身谋。陛下不审察其根源,而轻为之臧否③,是使守道者日疏,干求者日进④。所以人思苟免,莫能尽力。此其渐不克终六也。"

【注释】①善人所举:有道德的人所举荐的人才。善人,这里指有道德的人,善良的人。②素履:平素的言行。③臧否:褒贬,好坏。④干求:求取。

【译文】"贞观初年,陛下求贤若渴,有道德的人所举荐的人才,相信并任用他们,发挥他们的长处,常担心他们赶不上最好的。近年以来,陛下完全是凭借自己心中的喜好和厌恶来用人,有时众人都说好而被举荐的人才能被任用,但只要有一个人诋毁就抛弃他们;有时多年相信并任用的人,一旦有所怀疑就疏远他们。人的品行在平素可以表现出来,做事有成绩可以检验。诋毁人的人,不一定比被举荐的人可信;积累多年的品行,不应该一下子就被否定。君子的胸怀,是为了实行仁义和弘扬道德;小人的本性,喜欢花言巧语攻击别人是为了自己的利益。陛下不审察他们的来龙去脉,而轻易地加以褒贬,这样就使得奉行道义的人一天天被疏远,钻营求取的人一步步得到进用。因此人人都想苟全免祸,谁也不愿尽心竭力。这是陛下渐渐不能坚持到底的第六个方面。"

【原文】"陛下初登大位,高居深视,事惟清静,心无嗜欲。内除毕弋之物①,外绝畋猎之源。数载之后,不能固志,虽无十旬之逸②,或过三驱之礼。遂使盘游之娱见讥于百姓,鹰犬之贡远及于四夷。或时教习之处,道路遥远,侵晨而出③,入夜方还,以驰骋为欢,莫虑不虞之变,事之不测,其可救乎?此其渐不克终七也。"

【注释】①毕弋:"毕"为捕兽所用之网,"弋"为射鸟所用之系绳之箭。②十旬之逸:指长时间的游乐。《尚书·五子之歌》云:"太康盘游无度,畋于有洛之表,十旬弗返。"旬,十天。③侵晨:天刚有点亮时。

【译文】"陛下刚登上帝位时,高瞻远瞩,办事只求清静,心中没有嗜好欲望。在内除去毕、弋等狩猎工具,在外禁绝狩猎游玩的根源。几年以后,就不能坚守当初的志向了,虽然没有狩猎十旬不归的事情,但有时也超过了天子一年三次田猎的礼制。于是使游猎的娱乐遭到百姓的讥讽,所进贡的猎鹰猎犬,有的来自四方边远的民族。有时候教习武艺的地方道路遥远,陛下天刚有点亮就出去,深夜才回来,把车马驰骋当作欢乐,不考虑难以预料的变故,如果事有不测,能来得及挽救吗?这是陛下渐渐不能坚持到底的第七个方面。"

【原文】"孔子曰:'君使臣以礼,臣事君以忠①。'然则君之待臣,义不可薄。陛下初践大位,敬以接下,君恩下流,臣情上达,咸思竭力,心无所隐。顷年已来,多所忽略,或外官充使②,奏事入朝,思睹阙庭,将陈所见,欲言则颜色不接,欲请又恩礼不加。间因所短,诘其细过,虽有聪辩之略,莫能申其忠款③,而望上下同心,君臣交泰④,不亦难乎?此其渐不克终八也。"

【注释】①"君使臣"两句:语出《论语·八佾》。这是孔子对鲁定公说的话。意谓君主使用臣下应该以礼节相待,臣下侍奉君主应该用忠心相报。②外官:地方官。与京官相对。③款:诚恳亲切。④交泰:这里指君臣之意互相融洽,上下同心。

【译文】"孔子说:'君主使用臣下应该以礼节相待,臣下侍奉君主应该用忠心相报。'既然这样,国君对待臣子,礼节上不可轻薄。陛下刚登帝位时,用恭敬的态度接待臣下,使国君的恩惠向下流布,臣子的想法向上禀报国君,君臣都想竭心尽力,心中没有什么隐讳保留的。近年以来,有许多地方被忽略了,有时地方官充任使节,入朝奏事,想拜见陛下,陈述见解,但想说话时陛下却不能和颜悦色地倾听,想提出请求又得不到恩准。有时还因臣下有不足之处,就责问他细小的过失,这样即使臣子有聪敏善辩的才能,也无法表明他的忠诚,而希望上下同心,君臣融洽,不也是很困难吗?这是陛下渐渐不能坚持到底的第八个方面。"

【原文】"傲不可长,欲不可纵,乐不可极,志不可满。四者,前王所以致福,通贤以为深诫。陛下贞观之初,孜孜不怠,屈己从人,恒若不足。顷年已来,微有矜放,恃功业之大,意蔑前王,负圣智之明,心轻当代,此傲之长也。欲有所为,皆取遂意,纵或抑情从谏,终是不能忘怀,此欲之纵也。志在嬉游,情无厌倦,虽未全妨政事,不复专心治道,此乐之将极也。率土乂安,四夷款服,仍欲远劳士马,问罪遐裔①,此志将满也。亲狎者阿旨而不肯言,疏远者畏威而莫敢谏,积而不已,将亏圣德。此其渐不克终九也。"

【注释】①遐裔:这里指边远地区的少数民族。

【译文】"骄傲不可滋长,私欲不可放纵,娱乐不可过度,心志不可溢满。这四个方面,前朝帝王用作求得福运的方法,历代贤人用作深切的警戒。陛下在贞观初年,孜孜不倦,委屈自己顺从他人,还常常觉得做得不够。近年以来,稍微有些骄傲放纵,自恃功业盛大,心中轻视前朝帝王,自以为圣哲英明,内心看不起当代人物,这就是骄傲滋长的表现。想要干什么,都随心所欲,即使有时压抑自己的情绪听从臣子的劝谏,却始终是耿耿于怀,这就是放纵私欲的表现。志趣在嬉戏游乐上,心里从来没有厌倦,虽然没有完全妨碍处理政事,但却不能专心思考治国,这就是娱乐过度的表现。天下安定,外族归顺,却仍然让士兵远行辛劳,向边远的民族进兵,这就是心志溢满的表现。亲近的人迎合陛下的旨意而不肯直谏,疏远的人畏惧陛下的天威而不敢规劝,这样不断地积累下去,将有损陛下高尚的品德。这是陛下渐渐不能坚持到底的第九个方面。"

【原文】"昔陶唐、成汤之时,非无灾患,而称其圣德者,以其有始有终,无为无欲,遇灾则极其忧勤,时安则不骄不逸故也。贞观之初,频年霜旱,畿内户口并就关外,携负老幼,来往数年,曾无一户逃亡,一人怨苦。此诚由识陛下矜育之怀①,所以至死无携贰②。顷年已来,疲于徭役,关中之人,劳弊尤甚。杂匠之徒,下日悉留和雇③;正兵之辈,上番多别驱使④;和市之物不绝于乡间⑤,递送之夫相继于道路。既有所弊,易为惊扰,脱因水旱⑥,谷麦不收,恐百姓之心,不能如前日之宁帖⑦。此其渐不克终十也。"

【注释】①矜育:矜怜养育。②携贰:离心,怀有二心。③下日:指服役结束之日。④上番:指调到京城服役。⑤和市:古代指官府按市价向民间购买实物。至唐宋以后,实际成为强行摊派、掠夺民财民物的制度。⑥脱因:或许因为。⑦宁帖:也作"宁贴",安宁舒贴。

【译文】"从前陶唐、成汤的时代,不是没有灾祸,之所以称颂他们圣明贤德的原因,是因为他们做事有始有终,无为而治,没有私欲,遇到灾祸时就特别忧虑、勤于政事,时世安定时,也不骄矜不放纵的缘故。贞观初年,连年霜灾旱灾,京郊的百姓全都流向关外，扶老携幼，往返数年，却没有一户人家逃亡，没有一个人抱怨痛苦。这确实是因为百姓体会到陛下怜悯抚育他们的胸怀，因此至死也不怀二心。近年以来，百姓被徭役弄得疲惫不堪，关中的百姓尤其严重。各种工匠结束服役期限后，又都被迫留下来继续受官府雇用；正在服役的士兵，大多被调到京城去做杂役；不断地在乡间中强行摊派、掠夺民财民物，在道路上押送物资的差役络绎不绝。既已出现了弊端，百姓就容易被惊扰，万一因为水旱灾害，谷物绝收，恐怕百姓的心就不能像过去那样安宁舒贴。这是陛下渐渐不能坚持到底的第十个方面。"

【原文】"臣闻'祸福无门①，唯人所召'。人无衅焉②，妖不妄作。伏惟陛下统天御宇十有三年，道洽寰中③，威加海外，年谷丰稔，礼教聿兴④，比屋喻于可封⑤，菽粟同于水火⑥。暨乎今岁，天灾流行，炎气致旱，乃远被于郡国；凶丑作孽，忽近起于毂下⑦。夫天何言哉？垂象示诫，斯诚陛下惊惧之辰，忧勤之日也。若见诫而惧，择善而从，同周文之小心，追殷汤之罪己。前王所以致理者，勤而行之；今时所以败德者，思而改之。与物更新，易人视听，则宝祚无疆⑧，普天幸甚，何祸败之有乎？然则社稷安危，国家理乱，在于一人而已。当今太平之基，既崇极天之峻；九仞之积，犹亏一篑之功⑨。千载休期⑩，时难再得，明主可为而不为，微臣所以郁结而长叹者也。"

【注释】①祸福无门：谓祸福没有定数，都是人所自取。②衅：缝隙，破绽。引申为争端，事端。③道洽寰中：道义遍及全国。洽，广泛，普遍。寰中，天下。④聿：古汉语助词，用在句首或句中。⑤"比屋"句：家家户户都为可以旌表而感到喜悦。比屋，家家户户。喻，通"愉"，愉快，高兴。可封，在唐、虞时代，贤人很多，差不多每家都有可受封爵的德行。这里指可以得到旌表（封建统治者用立牌坊或挂匾额等表扬遵守封建礼教的人）。⑥菽粟同于水火：比喻菽粟就像水火一样遍及且容易取得。⑦毂下：辇毂之下。旧指京城。⑧宝祚：国运，帝位。⑨"九仞"两句：语出《尚书·旅獒》："为山九仞，功亏一篑。"意谓堆积九仞高的山，还差一筐土就不能成功。比喻做事情只差最后一点没能完成。亏，欠缺。篑，盛土的筐子。⑩休期：美好的时期。

【译文】"臣听说'福祸的降临没有定数，都是人们自己招来的'。人们没有疏漏事端，怪异之事就不会发生。陛下统治天下已经有十三年了，道义遍及全国，声威远加境外，粮食连年丰收，礼教兴盛，家家户户都为可以旌表而感到喜悦，菽粟就像水火一样到处都有而容易取得。到了今年，天灾流行，炎热的气候引起旱灾，遍及全国各地；凶恶之徒犯上作乱，忽然就发生在离京城这么近的地方。上天会说什么呢？显现异常天象，这是表示告诫，这实在是陛下应该警惕畏惧之时、忧虑勤奋之日了。如果陛下见到上天垂示的告诫而畏惧，就应该选择好的意见加以采纳，像周文王那样小心谨慎，像商汤那样归罪自己。前朝帝王实现天下太平的措施，应该勤奋地施行；现在败坏道德的行为，应该深切反省，加以改正。与天下万物一起更新，改变人们对事物的印象和看法，那么帝位就可以永久流传，普天下都很幸运，怎么还会发生祸害败亡的事情呢？国家的安危治乱，就在于国君一个人而已。现在太平的基业已经像天一样高；就像堆积九仞高的山，还差一筐土就能完成了。这是千载难逢的大好时机，时机很难再得，英明的国君可以做到而不努力去做，这就是微臣心怀郁结而长声叹息的原因。"

【原文】"臣诚愚鄙，不达事机，略举所见十条，辄以上闻圣听。伏愿陛下采臣狂瞽之言，参以刍荛之议，冀千虑一得，衮职有补①，则死日生年，甘从斧钺。"

疏奏，太宗谓徵曰："人臣事主，顺旨甚易，忤情尤难②。公作朕耳目股肱，常论思献纳。朕今闻过能改，庶几克终善事。若违此言，更何颜与公相见？复欲何方以理天下？自得公疏，反复研寻，深觉词强理直，遂列为屏障，朝夕瞻仰。又录付史司③，冀千载之下，识君臣之义。"乃赐徵黄金十斤，厩马二匹。

【注释】①衮职有补：意谓对国君的缺失有所补益。衮职，古代指帝王的职事。亦借指帝王。《诗·大雅·烝民》："衮职有阙，维仲山甫补之。""补阙"的本义是替皇帝弥补过失。②忤情：违逆心意。③史司：史官。

【译文】"臣实在愚昧浅陋，不通晓事理的关键，大致列举所观察到的十个方面，就奉上让陛下知晓。希望陛下采纳臣下的愚妄言论，参考樵夫俗子的意见，期望愚者千虑之一得，对国君的缺失有所补益，那么臣下虽死犹生，甘心接受刑戮。"

奏章送上去，太宗对魏徵说："臣下侍奉君主，顺从旨意很容易，违逆国君的旨意很难。你作为我的辅佐大臣，常常论述自己的观点献给我采纳。我现在知道自己有过失时就能改正，也许能做到善始善终。如果我违背了这句话，还有什么脸面和你相见呢？又将用什么方法来治理天下呢？自从看到你的奏章，我反复研究探求，深深感觉到它言辞有力、道理正确，于是就把它贴在屏风上，早晚恭恭敬敬地观看。又抄录下来交给史官，希望千年以后的人们也能够知道君臣之间应遵守的道义。"于是太宗赏赐给魏徵黄金十斤，宫中的马两匹。

【原文】贞观十四年，太宗谓侍臣曰："平定天下，朕虽有其事，若守之失图①，功业亦复难保。秦始皇初亦平六国，据有四海，及末年不能善守，实可为诫。公等宜念公忘私，则荣名高位，可以克终其美。"

魏徵对曰："臣闻之，战胜易，守胜难。陛下深思远虑，安不忘危，功业既彰，德教复洽，恒以此为政，宗社无由倾败矣②。"

【注释】①失图：政策失误。②宗社：宗庙和社稷的合称，借指国家。

【译文】贞观十四年(640)，太宗对身边的大臣说："平定天下，我虽然做到了，如果守天下时政策失误，功业仍然难以保持。秦始皇当初也曾平定六国，据有四海，到了晚年却不能保住江山，实在值得引以为戒。你们应当想着国家，忘掉私利，那么荣耀的名声和崇高的爵位，就能完美地保持到最后。"

魏徵回答说："臣听说，夺取胜利容易，保持胜利困难。陛下深谋远虑，居安思危，功业已很显著，道德教化又和谐融洽，长期这样处理政事，国家就没有理由倾覆败亡了。"

【原文】贞观十六年，太宗问魏徵曰："观近古帝王，有传位十代者，有一代两代者。亦有身得身失者。朕所以常怀忧惧，或恐抚养生民不得其所①，或恐心生骄逸，喜怒过度。然不能自知，卿可为朕言之，当以为楷则。"

徵对曰："嗜欲喜怒之情，贤愚皆同。贤者能节之，不使过度；愚者纵之，多至失所。陛下圣德玄远②，居安思危，伏愿陛下常能自制，以保克终之美，则万代永赖。"

【注释】①生民：人民，百姓。②玄远：玄妙幽远。这里指深谋远虑。

【译文】贞观十六年（642），太宗问魏徵说："我观察自古以来的帝王，有传帝位至十代的，也有传位一代两代的，也有自己取得又自己失去的。我所以经常心中感到忧惧，有时是担心抚育的百姓没有得到应有的安置，有时又惧怕自己产生骄矜放纵的情绪，喜怒过度。然而我不能自己察觉得到，你可以为我指出来，我当作行动的准则。"

《贞观政要》书影

魏徵回答说："嗜欲喜怒的情感，贤良的人和愚昧的人都是一样的。贤良的人能够节制情感，不让它超过限度；愚昧的人则是放纵情感，大都到了不可收拾的地步。陛下圣明，深谋远虑，居安思危，希望陛下经常能够自我克制，以保全善始善终的美德，那么千秋万代的基业就有了依靠。"

特别提示：

本书在编写过程中，参阅和使用了一些报刊、著述和图片。由于联系上的困难，和部分作品的作者（或译者）未能取得联系，对此谨致深深的歉意。敬请原作者（或译者）见到本书后，及时与本书编者联系，以便我们按照国家有关规定支付稿酬并赠送样书。

联系电话：010-80776121　联系人：马老师

国学经典文库

国学经典

资政经典

图文珍藏版